사찰문화해설 가이드북

Guidebook
알면 보인다   如是我見

강계 이지범

"사찰문화해설은 공감을 통한 공유共有의 과정이다."

도서
출판 中道

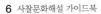

사찰문화해설, 여시아견如是我見에서 찾다

불교 이야기는《금강경》등 경전의 첫 구절부터 '여시아문'如是我聞으로 시작한다. 붓다께서 한 말씀을 아난존자가 직접 들었다는 것을 나타낸 용어이다. "나는 이와 같이 들었다."고 해석하는 이 말은 아난존자가 붓다의 가르침을 사실 그대로 전한다는 의미로, 한문 경전의 첫머리에 쓰였다.

인도의 산스크리트어나 팔리어로 쓸 때, "이와 같이 나에게 들렸다."(evam mayā śrutam)라는 뜻이다. 내 의지대로 들은 것이 아니라 붓다께서 말씀한 대로 나에게 들려진 것을 그대로 여기에 전한다는 의미가 포함되었다. 그래서 아문여시我聞如是 또는 문여시聞如是라고 한다.

그 시작은 붓다께서 깨달은 후, 25년이 되는 해부터 세존의 비서侍子였던 아난존자가 "이와 같이 나는 들었다."는 말로 경전에 기록되었다. 먼저 우발리 존자가 계율에 대해, 아난존자가 경전에 관한 다섯 니까야(Nikaya, 경전모음)를 암송했다. 그 당시 칠엽굴에 모인 500명 참석자와 함께 외워서合誦 전하는 방식을 선택했다. 그래서 '여시아문'은 아난존자가 듣고, 붓다께서 말한 것을 증명하는 표현으로 경전의 첫머리에 제시한 것이다. 특히 이 낱말은 붓다의 가르침을 온전히 전한다는 것을 강조하고 있다.

초기 경전에서 사용한 여시아문이란 표현은 세존이 완전한 열반에 들고, 오백 년 정도가 지난 기원 전후로부터 성립된 대승불교 경전에서도 초기 경전의 전통을 이어받아 사용했다. 《대반야바라밀다경》, 《법화경》, 《화엄경》, 《불설무량수경》 등 초기 대승경전에서도 여시아문 또는 아문여시로 시작한다. 대승 경전의 편찬자들은 대승불교 경전을 붓다의 설법이라고 주장했다.

'여시아문'은 붓다 앞에서 직접 들은 가르침을 그대로 전한다는 의미가 함축돼 있다. 세존의 가르침을 들은 그대로 전한다는 점을 불교 경전에서 분명히 밝히는 첫 표현이다. 이 구절은 경전의 주석 문헌들에서도 소개되었다.

> "이와 같이 나는 들었다."는 것은 원래 자신에 의해 일어난 상태를 인정하지 않고, 앞의 청문聽聞을 설명한 것이다. 이것은 "내가 네 가지 담대함四無畏과 열 가지 힘을 갖추고, 우왕牛王의 지위에 있고, 사자후를 하며 일체 존재의 최상자 · 법의 자재자 · 법왕 · 법주 · 법의 섬 · 법의 귀의처 · 정법의 최상 전법자이다. 정각자인 저 세존의 면전에서 직접 들은 것이다. 여기에서 의미나 법, 형식에 대해서 의문이나 의심을 해서는 안 된다."라고 모든 천신과 인간이 이 법에 대한 불신을 소멸시키고, 믿음의 성취를 일으키고 있다. 그 때문에 이렇게 말한 것이다. 이와 같이 나는 들었다라고 고타마의 제자는 말하며 가르침에 대한 불신을 없애고 믿음을 키운다." 《디가 니까야》, 〈범망경〉 주석서, DN-a, I. 29)

대승 경전에서도 여시아문에 관해 설명했다.

"모든 불경은 어찌하여 처음에 이와 같이如是라는 말을 하는가? 그 답은 불법에 대해서는 믿음으로 들어갈 수 있고, 지혜로 건널 수 있다. 이와 같이라는 의미는 바로 믿음이다. 만약 사람의 마음에 깨끗한 믿음이 있다면, 이 사람은 불법에 들어갈 수 있다. 만약 믿음이 없다면 이 사람은 불법에 들어갈 수 없다. 믿지 않는 자는 이 일은 이와 같지 않다고 말하는데, 이것이 믿지 않는 모습이다. 믿는 자는 말한다. 이 일은 이와 같다. 비유하자면, 소가죽이 부드럽지 않을 때는 구부리지 못하는 것처럼 믿음이 없는 사람도 이와 같다. 비유하자면, 소가죽이 이미 부드럽다면 쓰임에 따라 만들 수 있는 것처럼 믿음이 있는 사람도 이와 같다."

《대지도론》 T.25, 62하~63상)

아난존자에 의해 처음 사용되어 경전 내용이 붓다에게서 유래함을 다시 밝혀주는 여시아문은 대승 경전에서도 세존의 직접적인 가르침이라 주장한다는 점에서 의미가 크다. 2,700년 동안 전승된 불교문화에 대해서 어떻게 볼 것인가? 라는 물음에 관하여 "나는 이와 같이 보았다."는 여시아견如是我見이란 신조어를 찾아낼 수 있다고 본다. 붓다로부터 보살과 아라한, 역대조사와 선사들이 만들고 이룩한 불교 문화유산을 객관적으로 조망하고, 사실적으로 이해하는 노력에서 얻을 수 있는 불제자로서의 시각인 동시에 새로운 관점이라 할 수 있다.

어떤 사물은 누가 어떠한 관점에서 어떻게 보느냐에 따라 차이가 있을 수밖에 없다. 세존의 말씀은 모두 여시아문으로 정리되었고, 그 후에 형성된 불교문화를 여시아견의 자세로 접근하는 방식은 세존의 가르침을 전승하는 데도 기여할 수 있다. 또 하나의 방법이 아니라 불교 문화유산을 있는 제대로 볼 수 있고, 있는 그대를 인정할 수 있다면 그것은 여실지견如實知見(있는 그대로 직시함)의 태도일 것이다. 있는 그대로 알고 본다는 뜻의 여실지견은 사찰문화 이해의 이상적인 목적이다. 여기에서 있는 그대로를 알아보고, 있는 그대로 설명할 수 있는 자질을 함양하고 공유하는 것은 사찰문화해설의 궁극적인 목표이다.

"나는 이와 같이 보았다."는 여시아견의 입장은 불교문화유산 등에 대해 있는 그대로 직시하는 것에서부터 출발한다. 우리 문화유산들에 비밀코드처럼 새겨진 상징과 교리적 함의를 풀어서 쉽게 전달하는 방법과 그 의미를 찾아내는 데 있다. 기원전 543년 2월 보름날, 열반에 들기 전 붓다는 아난존자에게 이르기를, "내가 입멸한 후에 발심하여 나와 인연이 있는 네 장소四聖地를 간다면, 그 얻은 공덕은 헤아릴 수 없을 것이다. 태어나는 곳도 항상 인간 세상과 천상세계이며, 좋은 과보를 받아 다함이 없을 것이다. … 또 이 밖의 사람들이 그곳으로 가서 예경하고자 한다면 그 얻은 공덕도 그와 같다." 그곳에 가면 내가 있을 것이라는 붓다의 메시지가 담겨 있다. 과거가 아니라 현재진행형이다. 지금까지 지식으로 보던見 것에서 지혜로 보고觀 느낄 수 있도록 안내해야 한다. 아홉 개의 산과 여덟 곳의 바다가 있는 그곳으로 바랑 하나 메고 찾아 나선다. 많은 지도편달을 부탁드린다.

나의 여러 도반들께 감사와 존경의 예를 올린다.

불광동 제하당霽霞堂에서 2024년 오월에 두손모음

"사찰문화해설사는 불교 문화유산에 관하여 지식으로 보는見 것을

넘어서 지혜로 보고觀 느낄 수 있도록 안내하는 일꾼이다."

- 강계 이지범

Ⅰ. 들어가며

평안북도 향산읍 묘향산역에서 출발하는 평양행 기차(2013년)

향나무 측백나무 오묘한 묘향산,
신시神市를 처음 연 단군왕검의 태백산.
여기서 사찰문화해설의 문을 연다.
단 한 번도 카피(Copy)하지 않은 붓다!
함께 떠나는 알고도 모르는 길.

"사찰문화해설은 사찰과 사람과의 교감이다.

해설사는 공감을 이루게 하는 징검다리이다."

– 강계 이지범

※ 강계江界는 나이 60을 맞아 스스로 지은 자호自號이다. "물에서는 경계(구분, 분별 등)가 없다."라는 뜻이 있다. 1553년(조선 명종 8년) 11월 평안도 강계에서 별세한 회재 이언적의 15대손으로, 그 유지를 잇기 위해 통일의 염원을 담았다. 강계는 평안북도의 옛 도시였으나 1954년 10월 행정구역 개편으로 현재, 자강도의 도청 소재지이다. 자강도는 자성군慈城郡에서 자를, 강계군江界郡에서 강을 따온 지명이다.

사찰문화해설사는 붓다의 또 다른 이름이다. 석가세존의 가르침과 후손들이 만들어 낸 불교문화를 가꾸고 소개하는 21세기의 문화 일꾼이다. 그 시작은 다음과 같다.

> "고통을 없애고 모든 악을 벗어나 탐욕을 떠나 자유를 얻고, 자비와 사랑의 굴레를 벗어나 지혜로서 법을 전하느리라. 나의 익을 얻기 위해서 전함도 아니요. 명예를 얻기 위해 전하는 것도 아니다. 오직 중생을 가엾이 생각하여 지혜로서 법을 전하느니라." 《장하함경》 제1. 〈대본경〉

> "살아남은 부류種는 멸종한 부류보다 더 강하거나 더 똑똑하지 않았다. 다만, 변화에 잘 적응했을 뿐이다."(*It is not the strongest of the species that survive, nor the most intelligent. but the ones most responsive to change.*)
>
> 영국의 자연생물학자 · 진화론자 – 찰스 다윈(1809~1882), 《종의 기원》(1859년)

위의 글은 올바른 지혜로서 법을 전한 붓다의 말씀이다. 아랫글은 생물의 진화를 발견한 찰스 다윈의 메시지이다. 두 가지 글을 통해 사찰문화해설사는 언제, 어떤 장소에서 안내할 대상에게 무슨 메시지를 전할 것인가?에 대해 고민할 때, 한 가지 사례로 이야기할 수 있다.

전문 해설사로부터 사찰 전각의 주인들이 제시하고 있는 리더십과 용기,

전문 지식을 비롯한 그 밖에 것들을 배울 수 있다. 좋은 해설사로부터는 체계적인 해설기법, 사찰문화의 이해를 얻고, 원활한 진행과 명랑한 태도 등에 관해서 배울 수 있다. 이와 달리 훌륭하지 못하다는 평가를 받는 해설사에게서는 답사와 해설 그리고 진행을 소홀히 한다는 것이 어떤 것인지. 함부로 참가자들을 대한다는 것이 어떤 것인지를 깨달을 수 있다. 또 그와 함께하는 시간이 얼마나 힘든 일인지도 알 수 있게 한다. 이런 과정에서 참가자들은 동 해설사의 행동 하나하나를 관찰하고, 그들의 성실함과 불성실함을 통해 삶의 교훈을 얻는다.[1]

이처럼 미래의 사찰문화해설사는 어떠한 자세와 준비로 임할 것인가에 대해 살펴본다. 해설사가 되는 데 있어서 필요한 지식정보와 해설방법이 무엇인가? 그리고 참가자들은 사찰문화 현장에서 무엇을 보고, 얻고자 하는 것이 무엇인가를 배울 수 있도록 선행 사례로 제시하는데 그 의의를 두었다.

사찰문화해설에 관한 훌륭한 해설사가 되기 위해 꼭 필요한 개인적 자질, 기술, 지식은 다음같이 정리할 수 있다. 첫째로 개인의 자질은 책임감, 리더십, 확고한 행동, 타인에 대한 존경 · 정직 · 성실로 대하는 것을 가리킨다. 둘째로 개인의 기술은 의사소통 능력, 참가자의 개인별 칭찬과 배려 능력, 원활하게 진행하는 능력, 답사 주제에 부합하고 동시에 소기의 성과(감동 등)를 가질 수 있도록 하는 능력, 타인에게 자신감과 소속감을 심어줄 수 있는 능력 등을 말한다. 셋째로 개인의 지식은 답사 장소에 대한 사전지식, 코스별 핵심 주제선정과 배열 능력, 현장에서의 문제해결 능력에 대한 지식까지도 포함한다. 마지막으로 동 해설사는 사찰이라는 특수한 환경을 통해 활동하므로 해설의 범위를 넘어 참가자들에게 종교적 심성을 북돋우거나 되살리는 능력(추억, 재방문 등)을 배양하는 훌륭한 해설사가 될 수 있도록 돕기 위함에 있다.

이 책은 서론(Ⅰ · Ⅱ) - 본론(Ⅲ · Ⅳ · Ⅴ · Ⅵ · Ⅶ) - 결론(Ⅷ)으로 구성했다. 서론에서는 본 가이드북의 발간 취지를 밝히고, 사찰문화해설에 관한 실무 방법론을 제시하였다. 본론에서는 사찰문화해설의 표본 사례를 기준으로 전각과 용어, 건축물의 일반론과 불교회화와 음악, 붓다의 사상체계 등과 관련한 내용을 정리하였다. 결론에서는 사찰문화해설에 따른 경험적 방향을 예시하는 데 주안점을 두었다.

서론에서는 사찰문화해설의 기본 장소인 사찰에 관한 사항과 해설의 기원을 설명하고, 해설사의 직무론과 연관된 기본과제를 비롯한 개인적 자질과 해설요령에 관한 사항을 탐구하였다. 본론에서는 어떤 사찰을 안내 또는 해설한다는 가정에서 출발 지점에서 해산 지점까지 참가자들이 보고 · 듣고 · 냄새 맡고 · 만지고 · 느끼는 審美眼(사물의 내면 깊숙이 잠재하는 아름다움을 알아볼 수 있는 마음) 것眼 · 耳 · 鼻 · 舌 · 身 · 意을 중심으로 기본사항을 서술하여 문화유산 해설과 지역 안내에 있어 도움을 주려는 내용으로 꾸몄다. 특히, 표본 사례에서는 사찰의 주요 시설물과 건물에 관한 개념을 정의하고, 쓰임새와 전각의 주인공들을 다루었다. 또 일반적 이해 부문에서는 우리나라 건축의 주요한 특징과 조형미 등으로 소개했다. 특히 붓다의 사상체계에서는 부처님 연대기를 비롯한 대표하는 제자들, 기본사상을 체계적으로 정리했다. 아울러 일반적으로 궁금한 불교 상식에 관한 내용도 같이 기술하였다. 결론에서는 사찰문화해설사들이 현장에서 필요로 하는 강의자료, 빅데이터 활용도를 높이는 그 방향성을 설정하였다.

처음 발간하는 까닭으로, 이 책의 구성과 내용에 있어 다소 무리수가 있을 수 있다. 또 미진한 서술적 내용과 곡해된 부문이 있을 수 있다는 점에 대해 인정한다. 아낌없는 충고와 지도편달을 부탁드린다.

1. 사찰문화해설 가이드북의 취지

문화체육관광부와 국립국어원은 2020년 8월 24일 위드코로나 시대(with corona)를 우리말로 코로나 일상이라고 권고한 바 있다. 신종 코로나바이러스 감염증(코로나19)을 예방하며 일상생활을 해야 하는 시기를 말한다. 또 스카이워크(skywalk)와 멀티 커리어리즘(multi-careerism)이라는 신조어를 대체할 우리말로는 각각 하늘 산책로와 겸업 현상을 추천했다. 이러한 대체어 수용도 조사에서 응답자의 96%가 적절하다고 답했다.

스카이워크는 산이나 전망대 등 높은 지대에 설치해 공중을 걷는 듯한 느낌을 주는 구조물인데, 바닥이 투명한 다리나 통로 형태로 만들어 주변 경관을 감상할 수 있게 한다. 멀티 커리어리즘은 하나의 직업에 얽매이지 않고, 다양한 사회 활동을 하며 자아를 실현하고자 하는 현상을 의미한다. 이처럼 우리 사회에서 일어나는 신조어 또는 시사용어는 새롭게 만들어지거나 또 사라지는 것을 반복하고 있다.

한 시대의 용어이거나 이름도 시대의 흐름에 따라 그 생멸의 과정이 따른다. 즉, 사용자 중심의 언어는 발달과 변화를 하는 반면에, 비사용 언어와 문화는 자연히 도태하기 마련이다. 그런데도 이것만은 꼭 지켜야 한다 등의 이유가 있을 수 있다. 어느 특정 조직이나 단체의 주장도 있을 수 있겠지만, 일부만의 노력으로 변화의 흐름을 극복해 내기는 쉽지 않다.

그런 측면에서 불교와 사찰이 소중하고 진실하다고 여긴다면, 그 이름과 문화를 가꾸고 지키는 노력이 동반되는 것은 당연하다. 각종의 사전들에 기록된 용어와 해설도 사회적 약속의 과정을 통해 이루어진 결과물이다. 퍼즐 조각처럼 존재하는 불교 용어와 의미를 체계적으로 정리하고 설명하여 여러 사람이 사용하고 이해할 수 있도록 일종의 판(判)이 있을 때 가능하다. 변화를 담는 그릇으로 무엇 무엇이다. 또는 이렇게 부르자는 공통의 약속을 만드는 과정이 요구된다.

이런 측면에서 사찰문화해설이란 용어가 탄생했다고 할 수 있다. 그 용어는 대한불교청년회가 지난 2019년 5월 말부터 사찰문화해설사 양성과정을 처음 개설하면서 현대사회와의 접목 차원에서 내놓은 신조어다. 사찰에 관한 해설이나 설명, 사찰문화에 관한 해설이라는 의미가 혼용된 것은 사실이다. 이 용어가 하나의 문화 현상을 보여 주는 것이라면, 그 본뜻을 훼손하지 않는 범위 안에서 누구나 읽기 쉽도록 손질할 수 있도록 하는 재해석의 작업이 필요하다.

《사찰문화해설 가이드북(Guide book)》은 2030년대를 바라보는 달(牌月)의 개념으로, 불교 인문학 속의 안내서로 그 취지가 있다. 이 책은 공인된 교과서가 아니라 변화하는 환경에 맞추어 오늘날 세대를 위한 교양의 개념을 적용한 사찰문화 입문서이다. 그동안 우리 사회에서 사찰과 불교문화에 관심을 가진 일반인들이 교양으로 알고 싶어 하는 사찰과 그 속에서 잉태된 불교문화를 체계적으로 이해하는데, 도움이 되는 정도에 그 의미를 두고 있다.

흔히 불교 인문학이 "부처님과 그의 제자, 조사와 선사들이 만들고 조성한 여러 문화와 이론을 보다 효과적으로 수행하고 계승하여 불교적 문화와 세계관을 조망하는 학문"이라고 할 때, 《사찰문화해설 가이드북》은 "사찰이란 현장에서 현지 사람의 관점으로 방문객들이 사찰과 불교 문화유산을 더 쉽게 이해하고 실감할 수 있도록 돕고자 하는 데 있다."고 개념화[2]할 수 있다.

인문학은 문학과 역사 그리고 철학, 일명 문사철文史哲로 부른다. 그 핵심 범주의 인식은 일반적으로 일본의 근대 학문제도 형성 과정의 역사적 경험에 기반하고 있다. 동아시아 한자 문화권에서 근대 학문 제도를 가장 먼저 실현한 일본의 영향에서 한국과 중국의 근대적 학문 체계가 구성됨으로써 비롯됐다. 이로써 우리나라 인문학에서도 주체적이고 창의적인 인문학 전통을 창출하기보다는 순수 – 중립 – 사변을 고수하는 분위기에 압도당했다. 이 틀에서 벗어나기 위한 인문학적 시도는 동양 전통 인문학의 맥락적 연결로써 "문명에 머무르는 것이 인문이다. 천문을 관찰하여 계절의 변화를 살피며, 인문을 관찰하여 천하를 교화한다."는 《주역》〈비괘賁卦〉의 기록[3]을 차용해서 볼 수 있다.

이를 바탕으로 불교라는 문명에 머물러야 불교 인문이다. 그 문명에 머무는 것을 지향해야 하는 것이 불교 인문학이라고 재해석할 수 있다. 그것은 《사찰문화해설 가이드북》은 곧, 불교 문명을 기반으로 사찰에 관한 것을 지향해야 하는 것을 암시하고 있다고 할 수 있다. 본 가이드북이 추구하는 이상이 불교와 사찰에 이미 갖추어져 있었다는 역사적 신념이므로 불교에서의 오래된 미래와 상통하는 것이기도 하다. 불교에서의 문명은 사찰문화의 오래된 미래

이다.[4]

　따라서 《사찰문화해설 가이드북》은 '사찰을 찾는 이들에게 사찰에서 스스로 행복을 추구하고, 인간적 가치를 찾을 수 있도록 하는 과정'이라는 인문학적 범주 안에 있다. 문화는 유전되는 것이 아니라 보존되어 정신적인 형태로 유지되는 것[5]으로써 역사와 문화에서 보존이라는 형식이 바로 전통이다. 이를 계승하기 위한 일종의 안내서로 만들었다. 전통에 의해 형성된 문화적 요소들은 전승되어 모범과 학습을 통해 다음 세대로 이어진다. 그 문화적 전통 속에서 인간은 자신을 내면화하는 문화적 존재임을 깨닫는 문화의 향유자이다. 또 사찰문화를 하나의 유기체로써 생명력을 가진 존재無生命로 가꾸는 문화 생산자이기도 하다. 그 역할을 담당하고 공유하는 사찰문화해설의 길라잡이가 될 수 있기를 바란다.

2. 사찰문화해설의 유래와 정의

1) 사찰의 기원과 유래

(1) 사찰의 정의

사찰은 여러 불보살의 불상·불화 등을 봉안하고, 붓다의 가르침을 따라 수행하는 사람들이 머무는 곳이다. 부처님의 가르침을 닦는 성스러운 곳으로, 불·법·승 삼보가 두루 갖추어진 도량을 일컫는다. 일반 불자들에게는 수행과 전법의 중심이 되는 곳이다.

어떤 장소를 가리키는 사찰(Temple)은 사寺·절卍·암庵·도량道場·총림叢林·산문山門·사원·암자·난야蘭若·승원僧院·중원衆園·선원禪院·정사精舍·가람伽藍·포교당 등으로도 불린다. 일반적으로 '절'이라는 순우리말을 많이 사용한다. 도량은 붓다의 가르침을 따라 도道를 닦는 장소이다. 암자는 혼자서 수행하는 곳으로 작은 절을 말한다. 정사는 산스크리트어 비하라毘訶羅(Vihāra)의 뜻을 드러낸 한자식 표기로, 승려들이 모여 정진하는 집이라는 의미다. 난야는 범어梵語 아란야阿蘭若(Aranya)의 준말로, 번잡한 소리가 들리지 않는 평안한 곳을 말한다. 수행하기 좋은 고요한 수도처라는 뜻이다.

산문은 산에 있는 곳으로, 마음의 문을 여닫는다는 뜻이다. 승원은 몇몇 승려가 사는 곳, 중원은 승가와 재가 사부대중들이 모여 사는 곳을 말한다.[6] 총림은 울창한 나무가 있는 곳이란 뜻으로, 많은 승려가 살면서 수행하는 곳을 가리키는 의미다. 특히 총림은 강원(교학을 공부하는) · 선원(참선하는) · 율원(계율을 닦는) · 염불원(염불수련하는 공간)이 있는 종합 수도원과 같은 건물이나 시설을 갖춘 사찰이다. 선원 또는 선방은 참선하는 장소가 마련된 사찰과 암자를 일컫는다. 포교원布敎院은 20세기에 들어와 산중불교가 생활불교를 표방하며 도심 속에 사찰을 건립하면서 생겨난 이름이다.

불교의 도를 선양하고 구현하는 도량인 사찰은 현대에 들어와서 몸과 마음이 청정한 사람들이 모여 사는 곳이라 하여 청정원淸淨院, 또 온갖 세속적인 갈등과 번민을 초월하는 집이라고 해서 출세사出世舍라고 한다. 산사(산속의 절)는 우리나라의 사찰 7곳이 2018년 6월 유네스코 세계유산으로 등재되면서 알려진 지명에서 나온 말이다.[7]

(2) 사찰이란 명칭의 유래

흔히 사찰은 '절'이라 부르는 학술 또는 종교적 평가가 있다. 통일신라 시대의 김대문이 쓴 《계림잡전》(708년)의 기록이 《삼국사기》(1145년)에 인용된 것처럼 학술적으로는 6세기 불교가 신라에 처음으로 전래한 모례毛禮 · 毛祿의 집에서 유래됐다고 정의한다. 모례의 순우리말인 털례가 '절'로 바뀌었다는 추정이다. 절을 많이 하는 곳이므로 절이라는 속설도 있다. 종교적 어원에서 절이란

'저, 피안의 세계로' 또는 '저, 행복을 위해서'라는 의미가 깃든 장소를 말한다. 저곳으로 또는 저쪽으로라는 경상도 방언의 '절로'(저리로의 준말)에서 유래한 것이라 주장하는 설도 있다.

절을 사·사찰이라 부른 것은 중국에서 그 유래를 찾을 수 있다. 찰刹은 인도의 산스크리트어 크세트라(Kṣetra)의 소리만 빌린 표기법音差으로 국토·세계·땅·장소로 번역한다. 절을 일컫는 한자인 사寺는 흙토土와 마디촌寸을 합친 모양새다. 처음에는 법률에 따라 토지를 관리하는 관공서의 개념으로 쓰였다. 또 사는 외국 사신을 대접하는 공사公司의 시설이었다.[8] 중국 후한 때, 67년에 인도 승려인 가섭마등迦葉摩騰과 축법난竺法蘭이 불교 경전을 처음 가지고 와서 낙양의 홍로시鴻臚寺에 머물렀기에 그들이 머물던 ○○시寺가 승려가 머무는 절을 뜻하는 말로 변화되어 쓰였다. 중국 후한의 제2대 황제 효명제(재위 57~75)는 이들을 위해 도읍지 낙양에 백마사白馬寺를 새로 지어 머무르게 했다. 그 이름은 이들이 흰 말에 불상과 불경을 싣고 왔다고 하여 붙여진 사찰명이다.[9]

절은 석가모니 부처님이 살아 있을 때부터 건립됐다. 당시 절은 무소유 생활 속에 탁발하면서 많은 수행자와 보살들이 수행과 전법의 장소로써 공간적 의미와 더불어 건축물 자체를 의미했다. 절은 수행 생활을 하는 곳이다. 인도의 기후적 특성에 따라 비가 오는 우기에는 집단으로 모여 공동체 생활을 하게 된 데서 출발하였다.

역사적으로 최초 절, 가람은 인도의 죽림정사竹林精舍이다. 석가모니불이 살아계실 때 인도 북부의 마가다국 빔비사라(Bimbisara, 재위 BC 582~554) 왕이 기원전 6세기경에 기증한 원림竹林園에 불교에 관심이 깊었던 가란타迦蘭陀 장자가 왕사성(지금의 라즈기르 Rajgir) 부근에 지은 작은 집(오두막) 60동을 건축함으로써 죽림정사(대나무 숲의 집)가 탄생했다.[10] 이어 붓다께서 제자들에게 《금강경》을 설했던 인도 기원정사祇園精舍는 수달타須達多 장자長者가 동산을 황금으로 장식해 지은 것으로 유명하다.[11]

인도 마가다 왕국의 수도 라자그리하(비하르주 라자기르)에 위치했던 죽림정사의 경우 비와 바람을 피할 수 있는 조촐한 원시적인 건물이었다. 오늘날 중국과 한국, 일본 등에서 볼 수 있는 다양한 구조와 기능을 가진 건축이 아니었다. 기원 1세기부터 사찰은 더욱 큰 규모와 격식 있는 주거용 건물로 지어졌다. 중국은 불교가 전래할 당시 낙양성의 사옹문 밖에 백마사를 건립해 인도 등의 승려들이 생활하도록 한 것이 중국 최초의 사원이다. 이때부터 불교 사찰이 많아지면서 사찰과 관청을 구별하기 위해서 '사寺'라는 말이 처음 생겨났다.

절·사원·사찰 등을 가리키는 가람은 인도에서 절을 뜻하는 산스크리트어 상가라마(Samgharama)가 중국식 소리글자로 승가람마僧伽羅摩(Samgharama)라고 적었다. 이것이 축약되어 가람伽藍이 되었다. 암자는 큰 절에 딸린 작은 절이다. 흔히 사찰은 어떤 이가 붓다의 가르침으로 도를 얻기 위해 집에서 나와 한두 곳에 머물며 거주하는 장소를 가리키는 보통명사가 되었다.

사찰의 어원은 산스크리트 상가라마와 비하라(Vihara, 정사)이다. 승려들이 모였다는 것을 뜻하는 상가(Samgha)와 거주지를 뜻하는 아라마園林(Arama)를 합성어이다. 교단을 구성하는 비구(남자승)·비구니(여자승)·우바새優婆塞(남자신도) · 우바이優婆夷(여자신도)의 네 무리四衆가 모여 사는 곳을 가리킨다. 그것을 중국에서 승가람마僧伽藍摩라고 소리 나는 대로 한역音譯한 것이다. 나중에 줄여서 가람이라 표기했다. 여기에서 승가는 대중을 의미하고, 람마는 동산 즉, 원림園林을 의미하는데 휴식을 제공하고 과일이 있는 동산을 뜻한다.

원院이란, 원래 회랑回廊이나 담장을 둘러친 원院과 같은 의미로 사용되었다. 당나라 때에는 사寺와 원園이 같은 의미를 썼다. 그러나 후대에서는 '사'를 '원'보다 넓은 의미로 사용하는 경향이 생겨났다. 사는 절 전체를 가리키는 어휘로, 원은 그 절 안에 있는 별도의 집別舍을 뜻하는 것으로 사용됐다. 불교 건물을 원院이라고 일컬어지게 된 것은 중국 당나라 때 648년에 건립된 대자은사 번경원飜經院이 효시가 된다. 신라 장보고가 활동한 중국 산동성 법화원法華院에서 그 예를 찾을 수 있다. 우리나라에서도 강원도 양양 선림원禪林院(804년 순응법사 건립함) 터에서 그 예를 찾아볼 수 있다. 암庵은 산속에 있는 작은 집, 토굴 등을 가리키는 말로 쓰였다. 이것을 오늘날에는 사원이라 부르게 되었다.

16세기 《신증동국여지승람》에 등장한 범우梵宇는 범찰梵刹 · 범궁梵宮으로 사찰을 가리킨다. 1799년 정조의 명으로 편찬한 《범우고》가 대표적이다. 범우는 범종에 의해 많이 알려진 이름으로 기록용으로 쓰였다. 범梵은 서역석서西域釋書(서역 석씨의 글)라는 뜻으로, 바라문(Brahman)의 음역이다. 범梵은 읊다. 즉, 암송하다와 깨끗하다除邪淸淨는 뜻이 담겨 있다.

인도에서 원림과 같이 초기의 사찰은 단순한 공동 주거지의 성격을 가졌다.

시대가 변천하고 그 흐름에 따라 종교의례를 집행하는 성소로 그 성격이 승화됐다. 이로써 사찰은 그 규모나 숫자에서 비약적인 발전을 이루게 되면서 조형예술품 등 불교건축의 제반 구조와 전통을 형성하게 되었다.

중국 산시성 장안(西安. 서쪽의 수도라는 뜻. 지금의 시안) 백마사 일주문. 사진 출처 : 위키백과(2022.9.12.)

(3) 한국에서 사찰 의미

사찰은 절·사원·정사·사·암자 등 다양한 이름으로 불린다. 본사·말사 등 지역 단위의 교구 행정단위를 나타내기도 한다. 크게는 백 동에 가까운 대단위 건물군으로, 하나의 촌락을 이루는 듯한 대규모 사찰에서부터 오두막을 연상시키는 한두 동의 작은 건물 모습의 암자에 이르기까지 다양하다.

우리나라의 절은 고구려에 불교가 들어온 3년 뒤인 375년(소수림왕 5) 중국 지안지역의 국내성에 이불란사伊弗蘭寺와 초문사肖門寺 혹은 성문사省門寺가 건립되면서다.[12] 신라에는 경북 선산지방에서 최초로 포교활동을 하던 본거지인 모례毛禮의 초가집을 들 수도 있다.[13] 공식적으로 최초의 절은 신라 법흥왕 때의 이차돈이 순교한 천경림天鏡林(지금의 경주)의 흥륜사興輪寺이다.

고대 사찰들은 주로 시가지 중심부에 건립되는 것이 일반적이었다. 중국과 일본에서도 마찬가지였다. 그러나 시대 상황과 사회적 여건에 따라 한국의 사찰은 수행이나 포교에 역점을 두는 특수성을 나타내기 시작했으며, 입지조건에 따라 각기 다른 특징과 건물을 만들게 되었다.

사찰의 중심을 이루는 것은 승원僧院과 당堂이다. 당은 일반적인 사원의 중심이 되는 불당을 지칭하는 말이다. 불당을 다른 말로 금당金堂(부처님을 모신 건물) 혹은 법당法堂(부처님의 가르침을 설하는 건물), 불우佛宇(부처님의 집, 실록에 등장하는 용어)라고 불렀다. 당에는 불상을 모시는 불당과 법문을 설하는 법당뿐만 아니라 경전을 보관하는 장경각, 강의하는 강당도 포함됐다. 불당은 금당이라 하기도 하고, 불상을 봉안하고 불교의 각종 의례를 봉행하는 장소이다. 강당은 경經과 율律을 강설하는 장소였다. 불당은 그 안에 주존으로 모신 불·보살에 따라 대웅전·대적광전·극락전·미타전·지장전·관음전 등 다양한 불전이 있다. 불당이 사찰 건축의 중심이 되고, 승원과 탑을 조성하면서 사원은 더욱 조직화한 건축물이 만들어지게 되면서 오늘과 같은 종합적인 절이 만들어졌다.

절을 사찰이라고 부르는 것은 예전에 신성 공간 앞에는 찰간刹竿이라는 국기 계양대와 비슷한 것을 세웠기 때문이다. 사찰은 절에 이 신성한 공간 표식인 찰간이라는 단어가 결합하여 만들어진 용어이다. 절이 산이 아닌 도심에 있을 때는 담을 둘러서 삿된 것의 범접을 금하고 권위를 수립했는데, 이런 담을 둘러쳤다는 의미에서 원院이라고 한다. 원의 기원은 인도에서 우기 때 비를 맞지 않고 다니기 위해 절의 통로에 지붕을 씌운 것에서 시작되었다. 바깥쪽으로 담이 만들어지면서 사원의 형태가 완성되었다.

우리나라의 절 이름에는 봉奉과 원院 자가 들어간 이름들이 많다. 봉과 국 자가 들어가는 곳은 왕릉의 능침사찰 기능을 담당해 온 때도 있다. 원과 광光 자가 들어간 사찰은 역참 기능을 맡은 경우가 많았다. 경기도 광릉의 봉선사는 조선 세조의 무덤을 받드는 능침사찰 기능을 했던 절이다. 서울 강남의 봉은사는 성종과 중종의 선정릉을 위한 사찰이었다. 흥興, 국國, 광光 자가 들어간 사찰은 국가와 관련 있는 경우가 대부분이었다. 서울의 수국사·경국사·봉국사, 경기도 고양 흥국사·성남 봉국사·양주 흥국사 그리고 경기도 과천 남한산성의 국청사 · 장경사 등은 승군(僧軍)을 모집해 훈련하고, 군기와 화약 · 군량미 등을 비축했던 사찰이었다.

내금강산 정양사 약사전과 반야전(2013년 촬영), 출처: 일본 JS투어 홍보자료

2) 사찰문화의 개념

(1) 문화의 일반적 개념

인류학에서의 '문화는 학습되고, 사회적으로 전승된 행위의 총체'라고 정의한다. 또 문화인류학에서는 "문화는 사상, 의상, 언어, 종교, 의례, 법이나 도

덕 등의 규범, 가치관과 같은 것들을 포괄하는 '사회 전반의 생활양식'이라 할 수 있다."[14]

영국의 인류학자 에드워드 버넷 테일러(Edward B. Tylor)는 문화에 대한 최초의 고전적 학술적인 정의를 시도했다. 그는 문화란(혹은 문명) 더 넓은 민족 지향적인 의미에서 "지식, 신앙, 예술, 도덕, 법, 관습 그리고 사회 구성원으로서 인간에 의해 얻어지는 또 다른 능력과 습관들을 포함하는 복잡한 통합"이라고 한다. 그는 이 용어를 "인위적으로 가공된 세계의 모든 총체적 집합으로 사용한다고 볼 수 있다."고 정의한 바 있다.[15]

세계유네스코는 2002년 "문화는 한 사회 또는 사회적 집단에서 나타나는 예술, 문학, 생활양식, 더부살이, 가치관, 전통, 신념 등의 독특한 정신적, 물질적, 지적 특징"으로 정의하였다.

문화의 일반적 속성과 의미

문화속성	문화적인 의미
공유성	문화는 한 사회의 구성원들에게서 공통으로 나타난다.
학습성	문화는 타고나는 것이 아니라 후천적으로 습득된다.
축적성	문화는 다음 세대로 전해지면서 기존 문화에 새로운 문화 내용이 쌓인다.
변동성	문화는 고정된 것이 아니라 시간의 흐름에 따라 달라진다.
총체성	문화는 각 요소들이 상호 유기적 관련을 맺고 통합성을 가진다.

(2) 사찰문화의 일반적 개념

일반적으로 문화는 한 사회의 주요한 행동 양식이나 상징체계를 의미하는 사회사상, 가치관, 행동 양식을 말한다. 또 인간이 자연환경에 적응하면서 만들어진 생활양식과 습관 · 관습 · 기술 · 예술 등 그에 따른 산물이 문화라면, 사찰문화는 부처와 부처의 가르침과 그를 따르는 이들僧伽 · 在家에 의해 만들어진 사상 · 의상(복식) · 언어 · 의례 · 규칙戒律이나 도덕 등의 규범, 가치관과 같은 것들을 포괄하는 불교계 전반의 생활양식 등을 말한다.

부처님의 깨달음으로부터 시작된 불교가 오랜 역사를 통하여 생활을 영위

경남 통도사 대웅전 (1930년 촬영). 사진 출처: 한국저작권위원회 공유저작물(2018년 공유저작물DB)

하며 전개하는 일련의 과정에서 만들어진 모든 생활양식 등 유·무형의 유산을 사찰문화라고 정의할 수 있다. 건축 공간인 사찰의 대지에서부터 건조물 하나하나에 이르기까지 건축적인 모든 것을 불교건축이라고 한다.

3) 사찰문화해설의 유래와 정의

(1) 사찰문화해설의 기원과 비전

사찰을 대상으로 역사·문화적 설명인 해설은 2000년대에 첫걸음을 내디뎠다. 그 이전에는 특별한 해설보다는 궁금증을 해소하는 차원에서 이야기하는 것이 전부였다. 수련회를 비롯한 특정한 인물, 기관들의 요청에 따라 흔히 그곳을 잘 알고 있는 사람이 사찰의 전각과 불상·탱화 등을 비롯한 석조물 등에 관한 문화재적 차원에서 소개하는 정도로 다루어졌다.

이러한 측면의 문화해설 분야는 문화체육관광부가 2001년 한국 방문의 해를 기해 개설하여 문화유산 해설사를 배출한 것이 그 시초이다.[16] 이어 2011년 10월 관광진흥법의 개정으로 문화관광 해설사제도가 설립, 정착되었다. 당시에는 문화재나 문화유산을 중심으로 운용되다가 생태녹색관광, 농어촌 체험관광, 관광지, 관광단지 등 해설 영역이나 활동지역이 확대되면서 기존의 문화유산해설사 명칭이 2005년도에 문화관광해설사로 바뀌었다. 그 후 사단법인 대한불교청년회(당시 중앙회장 하재길)가 사찰문화해설사 프로그램을 개발, 운영하면서 그 영역이 확장되었다. 대한불교청년회는 2019년 5월 말부터 8월까지 행정안전부의 국가보조금 지원사업으로 제1기 불교문화해설사 양성과정을 서울·부산·제주 3개 지역에서 "우리 불교문화재를 제대로 알고, 바르게 알리자."는 슬로건으로 개최하면서 처음 시작되었다.[17]

이 교육사업에서 사찰문화해설에 관한 방법론적 이해를 이론적 측면에서 다루는 것은 좀 더 효율적이고, 실용적인 해설의 방법을 제고하기 위함이었다. 사회학적 범주에 속하는 인문학과 연계된 영역의 사찰문화해설은 광의적으로 사찰의 역사와 문화를 종합적으로 다룬다. 협의적으로는 한두 곳의 사찰을 대상으로 그곳의 역사와 문화에 대해 안내하는 차원에서 이루어지는 것에 대해 다룬다.

그 분야는 종교 영역의 사찰과 문화적인 영역의 사찰로 구분할 수 있다. 다르게는 전각 등 신앙적 차원의 목적과 구성원들의 생활에 필요한 도구나 건축물로 만들어진 실용적 차원의 측면에서 찾을 수 있다. 세부적으로는 신앙적 목적을 수행하기 위해 예로부터 전승된 사찰 문화유산과 시대적 필요에 따라 재구성된 문화적 형태의 사찰을 설명하는 것을 내용으로 한다. 그것은 사찰음식 또는 템플스테이 등이 대표적인 사례이다. 연등회, 개산대제(기념일) 등 불교 문화 축제와 산사음악회, 동·하계 수련회를 비롯한 사찰문화 행사 등에 관한 내용과 연계된 프로그램으로 개설하는 예도 있다.

사찰문화해설은 사찰과 연관된 모든 분야를 골고루 다루기는 여러 가지 측면에서 힘들다. 해설은 주어진 시간과 대상에서부터 벌써 한계를 띄고 있다. 활동의 공간도 협소한 편이다. 그런데도 사찰문화해설을 잘하고 체계적으로 진행할 수 있는 노하우(Know-how, 여러 경험으로부터 습득한 요령이나 독특한 기법) 또는 체계적 시스템을 통한 사찰문화의 프로페셔널 커뮤니케이션(professional communication)[18]은 동 해설사의 궁극적 과제인 동시에 그 비전이라 할 수 있다.

해설사의 비전은 곧, 인문학적으로 사찰의 역사를 읽고 설명하는 다양한 방법에 있다. 또한 무생물적인 사찰에 대한 역사 · 문화적 접근은 인간의 문화적 요구에 대한 선택적 신호에 조우하는 것이다. 사찰 속에 깃들고 존재하는 이념과 상징(이미지), 우리 민족의 다양한 기술과 예술, 조직 구성원들의 패러다임까지도 살펴볼 수 있기 때문이다. 따라서 사찰문화해설은 사찰에 관한 '현재에서 과거로, 과거에서 현재로' 소통하는 통로(Channel)인 동시에 연결하는 만남의 시공간이라 할 수 있다.

(2) 사찰문화해설의 목적과 실효성

사찰문화해설의 궁극적인 목적은 해당 사찰에 관한 불교 인문학적[19] 관점을 대상 즉, 청중에게 설명하는 데 있다. 단순히 해당 사찰의 대강大綱(구체적이고 부분적인 것을 뺀 어떤 것의 줄거리)을 설명하는 것을 말한다. 일정과 장소에 따라 안내하는 역할에 머무는 관광가이드의 차원이 아니라는 것이다.

사찰문화해설사는 해당 사찰을 찾은 사람들을 중심에 두고, 사찰의 역사와 문화를 설명하는 것을 그 핵심으로 설정하고 있다. 흔히 모범적인 사찰문화해설사는 언제 어디서나 "방문자(청중)이 듣고 싶은 이야기 위에 자신의 전문적인 이야기를 태워야 하는 것"을 운명처럼 받아들인다. 청중이 듣고 싶어서 하는 내용을 중심에 두고 말을 할 때, 대중들로부터 공감을 얻을 낼 수 있다는 점을 간과하지 않는다. 대부분의 현장 문화해설사들은 자신이 잘하고 있거나 자신이 있는 것을 말하는 경향이 짙다. 해설사 본인 것만으로 채워질 때 청중(방문자)과는 괴리되는 현상을 엿볼 수 있는 대목이다.

사찰문화해설 목적의 실효성은 전문 해설(Professional communication)이 필요한 사찰 현장에서 ① 얼마만큼 논리적 설명이 되는가? ② 단어 등 말투에서 문화어(표준말)로 표현하는가? ③ 개념이나 통계적인 설명이 이루어지는가? ④ 전체적인 해설 내용이 스토리(줄거리)[20]로 연결되는가? 등에 따라 방문자(청중)들로부터 공감을 얻을 수 있고, 효과적인 사찰문화해설을 가능하게 하는 데 있다. 더 엄밀하게는 불교 인문학을 통해 일정 시간과 장소에서 방문자들과의 코드(code)가 잘 맞아야 한다. 또는 일종의 채널 맞추기에 달려 있다.[21]

사찰문화해설의 목적을 이루기 위한 방향성은 첫째, 방문자에게도 최소한의 예의범절(Etiquette)을 가질 수 있도록 정보를 제공하여 안내하는 데 있다. 둘째, 방문자들이 주인된 입장에서 대상을 관찰, 경험할 수 있는 자세를 가질 수 있도록 안내하는 데 있다. 셋째, 방문한 곳의 문화와 문화재를 거시적으로나 섬세한(Detail, 세부적 내용) 측면에서 살펴볼 수 있도록 충실하게 안내하는 데 있다. 넷째, 사찰을 방문한 분들에게 잠깐의 휴식 또는 추억이 될 수 있도록 하여 최종적으로 방문지에 대한 보람과 가치를 가질 수 있도록 안내하는 데 있다. 어떤 경우에라도 참여자의 100% 만족시키는 것은 대단히 어려운 과정이므로, 방문한 분들이 일정 부문에 있어 공감할 수 있도록 안내하고 이끄는 활동을 일컫는다.

평안북도 묘향산 보현사 해탈문, 여성 해설봉사원과 향산리 주민들(2011.10.14. 촬영)

(3) 사찰문화해설의 유형과 종류

가. 사찰문화해설의 유형

일정한 사찰을 대상으로 진행하는 사찰문화해설은 두 가지의 형태로 이루어진다. 첫째, 특정한 대상으로 하는 현장 해설이다. 1~2개소 등의 사찰을 중심으로 현장에서 특정한 대상(청중) 해설하는 프로페셔널 커뮤니케이션이다. 둘째, 시기별 개최하는 강의장 해설이다. 실내강의장 형태로 이루어지는 사찰문화해설 강의를 일컫는다.

위의 두 가지는 해설을 바탕으로 하지만, 현장과 실내(사찰과 별개의 장소)에서 이루어진다는 점에서 구별된다. 현장 해설은 여러 가지의 변수와 이동을 해야 하는 과정이 발생하므로 현장(사찰 등)·해설사(강사)·참가자(대상) 그리고 운영지원팀(차량, 기사, 진행요원 등)의 적절한 화합이 최대 관건이다. 강의장 해설은 해설사(강사)·참가자(대상)·운영지원팀(진행요원 등)을 필수요소로 한다.

① 현장 해설의 형태 : 사찰문화해설의 꽃.

현장은 사찰문화해설의 4대 요소가 실행되는 곳이다. 장소·시간·대상·내용이 매시간 단위로 작동되는 것을 원칙으로 한다. 현장(사찰)·해설사(강사)·참가자(대상)를 중심으로 운영지원팀의 협조 여하에 따라 해설의 평가 수위가 달라진다. 해설 강사는 '대상(청중)을 중심에 두고, 사찰문화를 해설(말)

하는 것'을 핵심사항으로 한다. 현장에서의 동선動線 유지와 안전 대책은 현장 해설의 기본사항이다.

사찰문화해설의 4대 결정요소

결정요인	고려할 사항(해설사 중심)
장소	• 사전 결정돼 통보받는 사항(방문하는 곳)
시간(일정)	• 오전, 오후, 저녁 또는 1박 2일 등
대상	• 초중고생, 대학일반, 교육생(단체 등), 초청인사 : 인원수에 따름
내용(해설)	• 역사문화와 인물, 불교유산(전각 등) 주관 및 보조프로그램

현장 해설에서는 두 가지의 해설 요소를 바탕으로 안내하는 것이 관건이다. Ⓐ 리얼리티(Reality, 사실적) 요인은 역사적 사실과 근거에 의한 데이터를 바탕으로 한다. 사실적인 것을 너무 투박하고 단답식으로 말하게 되면, 방문자들이 진심을 갖지 못한다고 평가한다. 폐사지(절터)는 역사적 근거를 바탕으로, 그 위에 불교 인문학적 요소를 해설사가 그리고 채워 나가는 과업에 있다. Ⓑ 디테일(Detail, 세부적) 요인은 해당 사찰의 주요한 특징을 세밀하고 전문적으로 설명하는 부문이다. 해설사가 현장을 너무 디테일에 집착하게(요란하게) 되면 방문자로부터 진정성이 느껴지지 않는다는 지적을 받을 수 있다.

② 강의장 해설의 형태 : 사찰문화해설의 또 다른 기회.

실내외 강의장 해설은 유인물, 프레젠테이션(PPT) 강의자료에 따라 성패가 좌우된다. 문헌 등 이론 자료와 관련 사진 등 해설에 필요한 기본 데이터(Data, 이론을 세우는 기초가 되는 사실, 가공되지 않은 1차 자료) 자산 또는 정보는 해설사의 가장 큰 무기이다.

현장 해설에서는 해설사의 태도(자세)가 건물과 자연에 동화됨으로 크게 주목받지 않는다. 하지만 강의장 해설은 해설사의 자세(복장 및 언어 등 태도)가 매우 중요한 요소 가운데 하나이다. 근세기의 독일 철학자 마르틴 하이데거(Heidegger)는 《언어로의 도상에서》(1959년)에서 '언어는 존재의 집'이라고 정의했듯이 해설사가 실행하는 언어는 해설사의 사고와 행동으로 간파되기 쉽다.

나. 사찰문화해설의 종류와 방안

오늘날 실행되는 사찰문화해설의 종류는 시기적으로 일회성, 단기성, 중장기성 해설로 나뉜다. ① 일회성 해설은 한두 번의 강의로 종료되는 해설이다. 이때 장기적인 협조(거래)를 위해 해설사는 투자적 개념에서 성실하게 준비하는 것이 바람직하다.

② 단기성 해설은 1~3번 강의하는 방식이다. 이때는 해설사의 객관적 인지도를 높이고, 확장하는 차원에서 성실하게 준비하는 것이 바람직하다. 참여 대상자들에게 호기심 또는 지속적인 관심을 촉발할 수 있는 해설 방안을 만들어

서 강의하는 사례이다.

③ 중장기성 해설은 월별, 분기별로 정기성을 띤 해설방식이다. 주제강의 (Thema) 해설이 가능한 형식이다. 해설사에 대한 인지도가 이미 형성되어 있으므로 기존 이미지보다 전문성을 강화하고, 관련한 콘텐츠의 개발에 집중하는 노력이 필요하다. 해설 과정에서는 설득과 공감이라는 키워드를 토대로 일종의 팬덤(Fandom. 대상의 팬들이 모인 집단)을 이룰 수 있는 특질 또는 선호도를 높이는 것이 중요하다.

④ 기타, 초청해설은 특정인 또는 단체가 개별 초빙하는 형식이다. 소수의 인원(10명 미만)과 30명 이상의 인원으로 하는 동문회, 계모임 등 친목 행사 등에서 구성원을 대상으로 하는 해설이다. 호평을 얻은 기존 해설사가 그 목적 행사의 주요프로그램에 참여하는 방식이다. 일명 중개인(소개한 사람)과의 관계를 원활하게 만드는 과정이 필요한 해설 사례이다. 그러므로 사례 케이스를 유지할 수 있도록 시기별로 언론 또는 홍보용 자료를 SNS 등으로 공유하는 노력이 곁들여질 때 시너지 효과를 얻을 수 있다. 일회성 해설은 공식 프로그램에서의 1회 강의에 국한된 형태이고, 초청해설은 부정기적으로 초대받아서 이루어지는 해설을 말한다.

(4) 사찰문화해설사의 정의와 역할

사찰문화해설이란, 불 · 법 · 승(출재가)에 의한 사찰과 그곳에서 형성 · 발전 · 변화 · 소멸한 사회문화적 요소를 일목요연하게 정리, 부문적으로 설명하여 참가자들이 이해할 수 있도록 돕는 소통의 관계 또는 여러 가지 대화방식이라 할 수 있다. 그러한 곳에서 이러한 행위와 행동으로 진행 또는 리더하는 사람을 해설사라고 한다.

사찰문화해설사는 순례나 관람 등을 목적으로 찾은 이들에게 해당 사찰에 관한 이해와 감상, 체험 기회를 공유하기 위하여 역사 · 문화 · 예술 · 자연환경 등에 대해 전문적인 해설을 제공하는 자원봉사자로서 사찰의 이용방법과 불교 문화유산 등을 안내하는 사람이라고 정의할 수 있다.

사찰문화해설사의 일반적 개념은 유 · 무형의 사찰문화를 일목요연하게 설명하거나 이해를 돕는 진행자 또는 안내자[Guide][22]라고 할 수 있다. 이들의 기능과 역할은 사찰이라는 유 · 무형의 공간에서 주요 건물과 석조물, 불보살상, 조각물, 그림(불화), 장식물 등에 관한 쓰임새, 사용 시기와 방법, 건물(전각)의 주인공과 그의 사상과 역할을 해설하여 방문객이 사찰과 불교문화 · 유산을 이해하고, 직접 체험할 수 있도록 관련 정보를 직접 제공하는 모든 과정에 있다. 광의적 개념에서 볼 때 사찰과 불교 문화유산 등을 홍보하는 안내자로서 포교, 지킴이의 역할도 가지고 있다. 협의적 개념으로는 어떤 대상(참가자)을 일정한 시간 동안 특정한 지역 안에서 사찰문화와 불교 문화유산 등을 바르게 설명하는 안내자의 기능과 역할에 더 집중되어 있다.

사찰문화해설사 양성교육 과정보다 선행된 문화유산해설사 교육과정에서 정의하고 있는 문화유산 해설이란 "대상 관광지의 특징과 상호관련성을 묘사하거나 설명함으로써 그곳에 대한 방문자의 관심과 즐거움과 이해를 증진하는 행위로, 이는 방문자에 대한 교육적 활동이고, 관광지에 대한 인식을 넓혀주는 활동이며, 관광자원 보존에 대한 필요성을 일깨워주는 기술인 동시에 정보전달과정이다."고 할 수 있다. 그러므로 고궁과 왕릉, 향교와 서원 등에서 일반 관광객을 대상으로 문화유산 해설을 하는 사람을 가리키는 문화관광해설사의 개념은 "해당 지역을 방문한 관광객들의 이해와 감상, 체험 기회를 높이기 위하여 역사 · 문화 · 예술 · 자연 등 관광자원 전반에 대한 전문적인 해설을 제공하는 자원봉사자로 정의한다."[23]고 하였다.

II. 사찰문화해설의 방법론적 이해

내금강산 표훈사. 사진 출처: 조선의 절 안내(2003년판)

"오늘날까지 현존하는 내금강 표훈사表訓寺는
600년(백제 무왕 원년)에 관륵 · 융운대사가
개창한 백제의 신림사神琳寺였다.
현재는 반야보전 · 영산전 · 명부전 · 능파루 · 판도방 ·
어실각 · 칠성각 당우와 7층 석탑이 남아 있다."

"해설가는 참가자들에게 해설 자원에 관한 지식과 정보를 더해

적절한 기법으로 해설의 기회를 제공할 수 있다."

– 미국 국립공원관리청(NPS)의 해설 방정식

1. 사찰의 유형과 가람배치

1) 사찰 입지의 유형

사찰문화해설은 사찰을 대상으로 이루어지는 과정이다. 사찰이 위치하는 유형과 가람의 배치를 먼저 알고 이해하는 것이 필요하다. 한국에서 사찰은 일반적으로 네 가지 유형을 지니고 있다. 입지적 조건에 따른 유형별 분류 이외에도 한국의 사찰은 전문적인 수행과 일반적인 신행信行을 위한 기능을 동시에 갖추고 있다.

① 평지가람형平地伽藍型 : 평지형은 낮은 구릉 지대와 들판 지역에 건립된 사찰을 말한다. 전북 남원의 실상사와 같은 사찰이 대표적이다. 고구려 평양 · 신라 경주 · 백제 부여와 공주, 고려 개성, 조선 한양과 같이 도읍지를 중심으로 넓은 사역寺域에 장엄한 건축물을 가지는 것이 일반적이다. 특히 왕실의 원당願堂이나 국찰國刹[24] 등이 많고, 동시에 교통의 편리함 때문에 대중불교 형성에도 영향을 끼쳤다.

② 산지가람형山地伽藍型 : 산지형은 산과 구릉 지역에 건립된 사찰로서 산악과 산기슭, 낮은 구릉지대에 위치하는 사찰을 말한다. 일반적으로 산의 여러 지

형을 기반으로 한 형태이다. 산과 계곡을 구분한 형태로 전남 해남 대흥사와 같이 단일 사찰을 구성하는 사례가 있다. 깊은 산골에 자리 잡은 이 사찰은 신라 말기에 도입된 선종禪宗의 영향과 풍수지리설風水地理說에 따라 수행에 적합하도록 설계된 특징을 지닌다. 이와 같은 사찰은 한국의 대표적 사찰들이다. 지금까지도 수도에 필요한 전통적 도량으로 알려졌다.

③ 석굴가람형石窟伽藍型 : 석굴형은 산악과 벼랑 지대에 건립된 사찰로서 흔히 본찰 이외에 건립된 산내 암자가 이 유형에 많이 속한다. 천연 또는 인공적인 석굴에 건립되며 주로 기도를 위한 도량으로써의 기능을 지닌다.[25]

④ 기타 유사형 : 불교 포교와 개척 등을 목적으로 기존의 일반 건물을 이용해서 건립된 사찰을 말한다.
이상과 같이 입지적 조건에 따른 성격별 분류 외에도 한국의 사찰은 전문적인 수행과 일반적인 신행을 위한 기능을 동시에 갖추고 있다.

2) 사찰 건물의 배치 형태

가람배치伽藍配置는 사찰 건축물에 관한 일정한 공간 내의 배치와 활용을 위한 제도적인 방법을 말한다. 사찰 건축의 형식화된 틀 또는 정형화된 공간배치로 정의되는 가람배치는 건축물을 세우는 초기 단계에서부터 그 전체의 성격을 결정짓는 배치 방식에 따라 건립된 사찰의 시·공간적 구조를 일컫는다. 그 기원은 인도에서부터 비롯되었다. 초기 교단이 형성될 당시에 수도승들이 각각 독립적인 생활에서 벗어나 공동체 생활을 영위하게 되면서 그들의 거처와 예배를 위한 공간이 구성되면서 점차 사찰의 품격을 이루게 되었다.

해설사들이 가람배치를 살펴보는 목적은 사찰을 건립할 때 여러 불보살의 교리와 특성에 따라 잘 적용해서 적정한 위치에 배치하였는가? 아니면 왜 이런 구조를 갖출 수밖에 없었는가에 관한 물음에 답하기 위함과 그것을 파악하는 데 있다. 그냥 보면 다 똑같아 보이는 가람배치에서도 일정한 규칙과 방식이 수립된 다음, 원칙적인 것에서부터 빼거나 덧붙이고 다시 보완할 요소들을 점검하여 선정한 것임을 확인할 수 있다. 그 필요성은 가람 건립의 궁극적 목적과 시대적 상황에서 최적화한 선택적 방식을 취했던 당시 소속 승려들의 청사진靑寫眞(미래에 대한 계획이나 구상)을 알아보고, 현재의 우리가 미래 세대에게 어떻게 제대로 전승할 수 있을까에 관한 대안을 찾아보는 데 있다.

전남 승주 선암사와 같이 30여 채가 되는 가람배치는 무질서한 듯 질서가 있고, 독립된 듯 융합되어 있다. 안 꾸민 듯 화려한 모순의 절 건축을 잘 보여주는 우리나라의 대표적인 산속의 승원이다. 오늘날 선암사를 바라보는 심미감의 요체는 가람의 깊은 맛에 있다고 한다. 필요한 것은 목적대로, 통제할 것은 제한하고, 개방할 것들은 자유롭게 다 열어 놓았다. 불필요한 것은 과감하게 생략하고, 단순할 것들은 통합했다. 그 뜻을 숨기고자 한 것은 도대체 알 수가 없는 기호학적 요소까지 남겨 놓아 숨은 듯 보인다.

경남 통도사 · 해인사 · 전남 송광사 · 경북 부석사 등 우리나라 가람에서는 원래 터의 흙과 돌을 깎아내지 않고, 경사진 터에 올려서 그 지형과 산세에 영향을 미치지 않도록 활용해서 자연과 동화되는 모습으로 건축물을 지은 것이 최대의 특징이다. 가능한 지세에 따라 그 범위에서 불교가 지닌 특성을 잘 구현하기 위해 여러 조형물과 필요한 부속건물을 세웠다. 불상을 봉안하는 금당, 부처님 사리를 봉안한 석탑, 불법의 홍포를 표방하는 석등, 범종 등을 걸기 위한 종각鐘閣, 참선하는 선방禪房, 교리를 가르치기 위한 강당講堂, 경판을 보관하기 위한 경루經樓, 수도승이 거처하기 위한 요사채와 기타 건물, 승려의 부도浮屠가 자리한 부도밭과 석비군石碑群, 당간지주幢竿支柱 등 많은 건축물과 조형물이 필수요소로 건립되었다.

우리나라 사찰은 수행 · 교육 · 포교의 세 가지 기능을 수행하기 위한 목적으로 당우堂宇26)가 건축되었다. 이러한 당우들은 불전佛殿 · 강당 · 승당 · 주고廚庫(공양간 · 향적당) · 욕실 · 동사東司(측간) · 산문山門의 칠당가람七堂伽藍의 원칙에 맞춰서 건립하는 것으로 정하였다.

우리나라 사찰의 전통적인 기본 배치는 일주문 – 불이문/조계문(해탈문) – 천왕문/금강문 – 해탈문(불이문) – 누樓閣(구광루/만세루/법왕루 등) – 탑 – 금당(대웅전)의 구조를 갖추었다. 극락교(해탈교, 만세교) 등 돌다리와 연못(영지) 등이 자리한 사찰 경내지 밖에 부도㔾와 당간지주 등이 위치하고 있다.

1945년 광복과 1950년 전쟁 이후, 근대화 과정까지는 남아 있는 수준에서 필요에 따라 복구하는 측면의 사찰 가람배치에서부터 1990년대 이후 복지와 교육 등의 목적으로 현대식 사찰 배치가 나타나기 시작하였다. 종무소와 박물관, 템플스테이, 승가대학(강원) 등과 같은 행정 및 전시, 교육 기능의 건물들이 가람 안으로 배치되었다.

한국사찰에서의 불전은 본존불과 보살 및 호법신중神衆을 봉안하는 중심건물이다. 불전의 명칭은 종파에 따라 달리 부른다. 화엄종에서는 주존불主尊佛을 비로자나불로 하고 대적광전大寂光殿·비로전이라 했으며, 정토종에서는 아미타불을 모시고 극락전이라 한다. 천태종에서는 석가모니불을 모시고 대웅전이라 한다. 극락전은 무량수전無量壽殿이라 한다. 이 밖에 미륵불을 모시는 미륵전, 약사여래를 봉안하는 약사전, 석가모니의 일생을 여덟 개의 형태八相·捌相로 묘사한 그림이나 조각을 봉안한 팔상전, 16나한을 모신 응진전, 관세음보살을 모신 원통전圓通殿27)·관음전, 문수보살을 모신 문수전, 지장보살과 시왕十王을 모신 명부전冥府殿·지장전 등이 있다. 오늘날 사찰에는 전통식과 현대식 가람배치가 혼재되어 있다.

한국사찰의 전통식 가람배치도[28]

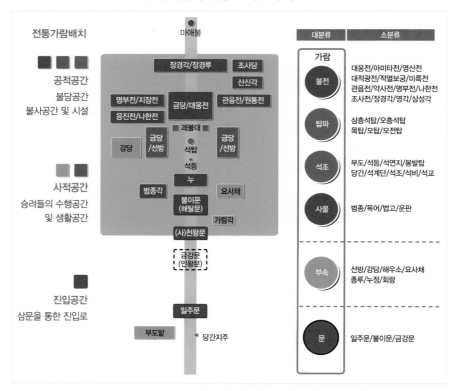

이들 당우와 함께 사찰 건립의 배치 형태에서 중요한 구조물은 탑塔(Stūpa)이다.[29] 붓다의 입멸 후에 세워진 탑을 중심으로 불교의 가람이 세워지기 시작했다. 처음에는 커다랗고 둥근 탑과 탑을 두른 담장, 그리고 사방의 탑문塔門을 만드는 등 웅장한 규모와 성스러운 장식을 세웠다. 사방의 탑문에는 붓다의 전생 이야기나 생전의 행적을 일러주는 여러 가지 조각, 그림이 등장하였다. 담

장 안의 탑 둘레에는 계단과 탑돌이 길을 마련하여 그 당시부터 우요 삼잡右繞

三帀·繞匝 즉, 탑을 오른쪽으로 세 번 도는 풍습이 생겨났다. 우리나라와 중국에

서는 17세기부터 낮(아침)에는 왼쪽으로, 저녁 요잡에서는 오른쪽으로 세 번

도는 관습이 생겨났다.[30]

한국사찰의 현대식 가람배치도[31]

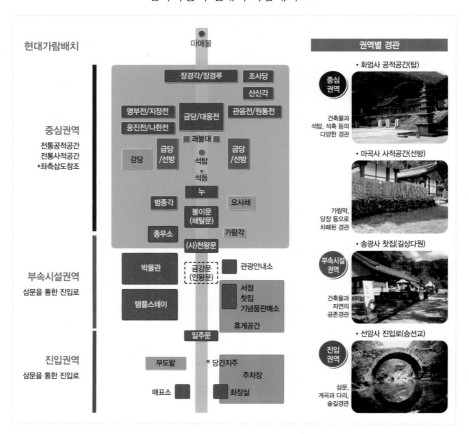

탑은 사찰의 중심건물로 계속 세워지면서 하나둘씩 부속건물이 다시 건립하면서 가람을 형성하였다. 탑과 가람의 형태에도 불교를 받아들인 지역과 나라에 따라 다르게 변모하였다. 탑과 승원이 어우러진 종합 사원이 출현하면서 ① 원래 불탑이 세워진 곳에 승원을 덧붙인 경우, ② 원래 승원만 있던 곳에 불탑을 조성한 경우, ③ 처음부터 탑과 승원을 함께 설계하여 조성한 사원이 건립되었다. 그 후 탑과 승원이 복합된 종합 사원으로 건립하는 것이 원칙이었으나 반드시 탑이 있어야만 가람이 형성되는 것은 아니었다.

우리나라에서는 신라 말부터 산지 가람에서는 탑 없이 건물을 배치하다가, 고려 이후 조선 시대에는 탑이 사원에 자취를 감추거나 외곽지대로 밀려나는 경우가 많이 생겨났다. 탑이 예배의 주요 대상일 때부터 탑은 사원의 중심이 되었고, 그 뒤 불상이 예경의 중심 대상으로 선택되면서 불상을 봉안한 불전佛殿 즉, 금당金堂도 탑과 같이 중시되어 탑과 금당이 병립하였다. 특히 불상이 신앙의 주체로 존숭받게 되면서부터는 금당이 중심主이 되고, 탑은 보조從하는 방식이 사원의 기본형식으로 변모하였다.

탑은 벽돌로 만든 전탑, 나무로 만든 목탑, 돌로 만든 석탑으로 분류된다. 중국은 전탑을 많이 건립하였고, 한반도에서는 석탑, 일본은 목탑을 많이 건립하였다. 탑을 중심으로 한 방법은 가람의 형식을 구분하는 데 가장 많이 쓰이는 방식이다. 일반적 가람배치는 탑의 배치에 따라 탑이 불전과 일직선으로 놓이도록 배치한 일탑식一塔式 배치와 2개의 탑이 불전 앞 동서 대칭으로 세워지는 쌍탑식雙塔式 배치가 있고, 1개의 탑에 금당이 3곳일 때는 일탑삼금당식 가람배치라고 한다.

우리나라 사찰의 가람배치는 금당원金堂院-탑원塔院-승원僧院으로 된 복합 형식이었다. 전통적 가람배치는 첫째 불상을 모신 곳과 탑을 봉안한 곳, 수행자들이 거주하는 곳으로 나누었다. 둘째, 탑과 금당의 배치형식에 따라 다르게 구분하기도 한다. 1탑 1금당 · 2탑 1금당 · 1탑 3금당 형식이 대표적이다. 탑이 없는 예배원과 승원의 복합배치 형식은 드문 편이지만 조선시대 가람배치에서 찾아볼 수 있다. 실제로 여러 전각과 종루, 고루高樓(높은 누각), 경루經樓(경판 보관하는 누각)를 포함한 수많은 부속건물과 천왕문, 일주문 등이 어우러진 다양한 배치형식을 볼 수 있다.

한국 가람배치의 종류와 특징

가람배치 형태	주요 특징(시대별)
일탑일금당식(一塔一金堂式) 또는 일탑식(一塔式) 가람배치	• 해인사, 법주사 등 석탑이 불전각(금당)과 한 개씩 나누어져 있으며 대개 일직선에 놓이도록 배치함. • 백제시대 사찰의 특징임.
쌍탑일금당식(雙塔一金堂式) 또는 쌍탑식(雙塔式) 가람배치	• 2개 탑이 불전 앞 동서 대칭으로 세워져 있으며, 통일신라시대 사찰의 특징임. 불국사, 화엄사, 실상사 등 석탑 2기와 본전 1~2채에 1당 2탑식 등의 전형적 모습임. • 익산 미륵사지는 석탑2기와 본전 1채의 백제 사찰.
일탑삼금당식(一塔三金堂式) 배치	• 고구려 시대 사찰의 특징임. 1개 석탑에 세 개의 금당(金堂)을 품(品)자 형태로 배치하는 형식으로 현존하는 것은 매우 드물다.

한국 가람배치의 종류와 지역

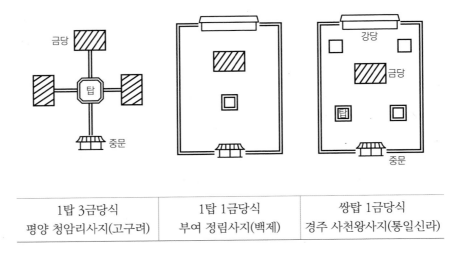

1탑 3금당식 평양 청암리사지(고구려)	1탑 1금당식 부여 정림사지(백제)	쌍탑 1금당식 경주 사천왕사지(통일신라)

2000년대 이후부터 가람 형태는 ① 금당원과 탑원을 합친 금당 공간, ② 법회와 교육을 위한 법당 공간, ③ 수행자의 거처인 승당 공간으로 변모한 양상을 이룬다.

• 금당金堂 · 佛殿은 대웅전 · 비로전 · 관음전을 비롯한 산신각 · 칠성각 등 불상을 봉안한 전각殿閣을 말한다. 기본적으로 동서를 긴 축長軸으로 하여 남향으로 배치한다. 평면은 기본적으로 ━자형이며, 중앙 후면에 불상을 안치하고, 좌우 양측 벽면에 붙여서 ━자형 또는 ㄱ자형의 부불당을 설치, 그 위에 불상

을 둔다. 불상 안치가 어려울 경우에는 탱화를 설치한다.

• 법당法堂은 금당과 같은 의미로도 부른다. 강원(승가대학)과 같은 조직에서 승려들의 교육과 법회 공간으로 사용하는 건물을 말한다. 무설전誣說殿(불법이 설해지는 전각) · 궁현당窮玄堂(신묘한 진리를 닦는 집) · 우화루雨花樓(진리의 꽃비가 내리는 누각) 등이 해당한다, 기본적으로 불당의 뒤이거나 옆쪽에 배치된다.

• 승당僧堂은 승려들이 참선 · 학습 · 사무 · 숙식 등 일상생활을 하는 곳이다. 이곳에는 참선하는 선당禪堂, 일상생활을 하는 승방, 주지 또는 불당 · 법당에 향화香火를 올리는 노전爐殿(주불전 담당 염불승의 직책) 등이 머문다. 승당의 평면형식은 주로 口자 또는 冂자형으로 하며, 다른 불전에 비해 소박하게 꾸며진다.

흔히 '요사寮舍'로 불리는 승당은 사찰 내에서 부처님과 보살, 산신 등 종교대상을 모신 전각이나 문 종류 외에도, 승려의 생활과 관련된 건물을 아울러 이르는 말로 포교나 수행을 위한 건물이다. 대표적으로는 보제루 · 심검당 · 적묵당 · 설선당 등을 들 수 있다.

이러한 가람배치 구조를 이루고 있는 절寺刹에 들어가기 위한 절차인 동시에 '통과의례'의 문들이 있다. 이것을 산문이라 한다.

산문山門은 일주문과 천왕문, 해탈문(or 불이문)을 한꺼번에 부르는 말이다.

그간 "산문을 열었다와 닫았다."고 한 것은 이 세 문을 함께 열고, 닫음을 말한다. 사찰에서의 문은 내부와 외부, 속계俗界와 진계眞界의 경계인 동시에 연결 통로가 되는 중심 장소이다.

흔히 사람들이 "산문에 든다"라고 하는 말은 깨달음을 구하러 가는 과정을 의미한다. 이것은 수미산須彌山(Sumeru)을 찾아가는 여정과도 같은 의미로 쓰인다. 불교 세계관을 상징하는 수미산은 우주의 중심을 이루는 거대한 산이다.[32] 원통 모양의 풍륜風輪(바람=대기층) · 수륜水輪(물) · 금륜金輪 · 地輪(땅)으로 떠받쳐 있고, 금륜 위에는 다시 9산山과 8바다海가 있다. 수미산은 7개의 향수 바다와 금산이 둘러싸고 있는 세계라 일컫는다. 하나의 수미산을 정점으로 하는 세계의 기본단위를 1세계라 한다.

2. 사찰문화해설의 실무 방법론

1) 해설의 개념과 기본과제

(1) 해설의 기본원칙

글자 그대로 해설解說은 문제나 사건의 내용 따위를 (대상에 맞게, 눈높이) 알기 쉽게 풀어 설명하는 것을 말한다. 제3자의 물음이나 관심사에 대해 알기 쉽게 설명하는 행위이다. 해설하다는 활용의 예시는 복잡한 내용이나 뜻을 알기 쉽게 해설하거나 작가가 자신의 작품에 관해 설명하므로 이해하기 쉬웠다 등이 있다.

해설이란 용어는 미국의 자연보호주의자 존 뮤어(John Muir)가 1871년에 처음 사용한 말이다. 미국 국립공원관리청(1916년 설립)에서 채택하면서 공식적으로 사용하고 있다. 미국의 프리만 틸든(Freeman Tilden)은 《우리의 유산 해석하기》(1957년)에서 해설의 6가지 기본원칙을 제시했다.[33] 해설사들이 가져야 할 기본사항으로까지 받아들여지고 있다.

① 방문객들의 관심사, 흥미 파악을 통한 참가자를 위한 효과적인 해설을 하도록 노력한다. 즉, 연관시켜라. 비교하고 대조하고 개성적으로 만들어라.

② 정보 전달이 아니라 스스로의 노력, 지식 등의 정보를 자신의 언어로 바꿔 전달 한다. 즉, 드러내라. 참가자들이 무엇인가 새로운 것을 발견하게 만들어라.

③ 해설 장소와 대상에 관한 관심·흥미를 유발하는 것이다. 즉, 자극시켜라. 심오한 생각과 행동을 고취시켜라.

④ 생태자원 하나가 아닌 자연과 생태계를 연관 지어서 종합적으로 해설하는 것이 필요하다. 즉, 종합예술 차원에서 다양한 학습 양식을 써라.

⑤ 개인의 배경과 관심 분야·나이·계층에 따라 적절한 해설 개발이 요구된다. 즉, 적절하게 참가자를 고려하라.

⑥ 해설의 소재는 자연과학·인문과학·사회과학·건축물 등 다양한 분야가 서로 조합되어 있는 종합예술로, 적절한 자연 해설기법을 통해 전달하는 종합적 기능을 이룬다고 했다. 즉, 총체적으로 해설 자원의 맥락(큰 이야기)을 제공하라.

프리만 틸든은 해설의 기본 목표로, 상세한 부분이 아무리 흥미 있다고 해도 부분보다 전체를 표현하는 것을 중점적으로 다뤘다. 해설방법으로는 듣는 사람들을 가르치려 하지 않고 자극을 유발하고, 한 부분보다 전체를 전하려고 한 것이다.

미국의 환경교육과 해설 컨설턴트 존 베버카(John Veverka)는 1994년에 지은 《숲 해설 투어 안내기획법》(2015년)에서 "해설이란, 문화적 자연적 유산과 유물 그리고 자연적인 경치나 장소를 직접 방문하여 체험을 통한 해설가가 그 의미와 관련된 사실을 방문객들에게 전달하는 것을 목적으로 하는 정보 교환의 진행 과정이다." 미국의 해설가협회(NAI) 홈페이지에서 "해설은 방문객의 호기심과 자연 및 문화자원에 내재한 의미 사이에 지적·감정적인 결합이 일어나도록 하는 일종의 의사소통 과정이다."고 정의했다. 미국 국립공원관리청(NPS)의 해설 방정식은 "해설가가 참가자들에 대한 정보에 해설 자원에 관한 지식을 더하여 적절한 기법으로 적용하면 해설 기회를 제공할 수 있다."고 제시했다. 즉, 해설 기회=(참가자 정보+해설자원 지식)×(적절한 기법)에 의해 나타나는 것을 말한다.

미국의 환경전문가 래리 벡(Larry Beck)과 테드 케이블(Ted Cable)은 2002년도에 프리만 틸든의 원래 원칙을 자세히 설명하는 《21세기 해석: 자연과 문화 해석을 위한 15가지 지침》을 출판하고, 2011년에 다시 《해석의 선물(The Gift of Interpretation)》이란 새로운 버전의 원칙을 발표했다. 벡과 케이블의 원칙으로 불리는 내용은 다음과 같다.

① 흥미를 일으키려면, 해설가는 참가자들의 삶과 해설 주제를 관련시켜야 한다. 참가자들의 삶과 연결되어 있어야 한다는 점이다.
② 해설의 목적은 정보제공을 넘어서 깊은 의미와 진실을 드러내는 것이다. 정보가 아니라 깊은 의미와 진실을 드러내야 한다는 점이다.
③ 해설은 정보·흥미·깨달음을 하나의 이야기로 만들어 진행해야 한다. 흥미 있는 하나의 이야기로 만들어야 한다는 점이다.

④ 해설 이야기의 목적은 참가자들의 감성 한계를 넓히도록 영감과 자극을 주는 것이다. 참가자들의 감성을 일깨우고 영감과 자극을 주어야 한다는 점이다.

⑤ 해설은 명확한 주제나 논지를 담고 모든 사람들을 다루어야 한다. 명확한 주제와 논리가 있어야 한다는 점이다.

⑥ 초·중·고등학생을 위한 해설은 일반인 대상의 해설과 근본적으로 다른 접근을 따라야 한다. 해설의 양과 질을 고려한다는 점이다.

⑦ 모든 장소는 역사와 의미를 지니고 있다. 해설가는 과거를 더 생생하게, 현재를 더 재미있게, 미래를 더욱 의미 있게 제시할 수 있어야 한다.

⑧ 첨단기술은 흥미롭고 새로운 방법으로 세상을 드러낼 수 있다. 하지만 첨단기술은 예견과 관심을 드러내도록 해설프로그램에 포함해야 한다. 즉, 해설가는 커뮤니케이션 기술을 습득하고 있어야 한다는 점이다.

⑨ 해설가는 스스로 해설의 양과 질(선택과 정확성)을 고려해야 한다. 집중적이고 잘 정리된 해설은 지루한 담론보다는 더 강력할 것이다. 방문객들이 알고 싶어하는 것을 충족시켜야 한다. 또 해설을 적용하기 전에, 해설가는 기본적인 커뮤니케이션 기술에 익숙해져야 한다. 우수한 해설은 끊임없이 훈련된 해설가의 지식과 기술에 달려 있다는 점이다.

⑩ 해설 글쓰기는 지혜·겸허·관심과 함께 방문객들이 알고 싶어하는 것을 다루어야 한다.

⑪ 포괄적인 해설프로그램은 재정적·정치적·행정적 지지와 자원봉사를

이끌어낼 수 있어야 한다. 이러한 지지는 해설프로그램을 번창시키는 데 필요하다.

⑫ 해설은 참가자들 주변에 있는 미적 감성에 대한 갈망 · 정신적인 행복감을 제공 하고, 자원보전을 고무시키는 등 서서히 유도할 수 있어야 한다. 참가자들에게 미적 감성에 대한 갈망, 정신적 행복감을 제공하고 자원보전 의식을 일깨워야 한다.

⑬ 해설가는 의도적이고, 사려 깊은 프로그램과 시설 계획을 통해 최상의 경험을 제공해야 한다. 해설 자원에 대한 영감을 받게 될 참가자에 대한 열정은 강력하고, 영향력 있는 해설을 위한 기본적인 구성 요소이다.

오늘날 해설에 관한 추세는 ① 자연환경 또 문화유산 해설은 경험을 바탕으로 이루어져야 한다. ② 사회 마케팅이 해설에 가치를 더 해준다. ③ 청소년기의 경험들이 야외활동 욕구를 창조한다. ④ 해설을 개선하려는 국제적인 관심이 증가하고 있다. ⑤ 해설은 교육에 가치를 더 강화하고 있다. ⑥ 자격인정과 규정들이 전문 직종에 신용도를 더 해준다. ⑦ 해설프로그램 참가자들이 적극적으로 바뀌고 있다.

해설자解說者는 직업의 일종으로, 스포츠 경기 등에서 경기의 역할과 흐름을 짚고 해당 종목에 대한 전문 지식을 시청자에게 전달하는 중계진이다. 보통 캐스터의 진행을 전문적인 식견을 동원하여 보완해주는 역할을 하는 사람을 지칭한다. 해설가는 해당 대상지를 방문한 사람에게 대상지의 특성 · 형태, 구성

상태, 구성원간의 관계 등을 자연과 문화·역사적인 것에 대한 이해와 자극을 통해 흥미를 유발할 수 있게 방문객에게 정보를 제공하고 전달하는 사람을 일컫는다.

해설사解說師는 해설자 등의 높임말로, 관련한 전문 지식과 정보를 가지고 해당 지역과 건물 등에 관련된 자세한 설명을 대상자에게 전달하는 사람을 말한다. 해설사에게 필요한 기본 요건은 ① 대상에 대한 배경지식과 빠른 판단력, ② 해당 대상에 대한 지속적인 학습과 정리, ③ 관련된 기기 사용을 통한 데이터화 작업을 우선시해야 한다. 해설사에게 문화유산의 해설은 "단순히 사실에 입각한 정보를 전달하는 것만이 아니라 실제 사물·직접 경험·삽화 매체를 사용하여 의미와 관계를 명확히 하는 것을 목표로 하는 교육적 활동"이라고 프리만 틸든이 제시한 바 있다.[34]

대상·인공물·경관 또는 유적지에 직접 참여함으로써 문화와 자연유산의 의미와 관계를 참여 대중에게 알리는 것을 목표로 하는 커뮤니케이션 과정이다. 이 과정에서의 대화는 청중(대상)의 관심과 자원의 내재적 의미 사이에 감성적이고, 지적인 연결을 만드는 미션 기반의 커뮤니케이션 프로세스이다. 과거와 현재의 사람·장소·사건 및 사물에 대한 이해를 심화시켜 감정을 포착하고, 경험을 향상시키며 삶을 풍요롭게 할 수 있기 때문이다. 그러므로 해설은 문화유산에 대한 일반 대중의 인식과 이해를 높이는 것을 목표로 하는 모든 잠재적인 활동을 의미하고 있다.

(2) 해설의 기획과 준비

해석학의 아버지로 불리는 프리만 틸든(Freeman Tilden)에게 문화유산 해설은 공공 서비스의 영역으로 평가됐다. 그의 유산 해설은 단순히 관람객에게 사실적인 정보를 전달하는 것이 아닌 독창적인 대상을 활용함으로써 직접 경험을 제공하고, 예능적인 매체를 통한 의미와 관계를 밝히는 것을 목적으로 하는 교육 활동이라고 정의했다. 그는 해설의 정의를 통해 대중을 위한 서비스와 경험을 제공하는 교육 활동의 중요성을 강조하였다.

미국의 관광경영학자 그랜트 샤프(Grant William Sharpe)는 해설에 필요한 목적과 임무를 제시했다. 첫째, 해설의 목적은 방문객이 방문하는 곳에 대하여 더욱 예리한 인식능력·감상능력·이해능력을 갖추도록 도와주는 데 있다. 해설을 통해 방문객들에게 더 풍요롭고 즐거운 경험을 할 수 있도록 도움을 주려는 것이다. 둘째, 해설을 통해 자원관리의 목표를 성취할 수 있다. 해설은 방문객이 대상지 내에서 적절한 행동을 하도록 유도할 수 있으며, 과다 이용으로 인하여 훼손된 지역 또는 이러한 위험이 잠재하고 있는 지역에서 적절치 못한 행동을 하지 않도록 안내하고 교육함으로써 대상지 자원에 대한 인간의 영향을 최소화할 수 있다. 셋째, 해설은 대상기관 또는 대상지의 홍보 수단으로써 해설가들이 진행하고 있는 여러 가지 해설프로그램에 대한 대중의 이해를 촉진해 대상지와 관리기관에 대한 이미지를 바람직한 방향으로 부각하게 시키는 데 기여할 수 있다. 해설의 광의적 임무는 ① 프로그램과 해설프로그램에 대한 이해의 증진을 도모한다. ② 방문객에게 안정감·심적 여유와 풍요로움, 즐거운 경험을 제공한다. ③ 방문객에게 해설 대상지 자원에 대한 예리한 감수성과 인식, 이해를 개발하는 데 도움이 된다. 해설 대상지의 홍보와 함께 해설 대상지가 보유한 자원과 시설의 사려 깊은 사용을 유도함으로써 관리의 목적을 성취한다. 양질의 해설프로그램과 방문객센터의 시설을 통하여 대중과의 긍정적인 관계를 창출한다.

미국의 인공지능 스타트업체 안라탄(Anlatan)이 개발하여 2022년 10월 3일에 출시한 노벨AI(NovelAI)의 스토리텔링 알고리즘으로 정리된 해설의 〈NovelAI의 POETRY 원칙〉으로 제시한 해설의 기획 요소는 다음과 같다.

① 목적의식(Purposeful)은 임무에 맞게 조절하며 중요한 목적들을 알린다.

② 체계(Organized)는 주제를 전달하기 위해 서론 – 본론 – 결론을 활용한다.

③ 재미(Enjoyable)는 친절한 태도로 다양한 학습 양식을 적용한다.

④ 주제(Thematic)는 메시지 전달을 통해 생각과 행동 그 이상을 자극한다.

⑤ 연계성(Relevant)은 감성과 지성의 연결 만들기를 이룬다.

⑥ 해설가(You)는 특정 참가자들을 위한 적절한 경험을 도안(상상력)해 낼 수 있는 유연함을 가질 수 있도록 한다.

미국 아이다호 주립대학 명예교수인 샘 햄(Sam H. Ham)이 쓴 《청중을 변화시키는 해설》(2024년)에서는 해설의 목표와 좋은 해설이 갖추어야 할 요소와 이 같은 주제를 다뤘다. 그는 해설에 있어 테마의 중요성과 양면성, 강력한 테마를 만드는 구체적인 방법들과 순차적 테마 개발과 비순차적 테마 개발 등 테마 중심 해설의 실제에 대해 다루었다. 해설은 강의나 교육에서 강조하는 지식의 쉬운 이해나 사실의 전달에 더하여 즐거움이라는 중요한 요소가 있어야 한다. 어떻게 복잡하고 어려운 과학적 혹은 역사적 지식을 즐겁게 이해시키느냐가 해설가들이 각자의 분야에서 추구해야 할 가장 중요한 일이다. 그러므로 해설의 기획에서는 ① 교육적 가치, ② 즐거움, ③ 관광 경험의 질(質) 제고라는 3가지 목표를 달성하기 위한 해설가의 개인적 방법을 설계하는 것이다. 해설을 통해 관광객의 경험 질을 높이고, 이를 통해 재방문 혹은 유사한 관광·유적지로의 방문을 유도하는 것을 목표로 한다고 할 수 있다.

해설 커뮤니케이션학의 전문가인 샘 햄이 제시한 성공적인 해설의 기획은 TORE 원칙에 따른다. ① T(theme)는 주제가 있고 명확하고, ② O(organized)는 알기 쉽게 정리되어 일관성이 있게 정리한다. ③ R(relevant)은 참가자들과 관련성이 있어야 하고, ④ E(enjoyable)는 진행이 재미있어야 하고, 흥미를 느낄 수 있도록 하는 데 있다.[35] 이와 같이 샘 햄이 제시한 해설의 기획 방향은 현장에서 호기심 → 문제 인식 → 이해 → 관심 → 보전에 관한 관심이라는 단계적 유도 방안을 만드는 데 있다. 해설의 기획 단계에서 집중적으로 검토할 내용은 해설의 기본원리를 적절하게 응용하는 것이 중요하다. 다양한 분야에서 해설을 수반할 때 먼저 고려해야 할 사항으로는 특히, 자극을 위한 해설 학습의 개념과 원리를 적용하는 것이 관건이다.

해설의 기획에서는 해설의 대상이 가장 중요하다. 해설하고자 하는 지역 또는 대상물을 설정하는 데 있어서 방문객들에게 해설 대상이 갖는 자원의 가치 · 이야기 · 의미 등을 고려하여 설정 여부를 결정하게 된다. 이외에도 해설을 제공하는 기관의 정책, 재정적 여건과 인적자원의 규모 등 외적 요인으로 인하여 해설서비스가 축소되거나 해설서비스를 새로이 제공한다든지 그동안 이루어졌던 해설서비스의 변화가 필요한지를 판단하는 데 사용하는 몇 가지 지표[36]를 통해 설정할 수 있다.

해설을 위한 7가지 준비과정에는 ① 해설 대상과 주제 설정이다. 제목은 몇 개의 단어가 조합된 것이다. 주제는 제목을 드러내기 위한 핵심 생각이나 아이디어이며, 주어와 동사로 구성된 한 문장으로 표현된다. 좋은 주제는 짧고 간결하며 완성된 문장이다. 하나의 선택적인 아이디어를 구체적으로 정하는 것이 요구된다. 관심과 주의를 끌 수 있어야 한다. 실례로 "생물 종을 보존하는 것은 생명보험에 드는 것이다." "땅속에는 놀라운 배수장치가 있다." ② 해설의 목표 설정은 학습 · 행동 · 감성 분야를 바탕으로 한다. ③ 해설기법 선택, ④ 해설을 기획하고, ⑤ 자신이 가지고 있는 정보를 이용한다. ⑥ 평가받을 수 있는 단계를 만든다. ⑦ 향후 해설에 대한 지속적인 관리가 요구된다.

해설프로그램의 준비 단계에서 필요한 6가지 구성 요소는 ① 목적 또는 목표(Why, 실행의 이유는 무엇인가?), ② 주제 또는 이야기(What, 어떤 내용으로 할 것인가?), ③ 방문객 및 장소분석(Who, 누구와 함께하는가?), ④ 언제 · 어디서 · 어떻게 해설을 수행할 것인가?(Media, 어떤 한쪽에서 다른 쪽으로 전달하는 역할에 있어서), ⑤ 지원 인력과 예산(Implementation and Operations)의 규모, ⑥ 평가 및 결과에 관한 피드백(Evaluation and Feedback)이라는 시스템을 구축하고 해설을 실행하는 과정이 필요하다. 이때 해설에 있어 주제 개발은 가장 중요하고, 흥미로운 사항을 중심에 둔다. 주제 선택은 해설 대상에게 적합한 내용과 개념을 선정하는 것이 관건이다.

해설프로그램의 운영 과정은 다음과 같은 로드맵(Roadmap, 미래예측 방법)이 있다.

① 목표 설정 : 운영단체가 원하는 프로그램의 개설 목적과 목표 분석.

② 자료 수집 : 프로그램 진행을 위한 장소와 대상자 선정 후, 관련자료의 수집.

③ 시나리오 작성 · 교재 준비 : 프로그램 참여 대상자의 눈높이에 맞춘 시나리오 작성과 해설 때 현장에서 사용할 교구의 제작 등.

④ 검토(회의) : 다양한 자료수집과 해설 대상지의 모니터링을 통해 해설시나리오와 교재 · 교구가 해설프로그램 목적과 목표에 적합한지를 검토함. 해설 대상지에 대한 위험 요소와 대상지에 대한 일반적인 검토를 함.

⑤ 참가자 모집 : 참가자 모집을 위한 홍보와 해설프로그램, 예약시스템 운영.

⑥ 운영 : 프로그램 운영을 위한 사전 모니터링과 최종점검(회의 등).

⑦ 평가 및 개선 : 해설프로그램 운영 후, 참여자 및 운영자 · 프로그램이 참여자에 미치는 영향 등 다양한 정보 수집 및 분석 정리함.(평가보고서 등)

해설프로그램을 준비하는 과정에 있어서 고려할 사항은 ① 대상 지역의 크기 및 특성, ② 방문객에게 무엇을 전달할 것인가? 자연 · 역사 · 생태 · 문화 및 유산 등이다. ③ 방문객이 누구인가를 파악하는 것은 중요하다. 그 대상은 가족 · 특정단체 · 학교단체 · 성인 · 아동 · 장애인 등이 있을 수 있다.

특히 현장 해설은 강사가 사전답사를 하거나 대상지역 검색을 통해 장소 확인과 이동할 동선(코스), 전체 소요시간 및 구간별 시간 배정과 핵심주제를 세분화하는 것이 중요하다. 선행 사례 등 동일지역에 대한 해설 강사의 경우에는 사전답사보다 내용의 중복성이나 반복성이 나타날 수도 있으므로 새로운 테마를 개발하는 차원에서 답사코스에 관한 사전 인지와 재구성이 필요하다. 서론(인사말) – 본론(주요 테마) – 결론(맺음말)의 구성방식으로, 스토리의 일관성을 비롯한 해설 주제의 맥락이 유지될 수 있도록 노력한다. 답사코스에 있어 중심주제(핵심 키워드)를 정하고, 이를 공개하거나 함께 공유하는 방식으로 진행하는 것이 효율적인 현장 해설이라 할 수 있다.

(3) 해설사의 자세 : 현장에서의 좋은 해설방식

가. 현장 해설의 목표

해설사는 현장 해설의 목적을 달성할 수 있도록 노력한다. 탐방과 순례를 통해 얻은 경험(기억 등)이 참가자에게 실효적 도움이 될 수 있도록 하는 것을 목표로 정한다. 참가자에게 현장 방문은 향후 ① 힐링 등 자신의 생활과 직업에 영향을 주거나 ② 마음가짐에서 추억의 보금자리로 남을 수 있도록 이끄는 방향으로 진행하는 것이 중요하다.

나. 현장 해설의 방향

현장 해설에서는 사찰과 불교문화를 직간접 체험케 한다. ① 법당을 바라보는 것은 관람자 입장이므로 가급적 부처님과 보살의 입장에서 가람을 구경, 체험할 수 있도록 유도한다. 관람 또는 보는 위치와 방향을 변경하는 방법을 가질 수 있다. ② 막연하게 생각하고 있는 내용들과 무속·유교적 등 옛것들에 대해 이해하고, 알아볼 수 있게 돕는 방향으로 진행한다.

다. 현장 해설의 자세와 기법

현장 해설에서는 ① 거친 말을 삼가한다. ② 지시가 아닌 안내를 한다. ③ 지식전달 차원이 아니라 정보를 제공해야 한다. ④ 방문지의 추억·낭만 등을 통해 향후 개인과 단체에 있어 단체 사진, 동영상 촬영 등을 통한 기록의 소재로 만든다. 또한 해설은 강사와 청중간의 상호 예절을 기반으로 한다. 동양에서의 예절은 기원전 3세기 중국 주나라 때 편찬된 《주례周禮》를 기반으로 한 관습 예법이 지켜지고 있다. 서양 예법인 매너는 19세기 영국 빅토리아여왕 시대에 생긴 예절이다.[37]

사찰문화 해설사에게 필요한 자세는 ① 사찰에 관한 관심과 이해가 있어야 한다. ② 풍부한 지식정보와 경험을 쌓아야 한다. ③ 의사소통 능력을 길러야 한다. ④ 명확한 주제가 있는 프로그램 기획을 바탕으로 해설해야 한다. ⑤ 정보를 전달하면서 자연과 사찰의 신비를 느끼게 하고, 영감을 주는 것이 중요하다. ⑥ 사찰해설은 불교의 용어와 상징에 관해 설명하고, 환경을 보전하고, 개선하는 현장 교육이 되도록 해야 한다. ⑦ 걸어 다니는 백과사전이 될 필요는 없다. ⑧ 프로그램과 코스 개발 능력을 배양하는 것이 관건이다.

해설에서 좋은 해설이란 평가를 얻는 분들과 다르게 이것만 안 하면 좋은 해설이라고 평가하는 유형은 다음과 같다. 미국 서던 캘리포니아대학 크레이그 로니(Craig R. Roney) 교수가 예시한 유형이다.

첫째, 선동형 해설가는 참가자나 목적에 상관없이 그저 떠들기만 하는 해설가를 말한다. 일종의 웅변대회식 해설을 하는 것을 일컫는다. 그 유형은 ① 다양한 관점들을 무시한다. ② 기정사실을 왜곡한다. ③ 사실들을 지나치게 단순화한다. ④ 참가자들을 무시한 관점으로 구성한다. ⑤ 의욕을 꺾는 대화로 한 방향으로만 전달한다. ⑥ 참가자들이 개인적인 관점을 가지고 있다는 것을 따르지 않는다.

둘째, 광대형 해설가는 정보 전달이나 감성 자극 없이 오로지 흥미만을 추구하는 해설가이다. 그 유형으로는 ① 다양한 견해들을 고정 관념화한다. ② 농담거리가 우선이고, 사실은 뒷전이다. ③ 사실에 대해 지나치게 단순화한다. ④ 참가자는 해설 자원에 진심으로 관심이 있다는 것을 믿지 않는다. ⑤ 참가자가 무슨 생각을 하는지에 대한 관심이 없다.

셋째, 학습·과제형 해설가는 교과서를 진도 나가듯이 정해진 코스와 현장을 나열식으로 설명하고, 질의응답 없이 진행하거나 자기 전문분야에만 집중하는 유형이다. ① 참가자들의 관심사항을 고려하지 않는다. ② 사실확인보다 자신의 지식정보에 의존한다. ③ 사실과 왜곡 부문에 있어서 과소 과대를 행한다. ④ 질의응답보다 지식전달에 더 치중한다. ⑤ 방문 코스 등 미리 정한 목표를 달성하는데 치중하는 경향이 있다. 해설은 무엇이며, 해설가는 어떠해야 한다는 여러 가지 예시와 함께 반복적으로 강조하는 것은 해설은 곧 전달이다. 여기에서 전달은 카세트테이프 틀어놓은 듯한 일방적 전달이 아니라 대화형 전달에 의한 공감을 의미한다.

해설기법에 있어서는 첫째, 해설가 동반해설 기법이나 안내식 해설(non-personalized)이다. 쌍방향 소통을 실현하고, 적극적인 담화 · 적절한 전달 · 방문객을 적극적으로 활용할 수 있는 방식이다. 비용과 시간이 많이 든다는 단점이 있다. 둘째, 자기안내 해설기법(self-guided)이다. 방문객 스스로가 읽어보거나 들어서 이해하고, 해설 매체를 제공받아 활용한다. 이동 거리가 있는 곳이나 협소한 탐방로에서 적용하면 효율적이다. 셋째, 방문객센터 해설기법이다. 간단한 유인물을 나누어주며 안내하는 해설이다. 넷째, 이동식 해설기법이다. 해설 대상 지역을 옮겨 다니며 정보를 제공하는 해설이다. 사찰문화 해설에서 주로 사용하는 기법이다. 다섯째, 거점식 해설기법이다. 방문객이 밀집된 지점에 해설가를 배치하여, 영상매체 등을 이용하거나 정보를 제공하거나 재현하는 해설방식이다.

라. 현장 해설의 소재

현장 해설에서는 뉴스 등 언론방송·영화·유튜브 등에서 다뤄진 내용 등 소재를 해설과 연결할 수 있도록 사전에 자료를 발굴하고 현장에서 적용토록 한다. 예로써 서울 조계사의 경우는 1970년대에 경복궁 다음으로 조계사 대웅전 건물이 장안의 2번째 높은 건물이었다. 경복궁 교태전에 있는 아미산의 굴뚝은 세계에서 유일한 문화재이다. 불교와 유교식 건물의 차이점도 설명한다. 폐도陛道·솟을대문三門·잡상雜像匠 등과 전통식 마당에는 '잔디'가 없는데, 무덤에 잔디를 심는다 등의 내용을 준비한다.

현장 해설에서는 교훈, 역사에 관한 왜곡된 사항을 알고 있거나 모르는 것을 알게 하는 자리임을 강조한다. 그 예로 서울 강남의 봉은사 영산전 16나한상 중에는 전쟁 때 UN연합군 호주 병사들이 3기를 가져갔으며, 현재 4기가 교체되었다 등의 과거와 현재를 비교 설명이 가능하다.

경남 양산 통도사 개산조당(開山祖堂) 삼문과 37조도품탑(2010.6.7. 촬영)

※ 37조도품탑三十七助道品塔은 깨달음을 얻기 위해서 수행하는 37가지 방법을 새겨 놓은 석조물이다.
    그 수행법은 사념처四念處 · 사정근四正勤 · 사여의족四如意足 · 오근五根 · 오력五力 · 칠각지七覺支 · 팔
    정도八正道이다. 다른 사찰에서 볼 수 없는 유일무이한 조형물로, 열심히 수행 정진하여 열반을 성취
    하라는 뜻으로 1706년(숙종 32)에 계파대사가 세운 것이다.

2) 사찰문화해설의 기본과제

(1) 현장 질문과 대응방식

	초중고생 – 학생들	일반인 – 남녀
질문/태도	① 오감(안의비설신의) 중심으로 질문 　: 좋은 것, 싫어하는 것, 냄새나는 것 등 ② 결론: 밥, 공짜로 주나요?(먹는 것부터)	① 남자: 몇 명 살아요?(인원수 확인–공격) ② 여자: 힘들지 않아요(모성애 발동, 느낌) 　행자 또는 어린 스님을 보면 특히…
질문/대화 요령	공양 = 식생활 개선프로그램(편식 등) 절하기 = 다이어트 비법 프로그램(요가) 삭발 = 집중/ 명상에 최고 방법 (공부↑) ※ 새벽 3시 기상, 저녁 9시 취침	염불: 곡목(내용)=저렇게 할 수 있나요 　(평가) ※ 강원(책)-참선(자리지킴)-염불(어려운 것) 유명한 사람: 고승 계신가? 명사(누가 오심) ※ 자신과 비교, 유명세를 먼저 관찰/비교

※ 일반 불자와 어른은 일종의 '다안다증후군'으로 인해 대부분 질문하지 않는 경향이 있음.

(2) 해설자의 첫 임무 : 참가자에 대한 문진問診에 의한 상황 고려이다.

남자의 일반적 태도/입장은	여자의 일반적 입장/태도는
① 웅장, 거대함, 볼 때 아~ (그랜드캐년 등) 　: 전체에 먼저, 관심을 나타냄. ② 자신의 집, 이상향 비교하는 습성이 남음 　: 동물적 근성임(자의적인 상태) ③ (행동) 내 땅이다 식의 두 팔을 벌리거나, 뛰어오른다. 자기영역 표시적 행위를 한다.	① 세밀, 궁금함 (발/등 뒤편의 모습까지 보고 싶어함). 작은 부분에 '의미' 둔다. ② 더 잘난이 추천/말문 따라 선호도 다름. 　: 꽃밭 가운데 들어가 꽃과 같이 사진 찍음. 기둥에 기대거나 무엇을 잡고서 찍는다. ③ 다음을 생각함(엄마 등 그런 사람이랑)

(3) 해설의 요령과 사례

'옛날옛적에' 등 구전이나 현존하지 않는 것들에 대한 인문학적 상상력을 발동(불러일으킴)시켜야 좋은 해설사로 인식하거나 평가된다.

예로, 폐사지와 문헌 기록 등에 대해 ① 그 무엇에 대해 "왜 만들었을까?"를 참가자에게 동기부여를 한다. 그것 또는 이것을 만든 이유와 이곳에 절을 세운 까닭(기원성)을 설명하는 방법이 있다. ② 누가, "어떻게 만들 수 있었을까?" 즉, 방법이다. 교환가치(돈, 가치 등)를 감안하여 그 당시의 상황으로 보면 물적, 기술적인 여건이 가능했을까를 설명하는 방법이 있다. ③ "만들어서 뭐 할 건데?" 실제로 만든 목적을 생각할 수 있도록 함으로써 참가자와의 교감을 가져야 한다. 비행기를 만든 라이트 형제의 일화를 소개하거나 대의大意 즉, 누구를 위해서 만든 것인가? 등 상징과 상황 여건을 설명하는 방법이 있다. ④ "그 다음에 어떻게 돼서?" 후속 이야깃거리를 제공한다. 후손들에게는 기념하고, 기술의 전승 등 자랑(보물)으로 남는다. 그 당시와 미래세대로 이어주는 연결고리를 설명하는 방법이 있다.

(4) 참가자와의 대화와 해설 콘텐츠

① 유치원생 등 어린이 대상일 경우
: 이름 등 지명제를 시행하거나 자주 칭찬한다. 이것은 일반적으로 초중

등 학생은 보상과 칭찬에 더 잘 반응을 보이기 때문이다.

② 중고등, 대학일반 대상일 경우

: "멋지다, 잘생겼다, 미인이다. 최고, 으뜸이다." 등 참가자에 대한 자랑을 곁들여 진행함으로써 호응도를 가질 수 있다.

③ 중년여성, 어르신 대상일 경우

: 염불이나 노랫말이 들어가는 등 분위기와 흥興을 돋워 해설을 진행하는 것으로 효과적인 방식이다.

④ 외국인 대상일 경우

: 비유와 속담이 금물인 것은 해설과 통역이 불충분하다. 시대적 배경과 자란 환경이 다르므로 외국인들이 이해하기 어렵다. 이때에는 직접화법으로 설명하는 것이 가장 안전하고 좋은 방식이라 할 수 있다.

3) 사찰문화해설의 활동 가이드라인

① 해당 지역에서 미리 공지한 해설 시간과 장소를 잘 지킨다.
② 해설을 시작할 때, 자신(해설사)에 관한 소개를 알맞게 한다.
③ 밝은 미소와 명랑한 웃음으로 분위기를 좋게 한다.
④ 목소리는 자연스럽고, 단조롭지 않도록 변화를 둔다.
⑤ 적절한 제스처의 사용이나 동의 · 동감 표시 등을 통해 참가자의 흥미와

집중을 유도한다.

⑥ 해설 대상인 참가자들이 흥미롭거나 적절한 테마(Thema)를 선정한다.

⑦ 해설 테마는 명확하고, 이해하기 쉬울 수 있도록 구성하고 해설한다.

⑧ 해설 내용에는 관련 테마가 잘 반영될 수 있도록 노력한다.

⑨ 해설 대상지나 대상 유물 등에 관한 정보와 가치를 충분히 전달한다.

⑩ 해당지역이나 사찰에 대한 시나리오(스토리텔링)를 자연스럽게 전개한다.

⑪ 해설 내용의 전달을 돕기 위해 독특한 아이디어나 매체를 활용토록 노력한다.

⑫ 참가자의 지식정보 등 지성뿐만 아니라 정서적인 교감을 유도한다.[38]

⑬ 특히, 해설에 앞서서 문제 발생(다툼 · 소란과 응급환자, 자연재해 등)으로 인한 응급 상황을 고려한 안전 매뉴얼(Manual)을 반드시 참가자에게 알린다.

⑭ 해설사는 참가자가 쉽게 찾을 수 있고, 해설사임을 알리기 위한 깃발 등 표식을 미리 준비하거나 모자, 복장(색깔)을 잘 고려하여 착용토록 한다.

4) 사찰문화해설의 기초이론

(1) 사찰문화를 공부하는 까닭은

흔히 "알아야 면장을 한다."는 속담처럼 해설사가 현장 등에서 사찰문화를 해설하고자 할 때 필요한 지식과 지리정보, 변모한 사찰 현장 등을 미리 정리하고 정돈하기 위함에 있다. 사찰문화해설사는 ① 해당 사찰에 대해 이해하기 위해서, ② 명칭·교리 등 헷갈리는 것을 바르게 정리하기 위해서, ③ 모르는 것이나 새로운 것을 알기 위해서 미리 사찰문화를 공부하는 3가지 이유가 있다.

일찍이 붓다께서도 제자들에게 의심을 오히려 유도하였다. "바르게 알지 못함은 말╒을 키우는 것이요. 알음알이意識(분별심, Viññāṇa)가 뚜렷하지 못하여 어리석음을 낳는다."고 했다. 공자는 아들 공리에게 "《시경詩經》을 공부하지 않으면 바른말을 하지 못 한다.不學詩 無以言《예기禮記》를 배우지 않으면 바르게 설 수가 없다.不學禮 無以立"고 한 과정지훈過庭之訓 또는 추정趨庭이란 고사성어가 전한다.

해설사는 사찰방문 현장에서 참가자들에게 ① 불교와 사찰, 전각들의 주인(불보살 등)을 제대로 알아볼 수 있도록 돕는다. 가령, 그 집의 주인은 인상이 좋은가? 성질이 고약한가 등을 이야기로 전달해 줌으로써 전각에 깃든 주인공의 사상과 역할을 설명할 수 있다. ② 단순히 관람만을 하더라도 최소한 예의를 갖출 수 있도록 돕는 일이다. 사찰 예절과 생활을 이해할 수 있도록 안내하는 방법에 그 목적이 있다.

위 두 가지를 해설(말)해서 참가자의 자율적 동참을 유도하고, 선도하는 일은 해설사의 의무이다. 특히 안전유지와 다음 일정을 잘 고려하여 진행하는 일은 해설 현장에서의 과제라고 할 수 있다.

(2) 사찰해설에 관한 실무 사항

사찰과 불교 문화유산에 관한 해설은 불교와 사찰에 관한 해설사의 지식정보를 전달하거나 강요하는 것이 아니다. ① 사찰의 우수성과 가치를, ② 사찰과 불교에 대한 홍보를, ③ 사찰 지킴이로서 역할도 수행하는 것이다. 따라서 아래의 해설 주안점 3가지에 유의할 필요가 있다.

사찰문화해설 현장에서는 몇 가지 난제가 발생할 수 있다. 첫째, 해설사가 설명할 시간이 충분하지 않다는 점이다. 둘째, 일반 참가자들의 관심도가 낮은 편이다. 셋째, 해당사찰 등 현지에서의 돌발 변수가 생겨날 수 있다. 이처럼 해설 현장에서는 사찰과 불교유산 등에 관한 전문적인 내용을 설명하고, 이해시킬 수 있는 상황 즉, 여건이 충분하지 않으므로 참가자들의 호응도나 공감대를 얻지 못하는 경우에 대한 사전 준비와 실효적인 대책의 수립이 필요하다.

가. 해설 목표의 주안점

① 지리와 건축, 상징 등에 대한 '도상적' 해설을 통해 방문지의 의미를 찾는다.

② 역사와 문화, 인물 등에 대한 '인문학' 해설로 대상에 관해 정보를 공유한다.

③ 염불, 참선 등 수행풍토에 대해 '종교적' 해설로 불교문화 등을 체험케 한다.

위와 같은 요소를 바탕으로 참가자들과 해설사가 상호 교감할 수 있는 주제 설정과 해설기법을 충분히 함양하는 것이 해설의 필요충분조건이다.

나. 해설에서의 실무 요령

① 해설할 때에는 첫째, 문진問診(참여자 성격분석=눈빛이나 감각을 작동시켜)이 필요하다. 참가자(대상)에 대한 성향을 파악하는 것이 관건이다. 연령·나이·정보 수준 등을 감안하여 당일 해설의 주요 대상과 연령층, 비유 등 화법을 고려한다. 그래서 '말의 통로는 눈빛'이라고 한다.

② 해당 해설자는 참가자(해설을 듣는 대상자)가 해당 방문지에 대한 좋은 추억과 기억을 갖도록 최선을 다한다. 즉, 이미지 트레이닝[Image training]을 가진다.

③ 해설할 때 참가자의 반응과 참여가 2/3이면 해설사의 강의 패턴을 그대

로 유지하고, 2/2일 때 반응을 관찰하고 다시 참여를 유도한다. 1/3일 때는 해설 패턴을 과감히 전환하는 것이 중요한 관건이다. 일종의 작전 타임, 하프타임을 갖는 것과 같다. 단체 기념촬영, 회장 등의 별도 말씀 등을 통해 분위기를 반전시키는 것은 좋은 예일 수 있다.

(3) 사찰 현장에서의 해설방식

가. 해당사찰의 코스 유형
① 일방형 코스 : 출발과 도착지가 다른 코스.
  해설 대상물의 추가 설명이 부족하거나 해설할 수 없는 경우가 있는 단점과 참가자 수의 확인, 점검이 필수적이다.
② 순환형 코스 : 출발과 도착지가 같은 코스.
  해설 대상물의 설명 부족사항에 대해 다시 해설할 수 있는 장점 등이 있으나, 동일 장소의 중복 설명에 대한 단점과 흥미 요소를 낮춘다.
③ 혼합형 코스 : 출발 또는 도착지가 같은 코스.
  일방형과 순환형 코스의 장단점을 제고할 수 있으나 참가자의 분산을 유발할 수 있는 단점이 있다.

나. 사찰 현장의 해설 유형
① 방문지에 있어 시간이 없을 때 : 30분 이내, 2~3가지에 대한 집중 해설

: 방문지에서의 소요시간을 반드시 참가자에게 알리고 일정을 운영한다.

: 아주 짧을 때는 Ⓐ 생리적인 문제, Ⓑ 입·출입 시간 등 기본정보를 공지한다.

② 시간 등 일정이 충분할 때 : 대상(참가자)의 흥미, 관심사항을 관찰하여 해설함

: 연수교육 등 고정된 대상일 때에는 교육목적과 현장성을 고려하여 배분식 해설

③ 사전 공지된 프로그램일 때 : 규정 코스에 대한 의무감(누락, 삭제 등 문제가 없도록)을 유지하고, 변경할 경우에는 미리(일정한 시간) 참가자의 의사를 반영하는 절차를 통해 적용 및 운영한다.

④ 여건이 부족할 때 현장에서는 꼭 개인시간, 사진촬영 등에 관한 시간과 안내를 공지해야 한다. 촬영 장소와 명소 등을 안내하는 것은 해설의 '덤'이다.

(4) 현장 해설의 생명줄 : 현장의 해설에 관한 동선動線의 개척과 유지, 통제 등

동선은 해당 방문지에서의 참가자들이 움직이는 구간 또는 장소를 가리킨다. 방문 시간이 부족하거나 많을 때에 따라 동선의 구성이 달라진다. 10~30분 코스와 1시간 코스, 장시간 머물러야 하는 상황에 따라 방문지 현장에서의

해설의 구성과 내용이 달라진다.

　한편 사찰관계자 등의 문제제기 등 현장에서의 변수에 따라 진행 동선의 유지는 현장 해설의 핵심 관건이다. 동선(코스)을 잘 잡아야 시간 절약, 안전유지, 유익한 정보제공 등을 진행할 수 있다. 해설사는 현장에서의 물의 야기는 금물, 금기 사항임을 명심해야 한다. 제아무리 급하거나 화(성질)가 나더라도 객관적인 상황을 유지하고, 해설사가 안내하고자 하는 대상에 대해 최상의 서비스를 제공해야 한다.

(5) 문제해결팀 또는 상황체크 : 현장에서의 문제 발생에 대한 대응과 대책

　현장에서는 언제나 어느 때나 문제는 발생할 수 있다. 그 문제는 정도의 차이는 있을 수 있으나 해설에 있어서 가장 큰 변수라 할 수 있다.

　현장 또는 진행 구간에 발생할 수 있는 질병에 의한 사고, 외부와 내부에 의한 사건 등이 일어날 수 있으므로 '응급조치'에 관한 준비가 마련되어야 한다. 해설자 및 장소에 대한 불만, 문제제기에 따른 현장에서의 문제가 발생할 수 있으므로 '해설 불능상태'로까지 전개되거나 현상이 나타나지 않도록 하는 예방책이 요구된다.

　그러므로 해설자나 진행팀에서는 항상 비상구급약을 비치하고, 만일의 상황 조치에 대한 대안을 수립하거나 루트(시스템)를 인지하고 있어야 한다. 그 이전에 해설자나 진행팀에서는 의전 즉, 예절(에티켓, 친절 안내 등)을 통해 참가자들과의 공감이나 입장을 공유하는 상황(분위기)을 갖추는 것이 최상의 예방책이다. 이것은 참가자 주변인으로부터 상황에 따른 협력을 구할 수 있으므로 현장에서의 가장 중요한 '공감 능력'의 하나이다.

(6) 해설사의 기본 준비물

- 깃발(안내 표식판), 카메라 등(개인 또는 단체촬영 : 사진촬영 장소 등 소개)
- 핸드마이크 등 전달 장비 구비
- 시계 등 시간, 장소 통지에 대한 준비물
- 현장안내 : 현 위치, 화장실 등 생리적인 문제와 식당 등 고려사항에 대한 안내
- 해설사와 진행 팀과의 비상 연락망을 체계화하고, 공지하는 것

(7) 사찰해설에 필요한 노트 작성법

일명 '해설사 노트'는 해설하고자 하는 특정 사찰을 검색, 조사하여 일정한 시간 동안에 해설할 내용을 기록하는 준비과정을 말한다.

해설사 노트는 첫째, 해당사찰에 대한 문화재와 유적을 소개할 것인가? 둘째, 해당사찰과 연관된 특정 인물과 그 행장을 소개할 것인가? 등에 대한 해설 주제(Focus)의 설정이 관건이다. 주제 설정에 따라 기술 방법이 다르게 나타날

수 있다.

그다음 ① 사찰의 위치 등 지리 환경적인 요소를 기술하고, ② 역사(창건 및 중창, 주요 인물 등)와 창건설화 등, ③ 대표 건축물과 문화재의 주요 현황과 상태, ④ 해당사찰의 주요한 사상(○○도량)과 문화 등을 소개할 수 있도록 자료를 만든다. 기타사항으로 답사 일정과 코스, 공양 및 화장실 등의 위치를 파악하여 기록하는 프로세스이다.

해설 노트 작성에 앞서 첫째, 방문객에 관한 분석이 먼저이다. 누가 해설지역을 방문하는가를 분석하는 일이다. 방문객의 연령대는 어떠한가? 방문객들의 사회 · 경제적 배경과 위치는 어떠한가? 또 그들이 관심 있고, 경험하고 싶은 것은 무엇인가? 그들이 여행하는 데 있어 제한(제약)사항은 무엇인가? 그들이 어떻게 해설지역(장소)을 방문하게 되었는가? 그리고 ① 방문객들에게 해설 프로그램 및 서비스에 대해 어떻게 홍보할 것인가? ② 해설프로그램 및 서비스를 주마다 · 월마다 · 계절별 · 연도별로 변화시킬 필요가 있는가? ③ 가장 많은 방문객이 해설지역을 방문하는 계절은 언제인가? ④ 해설 계획가가 기대하는 방문객 수, 방문객 형태는 무엇인가?에 대해 분석한다. 둘째, 주요 해설 주제나 대상이 결정되면, 대상지 자원과 스토리 목록 작성한다. 자연 자원, 야생동물 서식지, 전망 포인트와 풍경을 감상할 수 있는 곳, 문화 또는 사적, 트레일 시스템(자기학습 트레일을 포함), 기존의 해설서비스와 미디어 · 프로그램 · 행사 등을 조사한다.

해설 노트 작성에는 달성하고자 하는 해설 목표(학습 · 행동 · 감성목표)를 개발, 설정한다. 계획수립 단계에서 가장 먼저 해설계획의 목표, 해설미디어 및 실행될 프로그램의 목표를 설정한다.

첫째, 학습적 목표는 해설가가 참가자들이 무엇을 배우고 기억하고 설명할 수 있는가를, 무엇을 원하는지 등에 초점을 둔 것으로 가장 일반적으로 사용되고 있는 목적이다. 이것은 해설프로그램이 완료되었을 때, 대부분의 참가자들이 해설 장소와 대상물의 보전이 중요한 이유를 3가지 이상 설명할 수 있는 토대가 된다.

둘째, 행동적 목표는 참가자들이 해설프로그램 · 전시 · 기타 미디어 전시에서 얻은 정보나 영감을 실제 행동으로 옮기는 목표를 제시한다. 그것은 참가자의 대부분은 해설프로그램에 참여하고 나서 프로그램에 참가했던 지역이 아닌 다른 역사 유적지 등을 재방문, 관련기관 혹은 조직의 구성원이 되기를 희망하거나 자원봉사를 고려한다. 해설프로그램에 참여하는 동안 바람직한 책임 (의무)에 대해 배우기 시작한다.

셋째, 감성적 목표는 감성은 행동을 이끌어 내는 원동력이므로 해설프로그램은 감성을 움직여야 한다. 해설 계획자들이 참가자들에게서 이끌어 내는 강한 동기부여 혹은 영감을 주는 과정을 통해 참가자들이 해설프로그램 주제를 기억하고, 행동적으로 방문 목적을 달성하도록 도움을 준다. 특히 해설프로그램에 참여한 분들이 지역사회에 대한 자부심을 느끼도록 한다. 관련 단체나 기관의 해설 사업에 대해 지지한다. 해설프로그램의 이점을 3가지 정도 느끼게 한다. 유적지를 훼손하는 것이 정당한 행동이 아니라는 것을 깨닫게 된다는 느낌이 들도록 한다.

해설에 있어 샘 햄(Sam H. Ham) 교수는 해설 주제를 설명하는 데 사용할 언어와 문체 등 해설기법의 선택이 중요하다고 했다. 해설프로그램의 주제는 해설가가 해설하려는 이야기(Talk) 즉, 주된 생각(Main Idea)이 무엇인가를 결정하는 일이다.

좋은 주제의 조건은 ① 짧고 간결하며 완결된 문장으로 작성하고, ② 오직 하나의 아이디어만 포함하고, ③ 해설의 총체적인 목표를 나타내고, ④ 구체적이어야 하며, ⑤ 참가자들의 관심과 주의를 끌 수 있는 용어의 사용이 필요하다고 역설했다. 해설 노트는 참가자를 고려하여 해설 기획 단계에서 시작한다. 해설가는 어떤 것을 모든 사람들에게로 발전시키기 전에 참가자가 누구이며, 또 무엇을 프로그램 참가자들에게 해설할 것인지에 대해 미리 파악할 수 있는 노력이 요구된다. 프로그램 준비를 통해 해설가가 현장에서 참가자들에게 무엇을 할 수 있는지를 먼저 이해하는 것이 중요하다. 그러한 이해는 해설의 일반적이고 총체적인 흐름을 발견하게 될 것이다.

Ⅲ. 사찰문화해설의 표본 사례

　　사찰문화해설사가 특정 사찰을 대상으로 해설할 경우에 있어 참가자들과의 공유, 해설하는 사찰과 문화유산을 일반적 기준으로 정하여 살펴본다. 사하촌에서부터 시작하여 일주문 · 천왕문 · 금강문 · 해탈문 · 불이문, 불탑, 누각과 전각들, 불탑, 본전과 기타 전각 등으로 이어지는 가람배치를 중심으로 살펴본다.

　　사찰에 들어가는 진입방식은 다섯 가지이다. ① 점승방식漸昇方式은 지형을 점점 올라가서 들어가는 형태로 산지형 가람이다. ② 심공방식深攻方式은 산속 깊은 골짜기를 들어가서 드나드는 형태, ③ 문루방식門樓方式은 문루 아래와 사이를 거쳐서 드나드는 형태, ④ 우각방식隅角方式은 모퉁이 구역으로 드나드는 형태로 암자, 별도 전각의 가람을 방문하는 방식이다. ⑤ 도교방식渡橋方式은 다리를 건너서 드나드는 형태의 진입방식을 말한다.

사찰문화해설 과정에서 필요한 현장 코스는 두 가지 유형으로 나뉜다.

① 순환형 코스 : 출발지와 순례 도착지가 동일한 경우에는 보완, 수정 해설
이 가능하므로 주핵심 해설 부문의 선택이 가능하다. 또한 시간 조정이
자유롭고, 참가자 관리 등 진행과 예우가 다소 쉽다.

② 종결형 코스 : 출발지와 출구지(도착지)가 다를 경우는 해설의 수정, 보
완할 수 없다. 방문자 이동 등에 따른 참가자 관리와 예우가 다소 어렵
다. 특히, 개인 소지품 등 관리에 문제가 발생할 수도 있다.

이와 같이 사찰로의 진입과 사찰문화해설을 위한 코스는 산문山門 체계와 중
심 불전主佛殿을 이루는 전각 체계로 나눠서 전개할 수 있다. 사하촌에서 시작한
방문 코스에서 산문은 절에 들어가기 위한 절차인 동시에 통과의례의 문들을
말한다. 일주문과 천왕문, 해탈문(or 불이문)을 한꺼번에 부르는 산문=삼문三門
은 가람배치에서도 별도의 영역이다. 사찰에서 문門은 내부와 외부, 속세와 진
계眞界(진리의 세계)를 나누는 경계인 동시에 연결하는 통로가 되는 곳이다. 먼
저, 산문 밖에는 사찰을 중심으로 형성된 마을인 사하촌이 자리하고 있다. 이
동네들과 사찰 사이에는 절과 연관된 여러 가지의 문화유산이 산재해 있다. 하
마비와 장승, 다리橋와 심지어 당간지주 등이 자리하고 있다.

1. 사하촌의 불교문화유산

① 사하촌寺下村

'절 아랫마을'이란 뜻으로 촌락의 형태를 이루고 있다. 어떤 사하촌은 지역 사찰의 땅에 들어선 동네로 절의 소작과 잡역 등을 맡아 생계를 유지하는 경우도 있었다. 또 승시僧市와 같은 장마당이 열려서 많은 사람이 왕래하거나 늘 소란스럽고, 또 다툼이 자주 생기는 일이 발생하여 싸우기 좋아하는 귀신을 뜻하는 이름으로 '아수라의 땅'阿修羅道이라고 불렸다. 고려 때부터 조선시대까지 사찰의 전통물품을 교역하며 번성했던 승시(산중장터)가 사하촌에서 열리면서 조선 후기의 보부상 등과 결합한 형태로 발전했다.

② 장승長栍

사하촌을 경계로 하여 동네 어귀에 많이 세워진 마을의 이정표 또는 수호신神將이다. 주로 사람들의 얼굴 모양을 새긴 나무·돌기둥이다. 장승長丞·長栍은 순우리말로 '벅수'라고 부른다. 일반적으로 남녀 한 쌍으로 세워져 있다. 남자에게는 천하대장군天下大將軍, 여자에게는 지하여장군地下女將軍이라고 쓰여 있다.[39] 나무로 만든 목장승과 돌로만 석장승이 있다.

20세기 초에는 장승이 없는 마을이 오히려 없을 지경이었다. 제주도 돌하르방도 장승의 일종이다. 장승에 관한 속담으로는 키가 멋없이 큰 사람을 "구척 장승 같다.", 멍청하게 서 있는 사람을 "벅수같이 멍하니 서 있다.", 터무니없는 소리를 할 때 "장승 입에다 밀가루 발라 놓고, 국숫값 내라고 한다.", "장승 얼굴에다 분가루 발라놓고 분 값 내라고 한다." 등의 속담이 전한다. 마을과 사찰, 성문城門을 지키는 수호신장 장승은 우두머리를 뜻하는 법수法首·守煞 또는 제사장祭司長의 의미를 가졌다. 벅수는 《화엄경》에 불법을 보호하고 지키는 법수보살法首菩薩에서 유래한 것이다.

③ 사찰 장수목長壽木

천왕목天王木, 당산목堂山木으로 삽목揷木(땅에 꽂은 나무) 설화까지 전한다. 인도 룸비니 동산의 무우수(보리수)와 쿠시나가라의 사라쌍수[40]는 붓다의 상징이다. 선원과 율원·강원·염불원을 갖춘 사찰을 '우거진 숲'이란 뜻의 총림叢林이 있고, 경전에는 전단향 나무와 보배나무가 등장한다. 이것은 삽목 설화와 결합되어 부처님의 공덕과 위신력威神力(신비하고 불가사의한 힘)이 나타난 나무들이다. 우리나라에는 신라 최치원의 지팡이가 심어진 경남 합천 해인사 학사대 전나무와 경기도 양평 용문사와 충북 영동 영국사, 충남 금산 보석사, 경북 청도 적천사의 은행나무가 대표적이다.

④ 하마비下馬碑

"말에서 내리시오."란 뜻의 돌로 된 표석이다. 주로 왕릉이나 향교, 서원의 입구에 세워진 하마비가 절 입구에 세워진 곳은 대부분이 왕실의 원찰願刹이나 국가지정의 국찰國刹일 경우이다.

옛날 말이나 가마를 타고 절을 찾았을 때, 여기부터는 말이나 가마에서 내려야 한다는 것을 알리는 안내 표석이다. 요즈음엔 주차장과 같은 곳이다. 말이나 가마를 타고서는 좁은 산길이나 외나무다리를 통과할 수 없기 때문이다. 당시 가마나 말은 사회적 신분을 엿볼 수 있다. 제아무리 권세가 있는 사람이라도 여기서부터는 똑같은 부처님의 제자, 신도라는 의미를 깨닫게 한다. 원래 불교의 문화유산으로 볼 수 없지만, 하마비는 하심下心(마음을 비움)의 가르침을 일러준다. 하심이란 자신의 위치와 견해 등을 내려놓는다는 뜻이 있다. 또 말을 타고 올 신분이 아니더라도 나를 내세우는 아상我相의 집착을 마음에서 내려놓으라는 뜻이 담겨 있다.

충북 보은 속리산 법주사의 벽암대사 비와 봉교비奉敎碑는 절의 중창을 꾀하고, 유림의 침탈을 막기 위한 목적으로 세워진 비석이다. 그 길섶에 세워져 있는 작은 비석에는 앞면에 하마비, 뒷면에 화소火巢란 글자를 새겼다. 화소 비석은 원래 능·원·묘 등의 울타리 밖에 있는 풀과 나무를 미리 잘라서 산불이 옮겨 붙는 것을 막기 위해 수목이 없도록 조성한 공간을 뜻하는 영역 표시다. 이 비석은 임금이 이곳에 행차할 때 병기인 창·활·화약 같은 것들을 모아둔 곳이었다. 병장기를 이곳에 다 놓고 가는 장소이면서 말에서 내려서 가라는 뜻의 알림판 표석이다.

하마비와 유사한 묘표墓表는 가장 간략한 형태의 비석이다. 앞면에 어떤 사람의 묘라는 것을 나타내는 신원(관직·호·이름 등)을 쓰고, 뒷면에 건립 연대를 새긴다. 연대를 쓴 곳에 자손 명단을 간략하게 넣기도 한다. 묘갈墓碣은 무덤 앞에 세운 작은 비석이다. 무덤의 인물에 대한 직함, 별칭(자·호), 이름 등을 새긴다. 지위가 높거나 명성이 있으면 명문銘文을 새기기는 데, 그 이유를 설명하는 서문序文을 같이 새겼으면 묘갈명병서墓碣銘幷序라 한다. 비각이나 지붕석을 올린 신도비神道碑는 2품 이상 관직을 지냈거나 2품 이상으로 추증된 인물의 묘 앞에 세우는 비석이다. 묘표 또는 묘갈과 별도로 묘의 동남쪽 위치에 세운다. 5세기 중국 남조시대 송나라 범엽(398~446)이 편찬한 《후한서》에는 "네모진 것을 비碑, 둥근 것을 갈碣"이라고 한다.

한편, 조선시대에 남자들의 최고 영예는 학자(선비士, 어질고 지식이 있는 사람)로서 존경받음이었다. 학자는 문묘文廟에 사림士林의 여론과 공론에 근거하여 입향되고, 관료는 종묘에 왕대王代의 대표학자로서, 개인은 가묘家廟인 가문의 사당에 위패 봉안을 자랑으로 여겼다. 그곳은 사우祠宇로 서원에 추모의 공간으로 마련되었다. 학문의 정통성에서 볼 때 영주 소수서원은 구조적 형태에서 으뜸이고, 경주 옥산서원은 2층 누각(무변루), 함양 남계서원은 건물배치에서 으뜸으로 알려진 3대 서원이다.

⑤ 극락교極樂橋

'지극히 즐겁다.', '지극히 안락하다.'는 뜻의 다리 이름이다. 불교의 최고 중심 산인 수미산에 가기 위해서는 8개 바다를 건너고, 9개의 산을 넘어야 당도하는 것을 상징하는 다리이다. 다리를 놓는 일을 돕는 것을 월천공덕越川功

德이라 부른다. 이 다리를 건너면 아미타불이 사는 극락정토에 들었다는 의미로 깨끗한 땅이라 하여 정역淨域이라 한다. 또 열반의 언덕에 도달한다는 뜻의 열반교·피안교彼岸橋·연화교·삼청교·해탈교 등의 이름을 사용한다. 저승에 가서 염라대왕이 가장 먼저 묻는 "공덕을 했느냐?"는 질문에 대한 답변으로, 깊은 물에 다리 놓은 월천공덕과 아픈 사람 약을 준 활인活人공덕과 부처님께 공양 올린 염불공덕을 제일로 꼽는다고 상여 머리에서 부르는 〈향도가香徒歌〉에도 나오는 구절이다.[41]

전남 순천 송광사 우화각羽化閣 아래의 삼청교三淸橋는 일명 능허교凌虛橋라고 불린다. 《송광사성공중창록成功重刱錄》에 능허교虹蜺는 1707~1711년 사이에 나무다리로 건축됐다. 이때 누각은 판교수각板橋水閣으로, 1765년에 수징, 선찰 선사가 화주를 맡아 이만봉 등이 시주하여 돌다리로 건립하며 석홍교수각石虹橋水閣이라 불렸다. 전남 승주 선암사의 승선교, 여수 흥국사의 홍교와 같이 웅장한 멋은 없으나 건물과 함께 이중효과를 보이는 드문 예이다. 사찰의 다리는 그 기능성과 함께 상징적 의미도 크다. 사바세계와 정토세계를 이어 주는 동시에 구분해 주는 공간적 역할을 가지고 있다. 경남 양산 통도사 입구의 삼성반월교三星半月橋는 세 개의 별과 하나의 반달을 풀어놓은 마음 심心 글자로, 세 개의 홍예가 하나로 된 돌다리이다. 절에 닿기 전에 깨끗한 마음을 담아서 건너오라는 상징적 의미를 품고 있다. 1937년 음력 4월 27일에 준공한 반월교의 표지석 글은 1982년 7월 열반한 경봉 선사의 글씨이다.

한편 한양 궁궐에는 금천禁川·大隱岩川이 흐르는데, 풍수지리적으로 궁궐 앞쪽에 물이 흘러야 배산임수가 구현되므로 명당수明堂水라 불린다. 경복궁 영제교 밑을 흐르는 금천에는 건너오는 역질과 사귀를 물리치기 위해서 상상 속의 동물인 천록天祿42)을 장착했다. 실학자 유득공이 1770년 3월 3일 스승인 연암 박지원, 선배 청장관 이덕무와 함께 서울을 나흘간 유람하고 쓴《춘성유기》와 1793년 이덕무의《청장관전서》〈이목구심서〉에 이 돌짐승 이야기가 나온다.

⑥ 당간지주幢竿支柱

깃발幢이 달린 깃대幢竿를 지지하는 지지대이다. 찰간刹竿이라고 불리는 당간은 여기서부터 신성한 지역, 부처님의 나라임을 알리는 표석이다. 세속의 세력이 범접하지 못하는 성스러운 공간임을 상징했다. 절에서 법회나 행사가 있을 때 깃발을 달아 사람들에게 알리고, 깃발을 통해 사찰의 종파를 나타내기도 했다. 하지만 당간지주조차 없는 절이 있으며, 당간이 있어도 거의 깃발을 내걸지 않다. 삼한 시대에 천신께 제사를 지내는 신성한 지역인 소도蘇塗와 비슷한 의미이다. 소도에 죄인들이 들어오면 나라님도 어쩔 수 없었을 만큼 신성불가침의 공간이었다.

7세기 신라 중엽부터 세워지기 시작한 당간지주는 불이문으로 쓰이는 해탈교를 지나면 먼저 만나는 상징물이다. 고려시대까지 거대한 규모의 당간이나 지주는 조선시대에 들어와 거의 조성하지 않았다. 작은 규모로 높이를 낮춰 지주에 목조 당간을 세웠으며, 조선시대에 중창한 사찰들에는 그 흔적만이 남아 있다. 간주竿柱 끝에 용두의 모양을 만들고 깃발을 달아 드린 것으로 중생을 지휘하고, 마군을 굴복시키는 표시인 당간을 지탱하는 기둥이다. 주로 석재나 철재로 만들어진 것이 남아 있다. 당간 상단에는 휘장 혹은 당幢 · 번幡 · 깃발 등을 달 수 있는 장치가 있어 사중의 행사나 사찰에서 알림사항 등을 달아 표시했다. 당간과 지주를 사찰 초입에 세워서 수미산 입구에 위치해 있음을 상징하며, 신성한 곳의 시작점이다. 충남 공주의 갑사 철당간鐵幢竿과 충북 청주 용두사지 철당간, 전남 나주 동점문 밖의 석당간이 유명하다.

　　당간지주보다 조금 작고 비슷한 돌기둥으로 괘불대 지주가 있다. 주로 중심건물 앞 넓은 마당이 있는 곳에 자리한다. 많은 사람이 참석하는 야외 행사에서 괘불掛佛탱화를 걸고 법단을 꾸며 법회를 하는 것을 야단법석野壇法席이라고 한다. '괘掛'는 걸다는 뜻이다.

개성 현화사지 당간지주, 7층 석탑 1930년대. 사진 출처: 조선총독부 유리원판목록집Ⅲ 75쪽

2. 사찰의 산문체계와 상징물

사찰은 여러 곳의 문門을 통해 들어간다. 일주문 · 천왕문 · 해탈문[=불이문]을 사찰의 세 가지 문 즉, 사찰의 산문山門이라고 한다. 일주문에 들어선 자신의 마음이 그대로 유지된다면, 일주문은 곧 해탈문이 될 수 있다. 그것이 쉽지 않은 까닭에 금강역사가 거주하며 문 · 천왕문 · 불이문 등을 더 세우고, 중생을 위한 자비의 가르침을 실현하고 있다.

우리나라 사찰의 삼문三門 가람배치는 수미산을 형상화한 배치이다. 일주문은 천상계를 넘어서 부처님의 땅佛地으로 향해 나아가는 사람의 일심을 상징하여 나타낸 것이다. 사천왕문은 수미산 중턱까지 올라왔음을 의미하며, 불이문을 지나는 것은 수미산 꼭대기에 이르렀음을 상징한다. 그리고 부처님은 그 위에 있다고 하여 법당 안의 불단을 수미단須彌壇이라 부르는 이유가 있다.

절을 의미하는 산림山林은 '산이 숲을 이룬다'는 뜻으로, 출가 승려들이 사부대중이 수행하는 공간을 말한다. 산림의 뜻은 '최절인아산 장양공덕림'摧折人我山 長養功德林이라는 말[43]에서 따온 말이다. "(잘난 체하는) 아만심의 산을 깎고, 공덕의 숲을 기른다."는 의미가 담겨 있다. 그 산림에 들어가는 첫 관문이 일주문이다. 이 구역에는 부도와 탑비, 영지 등이 자리해 있다.

1) 일주문一柱門, 산사의 첫 대문

일주문의 기둥은 여럿이지만, 그 배열이 한 줄로 되었다고 하여 부르는 명칭이다. 사찰 산문의 첫 관문으로, 사찰 경계를 표시하는 기준점이다. 일주문을 경계로 문밖을 세속세계俗界라 하고, 문 안을 진리의 세계眞界로 구분한다. 또 중생의 세계를 이쪽 언덕此岸이라 하고, 저쪽 언덕彼岸은 모든 번뇌를 내려놓은 열반의 세계인 부처님 세계를 일컫는다. 사찰 입구에 세운 까닭은 신성한 곳으로 들어가기 전에 먼저 세속의 번뇌를 깨끗이 씻어내고, 마음을 하나로 모아 진리의 세계로 향向하라는 뜻이 서려 있다.

일주문은 일주삼칸一柱三間이 원칙이다. 하나의 기둥에 3칸 또는 1칸 문이다. 기둥은 하나가 아니라 둘 또는 넷이다. 그 뜻은 '일직선에 기둥이 자리한 문'이란 의미이다. 사찰 삼문三門의 첫 번째 대문으로 가운데에 천왕문, 마지막으로 불이문 혹은 해탈문을 가리키는데 이를 합쳐서 산문山門이라 부른다. "산문을 열었다는 것과 닫았다."고 하는 것은 세 문을 함께 여닫음을 말한다. 여닫는 대문이 없음에도 불구하고, 그 문을 여닫음은 오직 방문하는 자의 몫이다. 또 속세와 연결된 문을 닫는다는 의미로 단속문斷俗門이라 불렀다. 강원도 고산 석왕사에 있던 단속문이 유명했다.

부처佛와 중생, 극락과 사바의 경계를 이루는 상징적인 구조물이다. 일주문을 기준으로 승과 속의 경계가 이루어지며, 세간과 출세간·생사윤회의 중생계와 열반적정의 불국토가 구분된다. 이런 의미에서《화엄경》의 일심一心과《법화경》의 회삼귀일會三歸一 사상이 그대로 표출된 문이다. 불보살의 세계로 들어가는 문은 오직 하나다라는 것을 상징하는 문이다. 일주문은 세 가지 다른 문을 하나의 문으로 모은다는 의미가 담겨 있다.[44] 그래서 일주문을 지날 때는 3칸일 때에 가운뎃칸, 중앙으로 통과하는 것이 관례이다. 신성한 가람에 들어서서 세속의 번뇌를 호법 신장들의 청량수로 말끔히 씻고, 일심으로 진리의 세계에 닦아 가라는 상징적인 가르침이 담겨 있다. 일주문에서 불이문에 이르기까지 불완전한 모습을 완전한 모습으로 갖추어 가는 과정이다.

경남 양산 통도사 일주문 1910년대, 사진 출처 : 조선총독부 유리원판목록집 I 권

고려 후기에 처음 등장한 일주문은 조선 중기부터 전국 사찰에 주요한 건물로 세워졌다. 인도의 영취산과 서로 통한다고 하여 이름 붙여진 경남 양산 통도사의 일주문에는 '영축산 통도사'라는 편액과 좌우 기둥에 '불지종가佛之宗家 국지대찰國之大刹'이란 주련을 걸어 불보종찰佛寶宗刹의 성격과 품위를 나타냈다. 또 3칸 중에 양옆 2칸은 남짓 턱을 놓아 가운뎃길로 미리 안내하고 있다. 경남 함양군 안의면 상원리에 487년(신라 소지왕 9)에 각연대사가 장수사長水寺를 창건하며 세운 일주문으로 기록하고 있지만, 현재의 건물은 조선 후기에 건립된 전각이다. 우리나라 최고의 일주문은 1614년에 건립한 부산 금정산 범어사 조계문이다. 어떠한 보조 기둥 없이 네 개의 돌기둥 위에 지붕을 올린 일주문 건물이다.[45]

일주문은 달리 홍하문紅霞門이라 하는데, 홍하(붉은 노을)는 붉은 광명과 함께 부처님이 계시는 세계와 부처님의 몸 빛깔을 나타낸다. 경남 합천 해인사 옛 일주문이 홍하문이듯 부처님이 계시는 불국토의 세계로 들어섬을 상징하는 의미이다. 경북 경주 불국사의 자하문도 일맥상통하는 문의 이름이다.

전남 승주 선암사 일주문은 1698년 호암대사가 조계문으로 건립해 정유왜란과 병자호란의 전화를 입지 않은 유일한 목조 건축물이다. 석수인 해치상을 양쪽에 둔 일주문 소맷돌의 9개 돌계단 위에 세운 맞배지붕, 다포식 건물이다. 기둥 사이에 주간포 3기를 설치해 공포를 가득 채운 장식이 돋보인다. 2개의 굵은 배흘림기둥 앞뒤로 보조 기둥 흔적이 있지만, 위에서 30cm 가량되는 곳을 잘라 놓았다. 그것은 기둥 옆에 설치한 담장으로 인해 생긴 모양으로 다른 일주문에서 볼 수 없는 특이한 모습이다.

1719년에 중창된 조계문은 1824년에 해붕(석전)대사가 조계산 선암사란 편액을 달면서 일주문으로 역할이 바뀌었다. 건물 안쪽에는 옛 사명을 기리기 위해 1916년에 풍관산인 안택희의 전서체로 '고청량산해천사'古淸涼山海川寺란 기념 현판을 걸어 두었다. 건물 안쪽의 중앙 좌우기둥 윗부분에는 법계를 지키는 수문장으로 용머리를 조각했다. 중창 때 조각한 우측 용머리는 6.25전란 때 파손돼 빗물에 부식되어 1955년 추락된 것을, 1957년 전남 순천의 심남섭 장인이 복구했다. 1997년 도굴범에 의해 쌍용두가 도난당한 뒤 2002년 2월에 심 목각장이 은행나무로 2개월간에 걸쳐 복원했다.[46] 사천왕문이 없을 때 일주문에 용머리를 조각해 비보책으로 삼았다고 한다.

대구시 옥포 비슬산 용연사의 일주문인 자운문慈雲門(자애로움이 구름처럼 가득한 문)은 1695년(조선 숙종 21)에 건립한 전각으로 편액을 붙였다. 큰 둥근기둥에 창방과 평방을 짜 올렸고, 공포는 다포식으로 화려하게 꾸며져 있다. 창방과 대들보의 이음새에도 꽃으로 장식하고, 쇠서 끝을 연꽃 조각으로 화려함의 극치를 보여준다. 출창방의 결구 부분은 달동자(창방 모서리에 달린 짧은 기둥)를 끼워 연화기둥을 만들고, 달동자 밑면을 아름다운 국화문으로 조각하였다. 경북 울진 불영사처럼 일주문에서부터 낸 산길에다 '명상의 길' 등 현대적 감각의 이름을 붙이기도 한다. 1980년대까지 일반 민가에서 사용하던 사립문柴門(나뭇가지로 엮어 만든 섶문)과 같이 경계구역의 의미가 담겨 있다.

일주문에 걸려 있는 주련柱聯의 대표적인 글귀는 14세기 중국 원나라 임제종의 중봉명본中峰明本 선사가 지은《동어서화》상권에 기록한 신광송神光頌에서 따온 글이다.[47] 조선 중엽의 서산대사[48]가 1564년 참선 수행에 요긴한 지침으로 엮은《선가귀감》마지막 부분에 다시 기록한 구절이다. 1칸 건물에 2개판, 3칸의 주련을 붙일 때 사용하는 글귀이다.

신광불매 만고휘유神光不昧萬古徽猷
신령하고 오묘한 빛 오랜 세월 환하여라.
입차문래 막존지해入此門來莫存知解
이 문에 들어서면 그 알음알이를 버려라.
※ 무해공기 대도성만無解空器大道成滿
알음알이 없는 빈 그릇이 깨달음을 이룬다.

2) 승탑과 불교 상징물들

(1) 부도浮屠와 비석

승탑僧塔이라 부르는데, 승려의 사리나 유골을 안치한 묘탑墓塔이다. 주로 일주문 안쪽 지역에 자리한 부도는 신라 · 고려 때의 팔각원당형과 고려 시대의 방형과 석탑형, 조선 시대의 석종형石鐘形 양식이 있다. 부두浮頭 · 포도蒲圖 · 불도佛圖 · 휴도休屠 등으로 표기했다. 산스크리트어 붓다(Buddha)를 그대로 옮겨 적은 것이다. 또한 솔도파窣堵波 · 솔도파窣屠婆(Stūpa 스투파)[49]라 하는데, 탑파塔婆를 음 사音寫(번역하지 않고 소리 나는 대로 적은 것)한 것이다.

부도라는 용어는 신라 후기에 처음 등장했다. 872년(신라 경문왕 12)에 건 립된 전남 곡성 태안사의 대안사 적인선사조륜청정탑비 비문에 '기석부도지 지'起石浮屠之地라고 기록했다. 627~649년경에 신라 "원광법사의 부도를 세웠 다."는 《삼국유사》의 기록이 부도 건립의 시초이지만, 실물이 현존하지 않는 다. 844년(문성왕 6) 신라 말기에 강원도 원주 흥법사지에 조성한 전흥법사염 거화상탑이 가장 오래된 부도이다. 9세기 중국 당나라의 선종 전래와 구산선 문의 전통에 의해 부도가 대중화됐다. 귀꽃 문양石花을 새긴 부도는 사찰 밖에 위치하지만, 탑은 거의 다 경내에 자리하고 있다.

부도에는 다른 석조물과 달리 탑비塔碑를 따로 세워서 그 부도의 주인공과 생애, 행적 등을 기록하였다. 비갈碑碣은 비석과 선돌인 갈인데, 머리 쪽을 둥글 게 굴린 작고 간단한 비석으로 주인공이 누군지를 표시했다. 묘갈墓碣에는 관직 과 작호爵號(관직의 칭호)를 함께 새긴다. 왕릉과 옛 관아 등에 자리한 신도비神 道碑는 죽은 사람의 업적을 칭송하여 새긴 비석으로, 종2품從二品(요즘의 차관급) 이상이 세울 수 있다. 절에 세운 공덕비는 해당 절의 창건과 중창 등에 기여한 공적자를 위한 기념이다. 탑비와 신도비 등 규모가 큰 비석은 기단 위에 이수螭 首와 귀부龜趺, 그 사이에 비몸碑身으로 구성돼 있다.

귀부는 거북 모양의 비석 받침돌, 이수는 용의 모양을 아로새긴 비석의 머리를 말한다. 거북과 용은 장수와 물, 지상과 천상세계를 자유로이 드나들 수 있는 힘과 신통력을 지닌 동물을 상징한다. 이것은 탑비 주인공의 영혼이 불멸하고, 천상의 세계로 인도되기를 바라는 염원에서 나온 것이다. 일설에는 용이 아닌 이무기라 한다. 용은 승천하지만, 용이 되지 못한 이무기蛟螭(큰 구렁이) 즉, 이螭(뿔없는 용·용의 새끼)·이룡螭龍(비늘 가진 용)은 지상에 머물며 수호한다는 의미에서 비롯된 말이다. 기원전 2세기 중국 전국시대부터 건립된 석비는 1세기 후한시대 이후 성행하면서 여러 형태가 출현했다. 통일신라와 고려시대에는 이수를, 조선시대에는 이수를 대신해 지붕 형태의 개석蓋石(지붕돌)이 탑비의 머릿돌로 올려졌다.

부도와 무덤 바닥이나 무덤 어깨의 주위에 일정한 범위로 얇게 깔아 놓은 천석이나 깐 돌을 부석敷石(Flooring stone)이라고 한다.[50] 왕릉 옆에는 돌로 만든 양과 말을 조각해 세운 양마석羊馬石 등 석수과 석상이 자리한다. 통일신라 경덕왕 때부터 시작된 왕릉의 호석은 우리나라에만 있는 특징으로, 무덤을 수호하는 것으로 믿어서 세운 양마석 등 호석이 부도 곁에는 없다.

추사 김정희(1786~1856)가 석파(대원군의 호)에게 예서로 써 준 글씨對聯句 중에는 "옛것을 좋아하여 때로는 쪼개진 빗돌 조각을 찾아 나서기도 하고, 경서 연구에 몰두할 때는 여러 날 시 읊기를 쉬기도 한다오."好古有時搜斷碣 研經婁日罷吟詩 추사는 선조들이 남긴 흐릿한 흔적을 찾아 연구하고 살펴보는 것 또한 즐거움이 아니겠냐는 글귀를 통해 비와 묘갈을 찾은 일화가 적혀 있다.

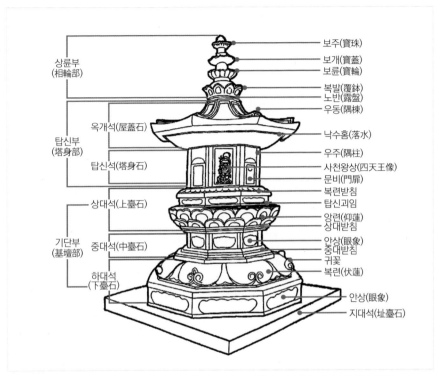

상륜부
(相輪部)

탑신부
(塔身部)

기단부
(基壇部)

옥개석(屋蓋石)

탑신석(塔身石)

상대석(上臺石)

중대석(中臺石)

하대석
(下臺石)

보주(寶珠)
보개(寶蓋)
보륜(寶輪)
복발(覆鉢)
노반(露盤)
우동(隅棟)
낙수홈(落水)
우주(隅柱)
사천왕상(四天王像)
문비(門扉)
복련받침
탑신괴임
앙련(仰蓮)
상대받침
안상(眼象)
중대받침
귀꽃
복련(伏蓮)
안상(眼象)
지대석(址臺石)

부도 또는 승탑의 세부 명칭, 사진 출처: 조계종 법왕사 사보(2014년 9월호), 12쪽

(2) 탑塔과 등燈, 배례석

오래도록 사용하거나 관리하기 위해 돌로 만든 경우가 많아서 석탑과 석등 이라 부른다. 석탑은 불국사의 다보탑과 석가탑, 월정사 팔각 13층탑, 묘향산

보현사 팔각 13층탑과 9층탑, 서울의 경천사지 13층탑, 원각사지 10층탑, 부석사의 석등과 배례석 등이 유명하다. 사라진 황룡사 9층 목탑과 법주사 팔상전 등에는 목탑 가운데에 세운 기둥의 기초로 기다란 심초석心礎石(주춧돌)을 박아서 목조탑의 중심기둥을 받치고 있다.

① 석탑石塔

탑파塔婆로도 부른다. 탑은 산스크리트어 스투파(Stūpa)를 한자로 표기한 것이다. 수투파窣堵婆(솔도파) · 수두파數斗波 · 두파兜波 · 부도浮圖 · 浮屠 또는 고현高顯 · 취상聚相 등으로 번역됐다. 부처님의 신골身骨을 담고, 흙과 돌을 쌓아 올려 조성한 구조물이라는 점에서 사리봉장舍利奉藏의 장소로 해석하였다. 석가모니 부처님의 사리를 봉안한 구조물 또는 석가모니의 무덤이라 정의할 수 있다.

초기 경전에서는 석가모니의 몸에서 나온 사리를 "진신사리眞身舍利를 봉안한 것을 탑이라 하고, 없는 것을 지제支提라 한다."는 개념을 사용했다.[51] 경북 경주 불국사 석가탑에서 출토된《무구정광대다라니경》으로 대표되는 법신사리法身舍利 개념의 정립으로부터 신령한 장소나 고대 유적을 의미하는 '지제支提'는 특정한 일 또는 목적을 기념비적으로 건립한 영불탑迎佛塔[52]을 지칭하게 되었다.[53]

기원전 4세기부터 탑은 외견상 사리의 유무를 알 수 없으므로 탑과 지제를 모두 같은 개념으로 사용하고 있다. 이때부터 진신 또는 법신사리를 봉안한 석탑은 신앙체계의 중요한 위치로 불가의 중요한 상징물이 되었다. 1세기경부터 사찰 건립에서는 반드시 조성해야 하는 대상으로 당탑 가람堂塔伽藍의 중심선에 놓이게 되었다.

탑의 기원은 《대열반경》에서 기원전 5세기 "석가모니가 쿠시나가라의 사라쌍수 아래서 열반에 들자 제자들이 그의 유해를 다비茶毘하였다. 이때 8곡 4두八斛四斗 즉, 여덟 섬 네 말의 사리舍利·奢利(Śarira)가 나왔다. 이 사리를 인도의 여덟 부족이 서로 차지하려 할 때 제자인 도나徒盧那(Dona) 바라문의 중재로 사리를 나누어 탑을 세우도록 했으며, 이 탑을 근본팔탑根本八塔이라 한다." 석가모니불 사후인 기원전 483년(또는 BC 383년)에 최초의 불탑이 조성되었을 가능성이 크다. 그리고 분사리分舍利를 한 다음에 드로나와 모라 부족이 각각 병과 재를 가져가 탑을 세웠으므로, 이를 합쳐 근본 십탑十塔이라 한다. 이 유적들은 실제로 발견되지 않고 있다.

그 후 기원전 3세기에 인도 마우리아 왕조의 아쇼카왕阿育王(Ashoka)이 근본팔탑의 사리를 발굴하여 8만 4천으로 등분한 다음, 인도 전역에 8만 4천 기基의 탑을 세웠다고 한다. 그 내용은 불교 경전에 의한 것으로, 오늘날 인도에 남아 있는 가장 오래된 불탑인 인도 보팔(Bhopal)의 산치(Sanchi) 대탑과 인도 북부 나고드(Nagod)주에 위치한 바르후트(Bhahut) 대탑의 유적지가 마우리아 왕조(BC 317~180년경) 이후에 승가왕조(BC 185~80년경) 때 처음 만들어진 점과 보드가야에 있는 높이 55m의 마하보디 대탑도 아쇼카왕 때 세워졌다고 전하는데, 실제로는 6세기경 세워진 것이다.

중국 후한시대 67년에 인도 승려인 가섭마등迦葉摩騰과 축법난竺法蘭이 불경과 불상을 전하면 전래된 불교의 탑은 우리나라를 석탑의 나라, 중국을 전탑塼塔의 나라, 일본을 목탑木塔의 나라로 부른다. 이것은 탑의 조성 재료를 바탕으로 한 각국의 문화적 성격을 대변하는 용어이다. 재료에 따라 목탑 · 석탑 · 전탑 · 공예탑工藝塔 등으로 가장 오래된 탑의 한 형식은 목탑인데, 중국에서부터 전래하였다. 다층 누각 형식의 공예탑은 금동 · 청동 · 토제 · 석제탑 등을 지칭

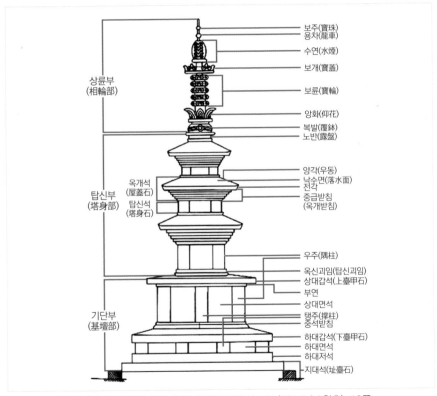

석탑의 세부 명칭, 사진 출처: 조계종 법왕사 사보(2014년 9월호), 13쪽

하는 것으로 고려의 석탑 안에서 많이 출토되었다. 동아시아에서의 석탑은 주로 경내에 위치하는 반면에, 승려의 무덤인 부도는 대부분이 사찰 건물 밖에 자리하는 특징을 갖고 있다. 돌무더기로 된 돌탑은 일종의 기원탑 형식이다. 달리 '돌보石堡'라고 부른다. 산의 정기를 가두는 비보책의 일환으로 민간에서 널리 사용한 이름이다.

② 석등石燈

무명無知의 어둠을 지혜의 빛으로 밝혀주는 상징적 석조이다. 석등롱石燈籠 · 장명등長命燈이라고 한다. 인도에는 없고, 중국에는 일부 존재하거나 우리나라에서만 존재하는 건축물이다. 9세기 통일신라 시대에 조성한 부석사 무량수전 앞 석등은 부처님의 광명光明을 상징한다. 이 석등에는 수화手話 모양의 수인手印을 한 보살상이 4면에 조각돼 있다. 왕릉 등에 설치된 정료대庭燎臺는 횃불을 피워놓는 뜰에 세운 기둥 모양의 대臺와 같은 기능의 석조물이다. 경기도 남양주 회암사 터에서 정료대(관솔대) 실물을 볼 수 있다.

석등은 석탑과 짝을 이루는 데, 석탑 앞 설치가 관례이다. 초기에는 어두운 곳을 밝히거나 어두울 때 쓰는 실용적인 성격이었으나, 후대에는 중생의 마음에 불법을 밝힌다는 신앙적 의미가 부여되었다. 《증일아함경》〈지주품地主品〉에는 한 비구가 보장여래寶藏如來(아미타불의 전신)에 대한 지극한 등불 공양燈供養으로 마침내 등광여래燈光如來가 된다는 내용이 실려 있다. 상대석은 지붕 역할을 하는 부분을 옥개석屋蓋石과 불이 밝혀지는 화사석火舍石(불빛의 집)으로 구성,

중대석은 기둥을 이루는 부분으로 간주석竿柱石이라 한다. 하대석은 기둥을 받치는 부분이다. 간주석의 형태에 따라 장구를 닮았다고 하여 고복석鼓腹石(장구 모양), 쌍사자형, 팔각형 간주석으로 구분한다.

충남 부여의 가탑리 폐사지廢寺址에서 6세기 백제의 석등 대석臺石이 발견, 조사된 바 있다. 891년(통일신라 진성여왕 5)에 건립된 전남 담양 개선사지 석등의 명기銘記에는 건립석등建立石燈이라는 기록이 남아 있다. 1093년(고려 선종

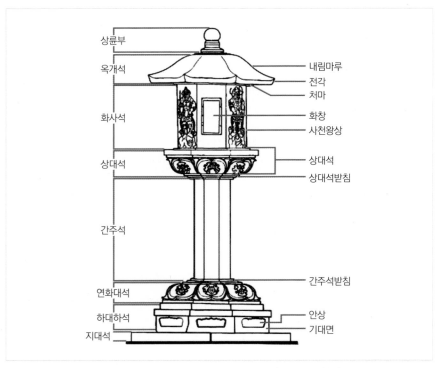

석등의 세부 명칭, 사진 출처: 조계종 법왕사 사보(2014년 9월호), 11쪽

10)에 건조한 전남 나주 서성문 안 석등은 등감일좌석조燈龕一座石造라는 명문이 새겨져 있다.

③ 배례석拜禮石

절하는 예禮 또는 절하여 예를 갖추는 자리이다. 보통 석탑 앞에 있는데, 절을 찾는 불자들이 석불과 석탑에 합장하고 예를 갖추는 장소로 사용된다. 직사각형의 받침돌 형태를 이루는데, 일반적으로 면석面石의 긴 쪽에 3개, 짧은 쪽에 2개의 코끼리 눈眼象을 새긴다. 그 안에 고사리무늬 같은 버섯구름 모양을 양각한다. 달리 향로석香爐石, 향안석香案石이라 부르기도 한다.

(3) 영지影池 · 蓮池

연지蓮池라고 한다. 그림자가 비치는 연못이나 연을 심은 못을 말한다. 불교가 전래하면서 부처 · 탑, 산의 그림자가 비치는 투영 못을 사찰에 만든 인공연못이다. 조경은 경치를 만드는 일이다. 일반적인 정원은 자신이 즐기기 위한 부문이 많은 반면에, 전통 정원은 "우주를 정원 안에 품는다."는 천원지방天圓地方의 함축적 의미가 담겨 있다.[54] 차경借境(외부의 자연을 끌어들인 풍경)의 방법으로[55] 비치는 대상에 따라서 불영지佛影池, 탑영지塔影池, 산영지山影池라고 부른다.

불교의 상징인 연꽃을 심은 연지는 《정토삼부경》〈관무량수경〉에 극락을 보는 16관觀 가운데, 연못의 물을 생각하는 관보지관觀寶池觀이 설해져 있다. 이 경전은 극락에 있는 보배로운 못과 그 못에 심어진 연꽃에 관해 설명하고 있다. 천 년 전, 백제 아사달과 아사녀의 슬픈 사랑이야기가 전하는 경북 경주 불국사 영지影池·影湖와 경남 양산 통도사 구룡지九龍池, 경북 울진 불영사 불영지佛影池(부처의 그림자가 비치는 연못)가 있다. 강원도 춘천 청평사 고려선원 영지影池는 11세기 고려 때의 이자현이 조성한 가장 오래된 정원식 연못이다. 전남 승주 선암사의 삼인당三印塘이란 영지는 비보책의 한 곳으로도 유명하다.[56]

영지는 산을 숭상하는 산악숭배 사상으로부터 기인한 조영물이다. 유교문화에서 볼 때 경관은 자연으로부터 도덕을 배우고 깨닫는 ① 곡曲(신선의 경승지)은 중국의 무이구곡武夷九曲·한국의 화양구곡과 같이 무릉도원武陵桃源의 선경仙境인 이상향을 뜻한다. 도교에서 은일처隱逸處로 생각되는 동천洞天과 같은 곳이다. 그리고 자연에 대한 우주관에 입각하여 객관적으로 바라보는 ② 경景(자연과 인간의 합일된 경치)은 공간적으로 지역보다 좁은 장소에서 특출하거나 아름다운 경치인 팔경八景 등을 말한다. 인간이 경치를 관찰하는 것이 아니라 경치 속에 인간이 함께하는 자연을 객관적으로 관찰하는 의미가 있다.[57]

(4) 사찰 속에 담긴 상징물

일주문을 들어서면서부터 여기저기에 사찰과 불교를 상징하는 문화재와 암각 글씨들이 산재해 있다. 그 상징적인 식물로 연꽃蓮과 함께 나무는 보리수菩提樹이고, 과일은 망고芒果(Mango)이다.[58] 동물은 인도의 아소카 대왕 석주에서 볼 수 있듯이 코끼리白象 또는 청사자靑獅子(사자상猊床)이다. 다른 상징들로는 원이삼점을 비롯한 표식들과 불교기, 전단향栴檀香, 불자拂子 등 여러 가지가 있다.

① 원이삼점圓伊三點

절의 지붕 측면 등에 그려진 둥근 원 안에 세 개의 점을 말한다. 원이삼보圓而三寶 · 이자삼점伊字三點이라 하는데, '삼보륜'三寶輪이라고 한다. 불교의 세 가지 보물인 부처님과 가르침을 따르며 수행하는 승가를 상징하여 불교종단의 상징물紋章 · 徽章(Emblem)로 쓴다. 열반의 경지를 이루는 세 가지 요건인 법신法身, 큰 지혜般若, 해탈의 법을 상징한다. 이 세 가지가 함께 해야 열반을 이룰 수 있다는 뜻으로, 세 점이 하나의 원 안에 들어있는 것이다. 이 3점은 선정禪定과 법륜法輪을 상징하는 일원상 안에 불법승佛法僧 삼보三寶와 계정혜戒定慧 삼학을 상징하고 있다. 그 의미는 대한불교조계종 문장紋章으로 쓰인 원이삼점의 뜻과 같다.

원이삼점의 구성과 의미[59]는 원융圓融을 나타낸다. 원융은 걸리고 편벽偏僻됨이 없이 모든 것에 가득 차고 만족하며 완전히 일체가 되어 서로 융합하므로 방해됨이 없는 것을 뜻한다. 사물 본성의 평등성體(바탕)에 있어서 무차별적 절대성을 의미한다. 그려지는 위치는 흔히 대웅전이나 각종 전각의 지붕 합각벽에 만卍자 문양과 원이삼점 문양이 그려져 있다. 서울 조계사와 경주 불국사 등의 대웅전 합각벽에 원이삼점 문양을 볼 수 있다.

　② 일원상(○)

　원상圓相이라 하는데, 전각 벽화에 많이 그려진다. 중생 마음속에 있는 불성佛性은 누구나 같아서 평등함을 상징한다. 선종 계열에서 주로 사용하였으나, 지금은 불교의 보편적인 상징으로 가르침 가운데 하나인 공空을 뜻한다. 완전무결한 경지 또는 깨달음의 상태를 나타내는 상징으로 원교圓敎(원융적인 가르침)라고 한다. 5세기 중국 후위後魏의 광통혜광 율사가 부처님의 교법을 점교漸敎(순차적인 가르침)·돈교頓敎(일광적인 가르침)·원교 3가지로 구분하고,《화엄경》을 원교로 명명한 데서 비롯된다.

　일원상이 상징하는 동그라미는 만물의 근본이 되는 곳으로, 불보살의 마음이 있는 곳을 뜻한다. 우리나라 원불교에서도 이와 비슷한 일원상을 상징으로 사용하고 있다. 우리나라 사찰에서 볼 수 있는 일원상一圓相(하나의 원 모양)은 선가에서 수행지침의 하나로 삼고 있는 십우도十牛圖에서 비롯된 것이다.[60]

　일원상의 기원은 중국 당나라 때 6조 혜능대사의 제자 남양혜충(675~775) 국사가 최초로 그렸다고 전해진다. 선화禪畵의 가장 일반적인 소재로 쓰이는 심우도이다, 곽암선사의 심우도 여덟 번째 그림인 인우구망人牛俱忘(소 다음에 자신도 잊어버린 상태를 묘사한 텅 빈 둥근원을 그림)을 일원상으로 표현하였다. 그 의미는 부모미생전父母未生前, 본래면목本來面目 등 6가지로 알려져 있다.

③ 만자卍字 표식

만자 표식은 사찰을 상징하는 대표적인 글자로 부처의 마음, 모든 중생이 갖고 있는 불성佛性을 상징하는 기호이다. 석가여래의 가슴과 발자국足跡에 나타나는 신비로운 모습相으로 불심인佛心印證(언어 · 문자로 표현할 수 없는 내증의 깨달음)을 나타내는 만자는 단순한 장식문양이 아니라 불교적 표상이다. 사찰 전각 등의 합각벽에 그리거나 새긴 장식문양으로 많이 쓰인다.

원래는 글자 형태가 아니라 상相(Image)으로 상징형이다. 고대 인도에서부터 사용하던 길상吉祥(아름답고 착한 징조)과 행운의 표시이다. 만卍으로 읽고, 万字 · 萬字 · 卍字라고 쓴다. 대승불교권에서 사용하지만, 남방불교에는 없다.

만은 산스크리트어梵語의 수리밧살크사나(Srivatsalksana)이다.[61] 부처님의 손발과 두발(머리카락), 허리에 있다. 목숨 수壽 자와 합쳐져서 단만수자團萬壽字, 만수금萬壽錦이라고도 한다. 모양은 중심에서 오른쪽으로 도는 우만자右卍字卐와 왼쪽으로 도는 좌만자左卍字로 나눈다. 인도의 옛 조각 벽화에는 우만右卍자가 많으나 중국과 한국, 일본에서는 굳이 구별하지 않는다. 불상의 가슴과 불교 건축과 다리 난간, 공예물과 법복 등에 문양으로 사용한다. 2차 세계대전 때 히틀러의 독일군이 사용한 우만자는 하켄크로이츠(Hakenkreuz, 갈고리 십자) 철십자 모양과도 비슷해서 혼돈하는 경우가 있다.

④ 법륜法輪 마크

법륜은 '법의 수레바퀴'라는 뜻이다. 범어 다르마 차크라(Dharma-cakra)

의 번역으로, 부처님의 가르침을 전륜성왕의 윤보輪寶에 비유한 말이다. 윤輪은 고대 인도에서 수레바퀴 모양의 무기인 '차크람'(Chakram)이다. 불교에서는 붓다의 설법을 상징하며, 전륜왕이 바퀴를 굴려 산과 바위를 부수듯 설법을 통해 중생의 번뇌 망상을 없앰을 의미한다. 또 바퀴가 한곳에 머무르지 않듯 그 가르침도 누구에게나 전달되는 것임을 말한다. 수레바퀴는 고대 인도에서부터 자주 사용되던 상징이다. 인도에서는 우주를 지배하는 쉬바(Siva) 신이 커다란 수레바퀴를 돌려 우주를 경영한다고 상상해 왔다. 또한 인간 세계의 위대한 왕은 일곱 가지 보물을 소유했다. 그 가운데 수레바퀴輪寶를 굴리는 왕을 '전륜성왕'으로, 붓다를 전륜성왕이라고 불렀다. 그래서 녹야원에서의 최초설법을 초전법륜初轉法輪이라고 하는 의미이다.[62] 법륜의 8개 바큇살 모양은 팔정도八正道를 뜻한다. 인도에서는 말馬을 쉽게 볼 수 없다. 이동 수단에는 코끼리나 소 그리고 사람이 수레를 끌었다.

⑤ 불교기|佛教旗

1950년 5월 25일 스리랑카 콜롬보에서 27개국 200여 명이 참석한 가운데 열린 세계불교도우의회(WFB) 창설총회에서 불교의 상징으로 공식 채택됐다. 1952년 9월 25일 일본 도쿄 히가시혼간지東本願寺에서 열린 제2차 WFB 총회에서 처음으로 게양됐다.[63] 미국 국적의 스리랑카 대표였던 헨리 올콧(Henry Steel Olcott)가 1882년에 제안한 것이다. 모든 불교국가와 단체에서 사용하고 있다. 깃발의 가로줄 다섯 가지 색은 붓다의 가르침을, 세로줄의 다섯 색은 가르침이 영원불멸함을 상징한다.

5색 의미로 청색은 흔들림 없이 정법을 구하는 정근을, 황색은 붓다의 몸빛과 같이 변하지 않는 굳은 마음을, 적색은 쉬지 않고 수행에 정진함을, 백색은 번뇌가 사라진 청정함을, 주황은 수치스러움과 그릇된 길로 빠지지 않고 유혹을 물리쳐 이겨내는 인욕을 뜻하고 있다.[64]

⑥ 전단향栴檀香

인도에서 나는 향나무로. 목재는 불상을 만드는 재료로 쓰고 뿌리는 가루로 만들어 단향檀香으로 쓴다. 단향목檀香木 · 자단紫檀 · 백단白檀 등 향나무의 총칭인 전단栴檀은 《묘법연화경》 권제1 〈서품〉에 "향나무 향이 바람을 타고, 중생들 기쁘게 한다."栴檀香風悅可衆心로 소개되었다. 절에서 향을 피우는 이유는 해탈향解脫香이라고 하여 해탈을 의미한다. 자신을 태워 주위를 맑게 하므로 희생을 뜻하기도 하고 화합과 공덕을 상징한다. 육법공양六法供養[65]에 첫 번째로 실천 수행법 중의 하나이다.

⑦ 연꽃蓮花

연꽃의 상징성은 첫째, 부처님 탄생과 불교의 이상을 함축하는 꽃이다. 둘째, 진흙탕에 뿌리를 내리고 자라지만 그 더러움에 물들지 않는 처염상정處染常淨의 꽃으로 보리심 · 청정무구한 불성을 상징한다. 셋째, 아름다운 꽃과 열매가 동시에 이루어진다. 이는 모든 중생이 태어남과 동시에 불성을 갖추고 있음

을 상징하며 인과의 도리에 알맞다. 넷째, 고통이 가득한 세속에서 수행하여 해
탈을 추구하는 대승불교의 보살정신을 상징한다. 다섯째, 연은 색에 따라 백
련 · 청련 · 홍련 · 황련으로 나뉜다.[66] 그 사용에도 앙련仰蓮(위쪽), 복련覆蓮(아
래쪽)으로 석등을 장식하거나 연화대 · 연등 등 각종 장엄물로 사용된다.

⑧ 보리수菩提樹

인도의 '핍팔라'畢鉢羅(Pippala)가 원래 이름이다. 《과거현재인과경》 제4권
에 나오는 니련선하[67] 강가의 핍팔라 나무이다. 산스크리트어 아슈바타阿說他
(Aśvattha) · 보오(bo)라고 한다. 보리菩提는 산스크리트어 보디(Bodhi)로, 그
뜻은 깨달음의 지혜이다. 부처님이 보드가야의 보리수 아래金剛座에서 성도하여
깨달음의 나무이다. '마음을 깨쳐 준다'는 뜻의 보리드루마(Bodhi druama)
또는 보디브리크샤(Bodhk vriksa)를 음역해서 보리수라 불린다. 깨달음을 준
나무라고 하여 각수覺樹 · 불수佛樹 · 도량수道場樹 · 도수道樹 · 사유수思惟樹 · 용화
수龍華樹라고 불린다.

불교의 3대 성수는 무우수無憂樹(탄생나무), 보리수(깨침나무), 사라수沙羅樹 ·
沙羅雙樹(열반나무)를 꼽는다. 아수가수阿輸迦樹는 아쇼카 대왕의 나무이다. 인도
에서 삼대성수三大聖樹는 고따마 싯다르타와 연관된 나무들이다. '근심이 없는
나무'라는 뜻으로 불리는 무우수(Sal tree)는 아쇼카 나무(Ashok tree), 보트
리(Bo Tree) · 피팔(peepa)로 불린다. 산스크리트어 아無와 쇼카憂를 번역한
것으로, 마야부인摩耶夫人[68]이 룸비니 동산에서 아쇼카 나뭇가지를 잡고 아무런

고통 없이 아들을 낳았다고 해서 인도 사람들은 이 나무를 아쇼카라고 부른다. 이 나무를 의역하면 무우수이고, 사친나무事親木로도 불린다.[69] 영어로 'Sorowless tree'(근심없는 나무)이다.

보리수(Peepala tree)는 정각수正覺樹로 영어로 실버베리(Silver-berry)이다. 부처님이 깨달음을 이룬 곳인 보리도량菩提道場(Bodhi-mandala)은 고대 인도 마가다국의 우루베라 마을의 네란자라尼連禪江(리라강) 강변에 있는 보드가야(Buddha Gayā)의 보리수 아래 금강좌를 말한다. 금강좌는 후대에 깨달음을 얻고자 수행하는 장소라는 보통명사로 불린다. 핍팔라 나무를 한역하여 보리수는 각수 · 도량수 등으로 불린다. 부처님은 보리수 아래에서 깨달음을 얻은 후, 그 옆의 니그로다 나무尼拘律樹(Nigrodha) 아래로 옮겨 앉아 깨달은 내용을 정리하고, 설법 방법을 궁리했다. 이 니그로다 나무는 뿌리가 많다고 하여 다근多根 혹은 용수榕樹라고 한다.

가곡의 왕, 오스트리아의 작곡가인 프란츠 슈베르트는 1827년에《겨울나그네》24편의 연가곡을 작곡했다. 그중에서도 제5곡 〈린덴바움(Der Lindenbaum, 보리수)〉은 이름 자체로 유명하다. 슈베르트가 작곡한《겨울나그네》는 독일시인 빌헬름 뮐러(W. Muller)가 1820년부터 집필하여 첫 12편의 시를, 1823년 잡지《우라니아》에 〈방랑자의 노래〉란 제목으로 발표한 것이다. 슈베르트가 연가집을 작곡한 1827년에 시인 뮐러는 33세의 나이로, 슈베르트도 1년 뒤인 1828년 31세의 나이로 세상을 떠났다. 뮐러는 생전에도 슈베르트가 자신의 시에 곡을 붙인 사실, 그 자체를 몰랐다고 한다.

셋째, 열반수涅槃樹는 사라나무(Sara Tree) 아래에서 부처님이 열반에 드셨다. 인도에서는 사라나무로, 살(sal) 나무를 한역한 것이 사라沙羅이다. 부처님이 그 사라나무가 쌍으로 서 있는 곳에서 입멸했기에 사라쌍수沙羅雙樹라고 한다.

⑨ 불자拂子, 권위의 상징

짐승의 털이나 삼베 등을 묶어 자루 끝에 매어 단 도구佛器이다. 승려가 번뇌나 장애를 물리친다는 상징을 담고 있다. 선종 사찰에서는 총림의 방장이 손에 지니는 지휘봉과 최고 권위의 상징이다. 마음의 티끌과 번뇌를 털어내는 상징적 의미의 법구이다. 불拂 또는 불주拂麈 · 불진拂塵 · 승불자蠅拂子 · 백불白拂이라 의역하는 불자는 산스크리트어 바비아자나(Vāa-vyajana)이다. 자이나교 등 인도에서 수행자가 일상에서 모기나 파리를 쫓는 데 쓰던 먼지털이였다. 불교에서 번뇌라는 먼지를 털어 없애는 하나의 상징물로, 선종에서는 주장자와 함께 설법 때 바른 위의와 법을 상징하는 수행도구로 사용되고 있다.

《과거현재인과경》에는 붓다께서 탄생하실 때 석제환인이 보개를 들고, 대범천왕은 백불을 잡고, 부처의 좌우에서 시봉한다. 초기 밀교경전 《다라니집경》에는 관세음보살은 왼손에, 보현보살은 오른손에 백불을 잡고, 부처님의 좌우에서 시봉한다. 보살과 장자들이 흰 말의 꼬리털로 만든 백불白拂을 잡은 기록과 같이 번뇌를 털어 없애는 상징물인 불자는 선종에서 법문을 펼칠 때 애용하는 장엄구로 조사祖師의 영정에 지물持物로 그려졌다. 수행승을 지도하는 조실室이나 절의 주지가 불자를 들고, 대중에게 내리는 설법을 병불秉拂이라고 한다. 야크의 꼬리털이나 말의 꼬리털(말총馬尾)로 만든 불자, 금과 은을 소재로 한 손 자루가 붙어 있는 불자 등 사치스러운 불자의 사용은 금하였다.

⑩ 불명패佛名牌, 불상의 이름표

불보살의 이름을 적은 긴네모꼴長方形의 나무패를 가리킨다. 조선 후기 때부터 유행한 불명패는 크기는 일정하지 않으며, 봉안하는 법당의 규모에 따라 다르다. 보통 50㎝ 정도의 크기로 큰 것은 1m 이상의 것도 있다.

불단의 불상 좌우 아래쪽에 나란히 배치되며, 기록하는 존명尊名은 보통 사바교주 석가모니불, 서방교주 아미타불 등을 쓴다. 삼신불三身佛을 봉안한 대적광전 또는 대광명전 중앙에는 청정법신 비로자나불, 좌우에 천백억화신 석가모니불과 원만보신 노사나불의 이름을 적는다. 법·보·화法報化 삼신三身과 정토淨土의 아미타불 명호가 보편적으로 사용된다.

불보살의 이름을 기록하는 장방형의 목패 상하좌우에는 공예적으로 아름다운 장엄을 이룬다. 아래쪽에는 복련과 앙련의 연화대를 두고, 좌우에는 보상당초화문을 조각한다. 위쪽 옥개 부분에는 우담바라화優曇跋羅華와 같은 매우 환상적인 조각을 배치한다. 주변에 용과 구름문양을 등장시키는 경우도 있다. 경남 양산 통도사 대웅전의 목조 삼보패 등이 유명하다. 일제강점기에는 일본 천황의 이름까지 등장하기도 했다.

⑪ 번(글씨 깃발)과 당(그림 깃발)

번幡은 불보살의 위덕과 무량한 공덕을 나타낸 깃발이다. 증번繒幡이나 당번幢幡은 긴 장대에 매단 깃발로 장엄용으로 쓰인다. 옥번玉幡은 옥 장식으로 꾸민 것이다. 관정의식 할 때 쓰는 관정번灌頂幡은 예로부터 대중화되었다.[70] 갖가지 수를 놓기도 하고 여러 가지 보배 등으로 구슬을 만들어 늘어뜨리는 등 화려한 장식으로 만들었다. 깃발과 비슷한 번은 불전 내의 기둥이나 법회 때 당간에 매달아 세웠고, 천개나 탑 상륜부에 매달기도 했다. 멀리서도 번이 나부끼는 모습을 볼 수 있도록 했다.

번의 산스크리트어 파다가波多迦(Patākā)는 《법화경》〈약왕품〉에 등장한다. 사용하는 색깔은 청 · 황 · 적 · 백 · 흑의 5색이다. 그 형태는 대부분 상하가 긴 직사각형이다. 위쪽은 삼각형과 비슷하다. 머리 쪽은 검은색으로 처리하고, 그 위에는 오색천에 오색실을 수놓은 복장 주머니를 2개 매단다. 중앙부는 번의 성격을 보여 주는 부분으로, 사용하는 번에는 쓴 글자에 따라 나무대자대비관세음보살 번임을 알 수 있다. 일반적 형태인 삼각형의 머리 부분이 없는 것이 특이하다.

고대의 형태는 알 수 없으나 근래에 법회 등 큰 행사가 있을 때마다 종이에 범서梵書를 쓰고, 이를 노끈에 매달아 전각 주변에 걸게 된다. 그 종류는 관정번 · 정번庭幡 · 평번平幡 · 사번絲幡 · 옥번 등 다양하다.[71] 정번은 비를 청하기 위하여 옥외에서 기우제와 같은 의식庭儀(뜨락에서 행하는 의식) 때 사용했다. 평번 · 사번 · 옥번 등은 재료에 따르는 명칭이다. 평번은 넓은 비단으로 제작되고, 사번은 여러 가닥의 실을 묶어서 만들며, 옥번은 금속과 옥석을 서로 연결하여 만든 것으로 재료에 따라 여러 형태의 번이 사용됐다. 6각 또는 8각의 당幢을 나무로 만들어 사용한 것을 목당번木幢幡이라 한다. 모두 다 불전 장엄을 위하여 현괘懸掛(내다가 겂)되는 것은 동일하며, 불교 공예의 분야에 널리 활용되었다.

번과 흡사한 것으로 '사명기司命旗'가 있다. 사명기는 본래 조선시대 군대에서 사용하던 것이었으나, 그 후 민간에서 무당들이 신을 부를 때나 불교에서 영산재와 같은 큰 법회를 진행할 때에도 사용하게 되었다. 금강산 유점사의 사명기가 가장 유명하였으나 전하지 않는다. 번과 사명기는 가운데 쓰인 문구로 구분하였다.

당幢은 보당寶幢 또는 천당天幢이라고 한다. 기旗의 일종으로, 번과 마찬가지로 여러 가지 형태의 깃발을 사용하여 불보살을 장엄하였다. 당은 법회 등 행사가 있을 때 절의 문 앞에 세우는 기이다. 머리 장식에 따라 용두당龍頭幢·여의당如意幢·마니당摩尼幢·인두당人頭幢으로 나뉜다. 형태는 간두竿頭에 용머리모양 등 여러 형태로 되어 있고, 그 아래는 역시 번과 마찬가지로 비단이나 천에 불보살을 수놓기도 하고 그림을 그리기도 한다. 가장자리에는 여러 개의 가닥絲帛을 늘어뜨린다. 당을 달았던 기둥을 당간幢竿이라 한다. 오늘날에는 대부분 당간이 없어지고, 이를 지탱했던 지주支柱만 전해진다. 현존하는 당간은 충북 청주 용두사지 철당간(국보, 1962년 지정), 전남 담양의 석당간(보물, 1969년 지정), 계룡산 갑사와 속리산 법주사의 철제당간이 있다. 현존하는 용두당간龍頭幢竿은 서울 리움미술관에 소장된 청동용두보당의 당간이 유일하다. 오늘날에 이 같은 당간의 활용이 없으나 불전의 장엄으로 당과 번을 하나로 만들어서 달아 놓는데, 일종의 천개天蓋(닫집)가 비슷한 의미이다.

⑫ 천개(닫집)와 화만(꽃다발)

천개天蓋는 보개寶蓋 · 화개花蓋 · 원개圓蓋 · 산개傘蓋 · 현개懸蓋라고 한다. 불상 위쪽에 설치되는 닫집이다. 천개의 구조는 불전 안에서 매우 화려한 장엄이 필요한 것이므로 제작은 공예적 수법으로 발전하였다. 원래는 천天으로 만들었으나 후대에는 금속이나 목재로 조각하여 만들기도 했다. 경북 영주 부석사 무량수전의 건립과 함께 내부에 만들어진 천개는 가장 오래된 것으로 대표적이다. 조선 후기 목조공예의 발달과 함께 다양해진 천개와 함께 가릉빈가 · 보상화 · 연화 · 용 등의 매우 추상적인 상징물까지 등장하여 장엄되었다. 목조건물에 부처님이 머무는 도솔천의 내원궁內院宮을 그대로 묘사하여 불상 상부를 장엄하였다. 불상이 있는 곳에는 그의 필수적으로 등장하였다.

화만花鬘은 꽃으로 만든 꽃다발이다. 실로써 많은 꽃을 꿰거나 묶어서 목이나 몸에 장식하는 것이다. 꽃은 특별한 것을 가리지 않고 주로 향기가 많은 것을 선택했다. 원래 화만을 사용하는 것은 인도의 풍속이지만, 사문은 이것으로 몸을 꾸미는 것이 허락되지 않으므로 방안에 걸어 두거나 부처님께 공양하는 데 사용되었다. 후대에는 이것을 조형화시켜 불전을 장엄하는 공양구로 쓰였다. 주로 금속으로 만들어졌으나 전래하는 것은 거의 없다. 조선시대의 불화佛畫

상부를 장엄하는 것을 통해 이 같은 화만을 사용한 유풍이 전래한 것을 파악할 수 있다. 그 내용에서는 다르다. 처음 출발은 생화의 다발로써 공양하던 것이 뒤에 지화紙花 등 조형화가 공예적 요소로 변화되었다.

　⑬ 수미단須彌壇, 수미산 상징의 불단

　전각에 불상을 모셔놓은 불단佛壇은 부처님이 계시는 곳이라서 수미단이다. 그 이유는 부처님이 세상에서 가장 높은 곳에 있음을 상징적으로 보여 주기 위함이다. 수미산 모양의 단을 의미하는 불단은 불교의 세계관을 상징하는 높이 8만 유순(약 80만km)의 수미산에서 따온 말이다.

　불교의 중심인 수미산은 그 우주에 존재하는 상상의 산이다.[72] 무한 허공중에 떠 있는 풍륜風輪(대기층)의 수미산은 원통형 뿔 모양이다. 크기는 둘레가 무수無數, 두께가 160만 유순由旬이다. 풍륜 위에 떠 있는 수륜水輪(물의 층)은 두터운 원반 모양이며, 크기는 직경이 120만 3450유순, 두께가 80만 유순에 이른다. 수륜 위에 금륜(황금층)이 있고, 금륜 위 표면에는 산·바다·섬 등이 실려 있다. 그 중심에 솟아 있는 산이다. 물에 잠긴 부분이 8만 유순, 물 위에 나와 있는 부분이 8만 유순이라 한다. 수미산은 네 가지 보배인 황금(북쪽)·백은(동쪽)·유리琉璃(구슬, 남쪽)·파리頗梨(수정, 서쪽)로 이루어져 있으며, 어느 변도 다같이 8만 유순인 정입방체로 되어 있다. 그 정입방체의 측면 사방에 사천왕과 그의 권속들이 살고 있다.

　불단 곳곳에 수미산을 상징하는 무늬를 새겼다. 상중하 3단에는 연꽃·구름·만卍 자 등을, 수미산에 산다는 짐승이나 사자·호랑이·코끼리·물고기·거북·가재 등을 조각하기도 한다. 또 상상의 동물인 용과 봉황이나 동자상·사천왕상·비천상·도깨비상 등을 새겨 넣는다. 흔히 정사각형으로 만들어지는 수미단은 팔각형·육각형도 있다. 육각형은 육바라밀, 팔각형은 팔정도를 의미한다. 정사각형의 사각은 동서남북을 상징한다. 상중하 3단의 상단과 하단은 각각 16단의 작은 단으로 꾸며진다. 작은 단은 모든 중생이 본래부터 갖추고 있는 대보리심을 상징한다. 위로 향한 16단은 혜문慧門의 16대 보살을, 아래로 향한 16단은 정문定門의 16대 보살을 뜻한다. 여기에 법法·계界·체體·성性·지智를 합하여 금강계 37존像이라고 부른다.

수미단에 조각한 문양은 연꽃 봉오리를 손에 들고 있는 인두조신人頭鳥身(사람 얼굴에 새 모양)의 가릉빈가·당초를 입에 문 귀면·모란꽃 사이를 나는 봉황·박쥐 날개를 단 비룡飛龍·인두어신人頭魚身의 물고기·자라 껍질을 등에 짊어진 괴인怪人의 형상·천마·천인 등 초현실적이고, 신비로운 동물들을 새겨 장엄했다. 새우는 등이 굽은 모양이 노인을 닮았다고 해노海老라고 하는데, 이 말을 해로偕老로 재해석하여 부부가 오랫동안 함께 사는 것에 자주 비유된다. 이처럼 수미단은 경전 등 불전 설화의 내용을 바탕으로 불보살의 지혜와 복덕, 신통과 위신력에 의해 나타나는 상상의 징조를 천인이나 신비로운 동식물의 출현에 비유해 꾸며 놓았다.[73]

현존하는 수미단에는 경북 영천 백흥암 극락전·하양 환성사 대웅전, 경남 양산 통도사 대웅전·남해 금산 청곡사 대웅전·밀양 표충사 대광전, 부산 범어사 대웅전, 강화 전등사 대웅전 수미단 등과 북측의 황북 연탄 자비산 심원사 보광전, 함북 명천 칠보산 개심사 수미단이 유명하다. 조선 후기에 조성한 백흥암 극락전 수미단은 현존하는 수미단 중에서 문양의 다양성과 조형미, 조각기법 등 여러 방면에서 뛰어난 작품으로 평가받고 있다. 또 백흥암 극락전의 불단은 5단으로 보이지만, 아래쪽과 위쪽 부분은 탑의 저석(밑받침돌)과 갑석(덮개돌) 같은 3단 형식을 갖추고 있다. 이 같은 수미단에는 불상뿐 아니라 예불과 의식에 필요한 향로, 촛대, 화병, 불명패 등을 놓아 장엄했다.

⑭ 풍경風磬 · 바람방울

풍령風鈴 · 풍탁風鐸 · 첨마檐馬 · 첨령檐鈴인데, 북측 사찰에서는 바람방울이라 부른다. 첨마는 첨하檐下 즉, 처마 아래에서 나는 말 방울소리를 뜻한다.

풍경은 건물 추녀 끝에 다는 작은 종으로, 바람 부는 대로 흔들려 댕그랑거리며 맑은소리를 낸다. 마음 귀 밝은 풍경은 하늘의 낭랑한 울림까지 담아내 사찰의 귀걸이로 통하며, 들릴 듯 말 듯 찰나를 흔드는 영원의 소리라고 한다.[74] 바람에 울리는 작은 종으로, 경세警世(사람들이 경계하며 깨우치는 뜻)의 의미를 지닌 도구이다. 수행자의 방일이나 나태함을 깨우치게 하는 역할을 한다. 풍경 방울은 물고기 모양의 얇은 금속판을 매달아 놓은 형태이다. 사찰 규모의 대소를 불문하고, 법당이나 불탑에 풍경을 매달아두고 있다. 큰 것은 20㎝가 넘고, 대부분 10㎝ 내외의 소형이다. 신라 감은사지 출토의 청동 풍경이나 백제 미륵사지 출토의 금동풍경이 유명하다.

풍경은 왜 물고기 모양으로 했을까? 물고기는 항상 눈을 뜨고 있고, 잠잘 때조차 눈을 뜨고 잔다고 한다. 수행도 그렇게 항상 물고기처럼 깨어 있는 마음으로 해야 한다는 상징물이다. 물고기는 물에 살고, 물고기 있는 곳에 물이 있다는 것과 연관하여 화재火灾 예방의 의미도 있다. 풍경에 물고기가 있는 하늘은 그대로 바다가 된다. 하얀 구름은 파도가 되고, 풍경소리는 파도 소리가 된다. 그것은 물고기가 사는 물천지에 화마는 오지 말라는 뜻을 담았다. 전남 구례 화엄사 각황전 처마의 풍경은 물고기 대신에 구멍 뚫린 방패가 달려 있는데, 화마를 막는 벽사 의미이다. 또 풍경은 쇳소리를 싫어하는 짐승과 새, 뱀 등 축생들이 산속의 경내 출입을 예방하려는 목적으로 건물 곳곳에 걸어 두어 쇳소리가 나도록 만들었다.

"성불사 깊은 밤에 그윽한 풍경소리. 주승은 잠이 들고 객이 홀로 듣는구나."는 대표적인 풍경소리 말이다. 노산 이은상은 1931년 8월 밤, 황해도 정방산 성불사에서 시조 〈성불사의 밤〉를 작사했다. 시인은 비록 풍경소리라고 읊었지만, 저녁 무렵에 큰 범종에서 은은하게 울려 퍼지는 '정방만종'으로부터 얻은 시상이라 전해진다.[75]

⑮ 주장자柱杖子 · 拄杖子

설법할 때나 좌선, 만행할 때에 짚는 지팡이다. 합천 해인사 전나무, 영동 영국사와 청도 적천사 · 양평 용문사 은행나무에 지팡이를 꽂은 삽목설화가 전해진다. 산스크리트어 카악카아라(Khakkhara)인 석장錫杖은 극기라隙棄羅라고 음역한다. 소리가 나는 지팡이라서 성장聲杖 · 유성장有聲杖 · 명장鳴杖, 지혜의 지팡이로 지장智杖 · 법장法杖, 덕을 베푸는 지팡이라 덕장德杖, 주석 고리를 달아서 금주석金朱錫, 육환장六環杖 등으로 의역된다. 지장보살의 지물로 대표되는 석장은 모양과 이름은 다르지만 같은 의미이다. 지팡이 윗부분에 주석朱錫으로 고리를 달고, 가운데 긴 자루는 나무로 하고, 아랫부분은 동물의 엄니 이빨이나 뿔을 달아 만든다.

크게 석장이란 의미에 포함되는 지팡이를 뜻하는 육환장은 외출용으로, 주장자는 실내용으로 사용했다. 육환장은 길을 걸을 때 몸을 의지하거나 사람이 지나가고 있다는 신호를 보내기 위해 사용되는 반면, 주장자는 실내용으로 법상에 올라 법을 설할 때나 안거 결제 · 해제 법어를 내릴 때 주장자를 치는 등 법요法要에 사용한다. 선방에서 방일한 수행자를 방棒(회초리, 몽둥이)으로 내려칠 때 필요한 것이 주장자였다. 묘향산 보현사 수충사에 소장된 서산대사의 육환장이 가장 유명하고, 민간에는 명아줏대로 만든 청려장青藜杖 지팡이가 대표적이다.[76] 석장은 예로부터 탁발 수행승이 지녀야 할 18가지 물건에 속한다.[77]

잘 알려진 육환장은 육바라밀을 상징하는 6개의 고리가 달려 있다. 지옥 · 아귀 · 축생 · 아수라 · 사람 · 하늘 육도를 상징하며, 육도를 윤회하는 중생들을 구제한다는 의미이다. 고리 개수에 따라 4 · 6 · 9 · 12환장이라 부른다. 《서유기》의 삼장법사가 들고 다닌 것은 9환장과 비슷하며 주로 고승들이 사용한 지팡이다. 이 고리는 석장이 흔들릴 때마다 소리가 나게 하려고 매단 것이다. 길을 갈 때 이 소리를 듣고, 기어 다니는 벌레들이 물러가도록 하여 살생을 막는다는 계명誡命의 뜻을 담고 있다. 다닐 때 석장을 짚으며, 있을지도 모르는 짐 승 또는 뱀과 지렁이와 같은 생명들에게 "내가 지나가니 놀라지 말아라."며 살생을 피하기 위함이다. 민가에서는 염불하며 탁발托鉢을 하는 것을 알리기 위함이다. 5세기에 번역된《득도제등석장경》을 통해 석장이 나타내는 교의적 의미를 알 수 있다. 두타행頭陀行을 한 가섭존자가 부처님께 석장의 의미와 지니는 예법, 고리의 개수에 대한 의미 등에 관한 다양한 이야기를 묻고 답하였다.

가섭존자의 물음에 대해 부처님은 "석장은 지혜의 지팡이智杖며, 덕의 지팡이德杖이다. 성인의 지혜를 뚜렷하게 나타내는 까닭에 지혜의 지팡이라 하고, 공덕을 행하는 근본인 까닭에 덕의 지팡이라 한다. 이러한 석장은 성인의 표식表式이며, 현명한 이의 밝음의 표시明記이다. 도법道法에 나아가는 바른 당기正幢이며, 생각한 이치를 이룩하는 뜻이다."고 하였다. 부처님께 석장을 어떻게 지녀야 하는지, 왜 석장이라고 하는지 묻자. 석장의 여덟 가지 의미를 일러주었다.[78]

10세기 번역 미상失譯의《다라니잡집》〈불설주석장문佛說呪錫杖文〉에는 석장 즉, 주장자가 지닌 위신력을 짐작하게 한다. 부처님은 "비구가 자비로운 마음으로 중생을 편안하게 하려고 석장을 지닌다. 법장法杖은 삼계三界를 편안하게 하고, 중생을 모두 해탈로 인도한다."고 설했다. 7세기 현장법사의《대당서역기》에 여래의 석장은 백철白鐵로써 고리를 만들고, 전단향 나무로 대를 삼았다고 했다. 7세기 신라 선덕여왕 때 양지良志·梁志 선사는 영묘사의 거대한 소조 불상을 만들 때 마법처럼 자신의 지팡이를 사용하여 불세출의 조각 거장으로

《삼국유사》에 알려진다. 조선 후기 대둔사(현 대흥사)의 범해각안 선사의 《범해선사문집》 권1 〈주장명杜銘〉에는 "몸을 견고히 지탱하니, 호법의 살아 있는 용. 나그네의 벗이요. 좌선하는 이의 으뜸. 부뚜막 귀신 타파하고, 연자방아 두드렸네. 나라의 복 받들고자, 솔 주장자 다시 든다." 扶身竪柱 護法活龍 行李朋友 坐禪朝宗 打破竈靈 敲下碓春 高支國祚 重拈枝松.

주장자는 세존 가르침의 핵심을 상징적으로 표현하고, 출가수행자들이 중생에게 법을 전하는 방편 도구였다. 임제선사의 할喝(고함소리)과 덕산선사의 방棒(몽둥이)이란 선종의 방편 시설에서 주장자는 곧 '방'이었다. 할이 천둥소리를 뜻하듯이 방이라는 말은 회초리를 일컫는 것이다. 죽비를 맞아본 이들은 실제로 아프지 않지만 부끄러움 즉, 마음이 아프다. 주장자는 지팡이로 옛 고승들에게 오브제(Objet, 물건)였다. 노승헐각老僧歇脚이란 행각 중에 잠깐 다리 쉼이다. 지팡이는 걸을 때나 서 있을 때 몸을 의지하기 위해 짚는 막대기를 일컫는다. 선종에서 "지팡이 날리다."는 지팡이를 검으로 쓰는 것이 아니라 깨달음을 향한 행각이란 뜻이 담겨 있다. 1960~70년대까지도 탁발승들은 지팡이에 매달린 요령을 흔들며 반야심경 등을 염송했다.

3) 불상에 나타낸 손모양手印

　석가모니 부처님의 근본 수인手印은 다섯 가지이다. 석가모니의 깨달음 성취를 상징하는 항마촉진인, 석가모니가 결가부좌 상태로 선정에 든 것을 상징하는 선정인, 석가모니의 설법을 상징하는 전법륜인, 모든 중생이 두려움에서 떠나 근심을 없애주는 시무외인, 대자비의 덕을 베풀어 중생이 원하는 것을 얻게 하는 여원인 5가지 수인과 이 밖에도 탄생불의 모습인 천지인 등이 있다. 선정인 · 시무외인 · 여원인은 통인通印(두루 취하는 모양)[79]이라 하여 다른 불보살님들에도 쓰이나 항마촉진인과 전법륜인 그리고 탄생불이라고 말하는 아기 부처님의 천지인天地印은 석가모니불이 취하고 있는 고유한 수인이다.

　수인手印(손가락 모양)은 산스크리트어 무드라(Mudrā)이다. 불 · 보살의 깨달음과 서원을 상징적으로 표현한 손의 모양을 말한다. 불보살의 성격을 알려주는 수인은 손이나 손가락의 특정한 모습을 가리키며 인상印像 또는 인계印契라고 한다. 도장처럼 새길만큼 뚜렷하다는 의미로 쓰이는 수인은 석가모니불의 근본 수인과 비로자나불(대일여래)의 지권인智拳印, 아미타불의 미타정인彌陀定印과 구품인九品印, 미륵불의 용화수인龍華樹印, 약사여래불의 약기인藥器印을 비롯한 보살, 천부, 명왕[80] 등에 따른 다양한 손가락의 모양이 있다.

　불상의 손 모양을 크게는 '인계'印契(손가짐)라고 통칭한다. 수인과 계인契印(맺은 모양)을 합친 말이다. 손에 아무것도 들지 않고 특정한 모양을 나타낸 것을 수인, 손에 무언가 지물持物을 들고 있는 모양을 계인이라고 나눠서 부른다.

이를 산스크리트어 무드라(Mudrā)이라고 부른다. 약사여래불을 제외하고, 불상은 계인을 하지 않고, 보살상과 신장상·나한상들이 계인을 하고 있다.

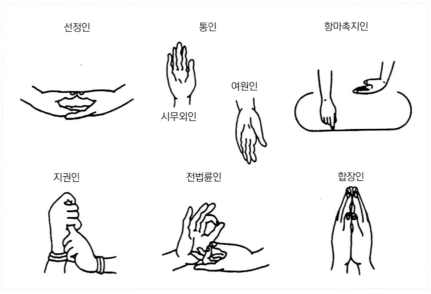

선정인　　　　통인　　　　항마촉지인

시무외인　　여원인

지권인　　　　전법륜인　　　　합장인

불·보살의 수인(手印) 형태

① 항마촉지인降魔觸地印

깨달음에 이르는 순간을 상징하는 수인이다. 부처님이 보리수 아래에서 마왕 파순魔羅波旬(Pāpīya)[81]의 항복을 받기 위해 자신의 수행을 지신地神에게 증명해보라고 말하면서 만든 수인이다. 항마인降魔印·촉지인觸地印·지지인指地印이라는 항마촉지인은 왼손을 손바닥 위로 향하게 하여 결가부좌한 다리 가운데에 놓고, 오른손은 무릎 밑으로 늘어뜨리면서 다섯 손가락을 편 모양이다. 이 수인은 반드시 결가부좌한 좌상만이 취하는 것으로, 입상이나 의상倚像에서는 볼 수 없다. 통일신라 초기의 경북 군위 삼존불 본존상을 시작으로 경주 남산 칠불암 마애삼존불과 대표적인 석굴암 본존불을 거쳐 고려시대까지 전통이 이어지면서 크게 유행하였다.

② 선정인禪定印

결가부좌 상태로 참선 즉, 선정에 들 때의 수인이다. 삼마지인三摩地印 · 삼매인三昧印이라 하며, 불상의 종류에 따라 법계정인法界定印 · 등지인等持印이라 부르기도 한다. 왼손 손바닥을 위로해서 배꼽 앞에 놓고, 오른손도 손바닥을 위로해서 그 위에 겹쳐 놓으면서 두 엄지손가락을 맞대어 놓은 형식이다. 부처님은 출가 후 여러 스승을 찾아다니며 가르침을 구했다. 그 가운데는 오랜 기간에 걸친 고행도 포함되어 있다. 그 뒤에 부처님은 고행을 그만두고 인도 보드가야 보리수 아래 금강좌에 앉아 선정에 들어 깨달음을 성취할 때의 손 모양이다.

③ 설법인說法印

전법륜인轉法輪印이라는 설법인은 부처님이 깨달음을 얻은 뒤 바라나시 녹야원鹿野苑에 도착하여 다섯 수행자를 위해 처음 법을 설할 때의 수인이다. 이것은 '초전법륜'으로 진리의 수레바퀴를 처음으로 돌렸다는 의미이다. 이 수인은 시대나 지역에 따라 약간씩 차이가 있어 일정하지 않다. 정토종에서 말하는 상품

중생인上品中生印에 해당되며, 단독의 아미타 불상에도 나타난다. 경북 경주 안압지에서 출토된 통일신라 시대의 금동삼존불상이 대표적이나 그 예가 많지 않다.

④ 시무외여원인施無畏與願印

시무외인과 여원인을 합친 것으로, 중생의 두려움을 없애주고 모든 소원을 들어주는 것을 상징하는 수인이다. 시무외인은 다섯 손가락을 가지런히 위로 뻗치고 손바닥을 밖으로 하여 어깨높이까지 올린 형태이다.

시무외인施無畏印은 이포외인離怖畏印이라고 한다. 중생에게 무외를 베풀어 공포에서 벗어나게 하고, 우환과 고난을 해소하는 대자의 덕을 보이는 인상이다. 손의 모습은 오른손을 꺾어 어깨높이까지 올리고 다섯 손가락을 가지런히 펴서 손바닥이 밖으로 향하게 한 형태이다. 나를 믿으면 모두의 안온과 평온이 보존되고, 두려움이 없어진다는 뜻이라고 한다. 일체중생의 여러 공포를 없애고 안심을 얻게 하는 부처의 가장 중요한 인상으로서 시원인施願印과 대조된다. 시무외인은 여원인與願印과 함께 삼국시대 불상에서 종류와 관계없이 모두 취하는 인상이다. 이 둘을 합쳐 통인이라 한다.

통인通印은 시무외인과 여원인을 합친 수인을 말한다. 교리에서 비슷한 성격을 가진 두 개의 수인을 합치게 된 것은 더욱 많은 자비를 베풀 수 있다고 믿었기 때문이다. 통인을 취하는 상은 대부분 입상으로, 고구려의 연가 7년명 금동여래입상을 비롯하여 경주 단석산 신선사 마애불상군, 경주 남산의 배리 삼체석불 입상 등 삼국시대 불상에서 많이 볼 수 있다.

⑤ 여원인與願印

부처님이 중생이 원하는 것은 무엇이든지 다 들어준다고 하는 의미의 수인이다. 시원인施願印 · 만원인滿願印이라고 한다. 왼손을 내려서 손바닥을 밖으로 향하게 한 손 모양으로 시무외인과는 반대가 된다. 우리나라의 경우 여원인은 넷째, 다섯째 손가락을 구부리고 있는 것이 하나의 특징이며, 삼국시대 불상에서는 시무외인과 함께 불상의 종류와 관계없이 나타나고 있다.

ⓐ 천지인天地印은 석가모니께서 태어나자마자 일곱 걸음을 걷고 "하늘 위와 아래에 오직 나 홀로 존귀하도다. 모든 세상이 고통 속에 잠겨 있으니 내 마땅히 이를 편안케 하리라."天上天下唯我獨尊 一切皆苦我當安之고 외쳤다. 이때 아기 부처님의 한 손은 하늘을 가리키고, 한 손은 땅을 향하고 있다. 초파일에 아기 부처님을 목욕시키는 관욕의식灌浴式 · 灌頂式 때에 볼 수 있는 부처님의 탄생불 모습이다.

ⓑ 지권인智拳印은 비로자나불의 수인으로, 이치理와 지혜智 · 중생과 부처 · 미혹함과 깨달음이 원래는 하나라는 뜻의 수인이다. 보리인菩提印, 각승인覺勝印이라 한다. 《금강정경金剛頂經》에 기초를 둔 것으로, 양손을 가슴 앞에 올리고 집게손가락만 똑바로 세운 왼손을 오른손으로 감싸서 오른손 엄지가 왼손 집게손가락 끝에 서로 맞닿도록 한 모양이다. 이 수인은 주로 밀교계의 대일여래大日如來가 취하는 것을 비롯하여 우리나라에서는 화엄종의 주존불인 비로자나불

에서 많이 볼 수 있다. 전남 장흥 보림사 철조비로자나불(859년)을 비롯해 대구 동화사 비로자나 철불(863년), 강원 철원 도피안사 비로자나 철불(865년), 경북 봉화 축서사 비로자나 철불(867년) 등 고려시대의 불상을 들 수 있다.

ⓒ 아미타불정인阿彌陀佛定印 또는 아미타불구품인阿彌陀佛九品印은 아미타불이 취하는 수인으로 선정인禪定印에서 약간 변형된 형태이다. 묘관찰지정인妙觀察智定印이라고 한다. 손 모양은 손바닥을 위로 한 왼손에 오른손을 포개서 배꼽 부근에 놓고 각각 둘째 손가락을 구부려서 그 끝이 엄지손가락에 닿게 한 모양이다.

《관무량수경》에는 중생들은 성품이 서로 다르기에 상·중·하 3등급으로 나누고, 이를 다시 9등급으로 나눠서 각 사람에게 알맞게 설법해야만 구제할 수 있다고 한다. 이 9품에 따라 아미타불의 수인도 각각 다르다.

상생인上生印은 아미타정인과 같은 손 모양을 취한다. 중생인中生印은 두 손을 가슴 앞에까지 올려서 손바닥을 밖으로 향하게 한 자세이다. 하생인下生印은 오른손을 손바닥이 밖으로 향하게 하여 가슴 위까지 올리고, 왼손은 아래로 내리고 있는 것만이 다를 뿐 손가락 모양은 상·중·하생인이 똑같다. 다만, 엄지와 맞대고 있는 손가락에 따라 상, 중, 하품下品으로 구분된다. 엄지와 둘째 손가락이 서로 맞대고 있을 때는 상품이고, 엄지가 셋째 손가락과 맞대고 있을 때는 중품, 엄지와 넷째 손가락이 닿아 있을 때는 하품을 나타내는 수인이다. 상품상생인은 좌상에서 많이 볼 수 있지만, 입상에서는 상품하생인이 일반적이다. 이와 반대로 손 모양은 똑같지만 서로 맞댄 손가락에 따라 상·중·하생인으로 나누는 예도 있으나 전자上生印의 방법이 많이 사용되었다. 우리나라에서는 아미타불이 9품인을 하고 있는 사례는 거의 없으며, 주로 아미타정인과 항마촉지인을 하고 있다.

ⓓ 용화수인龍華樹印은 미륵불을 상징하는 상상의 꽃인 용화수꽃을 의미하는데, 미륵불이 손에 연꽃을 들고 있는 수인이다.

ⓔ 약기인藥器印은 약사유리광여래·대의왕불大醫王佛이 병마를 없애준다는 의미로 손에 약사발 또는 보병을 들고 있는 수인을 말한다. 약사여래불은 12가지의 큰 원을 세우고, 왼손에 약병을 들고 오른손에 시무외인施無畏印을 맺고 있다.

ⓕ 합장인合掌印은 예배를 드리거나 제자와 문답問答할 때 취하는 수인으로, 귀명인歸命印·일체절왕인一切切王印이라고 한다. 두 손을 가슴 앞에 올리고 손바닥을 서로 맞대고 있는 모양으로 인도의 바르후트 대탑이나 산치대탑 등의 부조상에서 많이 볼 수 있다. 통일신라 시대의 경남 함안군 방어산 마애약사여래삼존 입상(801년)의 오른쪽 협시보살상을 비롯하여 안압지 출토 금동보살판불상, 석굴암의 십대제자상 등에서 볼 수 있다.

4) 불상에 드러낸 의상裝裟

불상의 의상은 입고 있는 옷이 주로 오른쪽 어깨를 내놓고, 왼쪽 어깨에 가사를 걸친 편단우견扁袒右肩의 양식[82]을 취하는 것이 일반적이다. 인도에서는 수행승의 옷을 가사裝裟(지혜의 옷)로 통칭하지만, 중국에 들어와 도복道服이라 부르고 있다.

가사는 장삼 위에 왼쪽 어깨에서 오른쪽 겨드랑이 밑으로 걸쳐 입는표 승려의 법복法衣이다. 분소의糞掃衣(똥이 묻어서 버린 천으로 만든 옷)[83]라고 하는데, 수행자들이 버려진 옷감 조각을 기워 흙과 분뇨를 이용해 염색하여 사용한 것에서 유래된 이름이다. 산스크리트어 카사야(Kasaya)[84]에서 음을 따온 것이다. 모든 색깔이 파괴된 색의 옷을 뜻하는 괴색壞色[85]으로 간색間色 · 비정색非正色 · 부정색不正色 · 적색赤色 · 탁색濁色 · 탁염색濁染色 · 염색染色이라 번역한다.

색에 의한 명칭으로는 염의染衣 · 염색의 · 부정색의 · 괴색의 · 탁적의濁赤衣 · 황갈색 · 치의緇衣 등이 있다. 검정색 옷을 뜻하는 치의는 《시경詩經》에 나오는 옷 색깔이다. 용도에 따라서는 삼의三衣 · 승의僧衣 · 비구의比丘衣라 하며, 공덕의 측면을 강조해서 법복 · 법의 · 불의 · 공덕의功德衣라고 한다.

자신의 몸을 감는 인도 · 티베트 승려의 옷은 그냥 펼쳐 놓으면 그냥 평범한 직사각형이지만, 입는 방법이 복잡하고 입은 걸 보면 묘한 간지가 느껴진다. 인도에서는 사계절의 평상복으로 착용한다. 중국에 전래하면서 불교의식과 법회 때 편삼 위에 걸치는 의식복으로 사용됐다. 우리나라에는 삼국시대 중엽에 흑장삼黑長衫과 붉은 가사가 전래하여 전통적인 바지 · 저고리 위에 착용하였다. 《석문의범》〈장엄염불〉에 아미타불의 덕상을 설명하는 구절에 "푸른 법복 붉은 가사 두르시니"라는 녹라의상 홍가사綠羅衣上紅袈裟은 우리나라 전통의 가사이다. 붉은 가사(홍가사)는 '부처님의 피'를 의미하므로 피나는 수행 정진을 상징한다. 인도에서 승려의 가사를 적혈색의赤血色衣(붉은 핏빛의 옷)라 부르는 이유와 같다.

우리나라 불교에서는 가사를 입는 행위를 "수垂(걸쳐 두름)하다."고 표현한다. "가사를 수하시고"라고 하면 가사를 착용했다는 뜻이다. 우리나라 승복은 장삼長衫, 장삼 안에 입는 옷(평상복), 그리고 가사는 오조가사 · 칠조가사 · 대가사를 입었다.

승려의 의식 복장인 가사는 발우와 함께 스승과 제자 사이에 법을 잇는 증표로 사용되었다. 부처님 당시부터 음식과 약, 방사坊舍와 함께 재가자가 출가 수행자에게 바치는 대표적인 보시 물품인 네 가지 공양물四事供養의 하나이다. 18세기 말엽에 편찬된 《불설가사공덕경》 등에는 가사가 위덕威德 · 위신력威神力(존엄하고 측량할 수 없는 불가사의한 힘)을 지닌 까닭과 공덕을 설명하고 있다.[86]

종파와 법계에 따라 가사의 색과 형태에 엄격한 규정이 있다. 《삼국유사》〈원종흥법조原宗興法條〉에는 신라 법흥왕이 입었다는 피방포被方袍 가사를 기록했다. 646년 자장율사가 계율을 확립하고 난 뒤로 수행과 법계의 차이에 따라서 가사를 구분해 입었다. 13세기 중국 송나라 서긍의 《고려도경》에서 "국사는 능직綾織 비단 위에 꽃무늬를 수놓은 산수납가사山水衲袈裟를 입었고, 삼중화상三重和

向은 자황색으로 몸에 꼭 맞게 만든 복전가사福田袈裟[87])를 입는다. 아사리 대덕阿闍梨大德은 5조條 가사를 입었으며, 사미와 재가자在家和尙은 가사를 입지 않았다." 오늘날 승의착복 규정에는 오계五戒와 십계를 받으면 마니가사摩尼袈裟(조수가 없이 하나로 된 베가사)를 입고, 사미계沙彌戒를 받으면 오조가사五條袈裟를 입는다. 비구니계를 받으면 하품 2장 1단 9조 · 7조 · 5조 가사를 입으며, 비구가 250계戒를 받으면 중품 3장 1단 15조 · 17조 · 19조 가사를 입는다. 종정과 대종사大宗師는 상품 4장 1단 21조 · 23조 · 25조 가사를 입는다.

① 가사의 종류

가사는 세 가지의 옷三衣인 승가리僧伽梨(Sanghati, 9조~25조 가사) · 울다라승鬱多羅僧(Uttarasanga, 칠조七條가사) · 안타회安陀會(Antaravasa, 오조五條가사)를 총칭하는 말이다. 조條의 수는 5조~25조에 이르기까지 11종이 있다. 삼의는 제일 안쪽에 안타회를 입고 그 위에 울다라승, 맨 위에 승가리를 입는다. 일반적으로 가사라 하면 승가리를 뜻한다.[88]) 가사의 여밈 형태는 빗장장식, 세 쌍 · 두 쌍 · 한 쌍의 끈, 연봉 매듭을 사용했다. 가사 착용에 편리하도록 달았던 끈은 가사와 같은 헝겊 조각을 사용하지만, 때에 따라서는 3색이나 5색 끈纓子을 달기도 한다. 영자(끈) 대신에 금 · 은박으로 만든 환鐶과 흑색 철제로 된 구鉤로 양 끝을 잇게 하는 부속장치로 첨자籤子(코걸이)를 사용하기도 한다.

수도승의 기본 소지품인 삼의일발三衣一鉢(Samuiilba)은 세 가지 옷과 발우 (음식 담는 한 벌의 그릇) 하나를 가리킨다. 삼의는 겉옷上衣(승가리) · 중간옷中

衣(울다라승)·속옷下衣(안타회) 세 가지이다. 상의인 승가리를 법의法衣라 하여 가사의 대표로 정한 것이다. 옛 수도승들은 세 벌 옷衣으로 생활했다. 발우 한 벌로 식食생활을, 주住생활은 나무·바위 밑이면 되므로 따로 필요 없다고 생각한 것이다. 세간에서의 측량이 소유가 그 잣대라면, 불가에서는 출가수행자의 무소유를 가늠하는 생활방식에 관한 첫 번째 상징물이다.

② 가사의 색깔과 형태

가사의 색은 적혈색 계통을 많이 쓴다. 율장律藏의 《사분율》에는 청靑·흑黑·목란木蘭으로, 《십송률十誦律》에서는 청·이泥·천茜으로, 《유부율有部律》에서는 청·이·적赤으로, 《파리율巴利語律》에서는 청·이·암갈색을 나타낸다. 가사색을 3종만으로 한정한 것은 아니고 청·황·적·백·흑 등 5대 색을 사용하거나 시대의 변천과 종파에 따라 달리 규정됐다. 우리나라는 갈색·황색·적색계통으로, 갈색계통은 선종에서, 적색계통은 정토종에서, 황색계통은 천태종에서 주로 사용하였다.

가사가 밭 형태田字形의 조각 옷감으로 이어지게 된 것은 외도外道와 구별하고, 도적에게 해를 당하지 않게 하기 위한 목적이었다. 남방지역의 정연한 물의 밭水田 모양을 본떠서 부처님이 아난에게 그 짓는 방법을 고안해 내었다고 한다. 이어지는 조각 옷감을 조條라고 한다. 부처님이 성도 후, 복개천자福蓋天子가 바친 금루직성 가사金縷織成袈裟를 입었다는 경전 기록을 비롯해 중국과 우리나라에서 국왕 등이 왕사, 국사에게 내리는 금란가사[89]에는 가사의 조각 조각에 금색실로 수를 놓아 승복의 장엄함을 갖춘 것이다. 또 가사에 햇빛日光을 의미하는 삼족오三足烏, 달빛月光을 의미하는 옥토끼를 표현한 일월광수日月光繡와 사천왕을 의미하는 천왕이 수 놓인 금란가사나 불경과 불상의 이름과 산스크리트로 표기한 실담자悉曇字·悉曇章(Siddham, 성취·완성의 의미)의 옴·남(돌아간다, 귀의한다는 뜻) 글자를 수놓은 가사가 있다. 또 사천왕을 표시하는 天(천)과 王(왕) 글자는 불교를 수호하는 팔부신중을 상징하는 팔부통八部通 가사이다.

내금강산 표훈사 주지 청학, 외금강산 신계사 주지 진각대사의 홍가사.(2007.6.22. 촬영사진)

3. 사찰 대문에 깃든 의미

1) 천왕문天王門, 동양 헤라클레스의 집

　사천왕四天王90)이 있는 대문이다. 청정하고 신성한 공간으로 들어가기 위해 정화의 기능을 담당하는 4대 천왕이 자리한 문이다. 성문聲聞 · 연각緣覺 · 보살菩薩의 삼승三乘으로 나누어진 교법이 오직 성불을 지향하는 일불승一佛乘의 길로 향하는 일주문을 지난다. 수미산에 오르는 산 중턱에 자리한 사천왕의 궁궐로 욕계 · 육천이 시작되는 곳이 천왕문이다. 사천왕문으로 부르는 이곳은 일심으로 정진할 것을 다짐하는 장소이다. 고대 인도 신화에서 유래한 사천왕은 불교의 수호신으로, 수미산 꼭대기 살고 있는 제석천 신이 사천왕들을 통솔하고 있다.

　천왕문 좌우에는 수호신 금강역사金剛力士가 지키고 서 있다. 동서남북 사방을 담당하여 인간에게 선善을 장려하고 악을 막는 4명의 헤라클레스(Hercules)와도 같은 4대 천왕四大天王 혹은 4대 금강四大金剛이 자리한다.91) 동쪽 지국천왕, 남쪽 증장천왕, 서쪽 광목천왕, 북쪽 다문천왕이 있다. 불보살의 후불탱화, 내외벽과 대문 등의 벽화로도 등장한다. 사찰에 따라 천왕문을 봉황문鳳凰門, 팔공산 동화사에서는 옹호문擁護門이라고 한다.

① 지국천왕持國天王, 봄을 관장하는 왕

세상의 중심인 수미산 중턱에 살며 동방을 지키는 천신이다. 불국토를 지키고 백성을 편하게 할 것을 맹세하여 붙인 이름이다. 고대 인도의 힌두교에서는 범어로 드리타라슈트라데바(Dhṛtarāṣṭra-deva)라고 부른다. 팔부신중의 건달바乾達婆와 부단나富單那[92]라는 귀신을 거느린다. 오른손에 칼을 들고 왼손은 주먹을 쥐고 있으며, 인간 감정 중에서 기쁨의 세계를 다스린다. 동쪽 하늘을 지배하며 계절적으로 봄을 관장한다. 《다라니집경》에는 왼손에 칼을, 오른손에 보주를 쥔다고 한다.

② 증장천왕增長天王, 사랑을 관장하는 왕

수미산 중턱 남쪽의 유리세계琉璃埵를 관장하는 천신으로 비루인천왕이라 한다. 범어 비루다카(Virudhaka)를 음차한 이름이다. 자꾸 늘어난다. 또는 넓어진다는 뜻의 한자 이름은 중생의 이익을 넓고 길게 만드는 천왕을 말한다. 사람의 정기를 빨아먹는 귀신으로 말머리에 사람의 몸을 취하고 있는 구반다鳩槃茶와 아귀餓鬼의 왕인 페러다를 거느리고, 남쪽 하늘을 다스린다. 오른손에 용, 왼손에 여의주를 들고 있으며 사랑의 감정을 주관하며 여름을 관장한다. 《다라니집경》에는 우측에 창을, 좌측에 칼을 잡는다고 한다.

③ 광목천왕廣目天王, 가을을 관장하는 왕

수미산 중턱에서 서쪽을 지키는 사천왕이다. 고대 인도 쉬바신의 화신으로,

3개의 눈을 가진 데서 유래했다. 산스크리트어 비루팍쉬(Virūpākṣa)는 귀 또는 여러 가지 색이라는 뜻의 비루파, 눈 또는 뿌리라는 뜻의 팍쉬는 여러 가지 색의 눈 또는 뿌리를 말한다. 이를 한자로 바꾼 이름으로 크고 넓은 눈을 가진 천왕이다. 여러 종류의 용과 혈육 귀신으로 불리는 비사사毘舍闍와 부단나 등을 거느린다. 용은 하늘에서 구름과 비ㆍ천둥을 관장한다. 부단나는 냄새나는 혹은 열병을 앓게 하는 귀신인 아귀를 가리킨다. 《다라니집경》에는 우측에 새끼, 좌측에 창을 가진다. 《일자불정륜왕경》에는 우측에 금강저, 좌측에 창을 들고 있다. 일반적으로는 오른손에 삼지창, 왼손에 보탑寶塔을 들고 있으며, 노여움의 감정을 주관하면서 가을을 관장한다.

④ 다문천왕多聞天王, 사천왕의 대왕

수미산 제4층 수정타水精墮에서 야차夜叉와 나찰羅刹 등 권속을 거느리고, 북쪽 하늘을 지배한다. 사천왕 중에서 가장 중심이 되는 다문천왕은 바이스라바나(Vaiśravana)를 음역한 이름이다. 고대 인도신화로 4세기경에 편찬된 《마하바라타》에 암흑계를 다스리는 악령의 수장으로, 재산과 보물을 관장하는 쿠베라(Kuvera)라는 신이다. 쿠베라는 창조주 브라마의 손자로, 2만 년을 고행한 끝에 북방을 지키는 수호신이 되었다고 한다. 부처님의 설법 듣기를 즐긴다고 하여 붙여진 이름으로, 그 복덕의 명성이 멀리까지 들리기에 다문천이라 한다. 폐실라마나吠室羅摩拏로 음사하며, 비사문천毘沙門天이라고 한다. 환하게 웃는 얼굴 모습으로 손에 비파를 들고 연주한다. 즐거움의 감정을 주관하고 겨울을 관장한다. 《금광명최승왕경》에는 항상 재액을 소멸시키고 여의주로 신통력을 발휘하여 중생이 원하는 것을 모두 들어주겠다는 서원을 세웠다고 전한다.

사천왕의 방위와 지물 등

맡은 방위	이름	지물		피부 색깔	계절 (감정)	얼굴 특징	서원 내용	신하
		오른손	왼손					
동방	지국 천왕	칼/비파 (보검)	주먹	청색	봄 기쁨喜	다문 입	징벌: 착한 이에게 복을 주고 나쁜 자에게 벌을 주리라	건달바 부단나
남방	증장 천왕	용/보검	여의주	적색	여름 사랑愛	성난 눈	소생: 만물을 소생시키리라	구반나 아귀
		견색(새끼줄)						
서방	광목 천왕	삼지창 (금강저)	탑 여의주	백색	가을 노여움怒	벌린 입	벌과 구도심 : 나쁜 이에게 고통을 주고 불법에 마음을 일으키게 하리라	용 비사사
북방	다문 천왕	비파/보탑 (소리로 다스림)		흑색	겨울 즐거움 樂	치아를 보임	구제: 어리석음의 어둠 속에서 방황하는 중생을 인도하리라	야차 나찰

※ 중앙은 제석천(민속에서는 왕도깨비), 인황人물이 머무는 곳이다. 황금색으로 상징한다.

사천왕상의 가람배치나 들고 있는 각 지물은 시대와 지역에 따라 다소 차이가 있다. 그것은 신앙 대상의 소의경전 체계와 사천왕상 제작의 시대적 흐름과 조각이나 그림으로 나타낼 때 그 조성자의 종파와 신앙에 따라 달리 배치되거나 표현되었다.

사천왕문의 배치와 불화 속 지물

석굴암 사천왕 배치			조선시대 불화 형식		
서 광목천왕 (칼)	앞쪽 ▲	북 다문천왕 (보탑)	북 다문천왕 (탑)	앞쪽 ▲	동 지국천왕 (비파)
남 증장천왕 (칼)		동 지국천왕 (칼)	서 광목천왕 (용)		남 증장천왕 (칼)

사천왕 발밑에 자리하는 이들은 생령生靈(마구니)이라 한다. 이 생령좌生靈座(마구니가 있는 곳)는 사천왕을 떠받들고 있는 천인에서 아귀 · 축생餓鬼畜生에 이르기까지 생명이 있는 것들을 표현한 것이다. 조선 후기부터 그 의미가 확대된 생령좌에는 악한 인간을 응징하고, 복속시키는 의미가 추가되어 새로운 도상의 인간형 생령좌가 등장했다. 무릎을 꿇고 다리를 받치는 생령生靈은 사천왕상을 받들고 도와주는 역할을 나타낸 것이고, 밟혀 있는 생령은 사천왕에게 굴복하여 복종하는 모습을 취하고 있다. 사천왕은 바로 이런 악함과 욕심을 표현한 생령을 굴복시키는 모습을 통해 천왕문을 지나는 사람들에게 자신의 사악함을 뉘우치고 경계하며, 올바른 마음을 가질 수 있도록 하는 상징성을 보여준다.

경남 통도사 천왕문 동방지국천왕, 남방증장천왕상(2015년). 사진출처: 국가문화유산포털 홈페이지

경남 통도사 천왕문 서방광목천왕, 북방다문천왕상(2015년). 사진출처: 국가문화유산포털 홈페이지

2) 금강문金剛門, 수호 신장의 집

금강역사·견고역사堅固力士가 자리한 문으로, 천왕문 앞쪽에 세우기도 한다. 천왕문 안에 사천왕 조각상을 만들기도 하고, 대문에 금강역사 모습을 그려 놓기도 한다. 인왕仁王인 역사가 있는 곳이라 인왕문이라고 한다. 금강문은 충북 보은 속리산 법주사가 대표적으로 남아 있는 문이다. 금강역사상은 경북 경주 석굴암과 경주 분황사 모전석탑, 인왕사지에서 출토된 석조 역사상 그리고 일본 나라현 호류지法隆寺 중문의 목조상이 유명하다.

금강金剛은 산스크리트어 바즈라체디까아(Vajracchedika)인데, 금강은 금속 중에서 가장 단단한 것을 뜻한다. 또 예리하기에 불교의 경론에서는 굳고 단단한 것을 비유한다. 바즈라(Vajra)는 벼락을, 체디까아(Cchedika)는 부수어 버린다, 잘라버린다는 뜻이다. 벼락이 번뇌를 일거에 깨뜨린다는 것을 의미한다.

금강역사는 산스크리트어 바즈라파니(Vajrapāṇi)를 의역한 것으로, 인왕역사仁王·人中力士, 금강수金剛手라고 한다. 손에 금강저金剛杵(Vajra)를 들고 있는 불교의 호법신장이다. 인도 전통 브라만교의 수호신 인드라(Indra)가 손에 쥔 무기인 금강저를 야차가 넘겨받으면서 부처님을 호위하게 된 천상계의 역사이다. 첫째, 나라연금강那羅延金剛은 범어 나라야나(Narayana)의 음역으로 나라연천那羅延天을 가리킨다.[93] 그 힘은 코끼리 힘의 백만 배가 되고, 이 신장에 공양하면 큰 힘을 얻는다고 한다. 입을 크게 벌려 아呀하는 입 모양阿形이라 아금강이라 불린다. '아'는 범어의 첫 글자로 처음을 뜻하고, 오른쪽에서 아금강역사가 주먹을 쥐고 공격형 자세를 취하는 것은 출발점에서 진취적으로 나아감을 의미한다. 또한 입을 연 천신을 금강, 입을 다문 천신을 역사라고 구분하기도 한다.

둘째, 밀적금강密迹金剛은 산스크리트어 구흐야카(guhyaka)를 의역한 이름이다. 부처님 왼쪽편에서 손에 금강저를 들고, 항상 호위하는 야차신의 우두머리이다. 《대보적경》〈밀적금강역사회密迹金剛力士會〉에는 부처님의 비밀스런 일事績을 모두 듣겠다는 서원을 세워 밀적이란 이름을 얻게 되었다.[94] 입을 다물고阿形있어 훔금강역사라고 하며 '훔吽'은 범어의 끝 글자로, 최종을 의미한다.

우측의 나라연금강은 공격 자세인데, 좌측의 밀적금강은 입을 굳게 다문 채 방어하는 자세이다. 이 자세는 곧 소멸의 단계에서 거두어들임을 뜻한다. '아'와 '훔'을 합친 글자로 '옴唵'(ॐ, 산스크리트어로 진언 가운데에 가장 위대한 것으로 여기는 신성한 음절임)은 각각 만물의 발생·유지·소멸 등을 의미하는 신령스러운 주문이다. 밀교의 육자진언六字眞言인 옴마니반메훔唵麼抳鉢銘吽은 "오. 연꽃 속의 보석이여!"라는 뜻으로 해석한다. 옴(Om)은 모든 진언의 근본 첫 소리音로, 부처님께 귀의한다. 훔(Hum)은 완성·성취를 의미한다. 진언의 마지막인 근본의 마무리 소리音로 부처님께 감사와 귀의를 다짐하는 소리이다.

막강한 힘을 지닌 금강역사인 나라연금강과 부처님을 수호하는 밀적금강을 사찰 문을 지키는 수호 신장, 수문장으로 역할을 부여하게 된 것이다. "다이아몬드金剛 지혜로 모든 번뇌를 이겨내라."는 뜻을 세우게 하는 금강문은 인왕문(仁門)이라고 한다, 경북 경주 석굴암과 분황사 전탑의 인왕상이 대표적이며, 금강역사를 인왕(仁王)이라 부른다.[95] 인왕은 원래 이왕(二王) 또는 집금강신(執金剛神)으로 인도에서 문을 지키는 신이었다. 위 세 가지 금강의 모양과 인상은 그리는 사람의 심성에 따라 달리 표현되기도 한다. 또 역사들의 복장과 지물(持物)을 통해서 알 수 있다. 금강문에는 금강역사와 협시보살로 하얀 코끼리를 탄 보현보살 동자상과 푸른 청사자를 탄 문수보살 동자상을 두기도 한다.

　　금강역사 모습은 중국 오호십육국 시대의 문헌인 《진록(秦錄)》(350~431)에 실려 있는 번역자 미상의 《불입열반밀적금강역사애련경》(애련경)에서 "신체의 모습은 적육색(赤肉色)이다. 분노를 머금은 모습으로 마귀의 무리를 항복시킨다. 머리의 육계는 불꽃이 타오르는 듯하는 관을 쓰고 있다. 왼손은 주먹을 쥔 채 허리에 대고 있으며, 오른손에는 금강저를 들고 있다. 금강보(金剛寶)의 보석 구슬에, 천의(天衣)는 맹수 가죽으로 만든 옷, 신체를 묘보색(妙寶色)으로 장식하고 있다."고 묘사되었다. 금강역사의 진언은 '옴 바사라 야사 움'으로 한다.

2대 금강역사의 형태와 특징

아형(阿形) 금강역사 = 나라연금강 (那羅延金剛)	우(右) 오른쪽	천상의 역사로, 힘의 세기는 코끼리의 백만 배나 된다는 금강역사이다. 태산(泰山)을 들고 있는 공격형 모습으로 묘사된다.
훔형(吽形) 금강역사 =밀적금강(密迹金剛) =밀수역사(密修力士)	좌(左) 왼쪽	야차신의 우두머리 금강역사로, 언제나 금강저를 지물로 든 마무리형 모습으로 묘사된다. 부처님을 호위하며 온갖 비밀스러운 사적(事跡, 비밀스런 일)을 알고 있다.

집금강신(執金剛神) : 바즈라파니 (Vajrapāṇi)	인왕 (仁王)	인왕(仁王)은 원래 이왕(二王)으로 인도에서 문을 지키는 신으로, 손에 금강저를 들고 있는 호법신장. 문 또는 수미단 앞의 좌우에 세움. 《화엄경》에는 금강수(金剛手)보살, 밀교에서는 금강살타(金剛薩埵, 이타적인 실천자)

금강산 유점사 명부전 인왕(장군)상 1940년대. 사진 출처: 조선총독부 유리원판목록집5, 36쪽

3) 조계문曹溪門, 일주문의 또 다른 이름

"모든 법이 하나로 통한다."는 법리를 담고 있어 삼해탈문三解脫門 · 삼공관문三空觀門이라 불린다. 우주의 기원이론으로 대폭발을 뜻하는 빅뱅(Big Bang)[96]처럼 부처님 세계에 온전하게 들어가는 첫 문이다. 중국 요진姚秦[97] 때의 축불념竺佛念이 376~378년에 번역한 《보살영락본업경》에 처음 등장한 명칭이다. 부산 금정산 범어사의 조계문은 1614년(조선 광해군 6년) 묘전화상이 세웠다. 일주문의 기능적인 건물로서의 가치와 함께 모든 구성 부재들의 적절한 배치

강원도 고산군 설봉산 석왕사 조계문. 사진 출처: 조선의 절 안내(2003년판)

와 결구를 통한 구조적인 합리성 등이 시각적으로 안정된 조형과 의장성을 돋보이게 한다. 한국 전통건축의 구조미를 잘 표현하여 우리나라 일주문의 걸작품으로 손꼽힌다. 이 밖에도 경남 양산 통도사, 전남 순천 송광사와 북한 묘향산 보현사의 조계문이 유명하다. 보현사 조계문에는 청사자를 탄 문수보살 동자상과 하얀 코끼리를 탄 보현보살 동자상을 새로 만들어 두고 있다. 북한 강원도 고산군 석왕사의 조계문은 전각문이 아니라 일주문과 같은 형식으로 남아 있는 유일한 건물이다.

4) 해탈문解脫門, 윤회에서 벗어나는 대문

"모든 윤회輪廻에서 벗어난 (해탈의) 세계에 이르게 한다."는 뜻의 문이다, 일체가 모두 다 공空(실체가 없음)하다고 볼 수 있는 세계에 들어가는 문이란 뜻으로, 공해탈문空解脫門 · 공문空門이라고 한다. 불이문으로 쓰일 경우에는 누각 밑을 통과하는 형태로 2층 다락집 형태인 누각 밑 1층 기둥 사이로 길이 나 있어 문의 모습을 이룬다. 누각은 강당으로 쓰였다. 합천 해인사 해탈문과 같이 전각문인 이 문을 지나면 사찰 중심 법당이 나온다. 그 사이에는 진신사리와 경전 등을 담은 탑, 석등이 서있고, 배례석이 놓여 있다. 배례석에는 연꽃잎이 뾰족하게 새겨져 있으며, 가운데 연꽃에서 좌우로 이어지는 연꽃 가지는 매우 사실적이다. 석불 · 석등 · 배례석을 일직선으로 놓는 경우가 많다.

5) 불이문不二門, 부처와 중생이 하나되는 문

궁극적으로 번뇌와 해탈이 둘이 아니라는 뜻에서 붙인 명칭이다. 불교에서 가장 상징적인 의미를 담고 있는 문, 불이不二의 뜻을 알게 되면 해탈할 수 있으므로 해탈문解脫門이라고 한다. 번뇌의 속된 마음을 돌려서 해탈의 세계에 이르게 한다는 의미이다. 불이문을 비롯한 천왕문, 일주문 등은 진리에 이르는 방편을 보여주는 문이기에 둘레 담장을 두지 않는 것이 원칙이다. 사찰에 따라 극락문極樂門이라고 한다.

경북 문경 김룡사 불이문의 편액은 일주문 뒤쪽에 붙여 놓아 한 건물로 만들었다. 강원도 고성 건봉사의 불이문은 단독건물로 앞쪽에 붙인 건물이며, 전남 영암 도갑사의 해탈문은 불이문이란 이름으로 유명하다. 서울 강남 봉은사의 진여문도 기존의 일주문 형식과 동일하다. 문자와 말까지도 있지 않은 것이 참으로 불이법문不二法門에 들어가는 길로써 《유마경》에서도 등장하는 불이문이다. 이 문을 통해야만 진리의 세계인 불국토(부처의 세계)로 들어가는 마지막 문에 이른다. 북측의 강원도 고산군 설봉산 석왕사의 경우는 냇가 위에 통로식의 건물로 만들어 첫 번째 대문으로 사용하고 있다.

경남 양산 통도사 불이문은 일주문 형식이 아닌 전각문으로 둘레 담장을 두었다. 내부 천정 기둥에는 하얀 코끼리상과 함께 문수보살을 상징하는 붉은 호랑이赤虎 조각상을 두어 청사자를 대신한 것이 특이하다.[98] 경북 경주 불국사의 불이문은 자하문紫霞門과 안양문安養門 두 곳이다.[99] 도리천의 33천天을 상징화한

33개 돌계단으로 된 청운교와 백운교를 거친 다음에 이 문을 지나갈 수 있다. 그런데 계단 수는 34개로, 아래쪽 계단이 18개, 위쪽 계단이 16개이다. 1개의 돌계단은 인간이 사는 땅이다. 자줏빛 안개라는 뜻으로 부처의 몸 빛깔을 상징하는 자하문을 통해 대웅전에 이른다. 아미타불의 정토인 극락의 다른 이름인 안양문 앞에 연꽃문양이 새겨진 아래쪽 돌계단이 연화교, 문양이 없는 위쪽 돌계단인 칠보교를 지나서 비로소 극락전에 들어간다.

강원도 고성군 건봉사 불이문/일주문.(2023.8.27.)

불이문의 금강저는 인도의 천신 인드라 신으로 도리천을 다스리는 제석천의 왼손 상징물持物로 들고 있는 무기이다. 탐욕·죄악을 타파하는 지혜와 힘을 상징하고, 제석천 오른손에는 중생의 번뇌를 털어내는 상징하는 도구인 불자拂子를 쥐고 있다.

6) 누각樓閣, 구산선문의 유산

누각은 다락樓과 집閣을 합친 말이다. 사찰의 중심건물인 대웅전 등과 마주하는 곳에 단층이나 2층으로 세워진 전각을 말한다. 1층 누각은 중앙으로, 2층 누마루 아래쪽으로 통로를 내거나 풍수지리적 이유로 인해 벽으로 막는 경우도 있다. 누각 좌우에는 마당을 둘러싸고 요사채가 배치되어 있다. 뜨락을 중심으로 모여진 구조를 이루고 있다. 이 같은 가람 배치는 원래부터 정해진 형식이 아니었다.

옛 절터를 보면 금당이 사찰의 중심에 자리잡고 뒤로는 강당이, 앞에는 출입문인 중문中門이 자리하고 있다. 이들 건물은 회랑으로 빙 둘러 연결되어 있다. 오늘날의 가람배치와는 달리 주불전인 금당을 중심으로 회랑에 의해 닫힌 구조였다. 이것은 삼국시대부터 고려 시기의 절터가 주로 평지에 위치한 경우에서 회랑으로 구획된 경역을 이루었다.

사찰 누각은 9세기 구산선문九山禪門·九山禪派 등의 개창을 시작으로 절이 산속에 자리하게 되면서 절의 중문이 누각의 형태로 정착한 것이다. 이층의 다락집 형태로 건립된 누각은 일층 중문은 출입 통로의 역할, 2층은 불전 사물의 봉안장소, 수장고의 역할, 대규모 법회 때 대중을 수용하는 강당 등의 용도로 쓰였다. 조선 시대부터 금당 앞에 누각의 형태로 지어지기 시작한 누각은 사찰마다 각기 다른 편액 이름을 붙였다.

만세루萬歲樓 편액은 부처의 설법이 만세를 누린다는 뜻으로 가장 많이 사용한 이름이다. 통도사를 비롯한 북측의 묘향산 보현사 · 금강산 신계사 · 칠보산 개심사 등에 있다. 중생이 생사 왕래하는 세 가지 세계를 뜻하는 삼계三界에 투망을 놓아 인천人天의 고기를 건진다는 뜻으로 두루 모든 중생을 제도한다는 의미의 보제루普濟樓는 범어사 · 신흥사 · 금산사 · 천은사 · 화엄사 등이 유명하다. 해인사 구광루九光樓는《화엄경》에서 따온 말로, 부처님이 9곳에서 설법하면서 그때마다 설법하기 전에 백호에서 광명을 놓으셨다는 이야기가 전한다.[100] 부석사 · 개심사 · 서산 부석사의 안양루安養樓는 극락을 뜻하는 안양安養으로, 안양문은 극락에 이르는 입구다. 안양루에 걸린 부석사浮石寺란 편액은 1956년 1월 17일 이승만이 쓴 글씨다. 그 현판 자리에는 원래 안양문 현판(필자 불명)이 걸려 있었으나, 부석사 현판을 걸면서 현재 위치로 밀려났다. 안양루 현판은 영주 출신의 소남小南 · 石堂 김종호가 1944년에 쓴 글씨다. 부석사 무량수전 세로 편액은 14세기 고려 공민왕의 친필이다.

봉황이 내려앉은 누라는 뜻의 봉황루, 월정사 용금루湧金樓는 탄허선사의 글씨로, 높은 절벽에 우뚝 솟아 있는 아름다운 누각이란 뜻이다. 경남 밀양 영남루에도 같은 이름의 현판이 걸려 있다. 꽃비가 내리는 전각이라는 뜻의 우화루雨花樓는 부처님이 영축산에서 《법화경》을 처음 설법할 때 범천왕이 감응해 고운 꽃을 향기로운 바람에 실어 내려 보냈다고 한 것에서 유래했다. 불국사의 범영루泛影樓는 글자 그대로 그림자가 뜬다. 그 앞쪽에 있었던 가로 40m, 세로 25m 연못九品蓮池에 비치는 누각으로 그곳엔 돌거북 조각 위에 세운 북이 있다. 범영루의 돌기둥石柱은 좌우 두 개 판석을 십자형으로 엇갈려 맞물리도록 짜 맞추어 쌓았다. 751년 수미산을 상상한 돌기둥으로 건립한 수미須彌 범종각이라 불린다. 범영泛影은 범종의 소리를 그림자에 비유하여 범종소리가 온 누리에 번져서 넘치는 것을 형용한 말이다.

북측 강원도 고산 석왕사의 범종루泛鍾樓는 종루이다. 하동 쌍계사 팔영루八泳樓는 신라 때 진감선사가 범패梵唄를 가르치기 위해 지은 누각 이름이다.[101] 이 밖에도 홍제루弘濟樓 · 침계루枕溪樓 · 청풍루淸風樓 · 보광루普光樓 · 봉서루鳳棲樓 · 보화루寶華樓 · 구룡루九龍樓 · 용주사 천보루天保樓 · 관촉사 명곡루明谷樓 · 안국사 청하루淸霞樓 · 고운사 가운루駕雲樓 · 청암사 정법루正法樓 · 기림사 진남루鎭南樓 등의 유명한 편액들이 걸려 있다.

7) 종루鐘樓, 종소리가 울리는 집

범종을 매달아 놓은 곳으로 종각鍾閣이라 부른다. 북을 매단 곳을 고루鼓樓 또는 고각鼓樓이라 하지만 대개 절의 사물四物이 함께 안치되어 종각이라고 부른다. 종루와 종각의 누樓는 지면에서 한 길 정도 떨어진 마루집이거나 이층집의 이 층을 가리킨다. 이에 비해 각閣은 단층의 단출한 집이거나, 이층집의 일층 건물을 가리킨다. 조선 시대 한성부의 중심이 되는 곳에 범종을 달아 둔 누각인 종각은 매일 오후 10시경 하늘의 기본 별자리 수를 따라 33번의 종을 쳐 성문을 닫는 인정人定과 새벽 4시에 28번의 종을 쳐서 통행금지를 해제하는 파루罷漏를 실시했으며, 도성 내에 화재가 일어날 때도 종을 쳐 위험을 알렸다.

경기민요의 《경복궁타령》에서 '파루를 치니'라고 나오는 종소리는 불교의 33천天에서 유래한 것으로, 서른세 번을 치는 파루는 우리가 상상할 수 없을 만큼 당시 사람들에게 큰 영향을 끼친 소리였다. 하루 일상생활의 기준으로 시각을 알려주는 기능을 했다. 또 일제강점기 때부터 한 해를 마무리하고, 새해를 맞이하는 해넘이와 해맞이 행사를 거행하는 장소로 범종을 치는 등 축하 행사를 가졌다.

불전사물佛殿四物의 종류와 의미

종류	대상	쓰임새(목적)	재질
법고(法鼓)	육지 생물(世間界)	동물, 곤충 등 축생을 위함	가죽+나무
운판(雲版)	하늘 생물(虛空界)	새 등 날짐승을 위함	청동(쇠)
목어(木魚)	수중 생물(水府)	물고기 등 어류를 위함	나무
범종(梵鐘)	지옥 무생물(冥府界)	망자(亡者) 등 온 우주를 위함	철(청동)

※ 시각 · 청각 · 후각장애의 생물체를 위한 상징물은 불보살상 · 불패佛牌(불보살 이름을 적은 패), 향香 · 탱화 · 벽화 · 글씨 등이 있다.

4. 불교 사물佛殿四物과 치는 순서

　　사찰에서 사용하는 네 가지 대표적인 물건을 말한다. 모든 법계法界 즉, 온 우주의 중생을 불러서 공양(음식)을 베풀기 위한 목적으로 쓰는 도구라는 의미다. 19세기 추담정행 대사가 1882년 합천 해인사 도솔암(지금의 지족암)에서 간행한 《승가일용식시묵언작법》〈식사사물연기食時四物緣記〉에는 "사물이란 총림의 법기法器이다. 대체로 아침에 죽을 먹고, 점심 때에 이르러 밥을 먹을 때 사물을 울린다. 북은 세간의 무리를 청하는 것이다. 운판은 허공계虛空界의 무리를, 목어는 수부水府(물을 맡아 다스린다는 신의 궁전)의 무리를, 종은 명부계冥府界(지옥세계)의 무리를 청한다. 밥을 먹을 때 사물을 치는 것은 사부四府의 무리를 불러 청請하는 것이니, 누구나 함께 공양한다는 것이다."

　　오대산 상원사 동종(725년)과 에밀레종으로 불리는 성덕대왕 신종(771년)이 조성된 시기로 볼 때, 불전 사물은 불교가 본격화된 7~8세기부터 만들어진 것으로 추정된다. 사물은 악기를 연주해 음악을 전하는 차원을 넘어서 모든 법계十法界의 중생들을 청하는 종교적 믿음을 드러내는 진리의 그릇法器, 법구法具(진리를 펼치는 도구), 불구佛具(불보살 앞에 쓰는 여러 가지 제구)라고 할 수 있다. 사찰의 종풍宗風에 따라 연주 순서와 방법에 차이가 있으나, 조석예불을 하기 전에 행하는 것이 일반적인 순서이다.

　　사물은 별도의 종각과 종루에 걸리지만, 금당인 본전 앞에 통상적으로 자리하는 기본 건물인 무슨 누樓에 위치하기도 한다. 누각은 만세루 · 청풍루 · 향풍루 · 법왕루 · 구광루 등과 같은 이름扁額을 달고 있으며, 거의 넓은 구조로 이루어져 있으므로 대중 법회와 집회, 교육용 장소 등에 널리 쓰인다.

사물의 구조와 형태를 살펴보면 범종은 쇠로 제작한 종이다. 그 몸체가 금륜金輪이고, 그 아래에 지부地府(토지 신이 사는 궁전, 지옥세계인 명부冥府 등)을 양각하여 법계를 상징하는 모습을 이룬다. 법고는 북으로, 그 몸통이 나무로 되어 있고, 가운데의 울림통 양쪽 면을 소가죽이나 말가죽으로 싼 모양이다. 운판은 쇠를 원료로 제작하는데, 금강(부처님의 지혜)을 바탕으로 하여 그 모양이 구름을 닮아 붙인 이름이다. 목어는 몸체가 통나무로, 중생을 상징하는 물고기의 몸과 성불을 상징하는 용의 머리로 구성된다. 불교의 사물은 축생을 제도하기 위한 법고法鼓, 날아다니는 짐승을 제도하기 위한 운판雲版, 물속 어류들을 제도하기 위한 목어木魚, 지옥에서 고통받는 중생을 제도하기 위한 범종梵鐘을 가리킨다. 네 가지 소리를 듣고 깨우침을 얻도록 원하는 데 그 목적이 있다. 만약 듣지 못하는 중생들에게는 눈으로 보거나 만질 수 있도록 불보살의 이름名號을 적어 놓은 '불명패佛牌' 등도 의식구에 속한다.[102]

사물을 치는 순서는 사찰에서 새벽 예불을 하기 전에, 먼저 도량석道場釋 · 頌(도량을 다스림)[103]을 마치고 난 후에 비로소 사물을 친다. 일반적으로 종각에서 법고 → 운판 → 목어 → 범종의 순서대로 치고 나면, 법당에서 쇠북을 치는 종성鐘聲으로 어어 받아서 치고 예불을 시작한다. 예불이 끝난 다음에 경전 독송과 기도의 시간을 갖는다. 이 사물을 다루는 데 아침과 저녁이 각각 다르다. 아침에는 운판을 먼저 치고, 목어를 울리고, 법고(북)를 울린 다음, 범종을 28번 울린다. 저녁에는 범종을 먼저 33번 울리고, 법고(북)를 울리고, 목어를 친 다음, 운판을 맨 끝으로 친다.

법당에서 치는 쇳송小鐘은 부처님의 음성을 종소리로 담아냈기에 종성鐘聲이라 한다. 종소리를 '소리음音'이 아니라 '소리성聲'이라고 한 이유는 부처님의 음성을 실어놓았기 때문이다.[104] 절에서 제불보살님께 예불을 올리거나 법회나 재식齋式 시간에 사물의 소리와 송경誦經 소리를 들은 중생들이 지옥 등 육도윤회의 고통과 아픔을 잠시라도 쉴 수 있도록 하는데 그 의미가 담겨 있다.

범종 소리는 33천을 울리며 삼계의 윤회를 벗어나고 육도윤회를 멈추려는 발원이다. 또 아침예불 때 쇳송인 조례종송朝禮鐘頌에는 "원하옵건대, 이 종소리 법계法界에 두루 울리어 철위산鐵圍山의 어둠이 모두 밝아지고, 삼도三途의 고통은 벗어나고 도산刀山(칼산지옥)은 무너져, 모든 중생이 정각正覺을 이루기를 발원합니다." 저녁예불의 쇳송인 석례종송夕禮鐘頌에는 "이 종소리를 들으면 번뇌는 끊어지고, 지혜가 자라나서 깨달음菩提을 이루고, 지옥을 벗어나고 삼계에서 뛰어넘어, 부처를 이루어 중생을 건지기를 발원합니다."는 염원이 담겨 있다.[105]

1) 법고法鼓, 알림을 위한 북소리

사찰에서 북소리는 단순한 북소리가 아니라, 법음法音을 전하는 소리라는 의미가 있어 홍고弘鼓라고도 한다. 축생을 비롯한 땅 위에 사는 모든 중생에게 불법佛法을 널리 전하여 번뇌를 물리치고, 해탈에 이르게 하는 상징적 의미를 지닌다. 커다란 북인 법고는 소나무 통을 사용한 몸통에, 양쪽 면에는 황소 가죽을 붙여 못으로 고정한 형태이다.

중국 등 다른 나라에서는 코끼리나 말의 가죽을 사용하기도 한다. 고루鼓樓에 걸어 두고 치는 법고는 대중을 집결시킬 때, 법요식 등 행사가 있을 때 그리고 상당법어上堂法語와 조참早參(아침법문), 만참晩參(저녁법문) 등 소참小參(수시 설법)과 보설普說(대중법문), 입실入室(독참, 개별적인 지도), 공양 등이 있을 때도 친다. 항상 대종大鐘(범종)과 함께 치며, 순서는 대종 다음이다. 다고茶鼓는 총림의 조사祖師 기일에 다례茶禮를 올릴 때나 대중이 차를 마실 때 치는데, 한 차례(1회) 치고, 점심 공양을 알리는 재고齋鼓는 상당법어 때처럼 3회를 친다.

울력이 있음을 알리는 보청고普請鼓는 1회, 목욕을 알리는 욕고浴鼓는 4회 친다. 새벽에 치는 북을 통칭해서 신고晨鼓라 하고, 저녁에 치는 북을 혼고昏鼓라고 한다. 법고는 범종과 함께 하루의 일과를 알리기 위한 도구이다.[106] 우리나라 성균관과 향교, 서원에 걸려 있는 북은 기상과 밥을 먹으라는 신호인 신고晨鼓와 저녁에 치는 혼고昏鼓 그리고 위급상황에서도 북을 쳐 알렸다.[107] 북을 쳐서 울리는 것을 명고鳴鼓라고 한다.

2) 운판雲板·雲版, 부처님의 지혜를 나타내는 소리

"구름 모양으로 만들었다."고 하여 붙인 이름이다. 사물에서는 날짐승을 구제하기 위해 치는 청동제 도구이다. 선종 사찰에서 고원庫院(주방)이나 재당齋堂(주방 겸 식당) 앞에 걸어 놓고 공양 때가 되었음을 알릴 때도 친다.

청동으로 된 판으로 가장 큰 것을 대판大板이라고 한다. 재당에서 불을 지필 때 신호로 3번 친다고 하여 화판火板이라고도 하며, 공양 때 길게 3회 친다고 하여 장판長板이라 한다. 운판 소리가 나면 종과 북을 친다. 또 승당에서는 제당에서 운판 소리가 나면 비로소 좌선을 마치는 방선放禪이다.[108] 운판 크기는 가로세로 약 3척(90cm)쯤 된다. 운판 외에도 방장판은 방장실 앞에 걸어 두고 치는 판이고, 수좌료판은 수좌실에서 치는 판이며, 중료衆寮(대중방)에는 전판前板, 외판外板, 내판內板, 중소판中小板 등 4개가 있다.

목판木板도 당우마다 있다. 당우의 목판은 주로 당주堂主나 빈객이 시자를 부를 때 친다. 소소한 신호는 모두 목판으로 한다. 우리나라 운판 중에 유명한 것은 남해 용문사 운판과 국립박물관 소장의 쌍용문 운판 등이다. 운판 모양에서도 중국 선종 오가五家마다 각각 다르다. 중국 임제종에서 사용하는 운판은 횡장방형橫長方形(가로 직사각형)이고, 조동종은 수장방형竪長方形(세로 직사각형), 법안종은 정삼각형, 위앙종은 하반원형下半圓形(아랫부분 반만 원형), 운문종은 원형이다.

치는 때와 치는 방법도 조금씩 차이가 있다.[109] 매다는 구멍이 뚫린 머리 부분의 모양을 기준으로 할 때 운판은 호형三弧形, 계관화형鷄冠花形(맨드라미꽃 모양), 여의두형如意頭形으로 분류될 수 있고, 판을 파고 들어간 부분의 모양을 기준으로 보면 반월형半月形, 와운형渦雲形이 있다. 본체 부분 모양에 따라 분류하자면 오호형五弧形, 여의두형 등이 있다. 운판에 시문示文되는 기하학적 문양은 구름, 해와 달, 비천, 범어梵語인 '옴마니반메훔' 등이 있는데, 때로 이들 문양이 복합적으로 드러낸示文 것들도 볼 수 있다.[110]

3) 목어木魚, 깨어있는 수행을 위한 소리

"나무로 물고기를 닮게 만들었다."고 하여 붙인 이름이다. 어고魚鼓 · 목어고木魚鼓 · 어판魚板 · 어방魚梆 · 반방飯梆 등으로 불렀다. 공양 시간을 알릴 때 치는데, 운판 다음에 친다. 물고기 모양은 나무를 깎아 물고기처럼 만든 다음, 배 부분을 파내어 두 개의 나무막대기로 두드려 소리를 낸다. 중국 당나라의 백장회해(749~814) 선사가 선종사원의 규범을 마련한 책《백장청규》주註에는 "물고기가 항상 밤이나 낮이나 눈을 뜨고 있는 것과 같이 수행자 역시 항상 깨어 있어야 함을 상징한다." 6세기 중국 북주 때의《무상비요》에서는 "목어의 맑은소리는 속세 사람들을 일깨워 깨닫게 한다."고 했다.[111]
경북 상주 남장사의 극락보전 법당 내부 포벽에 그려진 목어 그림은 '이백기경상천도'李白騎鯨上天圖란 묵서 글이 쓰여져 있다.[112] 육식을 금하는 사찰에서 물고기가 등장하는 것은 물에 사는 물고기를 통해 불을 막으려는 방편으로 장식된 것이다. 경북 예천 용문사 대장전 외부에 조각한 용면龍面에 물고기를 물고 있는 것은 화마를 막기 위한 벽사 의미를 가지고 있다. 경북 경산 환성사 대웅전 수미단 등과 민화에 한 쌍을 이룬 물고기는 부부의 화합과 다산을 의미한다. 그것은 물고기가 한 번에 낳은 알을 많기 때문이다. 충북 제천 신륵사 극락전 외부 천장에 그린 목어는 특이하게 꼬리에 꼬리를 물고 있는 형상이다. 용머리에 물고기 몸을 조각한 용두어신龍頭魚身의 형태는 경남 김해 은하사 법당 내 대들보에 그려진 벽화이다. 화재 방지를 위한 방편으로 그려진 목어이다.

4) 범종梵鐘, 지옥중생 제도하는 천상의 종소리

절에서 아침저녁 예불을 할 때 사용하는 사물四物의 하나로 경종鯨鐘·조종釣鐘·당종撞鐘이라고 한다. 의식이나 행사 때 또는 대중을 모이게 하거나 때를 알리기 위해서 치는 큰 종이다. 신라 성덕대왕신종인 에밀레종과 상원사 동종을 비롯한 사찰에서 범종은 의식용으로, 타고명종打鼓鳴鐘(북은 치고 종은 울린다)을 한다.

만물과 지옥 중생까지 구제하는 의미의 범종은 기원전, 고대 중국 은나라 이후로부터 사용한 것으로, 범梵은 하늘을 가리킨다. 하늘은 우주 만물 또는 진리란 뜻으로 범종은 진리의 소리·우주의 소리·자연의 소리를 내는 것을 의미한다. 산스크리트어 브라마나(Brahmana, 브라만婆羅門 Brahman은 영어식 표기)인 범은 힌두교의 초자아 또는 신들의 처음을 뜻하며, 원래의 뜻은 청정을 말한다.

범종은 새벽예불 때 28번, 저녁예불에 33번을 치도록 정해져 있다.[113] 28번은 삼계三界 즉, 안이비설신眼耳鼻舌身의 욕망이 존재하는 욕계欲界의 6천, 욕계 위의 세계로 욕망을 떠난 청정한 세계인 색계色界의 18천, 무념무상의 무색계無色界 4천을 뜻한다.[114] 33번은 욕계 6천 중의 하나인 도리천의 33천을 상징한다. 도리천忉利天은 수미산의 정상에 있는 세계로 도리천의 왕인 제석천왕이 살고 있는 선견성善見城을 중심으로 사방에 8성씩 32성을 포함해 총 33성城을 갖고 있다. 조석예불 범종소리는 삼계와 도리천에 전해져 모든 중생을 구제하겠다는 의미를 담고 있다.

절에서 범종을 타종하는 이유는 지옥 중생들의 해탈을 바라는 염원에서 치는 것이 근본 목적이라면, 부처님 가르침을 중생 세계에 널리 퍼지게 하기 위한 것과 옛 스승들의 진리의 가르침을 본받기 위한 보조적인 목적도 있다. 이것은 인도로부터 중국까지의 고승[마하 가섭존자에서 육조 혜능선사까지 28대 조사]들의 가르침을 이어받기 위한 불교적 전통이기도 하다.

한편 개산일 등 특별한 때에 낮과 밤 정오正午에 12번 타종을 했다. 12번 숫자는 12간지[자·축·인·묘·진·사·오·미·신·유·술·해]를 가리킨다. 이때 12번의 범종소리를 열반종이라고도 한다. 13세기의 중국 송나라 선종사찰에서 섣달그믐날 밤 자정에 백팔번뇌를 없앤다는 뜻으로 108번을 타종하는 풍습이 처음 생겼다. 일제강점기이던 1927년 일본 도쿄에서 처음 시작한 제야의 종除夜鐘은 매년 섣달그믐날 자정에 종을 33번 타종하며 새해를 맞이하는 행사이다.[115] 어둠을 제거한다는 의미로, 어둠을 걷어내고 밝은 새해를 맞이한다는 뜻에서 제야의 타종은 그날 하루만이 아니라 그해 동안에 태평과 안녕을 기원하는 상설행사로 발전되었다.

우리나라 범종은 상대肩帶와 하대下帶, 용뉴와 용통, 유곽, 유두, 당좌撞座(종을 치는 자리), 당목撞木, 비천 등을 완벽하게 구비했다. 용뉴龍鈕는 종을 매다는 고리 역할을 하는 곳이다.[116] 유두乳頭는 글자 그대로 젖꼭지이지만, 범종 위쪽에 있는 아홉 개의 돌기를 말한다. 종의 사방에 걸쳐 새겨진 돌기는 춘하추동 사계 또는 불교교리 가운데 고집멸도 사성제를 나타낸다. 요즈음에는 연꽃 모양이므로 '연뢰'蓮蕾(연꽃봉오리)라고 한다. 상원사 동종의 주악비천奏樂飛天은 비천이 악기를 불면서 날아가는 모습이며, 에밀레종으로 알려진 성덕대왕 신종의 공양비천供養飛天은 비천이 무릎을 꿇고 연꽃을 바치는 모양이다.

범종은 종을 매다는 부분인 종뉴와 나머지 전체인 종신으로 나뉜다. 종뉴는 종을 달기 위해 장치한 부분으로 용두가 있고, 용두 옆에는 구멍이 뚫린 관인 용통이 있다. 용통은 한국 종만이 가지고 있는 특징적인 구조이다. 종의 음향은 종의 몸체 높이, 구경(종의 아래 둘레 크기나 폭), 당좌(종을 칠 때마다 당목이 때리는 자리)로 때리는 위치(범종의 타종 위치), 문양의 두께 등에 따라 결정된다. 상원사종과 성덕대왕신종의 당좌가 가장 이상적이라 한다. 당좌의 위치가 높으면 종소리가 얕아지고, 당좌의 위치가 낮으면 종소리가 강해지지만,

종의 수명이 약해진다. 범종을 치는 나무撞木는 소나무와 엄나무[개두릅나무]
등으로 만든다. 당목 모양에는 고래 또는 큰 물고기도 있다. 충남 예산 수덕사
범종각의 당목은 고래鯨魚 모양이다. 그 모양을 한 이유는 종고리에 있는 용과
연관되어 있다.

　14세기 말엽에 중국 명나라 때 호승지가 쓴《진주선眞珠船》에 기록된 후,
1721년경 이익의《성호사설》〈만물문〉에 다시 기술된 용왕의 아홉 아들에 관

성덕대왕신종(에밀레종) 1940년 경북 경주 봉덕사 종각으로 옮김. 사진 출처: 석남 송석하 현지조사
사진카드_국립민속박물관 소장본

한 전설이다. 용왕이 낳은 아홉 자식은 각기 그 모습과 성격이 다르며, 그 성격에 맞는 장소에서 각자 활약하지만, 용이 되지 못했다. 이를 용생구자불성룡龍生九子不成龍으로 성격이 다른 형제를 가리킬 때도 쓰인다. 이들 중 하나만 승천하여 용이 된다고 하여 그것을 항룡亢龍(하늘에 오른 용, 높은 지위를 뜻함)이라 한다. 용왕의 첫째아들 비희贔屭는 거북 모양을 닮아 귀부龜趺라고 부르지만 용의 새끼이다. 패하霸下라고도 부르는 귀부는 용으로 여겨서 용부龍趺라고 한다. 무거운 것을 짊어지기 좋아해서 돌비석의 받침으로 앉히고 비석이 넘어지지 않도록 기원했다.[117]

신라 범종을 비롯해 종머리에 있는 고리 모양은 한 마리 용으로 만들었다. 종고리에 있는 용은 포뢰蒲牢라는 이름을 가진 용왕의 셋째 아들이다. 그 형상은 용과 비슷하나 조금 작고 천성이 울기를 좋아한다. 바다에 사는 고래鯨魚를 무서워해서 고래가 나타나면 큰 소리로 울부짖는다. 그 소리가 무척 크고 웅장해서 사람들이 종이나 북 위에 포뢰를 올려놓았다. 종을 칠 때 고래 모양을 한 채(당목)가 다가오니 포뢰라는 용이 무서워서 더 우렁차게 울게 한다는 의미로, 범종소리는 바로 용이 우는 소리 또는 고래의 울음鯨音이다.

5) 불교의식 도구들

사찰에서 의식을 행하거나 수행할 때 필요한 규모가 작은 불교 도구佛具 또는 법구法具라고 한다. 이것은 불 · 법 · 승의 삼보에 대한 귀의의 청정심을 얻기 위해 쓰는 도구이다.

① 목탁木鐸

물고기처럼 생긴 목어를 축소해 나무로 둥글고 작게 만든 것이다. 목탁은 주로 불전이나 각 전각에서 기도 · 염불 · 독경할 때 쓰인다. 새벽 도량석, 공양, 울력이 있을 때 그리고 대중을 집합시킬 때 목탁을 친다. 중국과 일본에서는 종鐘과 북, 경磬 · 磬子을 많이 사용하고, 우리나라에서는 목탁을 많이 사용한다.

목탁 유래는 기원전 1046~256년 중국 노나라 때 문사文事나 또 새로운 법령을 발할 때 목탁을 울려 사람을 모이게 한 것에서 비롯되었다. 국가 사회의 주의 · 관심을 환기시키고 계도한다는 뜻이 담겼다. 요즘 중국 사찰에서는 한국의 목탁보다 더 큰 목탁을 사용하며 단壇에 올려두고 두드린다. 언론을 사회의 목탁이라는 말도 유래됐다. 염불하거나 대중들이 모여 경전을 암송할 때 운율과 박자를 맞추고, 수행하는 수도승의 맑은 정신을 유지하고 번뇌와 잡념을 깨뜨리는 도구로 사용하고 있다. 목어에서 진화한 목탁은 수행의 상징 이외에도 화마火魔를 물리치기 위한 벽사 의미도 있다.

목탁은 목어에서 변형한 도구이다. 목어는 물고기 모양 그대로 몸체가 길쭉한 편이지만, 목탁은 방울 모양으로 둥글넓적하고 추상적이다. 눈을 감지 않는 물고기처럼 수행 정진하라는 불면면학不眠勉學의 의미가 담겨 있는 도구이자 상징물이다. 깨어 있는 마음念(Smrti)을 뜻하는 목탁의 표면에 물고기를 조각하는 용두어신龍頭魚身의 형태는 우리나라 목탁에 거의 볼 수 없다.

목어와 같이 물고기 모양의 목탁 앞쪽에 길게 갈라진 구멍은 물고기의 입이고, 그 양옆으로 작게 뚫린 구멍은 눈, 손잡이는 꼬리에 해당한다. 전설에는 수행하지 않고 악업을 짓다 죽은 수행자가 물고기로 환생했는데, 그 등 위에 커다란 나무가 생겨 큰 고통을 받고 있었다. 이를 가엾게 여긴 스승이 수륙천도재를 베풀어 그를 구제했다. 다시는 이런 일이 없도록 바른 마음으로 선업을 지어야 한다는 교훈을 널리 알리기 위해 그 나무로 물고기 모양을 만들어 두드리게 한 것이 목탁이다.

목탁의 종류는 포단蒲團(방석) 위에 놓고 치는 큰 목탁과 직접 들고 치는 작은 목탁이 있다. 큰 목탁에는 매달아 놓고 치는 것이 있는데, 이것은 주로 대중을 모으거나 공양할 때를 알리는 도구로 사용한다. 포단 위에 놓고 치는 것은 불전에서 염불·예불·염송·독경 때 사용한다. 오른손으로는 목탁을 치고, 왼손으로는 경전이나 염불문을 넘긴다. 지금도 중국이나 일본에서는 포단 위에 얹어 놓고 치고 있다. 우리나라에서는 크든 작든 모두 손에 들고 치는 것이 일반적이다.[118]

② 백추白椎·白鎚·白槌

백추의 백白은 알리다, 고하다는 뜻이고, 추椎는 "방망이로 치다."는 뜻이다. 우리나라에서는 쓰이지 않는 법구이다. 중국에서 사용하는데, 주로 법회가 곧 시작됨을 알리는 데 사용한다. 그 의미는 '조용히 해 달라', '시선을 집중해 달라.'는 뜻이다. 사회자가 직접 치기 때문에 사회봉 역할도 한다. 주로 선원사찰인 총림에서 행사가 있거나 주지의 법어, 새로 주지에 선출·임명돼 진산식(취임식) 후, 처음 개당 설법을 할 때 사회자가 이 추槌를 친다. 사회자가 추를 친다음 개식開式에 따른 말을 한다. 그를 백추사白槌師라고 한다.[119]

③ 경磬, 또 다른 목탁

경자磬子·동발銅鉢·주鉒라고 부르는데, "경磬을 두들겨 나는 소리를 듣는다.玨"를 뜻한다. 우리나라에는 많이 사용하지 않지만, 중국과 일본의 총림에서는 목탁 못지않게 사용한다. 주로 독경·예불·염송·범패梵唄할 때 운율을 맞추기 위해 승려 옆에 두고 치는 것이 일반적이다.

소재는 동銅이 많지만, 돌이나 옥·철로도 만든다. 소리는 범종소리보다 더섬세하고 청아하게 들인다. 마치 천상을 연상할 정도이다. 크기와 모양은 우리나라의 작은 물동이와 비슷하며, 칠 때 틀이 달아짐으로 뿔 망치나 헝겊을 싼방망이로 독경 소리에 맞추어 살살 친다.[120] 요즈음 명상 등을 할 때 치거나 원불교 등에서도 많이 사용하고 있다. 경자는 중국 청나라 때에 왕사정이 편찬한《오대시화》〈패사회편〉에 당나라 때 악공인 조소기曹紹夔의 고사로 등장하는데, 낙양 좌불사座佛寺의 경자磬子가 유명하다.

④ 쇠북 · 금고金鼓

흔히 징과 북을 가리키지만, 사찰에서는 금구金口·禁口, 반자䤼子 등으로 불리는 쇠북은 풍물패가 쓰는 징의 모양이다. 《현우경》 권10에 인도의 "쉬라바스티(사위성)에는 18억 인구가 살았는데, 동고銅鼓를 치면 8억이 모이고, 은고銀鼓를 치면 14억이 모이며, 금고金鼓를 치면 모든 사람이 모인다."고 기록돼 있다. 구리·은·금의 순서에 따라 모이는 사람 수가 점점 늘어난다는 의미를 담고 있다. 《금광명최승왕경》 권3 〈몽견금고참회품〉에는 금고(쇠북)를 태양의 빛에 비유한 구절이 나온다. 절에서 대중을 불러 모으거나 급한 일을 알리는 데 사용하는 의식용품의 하나이다. 현재도 대중들이 모여 사는 승방 앞에 두고, 조석예불의 종성 때 사용하거나 법회와 울력(운력)[121] 등을 알리는 데 사용하고 있다. 현존하는 가장 오래된 청동 쇠북은 서울 국립중앙박물관이 소장하는 865년(함통 6) 2월 12일에 만들어진 금구禁口이다. 신라 경문왕 5년(865)에 만들어진 이 쇠북은 절의 공양물로 만든 것咸通陸歲乙酉二月十二日成內時供寺禁口이라는 명문이 새겨져 있다.

⑤ 경쇠

경磬의 일종으로 경보다는 더 작다. 세종 때 박연이 돌이나 흙 등으로 'ㄱ'자 모양으로 만든 타악기인 경은 특경·편경에 매달아 사용한 것과는 다르다. 우리나라에서는 예불을 올릴 때 또는 대중의 일어서고 앉고, 절하는 행위를 이끌기 위해 치는 법구이다. 원래 중국의 악기였지만 불교로 수용하면서 의식법구로 사용되었다. 경쇠를 칠 때는 목탁을 치지 않는다. 놋쇠로 주발처럼 만든 것으로, 가운데에 구멍을 뚫어 자루를 달고 노루 뿔 같은 것으로 쳐서 울린다. 경남 합천 해인사 등의 아침 예불에서는 '이산혜연선사 발원문'을 낭독할 때 경쇠를 친다.

⑥ 조석예불 발원문

전통식 아침 예불에는 고려 후기의 보제존자 나옹화상이 지은 행선축원行禪祝願이라는 한문으로 된 축원문을 읽지만, 요즘에는 불자들을 위해 우리말로 된 '이산혜연선사 발원문'을 읽는다.[122]

구한말에 춘원 이광수의 사촌 형인 운허용하 대사가 1964년에 원작을 능가하는 세련된 번역을 한 후, 널리 통용되고 있는 이 발원문은 중국 당나라 때 이산혜연 선사가 쓴 것으로 알려져 있다. 중국 남당 때에 정수문등 선사가 서문을 쓰고, 중국 복건성 천주시 초경사에서 정靜·균筠이라는 두 명의 선사가 952년에 편찬한 《조당집》에서는 생몰연대 미상의 장생교연長生皎然 또는 이산교연怡山皎然 선사가 지었다고 기록됐다. 중국에는 현재 전하지 않는 책이다. 세계 최고의 선종사인 《조당집》은 일제 조선총독부의 조사팀으로 일본인 간노사다와 오노겐묘가 1912년 경남 해인사 장경각에서 고려대장경 판본을 조사하면서 처음 발견하여 세상에 알려졌다.

법당에서의 사분정근四分精勤은 하루 4번 올리는 예불을 일컫는 말이다. 새벽예불·사시예불·오후 2시 예불·저녁예불을 가리킨다. 예불문 등에 나오는 사생자부四生慈父는 태 · 난 · 습 · 화의 네 가지 형태로 태어나는 중생의 세계를 가리킨다.[123] 부처님이 사생의 자부이니 인간은 물론이고, 하찮은 미물에게까지도 자비를 베푸는 분이라는 뜻이다. 이웃 종교에는 이런 자비사상을 엿볼 수 없다.

⑦ 다라니 · 진언

다라니陀羅尼(Dha-rani)는 주문의 길이가 긴 것을, 짧은 것은 진언眞言이라 한다. 일반인이 자신을 적으로부터 보호하기 위한 주문呪文(비밀스러운 문구, 표식)으로, 암송하게 되면 커다란 효험이 있다는 신성한 글귀 또는 부처님의 말씀을 주문 형식으로 만든 것이다. 산스크리트어로 된 글귀原文를 번역하지 않고 그대로 암송한다. 한자 등을 번역하지 않는 것은 번역으로 말미암아 그 의미가 변질될 우려가 있으므로 이를 방지하고, 신비성을 간직하기 위함이다. 후대에는 불경을 다층탑 형태의 도형 내부에 절묘하게 배치한 것을 탑다라니塔陀羅尼라고 한다. 불탑 속에 봉안하던 탑다라니는 죽은 이를 위해 관 속에 넣는 풍습도 생겼다. 이때 탑다라니는 망자亡者를 적으로부터 보호하기 위한 비보책의 주문으로 상징화된 것이다.

대주大呪라고 하는 다라니는 한문으로 총지總持 · 능지能持 · 능차能遮라고 번역한다. 주문 길이가 기다란 다라니는 서인도 출신의 가범달마가 650~655년경 당나라에서 번역한《천수경》〈신묘장구대다라니神妙章句大陀羅尼〉와 당나라 때 중인도의 사문 반랄밀제가 705년에 범본梵本을 번역한《능엄경》의〈능엄신주楞

嚴神呪〉처럼 상당히 긴 다라니도 있다.

주문의 길이가 짧은 것은 진언(Mantra 만트라) 또는 주呪라고 한다. 진언은 실담문자悉曇文字(산스크리트 문자)로 된 《천수경》에 나오는 관세음보살의 육자 진언 〈옴 마니 반메 훔〉이나 개법장 진언 〈옴 아라남 아라다〉처럼 짧으면 한 자, 길어야 두 세줄 정도에 해당한다. 진언이란 허튼소리가 아닌 진실한 말 또는 참다운 말이라는 뜻으로 밀어密語라고 한다. 참된 부처님의 말씀으로, 비밀스러운 깊은 뜻이 들어 있다는 뜻에서 붙인 이름이다. 산스크리트 문자로 짧은 음절로 이루어진 주문을 가리키는 진언은 주 · 신주神呪 · 밀주密呪 · 밀언密言 등으로 의역된다. 진언의 끝에 붙여 앞말의 내용이 다 이루어지기를 희구하면서 내용을 결론짓는 종결의미로 사용하는 정형구가 사바하娑婆訶(Svaha)인데, '스바하'라고도 발음하며 원만한 성취라는 뜻이다.

⑧ 바라鈸鑼

불교의식에 쓴 법구로, 우리나라에서만 부르는 이름이다. 발자鈸子 · 동반銅盤(구리로 만든 쟁반) · 요발鐃鈸 · 鐃鈸이라고 한다. 흔히 자바라啫哱囉라고 부르는 바라는 금속제의 타악기로 서양 악기인 심벌즈(Cymbals)와 생김새가 비슷하다. 다른 이름으로 바라鈸鑼 또는 제금提金이라 한다. 8세기 중국 당나라 때 《백장청규》에는 "불전에 향을 올릴 때, 설법할 때, 장례의식을 할 때, 새 주지를 맞이하는 진산식鎭山式을 할 때 바라를 울렸다."고 한다. 그 재료는 놋쇠로 만들며, 둥근 원반이 한 쌍을 이룬다. 큰 것은 4치 7푼(약 14cm)으로 동라銅鈸, 2치 1푼

(약 6cm)의 작은 바라는 향발響鈸이라고 부른다. 원반 중심에 구멍을 내어 폭이 넓은 끈을 꿰어 손잡이로 사용한다. 바라를 치면서 추는 춤을 바라춤이라 한다. 가장 오래된 바라는 전남 곡성 태안사가 소장하는 1477년에 만든 바라로 전한다.

⑨ 요령搖鈴 · 鐃鈴

불교의식에 사용하는 놋쇠(청동제)로 만든 도구이다. 밀교의식에서 유래된 것으로 흔드는 쇠방울인 요령은 일명 금강령金剛鈴이라 불린다. 종鐘에 번뇌를 없애준다는 상징적 의미를 갖고 있는 금강저의 형태를 합친 것이다. 그 모양은 풍령風鈴 · 風磬(바람방울)과 같은 일종의 작은 종小鐘이지만, 소리를 내는 종신과 손잡이 부분으로 구성되어 손으로 흔들어서 청아한 소리를 내게 하는 도구이다. 종신과 손잡이에는 여러 가지 장식문양을 나타내고, 특히 종신 부분에는 용 또는 불상 · 사천왕 등의 문양을 조각하기도 한다. 전남 순천 송광사 소장의 금동요령과 국립중앙박물관 소장의 금동요령 등이 현존하는 대표적인 유물이다.

종소리와는 달리 작은 종신에 비하여 고음이 나며, 이를 흔들면서 염불하게 되므로 명칭이 붙여졌다.[124] 1세기경부터 사용된 요령의 사용법에는 일자一字요령 · 심자心字요령 · 상하上下요령 등이 있다. 탁발승은 요령(손으로 흔드는 작은 종)을 흔들며 염불을 하면서 탁발을 했다. 이렇게 요령을 흔드는 사람이라는 뜻에서 동령動鈴아치라고 불리면서 음운변화로 동냥아치가 된 것이다. 민간에서는 "요령要領(노하우) 있게 잘 흔들어야 한다. 잘못하면 두부 장수의 경망스러운 요령이 된다."는 속담도 있다. 불교의식에서 법주法住는 요령을, 바라지[125]는 목탁을 잡고 집례하는 것이 일반적이다.

⑩ 금강저金剛杵

산스크리트어 바즈라(Vajra)로, 번개나 벼락을 뜻한다. 발사라跋闍羅 · 벌절라伐折羅 · 발왈라跋日羅 등으로 음역하고, 금강지저金剛智杵 · 견혜저堅慧杵 등으로도 의역된다. 저杵는 인도 신들의 무기인데, 금강저는 밀교에서 여래의 금강과 같은 지혜로서 능히 마음속에 깃든 어리석은 망상들을 파멸시키는 보리심을 상징한다. 무명 번뇌와 악마를 몰아낸다는 벽사와 만다라나 사경화 등 불화에 금강저 무늬를 그려 넣어 수호 신장을 의미한다.

금강저는 원래 도리천忉利天의 주인 제석천(샤크로데반드라 S'akrode-vandra) 즉, 인드라因陀羅[126]신의 무기인 번개에 붙은 이름이다. 인도 신화에서 브리트라(Vritra, 가뭄의 신으로 아수라들의 왕) 등의 적들을 물리칠 때 인드라가 사용하는 번개 형태의 무기이다. 그 후 여러 신이나 역사力士가 지니는 무기를 가리키는 것으로 확장됐다.

제석천(인드라)은 귀의한 후에 불법을 수호하는 호법신이 되어 부처님 뒤에서 금강저를 들고 호위한다. 제석천뿐만 아니라 금강역사도 금강저를 들고 부처님을 호위한다. 《대열반경》에는 금강역사가 부처님의 위신력을 받들어 금강저로 모든 악마를 티끌같이 쳐부수는 것으로 묘사되었다. 이를 근거로 우리나라의 신중탱화에는 동진童眞보살이 반드시 금강저를 들고 있다. 동진보살은 힌두교의 신인 쉬바(Shiva)의 아들이라는 의미에서 동자라는 개념이 붙은 것이다. 탱화 중앙에 갑옷과 투구를 쓴 채 미소를 짓고 있다.

밀교에서 중요한 의식과 수행 도구인 금강저는 금강령과 함께 사용하기도 한다. 밀교에서 대일여래(비로자나불)와 중생을 연결하는 접점에 있는 초인적 존재인 금강살타金剛薩陀(Vajrasattva)의 탱화에는 한 손에 방편을 뜻하는 도르제(Dorje, 금강저)를 들고, 다른 손엔 지혜를 뜻하는 딜부(Drilbu, 요령搖鈴)를 들고 있다. 바주라(Vajra)는 금강으로, 사트바(Sattva)가 살타란 말로 음역된 금강살타 보살은 지금강持金剛·집금강執金剛·금강수보살金剛手菩薩 등 여러 이름으로 불린다.

천태종의 종기에도 금강저가 들어 있다. 금강저는 금은동·철 등으로 만들어진다. 형태는 손잡이 양쪽이 뾰족한 끝을 가졌다. 모양에 따라 뾰족한 끝이 하나인 것은 독고獨孤, 2.3.4.5.9 갈래로 갈라진 것은 3고저·4고저·5고저·9고저鈷杵라 한다. 최초에는 그 형태가 무기형으로 뾰족하고 예리했으나 불구로 사용되면서 끝의 가락이 모으는 형태로 바뀌었다. 그중에 독고가 가장 오래된 형태이다. 금강저를 만드는 법과 효능에 대해선《불설다라니집경》12권〈불설바저라공능법상품〉에 기록되었다. 고려시대의 사경과 변상도에는 가장자리를 금강저 문양金剛杵紋을 사용해 장엄한 예가 많다. 신중탱화에서는 대부분 금강저를 볼 수 있다.

⑪ 죽비竹篦 · 竹扉

죽비 참선과 명상 등에서 흐트러진 정신을 깨우기 위해 사용하거나 목탁 대용으로 쓰이는 의식 도구로 수행의 상징물이다. 죽비자竹篦子로 불리는 죽비는 선방에서 좌선할 때 입선入禪(참선 시작)할 때는 천천히 3번 치며, 방선放禪(참선 마침)할 때는 2번을 쳐서 수행자에게 신호 즉, 죽비소리를 낸다. 선방에서의 예불이나 식사供養할 때도 죽비소리에 따라 행동을 통일한다. 각종 법회 때에서 잠시 행하는 입정入定(시작)과 출정出定(마침)을 알리기 위해 사용한다.

8세기 말 《백장청규》[127]가 제정된 중국 당나라의 선종사원에서 유래되어 널리 보급되었다. 중국 선종에서는 죽비가 깨달음을 얻기 위한 화두話頭 · 公案의 소재로 사용되기도 했다. 13세기 남송시대에 무문혜개 선사가 쓴 《무문관無門關》에는 수산성념 선사가 대중들에게 죽비를 들어 보이면서 "그대들이 만약 이를 죽비라고 불러도 어긋나고, 죽비라고 부르지 않아도 어긋날 것이다. 그대들은 말해 보라. 이를 무어라 하겠는가."라고 했다.

대죽大竹이라고 불리는 죽비는 대개 대나무로 만든다. 대나무 가운데를 세로로 잘라 만들거나 대나무를 반으로 쪼갠 것을 맞대어 붙여 만들기도 한다. 두 쪽의 맨 윗부분이 떨어져 있기에 외부의 자극을 주면 큰 소리가 난다. 이 원리를 이용해 참선 때 주의를 환기하게 시킨다. 그 쓰임새로 말미암아 '따끔한 가르침' 혹은 질타해야 하는 일을 죽비에 빗대어 표현한다. 장군 죽비는 긴 대나무로 만든 죽비이다. 참선 시간에 졸거나 한눈파는 수행자가 있을 때 등짝이나 어깨를 방장 등 경책사警策師가 내리치는 죽비소리로 잠魔障 · 魔仇尼(Maguni)을 내쫓기 위

한 용도로 쓰이는 대나무 막대기이다. 일본 죽비는 우리나라와 달리 납작하게 생긴 몽둥이 교사쿠警策인데, 간혹 죽비(しっぺ, 싯페)라고 할 때도 있다.

⑫ 염주念珠

염불할 때나 불경을 외울 때, 일정한 수의 구슬을 엮은 것을 들고서 그 수효數爻를 세는 도구이다. 부처님 당시부터 처음 사용해온 염주는 《불설목환자경》 1권에서는 "108염주를 항상 지니고 다니면서 불·법·승의 이름을 외우며, 염주 구슬을 하나씩 넘길 때마다 마음의 번뇌와 업보業報가 사라져 안락함을 얻는다."《금강정유가염송경》에서 "염주 알은 보살이 증득한 뛰어난 묘과를 나타내며 알과 알 사이는 번뇌를 끊는 것을, 염줄은 관세음보살의 자비심을 나타내며, 모주母珠는 부처님의 덕을 표시한다." 또 "염주 알의 재료에 의하여 복이 달라진다고 했는데, 수정이나 진주로 만든 것은 백배의 복을 얻으며 보리자·금강자·연자로 만든 것은 헤아릴 수없이 많은 복을 받는다." 그리고 "알수에 따라 1080개, 108개, 54개, 27개의 4종이 있으며, 그중 108개가 가장 좋다."《다라니집경》에는 "108, 52, 42, 21염주가 있다. 제일 큰 염주는 1080염주로 상품주上品珠라 하고, 108염주를 최승주最勝珠, 54염주를 중품주中品珠, 27염주를 하품주下品珠라 한다." 했다.

염주는 '생각하는 구슬'이라는 의미이다. 불자들의 존중 대상은 모든 불보살이므로 염주는 염불하면서 돌리는 염불 도구를 말한다. 염불하면서 그 횟수를 헤아리는 데 사용한다고 하여 수주數珠·송주誦珠·주주呪珠라고도 한다. 염

주는 불교 수행과도 깊은 관련을 맺고 있어서 번뇌를 없애주는 기능도 한다.[128)]
백팔번뇌를 없애기 위한 백팔염주가 대표적이다. 그밖에 천千염주 · 삼천염주
등이 있다. 손목에 거는 7개 · 16개 · 21개 등의 단주短珠(합장주)도 있지만, 54
개 이하의 구슬을 꿰어서 만든 짧은 염주를 가리킨다. 염주 재료는 보리수 열
매를 비롯해 환자 · 목환자木槵子 · 무환자無患子나무로 만든 염주, 진주 · 율무 ·
수정 · 산호 등 여러 가지 재료를 사용한다.

6) 발우鉢盂 · 바루공양

　　승가의 밥그릇인 발우는 산스크리트어 패트라(Pātra), 팔리어 파따(Patta)
의 중국식 표기인 발다라鉢多羅 · 鉢太羅의 준말이다. 패트라의 한자 표기인 발鉢과
그릇을 뜻하는 우盂 자를 합친 단어이다. 바리 · 바루 · 응기應器 · 응량기應量器라
고 부른다. 응량기는 수행자에게 '적당한 양을 담는 그릇'이란 뜻이다. 인도의
부처님 당시에는 1개뿐이었으나 중국과 우리나라로 들어와서 4개로 변모했다.
　　발우의 기원은《마하승기율》제29권에 부처님이 깨달았을 당시, 사천왕이
가져온 돌발우에 대해 "만약 한 왕의 발우만 받으면 나머지 왕들은 반드시 원
망하리라."고 생각한 부처님은 네 왕의 발우를 모두 받아 손바닥 위에 포개 놓
고 눌러 하나가 되게 하되, 네 쪽은 각기 나타나도록 만들었다. 이렇게 해서 4
합의 발우가 탄생하게 된 것이다. 7세기 당나라 의정대사가 지은《대당서역구

법고승전》(고승전) 상권에서도 "사천왕들이 각기 하나씩의 돌 그릇을 바치자. 부처님은 4개의 그릇을 하나로 합쳐 음식물을 받았다."고 기록했다.

《사분율》 제9권에는 색과 재질에 따라 여러 가지로 열거돼 있다. "발우는 크게 쇠발우鐵鉢와 진흙 발우泥鉢·瓦鉢로 나눌 수 있다. 종류는 쇠발우, 소마국(현재의 인도 서남부 바로스 Baros)의 발우, 오가라국발烏伽羅國鉢, 우가사국발優伽賖國鉢와 검은 발우黑鉢, 붉은 발우赤鉢 등 여섯 종이다. 발우 크기는 큰 것은 서 말이요, 작은 것은 한 말 반"이라고 규정했다. 중국과 우리나라의 목발우는 부처님 당시에는 때가 잘 타서 더럽혀지기 쉽고, 외도의 표식이기 때문에 수용하지 않았다. 우리나라에서는 나무 발우를 주로 쓰는데, 대추·단풍나무 등의 통나무로 만들며 옷칠 등을 해 사용하고 있다.

발우공양은 발우의 쓰임새를 풀어서 칭하는 말이다. 발우는 포개어지는 네 그릇으로 구성된다. 큰 순서대로 어시발우, 국발우, 청수발우, 찬발우라고 한다. 어시발우에는 밥을 담고, 청수발우에는 청수라고 불리는 물을 담는다. 국발우에는 국羹을, 찬발우에는 반찬류를 담는다. 여러 사람이 함께 한다고 해서 대중공양, 밥 먹는 것도 수행이므로 법공양法供養이라고 한다. 공양할 때는 "마음을 닦는다."는 뜻의 《소심경小心經》을 외우며 그 절차에 따라 발우를 펴서 음식을 먹는다.

발우공양은 청빈과 검소를 원칙으로 살아가는 수행자의 삶을 잘 보여 주는 승가에서의 생활이다. 당시 부처님은 "음식을 먹음에 있어 그 맛을 즐기지 말라. 부드럽고 거친 음식을 분별하지 말라."면서 수행을 위한 약으로 먹으라고

말씀했다.[129]

발우는 밥그릇 이상의 의미로 전법의 상징이다. 중국 선종에서 발우는 가사와 함께 법통法統을 전하는 증표로 쓰였다. 남인도 향지국의 승려로, 중국 당나라 때 선종의 초조로 불리는 보리달마菩提達摩(Bodhi-dharma, ?~528)에서부터 2조 혜가慧可, 3조 승찬僧璨, 4조 도신道信, 5조 홍인弘忍, 6조 혜능慧能 선사까지 선종 조사들이 법을 전하는 과정에서 스승은 제자에게 의발衣鉢(가사와 바루)을 전수했다.

중국 송나라 북송의 도원선사가 1004년에 편찬한 《경덕전등록》, 6조 혜능 선사의 설법제자인 하택신회 선사가 8세기에 지은 《육조단경》 등에 전하는 조사들의 의발 전수는 6조에서 전통이 폐지됐다. 홍인대사가 혜능에게 이르기를 "달마가 인도에서 왔을 때는 사람들이 선禪을 알지 못하고 믿지 않았으므로 옷을 전하여 인가했다. 작금에는 신심이 두터워졌고, 또 옷은 다툼의 실마리가 될 뿐이니 더 이상 전하지 말라."고 했기 때문이다. 그에 따라 의발을 전하던 전통은 사라지고, 스승이 제자에게 법을 전하는 일을 나타내는 '의발을 전한다'는 표현만이 남게 되었다.

경남 양산 통도사 중로전 구역의 용화전 앞에는 봉발탑奉鉢塔이라 부르는 석조 발우石造鉢盂 1기가 세워져 있다. 용화전 벽화이야기에 전하는 가섭존자와 미륵불의 전설이 깃든 봉발탑은 하대석과 간석竿石으로 구성된 대석 위에 발우형鉢盂形의 그릇을 얹어 놓은 특이한 형태이다. 절에서는 석호石壺·의발탑衣鉢塔이라 한다.

공양供養은 범어 푸자(pūjā)의 본래 뜻에서도 존경 또는 예배이다. "공급供給하여 자양資養한다."는 뜻의 공양은 불보살에 대해 존경하고 믿는 마음을 구체적으로 표현한 방식이다. 공양 올리는 물건에 따라 여러 가지가 있다. 잘 알려진 불교의례인 육법공양六法供養(6가지 공양물)은 향香 · 연등燈 · 과일果 · 차茶 · 밥米 · 꽃花을 말한다. 불탑과 불상에 예배하면서 향이나 꽃 그리고 음식 등을 바치는 관습으로부터 시작됐다. 초기 불교에서 신도들은 의복 · 음식 · 침구 · 탕약 등 출가자에게 필요한 최소한의 의식주를 승단에 바치는 것을 공양이라고 했다. 나중에는 탑 · 사원 · 토지 등까지 공양물 범위에 포함되어 승단 경제의 중요한 기반이 되었다.[130]

고대 인도의 리그베다(Rig Veda) 시대 바라문교에서 여러 신들이 행하던 제사 의식에 사용한 물을 알가阿伽(Argha)라고 했다. 이후 불교에서도 물은 공양물로써 계속 올려졌다. 물은 누구나 올릴 수 있는 가장 평범한 공양물이지만, 갈증을 해소해 주고 더러움을 씻어 주는 중요한 기능을 하고 있다. 그래서 물은 불법에 비유되었다. 물이 갈증을 풀어주듯 불법은 진리에 대한 갈증을 풀어주고, 물이 신체의 더러움을 씻어내듯 불법은 자기 마음의 욕심과 집착을 씻어낸다. 하지만 물은 조금만 오염되어도 마실 수 없기에 한 잔의 맑은 물을 올리려면 많은 정성이 필요했다. 가장 소박하지만 가장 정성이 깃든 첫 공양물이다.

공양물로 차茶를 올린 것은 깨끗한 물을 올렸던 일에서 비롯되었다. 차의 전래와 더불어 모두 불교와 밀접한 관련이 있다. 공양물로 차가 자리 잡게 된 것은 차를 마시는 풍속이 깊은 중국에서 불교 선사상이 유행하면서부터다. 불교의 중국화를 의미하는 선종은 당시 불교의 대중화를 선도할 무렵, 차는 깨달음을 얻고자 밤낮으로 선수행을 하는 수행자들에게 잠을 쫓고, 정신을 맑게 하여 구도에 도움을 주는 도교 문화의 풍습과 결합한 형태로 발전하게 되었다.

〈오관게五觀偈〉(발우공양 때 함께하는 게송)

"이 음식이 어디서 왔는가, 내 덕행으로 받기가 부끄럽네.

마음의 온갖 욕심 버리고, 몸을 지탱하는 약으로 삼아

도업道業을 이루고자 이 공양을 받습니다."

※ 공양할 때 5가지 마음가짐을 갖도록 일깨우는 '오관게'는 ① 이 음식이 있기까지 공덕이 얼마나 깃든 것인가를 생각한다.計功多少量彼來處 ② 자기의 수행이 공양을 받을 만한 것인가를 생각한다.忖己德行全缺應供 ③ 마음을 지키고, 허물을 여의는 데는 삼독三毒을 없애는 것보다 나은 방법이 없음을 관觀한다.防心離過貪等爲宗 ④ 밥 먹는 것을 약으로 여겨 몸의 여윔을 방지하는 것으로 만족하다는 것을 관한다.正思良藥爲療形枯 ⑤ 깨달음道業을 성취하기 위하여 이 공양을 받는 것임을 스스로 관한다.爲成道業應受此食

〈삼귀의三歸依〉(믿음의 대상이자 불자들의 3가지 귀의처)

귀의불양족존歸依佛兩足尊

복덕과 지혜를 두루 갖춘 부처님佛께 돌아가 의지합니다.

귀의법이욕존歸依法離欲尊

탐진치를 떠난 청정한 가르침法에 돌아가 의지합니다.

귀의승중중존歸依僧衆中尊

일체 대중의 가장 바른 승가僧伽에 돌아가 의지합니다.

Ⅳ. 사찰 전각의 세계와 해설용어

경남 합천 법보종찰 해인사. 사진 출처: 문화재청, 문화유산해설

"모든 사찰은 불 · 보살의 집家이다.

절 생활은 하루가 절로 시작해서 절로 마친다."

– 강계 이지범

사찰 건물을 뜻하는 가람伽藍은 제불보살을 모신 불전佛殿과 사람이 거처하는 당우堂宇로 나뉜다. 일곱 군데 건물을 가리키는 칠당가람七堂伽藍의 원칙은 중국의 선종 사찰 이래로 정립된 가람의 기본구조를 말한다. 전통 사찰은 불전, 강당講堂·樓閣, 승당僧堂·寮舍, 부엌廚庫(공양간·향적당), 욕실·화장실東司·厠間·解憂所, 산문山門·三門의 가람배치로 건립되었다. 대형 사찰의 경우에는 금당金堂·강당·탑·종루·서고經藏·식당·승방僧房 등의 일곱 건물을 일컫기도 한다. 이것은 수행·교육·포교의 세 가지 기능을 잘 수행하기 위해 건축한 건물의 구조를 이룬다.

흔히 법당佛堂(부처님의 집), 금당金堂(황금빛을 보이는 분의 집)이라 부르는 불전은 신앙 대상인 불상이나 보살상 등을 모신 건축물을 모두 일컫는 말이다. 법당은 부처님의 가르침이 전해지는 집을, 금당은 부처님이 빛나는 분金人으로 알려졌기에 그분을 모신 집이라고 한 것이다. 그래서 금당은 제불보살들을 모신 전각을 일컫는다. 본존불과 보살, 호법신중護法神衆을 모신 사찰의 중심건물인 법당 또는 금당 건물들의 이름은 각 종파에 따라 달리 부른다. 좌·우측의 협시 불보살과 탱화를 다르게 봉안하고 있다. 금당은 나말여초 시기에 부처님의 이름에 따라 금당의 명칭이 정해졌다. 그로부터 여러 전각에 따라 모신奉安 각각의 존상尊像과 불화는 아래 도표와 같다.

사찰 전각에서 중층 건축이라는 것은 중重과 층層의 두 가지가 복합된 용어다. 중은 중첩重疊(겹쳐지거나 쌓임)된다는 의미로 단순히 두 개를 겹친다는 뜻에만 국한하지 않고, 여러 개를 포갠다는 의미를 포함하는 포괄적 개념으로 사용한 것이다.[131] 삼국시대부터 존재해 온 중층건물은 주로 궁궐이나 사찰의 주불전의 장엄 또는 권위를 나타내기 위한 것이었다. 고려 후기 목은 이색의《회암사수조기修造記》에는 중층건물과 여러 개의 요사 건물을 기록하고 있다. 그리고 궁궐과 마찬가지로 사찰에서도 좌우측 방향은 불보살을 기준으로 정하여 모시거나 부른다. 즉, 그곳을 방문한 사람의 자세에 따라 좌·우측면으로 구분하여 부르는 것이 아니라 반대 방면이다.

전각에 따른 봉안 존상尊像과 불화 현황

전각명	이명(異名)	본존상(像)	협시존상	후불 탱화
대웅전	대웅보전	석가모니불	문수보살, 보현보살 가섭, 아난존자 아미타불, 약사여래불 제화갈라보살, 미륵보살	영산회상도, 삼세불탱화
적멸보궁	사리탑전	진신사리		신중탱화
대적광전	대광명전 · 비로전 · 보광전 · 대보광전 · 보광명전 · 화엄전	비로자나불	노사나불(아미타불), 석가불 문수보살, 보현보살 기타 제불과 보살	삼신불탱화, 화엄경변상도, 신중탱화
극락전	무량수전 · 미타전 · 아미타전 · 수광전 · 수마제전	아미타불	관세음보살, 대세지보살 관세음보살, 지장보살	극락회상도, 아미타삼존탱화, 극락구품도
약사전	유리광전 · 만월보전 · 약왕전 · 보광전	약사여래불	일광보살, 월광보살	약사유리광회상도

용화전	미륵전 · 자씨전	미륵불 (미륵보살)	법화림보살, 대묘(길)상보살 묘향보살, 법륜보살	용화회상도, 미륵탱화
원통전	관음전 · 보타전, 대비전(중국)	관세음보살	남순동자(좌보처), 해상용왕(사가라보살), 우측	관음탱화, 천수관음도
명부전	지장전 · 시왕전 쌍세전(雙世殿)	지장보살	도명존자, 무독귀왕 시왕(十王), 동자	지장탱화, 시왕탱화
대장전	법보전 · 장경각 해장보각(海藏寶閣)	비로자나불 석가모니불	동진보살(위태천) : 해인사 장경각 – 수다라장	
영산전	팔상전	석가모니불	제화갈라보살, 미륵보살	영산회상도
팔상전	영산전	석가모니불	제화갈라보살, 미륵보살	팔상도
응진전	나한전 · 오백나한전	석가모니불	가섭, 아난존자 16나한, 500나한	석가삼존탱화, 16나한도, 500나한도
천불전	만불전	53불 · 현겁천불 · 삼천불 · 만불		천불탱화, 삼천불탱화
조사전	조사당 · 조사각	역대조사		조사(진영)탱화
산신각	산령각 · 산왕각	산 신	호랑이, 동남동녀	산신탱화
칠성각	북두보전(北斗寶殿) 금륜전(金輪殿)	치성광여래	일광보살, 월광보살	칠성탱화
독성각		나반존자	선의(善衣)동자, 진각거사	독성탱화
삼성각		산신 · 칠성 · 독성 지공 · 나옹 · 무학		삼성탱화

1. 사찰 건물殿閣의 세계

1) 대웅전, 석가모니불이 사는 집

대웅전大雄殿은 석가모니불을 본존불로 모신 전각으로, 가장 많이 자리하고 있다. 산스크리트어 마하비라(Mahvra)는 위대한 인물 또는 영웅이라는 의미를 대웅으로 한역漢譯한 것이다. 부처님의 덕호德號를 말하는 대웅은 《법화경》에서 석가모니를 위대한 영웅이라고 지칭한 데서 비롯됐다.

대웅전을 높여 부르는 대웅보전은 일반적으로 중앙에 현세불인 석가모니불을 모신다. 협시불로 왼쪽에 문수보살, 오른쪽에 보현보살을 모신다. 또 대세지, 관음보살을 협시하여 총 7구의 불상을 봉안하기도 한다. 또 대웅전에는 과거 현재 미래 세계의 부처님인 삼세불三世佛로 중앙에 현세를 대표하는 석가모니불을 모시고, 오른쪽에 미래를 대표하는 미륵불을, 왼쪽에 과거를 대표하는 정광불定光佛을 모신 곳도 있다.[132] 석가모니불의 손 모양手印은 오른손을 무릎 아래쪽으로 향하는 항마촉지인降摩觸地印으로, 마군을 항복 받던 때의 모습을 나타낸다.

우리나라에서는 삼국시대부터 대승불교권의 삼신설에 따라 중앙에 천백억 화신불인 석가모니불釋迦牟尼佛, 좌측에 원만보신불인 노사나불盧舍那佛, 우측에 청정법신불인 비로자나불昆盧庶那佛을 모시는 것이 일반적이다. 삼신불을 모시는 절은 화엄을 중시하는 절로, 속리산 법주사 대웅보전에는 석가모니불-비로자나불-노사나불을 모셨다. 다른 대웅보전에는 석가모니불을 중앙에, 좌우로 아미타불과 약사여래를 모시는 경우도 있다. 또 삼세불을 모신 대웅전에는 과거의 연등불인 제화갈라보살, 현세의 석가모니불, 미래불인 미륵보살을 봉안한다.

대웅전 본존과 불 · 보살

구분	오른쪽(右)	가운데(中)	왼쪽(左)
협시보살	보현보살(대행)		문수보살(지혜)
수제자	아난존자(교敎)	석가모니불 (현재)	가섭존자(선禪)
삼세불	미륵불(미래)		연등불(과거)
	미륵보살(미래)		제화갈라보살(과거)
삼존불	약사여래불		아미타불

모두 일반적인 사례로 어떠한 틀에 박힌 공식은 없다. 절에 따라서 또는 시대에 따라 변화가 많다. 대웅전은 법화 · 천태종의 금당이었으나 조선 후기에는 법화계통의 전통이 남아 있는 사원에서 주불전으로 사용했다. 불국사 · 통도사 · 쌍계사 · 경남 창녕 관룡사 대웅전 등이 남아 있다. 가장 오래된 대웅전의 건물은 1308년(고려 충렬왕 34)에 건립된 충남 예산 수덕사 대웅전(국보)이다. 1937년 일제 조선총독부가 건물을 해체 수리할 때 발견된 묵서명墨書銘으

로 확인됐다. 전남 화순 쌍봉사 대웅전은 우리나라 사찰 중에 3층 목탑형식으로 된 유일한 건물로 1984년 화재 이후에 새로 지었다.

대웅전에 봉안된 탱화는 주로 부처님이 영축산에서 제자들에게 설법하는 모습을 그린 영산회상도가 많다. 또 주존불에 삼신불을 모실 때 후불탱은 삼여래 탱화를 모신다. 또 위태천 즉, 동진보살을 중심으로 104위의 천신인 신중을 모신 신중단(중단)과 영가를 모신 영단(하단)을 함께 마련한다. 신중단은 신중탱화, 영단은 감로탱화를 모신다.[133]

대웅전 중심에 불상을 안치한 불단을 수미단이라 한다. 이것은 불교의 세계관에서 그 중심에 위치한 수미산 꼭대기에 부처님이 앉아 자비와 지혜의 빛을 발하고 있음을 상징한다. 내부는 목조 닫집과 불단은 섬세하여 목공예의 진수를 보여준다. 주불 위에는 화려한 닫집(천개 또는 보개)을 만든다. 닫집은 여러 가지 화문花紋과 천의를 날리는 비천飛天, 여의주를 입에 물고 있는 용과 극락조 등으로 장식한다. 천장은 보상화문寶相華紋과 연화문蓮花紋 등을 조각해 경전에 나오는 천우보화天雨寶花를 상징했다. 대웅전에는 중생의 업을 비추어보는 업경대業鏡臺를 나무로 만들어 불단 양편에 놓기도 한다. 전남 장흥 보림사와 함북 칠보산 개심사 대웅전의 업경대가 가장 유명하다.

경남 양산 통도사 대웅전의 편액은 네 면에 1개씩 걸려 있다. 이름은 다르지만 모두 같은 의미이다.[134] 북쪽면에 적멸보궁은 진신사리를 모신 법당이란 뜻으로 통도사 구하선사의 글씨이다. 동쪽에 대웅전은 석가모니불을 모신 불당이라는 뜻이다. 서쪽면에 대방광전은 석가모니불이 깨달은 진리를 가리킨다. 남쪽면에 금강계단은 사리탑에 부속된 예배처로 불공을 드리는 곳이라는 뜻이다. 이 세 개 편액은 석파 흥선대원군의 글씨이다. 또 대웅전 지붕 수막새의 등에는 하얀 연꽃 봉오리가 줄지어 있다. 백자로 만든 이것은 와정瓦釘(지붕 기와못)을 덮은 백자연봉이다. 와정은 수막새가 흘러내리지 못하도록 막새기와 등에 뚫어 놓은 구멍에 박는 가늘고 긴 쇠못을 말하는데, 방초정防草釘이라고 한다. 대웅전의 지붕은 정자丁字 지붕이다. T자형의 지붕은 주로 왕릉의 제사 공간 건물의 형식이다. 금강계단이 있는 통도사의 배전拜殿(절을 올리는 전각)[135]은 부처님께 예를 갖추는 곳과 제사 공간의 의미가 일맥상통한다.

전북 완주 송광사는 867년(신라 경문왕 7) 가지산문의 3대 조사인 체징 선사가 창건했다. 이곳 대웅전 편액은 조선 선조의 아들 의창군이 쓴 글씨를 모각한 것으로, 동쪽에 유리광전, 서쪽에 무량수전, 뒤편에 보광명전이란 글씨를 붙였다. 전남 승주 선암사 대웅전은 어간御間머름을 만들어 놓아 가운데 문으로 드나들 수가 없다. 부처님과 같이 깨달은 분만이 어간문을 통과할 수 있다고 하여 사람이 어간문을 다니지 못하도록 문턱을 만든 것이라고 한다. 정유재란 후, 두 차례 소실된 대웅전 어간문에 단 머름청판은 1824년(조선 순조 24)에 중수하면서 만든 것이다.[136] 또한 부처님의 덕을 닦는 곳이란 뜻으로 19세기부터 수덕전脩德殿이란 편액이 붙은 대웅전도 있다.

2) 대적광전, 태양으로 나타난 부처님 세상

대적광전大寂光殿은 비로자나불을 모신 전각이다. 비로전毘盧殿 · 琵盧殿 · 대비로전大毘盧殿 · 대적전大寂殿 · 대광명전大光明殿 · 대광보전大光寶殿 · 화엄전華嚴殿으로 부른다. 《화엄경》에 근거하여 화엄전으로, 《화엄경》의 연화장세계가 '대정적大靜寂의 세계'라는 뜻에서 대적광전 · 적광전寂光殿이라 한다.

석가모니 부처님이 말씀한 진리를 가리키는 법신法身 비로자나불이라 한다. 온 세상에 존재하는 불법(부처님 법)의 진리를 광명(밝은 빛) 또는 태양으로 형상화한 부처님을 가리킨다. 부처님이 나투는 여러 형상을 인격화한 삼신설三身說에 나타나 있다. 비로자나불는 범어 바이로차나(Vairocana)를 음차한 것으로 연화장세계蓮華藏世界(더러움에 물들지 않은 연꽃으로 장엄한 세계)의 교주로서 진리 그 자체를 인격화한 법신불이다. 비로자나불의 진언으로, 모든 불보살의 총주總呪인 '광명진언光明眞言'은 한량없는 자비와 지혜의 대광명을 기원하는 의미이다. 밀교의 본존불인 대일여래(Vairocan)는 마하비로자나摩訶毘盧遮那 등으로 음역한 것으로, 대적광전에 모신 비로자나불을 가리킨다.

대적광전의 적寂은 크나큰 지혜의 빛이 가득함을 뜻한다. 법신불 비로자나불을 중심으로 보신불 아미타불 · 화신불 석가모니불 즉, 삼신불을 봉안한 연화장세계임을 상징한다. 청정법신 비로자니불을 주불로, 좌우에 원만보신 노사나불 · 천백억화신 석가모니불을 봉안한다. 과거불 현세불 미래불을 가리키는 삼세불로, 과거의 연등불인 제화갈라보살 · 현세의 석가모니불 · 미래불인 미륵보살을 모시기도 한다. 비로자나불만을 모신 전각에서는 좌우 협시보살脇侍菩薩로, 문수보살과 보현보살을 봉안한다. 때론 대적광전에는 다섯 불상五佛을 모시는데, 기존의 3분 좌우에 아미타불과 약사여래를 모신다. 아미타불 좌우에는 관세음보살과 대세지보살, 약사여래 좌우에는 일광보살日光菩薩과 월광보살月光菩薩을 모신다. 이 경우에는 약사전과 극락전을 대적광전에 함께한 형태로 가장 큰 전각을 이룬다.

대적광전 본존과 불 · 보살

구분	오른쪽(右)	가운데(中)	왼쪽(左)
삼신불 (三身佛)	석가모니불(化身佛)	비로자나불 (法身佛)	노사나불(報身佛)
	아미타불(報身佛)		석가모니불(化身佛)
협시보살	보현보살		문수보살
	월광보살		일광보살
	미륵보살		제화갈라보살(과거)

　　불상 뒤에 붙인 그림인 후불탱화後佛幀畫는 전각 규모에 따라 1폭의 삼신 탱화三身幀를 봉안하지만, 보통 법신탱 · 보신탱 · 화신탱 3폭을 각각 불상 뒤에 봉안한다. 대적광전 내부 장엄은 주불 뒤에 닫집인 천개天蓋 · 寶蓋를 만들고, 여의주를 입에 문 용龍 등을 장식한다. 천장에는 보상화와 연화 문양 등으로 천우보화(하늘에서 내리는 보배로운 꽃)를 상징한다. 벽의 상단에는 화불化佛과 비천飛天의 모습을 사실적으로 화려하게 장식한다. 비로자나불을 모신 전각이 유명한

사찰로 해인사 · 수덕사 · 금산사 · 마곡사 · 운문사 · 귀신사 · 기림사 · 수타사 · 도피안사 등의 대적광전, 마곡사 대광보전, 통도사 · 대흥사 · 봉국사 등의 대광명전, 위봉사 보광명전, 표충사 · 수정사 · 신안사 등의 대광전, 불국사 · 직지사 · 범어사 · 각연사 · 증심사 · 수정사 · 제2석굴암 등의 비로전, 송광사 · 쌍계사 등의 화엄전이 유명하다. 경남 양산 통도사 대광명전의 화마진언火魔眞言은 신비로운 유물이다.[137]

비로자나불 수인은 지권인智拳印으로, 손가락을 꼬거나 한 손의 검지를 다른 손바닥으로 움켜쥐는 형상이다. 이것은 너와 나, 부처와 중생이 둘이 아닌 하나라는 것을 뜻한다. 시간과 공간을 초월한 근본적인 원리 그 자체를 말한다. 원만보신 노사나불[138]은 노차나불盧遮那佛이라 불리며, 수인은 시무외인施無畏印을 취한다.

3) 보광전, 진리의 빛이 나오는 집

보광전普光殿은 석가모니불을 모신 전각으로 원래는 보광명전普光明殿이다. 《화엄경》의 진리인 보광명지普光明智를 뜻하는 전각이다. 광대무변으로 비추는 진리의 빛이 새어 나오는 전각이다. 보광전에는 "널리 광명을 놓아 모든 방향十方에 두루 비친다."는 뜻으로 법신불 비로자나불이 주존불이다. 《80화엄경》에서는 "그때 세존께서 마가다국의 고요한 보리도량菩提道場에서 비로소 정각을 이루시고, 보광명전의 연화장사자좌蓮華藏師子座에 앉아 계셨다."고 보광법당이 3차례 묘사되었다.

보광전은《대방광불화엄경》〈입법계품〉에서 유래한 이름으로, 선재동자가 지상과 천상을 오르내리며 구법순례를 하는 칠처구회七處九會 가운데 2, 7, 8회에 설법을 보광명전에서 행해졌다고 묘사되었다. 경북 상주 남장사 보광전과 같이 원래 비로자나불을 주존으로 봉안해야 하지만, 조선시대 화엄종의 퇴조로 인해 석가모니불 또는 아미타불을 봉안하는 것이 일반화되었다. 그래서 명칭만 다를 뿐 대적광전 · 대웅전 · 극락전과 같은 성격의 전각이다. 어떤 사찰의 보광명전에는 비로자나불을 모시기도 하는데, 이는《화엄경》의 교주가 비로자나불이기에 그렇다. 붓다께서 "《화엄경》을 설하는 법회를 열었다."는 보광전은 전북 완주 위봉사의 보광명전이 유명하다. 2005년 복원된 개성 영통사에는 보광원이라 하여, 예경의 공간보다 강당의 기능을 더 높인 중심건물이다.

4) 극락전, 아미타불이 머무는 집

극락전極樂殿은 아미타불을 모신 전각으로, 불교의 이상향인 극락세계를 옮겨 놓은 곳이다. 영원히 평안한 삶을 누린다는 무량수전의 또 다른 이름이다. 서방정토 극락세계의 교주로서 중생들의 왕생극락을 인도하는 아미타불과 협시보살을 모신다. 극락이란 즐거움이 있는 곳이다. 서방 극락정토를 축소해 묘사한 곳으로, 사바세계(인간계)에서 서쪽으로 10만억 불국토를 지나가면 나온다는 불교적 이상향의 세상이다.

극락전은 대웅전과 더불어 조선시대에 2대 불전으로 자리했다. 극락보전은 아미타불을 모신 전각이라 미타전彌陀殿, 무량수불을 모신 무량수전無量壽殿으로 불린다. 수광전壽光殿·수마제전須摩提殿이라고도 한다.[139] 극락세계는 평안하고 풍부한 안양세계라고 안양전安養殿, 사후에 극락왕생할 때 연꽃에서 피어난다고 하여 연화전蓮花殿이라 한다. 주변에는 안양교安養橋, 안양루 등의 건축물을 배치해 사찰이 극락세계임을 나타낸다. 또 법당 왼쪽에 독성단, 오른쪽에 산신단 건물을 배치하는 경우도 있다.

무량광불無量光佛·무량수불無量壽佛, 미타불이라 부르는 아미타불 좌우에는 자비의 화신 관세음보살과 지혜를 상징하는 대세지보살을 모신다.[140] 지장보살과 관음보살을 모신 사례도 있다. 아미타불의 수인이 두 손이 모두 엄지손가락과 가운(혹은 집게)뎃 손가락을 붙이고 있는 미타정인彌陀定印 또는 아홉 가지 다른 수인을 취하는 구품인九品印을 하고 있다.

극락전 본존과 협시보살

오른쪽(右)	가운데(中)	왼쪽(左)
대세지보살	아미타불	관세음보살
지장보살		관세음보살

아미타불阿彌陀佛은 산스크리트어 아미타브하(Amitabha, 무량광불無量光佛, 무한한 광명을 가진 자)와 아미타유스(Amitayus, 무량수불無量壽佛, 무량한 수명을 가진 자)의 두 원어를 소리대로 표기한 것音寫이다. 우리말로 영원한 광명, 영원한 생명이란 의미로, 영원한 생명의 부처님인 무량수불이라 부르기에 무량수전이다. 나무아미타불이라는 염불은 무한한 생명과 지혜를 지닌 아미타 부처님께 돌아가 의지한다는 뜻이다. 나무南無는 범어 나모(Namo), 나마스(Namas)의 음역이다. '돌아가서 의지한다.'는 뜻으로 귀의歸依를 말한다. 7세기 원효대사는 우리나라에 아미타불 신앙을 본격적으로 전파했다. 그는 10번만 아미타불을 외우면 누구나 극락세계에 갈 수 있다는 정토사상을 펼쳤다.[141]

《무량수경》과 《정토삼부경》 등에는 아미타불의 전생 이름인 "법장 비구法藏比丘가 48대 서원을 세우고 10겁劫 전에 부처가 되어 서방 극락세계를 세워 다스리게 되었으며, 지금도 이곳에서 설법하고 있다."고 한다. 살아있는 모든 자를 구원하려고, 세자재왕불世自在王佛에게 48가지 원력을 세우고 수행 정진하여 아미타불이 되었다. 《아미타경》에 "극락세계는 서쪽으로 기천만 기십만幾千萬·幾十萬의 국토를 지나서 있는 곳"의 서방 극락세계 또는 서방 극락정토를 말한다. 아미타불이 계신 이곳은 모든 중생이 근심, 걱정 없이 편안하게 살 수 있는 곳으로 안양국·안락국이라 하여 안양전이라고 한다. 사후 극락왕생할 때 연꽃에서 피어난다고 하여 연화전蓮花殿이라 한다.

아미타불을 모시는 극락전은 경북 영주 부석사 무량수전이 대표적이다. 무량수전은 안동 봉정사 극락전에 이어 두 번째 오래된 목조 건축이다. 가장 아름다운 건축물로 꼽힌다. 정면 5칸에 측면 3칸 규모로 팔작지붕에 주심포식 양식을 갖추고 있다.[142] 그 앞에는 다포양식의 안양루가 있다. 단청 빛이 바랜 목조건물인 무량수전은 출렁거리는 듯한 처마 곡선의 '안허리곡曲'과 기둥의 '안쏠림과 귀솟음'[143] 등으로 표현하는 외적 아름다움까지 보여준다. 주불主佛은 흙으로 만든 불상 즉, 소조여래좌상塑造如來坐像으로 국보 제45호이다. 무량수전의 본존 아미타불 좌상은 중생 구제를 위해 동쪽을 바라보는 형태로 봉안돼 있다. 서방정토 세계의 주인이자, 끝없는 지혜와 무한한 생명을 지닌 부처이다. 누구나 나무아미타불 염불을 하면 아미타여래가 계신 극락정토에 갈 수 있다는 정토사상이 구현된 곳이다. 이 밖에도 경북 안동 봉정사 극락전, 전남 강진 무위사 극락보전 등이 아미타불을 모신 전각으로 유명하다. 경남 양산 통도사 극락전 뒷벽의 반야용선도 벽화는 용과 불교와의 관계를 상징적으로 보여 주는 그림이다. 극락세계로 길을 인도하는 인로왕보살이 맨 앞쪽에 서 있고, 지옥 중생을 구제하는 지장보살이 끝에 자리한다. 유독히 한 사람만이 뒤로 돌아보고 있는 형상이다.[144]

5) 약사전, 불교의 종합병원과 약국

약사전藥師殿은 약사여래불을 모시는 전각이다. 일반적으로 동쪽에 짓는 약사전은 유리광여래가 계신 곳으로 유리광전琉璃光殿 · 琉璃殿, 동방만월세계를 이룬다는 뜻에서 만월보전滿月寶殿 또는 보광전이라고 한다.

조선시대에는 약사전이 단독 중심불전으로 존재하는 사례가 드물다. 대웅전과 함께 나란히 건립되어 독립 영역을 지닌 보조 불전으로 운영된다. 경북 봉화 청량사 유리보전琉璃寶殿의 편액은 홍건적의 난을 피해 이곳에 찾아왔던 고려 공민왕이 1368년 9월에 쓴 친필로, 좌측에 적힌 낙관款識을 통해 알 수 있다. 서울 봉국사·경기도 남양주 흥국사 만월보전의 석조 약사여래불이 유명한 불상이다. 600년(무왕 원년)에 창건된 내금강산 정양사의 약사전 석조약사여래좌상은 백제의 융운장로(원로)가 제작 조성하고, 관륵조사는 법기·파륜의 두 보살상을 조성했다고 1942년에 김탄월 대사가 편찬된《유점사본말사지》에 전한다.

약사여래는 동방유리광세계의 교주로서 대의왕불大醫王佛이다. 온갖 병고病苦를 없애주고, 모든 재난을 제거하여 중생들을 건져주는 분[145]이 계시는 곳이라 약왕전藥王殿이라 한다. 병에 따라 약을 주고 모든 병고를 없애주는應病與藥 분이기에 의왕불·동방약사유리광여래藥師瑠璃光如來라고 한다. 약사여래는 과거에 약왕보살로 수행하면서 중생의 아픔과 슬픔을 없애기 위한 12가지의 큰 소원大願을 세웠다. 그래서 왼손에는 약병·약 그릇藥函·둥근 보주寶珠를 들거나 어떤 것으로도 값 매길 수 없는 무가주無價珠를 지물로 가진다. 오른손에 시무외인施無畏人 수인을 하고 있다.

극락신앙이 내세의 복來世祈福을 위한 것이라면, 약사신앙은 현세의 복現世求福을 바라는 민중들의 염원이다. 왼손바닥 위에 약환藥丸이나 약함 또는 약 단지를 들고 있는 약사여래불은 동방정유리東方淨留璃 세계를 주관하며, 좌우에 월광변조보살月光遍照菩薩 – 약사유리광여래불 – 일광日光변조보살이 협시한다. 《약사여래본원경》에서는 12약사 신장神將과 7,000야차夜叉를 부하眷屬로 거느린다고 기록하여 12신장설이 도교의 12지신支神과 결합하여 약사 12지신을 낳기도 하였다.

불상 뒤에는 약사회상도를 후불탱화로 걸었다. 부처님이 약왕보살로 수행하고 있을 때 12가지 원을 세웠다. 그중 제6원은 "육신이 건강하지 않거나 정신병 등으로 괴로워하는 자가 있다면 부처가 되지 않겠다." 제7원은 "병간호를 받지 못하거나 먹을 것도 없고 약도 없는 자가 있다면, 부처가 되지 않겠다."였다. 이 서원을 성취하여 세운 정토가 유리광 세계이다. 그래서 약사전은 요즈음의 불교 종합병원과 약국이기도 하다. 통도사 · 송광사 · 전등사 · 창녕 관룡사 · 의성 고운사 · 강화도 전등사 등의 약사전을 비롯해 대구 팔공산 갓바위 부처님이 유명하다. 갓바위 부처님은 약사여래불로 알려져 있으나, 학계에서는 석가모니불로 판단하고 있다.

6) 영산전, 석가모니불의 설법장소

영산전靈山殿은 영축산 전각의 줄임말이다. 석가모니불의 설법장인 영산회상에서 유래한 이름이다. 인도 영축산에서 《묘법연화경》(법화경)을 설법하는 부처님의 영산회상靈山會相을 재현해 놓은 곳으로, 팔상전八相殿·捌相殿, 천불전千佛殿이라 한다. 석가모니불과 10대제자, 16나한 또는 5백나한을 모시기도 하고, 영산회상도나 석가모니불의 생애를 여덟 단계로 구분하여 묘사한 팔상도를 봉안하기도 한다.

석가모니불을 주불로 모신 전각에는 미륵보살 – 석가모니불 – 갈라보살羯羅菩薩을 배치한다. 미륵보살은 석가모니불로부터 수기를 받아 미래에 사바세계에 출현하여 부처가 되실 분이고, 제화갈라보살은 아득한 과거 석가모니불이 수행자이던 시절 장래에 부처님이 될 것이라고 수기를 주신 분이다. 석가모니불님과 더불어 두 협시보살은 과거·현재·미래의 삼세三世를 상징하고 있다.

영축산에서 설법하는 광경을 묘사한 영산전에는《유마경》과《증일아함경》 등에 나오는 20대 제자들을 봉안하기도 한다. 규모가 큰 영산전과 나한전의 경우에는 대범천大梵天·제석천帝釋天·감제사자監濟使者·직부사자直符使者·동자상童子像·인왕상仁王像 등을 더 협시하기도 했다. 수기 삼존授記三尊 외에 석가모니의 수제자인 아난과 가섭 존자를 추가한 경우도 있다. 나한羅漢은 또 응진으로 의역되어서 응진전應眞殿이라 부르기도 한다. 황해북도 사리원 정방산 성불사와 강원도 고산 석왕사 응진당이 대표적이다.

조선시대에는 16나한을 봉안하는 것이 일반적인 가람배치로 나한전과 구분되는 형태로 건립됐다. 부처님의 영산회상 사상은 더 나아가서 오백나한전,《삼겁삼천불명경》에 의해서 천불전으로도 확장되었다. 천불전에는 구류손불拘留孫佛, 구나함모니불拘那含牟尼佛, 가섭불, 석가모니불, 미륵불을 위시하여 누지불樓至佛까지 모신다. 또한 과거·현재·미래 천불의 삼천불을 모신다고 하여 붙여진 이름이다.[146] 전남 해남 대흥사 천불전과 경북 김천 직지사 비로전 등이 유명하다. 전남 대흥사 천불전 편액은 동국진체東國眞體로 유명한 원교 이광사가 1840년 이전에 쓴 손글씨이다.

전각의 후불탱화는 영산회상도를 봉안하고, 그 주위에는 8폭의 팔상도를 봉안한다. 이곳 참배는 곧, 사바세계의 불국토인 영산회상에 참배하는 것으로 여겨진다. 경남 통도사 영산전을 비롯해 서울 봉은사·충남 공주 마곡사·금강산 내금강 정양사의 영산전 등이 가장 유명하다. 봉은사 영산전 편액은 근세기에 종두법을 발명한 지석영의 친형인 백련 지운영이 1942년에 쓴 것이다. 추사 김정희가 쓴 판전과 함께 전각 편액의 백미로 꼽힌다. 봉은사 영산전의 석가모니불은 1895년(고종 32년)에 개금하였다고 뒤쪽 후불탱화 화기에 기록됐다. 영산회상 탱화에는 부처님의 깨달음을 전한 가섭존자가 고승의 모습으로 왼쪽에, 부처님의 가르침을 전한 아난존자가 젊은 모습으로 오른쪽에 안치됐다. 부처님을 기준으로 하는 좌우 측 구분임을 알 수 있다.

특히 통도사 영산전은 부처님 일대기를 조명하는 불교사의 박물관이며, 벽화의 궁궐이다.[147] 8폭의 팔상도 벽화를 비롯해 부처님과 전법제자들의 열전인 《석씨원류응화사적》에서 따온 그림 48점 등 안팎으로 104점의 벽화가 동서남북 포벽을 가득 채우고 있다. 이 벽화는 모두 국내 유일의 벽화들이다. 내벽 벽화 중에서 〈법화경견보탑품〉 변상벽화는 다보탑을 형상화한 이미지이다. 석가모니불이 《법화경》을 설할 때 갑자기 칠보로 찬란하게 장식된 큰 탑이 땅에서 솟았는데, 그 안에 앉아 있던 보정세계寶淨世界의 부처인 다보여래가 보탑 속 자리의 반을 석가모니불께 내주자 석가모니가 탑 안으로 들어가 사자좌에 결가부좌했다는 내용을 표현하였다. 또 탑다라니의 샘플본이 되었다. 불탑 속에 봉안하는 성물로, 7층 보탑 내부에《금강경》의 내용이 담겨 있어 금강경 탑 다라니라고 한다.[148]

석가여래와 다보여래가 함께 자리하고 있는 영산도량, 영산전에는 지금도 석가여래의 설법과 다보여래의 증명이 계속되고 있는 영산법회의 장소이다. 중국 남송시대의 무문혜개 선사가 1228년 여름에 푸저우福州 영가永嘉의 용상 사에서 수행자를 위한 고칙 48칙古則四八則으로 편찬한《무문관無門關》에 처음 공안으로 기록됐다. 우리나라에는 1226년 진각국사 혜심과 1243년 청진국사 몽여 선사가 공안과 착어를 엮은《선문염송집》에 다시 수록한 "영산靈山의 법회가 아직도 엄연히 흩어지지 않았음을 볼 수 있다."便見靈山一會然未散는 말이 전한다.

7) 응진전, 붓다 제자들의 경연장

응진전應眞殿은 16나한十六羅漢[149]을 모신 전각으로, 석가모니 제자들에 관한 신앙 세계를 함께 묘사한 건물이다. 석가모니불을 주불로 모시고, 좌우 협시보살로는 가섭존자 – 석가모니불 – 아난존자를 봉안한다. 또는 아난과 가섭존자대신에 미륵보살과 갈라보살羯羅菩薩150)을 안치하여 삼세불을 배치하는 때도 있다. 충남 서산 마애불상은 미륵불 – 석가모니불 – 제화갈라보살이 모셔진 것이 특이하다. 그 곁에 33조사祖師를 모시기도 하는데, 33조사는 인도西天의 첫 번째 조사인 가섭존자와 2조 아난존자로 이어지는 28조사와 중국東土의 6조(달마 · 혜가 · 승찬 · 도신 · 홍인 · 혜능)를 합친 수이다. 28조는 동토에 선법을 전한 보리달마이다.

본존불 주위에 16나한상을, 끝부분에 범천梵天과 제석천을 함께 봉안한다. 이때 안치한 16나한은 수행이 완성되어 이미 성자의 위치에 오른 수많은 아라한阿羅漢 가운데, 말세의 중생에게 그 복덕을 성취하게 하고 정법으로 인도하게 하겠다는 원願을 세운 성자들이다. 이들이 일찍이 많은 영험담과 함께 민간에서 크게 신봉되어 나한 신앙을 형성하게 됨에 따라 응진전에 봉안된 것이다. 수행을 통해 더 이상 번뇌가 일어나지 않는 경지에 이르면, 공양을 받을 만하다고 하여 응공應供이라 부른다. 아라한은 진리와 하나가 되었다고 하여 응진應眞이라 한다. 이들을 신앙의 대상으로 삼기 위해 그 모습을 만들어 안치한 전각을 나한전 또는 응진전이라 부른다. 후불탱화는 주로 영산회상도나 16나한도가 많이 봉안된다. 651년(신라 진덕여왕 5)에 의상대사가 창건한 경북 울진 불영사의 응진전을 비롯해 황북 사리원 정방산 성불사, 강원도 고산군 설봉산 석왕사 응진전이 유명하다.

8) 나한전, 스스로 깨달은 이들의 땅

나한전羅漢殿은 나한을 모신 전각으로, 석가모니불이 주불이고 가섭과 아난 존자를 협시로 모신다. 후불탱화로는 영산회상도靈山會上圖를 봉안한다.

16나한은 세존께서 열반하신 후, 미륵불이 출현하기까지 열반에 들지 않고, 이 세상에 있으면서 불법을 수호하도록 위임한 분들이다. 석가모니불이 생전에 가장 아끼던 16명의 나한들을 말한다. 나한은 아라한阿羅漢(Arahan)의 줄임말로 수행자들 가운데에 최고의 이상상理想像을 말한다.[151] 아라한은 원래 부처를 가리키는 명칭이었는데, 후대에 불제자들이 도달하는 최고의 위치로 바뀌었다. 응진·응공·무학無學·이악離惡·살적殺敵·불생不生이라 번역한다. 수행한 결과에 따라 범부凡夫·현인賢人·성인聖人의 순서로 구별이 있고, 성인 중의 최고를 아라한이라고 한다.

우리나라에서 독성獨聖 또는 나반존자那般尊者[152]라 불리며, 공경의 대상으로 꼽히는 제1 빈두로파라타賓頭盧頗羅墮(Pindola-bhāradvāja) 존자이다. 흰 머리에 기다란 눈썹을 가진 붓다의 제자이다. 빈두로는 그의 이름이고 파라타는 성이다. 빈진두로파라타 또는 빈도라발라타사 존자라고 불린다. 부처님의 제자 가운데 사자후제일獅子吼第一로 일컬어지는 빈두로 존자는 부처님의 명령을 받아 세상에 영원히 머물면서 정법을 지키는 16아라한의 첫 번째이다.

나한은 세상의 존경을 받아 공양받을 만한 자격이 있는 존자尊者라는 의미에서 응공應供, 번뇌를 끊고 생사윤회를 거듭하지 않는 성자로서 최고의 깨달음을 얻은 자이므로 진리에 상응한다는 의미의 응진應眞이라고 한다. 나한은 6가지 신통력[153]과 8가지 해탈법을 모두 갖추어 번뇌에서 벗어난 부처에 버금가는 성자로서 신앙의 대상이 되었다. 아라한은 수행승 중 최고의 경지에 오른 분들로 3가지 의미가 있다. 첫째 살적殺賊으로, 수행의 적인 모든 번뇌의 적을 없앤다. 둘째 무생無生으로, 영원히 열반에 들어 후세의 생명을 받지 않는다. 셋째 응공으로, 천상天上 사람들의 공양을 받는다.

부처님과 중생을 이어 주는 나한은 경율론 삼장三藏은 물론, 외도의 경전에도 능통했으며 신통력을 지녔다. 오백나한에 관한 기록은 《증일아함경》, 《십송률》에 부처님이 중인도 코살라국의 사위성에서 500명 나한들을 위해 설법했다고 전한다. 중국으로 건너온 16나한 신앙은 집사자국執師子國(지금의 스리랑카) 출신의 난제밀다라難提蜜多羅·慶友 존자가 257년경에 팔리어로 저술한 《법주기法住記》를 당나라 현장법사가 645년에 번역한 《불설대아라한난제밀다라소설법주기》에 근거한다. 이 책에서 "석가모니는 16인의 나한에게 불멸佛滅 이후에도 영원히 이 세상에 머물며, 각지에서 불법을 수호하며 중생을 제도하라는 부촉을 내린다. 이들은 모두 삼명三明·육통六通·팔해탈八解脫의 무량한 공덕을 갖추고 있어 삼계의 오탁에 물들지 않는다."[154]고 16명의 대아라한을 열거하고, 석가모니불의 법이 세상境界에 머무는 기한에 대해 서술하고 있다.

나한의 숫자는 16, 500, 1200 등이 있지만, 십육나한과 오백나한이 잘 알려진 숫자이다. 경북 영천 은해사 거조암과 전북 김제 금산사 나한전, 경남 고성 옥천사 나한전, 경북 경주 기림사 오백나한전, 전북 완주 송광사 나한전, 개성 송악산 안화사 오백전의 나한상 등이 유명하다. 나한 기도처로는 경북 청도 운문사 사리암 · 경기 과천 관악산 연주암 · 은해사 거조암 · 충북 제천 와룡산 고산사 등이 대표적이다. 경기도 파주 고령산 보광사 응진전의 16나한상, 서울 수도산 봉은사 영산전의 16나한상과 나한도는 1895년에 조성되었다. 1951년 6.25전쟁에 참전한 호주 병사들에 의해 나한상들 가운데 우측의 세 번째와 일곱 번째 상이, 좌측의 세 번째와 여섯 번째 상이 분실됐다. 또 그 시기에 뒤쪽의 16나한도 역시 10, 11, 13, 15번째의 존자도가 없어져서 1955년에 새로 그렸고, 그때 순서도 바뀌었다고 한다.

9) 팔상전, 붓다의 연대기를 펼친 법당

팔상전八相殿 · 捌相殿은 부처님의 생애를 여덟 가지 이미지로 묘사한 그림인 팔상탱화八相幀畫[155]이나 조각을 봉안하고, 석가모니를 기리는 전각이다. 영산전과 마찬가지로 석가모니불을 모시기도 한다. 충북 보은 속리산 법주사의 팔상전捌相殿은 '깨트릴 팔捌'이란 의미보다 여덟 팔八과도 같은 글자다. 숫자를 한자로 표기할 때 함부로 고치지 못하도록 같은 발음의 글자로 기록한 사례이다. 목탑 건물인 법주사 팔상전은 석가모니의 팔상도를 사방에 배치하고, 그에 따른 불상을 조성 봉안했다. 부산 범어사 팔상전捌相殿, 전남 순천 송광사 · 승주 선암사의 팔상전八相殿 등이 유명하다. 전각 현판에 쓰인 글자는 중생들이 가지고 있

는 '네 가지 마음의 상四相을 깨뜨리자'는 의미에서 깨뜨릴 팔 자를 썼다고 한다.[156]

석가모니불의 일대기를 압축 묘사한 불화인 팔상도는 《불본행집경》을 근거로, 또 《법화경》 사상에 의해 묘사된 그림이다. ① 도솔천에서 내려오는 태몽상兜率來儀相, ② 룸비니 동산에 내려와 출생하는 탄생상毘藍降生相, ③ 네 방면의 문에 나가 세상을 관찰하는 유관상四門遊觀相, ④ 도성을 나아가서 출가하는 사문상踰城出家相, ⑤ 설산에서 수도하는 고행상雪山修道相, ⑥ 보리수 아래에서 마귀의

경남 하동 쌍계사 팔상전 1930년대. 사진출처 : 조선총독부 유리원판목록집 I 권

항복을 받는 제도상樹下降魔相, ⑦ 녹야원에서 처음으로 포교하는 전법상鹿苑轉法相, ⑧ 사라쌍수 아래에서 입멸에 드는 열반상雙林涅槃相으로 구성되었다.

팔상도의 내용을 다시 정리하면, 80세 열반에 드신 부처님이 태몽(강림) → 탄생(출생) → 관찰(세계) → 출가(사문) → 수행(설산) → 득도(제도) → 설법(전법) → 열반(입적)하기에 이르기까지 연대기를 말한다. 현전하는 팔상탱화 중에는 통도사 · 경남 하동 쌍계사 · 경남 고성 운흥사 · 충남 서산 개심사 · 경북 예천 용문사 · 선암사 · 송광사 · 해인사 등의 팔상도가 대표적이다.

10) 미륵전, 석가모니불의 오래된 미래

미륵전彌勒殿은 미륵불을 모신 전각이다. 미래의 부처인 미륵불이 그의 정토인 용화세계에서 중생을 교화하는 모습을 상징하는 당우이다. 미륵불이 나타나는 용화세계인 화림원華林園 안의 용화수龍華樹 아래이므로 용화전龍華殿이라 한다. 부처님의 몸이 '장륙금신丈六金身'이라는 데서 유래한 장륙존상(높이가 1장 6척의 입상불, 4.848m)을 모시기에 장륙전丈六殿이다. 미륵의 이름을 한문식 표기에 따라 자씨慈氏를 사용하여 자씨전慈氏殿 · 대자보전大慈寶殿이라고 한다. 미륵전을 본전으로 삼는 사찰은 법상종法相宗(유식사상 종지의 종파) 계열의 종단이 많다. 전각에는 도솔천에서 설법하며 내세에 성불하여 중생을 교화할 미륵보살을 봉안하거나 용화세계에서 중생을 교화하게 될 미륵불을 야외에 건립한 경우가 많다. 그 모습은 머리 위에 보관寶冠을 쓰고 손에 탑과 연꽃을 들고, 미륵보살이 구름을 타고 내려오는 장면을 묘사한다.

　　미륵은 수미산 위의 도솔천 내원궁에 머물면서 중생을 교화하는 보살이다.[157] 석가세존이 열반한 후 56억 7,000만 년이 더 지나서 세상에 내려와 중생을 제도하게 되는 미래불이기에 보살과 부처의 불성을 함께 지니는 특성을 지니고 있다고 《미륵성불경》에 전한다.[158] 석가모니불의 오래된 미래로 불리는 미륵은 산스크리트어 마이트레야(Maitreya)·팔리어 메테야(Metteyya)는 미트라(Maitrī)에서 유래한 말이다. 마이트레야는 인정이 깊다, 많다는 뜻이므로 한역에서는 자씨慈氏라고 한다. 미래의 부처도 인정이 깊은 사랑에 의해 중생을 제도한다는 뜻이다. 아일다阿逸多(Ajita)는 미륵보살의 다른 명칭異稱으로 미륵은 성씨이고, 아일다는 이름이다. 또 무승無勝·막승莫勝이란 이름으로 의역된다. 석가세존은 열반에 들기 전에 상수제자인 가섭존자를 불러 "56억 7,000만 년 후 미래세에 미륵불이 이 세상에 오실 것이니, 미륵불이 출현할 때까지 세상에 남아 있다가 내 법法의 신표인 발우와 가사를 미륵 부처님께 전하라."고 유훈付囑을 전했다고 《미륵삼부경》에 나온다.[159]

　　미륵전은 불교의 메시아인 미래불 미륵을 모신 법당이다. 전북 김제 금산사의 미륵전에는 좌측에 색色의 세계를 대변하는 대묘상大妙相 보살상을, 우측에 공空의 세계를 표현하는 법화림法花林 보살상을 협시보살로 모셨다. 또는 일광법륜보살日光法輪菩薩과 월광묘향보살月光妙香菩薩 상을 모신다. 그 가운데에는 색(물질)에도 치우치지 않고, 공(이상)에도 치우치지 않는 중도의 진리를 나타내고

자 미륵불 입상을 세웠다.

미륵불의 수인은 석가모니불처럼 항마촉지인을 취하는 경우가 많으나, 입상불立像을 봉안하는 경우에는 시무외인과 여원인 수인을, 시무외인과 여원인을 동시에 취하는 경우를 통인通印이라 부른다. 후불탱화로는 용화회상도龍華會上圖가 봉안되는데, 이것은 미륵불이 용화수 아래에서 성불한 뒤 3회에 걸쳐 설법하여 모든 중생을 제도하는 내용을 상징하고 있다.[160]

전북 김제 금산사의 미륵전은 3층 건물로 미륵불의 용화삼회龍華三會, 세 가지 상징코드를 가지고 있다. 1층에는 대자보전大慈寶殿, 2층에는 용화지회龍華之會, 3층에는 미륵전이라고 쓴 편액을 붙였으며, 모두 미륵불을 봉안한 법당임을 상징하고 있다. 미륵불상 뒤에 봉안한 후불탱화는 세 가지 유형이 일반적이다. 미륵보살이 설법하고 있는 도솔천의 미륵천궁을 묘사한 미륵정토변상, 용화수 아래에서 미륵불이 되어 중생을 제도하는 모습을 묘사한 용화회상도, 보관을 쓴 미륵보살이 구름을 타고 내려오는 장면과 그 주위에 보살들과 성중, 범천과 제석천들이 둘러싸고 있는 미륵래영도彌勒來迎圖가 그것이다. 모악산 금산사 미륵전 불상 밑에는 비밀의 공간이 있다. 미륵불이 딛고 계신 시루(솥) 모양의 청동대좌를 말한다. 진표율사가 764년(신라 경덕왕 23)에 처음 주조始鑄하여 766년(혜공왕 2)에 완성한 불상의 좌대로, 그 모양이 솥뚜껑 같다고 하여 '솥전'이라 부른다. 청동대좌가 시루 모양으로 설계 제작된 것은 연약한 지반을 보완하고, 혹시 모를 지진에 대비하기 위한 방지용 시설이다. 또 청동 시루에는 "이 시루를 손으로 만지면 한 가지 소원은 이루어지는데, 욕심을 버리고 한 가지만 빌어야 하고, 죄를 지은 사람이 만지게 되면 손이 붙어 버린다."고 《금산사사적기》 등에 전하는 전설이다.

삼국시대부터 건립된 미륵전은 정유재란 때 불에 타서 1635년(조선 인조 13)에 건립한 모악산 금산사 미륵전이 대표적인 예로, 우리나라 유일의 3층 목조건물이다. 경북 경주 분황사에는 775년에 강고_{強古} 장인이 청동 30만 6,700근으로 조성한 장륙 삼존불상丈六三尊佛像이 소실되고, 1608년 보광전 건립 때에 5,360근으로 주조, 봉안한 약사여래 입상이 지금까지 자리한다. 1998년에 발

전북 김제 모악산 금산사 미륵전 1930년대. 사진출처 : 조선총독부 유리원판목록집Ⅱ권

견된 보광전 상량문을 통해 그 사실이 밝혀졌다. 장륙전은 544년 신라 연기조사가 창건한 전남 구례 지리산 화엄사 각황전이 유명하다. 그 후 의상대사가 화엄10찰로 정하고, 3층의 장륙전을 짓고 화엄경을 돌에 새긴 석경을 둘렀다고 한다. 임진왜란 때 크게 파괴된 장륙전은 인조 때 벽암대사가 중수했으며, 숙종 때 2층 건물로 중건한 후 각황전覺皇殿으로 바꾸었다. 용화전은 속리산 법주사 용화보전이 유명했다. 지금은 원래 건물이 없어지고, 청동 미륵대불이 자리한 곳에 유지遺址만 남아 있으나 용화보전은 법주사의 정신을 상징하던 중심 법당이었다. 영축산 통도사 용화전은 그 앞에 세워진 석조 봉발대에 의해 미륵신앙의 현장으로 그 의미가 더욱 강조되고 있다. 봉발대에는 석존, 가섭존자 그리고 미륵하생에 얽힌 전설이 전한다. 자씨전은 1067년 창건돼 소실된 고려 최대의 사찰이던 개성 덕적산 흥왕사의 3층 자씨전이 가장 유명하였다.

11) 용화전, 미륵불이 사는 세상

용화전龍華殿은 미래불인 미륵 부처님이 출현하는 곳이 용화세계의 용화수 아래이므로 붙여진 명칭이다. 석가모니 다음에 출현하실 미래불未來佛인 미륵불이 설법하는 곳이 용화회상龍華會上이므로 법당의 명칭을 용화전이라 한다.

미륵불로서 출현하기 전까지는 미륵보살이란 칭호를 받는 석가모니불의 일생보처一生補處(이번만 이 세상에 머물고 다음 생에는 부처가 되는 보살의 최고 지위)[161]로서 석가모니의 출현으로부터 56억 7천만 년이 더 지나서 이 세상에 출현하실 부처님이다. 또 미륵 장륙존상을 모신다고 하여 장륙전, 미래불인 미륵불을 주존으로 모시기에 미륵전이라 한다. 충북 청주 용화사 용화보전과 평양 정릉사 용화전(1993년 5월 14일 개건됨), 전남 구례 화엄사 장륙전(지금의 각황전), 경북 경주 분황사 보광전 장륙상, 전북 김제 금산사 미륵전 등이 유명하다.

석가모니불은 보리수 아래에서 성불하고, 미륵불은 수미산 위의 도솔천에 머물면서 용화수 나무 아래에서 부처로서 설법하는 용화정토의 주인이다. 용화수는 그 모양이 수많은 보석을 토해내는 용과 같은 형상이라서 붙여진 이름이다. 탱화 그림 속 미륵불의 광배 뒤에 그려진 4그루의 나무가 바로 용화수이다. 미륵불이 앉아 설법하고 계신 곳은 용화수가 자라나는 숲이었기에 화림원이라 불리는 승원이다. 미륵보살이 머무는 도솔천에 태어나기를 원하는 내용이 실린 《미륵상생경》과 도솔천의 미륵보살이 사바 세상에 내려와 중생을 구원한다는 내용의 《미륵하생경》에서 후자가 더 인기 있는 경전으로 알려져 있다.

전북 모악산 금산사와 함께 미륵신앙의 대표 도량인 충북 속리산 법주사의 용화보전은 1625년경 벽암각성 대사가 중창할 때 건립됐다. 1872년(고종 9)에는 흥선대원군이 경복궁 중건을 위한 당백전當百錢 주조에 용화보전의 미륵삼존불상을 압수하면서 2층의 용화보전도 헐렸다. 현재, 금동 미륵대불이 서 있는 곳으로 장륙상 좌대만 남아 있다. 법주사 미륵대불은 1939년에 조성되었다가 1964년 용화보전 터에 콘크리트로 미륵불을 조성했다. 그 후 1989년에는 시멘트 대불을 헐고, 1990년에 높이 33m의 청동미륵대불을 새로 조성하고, 그 좌대 지하에 성보전시관인 용화전을 건립했다. 2015년 개금불사로 본래 모습을 복원했다.[162)

법주사 용화보전은 산호전 또는 산호보광명전珊瑚普光明殿이라 불렸다. 산호전은 전각 뒤의 산봉우리를 산호대라고 불렀기에 붙여진 명칭이다. 양산 통도사 용화전은 1369년(고려 공민왕 18년)에 창건됐으나, 1725년(영조 원년)에 청성대사가 중건했다. 건물 안에 약 2m의 미륵불좌상을 봉안했다. 전각 앞에는 약 2m 높이의 발우모양의 석조 봉발탑石造奉鉢塔을 세웠다. 세계 유일의 봉발탑(보물)은 탑이 아니라 바루鉢盂 모양이다. 석가모니불의 발우(밥그릇)를 미륵보살이 이어받은 것을 상징하는 봉발탑이다. 봉발탑의 유래는 "석가모니의 발우를 미래세未來世에 출현하실 미륵불에게 드리기 위해 부처님의 상수제자上首弟子 가섭존자가 발우와 함께 가사袈裟를 가지고, 인도의 계족산鷄足山에서 멸진정滅盡定에 들어 기다리고 있다."는《미륵하생경》의 내용을 담고 있다.

12) 관음전, 현세의 자비보살 궁전

관음전觀音殿은 자비의 화신 관세음보살을 봉안한 전각이다. 지장전과 함께 우리나라 사찰에서 보살을 모신 당우로, 관음전이 많은 까닭은 관음보살이 모든 환란을 구제하는 것뿐만 아니라 그의 서원이 중생의 안락과 이익에 있고, 불가사의한 인연과 신통력神力으로 중생을 돕기 때문이다. 관음전은 원통전圓通殿 또는 전각의 격을 높여 원통보전圓通寶殿이라 한다. 대자대비의 상징인 대비전大悲殿으로 중국에 많이 있는 전각이다.

원통은 관음보살의 신통력인 이근원통耳根圓通에서 유래한 것이다. 관세음보살의 공덕이 주원융통周圓融通(두루 원만하고 서로 통함)하다는 의미이다. 중생의 모든 고뇌를 알고 씻어 주는 분이라는 뜻에서 붙인 원통전이다.[163)

관세음보살이 산다는 전설의 산으로, 인도 남부의 말나야(Malaya)산 동쪽편 남해에 위치한 보타락補陀落 · 普陀落, 보타락가補陀洛伽 · 普陀落伽 산에서 따온 보타전菩 · 寶陀殿이라는 편액을 건다.

인도에서 관세음보살 신앙이 형성된 시기는 AD 1세기 말쯤이다. 먼저 인도 북부 지방에서 성했고, 6세기경에는 모든 사찰에서 관음상을 모실 정도로 널리 퍼졌다. 2세기경 중국에 전해진 관음신앙은 인도에서 서역을 거쳐 비교적 일찍 전해졌다. 강원도 양양 낙산사는 이 절의 이름에서 따온 것이다. 중국 절강성 주산열도舟山列島의 보타산普陀山 진제사晉濟寺도 관음보살이 거처하는 곳으로 기록하고 믿고 있다.

관음보살은 범어 아바로키테슈바라(Avalokitesvara)를 광세음光世音 · 관세음觀世音 · 관세자재觀世自在 등으로 번역했다. 7세기 중국 당나라 현장삼장玄奘三藏의 이전을 구번역, 이후 신번역에서 더 정확하게 관자재보살觀自在菩薩로 한역되었다. 중국어권에서는 의역하여 성스러운 관음이란 뜻으로 성관음聖觀音이라고 많이 쓴다. 관음보살이란 이름을 부르기만 해도 즉시, 그 음성을 살피고 중생들의 근기에 맞는 모습으로 나타나 대자비심을 베푸는 보살이다. 《법화경》〈보문품〉에는 그 변화의 모습을 33가지로 관세음보살 일대기를 기록하고 있다. 《화엄경》〈입법계품〉에는 선재동자가 28번째 만나는 관음보살이 주인공이다. 인도 남쪽으로 구법 순례하였다고 하여 남순南巡동자라고 부른다.

《관무량수경》에서와 같이 관음보살(좌측)은 대세지보살(우측)과 함께 아미타여래 협시보살로 등장한다. 아미타불 곁에서 시방세계 일체중생을 제도와 구원하고, 극락세계로 인도와 영접하는 모습으로 봉안되지만, 단독건물에 모시기도 한다. 중생의 음성을 듣고 고뇌에서 벗어나게 해주므로 관세음, 모든 형상을 두루 관찰하듯이 중생의 구제도 마음대로 하므로 관자재, 모든 형상과 소리를 들어 알 수 있으므로 원통대사라고 한다. 《법화경》〈관세음보살보문품〉에서는 "만약 한량없는 중생이 갖가지 고뇌를 받을 때, 관세음보살의 이름을 듣고 일심으로 그 이름을 부르면 관세음보살이 그 음성을 듣고, 여러 가지 모습으로 변하여 중생을 어려움에서 벗어나게 해주고 복덕을 얻게 해준다."

관음전은 주존이 관세음보살(관자재보살)을, 좌측에 남순동자南巡·南詢童子(선재동자), 우측에 해상용왕(사가라보살)을 봉안한다. 사가라娑伽羅보살은 바다용왕海上龍王으로, 팔부신장 중의 하나이다. 바다처럼 넓고 깊다고 하여 붙인 이름이다. 관음보살을 주존으로 모신 전각은 원통전 또는 관음전이라 한다. 절의 중심전각일 때는 원통전이라 하고, 부속 전각일 때 관음전이라 한다. 아미타삼존불三尊佛을 모신 경우는 중앙의 아미타불과 좌우협시불로 관세음·대세지보살을 모신다.[164] 관세음보살상은 단독으로 모신 경우에는 협시脇侍로 남순동자와 해상용왕이 있으나, 이들은 대부분 조각상으로 봉안하기가 어려우므로 후불탱화에 나타난다.

관음전에는 왼손에 연꽃이나 감로병을 들고 연화좌 위에 앉은 관음상을 안치하는 것이 일반적인 통례이다. 또 버들가지를 들고 있는 양류관음楊柳觀音, 보관 위에 11개의 다른 모습을 가진 십일면관음, 그 밖에 해수관음 · 백의관음 · 용두관음龍頭觀音 · 천수관음 등을 모시기도 한다. 후불탱화로는 주로 아미타불 불화로 모시고, 양류관음도 · 백의관음도 · 천수천안관세음보살도千手千眼觀世音菩薩圖 등 봉안된 관음보살상의 유형에 따라 봉안하게 된다. 해수 · 수월관음은 바닷가 등 물가에 계시면서 동자童子가 보필한다. 용두관음은 용을 타고, 약병을 들고서 구제에 나선다. 천 개의 손을 가진 천수관음은 지혜의 눈眼으로 보고, 천 개의 손手으로 도와주는 것을 상징한다.

여섯 관음六觀音보살은 성관음聖觀音이 본신이고, 나머지 다섯 가지 모습은 보문시현普門示現(여러 가지 몸을 나타냄)의 변화신이다. 6관음은 육도에 나타나 중생의 죄업에 따라 그 주된 역할을 한다. ① 성관음聖觀音(정관음正觀音)은 아귀도를 구제한다. ② 천수천안관음千手千眼觀音은 지옥중생을 구제한다. ③ 마두관음馬頭觀音(마두명왕馬頭明王)은 축생의 고통을 구제한다. ④ 십일면관음十一面觀音(대광보조관음大光普照觀音)은 아수라의 고통을 구제한다. 마두관음은 남성적이고, 준제관음은 여성적이다. ⑤ 준제관음准提觀音(천인장부天人丈夫)은 인간의 고통을 구제한다. ⑥ 여의륜관음如意輪觀音은 천상의 고통을 구제한다. 여의는 여의

보주如意寶珠이며, 윤輪은 법륜法輪을 가리킨다. 《화엄경》에는 관음보살의 머무는 보타락가산에서 도를 배우고 행하며, 중생을 위해 설법하는 성관음의 모습을 기록하였다. 《관무량수경》에 보살의 몸은 자금색紫金色으로 빛나고, 육계肉髻(불상 정수리의 상투모양)가 있으며, 원광圓光 속에 화신불이 있고, 몸에는 영락瓔珞(보배구슬을 꿰어 만든 장신구)을 걸치고, 장엄한 빛을 띠고 있다고 기록하였다. 석가여래의 32상이 장부상丈夫相이면, 관음보살은 인자상仁慈相으로 비남비여非男非女의 인자한 어머니 모습으로 언제 어디에서나 중생의 곁에 함께 한다.

강원도 강릉 한송사지 출토 보살좌상, 국립춘천박물관 소장(2023.10.14.)

관음보살이 다른 보살과 차이 나는 특징은 보관에 표현된 화불化佛(변신한 부처)과 손에 연꽃 가지나 연꽃 봉오리, 정병淨瓶(깨끗한 물을 담은 물병)을 들고 있는 점이다. 보관의 화불은 《관무량수경》에서 언급한 아미타불의 화신이다. 관음보살의 지물로 정착한 정병은 산스크리트어 쿤디카(Kun-dika)의 뜻을 새겨 번역한 말이다. 소리 나는 대로 적어서 군지軍持라고 한다. 정병은 물 가운데에도 가장 깨끗한 물淨水을 넣는다는 뜻이다. 깨끗한 물은 감로수甘露水로, 관음보살이 중생들의 고통과 목마름을 없애준다고 하여 감로병이라 한다. 관세음보살 이외에 미륵보살과 제석천 등도 정병을 들고 있다.

《법화경》에서 정병은 승려가 반드시 지녀야 할 18물 가운데 하나이다. 그 뒤 불교의식이 거행할 때 쇄수게송灑水偈를 행하면서 의식을 인도하는 승려가 솔가지로 감로수를 뿌림으로써 모든 마귀나 번뇌를 물리치는 데 사용했다. 고려 때 만들어진 정병이 다수 전한다. 토기나 도자기로 정병을 만들었지만, 오동烏銅(검붉은 빛이 나는 구리)으로 만들고, 그 표면에 금이나 은을 박아 무늬를 새긴 입사入絲 기법으로 만든 정병이 유명하다. 무늬는 물가의 부들이나 버들이 늘어져 있고, 물새가 노닐거나 하늘을 나는 한 폭의 그림 같은 무늬 즉, 포류수금문蒲柳水禽文이라 이름 붙인 것이 많다. 국립중앙박물관에 소장하는 청동 은입사 포류수금문(국보)과 청자 양각 포류수금문 정병이 유명하다.

13) 문수전, 지혜가 샘솟는 법당

　　문수전文殊殿은 지혜智의 상징인 문수보살을 모신 전각이다. 산스크리트어 만주슈리(Manjusri)이고, 문수사리文殊舍利 · 문수시리文殊尸利 · 만수실리曼殊室利는 범어를 소리 나는 대로 쓴 것이다. 문수는 묘妙하다는 뜻이다. 사리 혹은 시리는 길상吉祥, 복덕福德으로 그 의미를 합쳐서 묘덕妙德 · 묘수妙首 · 묘길상妙吉祥으로 번역된다. 그래서 묘길상 보살이라고 한다. 북측의 내금강산 만폭동 깊은 골짜기에 자리하는 마애불은 13세기 고려의 나옹선사가 새긴 묘길상으로, 그 이름은 18세기 윤사국이 쓴 글씨가 마애불 옆에 새겨져 불리워지고 있다. 내금강 계곡의 높이 40m 붉은 석벽에 양각으로 새긴 마애불 좌상은 남북한 가운데에 가장 큰 마애불이다.

　　문수보살은 석가모니불의 교화를 돕기 위해 일시적인 권현權現[165]으로 보살의 자리에 있다고 한다. 석가모니불 왼쪽에 자리하며 부처님의 지혜를 상징한다. 머리에는 다섯 가지 지혜를 상징하는 오발관五髮冠(다섯 상투五髻)을 쓰고 있다. 오른손에 지혜의 칼을 들고, 왼손에는 지혜의 그림이 있는 청련화靑蓮華를 쥐고서 위엄과 용맹을 나타내는 청사자靑獅子를 타고 있다. 밀교에서는 문수보살의 화신化身으로 불리는 가루라迦婁羅 · 伽樓羅(Garuda)는 금빛 날개를 지녔다고 하여 금시조金翅鳥(묘시조妙翅鳥)라고 번역한다. 용을 잡아먹는 새로 알려진 가루라는 거대한 새의 형상이다. 두 날개를 펴면 길이가 300여 만 리에 달하고, 살고 있는 곳은 4천하天下의 큰 숲大樹이다. 대승불교에서 8부중八部衆의 하나로, 밀교에서는 대범천大梵天 · 대자재천大自在天이 중생을 구하기 위해 가루라의 모습으로 화현한다. 태장계 만다라의 외금강원에 자리한다.

문수보살은 부처님 입멸 후, 인도에서 실존했던 인물이라고 한다. 《문수사리반열반경》에는 인도 사위국舍衛國 다라취락범덕 바라문多羅聚落梵德婆羅門의 아들이라 적고, 그는 《반야경》을 결집, 편찬한 보살로 알려져 있다. 다른 경전에서는 단순히 지혜를 상징하는 보살로 등장하므로 그의 역사적 실재성은 분명하지 않다. 밀교 경전의 《다라니집경》에 "문수의 몸은 온몸이 흰색이며, 정수리

평안북도 영변군 약산동대 서운사 대웅전 문수보살 벽화(2010년 촬영)

뒤에 빛이 있다. 칠보의 영락과 보관·천의天衣 등 갖가지로 장엄하고, 사자에 올라타고 있다." 강원 평창 오대산 상원사 청량선원의 문수보살상과 문수동자상이 유명하다. 사찰에서 문수전을 찾기 어려운데, 전북 고창의 문수사는 문수보살의 출현으로 창건된 사찰이라는 특별한 의미 때문에 문수전이 조성됐다. 대웅전 바로 뒤편의 중심축主軸에 세웠다. 문수보살이 땅에서 용출할 때 주축에서 직각 방향을 피했기에 주 출입구가 남쪽을 향해 나 있다.

평안북도 영변군 약산동대 서운사 대웅전 보현보살 벽화(2010년 촬영)

① 보현보살, 실천행의 대명사

보현普賢보살의 전각은 따로 건립된 사례가 드물다. 문수보살과 함께 짝을 이루는 보현보살은 지혜의 실천자行者로 불린다. 우리나라에서 보현보살을 모신 별도의 전각은 찾기 어렵지만, 건물보다 사찰 전체를 뜻하는 이름은 많다. 그것은 자비실천을 몸소 행하는 보현보살이 어느 한 곳에 머무를 수 없는 까닭이다. 평북 묘향산 보현사와 강원도 안변군 보현사, 함북 길주군 보현사 등은 북녘의 3대 보현보살 사찰로 알려진 절이다.

보현보살은 산스크리트어 사만타바드라(Samantabhadra)이다. 사만타는 완전한, 보편적이란 뜻이 담겨 있다. 바드라는 행복한, 좋은, 아름다움이라는 의미로 현賢 · 현선賢善 · 선善 · 묘妙 등으로 의역된다. 보현보살은 원력을 세우면 반드시 실행한다고 해서 《화엄경》에서는 중대한 역할을 맡고 있다. 특히 중생들의 목숨을 길게 하는 덕을 가졌기에 '연명보살延命菩薩'이라고 한다.

일반적으로 보현보살은 흰 코끼리를 타거나 연화대에 걸터앉아 있는 형상이 대부분이다. 6개의 상아를 가진 하얀 코끼리를 타고 다니면서 모든 장소에 나투어 청량한 빛으로 중생을 길러내는 대자비를 상징한다. 문수보살이 지혜를 상징한다면, 보현보살은 〈보현행원품〉과 같이 대행大行을 상징하는 보살로 자리한다.[166] 부처님의 행원行願을 대변하면서 석가모니불의 오른쪽에 위치해 이덕理德(이치 덕행)과 정덕定德(바른 덕행, 선정)과 행덕行德(실천 덕행)을 맡고 있다. 이와 같이 이치와 명상과 실천을 관장하는 것이 보현보살의 특징이다. 문수보살은 왼쪽에서 부처님의 지덕智德과 체덕體德(바른 자세)을 보여주는 깨달음의 지혜를 상징한다.

14) 지장전, 지장보살의 지하궁전

지장전地藏殿은 지장보살을 주존으로 모시고, 저승 시왕을 봉안하기에 시왕전十王殿이라 한다. 명부를 다루고 있다고 해서 명부전, 지옥을 다룬다고 해서 지옥전, 영혼을 기원한다고 해서 영원전靈願殿, 저승의 거울을 보여준다고 해서 업경전 등의 이름으로 불린다. 지장보살이 명부를 상징하게 된 것은 7세기경, 중국 당나라 때 실차난타實叉難陀가 번역한 《지장보살본원경》의 효사상에 의한 영향이 컸다.

지장전은 지장보살을 모시고, 죽은 이의 넋을 인도해 극락왕생하도록 기원하는 역할의 전각이다. 지장보살은 커다란 신광身光(몸에서 발하는 빛)과 두광頭光(정수리에서 나오는 빛)을 지니고 있는 모습이다. 좌우 협시로는 왼쪽에 승려 모습의 도명존자道明尊者, 오른쪽에 신하 모습의 무독귀왕無毒鬼王을 두어 지장보살삼존을 이룬다.[167] 지장보살이 홀로 등장하는 독존, 아미타삼존불 또는 석가모니불의 협시보살(관음보살 · 아미타불 · 지장보살), 명부冥府(저승의 관아)의 여러 권속眷屬과 결합한 지장시왕이 있고, 지장과 관음보살이 결합된 예도 있다.

지장보살은 석가모니불의 입멸 후 미륵보살이 성불할 때까지 즉, 부처가 없는 시대에 중생을 구제하는 보살이다. "지옥 중생이 구원을 받을 때까지 자신은 성불하지 않겠다."地獄未濟 誓不成佛는 큰 서원을 세운 지장보살의 궁전으로 가장 고통이 심한 지옥 중생을 제도한다. 지장보살은 도리천에 살면서 미륵불이 성불해 중생을 제도하는 용화삼회가 열릴 때까지 중생을 구제하는 보살이다. 중국에서는 4세기 초, 한국은 5세기 신라 진평왕 때부터, 일본에서는 9세기 말부터 대표적인 신앙으로 자리 잡았다. 고려 후기에 조성된 전북 고창 선운사 지장보살 좌상이 대표적이다. 인천시 강화도 전등사 지장전이 유명하다.

　지장보살(Ksitigarbha)은 땅을 의미하는 쿠시티와 모태를 뜻하는 가르바의 의역이다. 이것은 마치 대지와 같이 무수한 종자를 품고 있다고 하여 지장地藏이라 한다. 다른 경전에서는 지장 · 지지持地 · 묘당妙幢(신비한 깃발을 가진 보살) · 무변심보살無邊心菩薩로 번역된다. 지하 명부세계를 관장하는 지장보살과 지상 세계를 관장하는 지지보살持地菩薩, 하늘 세계를 관장하는 천장보살天藏菩薩을 합친 것이 삼장보살三藏菩薩이라 한다. 후불탱화에서 보면, 지지보살은 그 아래에 용수보살龍樹菩薩과 다라니보살陀羅尼菩薩이 협시하고 있다. 그 위로 화면의 가장자리를 따라 구불구불한 수염을 가진 용왕, 머리가 위로 솟은 아수라 등 여러 신들과 동자 등이 줄지어 나타나 있다.

　주존으로 모신 지장보살의 외형적인 모습은 유독히 초록색 머리가 눈에 띤다.[168] 그 모양은 민머리 성문상聲聞像의 삭발형과 두건頭巾을 쓰고 있는 피건상被巾像의 두건형으로 두 종류이다. 도상의 기원설이 여러 가지이지만, 두건형이든 삭발형이든 기본적으로 출가승의 모습이다. 우리나라 지장보살상은 통일신라와 고려 전기에는 삭발형을, 고려 후기와 조선 전기에는 두건형이 주류를 이루었다. 조선 후기에는 다시 삭발형이 유행하게 되었다. 경우에 따라서는 살색 민머리로 묘사하기도 했다. 이것은 중생을 구제하는데 쉼 없이 영원히 구제한다는 상징적 의미가 있다. 하지만 지장보살의 외형이 보관을 쓰지 않고 민머리에 녹색의 성문형으로 자리 잡은 것은 유교 문화의 영향에 따른 결과라고 할 수 있다.

중국 송나라 때 지반志磐이 1269년에 찬술한 《법계성범수륙승회수재의궤》 등에는 "지장보살은 성문의 모습으로 왼쪽 어깨를 가사로 덮고 있다. 비구(남자 승려) 형상으로 왼손에는 보주를 오른손에는 석장을 쥐고, 1000개의 꽃 순을 가진 연꽃 위에 앉아 있다."는 모습을 따른 것이다. 중국 북량(397~439) 시대에 역자 미상의 《대방광십륜경》과 6세기 말 중국 수나라 때 서역인 보리등菩提燈이 번역한 《점찰선악업보경》, 당나라 현장법사가 651년에 한역한 《대승대집지장십륜경》에 근거한 지장신앙은 지장보살이 오는 방향을 남방으로 지정하고, 성문의 형태와 손에 여의보주를 든 설정이다. 지장보살이 든 보주는 지옥을 훤히 바라보는 맑은 구슬인 명주明珠 · 如意珠라고 한다.[169]

지옥중생 구제를 위한 지장보살의 주요한 특징은 손에 든 육환장(고리가 6개 달린 석장)에 있다. 석장 여섯 개의 고리는 육도를 의미하지만, 지옥문을 열어 지옥 중생을 구제하는 역할에 더 집중되어 있다. 17세기 중국 명나라 때 탕현조湯顯祖가 간행한 영험설화인 《모란정환혼기》에서 도명존자가 목격한 지장보살의 모습에서 비롯됐다. 지옥에서 만난 지장보살은 두건을 하고 영락을 두르며 석장을 짚고 있었다고 한다. 이에 지옥이라는 장소와 석장이라는 지물은 이후, 지장보살 신앙의 중요한 설정으로 자리 잡았다. 《지장보살본원경》, 《연명지장경》 등에서는 "그 형상은 천관天冠을 쓰고 가사를 입고, 왼손에 연꽃을 들고, 오른손으로 시무외인을 취하거나 혹은 왼손에 연꽃을 잡고, 오른손에 보주寶珠를 들고 있다." 우리나라 지장보살은 경전에 보이는 천관을 쓰고 있는 경우는 드물고, 머리띠를 두른 민머리 형태가 대부분이다.

우리나라에 현존하는 대표적인 지장 탱화로는 국립중앙박물관 소장의 팔공산 북지장사 지장탱화, 경북 영천 은해사 운부암 지장탱화, 경남 고성 옥천사 지장시왕도 등이 유명하다. 이 탱화에서는 지장보살을 중심으로 좌우협시, 명부시왕冥府十王, 판관判官, 사자使者, 졸사卒使, 우두牛頭, 마두馬頭 등의 부하들이 에워싸고 있다.

15) 명부전, 지옥 심판관들의 영빈관

명부전冥府殿은 사후세계로 저승을 상징하는 전각인데, 지장보살을 주존으로 모신다. 지장전보다도 더 알려진 명부전은 이승과 저승 사이에 있는 명부의 법정法廷을 의미하는 것으로 시왕전十王殿이라 불린다. 그것은 선악의 심판관인 10대 제왕을 봉안한 전각임을 부각시킨 명칭이다. 그래서 128개 지옥의 심판관 시왕들의 영빈관이라 할 수 있다. 저승과 이승을 연결하는 전각이라는 의미에서 쌍세전雙世殿, 생전의 업보를 비춰보는 곳이라는 의미에서 업경전業鏡殿, 지장보살의 본원을 그대로 나타낸 곳이라 하여 대원전大願殿이라 쓴 편액도 볼 수 있다. 지장신앙과 시왕신앙의 산실인 명부전은 칠성각, 산신각처럼 불교의 토착화 과정을 잘 보여주는 전각이다. 16세기 조선 광해군 때 중건된 경남 진주 청곡사의 업경전에는 제석천·대범천상 2기를 봉안했으나, 현재는 대웅전으로 옮겨 놓았다.

14세기 고려말 이후, 지장전과 시왕전이 명부전으로 결합되었다. 명부전과 같은 의미로 절 안팎에 별도로 지은 전각이 있다. 서울 신촌 봉원사의 영안각靈安閣(일정기간 혼백을 모셔두는 곳)은 대웅전 뒷쪽에 자리한다. 전남 송광사의 세월각洗月閣(월마다 씻는 집, 여자 혼령)과 척주당滌珠堂(둥근 알을 씻는 집, 남자 혼령)[170]은 능허교 건너편에 낮은 샛담을 두르고, 2동 건물이 서로 엇 비켜선 형태로 영가를 모시는 전각이다.

명부전에는 대원본존인 지장보살을 중심으로, 불보살을 보필하고 지옥중생을 교화하는 승려 차림의 도명존자道明尊者와 문관 차림의 무독귀왕無毒鬼王을 좌우 협시로 모신다. 그 좌우에 다섯 명씩 모두 열 명의 명부 시왕을 안치한다. 시왕상 앞에는 시왕을 시중드는 동자를 배치하며 사자, 녹사錄事·錄仕(기록전문직), 장군 등의 상도 봉안한다. 일반적으로 지장보살상 뒤에는 지장탱화로 소재회상도消災會上圖를, 시왕상 뒤에는 시왕탱화를 봉안한다. 1728년에 제작한 대구 팔공산 동화사 지장시왕도가 유명하다.

명부전의 주존인 지장보살은 보통 민머리에 석장을 잡고 있는 모습이다. 협시보살로는 귀신의 왕이라는 무독귀왕을 오른쪽에, 가운데 지장보살, 왼쪽에 젊은 사문의 모습인 도명존자가 보좌한다. 좌우에 시왕상으로 제1 진광대왕秦廣大王 · 제2 초강대왕初江大王 · 제3 송제대왕宋帝大王 · 제4 오관대왕五官大王 · 제5 염라대왕閻羅大王 · 제6 변성대왕變成大王 · 제7 태산대왕泰山大王 · 제8 평등대왕平等大王 · 제9 도시대왕都市大王 · 제10 전륜대왕轉輪大王 또는 오도전륜대왕五道轉輪大王을 배치하였다. 시왕상 앞에는 시봉을 드는 동자상 2구가 있다. 이외에도 판관判官 2구, 녹사錄仕 2구, 앙발옥졸仰髮獄卒 2구, 문 입구에 장군 2구, 여섯 보살 등 29기의 존상尊像을 갖춘다. 사자인 판관들과 걸왕신乞王神 등이 권속으로 협시된다. 시왕단 좌우 앞면에 장군으로 불리는 금강역사상金剛力士像 2구을 세워 명부의 규율을 수호한다.

보통 중앙에 지장 삼존을 중심으로 왼쪽에는 1 · 3 · 5 · 7 · 9왕상, 오른쪽에 2 · 4 · 6 · 8 · 10왕상을 배치했다. 1862년(조선 철종 13)에 조성한 전남 구례 화엄사 명부전 시왕도에서 볼 수 있다. 형상은 엄숙한 얼굴에 공복을 입고 원유관을 쓰고 손에는 홀을 쥐고 있으나, 제10대왕 전륜왕만은 투구와 갑옷을 입은 장군의 모습을 하고 있다. 시왕에 대한 개념은 인도 브라만교의 명부신앙이 불교에 포함돼 체계화된 후, 중국 도교의 명부신앙과 결합돼 성립한 것이다. 중국 당나라 말엽에 대자은사大慈恩寺 장천藏川이 편찬한 《불설예수시왕생칠경》〈시왕경十王經〉에 근거로, 중국과 우리나라에서 49재나 예수재의 완전한 신앙체계를 갖추었다.

한편 동자는 시왕 사이사이에 1구씩 배열하기도 하고, 한 왕에 1구씩 배치하거나 좌우측에 각각 1구씩만 놓기도 한다. 동자는 산신도 등 도교와 관련성이 강한 불화에서 볼 수 있듯이 원래 도교의 신을 시중드는 시동侍童이다. 신의 권위와 신격을 높이는 역할을 한다. 명부신앙의 경전에서 동자는 사람이 살아 있을 때 행한 선업과 악업을 기록해 두었다가 그 사람이 죽으면 명부를 판관과 대왕에게 갖다 바치는 선악동자善惡童子로 언급되었다.

동자상의 형태는 머리는 뿔 모양의 쌍상투이고, 두 손을 모아 시립侍立(여러 신하들)하거나 명부名簿·연꽃·봉황·복숭아 등의 지물을 들고 있는 모습으로 표현된다. 사자는 염라대왕이 죽은 자의 집에 파견하는 전령으로, 청마 또는 백마를 타거나 이끄는 모습이다. 대부분 머리에는 화려한 익선관翼善冠이나 검은 사모를 쓰고 있다. 손에는 두루마리나 칼·삼지창 등을 들고 있는 모습으로 표현된다. 〈시왕경〉에서는 사람이 죽었을 때 염라왕이 흑의黑衣에 흑번黑幡을 들고, 흑마黑馬를 탄 사자를 망자의 집에 파견한다고 설명한다. 각 왕마다 일직사자日直死者, 월직사자月直死者·연직사자年直使者(연중 당번인 저승사자)·시직사자時直使者·四直使者 등 있다.

시직사자는 수륙재에서 재가 열리게 되었다는 것을 알리러 떠나는 사자이다. 일직사자는 죽을 때가 된 사람을 데리러 오는 세 명의 저승차사差使이다.[171] 사람이 죽을 때가 되면 강림차사는 적배지赤牌旨(붉은 천에 저승으로 가야 할 자의 이름을 쓴 것)를 들고 그 마을 사람들의 생명을 관장하는 본향 당신本鄕堂神에게 가서 호적과 장적帳籍을 맞춰보고 데려갈 사람의 집으로 간다. 강림차사가 죽은 자의 영혼을 불러 저승으로 가서 저승차사에게 인계하면 저승차사가 비로소 명부의 세계로 끌고 간다. 하늘에서 심부름하는 천황天皇차사는 일직사자, 땅의 일을 보는 자황차사는 월직사자이다. 바다에서 풍랑을 만나거나 불의의 사고로 죽은 영혼을 인도하는 용궁사자龍宮使者, 객지나 노중路中에서 죽은 영혼을 인도해 가는 객사사자客死使者, 불에 타죽은 영혼을 인도하는 화덕차사火炬差使도 있다.

명부전 안에 함께 조성하는 사자도使者圖가 있었으나 현재 남아 있는 불화는 그리 많지 않다. 직부사자는 염라대왕의 명을 받아 죽을 사람에게 목숨이 다했음을 알리는 임무를 맡는다. 감재사자는 죽은 이를 감시하고 보살피며 저승으로 데려오는 사자이다. 죽은 이들 가운데는 저승으로 가지 않으려고 빈틈을 보아 도망가는 영혼도 있기 때문이다. 감재사자는 대왕의 권위를 상징하는 부월斧鉞(큰도끼)을 들고 있는데, 도끼날을 입에 물고 있는 용 조각을 끼운 도구이다. 직부사자는 염라왕의 부명符命으로 저승 명령서인 두루마리를 들고 있다. 나찰羅刹은 지옥에서 죄인들의 형벌을 담당하여 잔혹하게 고문한다. 거대한 힘으로 땅을 움직이기도 하는 나찰은 방패와 창·삼지창과 검을 잡고 때로는 철퇴·칼 막대를 잡고 소리를 지른다.

불교 내세관에서는 사람이 죽으면 다음 생을 받을 때까지 49일 동안을 중음中陰이라고 하는데, 이 기간에 다음 생의 인과응보를 받는다고 한다. 그래서 49일 동안 7일마다 사십구재를 지내게 된다. 사후의 세계로 일컫는 명부의 시왕 중에서도 지옥의 심판관 우두머리인 염라대왕의 심판을 받는 날이 죽은 지 49일째 되는 날이라고 하여 49재를 중요시한다. 고대 중국의 도교에서는 사후의 세계인 명부를 황천黃泉 · 구천九泉 · 나풍羅酆 · 풍도酆都라고 불렀다.

죽은 사람이 가게 되는 곳인 명부 세계에는 지옥-아귀餓鬼-축생의 삼악도三惡道와 아수라阿修羅 - 인간 - 천상 세계의 삼선도三善道라는 육도六道가 있다.[172] 명부는 해와 달이 그려진 경책관經冊冠 또는 일월관日月冠을 쓴 염라대왕이 다스리는 유명계 또는 명토冥土(저승의 나라)를 통틀어 말한다.

한편 사찰에서 열리는 법회는 법요法要, 재齋라 한다. 법회가 열리는 날짜는 재일齋日 또는 '잿날'이라고 부른다. 몸과 마음을 깨끗이 하기 위한 재계齋戒 하는 날이다. 불교에서 재일은 부정한 것을 멀리하고 몸과 마음을 깨끗이 하고, 여러 불보살께 공양을 올리는 정기적인 날을 말한다. 불교 4대 명절을 비롯해 매달 음력 날짜로 10가지 재일을 지킨다. 1일은 정광불재일正光佛齋日(시왕 중 진광대왕이 모시는 부처님), 8일은 약사불재일(초광대왕이 모시는 부처님), 14일은 현겁천불재일現劫千佛齋日(송제대왕이 모시는 부처님), 15일은 아미타불재일(오관대왕이 모시는 부처님), 18일은 지장보살재일(염라대왕이 모시는 부처님), 23일은 대세지보살재일(견성왕 또는 미륵불이 모시는 부처님), 24일은 관세음보살재일(태산대왕이 모시는 부처님), 28일은 노사나불재일(평등대왕이 모시는 부처님), 29일은 약왕보살재일(도시대왕이 모시는 부처님), 30일은 석가모니불재일(전륜성왕이 모시는 부처님)이다.

그중에서 24일 관음재일과 18일 지장재일이 우리나라에서 많이 지켜진다. 중생들의 모든 소망을 들어주는 관음보살과 지옥 중생을 구제하는 길로 인도하는 지장보살을 선호하는 경향이다. 관음과 지장재일의 의식은 《천수경》을 독송하고 각각 관음예문과 지장예문, 정근과 발원의 순으로 진행된다. 관음재일에는 자신의 죄를 참회하고 관음보살의 자비를 구하는 예문과 정근을 한다. 지장재일에는 돌아가신 분을 위한 발원과 정근으로 돌아가신 영가의 왕생극락을 기원하는 법회 형식이다.

명부전 시왕 이름十王名號과 관할 지옥

	시왕名號 (시왕탄일)	이명 (異名)	소속지옥	六十甲子別소속	설 명
1	진광대왕 (秦光大王) 2월 1일	부동명왕 (不動明王)	도산지옥 (刀山地獄)	경오 · 신미 · 임신 계유 · 갑술 · 을해	명도(冥途)에서 사자(死者) 초7일의 일을 보는 청부궁왕(聽府宮王). 중생에게 선을 닦게하는 명부의 왕 (죄인에게 칼이 선 다리를 건너게 함)
2	초강대왕 (初江大王) 3월 1일	석가불 (釋迦佛)	화탕지옥 (火湯地獄)	무자 · 기축 · 경인 신묘 · 임진 · 계사	대해(大海)밑 정남쪽 옥리석하(沃離石下) 대지옥에 살고 있음. 2·7일 (14일)째 되는 날에 심판. (죄인을 끓는 물에 담금)
3	송제대왕 (宋帝大王) 2월 28일	문수보살 (文殊菩薩)	한빙지옥 (寒氷地獄)	임오 · 계미 · 갑신 을유 · 병술 · 정해	대해밑 동남쪽 옥리석하(沃離石下) 흑구대지옥(黑龜大地獄)을 맡은 왕. 3·7일 (21일)째 되는 날 죄업을 심판. (죄인을 얼음 속에 묻기)
4	오관대왕 (五官大王) 1월 8일	보현보살 (普賢菩薩)	검수지옥 (劍樹地獄)	갑자 · 을축 · 병인 정묘 · 무진 · 기사	지옥에서 5가지 형벌을 주는 왕. 죄의 경중을 저울질해서 판단하는 왕. 4·7일 (28일)째 심판. (죄인의 몸을 칼로 벰)
5	염라대왕 (閻羅大王) 3월 8일	지장보살 (地藏菩薩)	발설지옥 (拔舌地獄)	경자 · 신축 · 임인 계묘 · 갑진 · 을사	지옥주신(主神). 명계(冥界)의 지배자. 5·7일 (35일)째 심판을 맡은 왕 (죄인의 혀를 집게로 뺌)

6	변성대왕 (變成大王) 2월 27일	미륵보살 (彌勒菩薩)	독사지옥 (毒死地獄)	병자 · 정축 · 무인 기묘 · 경진 · 신사	독사 지옥의 왕. 6·7일 (42일)째 심판을 맡은 왕 (죄인의 몸을 독사로 감기)
7	태산대왕 (泰山大王) 3월 2일	약사여래 (藥師如來)	거해지옥 (鉅骸地獄)	갑오 · 을미 · 병신 정유 · 무술 · 기해	죄인이 다시 태어날 곳을 정해는 지옥왕 7·7일 (49일)째 심판을 맡은 왕. (죄인의 뼈를 톱으로 켜기)
8	평등대왕 (平等大王) 4월 1일	관세음보살 (觀世音菩薩)	철상지옥 (鐵床地獄)	병오 · 정미 · 무신 기유 · 경술 · 신해	죽은사람 죄와 복 공평하게 판단하는 왕 100일째 되는 날 심판을 맡은 왕. (죄인을 뜨거운 쇠판에 올려 놓기)
9	도시대왕 (都市大王) 4월 7일	대세지보살 (大勢至菩薩)	풍도지옥 (風塗地獄)	임자 · 계축 · 갑인 을묘 · 병진 · 정사	1주기째 되는 날에 죄업을 심판하는 왕 (죄인을 바람길에 앉힘)
10	오도전륜왕 (五道轉倫王) 4월 27일	아미타불 (阿彌陀佛)	흑암지옥 (黑暗地獄)	무오 · 기미 · 경신 신유 · 임술 · 계해	사자(死者)의 3년을 맡은 명부의 왕. 3회기(三回忌)째 되는 날 심판을 마무리하는 왕 (죄인을 암흑속에 가두기)

16) 법보전, 대장경을 담은 전각

　　법보전法寶殿은 붓다의 가르침을 새긴 경전을 보관하는 장경판전藏經版殿의 중심건물이다. 다르게는 장경각藏經閣 · 경판고經板庫 · 판전板殿 · 대장전大藏殿 · 해장보각海藏寶閣이라 불린다.

　　경남 합천 해인사 장경각의 법보전에는 비로자나불을 모셨다. 조선 태조 7

년(1398) 이전에 건립된 해인사 장경각의 북쪽 법보전과 남쪽 수다라장修多羅藏·殿은 한 짝을 이루었다. 국보 법보전에는 《화엄경》 등 대승불교 경전을, 수다라장 건물에는 《아함경》과 《사분율》 등 근본불교라 불리는 초기 경전의 경판을 보관하고 있다.[173] 또 수다라장 서쪽편에 덮개를 만들어 동진보살童眞菩薩을 모시고, 매년 동짓날을 기해 팥죽 공양을 올렸다. 전북 김제 금산사 대장전[174] 등을 비롯해 경남 합천 해인사 경학원은 도서관이다. 북측 묘향산 보현사에 1978년 개건한 팔만대장경보존고는 법보전이다. 충남 공주 마곡사 심검당 북쪽의 고방庫房도 서고이다.

경남 양산 통도사의 해장보각 건물은 서고書庫(도서관)이지만 대장경류 등을 보관하는 법보전과도 같다. 불경을 보관할 때 용궁龍宮寶閣이란 건물에다 두었으며, 대장경을 바닷속 수많은 보배에 비유하는 뜻에서 붙여진 이름이다. 《삼국유사》〈전후소장 사리조〉에 기록된 "643년(중국 당나라)에 자장율사가 삼장經·律·論 400여 상자를 싣고 돌아와 통도사에 봉안하였다." 대장경을 봉안한 해장보각은 1728년(조선 영조 3)에 건립한 전각으로, 1804년(순조 4)에 제작된 자장율사 진영을 봉안했다. 긴 술이 달린 불자拂子를 왼손에 들고, 오른손으로 긴 술의 끝부분을 받쳐 들고 있는 모습이다. 전각 동측면에는 붉은색 까치호랑이 벽화를 그려 두었다. 1867년(고종 4) 고산대사가 중수하면서 통도사 창건주인 자장율사의 진영을 봉안한 전각이라는 이유로 대문을 솟을삼문三門으로 세웠다. 삼문에는 태극문양을 그렸으며, 개산조당開山祖堂이란 편액을 걸었다. 문 앞에는 조선 후기의 석등과 37조도품 석탑助道品塔을 세워 놓았다.[175] 19

세기에 건립된 통도사 장경각은 경판을 보관하던 곳으로 현재 성보박물관으로 이관됐다. 목판은 통도사에서 약 10km 떨어진 울산시 운흥사가 조선 말기에 폐사될 때 옮겨온 《능엄경》,《기신론현수소起信論賢首疏》 등 15종의 경판이다.

내금강산 정양사에는 해장용궁海藏龍宮이라 불린 전각이 있었다. 조선 명종 때 허응당 보우국사가 1532년부터 10년간 정양사에 머물면서 널리 알려진 사명이다. 보우대사는 임금의 하사금을 받아 절을 보수하고, 불경 등 다량의 서적들을 보관했다. 600년에 창건된 정양사에는 1457년에 "세조가 혜각존자 신

서울 강남 수도산 봉은사 판전(板殿). 사진 출처 : 조선총독부 유리원판목록집II권

미대사에게 명하여 해인사 고려판본 대장경을 인출하고 1부(6,547권)를 봉안했다." 1465년에는 "세조 왕이 친히 표훈사와 정양사를 방문하고, 그해 정양사에 나옹 부도를 다시 세우도록 명했다."고 한다.

서울 봉은사 판전은 법보전 또는 대장전과 같은 의미의 전각이다. 백련 지운영이 1942년에 쓴 봉은사 영산전 편액과 더불어 쌍벽을 이루는 판전板殿 편액은 추사 김정희가 별세하기 사흘 전, 1856년 10월 7일 71세 나이에 쓴 것이다. 용문사 대장전은 사찰을 세울 때 용이 나타났다는 설화와 옛날 인도의 고승이 용궁에 대장경을 소장하였다는 전설에 따라 건립된 전각이다. 내부 좌우에 윤장대輪藏臺라는 팔각형의 특별한 장치가 설치되었다. 법당 좌우에 팽이처럼 돌아가는 기둥을 하나씩 세우고, 그 위에 서고를 만들어 경전을 모셔 두었다. 이 윤장대를 한 바퀴 돌리면 경전을 한 번 읽은 것과 같은 공덕이 쌓인다고 하며 글자를 모르거나 불경을 읽을 시간이 없는 사람들을 위해 만든 장치이다. 금산사 대장전은 본래 미륵전 창건 당시에 세운 목탑으로, 17세기 중반에 중수한 것을 일제강점기에 지금의 위치로 옮겼다. 대적광전 오른편에서 동쪽을 향해 있으며 창건 당시의 형태는 알 수 없고, 지붕마루 중앙에 목탑의 흔적인 복발覆鉢과 원추형 보주寶珠가 남아 있다. 목탑이 전각 형식이 되면서 대장전이라는 당호를 얻었다. 정면 3칸·측면 3칸이며 내부에 높은 기둥이 2개 서 있다. 기둥의 뒷면과 옆면에는 퇴량退樑을 걸었으며, 45도 방향의 귀잡이로 연결하였다. 전각 안에는 석가모니불과 가섭·아난 존자상을 모셨다.

17) 반야보전, 법기보살이 사는 집

반야보전般若寶殿은 비로자나불을 모신 전각이다. 특히 법기보살法起菩薩이 항상 '반야般若의 법'을 설법하고 있기에 붙인 이름으로 반야전이라 부른다. 피안彼岸에 이르는 최고의 지혜(반야)를 설한 《반야바라밀다경》은 7세기 중국 당나라 현장법사가 번역한 《대반야바라밀다경》 600권이 대표적이다.

《80화엄경》 〈제보살주처품諸菩薩住處品〉에 나오는 법기보살이 머무는 곳이 금강산이라서 내금강산 표훈사의 본전은 반야보전이고, 법기신앙의 중심지이다. 이 전각에는 법기보살 장륙상 6기를 모셨다고 하는데, 지금은 사라지고 북측 평양의 만수대창작사에서 만든 입상 법기보살상을 봉안했다. 석가모니불과 법기(담무갈)보살 입상, 지장보살을 봉안하였다.

법기보살은 산스크리트어 다르모가타(Dharmogata)인데, 법法을 일으킨다는 뜻이 담겨 있다. 이를 한역하면 법기法起 · 法基 · 법용法涌 · 법상法上 보살이라고 썼다. 《60화엄경》 권29 〈보살주처품〉과 《소품반야바라밀다경》 권10 〈살타파륜품〉과 〈담무갈품〉에 나오는 담무갈曇無竭 보살은 다르모가타의 음역音譯이다. 담무갈은 중국 유주幽州(현재의 베이징) 출신인 달마울가타達摩鬱伽陀의 약칭으로, 무갈無竭 비구의 이름이다. 담무갈보살은 중향성衆香城의 왕이 되어 항상 반야바라밀다를 설하는데, 상제보살常啼菩薩[176]이 이곳에 와서 법문을 들었다고 한다. 해발 1,638m의 금강산 정상은 비로봉으로, 비로자나불에서 따온 이름이다. 내금강산 표훈사와 정양사의 반야보전이 유명하다. 경남 합천 해인사 대적광전은 법기보살 입상을 모신 전각이다.

18) 조사전, 고승들의 아크로폴리스

조사전祖師殿은 역대조사와 선사, 그 종파의 조사 · 국사와 왕사 · 사찰의 창건주 · 역대 주지 등 해당사찰과 관련하여 후세에 존경받는 승려 진영이나 위패를 한꺼번에 모신 전각이다. 진영 속 고승들의 무언의 법거량法擧揚이 펼쳐지는 곳이다.[177] 조당祖堂 · 조사당 · 국사전國師殿 · 堂 · 영각影閣 · 진영각眞影閣 등으로 불린다. 조사전이 없는 절에는 영각을 짓고, 선사들의 진영을 봉안하여 봄가을에 제사를 올린다. 이 같은 일은 조사의 덕을 기리는 뜻과 그 절의 역사를 계승하는 일이다. 그래서 이 전각은 그 절의 생생한 역사를 간직한 곳이다.

선종 사찰은 조사 사리탑인 부도와 탑비를 건립하고, 조사전을 지어 역대 조사 등의 영정을 봉안했다. 인도와 중국의 조사인 마하가섭에서 혜능까지 33조사와 함께 우리나라 고려 16국사를 비롯한 보조국사 지눌, 태고 보우국사 등을 모시는데, 일명 국사당이라 한다. 전남 송광사 국사전, 경남 양산 통도사 개산조당(영각) 등과 묘향산 보현사의 수충사, 내금강산 백화암 수충사 터, 경남 밀양 표충사 표충비각表忠詞과 땀 흘리는 비석汗碑을 지키는 사찰로 유명한 밀양 홍제사는 사명대사의 표충사당과 표충비각을 위해 지어진 사당으로, 이곳을 지키는 수호사찰이다. 전남 해남 대흥사 서산대사 사당 등은 유교적 요소가 반영되었다. 경남 합천 해인사 홍제암 조사전, 경북 영주 부석사 조사당, 경기도 여주 신륵사 조사당 등이 대표적이다. 경북 울진 불영사 의상전에는 의상조사 · 원효대사 · 사명대사松雲 · 鍾峯 · 惟政 · 서산(청허휴정)대사의 진영이 안치되어 있다.

19) 대방, 조선 사대부가의 전각

대방大房(큰방)은 아주 넓은 방을 말한다. 사찰의 대방은 수행공간인 동시에 주거공간으로 쓰인다. 대중공양과 참선, 기도 등 수행공간으로써 대방에는 불단을 설치하고 불상을 모셨다. 대방에는 난방을 위한 온돌과 함실아궁이 또는 주방 기능을 포함한 부엌을 갖춘 곳이 있다. 암자 등 규모가 작은 절에서는 구분이 없지만, 대형 사찰에서는 별도의 중심건물로 자리한다. 대방은 주불전 앞쪽의 누각 위치에 주로 건립되었다. 큰 방과 누樓, 승방僧房 및 부엌 등으로 구성되는 복합건물인 대방은 대웅전 앞마당을 둘러싸서 중심영역을 구성하는 건물로 양반 가옥의 형태를 이루었다.

집이나 건물을 가리키는 요사寮舍에서는 승려들의 수행과 대중공양大衆供養(여럿이 함께 공양한다. 출가승들에게 음식을 올리는 뜻임)이 이루어지는 대방, 승려들의 거처를 위한 승방, 기타 생활에 필요한 물품이나 곡식을 저장하기 위한 수장收藏공간 등이 포함됐다. 7~13세기 중국 당송唐宋시대에 부엌 공간인 고원庫院과 함께 승당이던 중료衆寮(대중방)란 명칭으로, 명나라(1368~1644)에는 고원 옆에 재당齋堂(식당)이 신설되어 발우공양 등을 하는 대방으로 사용했다.

조선 후기 왕실의 원당願堂(소원풀이집) 사찰에서 대방 건물은 불당佛堂과 승방, 요사의 기능까지 갖춘 복합적인 특성을 가지고 있으며, 사회적 상황에 대응하기 위한 접객의 기능을 갖는 누마루가 부설되기도 하였다.[178] 대방에 딸린 대청이나 툇마루는 주로 휴식을 취하는 장소였다. 1990년대까지 전남 승주 선암사 설선당說禪堂 등의 경우에는 식사나 음식 장만이 주된 기능을 이루었다. 대청大廳·廳板(나무판이 깔린 큰방)에서는 흔히 하절기에 행자들이 공양供養(식사)을 하는데, 밥과 반찬은 대방 앞의 마루에서 채공이나 행자 한 명이 퍼서 마루에 차려진 상에 옮겨 놓게 된다. 반면에 대중 승려들의 경우에는 대방에서 발우공양을 하게 되며, 이때에도 역시 대방 앞 마루에서 행자나 채공이 밥과 국, 반찬을 퍼서 대방 안으로 옮겨 놓는다.[179] 민가의 부엌은 안방과 연결된 문을 두어 그곳을 통해 음식을 전달하도록 하였지만, 사찰 공양간은 대방과 직접 통하는 문을 내지 않는 것이 원칙이었다. 즉, 대방은 수행공간이므로 음식물을 직접 들이지 않고, 대방 툇마루와 연결된 곳을 통해 단계적으로 옮기는 방식을 택했던 것이다.

대방의 기능을 보조해주는 역할을 하는 대청은 개방된 시선을 확보해 주는 주요한 평면 구조이다. 대청 앞면은 거의 개방되는데, 대청 후면의 바라지창은 시각적·심리적으로 폐쇄적인 마당을 개방적인 마당內庭(안뜰)으로 전환시키는 건축적 효과를 갖도록 만들었다. 대방을 비롯한 전각마다 댓돌 계단 아래쪽에는 아귀발우餓鬼鉢盂가 놓여 있다. 아귀 밥통이라고도 하며 불·보살께 올린 청정수나 공양을 마친 후, 바리때를 헹구어 낸 물을 버리는 용도로 퇴수대退水臺 또는 청수통淸水筒이라고 한다. 만든 이유로는 아귀가 늘 배고파서 아우성 거리는 데, 목구멍은 바늘만 해서 물만 마실 뿐 음식을 먹지 못하여 소중한 물을 버리지 않고 아귀에게 준다는 의미가 담겨 있다. 음식 찌꺼기 한 톨도 버리지 않겠다는 절약과 검소함을 익히는 불교의 전통 시설물이다.

또 대방大房은 조선시대에 상단商團(대기업 차원)을 만들어 상업하던 최고 경영 책임자를 일컫는 직책이었다. 사찰에서 대방은 생활공간 이외에도 염불당念佛堂 건물로 염불하고 기도하던 곳이다. 때론 선방으로 사용하는 큰 방을 가리킨다. 조선 말기에 서울·경기 일원의 사찰 대방은 주불전 앞쪽 누각 위치에 주로 건립됐다. 큰 방과 누, 승방 및 부엌 등으로 구성된 복합건물인 대방은 대웅전 등의 앞마당을 둘러싸서 중심영역에 자리하고 있다.

현존하는 대방 건물棟들은 조선 말기 고종년간에 지어진 것이 많다. 연혁이 확실한 건물 중에는 서울 정릉 흥천사·경국사·옥수동 미타사·우이동 화계사·신촌 봉원사·백련사, 경기도 파주 보광사·고양 흥국사·남양주 흥국사·가평 현등사·안성 운수암雲水庵, 인천 영종도 용궁사 등과[180] 서울 봉은사 선불당·경기도 양평 수종사 선불전, 경남 합천 해인사 홍제암 조사전 등도 대방 형식의 구조이고, 북한 묘향산 축성전의 대방이 유명하다. 봉은사 선불당選佛堂은 부처를 기르는 또는 뽑은 곳이란 뜻의 선방이다. 부엌과 온돌방이 따로 있는 선불당은 1941년에 일초태욱 주지가 건립했다.

경남 양산 통도사 원통방圓通房은 대방이다. 관음보살의 공덕이 주원융통周圓融通(두루 원만하고 통함)하다는 의미로 관음전에 붙이는 명칭이지만, 법회 때 대중들을 수용하는 공간으로 사용하는 대중방이다. 1341년(고려 충혜왕 복위 2년) 처음 세워진 다음, 조선 영조 때 탄해대사가 중건했다. 1882년 감로당甘露堂(식당으로 사용됨)과 함께 소실된 후, 1887년에 다시 중건되었다. 지금의 원통

경기도 남양주 흥국사 대방(2023.9.10. 촬영)

방 건물은 정면 7칸, 측면 2칸 맞배지붕 건물로 통도사 강원講院의 학인學人 대중방으로 쓰인다. 이 건물과 동, 서 그리고 남쪽에 객실 3채가 있어 ㅁ자형 평면으로 건립되어 중앙에 가운데 뜰中庭이 생겨 사대부가의 평면형 구조를 이룬다. 건물 편액은 흥선대원군 석파 이하응[181)이 쓴 글씨인 '원통소圓通所'를 붙였다.

20) 공양간, 조왕대신이 사는 집

공양간供養間은 절의 부엌을 이르는 말로, 공양(불전에 올리는 밥)을 짓는 곳이다. 후원後園 · 後院은 음식을 조리하는 부엌을 일컫는다. 사찰의 후원은 대방 · 식당 · 곳간 · 장독대 · 우물 등 식생활이 이뤄지는 영역을 포괄한 개념으로, 부엌을 말하는 좁은 의미의 공양간과 같이 쓰인다. 사부대중과 내방객이 자유롭게 공양하는 곳이기도 하다. 사찰음식 등 승가의 일상을 엿볼 수 있는 후원의 식생활 문화가 존재한다.

사찰의 칠당가람七堂伽藍에 속하는 주고廚庫(음식을 요리하고 물건을 저장하는 곳)는 부엌이다. 신성한 음식인 공양이 식사를 뜻하는 일반 말로 쓰이면서 붙여진 공양간에는 밥(공양)을 짓는 공양주가 있는 곳이다. 조선 후기부터 수행공간 의미를 애써 축소하고 기능적 공간만을 강조하는 '간間'이란 단어를 덧붙여 절간 · 이조불교 등과 같이 격식을 낮춘 공양간이라는 명칭이 우리나라에서만 사용하고 있다. 또 부처님 전에만 올리는 사시공양摩旨(오전 9~11시경)을 별도로 짓는 특별한 부엌인 노공간爐供間도 마찬가지이다.[182]

노공爐供이 정성을 다해서 짓던 사시 공양은 공양주가, 공양간에서 밥을 짓는 일로 대체되었다. 매일 사시에 불보살님께 올리는 밥을 사시마지巳時摩旨라고 한다. '마지'는 우리나라에서만 사용하는 순수한 불교 용어다. 일반 쌀밥과 다른 마지는 한자로 摩旨·磨指·麽指라 쓰고, 그 행위를 '마지 올린다'고 한다. 마摩는 방아나 절구·맷돌을 이용해 나락을 잘 다듬어 쌀로 사용할 수 있도록 정제하는 과정이다. 그 소임을 마두磨頭가 담당했지만, 지금은 사라진 소임이다. 지旨는 흰 쌀로 정성스럽게 밥을 짓는 과정을 일컫는데, 그 소임은 공양주가 담당한다.

마지는 쌀이나 보리 등 곡식을 정성껏 택미擇米(체를 쳐서 작은 티까지 모두 없앤 흰쌀)하여 잘 익혀 맛있게 지은 공양밥을 일컫는다. 또 운두雲頭(그릇의 둘레나 높이)가 낮고 둥글넓적하며 위에 뚜껑이 있는 그릇인 합盒(음식을 담는 놋그릇)에 담아 올리는 쌀밥白米을 지칭하는 마지는 '정성껏 어루만져 만든[摩] 맛있는 음식[旨]'을 가리킨다. 절에서 사시마지는 불기에 담을 때 주걱으로 밥을 섞거나 휘젓지 않고, 그대로 떠야 한다. 마지칼 주걱을 사용해 마지 놋그릇에 빈틈없이 매끈하고 봉긋하게 잘 괴어 담는 방식이다. 이를 "마지는 뒤집어 뜨지 않고 잘라 세워서 담는다."고 표현한다.[183] 불보살께 올리는 마지 공양은 공양주가 솥에서 마지 그릇에 밥을 담아 올린다고 하여 진지進旨라고 한다. 진지할 때 마지 그릇은 놋그릇이나 황금색 뚜껑을 덮어 빨간색 보자기로 감싼다. 그 까닭은 단단한 그릇에 담아 사악한 기운이 들어가지 않도록 하는 데 있다. 또 침이라도 튀지 않을까 걱정하는 마음에서 오른손으로 마지 그릇을 자신의 입 위로 들어 올리고, 왼손으로 받쳐 들어 이동하거나 올린다.

가정집에서도 밥을 짓거나 음식을 조리하는 장소가 부엌이다. 궁중의 수랏 간水剌間 또는 소주방燒廚房·왕 행차 때 임시로 설치한 행주방行廚房·궁중연회 때 임시로 설치한 주원숙설소 또는 내숙설소內熟設所, 양반 가옥의 부엌인 반빗 간飯備間(격식 갖춘 밥상을 차리는 곳)은 밥과 반찬 등을 만드는 곳이다.[184] 취사 공간인 이곳은 조리 공간이 부엌과 아궁이(불만 지피는 구멍, 함실아궁이)가 있는 정줏간晨廚間·정짓간으로 나뉜다.[185] 아궁이에 피는 불이 해 뜨는 모양이 라 하여 그 공간을 형상화하여 정줏간으로 표기한 것이다. 경상도 등지에서 부 엌을 정짓간淨地間이라 부르는 것은 음식을 만드는 정결한 땅이라는 의미의 방 언이다.

4세기에 한역된《사분율》제50권〈집과 방에 관한 법房舍犍度〉에 부처님은 코끼리 모양같은 누각 집[樓閣舍]을 지으라고 했지만, 음식을 만드는 부엌이 아 닌 그릇 세척과 보관장소였다. 열 가지 이름 중에 응공應供(아르하트 Aarhat, 마 땅히 공양을 받으실 분)이라고 부처님 당시부터 수행자들은 탁발乞食로 먹거리 를 해결해 부엌의 필요성이 강조되지 않았다. 밥 먹는 시간도 정오 이전에 하 루 한 끼一摶食(한 주먹의 뭉친 음식)만 먹도록 율장에 규정할 정도였다.

출가자들이 재가 신도들로부터 받는 두 가지 공양은 마을을 직접 방문해 걸 식하는 탁발과 신도들이 초청해 음식을 대접하는 공양청供養請을 통해 이뤄졌다. 고대 인도의 마우리아 왕조 이후, 기원전 185년부터 자체 경작지를 소유하게 된 인도 사원에 식당 건물이 건립되면서 교단 자체적으로 음식을 조리해 먹기 시작했다. 승단이 변천하면서 중국 선종에서 정오 이전의 일식一食은 이른 아침의 전식前食·小食과 정오 이전의 후식後食·大食(점심)으로 정착되었다. 약석藥石이라는 저녁까지도 들게 되었다.[186]

공양供養은 산스크리트어 푸자나(Pujana), 팔리어 뿌자(Pūjā)의 의역으로 공시供施·공급供給·공供·식물食物 등으로 번역한다. 음식이나 의복·탕약·방사房舍 등을 불법승 삼보께 받치는 일을 말한다. 초기불교의 탁발에서 공양의 의미가 재식齋食의 의미로 바뀌면서 밥을 먹는다. 즉, 식사 일반으로 그 뜻이 변화됐다. 이후 의례적 의미가 강조되면서 공양을 법식法食이라고 규정했다. 그리고 식당작법食堂作法 등 의식과 의례가 생겨났다.[187]

불전에 올리는 공양이라는 뜻이 강조되는 공양에서 승려들이 만들어 먹는 식사에 사찰음식이 더 해지면서 이를 만드는 장소를 공양간 또는 후원이라고 불렀다. 중국 북송 때 자각종색慈覺宗賾 선사가 1103년에 편찬한《선원청규禪苑清規》에 이시죽반二時粥飯(아침에 죽, 낮에 밥으로 하루 두 끼만 먹음)이 등장한 것처럼 사찰에서 직접 음식을 조리하는 장소가 있었음을 알 수 있다.

공양간은 조리하는 주방廚房을 비롯해 고원庫院·고주庫廚·고리庫裏·고당庫堂·향적주香積廚·향적당香積堂 등이라 기록되고, 정지·정주·부엌이라 했다. 중국 항주 영은사 등과 일본사찰에서 사용하는 이름의 고원은 창고라는 뜻으로, 식자재 창고·주방·사무실 세 가지 기능을 한다. 총림의 모든 살림살이와 종무소가 고원에 집결되어 있어서 선종사원의 본부라고 불렸다. 우리나라에서 주고·고원·향적당 등으로 기록된 공양간은 밥 짓는 소임을 맡은 공두供頭·공사供司·반두飯頭·공양주供養主로 불리는 이가 주인이다. 향적주는 《유마경》〈향적품〉에 나오는 말로, '향기로운 음식이 가득한 주방'을 말한다. 이 경전에 나오는 향반香飯(향기로운 음식)은 수행자들의 음식 즉, 사찰음식을 뜻한다. 팔공산 백흥암·장성 백양사·김제 금산사·공주 동학사 등 공양간에 향적전·향적당이라는 편액을 붙이고, 향적세계 등의 이름을 사용하는 이유이다. 충북 괴산 공림사와 강원도 강릉 보현사 등 오관당五觀堂의 이름도 이와 비슷하다.

사찰 공양간의 공간적 배치는 '서승당 동고원'을 이루었다. 선종 사찰에서는 남북축을 중심으로 좌선과 숙식을 하는 승당僧堂은 서쪽에 두었고, 음식을 만드는 고원은 동쪽에 두는 방위를 취했다. 그 까닭은 서쪽은 객의 자리이고, 동쪽은 주인의 자리를 뜻하는 풍수지리를 반영한 것이다. 아궁이와 부뚜막을 설치하고, 솥을 거는 것은 그곳에 터전을 잡는다는 뜻을 담아서 양陽의 영역인 동쪽에 근원 또는 중심으로 삼았다. 오늘날 공양간의 방위는 절의 입지와 상황에 따라 다르지만, 민가와는 정반대의 방위를 택한다. 민가에서는 부엌을 여성 공간이라 하여 음陰에 해당하는 집의 서쪽에 두는 음양의 원리를 따랐다. 또 부엌을 서쪽에 둘 때는 쌀을 일거나 밥을 풀 때 조리질·주걱질이 집 안쪽을 향하므로 복을 찌르고, 나가는 것을 막는다는 담론도 전한다.

민가의 부엌이 안방에 딸린 전통적인 부엌은 아궁이에 불을 지펴 구들을 덥히는 난방과 취사를 겸하는 구조다. 사찰의 공양간도 대방과 짝을 이루고 있는 것이 일반적이다. 공양하기 위해 큰방大房에 모이기 때문이다. 또 초파일이나 동짓날 등 옥외 행사를 위해 바깥에 부뚜막을 걸어 놓는 한뎃부엌, 헛부엌을 만들기도 한다. 공양간에는 별도의 방을 따로 두어 공양주가 거처하거나 방문객을 위한 용도로 쓰는 경우도 있다. 이를 뒷방·공양주 방이라 부르는데, 이 방에서 하게 되는 식사를 뒷방 공양이라 불렀다. 부산 금정산 비구니선원 대성암에서는 공양간의 뒷방을 공적으로 쓰는 공간이라는 뜻에서 공석방公席房이라 부른다.[188]

사찰을 비롯한 민가 부엌의 실제 주인은 따로 있다. 바로 조왕대신이다. 중국 사찰에서는 위타천 신상身像을 모신다. 조왕신竈王神은 부엌을 관장하는 가신家神(집지킴이)으로, 그 기원은 불을 다루는 데서 유래했다. 불을 사용해 음식을 만드는 곳이면서 만들 때 물을 사용하기에 불과 물을 동시에 사용하는 곳이다. 물을 상징하지만, 원칙적으로 불을 모시는 민간신앙의 주인공이다. 그 이름은 조왕대신·부엌신·부뚜막신·조왕각시·조왕할망·불과 물의 신·12천신의 화신火神 등으로 불렸다.

5~6세기경 중국에서 나타난 조왕신앙은 부엌의 불씨를 신앙하는 화신신앙이다. 불교에서는 황신荒神(불의 신 십일면관음보살)을, 중국에서는 염제(炎帝, 불을 관장하는 황제)를 조왕신으로 모신다. 8월 3일이 생일이라고까지 인격을 가진 신으로 간주한다. 부엌을 관할하는 조왕신을 여신으로 보고, 조왕각시 또는 조왕할망이라 한다. 우리나라 남부지방에는 부엌 부뚜막에 물을 담은 작은 종지를 놓아 조왕신을 모시는 풍습이 있다. 이것을 조왕보시기 또는 조왕중발

(자그마한 사기그릇)이라 한다.[189] 강원도 산간 지역에서는 부뚜막에 화투 또는 화티라는 불씨를 보호하는 곳을 만들어 두었다.

1769년(영조 45년)에 경북 안동 봉정사에서 간행된 《불설조왕경》,《불설환희조왕경佛說歡喜竈王經》 등에 기록한 조왕대신은 각 전각에 올릴 사시마지를 준비하는 공양주가 조왕단에 공양을 먼저 올리고, 죽비나 목탁을 치며 다음 게송으로 예경禮敬文을 갖는다.

> "한마음 함께 기울여서 8만4천 조왕대신께 예배합니다.
> 한마음 함께 기울여서 좌보처 담시역사께 예배합니다.
> 한마음 함께 기울여서 우보처 조식취모께 예배합니다.
> 향기로운 부엌에 늘 드나드시면서, 불법호지하며 마군들을 항복 받아,
> 사람 소원을 정성으로 축원하면, 병과 재앙 없애고 복 많이 주시옵서.
> 그러므로 일심으로 귀명정례하옵니다."[190]

1935년에 간행된 불교의식집 《석문의범》〈신중청神衆請〉의 조왕단 예경문에 사찰 내부는 조왕신이, 사찰 외부에는 산신이 보호해 준다內護竈王 外護山神고 하여 으뜸 신으로 모신다. 이것은 불교에서 민간신앙인 조왕과 산신을 수용한 형태이다. 조왕신의 위신력 10가지 게송은 1926년 간행된 《불경요집》〈불설환희조왕경〉에서 볼 수 있다. 대부분 가족이 평안하고, 집안에 재물이 가득하고, 수명을 늘리고, 모든 병을 없애고, 삿된 귀신과 재앙을 없애는 내용이다. 옛

어머니들이 부엌에서 가족의 행복을 빌던 이야기들이 고스란히 불교의식 안으로 들어온 것이다.

조왕은 모든 사람을 잘 살펴서 착한 사람과 나쁜 사람을 가려내는 역할을 한다. 조왕신은 매년 섣달그믐날除夜 (또는 12월 23일) 저녁, 하늘에 올라가서 옥황상제께 1년 동안에 보고들은 가족들의 행동을 낱낱이 보고하고, 정월 초하루에 다시 내려온다고 한다. 중국과 일본에서도 모시는 조왕신은 아침에 연기를 타고 하늘에 올라가서 천신께 복을 받아오는 일을 한다. 수행자가 늦잠을 자거나 게으르면 아침에 장작불을 지피지 못해 연기를 탈 수 없고, 굴뚝 연기가 없어진 요즘의 주거환경은 민간신앙이 사라진 이유이기도 하다. 그래도 조왕은 천제의 명으로 지상에 파견돼 인간의 일을 엄중하게 기록하는 관리의 역할을 맡고 있다. 탱화 속의 조왕은 머리에 관을 쓰고 장부帳簿를 든 모습이다.

부엌신 조왕이 머무는 곳은 부뚜막 조왕단이다. 부엌의 벽중턱에 들인 선반인 살광에 만든 단壇을 말한다. 삼신과 더불어 육아를 담당한다. 또는 재산신으로 여기는데 불은 재산을 상징하고, 부엌에 불이 있기 때문이다. 오늘날 사찰 공양간이 현대화되면서 부뚜막 위 조왕단도 사라졌지만, 아직 여러 곳의 공양간 부뚜막 위에 조왕단을 설치해 모시고 있다.《석문의범》〈조왕단竈王壇(단에 계신 왕)〉에 기록된 조왕대신은 대개 탱화로 모시는데, 가운데에 위치한다. 좌측에는 아궁이 땔감을 대는 역할을 담당하는 담시역사擔柴力士가, 우측에는 음식을 만드는 어머니를 뜻하는 조식취모造食炊母가 자리한다. 민화 형식의 조왕탱화가 없는 공양간에는 주로 글자를 적어 조왕대신을 모신다. 또는 나무조왕대신南無竈王大神이라는 위목位目을 별도로 만들어 모시기도 한다. 사찰을 비롯해 가정집에서도 음식을 만들거나 들어오면 조왕신에게 먼저 바치고, 철에 따라 찰밥(정월 대보름날)이나 팥죽(동짓날)을 바치고, 부엌 벽에 발라서 조왕신을 영접했다.

음식을 만드는 신성한 영역의 공양간 조왕단은 영험설화가 많다. 해인사 인근에 누군가 묘지를 섰을 때 조왕단 선반에 쌓아 올린 마지 그릇이 짤그랑 서로 부딪치는 소리를 냈다는 전설 등과 같이 신령하고 신비한 공간이었다. 그래서 공양간은 더없이 정결하게 관리됐다. 부뚜막에는 오직 공양주 즉, 상반두上飯頭만이 올라갈 수 있을 만큼 엄격하게 여겼다. 수백 명분의 밥을 짓는 대형 가마솥에 삽주걱으로 밥을 푸거나 생쌀을 안칠 때는 공손과 위임의 자세로 예를 취하였다. 높은 부뚜막에 오르기 위한 작은 계단을 두어 오르내렸기에 조왕을 뵈러 가는 승사하乘槎河(하늘에 오르는 사다리) 길이라 했다. 옛 선사들은 공양간 나들이에 바늘침을 가지고 다니면서 바닥에 떨어진 밥알을 찍어 먹고, 누룽지 한 톨도 주워 먹었다고 한다. 공양 전후에 흘리는 밥알은 달리 '아귀의 눈물'이라 불렀다.[191] 또 불아궁이 양쪽에 세운 큰 돌멩이인 '봇돌'은 교체하지 않는다는 풍습이 있다. 공양 짓는 가마솥 아궁이의 장작은 우물 정井 자로 쌓는다고 하여 (아궁이 안에) "탑 세운다."라고 말한다.[192]

예전에 부지런한 공양주는 가마솥을 들기름으로 윤이 나게 닦고, 황토로 마감한 부뚜막엔 한두 달마다 찰흙으로 덧바르는 맥질을 했다. 공양을 지을 때마다 부뚜막에 발자국이 나고 그을음이 올라와서 2~3일마다 맥질을 하는 때도 있었다.[193] 또 부뚜막 위에 긴 천을 쳐 놓는 풍경은 천정에 달라붙은 화목 그을음과 먼지가 마지와 공양음식에 들어가지 않도록 하는 예방책이었다. 광목으로 긴 막을 쳐두었다가 조왕 불공을 올리는 연말이나 초파일 전날에 새 광목천으로 갈아주었는데, 이 천조각을 조왕보竈王褓라 불렀다.

법보종찰 해인사 보경당 옛 공양간 가마솥과 공양주(1990년 11월)

부엌신이 지배하는 공양간에서 주연배우는 밥을 짓는 소임의 공양주이다. 공양주는 밥을 짓기 전에 먼저, 공양간 부뚜막신 조왕께 올리는 《조왕경》을 읊으며, 물을 끓이는 가마솥 아궁이에 불을 지핀다. 민가에서와 달리 절에서 밥 짓는 방법이 다르다. 가마솥에서 모락모락 피어나는 김의 모양만 보아도 밥의 정도를 알아내는 신통술을 부린다. 중간에 솥뚜껑을 열지 않고서도 "간間 본다."는 말과 같이 가마솥에서 새어나는 밥물과 김으로 밥 익는 냄새를 가늠하는 것이다. 마지 밥을 하는 가마솥 뚜껑 사이로 새어 나오는 밥물(김)을 '붓다의 눈물'이라 일컫는다.

특히 해인사 공양간에서는 처음부터 찬물로 짓는 것이 아니라 팔팔 끓는 물을 밥양에 잘 맞추고, 큰 부채나 송풍기로 강력하게 일으킨 산불酸化焰에 이은 환원염還元焰(고온의 푸른색을 띤 강력한 불꽃) 장작불로 3분에 걸쳐서 미리 불려 솥에 안친 쌀을 다 익혀낸다. 그다음, 밑불(막불)로 10분가량 뜸을 들여 밥을 완성한다. 최소의 물과 장작으로 최대 효과를 얻는 최량의 물 수치는 공양주들에게만 전수되는 비법이다. 펄펄 끓는 가마솥 수증기에 눈뜨기조차 힘든 상황에서 밥물을 조절하는 것은 곧, 공양주의 수행력을 가름하는 척도였다. 이런 비법으로 말미암아 "공양주는 밥값 했다."는 전설이 아닌 신화로 전해진다.

공양간의 총감독은 사찰후원 사무를 관장하는 원주院主이지만, 현장을 지휘하는 감독은 별좌別坐란 소임자다. 공양간에서 만들어지는 모든 음식을 총괄하는 소임자로 총괄 셰프(Chef)인 셈이다. 조연배우들은 공양간 소임의 호칭을 통해서 알 수 있다.

채공菜供은 반찬을 만드는 소임자로 채두菜頭라고 부른다. 갱두羹頭는 국을 끓이는 소임자, 간상看上은 대중방 음식 배식과 상차림의 담당자로 큰방장이라 부른다.[194] 이들은 각 부문을 책임지는 간방장間房長들이다. 이 소임은 행자行者(출가해 계를 받지 않은 예비 사미·사미니)들이 맡는다. 행자실에는 행자 반장을 중심으로, 일명 행자조실로 불리는 1번시자侍者(고참행자)와 각 간방장, 규칙과 입방식 등을 담당하는 부목負木(정신적 땔감의 담당), 행자들로 구성됐다. 해인사 행자실에는 오랫동안 전해오는 이야기로 "행자실 1번시자는 합천군수하고도 바꾸지 않는다."고 할 만큼 그 위상이 대단했다. 그래서 해인사 행자실 1번시자는 해인총림 방장·해인강원 입승과 함께 암암리에 해인사의 3방장으로까지 불리었다.

21) 승방, 구도자들이 사는 집

승려들이 거주하는 승방 또는 승당僧堂은 해우소, 욕실浴室과 함께 삼묵당三默堂으로 말을 가벼이 해서는 안 되는 곳이다. 승려 등 사람이 거처하는 사찰 당우堂宇는 승당·요사채寮舍寨 등이 있다. 승방僧房은 여승방女僧房의 준말인데, 먹고사는 살림을 강조한 의미이다.

석가모니 생존 당시부터 필수 건물이던 승방은 삼국시대부터 금당金堂의 동서쪽에 배치되어 동·서승당이라 했다. 이곳에 거주하는 분들은 법명 대신에 건물의 당호堂號를 붙여 부르기도 한다. 별당別堂은 몸채에서 떨어져 따로 지은 집으로 중심 건물과 별개의 건물이다. 조선 전기 때부터 요사채라 불리고 있다. 승려들이 생활하는 건물을 통틀어서 요사채라고 하는데, 울타리가 있는 곳을 말한다. 수도하는 곳인 동시에 일하고 공부하며 기거하는 곳을 일컫는다. 음식飮食(밥과 국)을 만드는 후원(공양간), 객실, 창고, 사무실인 종무소 등이 사찰 내의 모든 부속건물이 요사에 해당한다.

건물의 용도(쓰임새)에 따른 명칭과 같이 요사 건물에도 각각의 기능에 따라 건물 이름을 다양하게 붙였다. 승방은 크게 대중방과 후원 등으로 나뉜다. 첫째, 대방으로서의 승방은 강당으로 법회가 열리는 설법전, 강설과 참선을 함께 한다는 설선당 등과 선방으로 사용하는 선불당選佛堂은 선종 사찰의 상징적인 전각으로, 부처를 뽑는다는 뜻의 참선하는 방이다. 참선하는 장소라는 의미의 수선당修禪堂(참선수련방), 지혜의 칼을 갈아 무명無明의 풀을 벤다는 뜻의 심검당尋劍堂, 말없이 참선한다는 적묵당寂默堂, 올바른 행과 신해행증信解行證을 상징하는 해행당解行堂, 겨울철 보름마다 모여 참회하는 포살법회를 갖는 포살당布薩堂, 또 이 법회에서 계를 설하기도 함으로 설계당說戒堂이라 부르기도 한다.

법당을 관리하고 제반 법요를 집행하는 분수승焚修僧이 거처하는 노전爐殿 건물과 경북 안동 봉정사의 고금당古金堂은 극락전 노전이 거처하는 승방이다. 조실 등 고승이 머무는 염화실 등도 중요한 승당이다. 특히 대중이 함께 사용하는 곳으로 '도를 논하고 구한다'는 판도방判道房은 사찰의 객실로, 요즈음 여관처럼 알려진 승방이다. 원래의 뜻은 고승이 거처居處하는 큰방의 둘레에 있는 작은 방을 일컫는 명칭이다. 내금강산 표훈사 판도방은 새로 개건돼 현존하지만, 내금강 만폭동 보덕암의 전설적인 판도방은 6.25전쟁 이후에 소실되었다. 지붕 위에 특이한 환기창換氣窓을 낸 전남 송광사 하사당下舍堂은 남도의 유명한 승방이다. 경남 통도사 황화각皇華閣은 현재, 강원 학승들이 거처하는 건물이다. 1317년(충숙왕 4년)에 건립돼 천자각天子閣이라 불렸다. 원나라 통치기의 고려 조정에 머물던 중국 사신(황하)이 사리탑에 참배할 때 묵었던 일종의 영빈관으로 사용됐다. 건물은 ㄴ자 평면으로 두 개의 건물을 복합시킨 형식이다. 동서로 자리 잡은 평면은 강당과 부엌, 툇마루이고 남북방향의 평면에는 학승의 거처로 서쪽에 쪽마루를 달았다. 일반 신도와 격리되도록 북쪽과 서쪽에서 출입하도록 건물을 설계하여 경학과 대중방의 공간 구조로 만들었다.

둘째로는 사찰의 후원 건물로 사용했다. 향나무를 땔감으로 법당에 올릴 공양을 짓는다는 뜻의 향적전香積殿, 향기 나는 화로가 있는 집이란 뜻의 향로전香爐殿, 무언의 부처님 설법이 있어 향기가 모이는 집이라는 뜻의 응향각凝香閣 등은 모두 공양간의 다른 이름이다.

22) 해우소, 근심을 푸는 곳

해우소解憂所는 사찰 화장실·변소이다. 《국어대사전》에서도 나오지 않는 용어이다. 냄새나는 뒷간에 '근심을 털어 버리는 곳'이라 붙인 이름은 1982년에 입적한 경남 양산 통도사 극락암의 경봉선사가 명명한 것이다. 선사는 재래식 화장실의 나무토막 위에 앉아 큰일을 보는 대변소大便所에는 근심을 푸는 곳이라 하여 해우소라 쓰고, 소변小便을 보는 곳에는 휴급소休急所라 써서 급한 것을 쉬어가는 곳이라고 표시해 놓았다. 지금의 사찰에는 대소변을 구분하지 않고, 화장실을 해우소라고 쓴다.[195] 뒷간이나 화장실이란 단어보다 대소변을 미련없이 버리듯이 번뇌 망상도 미련없이 버리자는 뜻을 담은 해우소는 경봉선사의 해학과 위트, 멋이 엿보인다. 또 절 속에 전하는 지대방 이야기로 "해인사 해우소는 볼일을 보고 난 후 떨어지는 소리가 천년 후에나 풍덩하는 소리가 들린다고 하니, 통도사 가마솥은 밥을 지을 때 두 사람이 돛배를 타고 노를 젓기로 밥물을 조절한다."는 법거량을 나눈다. 그 전설의 해우소와 가마솥은 이미 사라진 지 오래다.

해우소는 멀리 있을수록 좋다는 속담과 같이 뒷간까지 이르는 골목길을 '고샅길'이라 한다. 예로부터 화장실은 측간廁間 · 측실廁室 · 측청廁圊 · 혼측溷廁 · 회치장灰治粧 · 서각西閣 · 변소 · 동숫간 · 둑간 · 드나깃간 · 똥간 등으로 불렀다. 경상도와 전라도, 제주도에서는 통시通屎(돗통시)라는 방언을 사용한다. 뒷간은 북쪽에 있는 방을 의미하고, 변소便所는 편안하게 볼일을 보는 곳이다. 측간은 집 귀퉁이에 붙은 건물을, 북수간北水間은 목욕이나 뒷물을 겸하는 공간을 의미한다. 정방淨房은 몸속을 깨끗하게 하는 공간을, 정랑淨廊은 깨끗한 복도라는 의미로 뒷간을 말한다. 청측圊廁은 우리네 뒷간을 의미하는 전통적인 호칭이다.

칠당가람의 원칙에 포함된 당우堂宇로 선종의 칠당 가람에서는 뒷간이 동쪽에 있으면 동사東司, 서쪽에 있으면 서정西淨, 남쪽에 있으면 등사登司, 북쪽은 설은雪隱이라고 불렀다. 절의 뒷간은 대개 좌우 양쪽에 남녀의 칸을 두므로 좌우를 기준으로 복도가 자연스럽게 생기게 되고, 전남 승주 선암사나 구례 연곡사와 같이 T자형의 건물은 들어가는 입구가 복도로 되어 있다.

사찰 해우소는 승당僧堂 · 욕실浴室과 함께 삼묵당三默堂으로 말을 함부로 해서는 안 되는 곳이다. 절의 뒷간에서는 입측오주入厠五呪라고 5단계에 걸쳐 주문을 외운다.[196] 화장실에 들어갈 때부터 볼일을 마치고, 돌아 나올 때까지 각각 외는 주문이다. 이것은 뒷간에서 똥을 먹으며 사는 담분귀신噉糞鬼이 주문을 듣고, 그 자리를 비울 수 있도록 하기 위함에 있다. 이 같은 청규를 통해 배설하는 과정 또한 하나의 수행 과정임을 깨닫게 해준다. 승주 선운사 뒷간을 비롯해 순천 송광사의 불일암 해우소는 재래식 화장실로 유명하다. 냄새를 제거하는 방법으로 낙엽을 덮어 처리하는 생태형 화장실도 있지만, 농경지가 있는 사찰의 경우에는 벼의 겉겨(왕겨 · 죽겨 · 나락겨 · 나락쭉대기 등), 산속 절에서는 아궁이 재를 사용해 환경미화를 했다.

2. 사찰 속 민간신앙의 세계

1) 독성각, 나반존자의 나라

독성각獨聖閣은 독성을 모신 전각으로, 나반존자가 머무는 세상이다. 독성은 부처님 이전 시대에 홀로 연기법緣起法을 깨달아서 독성불獨成佛이라고 한다. 나반존자那畔尊者로 불리는 독성은 스승없이 스스로 깨친 성자이다. 세존께 귀의해서 아라한과阿羅漢果를 얻은 뒤, 부처님으로부터 수기授記를 받은 분이다. 부처님 열반 후, 남인도 천태산天台山에서 스승없이 홀로 선정禪定을 닦아 깨달음을 얻어서 독성의 이름을 얻고, 독성각에 모셔졌다고 한다. 천태산에서 도를 깨쳤다고 하여 천태각天台閣이라 한다.

나반존자는 미륵불이 오기까지 기다리는 독수성자獨修聖者라고 한다. 부처와 중생의 중계자인 독성은 근세기에 육당 최남선이 단군檀君을 독성으로 소개하면서 단군이 토착신의 화현으로 믿어왔다. 1693년(숙종 19년)에 처음 건립된 왕실실록 기록과 같이 독성각은 19세기부터 본격적으로 사찰에 건립됐다. 독성각은 산신각과도 건축적 차이는 거의 없이 민간신앙의 형태를 이루고 있다. 전남 영암 축성암의 목조 나반존자상과 서울 진관사 독성각의 젊은 모습으로 된 목조 나반존자상이 유명하다.

우리나라에만 유일하게 존재하는 나반존자는 16나한 중에 빈두로 존자賓頭

盧尊者가 이름만 바뀌어 신앙 대상으로 승격됐다. 인도 발차국跋蹉國 재상의 아들로 어렸을 적에 출가해 아라한이 된 빈두로 존자(Pindola)는 16나한 중에 첫 번째이다. 나반존자는 과거 · 현재 · 미래의 모든 일을 꿰뚫어 알고 있고, 자신과 남을 이롭게 하는 능력을 갖추고 있기에 말법시대의 중생에게 복을 주고 소원을 성취시켜 준다고 믿는다. 산신 · 칠성과 함께 삼성각三聖閣에 모셔지기도 한다. 주로 탱화에 등장하는 나반존자도那畔尊者圖 또는 수독성도修獨聖圖라고 한다. 사찰의 독성각에 단독으로 모셔지거나 삼성각에 산신도山神圖, 칠성도七星圖와 함께 봉안된다. 독성탱화는 남인도의 천태산을 배경으로, 희고 긴 눈썹과 수염을 가진 나이 든 비구가 오른손에 지팡이를, 왼손에 염주 또는 불로초를 들고 앉아 있는 모습이 대부분이다.

독각獨覺(Pratyeka-buddha)을 이룬 나한인 나반존자는 세존의 가르침에 의지하지 않고 스승도 없이 스스로 깨달아 고독을 즐기며, 설법도 하지 않는 불교의 성자이다. 과거 숙세夙世(지나간 시대)에 선근善根(좋은 과보를 낳게 하는 착한 일)이 많아서 자연을 보며 홀로 수행하는 사람 또는 혼자의 힘으로 깨달음을 성취한 사람을 말하는 벽지불辟支佛(Byeokjibul)은 범어로 프라티에카 붓다(Pratyeka-Buddha)라고 불린다. 12인연의 이치를 관찰하여 홀로 깨달았다는 뜻으로 인연각因緣覺을 이룬 연각緣覺과 같은 분이다. 독성 · 벽지불 · 연각을 가리키는 연각승緣覺乘과 세존의 가르침을 듣고 깨달음을 이룬 성문승聲聞乘과 큰 서원誓願을 세워 위로 보리를 구하고 아래로 중생을 교화하는 보살승菩薩乘을 세 가지 수레바퀴라는 의미로, 중생제도와 열반에 이르게 하는 세 분을 함께 삼승三乘(Trīṇi-yānāni)이라고 칭한다.[197] 하지만 이들은 완전한 부처와는 구별이 된다.

왜란과 호란 이후, 17세기에 대표적 호국신앙으로 자리한 나한신앙에 의해 건립된 독성각은 경남 합천 해인사 독성각 등과 경북 청도 운문사 사리암의 천태각이 유명하다. 또 나반존자를 모신 전각을 단하각丹霞閣이라 부른다. 경남 양산 통도사 산내암자인 극락암 단하각丹荷閣은 독성각으로, 1955년에 경봉선사가 나반존자 소상塑像을 모셨다. 경북 영주 부석사, 경기도 남양주 흥국사, 서울 성북구 미타사의 단하각이 유명하다.[198]

2) 칠성각, 칠원성군이 사는 세상

칠성각七星閣은 수명장수의 신으로 일컫는 칠성신을 봉안한 전각이다. 중국 도교에서 북극성에 비유擬人化한 자미대제紫微大帝 또는 자미북극대제紫微北極大帝·북극성제군北極星帝君이라는 북두칠성을 모시는 전각이 아니라 불교에 융합된 삼존불과 칠여래, 도교의 칠성신을 함께 봉안하고 있다. 불교 칠성신앙은 그 대상이 북두칠성이 아니라 여래의 증명을 거치고, 7여래의 화현으로 나타난 칠성부처인 치성광여래를 모신다. 북극전北極殿·북극보전·북두각北斗閣으로 불리는 칠성각은 세상의 중심인 수미산을 받치고 있는 금륜金輪을 상징하는 칠성여래를 모신다고 금륜전金輪殿·閣이라 한다.

북두칠성을 높여서 칠원성군七元星君이라고 하며, 부처님의 화현化現으로 보았다.[199] 칠성은 자손을 낳게 하고 복을 주고, 장애와 재난을 없애주며, 구하는 것을 모두 얻게 하고, 수명 연장을 길게 한다는 효험으로 인기가 높았던 칠성신이다. 중국 도교의 칠성신앙과 관련이 있었으나, 한반도에 전래한 불교에 흡수되면서 불교적으로 변용돼 신중각神衆閣의 일환으로 건립됐다.

칠성각에는 주존으로 북극성北極星의 화신인 치성광여래탱熾聖光如來撑을 걸고, 주존 양편에 칠성탱화七星撑을 배열한다. 불보살과 칠성이 중심을 이룬 소재회상도消災會上圖 성격의 칠성탱화이다. 우리나라에서 토속신앙과 결합한 산신 등을 봉안하며, 산신·독성·칠성의 세 성인을 삼성각에 모시기도 한다. 서울 안양암 금륜전에는 치성광여래 불상과 불화를 봉안했다. 경북 상주 남장사의 금륜전은 산신각으로 이용하고 있다.

치성광여래를 주존으로 모시는 칠성각의 칠성여래는 손에 금륜을 가지고 있는 것이 특징이며, 일광보살과 월광보살이 좌우에 협시로 배치한다. 특히 조선시대 가장 성행한 전각으로 경북 청도 운문사, 경남 고성 옥천사, 전남 승주 선암사 칠성각 등 수많은 예가 남아 있다. 서울 진관사 칠성각 석불좌상과 칠성탱화를 봉안하고, 경기 수원 화성 용주사의 시방칠등각十方七燈閣은 창건 당시에 칠성각이었으나, 그 후 이름을 바꾼 것이다. 칠등七燈은 북두칠성을 말한다. 삼성각으로 쓰이는 용주사 시방칠등각에는 칠성탱과 나반존자 독성탱, 산신탱화를 봉안했다. 경남 양산 통도사 산내암자인 안양암의 북극전은 칠성전이다. 통도사 극락암의 수세전壽世殿[200]은 수명과 길흉화복을 관장하는 도교의 칠성신앙이 불교화한 칠성각으로 산신각 편액을 같이 달았다.

특히 서울 봉은사 북극보전北極寶殿은 북두칠성을 신격화한 존재인 칠성신으로부터 따온 칠성각의 다른 이름이다. 1942년에 영산전과 함께 건립된 북극보전은 팔작지붕에 전면 3칸 측면 2칸의 작은 전각으로, 산신·칠성·독성의 나반존자를 모신 삼성각의 또 다른 이름이다. 사람들에게 재물과 재능을 주고, 아이들의 수명을 늘려주고, 비를 내려 풍년이 들게 한다는 치성광여래(북극성)와 북두칠성을 비롯한 별들을 함께 그린 칠성도七星圖(서울시 유형문화재 제233호)가 봉안됐다. 그림 중앙에는 결가부좌한 치성광여래熾盛光如來, 그 아래에는 해와 달을 신격화한 일광보살과 월광보살이 각각 붉은 해와 흰 달이 그려진 보관을 쓰고 본존을 향해 합장하고 있다. 치성광여래 좌우로는 별이 그려진 관을 쓴 28수와 칠성여래, 붉은 관복을 입은 칠원성군, 정수리가 뾰족한 모습의 태상노군太上老君과 구름을 타고 내려오는 삼태三台, 육성六星 등이 각각 그려져 있다. 적색과 녹색·청색·황색 등의 색을 주로 썼지만, 이중 적색과 청색을 많이 사용했다. 흰 소가 끄는 큰 수레인 백우거白牛車에 앉아 있는 치성광여래의 그림으로 다른 지역에서는 볼 수 없는 도상이다. 서울 미타사 삼성각 칠성도(1874년), 강화도 정수사 법당 칠성도(1878년), 경북 의성 고운사 쌍수암 칠성도(1892년) 등과 동일한 형식이다.

북극보전의 칠성도는 1886년(고종 23년) 4월 판전板殿 건물의 후불탱화 비로자나불화, 산신도와 함께 조성되어 판전에 봉안되었다가 1942년에 북극보전으로 이안되고, 1942년에 그려진 독성탱 및 산신탱화와 함께 봉안되어 있다. 칠성도에는 화기가 남아 있다. 치성광여래가 흰 소가 끄는 마차 위의 연화대좌에 앉아 있는 것은 태양이 흰 소가 끄는 마차를 타고, 우주를 1회 돌면 1년이 된다고 믿는 인도의 힌두교에서 유래한 것이다.

3) 산신각, 산신령의 보금자리

산신각山神閣은 산령각山靈閣·산왕각山王閣·진산에 있는 산신각을 뜻하는 성산각星山閣·선승들을 외호하는 단하각丹霞閣 등으로 불린다. 삼국시대부터 고유의 토속신앙인 오악사상이 불교화되어 사찰의 영지신앙靈地信仰과 함께 가람을 수호하는 산신들의 집이다. 조선 후부터 본격적으로 세워진 산신각은 산마루에 산신을 모시는 산령각으로 많이 세워졌다. 신앙의 대상인 산신탱화山神撑畵에는 항상 호랑이와 산신이 함께 등장하는데 인격체로서의 산신과 화신으로서 범虎을 숭배한다. 좌우에 독성과 칠성탱화를 봉안하고 있다. 어떤 사찰에서는 나무에 새긴 목각탱화를 봉안하기도 한다. 전남 순천 송광사 천자암의 성산각은 1893년(고종 30)에 구연대사가 건립한 산신각이다.

산신각은 칠성각과 함께 토속신인 산신과 호랑이를 모신 곳으로, 산에 위치하는 산신령을 사찰의 외호 신중으로 모신 것이다. 산신탱화에 모셔진 산신은 흰수염·대머리·긴 눈썹이 휘날리는 모습으로 표현된다. 손에는 하얀 깃털 부채나 파초선·불로초 등을 들고 있고, 주로 봉래산(금강산)·영주산(한라산) · 방장산(지리산) 등 삼신산을 배경으로 한다. 한라산 · 지리산 · 속리산 · 계룡산 등의 사찰에는 드물게 여자 산신을 모시는 경우도 있다. 여자 산신은 체머리(트레머리)에 댕기를 두르고 치마저고리를 입고 있다. 호랑이에 걸터앉거나 기대고 있는 모습으로, 손에는 거의 불로초를 들고 있다. 또 복건幅巾(천을 사용한 모자)이나 유건儒巾(유생 실내 착용모) · 정자관程子冠(양반이나 훈장이 쓰는 모자)을 쓰고, 지팡이를 든 유교적 산신도 있다. 삭발한 승려가 《묘법연화경》 등 불경을 들고 있는 불교식 산신도 흔하다. 이 경우에 의상은 가사와 비슷하지만 적녹색이 주류를 이룬다.

민간신앙에서는 산에 사는 영물로 호랑이를 산의 군왕으로 모시기에 산신은 언제나 호랑이를 거느리는 것으로 표현된다. 산신은 산의 영靈으로 산을 지키며, 산속에서 일어나는 일을 관장하는 신으로 산신령山神靈이라 한다. 산의 주인으로 늘 가람의 뒤쪽에 자리하며 가람 수호신의 역할을 맡고 있다. 그래서 절마다 '산신이 보좌를 튼 절'이라 부르기도 한다. 불공佛供은 절에서 불보살에게 기도하는 것을, 치성致誠은 산신에게 정성 들이는 것을, 정화수井華水는 새벽에 처음 길은 우물물을 장독대 등에 두고 정성을 들이는 일로써 모두 소원을 이루고자 신에게 제물을 차려놓고 빌거나 배례하는 것이다. 신앙 대상은 산과 강의 기암괴석이나 기자암, 기자석 등으로 초월적인 존재나 영험하다고 믿는 자연물에 치성을 드리거나 특정 물건을 몸에 지니는 것 등이다. 서울 인왕산 선바위의 기자신앙이 유명하다. 기자祈子신앙은 자식을 낳기 위하여 기원하는 민간신앙이다.

경남 밀양 표충사와 양산 통도사 입구의 가람각伽籃閣은 산신각이다. 표충사 가람각은 국사당 또는 성황각이라 부르는데, 절 바깥에 있다고 외가람각이라 한다. 일반 사찰에서 거의 볼 수 없는 편액을 붙인 가람각에는 절을 지켜주는 토지신土地神을 모신다. 이곳의 터줏대감 또는 절터의 신이다. 불교가 토속신앙과 융화를 했다는 증거이기도 하다. 주지로 부임하는 분들은 절을 수호하는 가람신에게 꼭 재齋를 지내 사찰의 안녕을 구복하는 기도를 드린다고 한다. 경남 양산 통도사 가람각은 1706년(숙종 32년)에 처음 세워졌다. 현재의 건물은 1988년 주지 원명 선사에 의해 신축됐다. 탱화를 봉안한 가람각의 토지신은 가운데에 자리하며, 백발흑의白髮黑衣라는 검은색 복장이 이채롭다.

4) 삼성각, 세 신들이 모인 전각

칠성 · 독성獨聖 · 산신山神은 각각 장수와 행복, 재물이라는 구복신앙求福信仰을 담당하는 존재이다. 삼성각三聖閣은 전통적인 삼신신앙三神信仰과의 습합현상으로 결합된 전각이다. 서로 구별되기보다 총체적인 민간신앙으로 동시에 예배하는 공간이다. 보통 3칸 규모의 삼성각은 칠성단七星壇을 중심으로, 좌우에 독성단獨聖壇과 산신단이 배치된다. 각각 따로 모시기도 하며, 큰 사찰에는 산신각 또는 산령각山靈閣이라 하여 따로 하거나 큰 법당보다 뒤편에 건립한다. 따로 모실 때는 정면 1칸, 측면 1칸의 건물을 짓는다. 경남 울주 석남사에는 삼성각을 따로 두지 않고, 극락전에 함께 봉안하고 있다. 부산 범어사와 대구 팔공산 파계사 등의 산령각이 유명하다.

삼성각은 칠성여래를 주불로, 산신과 독성을 봉안한 전각이다. 재물 복을 주는 산신과 자식과 수명을 관장하는 칠성, 복을 선사하는 독성을 한 곳에 모시는 삼성각은 삼신사상이 불교에 흡수된 경우이다. 산신은 산에 있는 신을 의미하며, 칠성은 북두칠성을 가리키는데, 별나라의 주군主君으로 인간의 수명과 복을 담당하고 있다고 믿는다. 독성은 나반존자로 불리는데, 십이인연十二因緣의 인연을 혼자서 깨달아 성인의 위치에 올라서 말세의 중생들에게 복을 내린다고 한다. 또한 독성과 산신과 용왕을 봉안하는 경우도 있다. 무속 등의 삼성각에는 세 성인(환인 · 환웅 · 환검 = 단군)을 모신다.[201] 이 건물은 전殿이라 하지 않고 각閣이라고 한다.

오늘날의 형태는 18세기부터 나타난 내부 배치이다. 그 이전에는 고려 말엽의 3대 성승聖僧인 지공指空(우측) · 나옹懶翁(중앙) · 무학無學(좌측) 대사의 3성인과 칠성 · 독성 등을 봉안하기도 했다. 팔공산 선본사에는 산신 대신에 용왕을 봉안하는 경우도 있다. 가장 오래된 삼화상 탱화는 경북 의성 대곡사본으로, 통도사 · 신륵사 소장본이 유명하다.

5) 어실각, 왕실 물품의 보관창고

어실각御室閣은 왕이나 왕실 일원의 위패位牌 · 전패殿牌(국왕을 상징하는 위패) · 초상화를 봉안하던 건물이다. 그 기원은 14세기 말, 조선 왕조의 탄생으로부터 시작된 사찰 내의 건물이다. 5대 사고와 마찬가지로 그 담당은 해당 사찰이었다.

조선 왕조에서 최초로 설치한 어실각은 서울 정동의 흥천사 사리전舍利殿이다. 태조 이성계는 1396년 8월에 신덕왕후가 죽은 후 경복궁 서쪽의 취현방聚賢坊 북쪽에 정릉貞陵을 조성하고, 동네 이름을 황화방皇華坊이라 바꾸었다. 묘역 안에 왕후의 능침사찰로 흥천사는 이듬해 2월에 환관 김사행金師幸이 건축을 맡아 화려한 건물로 창건됐다. 1398년 9월 절에 봉안한 신덕왕후 영정影幀은 이듬해 2월, 흥천사 북쪽에 3층 사리전을 완공落成해 왕후의 초상화를 옮기고, 계성전에는 태조의 아버지인 추존왕 환조(이자춘) 어진을 봉안했다. 양촌 권근이 왕명으로 편찬한 〈정릉원당조계종본사흥천사조성기〉《양촌선생문집》 권제12에 흥천사는 불전과 승방 · 대문 등 170칸, 하사된 전지는 1천 결이나 되었다. 1409년(태종 9년) 음력 2월 23일 태종 이방원은 의정부에서 "옛 제왕의 능묘가 모두 도성 밖에 있는데, 지금 정릉이 성안에 있는 것은 적당치 못하고, 또 사신이 묵는 관사에 가까우니 밖으로 옮기도록 하소서."라는 상소上言로 정릉을 한양도성 혜화문 밖 사을한산沙乙閑山 기슭으로 이장遷葬하였다고 《태종실록》 17권에 기록됐다. 그다음 신덕왕후의 제사도 격하시키고, 정릉의 정자각을 헐어서 명나라 사신을 접대하는 태평관의 부재로, 능의 면석을 광통교 석축으로 활용토록 만들었다. 지금의 정릉 흥천사는 1569년 선조의 명으로 함취정含翠亭 옛 터에 절을 중창하고, 신흥사新興寺로 고쳤다가 1865년에 흥선대원군의 지원으로 대방과 요사를 짓고 중창한 뒤 원래 이름으로 고쳐 부르게 되었다.

왕실 원당願堂으로 지정된 사찰의 건물로 조선 전기까지도 고려의 전통대로 왕의 초상화를 설치해 '어진봉안각'이라고 불렸다. 고려 태조 왕건의 진영을 봉안했던 개성 대봉은사 등 진전사원眞殿寺院(왕과 왕비의 초상화를 봉안한 절)은 조선 세종 때 통폐합된 뒤 유교식 사당으로 변모하였다. 진전은 왕의 초상을 봉안한 사묘로써 왕실의 제례를 대표하는 시설로 기록되었다. 함남 함흥 · 평양 · 개성 · 전주 · 경주 등 5곳에 세워진 태조 이성계의 진전사찰은 태조 이외의 다른 왕과 비의 초상화를 봉안하고 의례를 올리던 곳이다. 태조와 직계 4대 선조의 어진을 모셔놓고 정월 초하루 · 단오 · 추석 등에 왕실에서 전물奠物을 보내 올리고, 다례茶禮와 작헌례酌獻禮 등 의례가 행해졌다. 궁궐 밖 여러 절에도 태조를 비롯한 역대 왕과 왕비의 초상화나 초상 조각을 봉안하고, 불교식으로 재를 올리는 건물을 설치했다. 세조 즉위년에 왕실 원당사찰로 지정된 금강산 유점사 · 표훈사 · 건봉사에 건립한 어실각은 전쟁시기에 소실된 유점사를 제외하곤 남아 있다. 1716년 사간원 상소문에도 등장한 유점사 어실중당御室中堂 전각은 인조와 현종과 왕비의 신위神位를 두고 제사를 지냈던 곳이었다. 평남 평성시 안국사 어실각은 편액만이 남아 그 존재를 전하고 있다.

조선중기 이후에는 초상화 대신에 위패나 전패로 교체됐다. 어실각에 배치한 물품들은 왕실에서 직접 하사하였으며, 어필御筆 · 어첩御帖 등을 함께 봉안하면서 도성 등에 별도로 지은 진전과 어실은 각각 분리됐다. 1740년 영조가 경기도 파주 보광사를 생모인 숙빈최씨의 묘인 소령원昭寧園의 능침사찰로 지정하면서 지은 어실각은 정면 1칸, 측면 1칸에 숙빈의 위패를 봉안했다. 또 1754년 강원도 고성 건봉사에 숙종의 어제절함도御製折檻圖와 어필서御筆書를 하사해 어실각에 봉안토록 했다. 경기도 남양주 봉선사에는 임진왜란 때 세조 어전을 봉안한 봉선전이 불에 타 세조와 정희왕후 위패를 봉안하는 어실각을 1758년에 세우고, 숙종과 인경왕후 · 인현왕후 · 인원왕후의 위패도 함께 봉안했다. 1908년(순종 1년) 대한제국의 국가 제사권이 박탈되면서 사찰이 담당하는 조포(두부 만듦)의 역할도 폐지되었다. 이후 사찰의 어실각은 대부분 조사전이나 명부전 등 다른 전각명으로 변경되었다.

한편 충남 공주의 신원사 중악단中嶽壇은 조선 왕실 건물의 위상을 간직한 제당 건물이다. 이곳은 국가에서 산천과 계룡산신에게 제사를 올리던 사찰의 부속건물이다. 고려 때부터 산천과 계룡산신께 제사 지내기 위해 지정한 곳으로, 1394년에 처음 제사를 올렸다. 북측에 있는 묘향산의 상악단, 지리산의 하악단이 자리했는데, 이를 합쳐 삼악단이라 했다. 1406년 나라의 산천제단을 보수하고, 1423년에 내시 환관을 이곳에 보내 제를 올렸다. 이듬해에는 태종 이방원이 직접 행차하여 계룡산신과 곰나루에서 제사를 지냈다. 세종 때에는 계룡산이 명산이므로 소사小祀로 정해 매년 봄과 가을에 향과 축문을 내려 제를 지내도록 했다.

왕실의 후원을 받은 중악단은 계룡산 천왕봉을 배향配享하는 반면에, 신원사는 서쪽의 연천봉을 배향하는 축선을 이룬다. 연천봉은 하늘과 이어진 곳과 같다고 하여 붙여진 이름이다. 중악단 지붕에는 불교식 건물과 달리 잡상을 올렸다. 편액은 충청도 암행어사 이중하의 글씨이다. 왼쪽에 신묘직지어사이중

경북 의성 등운산 고운사 연수전. 사진 출처 : 문화재청 국가문화유산포털

하서辛卯直指御史李重夏書가 적혀 있다. 중악단은 독립된 건물로, 건물배치는 전체를 감싼 담당을 두르고 내외삼문을 갖춘 사묘祠廟의 형태이다. 삼문과 문간채를 일직선으로 두고, 둘레에는 행랑채를 배치했다. 중악단이 자리한 신원사는 백제 의자왕 때인 651년에 고구려 보덕화상이 창건한 후 1876년 왕실 지원으로 보연화상普延和尙이 새로 중창했다. 1898년 고종황제의 명으로 '새로운 제국의 신기원을 연다'는 뜻에서 신원사新元寺로 한자명을 바꾸었다. 신원사 중악단은 원래 계룡산 산신 제단인 계룡단鷄龍壇이 있던 자리였다. 무학대사의 꿈에 신선이 나타나 태조 1394년에 처음 제사를 올리기 시작했다. 이후 중단되었다가 1879년에 명성황후의 명에 따라 다시 재齋를 올리면서 중악단이라는 명칭으로 바뀌었다.

경북 의성 고운사 연수전延壽殿은 왕실의 혈통과 역사를 적은 왕의 어첩御牒을 보관하기 위해 1744년에 지은 전각이다. 영조 임금이 기로소耆老所에 들어가는 것을 기념한 건축물이다. 여타 절에서는 볼 수 없는 솟을삼문을 설치하고, 만세문이란 현판을 붙였다. 회回자형 정사각 건물로, 가운데 칸에만 문과 벽을 만들어 어첩을 보관하고, 나머지는 개방형으로 사방의 툇간退間을 두른 독특한 모양이다. 그 뒤 불탔다가 1902년에 다시 건립하면서 1904년에 김성근이 칙서를 봉안할 때 제작한 편액을 걸고, 태극문양 등의 벽화도 그렸다. 이 같은 기로소 원당은 고운사와 함께 전남 송광사 2곳이 있었으나, 송광사는 불당으로 바뀌어 사라졌다.

충북 속리산 법주사 선희궁宣喜宮은 영조의 후궁 영빈이씨 위패를 봉안하고,

제사를 지내기 위해 1763년 법주사 경내에 원당으로 지어졌다. 솟을삼문과 담장을 두른 사당인 선희궁은 사찰 한가운데에 유교식 건축이 수용된 대표적 사례이다.

함경남도 함흥 귀주사 태조서원太祖書院은 1918년 조선총독부 유리원판 사진으로 전하는 건물이지만, 유교식 교육기관이 사찰에 설치되었던 유일한 사례이다. 왕릉 관리를 보좌한 조포사造泡寺는 제사에 올리는 두부를 만든 관청으로, 남녀 승려들이 거주하며 온갖 허드렛일을 맡았다. 그 시초는 1360년에 고려 공민왕과 왕비 노국공주가 함께 행차하고, 공주가 죽자 묘陵를 절옆에 세웠던 개성 봉명산의 광암사光巖寺 후일에 운암사雲巖寺로, 공민왕의 사액을 받아 개칭한 광통보제선사廣通普濟禪寺가 최초이다. 광통보제사는 쌍릉으로 조성된 노국대장공주의 정릉正陵(우측편)에 귀속된 조포사였다.

이처럼 어실각 등은 사찰의 칠당가람의 원칙을 뛰어넘은 비원悲願의 건물이다. 오늘날에 문화유적으로 보존 가치를 인정받지만, 조선시대에는 제사 등 승려들의 고혈을 짜낸 수탈의 현장이었다. 능침사찰 · 자복사찰 · 수호사찰 · 조포사란 핑계로 마구잡이식으로 사찰 속에 건립된 왕실 소유의 건물이었다. 전국의 국가 지정사찰은 왕실과 사부대가 등에서 쓰는 종이造紙 공납과 더불어 책표지의 무늬를 박아내기 위하여 조각한 목판으로 마름꽃 무늬판으로 불리는 능화판菱化板 제작과 능화지綾花紙(능화판 문양으로 찍어 낸 종이)의 가혹한 공납 의무를 맡았다.

3. 한국사찰의 구성체계와 기능

사찰문화해설은 사찰이란 현장 또는 실내 강의를 통해 해당사찰의 주제와 분야별 내용으로 이루어진다. "바람은 소리를 남기지 않지만, 지나간 흔적을 남긴다. 지난 세월은 지나간 시간과 같다. 우리가 사찰에 찾아가는 것이 아니라, 절이 방문객을 시나브로 이끄는 것과 같다."는 사설辭說(푸념)처럼 적멸보궁을 비롯한 주요 성지, 삼보사찰과 교구본사 등을 통해서 엿볼 수 있다. 한국의 중심 사찰들이 이루고 있는 구성체계와 기능을 파악하는 것도 실무적인 요소이다. 이에 우리나라 산사山寺들이 갖추고 있는 구성체계와 주요한 기능을 알아본다.

1) 5대 적멸보궁과 주요 성지

(1) 우리나라 5대 적멸보궁

적멸보궁寂滅寶宮은 온갖 번뇌와 망상이 없어진 보배로운 궁전이라는 뜻이다. 석가모니 부처님이 《화엄경》을 설한 인도 마가다국 가야성의 남쪽 보리수 아래의 적멸도량道場에서 유래하였다. 부처님의 진신사리[202]를 모신 사찰 또는 사찰의 전각을 가리킨다, 건물 안에 불상을 따로 모시지 않고 불단만 있는 것이 특징이다. 사찰 건물은 전殿이나 각閣 등으로 나타내지만, 진신사리를 봉안한 절은 보궁이라고 하여 궁宮으로 높여 부른다.

우리나라 5대 적멸보궁은 645년에 자장율사가 계단戒壇을 쌓고, 보름마다 계를 설한 곳으로 646년에 영축산 통도사가 창건됐다. 강원도 인제 설악산 봉정암鳳頂庵(643년 선덕여왕 12년)·강원도 평창 오대산 중대암中臺庵·獅子庵(643

경남 양산 통도사 금강계단 진신사리탑과 대웅전 적멸보궁 편액(2024.5.18.) ⓒ 박해진

년) · 정선 태백산 정암사淨巖寺(643년, 자장율사 658년 입멸처) · 영월 사자산 법흥사法興寺(643년 흥녕사, 1902년 개칭)에 있는 건축물이다.

　통도사의 금강계단 불사리탑佛舍利塔은 7세기 중엽, 자장율사가 중국 당나라에 가서 오대산 문수보살과 서해용왕의 계시를 받고 직접 받아서 가지고 온 불사리를 3곳에 나누어 경주 황룡사탑, 울산 태화사탑 그리고 통도사 계단에 봉안하였다고 하는 불사리 계단戒壇(계율을 내리는 곳)이다. 통도사의 특징은 불사리 계단에 있으며, 이로 인하여 불보사찰의 칭호를 얻었다. 부처의 신골身骨인 사리를 봉안했기 때문에 대웅전 내부에는 불상을 봉안하지 않고, 내부에는 불상 대신 거대하고 화려한 불단佛壇이 조각되어 있다. 설악산 봉정암의 불뇌보탑佛腦寶塔은 석가모니불, 즉 부처님의 뇌사리를 봉안했다고 전해지는 석탑이다. 673년(신라 문무왕 13)에 건립된 이 탑에는 다른 불탑과는 달리 별다른 장식이 없으며, 5층 중 가장 밑에 연꽃 모양의 문양이 희미하게만 남아 있을 뿐이다.

　5대 적멸보궁과 더불어 부처님의 진신사리를 모신 사찰은 3곳이 더 있다. 대구시 달성군 옥포면 비슬산 용연사는 1603년 사명대사가 통도사의 사리를 분장分藏한 적멸보궁이라 6대 적멸보궁이라 한다. 사명당의 제자 청진대사가 1650년 이전에 모셔온 사리는 1673년(현종 14) 석종형 부도에 봉안하고, 상층기단 각 면의 팔부신장과 사천왕상 조각을 배치하여 세운 불사리탑으로 금강계단이라 부른다. 통도사 금강계단과 금산사 방등계단203)과 함께 대표적인 수계의식을 행하는 계단이다. 또 경북 선산의 태조산 도리사, 강원도 고성의 금강산 건봉사를 더해서 8대 적멸보궁으로 불린다. 도리사 세존사리탑에서 1977년 4월에 콩알 크기의 진신사리 1과가 출토되고, 1976년 6월엔 아도화상의 석상이 발견된 절이다. 건봉사 석가여래치상 탑비(석종형 부도)에는 임진왜란 때 왜국이 탈취해간 통도사 불사리를 사명대사가 되찾아와 통도사에 봉안할 때 그중 12과를 봉안했다. 1986년 도굴단에 의해 치아사리 등이 도굴돼 그 뒤에 8과를 반환받아 3과는 적멸보궁에 안치하고, 5과는 종무소 전시실에서 일반에 공개하고 있다.

평안북도 묘향산 보현사 용주봉의 석가세존금골사리 오층석탑은 1603년 사명대사에 의해 양산 통도사의 진신사리가 내금강 백화암으로 일부 이운되었다가 이후 보현사 내원암에 옮겨진 것이다. 1915년경 대홍수로 5층 사리탑이 붕괴하여 1930년경 용주봉 마루에 다시 옮겨진 것이다. 불사리 봉안의 내력을 기록한 석가여래사리부도비釋迦如來舍利浮屠碑는 묘향산 보현사의 팔만대장경보존고 수장실에 보관되었다. 이 비문은 서산대사가 직접 쓴 것으로, 통도사의 진신사리 일부가 전해진 것임을 알 수 있다.

(2) 우리나라 3대 관음성지

관음신앙이 깊은 우리나라에서 관음성지는 관세음보살이 직접 나타났거나 그 연기설화가 전하는 사찰을 말한다. 의상대사가 671년(신라 문무왕 11)에 관세음보살을 친견하고 관음굴을 지었다는 양양 낙산駱山의 홍련암紅蓮庵이 우리나라 최초의 관음도량이다. 한국의 3대 관음성지 사찰은 보타락가普陀落迦에서 따온 이름이다. 인천 강화의 석모도 보문사는 낙가산 눈썹바위 마애관음보살상이 자리하고 있다. 경남 남해 금산錦山에 상사암想思巖 아래의 보리암, 강원도 양양 낙산사 홍련암을 가리킨다. 또 전남 여수 향일암向日庵을 포함해 4대 관음기도 도량이라 부른다. 이곳은 해수관음 기도도량으로 알려진 절이다.

위의 사찰들이 3대 관음성지로 명성을 얻게 된 배경은 서해와 남해, 동해와 접하는 지리적인 특성과 함께 구한말의 석전 박한영 선사가 1920년에 쓴《보문사법당중건기》에 강화 보문사가 관음 도량임을 최초로 언급되었다. 보문사의 마애 관음보살 좌상은 1928년에 조성되면서[204] 당시 언론에서 이를 보도하면서 '3대 관음성지' 등으로 소개한 것이 처음이다. 이 밖에도 전국적으로 유명한 기도 사찰로는 대구·경북 팔공산의 약사여래 마애불상(일명 갓바위)이 자리한 선본사 그리고 관광지로 유명한 경북 경주 불국사와 석굴암 등을 찾아볼 수 있다.

대한불교조계종 한국불교문화사업단이 2021년에 발표한 자료에는 우리나라 사찰의 특성을 크게 3가지로 구분했다. 첫째는 화엄사상을 표방하는 화엄사찰, 둘째는 아미타불과 미륵불의 세계를 나타낸 정토사찰, 셋째는 관음보살의 대자비를 희구하는 관음도량을 꼽았다. 부처임에도 중생구제를 위해 부처의 자리를 버리고 보살이 되어 중생을 구제하는 33가지의 형상으로 나타나는 관음신앙에 기초한 33관음성지는 무병장수와 소원성취를 염원하는 곳이다. 서울지역은 조계사(관음전) · 봉은사(연지의 해수관음상) · 도선사(관음석굴), 경기도는 강화도 낙가산 보문사 · 용주사(관음전) · 신륵사(관음전), 강원도는 신흥사(극락전 협시보살) · 양양 낙산의 낙산사 홍련암(보타전) · 월정사(육수관음상) · 영월 법흥사(극락전 협시보살) · 원주 구룡사(관음전), 충북 법주사(관음전), 충남 수덕사(관음전, 관음바위) · 마곡사(대웅보전 후불벽화 백의수월관음), 경북에는 은해사(극락보전 협시보살과 염불왕생첩경도) · 직지사(관음전) · 고운사(극락전 협시보살) · 기림사(관음전) · 불국사(관음전), 대구는 동화사 부도암(관음전), 경남은 쌍계사(대웅전 협시보살) · 남해 보리암(해수관음상) · 해인사(대적광전 협시불) · 통도사(관음전), 부산의 범어사(관음전), 전북은 금산사(원통전 천수관음상) · 부안 내소사(대웅보전 후불벽화, 수월관음보살좌상) · 선운사(관음전), 전남은 백양사(약사암 영천굴) · 대흥사(관음전) · 여수 향일암(해수관음상, 관음전) · 송광사(관음전) · 화엄사(원통전)가 꼽힌다. 한편 남해 보리암을 비롯해 팔공산 갓바위와 더불어 서울 도선사 · 승가사 · 보타사 마애불 등은 입시기도 도량으로 유명하다.

2) 삼보사찰과 7대 총림, 25교구본사

불법승과 특별한 연관을 맺은 우리나라의 삼보사찰은 부처님의 진신사리眞身舍利와 가사袈裟를 봉안한 불보종찰佛寶宗刹 영축산 통도사(경남 양산), 법보전法

寶殿과 수다라전修多羅殿이라는 장경각에 팔만대장경판을 모신 법보종찰 가야산 해인사(경남 합천), 고려시대 16국사國師가 배출되고 국사전에 진영을 모신 승보종찰 조계산 송광사(전남 순천)이다. 북측의 경우에는 묘향산 용주봉 진신사리탑과 해인사판 대장경을 인쇄본印經本을 소장한 팔만대장경보존고, 서산과 사명 그리고 처영대사의 진영을 모신 수충사酬忠祠 사당이 있는 묘향산 보현사를 삼보사찰 또는 대총림이라 부른다.

1946년 10월 해인사 가야총림은 종합수행도량을 의미하는 새로운 개념의 총림으로 탄생한 첫 번째 총림이다. 그로부터 등장한 한국의 5대 총림은 경남 양산 영축산의 영축총림 통도사, 경남 합천 가야산의 해인총림 해인사, 전남 순천 조계산의 조계총림 송광사, 충남 예산 덕숭산의 덕숭총림 수덕사, 전남 장성 백암산의 고불총림 백양사[205]이었다. 여기에 2012년 11월 7일 대한불교조계종 중앙종회에서는 대구 팔공산의 팔공총림 동화사, 부산 금정산의 금정총림 범어사, 경남 하동 지리산의 쌍계총림을 지정함으로써 우리나라의 8대 총림을 이루었다.

총림은 선禪 수행을 전문으로 하는 선원禪院과 경전 등 교학을 교육하는 강원講院, 계율을 전문교육하는 율원律院이 설치된 사찰로 일정한 인원과 별도의 건물, 독자적인 교육 시스템이 갖추어져 있는 곳이다. 1990년대까지 강원과 선원, 율원에 더하여 범패어산梵唄魚山의 전문교육하는 염불원念佛院까지 둔 사찰이 총림의 지위를 가졌다.

오늘날 대한불교 조계종단이 정한 전국 25교구본사는 행정구역에 따른 지역 사찰의 사격을 바탕으로 두고, 일제강점기 때 30본산과 31본산 제도에서 유래한 것이다.[206] 본산本山은 원래 처음으로 출가하여 승려가 된 절을 뜻한다. 지금에는 불교 종파의 종무宗務를 통할하는 본부 사찰 또는 지정된 구역 내의 사찰들인 말사末寺를 통합하는 사찰인 교구본사를 가리킨다.

해당지역 사암寺庵을 관장하는 교구본사는 서울 수도권 사찰을 관장하는 제 1교구본사는 달리 직할교구라 부른다. 조계종 총무원에서 직접 관장하기에 때문이다. 교구본사 사찰은 삼각산 조계사曹溪寺이다. 교구장은 총무원장을 당연 직으로 하지만, 조계사 주지가 그 직능을 대행하기도 한다. 제2교구는 경기도 화성의 화산花山 용주사龍珠寺, 제3교구는 강원도 속초 설악산 신흥사新興寺, 제4교구 강원도 평창 오대산 월정사月精寺, 제5교구는 충북 보은 속리산 법주사法住寺, 제6교구는 충남 공주 태화산 마곡사麻谷寺, 제7교구는 충남 예산 덕숭산 수덕사修德寺, 제8교구는 경북 김천 황악산 직지사直指寺, 제9교구는 대구 팔공산 동화사桐華寺, 제10교구는 경북 영천 팔공산 은해사銀海寺, 제11교구는 경북 경주 토함산 불국사佛國寺, 제12교구는 경남 합천 가야산 해인사海印寺, 제13교구는 경남 하동 지리산 쌍계사雙磎寺, 제14교구는 부산 금정산 범어사梵魚寺, 제15교구는 경남 양산 영축산 통도사通度寺, 제16교구는 경북 의성 등운산騰雲山 고운사孤雲寺, 제17교구는 전북 김제 모악산 금산사金山寺, 제18교구 전남 장성 백암산 백양사白羊寺, 제19교구는 전남 구례 지리산 화엄사華嚴寺, 제20교구는 전남 승주 조계산 선암사仙巖寺,[207] 제21교구는 전남 순천 조계산 송광사松廣寺, 제22교구는 전남 해남 두륜산 대흥사大興寺·大芚寺, 제23교구는 제주도 한라산 관음사觀音寺, 제24교구는 전북 고창 선운산 선운사禪雲寺, 제25교구는 경기도 남양주 운악산 봉선사奉先寺이다.

조계종단은 군포교를 목적으로 군종특별교구를 2005년에 설립해 서울 국방부 산하시설에 사무소를 두고 있다. 또 국외지역의 포교사업을 관장하는 조계종 해외특별교구를 2021년에 설치한 조계종 총무원은 청사 내에 사무소를 두고, 5개 대륙의 국가에 설립된 사찰을 지정하고 있다. 원불교는 1999년 10월 15일 서울교구 강남교당 대각전에서 원불교 평양교구 임시사무국 현판식을 개최하고, 1994년부터 평양교구 교구장을 임명하는 등 행정조치를 가졌다.[208] 한국 천주교는 1962년 3월 평양교구청으로 승격시키고, 역대 추기경을 비롯한 서울대교구장이 평양교구장 서리로 임명되어 착좌식을 개최하는 등 서울 명동성당 내 서울교구에 평양교구청을 두고 있다.

3) 사찰 건물의 기능에 따른 분류

사찰은 암자와 선원 등으로 나뉜다. 사암寺庵은 일반적인 절의 이름이다. 선원은 주로 선 수행을 중심으로 하는 절을 말한다. 또 한 사찰 안에는 선원과 경전 등 교학을 공부하는 강원, 계율을 공부하는 율원 그리고 염불원까지 두고 있다. 선원과 강원, 염불원을 사찰의 3원三院이라 불렀다. 통도사와 해인사, 송광사 등과 같은 규모가 큰 사찰 즉, 총림叢林이라 불리는 절이 여기에 해당한다.

① 선원禪院, 선수행의 전문기관

선禪을 전문으로 하는 승려가 모여 수행하는 전각을 말한다. 통일신라 말, 선종禪宗 전래로부터 사찰에 있는 선당禪堂 · 선방禪房 · 좌선당坐禪堂 · 선불당選佛堂으로 불렀다. 선원의 교육목표는 불교의 진리를 좌선을 통해 내관內觀하고, 스스로를 살펴 자기의 심성을 철견徹見(본질을 꿰뚫어 봄)함으로써 견성성불하며, 중생제도를 하는 데 있다.209) 청규淸規(선원규칙)에 따라 공동체를 이루 수좌들은 매월 보름과 그믐에는 포살布薩(자율적 참회)을 하며, 자신의 잘못을 대중들에게 반성自省(타율적 참회)하고 공부를 점검받기도 한다.

부처님 당시의 전통은 오늘날 한국선원에서 잇고 있다. 해인사 해인총림 · 송광사 조계총림 · 통도사 영축총림 · 수덕사 덕숭총림 · 백양사 고불총림을 비롯해 조계종립 특별선원인 봉암사 태고선원 등이 있다. 해인사와 함께 팔공산 동화사 금당선원은 종립 기초선원으로 지정돼 1997년 1월 개원해 사미들이 4년간 선수행을 하는 교육기관이다. 비구니선원은 조계종립 특별 비구니선원인 경남 울주 석남사 정수선원 등과 2000년 2월 개원한 동화사 양진암은 사미니 기초선원이다. 한국의 선불교를 배우는 외국인 전용선원은 강화도 국제연등선원, 계룡산 무상사 국제선원이 대표적이다.

서울 봉은사 선불장과 경기도 남양주 수종사의 선불당 전각은 선원 건물로 수행자가 좌선하는 곳을 말한다. 선불장選佛場은 부처를 뽑는 장소라는 뜻이다. 중국 송나라 때 고봉화상 원묘原妙(1238~1295년)가 남긴 어록집 《선요》〈개당보설開堂普說〉에는 방거사龐居士의 게송이 전한다. "시방세계 대중들이 한자리에 모여, 저마다 함이 없는 법無爲을 배우나니, 이것이 부처를 선발하는 도량選佛場이라. 마음이 공空해 급제하여 돌아가네."十方同聚會 箇箇學無爲 此是選佛場 心空及第歸

또 무문관無門關(문 없는 곳에 빗장 채움)은 1228년 중국 남송 시대의 무문혜개(1183~1260)선사가 선종의 공안公案(화두) 48칙을 모아서 편찬한 《선종무문관》 상권에서 유래하였다. 무문은 선종에서 깨달음의 경지를 무문無門이라 한다. 거기에 혜개선사가 관關을 붙인 것은 깨달음의 경지에 들어가는 관문이라 해서 무문관이라 한다. 시간이 멈춘 선방 또는 선종 제일의 문이라 불리는 무문관은 이 세상에는 존재하지 않는 문, 용이 되고 부처가 되는 문으로 그야말로 문 없는 문을 말한다. 1일 1종식과 안부를 묻는 질의응답 쪽지로 생사 유무를 확인한다. 서울 망월사, 경북 감포 무일선원, 계룡산 갑사 대자암의 무문관이 유명하다.

일반 선원에는 최고 지도자로 조실祖室이 있고, 승려의 기강을 감독하는 입승立繩 등이 있다. 총림의 선원에는 방장方丈이 최고 어른이다. '일방의 큰 선지식'一方之師이라는 의미를 담고 있다. 방장은 총림의 모든 대중을 통괄하며 화합을 이루고, 각종 행사와 결제와 해제 법어를 통해 불제자들을 이끄는 지도자를 가리킨다. 그 아래 책임자로서 선덕禪德 또는 수좌首座(참선하는 수행승)라 하는 선주禪主를 두며, 방장이 겸하는 경우도 있다. 선방의 좌석 배치는 청산靑山 쪽에 해당 사찰 소임자들이 자리하고, 백운白雲 쪽에 객승인 운수납자들이 자리한다. 오관五觀의 자리는 선방의 앞쪽이자 기준을 표시한 곳이다.[210]

선종 사찰의 하안거는 4월 15일~7월 15일에 끝나고, 동안거는 10월 15일

~1월 15일에 끝난다. 결제안거結制安居 90일을 법랍 1세로 하고, 법랍은 원래 하안거의 수에 따라 계산하지만, 요즈음엔 동안거도 법랍에 가산하고 방함록에 기록된다. 하루 수행시간은 8시간 이상으로 하는 것을 원칙으로 한다. 조선 총독부가 1925년에 편찬한 《조선승려수선제요朝鮮僧侶修禪提要》에는 해인사 퇴설당堆雪堂 선원은 하안거 때 8시간, 동안거 때 11시간, 월정사와 범어사의 선원은 하안거·동안거 모두 10시간씩, 대원사大源寺는 8시간, 파계사把溪寺는 6시간으로 기록했다.

우리나라의 4대 선원으로 명성을 얻은 사찰은 북측 묘향산 상원암과 금강산 마하연 그리고 팔공산의 운부암과 백흥암 선원을 꼽았다. 1939년에 선학원이 주최한 조선불교 선종 정기선회에서 금강산 마하연을 모범선원으로 지정하는 등 선풍 진작을 위한 논의에서 나온 이야기로 탄생했다. 그 당시에는 남한의 2대 중심선원으로 경북 구미 태조산 도리사와 대구 팔공산 운부암을, 북측에는 내금강 마하연과 묘향산 상원암을 꼽았다. 하나씩만 꼽으면서 북녘에는 마하연, 남녘에는 운부암으로 했다. 그로부터 북마하北摩訶 남운부南雲浮라는 설이 전해진다. 이 전설은 10세기 중국 당나라 말기에 '남설봉 북조주南雪峰北趙州'란 조사선의 유행어에서 비롯됐다. 양쯔강長江을 사이에 두고 강남은 설봉, 강북은 조주선사가 '이뭣꼬'[211] 화두는 선림의 공안으로 선풍禪風을 드날렸다.[212] 이 설화에 빗댄 남진제 북송담南眞際 北松潭이란 용어까지 1970년대에 행각승[213]과 국내 언론을 통해 회자되었다.

선 수행에서는 묵언(말하지 않음)의 원칙[214]이다. 선원의 지대방은 선방 옆에 딸린 작은 방으로, 안거에 들어간 선승들이 참선 중간 휴식할 수 있는 공동 생활 공간이다. 지대방은 몸과 마음을 서로 '기대는 방'이란 뜻이다. 외부와 철저히 차단된 선승들만의 공간인 지대방은 숨 막히는 자기와의 싸움 속에서 유일하게 타인과 소통할 수 있는 숨구멍인 셈이다.[215] 잠시 쉬는 시간에 이곳에서 피곤을 풀고 차도 마시며 정겨운 이야기도 나눈다. 엄격한 계율 속에서 보내는 수좌들에게 지대방은 작은 파격이 허용되는 특별한 공간이다. 하지만 지대방에서 등을 바닥에 대고 눕거나 코를 골거나 큰 소리로 떠드는 일은 금기 사항이다.

지대방은 사찰의 큰방 옆에 딸린 자그마한 방인데, 원래 지대란 말은 바랑坌囊과 같이 길을 떠날 때 사용하는 여러 가지 물건을 넣고 다니는 자루를 뜻하는 말이 방房과 결합돼 생긴 말이다. 잠시 넣어둔다는 의미가 잠시 쉴 수 있는 휴게실과 같은 장소적 의미로 바뀌었다. 민가의 사랑방과는 다소 쓰임새가 다르다. 지대방은 수행자들이 한담을 나누는 곳이라 하여 이곳의 대화를 뒷방 이야기라 전한다.[216]

② 강원講院, 교학체계의 전통기관

불교의 경론經論을 배우는 전통 교육기관으로 요즘의 승가대학을 가리킨다. 그 건물은 강당, 강설당講說堂이라 한다. 지금의 승가대학僧伽大學을 말한다.

고려 시대까지는 강학講學(경전공부)과 수선修禪(참선수련) 도량으로 나누어졌을 뿐 교육시설은 주불을 모신 금당金堂 뒤쪽의 전각을 주로 사용했다. 조선 시대부터는 금당 앞에 누각 형태로 강학 공간이 마련되었다. 1566년에 승과가 폐지돼 선교양종禪敎兩宗이 분명하게 되지 않게 되었으나, 서산대사 휴정 이후, 도총섭제도都摠攝制度가 생겨나 선교양종의 일을 총섭하게 됨으로써 선교겸학禪敎兼學의 새로운 강원체제가 나타나게 된 것이다.

강원의 교육은 18세기까지 10년 이상의 과정이었으나 지금은 대학처럼 4년제이다. 최고 지도자는 강주講主이며, 강사 등이 있으며, 학인學人들이 4년 과정의 정규 수업을 받는다. 교과과정은 사미과沙彌科(초등과정) · 사집과四集科(중등과정) · 사교과四敎科(고등과정) · 대교과大敎科(대학과정) 등으로 구분된다. 승가대학원 과정과 같은 수의과隨意科가 있다.[217] 해인사 · 통도사 · 범어사 · 충남 유성 계룡산 동학사 · 경북 청도 가지산 운문사 · 김천 수도산 청암사 등 전통 강원이 잘 알려져 있다.

강원의 조직은 내호법반內護法班 외호법반外護法班으로 나뉜다. 내호법반의 강주는 모든 학사를 총괄하고 강경을 담당한다. 입승은 대중을 관리하며, 강사는 강경을 맡고, 중강사는 강주와 강사의 강경내용을 다시 강의하는 일을 한다. 외호법반은 강원의 운영을 위해 모든 사무를 관장한다. 음식을 마련하고 시주를 얻어오며, 재정과 문서를 관리하는 등의 일을 맡는다. 일과는 수면 6시간을 제외한 새벽 3시부터 밤 9시의 취침 때까지 18시간을 계획된 일정에 따라 진행한다.

교육과정 중 상강례上講禮[218]는 교재 공부에 들어가기 전에 도량교주를 선창하는 것으로, 대교주인 비로자나불과 노사나불 · 석가모니불 · 아미타불 · 미륵불께 귀의하는 의식이다. 수업은 8시간 이상을 하는데, 여름과 겨울 및 사찰에 따라 다소 차이가 있다. 사미과는 사집과의 예비단계로 초발심자경문初發心

自警文 · 치문緇門 · 사미율의 · 불교개론 등을 배운다. 사집과는 경전을 볼 수 있는 기초지식을 습득하는 단계이며, 사교과는 대승불교의 주요한 경전을 공부하는 단계이고, 대교과는 대승불교 경전의 가장 중요한 화엄경전 · 선에 대한 주요 경론을 배운다. 이밖에 대교과를 수료한 자 중 대학원 과정이라 할 수 있는 수의과隨意科도 있다. 전통적 교과과목 외에 외전外典 과목으로 불교통사, 영어, 수학, 종교학 등 강원의 특성에 따라 새로운 과목을 추가하고, 수업연한은 4년으로 되었다. 월 2회 삭망일(음력 초하룻와 보름)에는 학인 전체가 수업을 폐지하는 강원 공휴일이다. 이날은 강사들이 모두 모여 상강식上講式, 본식本式을 개최하는 날이기도 하다.

강원의 교육 기본과정과 내용

학년	필수과목			권장과목	선택과목	수행
	경	율	론(일반)			
대교반 (4학년)	화엄경	범망경	선어록	조계종사 포교론	법화경 유마경 아함경 육조단경 외국어 (영어, 일어, 중국어 택1)	예참 운력 공양 간경 행해 (行解)
사교반 (3학년)	능엄경 금강경 원각경		기신론 유식론 한국불교사	종교학개론 율전개설		
사집반 (2학년)	서장 도서 절요 선요		중관 중국불교사	선종사 참선실수 불교교리발달사		
치문반 (1학년)	치문	사미 율의	불교개론 인도불교사 초발심자경문	컴퓨터 의식작법		

③ 율원律院, 계율학의 전문기관

계율戒律219)의 실천을 종지宗旨 · 종풍宗風으로 삼는 율종律宗이나 주로 계율이 적힌 율전律典을 강설하고 배우는 교육기관이다. 생활규범인 계율을 기록한 율전에 따라 실천 수행하는 율사들이 머무는 전각이다. 신라 자장율사가 645년에 통도사 금강계단金剛戒壇을 설립함으로써 개설됐다. 오늘날의 계율의 헌법재판소 또는 법제처와 같은 기능을 하는 곳이다.

우리나라에서는 조선 중기 이후로 이어지는 율맥律脈이 통도사, 해인사, 백양사, 범어사 등의 사찰을 중심으로 이어져 왔다. 근세기에 백용성 선사의 전법제자로 자운釋慈雲 율사가 1951년 경북 문경 봉암사에 천화율원千華律院을 설립한 것이 그 시초이다. 1968년 해인사 극락암에서 김일타 율주를 중심으로 5명의 승려가 시작한 해인사의 율원과 송광사 율원을 비롯한 총림에 설립되었다. 율사律師를 양성하는 전문기관으로 책임자는 율주律主이며, 보통 강원의 대교과大教科를 마친 비구승比丘僧 중에 특별히 계율의 연구에 뜻을 지닌 분들이 입학하여 통상적으로 2년 과정으로 운영된다. 주요 교과목은《사미율의요로沙彌律儀要露》,《범망경梵網經》,《사분율四分律》 등이 있다.

현재, 통도사 · 해인사 · 송광사 · 파계사 · 봉녕사 등에 율원이 있다. 1977년에 개원한 해인사의 해인율원은 화장원華藏院 전각에서 1997년까지 64명의 율사가 배출하였다. 전남 순천 송광사 송광율원(1969년), 양산 통도사 취운암의 영축율원(2005년 4월)과 1996년 4월에 개원한 대구 파계사 영산율원은 2002년 11월 19일 계율연구기관인 비니원毘尼院을 설립해 2년 과정으로 운영하고 있다. 비구니 율원으로는 1999년 6월 21일에 경기도 수원 봉녕사 금강율원이 설립됐다. 2011년에 금강율학 승가대학원으로 승격하고, 금강율학연구원을 두고 있다.

④ 염불원念佛院, 범패승의 양성전문기관

불교 경전을 암송하고, 명호名號를 부르는 염불 수행을 전문적으로 범패 · 어산梵唄魚山을 전수하는 교육기관이다. 예불 및 사시 헌공의례巳時獻供儀禮와 함께 기타 모든 사찰 의식절차를 관장하는 곳을 말한다. 염불원에서는 부처님께 향불 피우고 예불드림을 수행 방편으로 삼는다. 이곳에 머무는 승려를 분수승焚修僧이라 부른다. 불을 피워 공양함焚을 수행修으로 여기는 구도승僧이라는 뜻이다. 또한 염불당念佛堂이라 불린 별도의 건물에 머물기도 했다.

염불원의 최고 지도자는 어산장魚山長 또는 어산으로, 책임자로는 노전爐殿에 의해 관할하게 된다. 노전은 사찰의 본전 법당 의례를 담당하며, 기타 전각의 예불 및 의례는 지전持殿 · 知殿과 부전副殿이 담당하는 것이 일반적이다. 노전 및 지전, 부전이 머무는 건물을 향적전香積殿이라 부르는데, 전통적으로 부처님께 올리는 사시 공양(마지摩旨)은 관솔가지가 아닌 향나무를 때어 밥을 지었던 까닭에 향나무香를 쌓아 놓은積 건물殿이란 뜻에서 향적전이라 이름 붙인 것이다.

특히 향적전 안에는 노공간爐供間이라 불리는 특이한 공간이 있다. 부처님께 올리는 사시 공양摩旨을 일반인들의 공양을 준비하는 공양간供養間에서 같이 마련할 수 없다는 발상으로 생겨난 노공爐供이란 특별한 소임도 있었다. 부처님께 올릴 공양만을 짓는 공양주供養主를 가리킨다. 속담에 "공양주 소임을 한철 살면, 평생 남의 밥 얻어먹을 복을 짓는다."고 하는데, 노공 소임의 복덕은 가히 말할 수 없이 크다고 여긴다. 그래서 해인사 등과 같은 큰 절에서 노공 소임을 맡기 위해서는 여러 철을 기다려야 할 때도 있다. 남양주 봉선사는 2013년 5월 2일에 염불원을 설립, 운영하고 있다.

⑤ 불화소, 화승양성의 전통기관

불화소佛畵所는 불화를 그리는 화사를 양성하는 곳이다. 사찰의 불사佛事에서 불당건축, 불상조성, 불화제작, 개금改金과 개채改彩, 단청 등의 소임을 맡은 승려 장인匠人으로 부르는 승장僧匠들이 임시 장소에 머물면서 화업을 담당했던 곳이다.[220] 승장들은 전국과 궁궐 등에서 수시로 동원했으므로 일정한 거처가 불확실했다. 전체적으로 작업을 지휘하는 우두머리 승려를 수화사首畵師, 각각의 작업을 행하는 승려 장인으로 구분되었다. 절에 필요한 불화나 장식 그림을 전문적으로 그리는 사람을 일컫는 용어로 불화사佛畵師 · 불모佛母 혹은 금어金魚 라고 부른다. 불화, 단청, 개금, 조각 등 사찰 불사의 모든 것을 두루 섭렵한 이에게 칭해진 용어이다. 특히 존경을 담은 호칭으로 쓴 '금어'의 유래는 부처님상을 그리면 내세에 극락정토 연못의 물고기로 환생시켜 주겠다는 불교 설화에 나타나 있다.

불화에 적힌 화기畵記(불화 하단에 해당 불화의 제작연대 · 봉안장소 · 제작목적 · 시주자 · 제작자 명단 등을 적은 것)에서 종종 확인할 수 있다. 화사 · 용면 · 경화란 존칭과 더불어 비수 · 편수 · 양공이란 호칭은 장인과 화승을 통용하는 의미로 쓰였다.[221] 불화佛畫에 숙달된 화승을 금어라 하고, 단청장을 어장魚丈이라고 불렀다. 고려 시대부터 사용한 화공畫工 · 화사畫師 · 양공良工 · 화원畫員 · 경화敬畫 · 화사畫士 · 용면龍眠 · 수두首頭 등이 기록됐다. 조선시대에는 불화를 그리는 화승畫僧들을 불모佛母 · 불화승佛畫僧 · 수화승首畫僧 · 수화사首畫師 · 경화 · 편수片手 · 邊手 · 화원 · 화사 · 용면 · 화공 · 비수毘首 · 채화彩畫 · 회사繪事 · 금어 등으로 다양하게 불렀다. 조선 전기에는 양공 · 경화, 17세기에는 화사, 18세기에는 용면, 19세기에는 금어 · 편수 등의 명칭이 주로 통용되었다. 완호당玩虎堂 낙현洛現(1869~1933) 금어는 범어사 말사로 부산 영도의 복천암에 머물면서 1921년에 불화소를 개설했다. 부산 복천암과 서울 흥천사 · 봉원사를 3대 불화소라 불렀다. 불화의 금어金魚(불교에서 불화의 최고 경지에 이른 화승에게 주는 칭호)으로는 서울 봉원사의 만봉萬峰(2006년 입적) 단청장이 유명했다.

이 밖에도 승장에는 종을 만드는 주종장鑄鐘匠, 경판목을 다루는 재장질梓匠秩 · 조성화원질造成畫員秩, 쇠북을 만드는 금고金鼓, 조각승彫刻僧 등이 불화소와 같이 사찰에서 한시적으로 설치한 도감都監 시설에서 생활하였다. 임진왜란 이후 전란으로 피해가 난 사찰을 재건하는 과정에서 승장들이 작업 효율을 위해 조직화한 단체가 비수회毘首會라는 이름의 승장 조직이 등장하기도 했다.

⑥ 종무소와 총무원은 사찰과 종단 운영을 전반적으로 뒷받침하는 행정과

시설조직이 있는 건물이다. 먼저 종교적 업무를 총괄하는 최상위 기관은 총무원, 그 아래에 교구본사와 단위 사찰의 종무소가 설치되어 있다.

4) 교단구성과 사찰의 소임체계

(1) 교단 구성과 직제, 호칭

불교 교단을 구성하는 사부대중四部大衆은 비구 · 비구니 · 우바새 · 우바이를 합친 말이다. 남자 신도는 우바새優婆塞 또는 청신사淸信士, 거사이다. 부처님 당시에 유마힐維摩詰 거사의 이름에서 유래한 거사居士는 근사남近事男(삼보를 받들어 모시는 남자 신도)이다. 처사處士(벼슬을 하지 않고 초야에 묻혀 사는 남자 선비)는 유교식 표현으로, 일제강점기 때부터 불교를 비하한 용어의 하나이다. 여자 신도는 우바이優婆夷 또는 청신녀 그리고 일반적으로 보살이라 부른다. 같은 신도끼리는 법우, 도반이라고 부른다.

① 칠부七部 대중
- 비구 : 출가한 성인남자,(인도어 비크슈) 250계의 구족계具足戒를 수지한다.
- 비구니 : 출가한 성인여자,(인도어 비크슈니) 348계의 구족계를 수지한다.
- 사미沙彌 : 출가하여 구족계를 받지 않은 남자로 10계를 수지한다.[222]

- 사미니沙彌尼 : 출가하여 구족계를 받지 않은 여자로 10계를 수지한다. 동녀승童女僧은 사미니를 가리킨다.
- 식차마나니式叉摩那尼 : 18~20세 사이의 여성출가자로 6법계를 지닌다.[223]
- 우바새 : 남자 신도(청신사), 인도어 우파사카로 5계를 수지한다.
- 우바이 : 여자 신도(청신녀), 인도어 우피시카로 5계를 수지한다.

② 고승高僧에 대한 호칭

- 국사 · 왕사王師 : 왕조의 정신적 지도자로 황제나 국왕이 명한 직책이다.
- 조사祖師 : 석가모니불의 정통 법맥(선맥)을 이어받은 덕이 높은 분이다.
- 선사禪師 : 오랫동안 선을 수행하여 선의 이치에 통달한 수행승이다.
- 종사宗師 : 한 종파를 일으켜 세운 학식이 깊은 분이다.
- 율사律師 : 계율 수행과 전문 연구하여 계행이 철저한 분이다.
- 법사法師 : 경전에 통달하여 부처님의 가르침을 널리 선양하는 분이다.
- 대사大師 : 고승대덕를 일컫는 일반적인 존칭어이다.
- 대덕大德 : 덕이 높고 품행이 좋은 분이다.
- 사문沙門 · 師門 : 인도말로 쉬라마나 즉, 출가수행자를 일컫는다.
- 화상和尙 : 평생 가르침을 받는 은사 또는 법사를 가리킨다. 1239년에 주자본으로 간행된《남명천화상송증도가南明泉和尙頌證道歌》에 등장하는 용어이다.
- 은사恩師 : 자기를 출가시켜 길러준 승려 또는 스승으로 삼은 분이다. 불

교에서는 아버지를 일컫는다. 사전적으로 가르침을 받는 선생님을 높여 부르는 말이다.

※ 화남和南 : 호칭이 아니고, 은사와 법사 등에게 보내는 편지 또는 겉봉투에 쓰는 존칭어. 법하法下 또는 귀하貴下와 같은 의미이다. 범어와 팔리어 반다나(Vandana)를 음차하면 계수稽首 · 경화敬化 · 공경恭敬 · 경례敬禮한다는 뜻이다. 경건한 마음으로 인사하거나 합장하고 머리 숙여 안부를 물음 등의 뜻이 담겨 있다. 1세기경 인도승 마명馬鳴(아슈바고샤Asvaghosa)이 붓다의 생애를 서사시宮廷敍事詩로 지은《불소행찬(Buddhacarita)》, 1417년에 함허당 득통기화得通己和 선사가 간행한《금강경오가해설의金剛經五家解說誼》등에 실린 용어다.

고승들의 당호堂號는 승려가 머무르는 건물堂을 호칭으로 쓴 것이다. 동 · 서당東西堂의 승방에서 생활한다고 하여 별칭으로 '동당'이라고 불린다. 우리나라에서 당호로 가장 유명한 승려는 사명당 송운유정松雲惟政 대사이다. 경남 밀양 생가의 사랑채인 사명당四溟堂이란 건물에서 지냈다고 하여 당호가 사명당이라 불리게 된 것이다. 당호로 부르는 것 또한 상대를 법호로 칭하는 것과 같이 존칭하는 의미와 같다.

그동안 한국불교에서는 불명佛名을, 중국에선 법명法名이나 법호法號를, 일본에서 계명戒名이라고 주로 사용했다. 오늘날에는 중국과 같이 법명이란 단어가 일반화되었다. 법명은 은사로부터 이름을 직접 받은 것이고, 법호는 구족계를 받은 후 계단에서 은사 또는 법은사로부터 받은 이름이다.[224] 불교의 발상지 인도에도 없는 법명의 문화는 5세기 중국 남북조시대에 달마대사가 2대 혜가 선사의 법명을 지어주며 시작됐다.[225] 그 후 중국불교가 도교와 유교 문화를 받아들이게 되면서 법명, 법호가 광범위하게 사용되었다. 또 일반적인 호칭은 선원에서 참선하는 분을 수좌首座, 강원에서 공부하는 분을 학인學人이라 통칭해서 부른다.

　한국불교에서 사라지는 예법이지만, 과거에는 승려가 되면 석가모니불의 제자가 되었다는 뜻에서 성씨인 석釋 자를 법명 앞에 붙이는 관례가 있었다. 법명이 원효라면 석원효라고 칭하는 방식이다. 4세기 중국 동진시대의 도안道安(312~385년) 선사가 《증일아함경》의 "출가하면 모두 석자釋子가 된다."는 구절을 근거로 승려들은 모두 석釋 자를 성처럼 써야 한다고 주장한 데에서 유래한 오래된 관습이다. 한국뿐만 아니라 베트남 불교에서도 틱꽝득, 틱낫한 두 사람의 법명을 한자로 쓰면 석광덕釋廣德과 석일행釋一行인 것에서 알 수 있다. 또 법명 앞에다가 본인의 원래 성씨를 붙여 사용하는 경우도 종종 있다. 중국 동한東漢(25~220년) 시대에 처음 문자로 쓰이기 시작한 '중승僧' 한자에 경칭 접미사인 '님'을 붙이는 존칭어가 20세기부터 우리나라에서만 별도로 쓰이고 있다.[226]

(2) 사찰 · 종무행정기구의 직제와 호칭

① 종무행정기구의 직제와 호칭

• 종정宗正은 한 종파의 최고 지도자로서 종단을 상징하는 직위다.

- 원로의원은 종파의 최고 어른으로, 최고의결 기구인 원로회의의 구성원이다.[227)

- 총무원장·통리원장은 한 종단의 행정수반으로 그 종단을 대표한다.

- 호계원장은 한 종단의 종지·종풍을 지키고, 규율을 심판하는 책임자이다. 우리나라의 대법원장과 같은 직책이고, 종단 호법부장은 검찰총장에 해당한다.

- 교육원장은 한 종단 교육 관련사항을 총괄하여 대표하는 책임자다.

- 포교원장은 한 종단의 포교와 전법을 총괄하여 대표하는 책임자다.

- 종단 조직의 칠직七職은 7가지 직책의 소임자다. 총무원장을 보좌하는 호법, 총무, 기획, 포교, 재무, 교무, 사회 각 부장과 국장 소임자를 말한 다. 그 실무는 재가자 등이 맡는다.

② 일반 사찰의 직제와 호칭

- 조실祖室은 사찰의 문파門派 지도자로 정신적 상징이다. 원래는 조사의 내실을 의미 하며, 사찰의 주요한 절차와 업무를 주재하는 것을 의미한다.

- 회주會主는 법회를 주관하는 법사를 가리키지만, 한 사찰의 창건과 중창을 이끈 사찰의 어른을 일컫는다.

- 관장官長은 원래 고을 현감을 지칭하던 직책으로, 주로 일본사찰에서 가장 웃어른을 일컫는 직함으로 쓰인다. 불국사와 은해사 등지에서 주지직보다 더 높은 직함으로 사용하는 경우가 종종 있다.

- 주지住持는 사찰을 대표하여 제반의 운영과 사무를 총괄하는 소임자다.
- 삼직三職, 칠직七職은 총무, 재무, 교무와 포교, 기획, 호법, 총무, 재무, 교무, 사회 각 국장 소임자를 일컫는다.
- 산감山監은 말할 때는 상감으로 읽는다. 사찰의 산과 토지를 총괄하는 소임자로 지역사찰에서는 가장 어른으로 꼽기도 한다.
- 원주院主는 공양 업무를 관장하며, 사찰사무를 주재하는 감사監寺 소임과 살림 살이를 맡은 감원監院의 역할을 맡는다.
- 감원監院은 선원의 살림 전체를 총괄하는 소임자의 직책이다.
- 별좌別座는 행자실의 운영에 관한 통솔과 음식을 만드는 공양실을 감독한다.
- 기도법사는 지전知殿 · 전주殿主라고 하며, 법요의식을 집전하는 소임자로, 불전에 대한 청결, 향과 초, 등燈 등의 일체를 관리하는 소임자다.
- 법주法主는 불사나 회상의 높은 어른으로 추대된 승려이지만, 요즘 집전(지전)과 같이 법회의식을 주관하는 소임자를 일컫는다.
- 장주藏主는 대장경 등이 보관된 서고를 관리하는 직책으로, 지장知藏이라 한다. 해인사의 장주는 승려의 법명이 아니라 장경각을 관리하는 직책이다.
- 도감都監은 사찰 재산의 관리자 또는 일정기간 불사를 총괄 진행하는 소임이다.
- 부전副殿은 불전 소임을 맡은 분으로, 예식 불공 등의 의식집전을 맡는다.

- 노전盧殿은 대웅전 등 법당을 맡은 소임으로 규모가 큰 절의 부전과 거의 같다.

※ 집전執典과 집례執禮는 직함·직책이 아니라 의식을 집행하는 사람을 일컫는다. 집전은 공적인 일 또는 모두를 위한 봉사를 뜻하는 전례典禮를 다잡아 예식을 집행하는 사람으로 집전자執典者의 준말이다. 집전에 의해 차례茶禮가 시작되었다고 한다. 또 집례는 예식을 집행하는 사람을 지칭하는 말이다. 기독교 등의 세례 행사에서 사용하는 낱말로, 로마의 바티칸 성베드로대성당에서 부활 성야 미사를 집례하기 위해 교황이 등장했다고 표현한다.

5) 사찰의 기능에 따른 직제와 호칭

사찰의 기능에 따른 여러 직제와 칭호와 소임이 있다. 수도승은 따로 계급이 있는 것이 아니라 수행의 정도와 법랍 등에 따른 명칭을 칭호가 있으며, 맡은 바 직책을 소임이라고 한다. 이러한 소임을 적어둔 것은 용상방이 대표적이다. 주로 안거 때 각자의 소임을 정하고 그 내역을 종이에 적어 대중방 가운데 붙여서 알린다.

선종에서는 선원의 최고 어른을 조실이라 하고, 총림의 선원에서는 방장方丈이라 한다. 중국 당나라 때 백장회해百丈懷海(749~814) 선사가 처음으로 용상방龍象榜이란 제도를 처음 실시했다. 우리나라에서는 선종의 전래와 함께 이 방이

채택되었다. 용상방의 각 소임을 정할 때는 대중들 가운데, 인품을 갖춘 적절한 인물을 선정하여 기용하였다. 결제結制 또는 큰 불사佛事가 있을 때 각자의 소임을 정하여 붙이는 일종의 포스터인 용상방은 모든 사람이 잘 볼 수 있는 곳에 붙여 놓고, 소정의 행사가 끝날 때까지 각자의 맡은 바 책임에 충실을 기하도록 하기 위한 것이다. 초기 용상방에는 23개의 직명을 기록했다. 각자 소임이 담긴 용상방을 짜고, 각 조목 그리고 단어마다 해설본을 비치하여 안거 일로부터 운영한다. 그 직제와 내용은 다음과 같다.

① 선원의 직제와 내용

• 방장方丈은 총림의 최고 어른이다.[228] 선원에서는 조실이 그 역할을 맡는다.

• 선원장禪院長은 근래에 도입한 직제로, 선원의 대표를 맡는다.

• 수좌首座는 선원 대중에서 덕망을 두루 갖춘 지도자를 일컫는다. 일반적으로 선원에 사는 승려를 통칭해서 수좌라고 부른다.

• 장로長老는 지혜와 복덕을 함께 갖춘 비구로, 인도와 중국 선종 사찰에서 주지住持와 비슷한 교단의 직책이다. 한국불교에서는 사용하지 않고, 개신교 등에서 사용하는 직함이다.

• 유나維那는 총림 선원의 규율·규칙으로 기강을 총괄하는 감독관과 같다.[229]

• 입승立繩은 안거철 선방 대중들의 회장 격에 해당하는 직책이다. 죽비를 잡는다.

- 열중悅衆은 안거 결재 대중을 통솔하는 소임자로, 선도 역할의 감찰반장이다.
- 청중淸衆은 열중을 보좌하며 대중 통솔하는 소임자로, 안내하는 부반장 격이다.
- 선덕禪德·병덕秉德은 선원 대중에 연세가 많고 덕이 높으신 분을 일컫는다. 선덕과 병덕은 선의 이치에 밝은 수좌로, 나이 든 노덕老德 수좌를 일컫는 데, 거의 사용하지 않는 직책이다.
- 선현禪賢은 포교 일선에서 종사하다 선원에 들어온 연세 많은 분을 일컫는다.
- 한주閑主는 결재 대중의 모범되는 어른으로, 연세 많은 분을 일컫는다.[230]
- 지전知殿은 대중이 사용하는 대중방을 정리 정돈하는 소임자다.
- 지객知客은 총림과 선원의 모든 손님을 대접하고 안내하는 소임자다.
- 명등明燈은 전기 관리, 옛날 등불을 관리하던 등명燈明과 같은 직책이다.
- 마호磨糊는 대중이 필요로 하는 풀을 끓이는 소임으로, 옛날에는 죽 담당이다.
- 야순夜巡은 밤중에 순시로 건물을 지키는 책임자로, 야경夜警 돈다고 한다.
- 소지掃地는 선원 앞밖에 청소를 담당하는 소임자다.
- 간병看病은 대중들의 건강을 돌보는 간호 관리자로, 중국의 당주堂主와 같다.
- 욕두浴頭는 목욕물을 책임지고 관리하는 소임으로 결제와 해제날이 바

쁘다.

- 수두水頭는 세면장 관리책임자로, 수각水閣이라 한다. 초하루와 보름이 바쁘다.
- 화대火臺는 대중방의 온도 등 냉난방 관리하는 소임자로 역할이 바뀌었다. 원래는 선원의 함실아궁이 군불을 담당하던 소임자다.
- 정통淨桶은 화장실(해우소) 청결을 유지하는 관리자로, 정두淨頭와 비슷하다.
- 시자侍者는 총림과 선원의 어른들을 옆에서 모시는 소임자다.
- 다각茶角은 차와 간식 등을 관리하는 소임자다.
- 화주化主는 선원에 필요한 비용을 마련하는 소임자다.

② 강원의 직제와 호칭
- 증명證明은 경전 등에 대해 자문을 구하는 출재가의 학자 등을 일컫는다.
- 원장院長은 강원의 운영과 행정 책임을 총괄하는 대학 총장과도 비슷하며, 승가대학이 설립 운영하면서 생겨난 직책이다.
- 강주講主는 교육을 관장하는 대학장을 일컫는다. 강백講伯이라 일컫는다.[231]
- 강사講師는 전공과목 경론經論을 강의하고 지도하는 직책으로, 강백이라 한다.
- 중강仲講은 강주의 일을 도우며, 전문학과 강의를 맡는 교수를 일컫는다.
- 입승立繩은 강원의 대표로서 회장격에 해당하는 직책이다.

- 찰중察衆은 학인들의 잘못을 시정하는 직책으로 감찰 역할을 하는 소임자다.
- 열중悅衆은 학기 동안의 학승을 통솔하는 소임자다.
- 회계會計는 강원의 재정을 맡아보는 업무를 맡는다.
- 서기書記는 사무를 관장하는 소임자다.
- 서장書狀은 문서를 맡아보는 직책으로 서기, 서무에 해당한다.
- 화주化主는 여러 사람에게 시주를 얻어 법연法緣을 맺어 주는 소임이다.
- 헌식獻食은 재가 있을 때, 상에 올린 음식을 각기 조금씩 걷어서 옥외의 어떤 장소에 가져다 놓는 소임자다.
- 병법秉法은 의식법요儀式法要를 집행하는 소임자로, 일종의 사회 역할을 한다.
- 지전知殿은 병법을 보좌하며, 대중방을 정리 정돈하는 소임자다.
- 설양說攘은 강의 후에 책상과 의자를 정리 정돈하는 소임자다.
- 종두鐘頭는 조석으로 종을 치는 소임자다. 종각의 사물을 관장한다.
- 법고法鼓는 조석으로 북과 목어를 치는 소임자다.
- 야순夜巡은 밤중에 순시를 책임지는 소임자로 야경이라고 한다.
- 경비警備는 일반인 출입을 금하고 주위를 정숙하게 하는 소임자 등이 있다.
- 요주寮主는 요사채를 보수하는 소임을 맡는데, 중국의 직세直歲와 비슷하다.
- 등명燈明은 불 관리책임자로, 요즘 전기 관리, 수리하는 명등과 같다.

- 원주院主는 공양 업무를 담당하고, 살림살이를 맡은 감원과 비슷하다.

- 미두米頭는 양곡을 맡아 출납하는 소임이었으나, 현재는 사라진 직책이다.

- 마는 방앗간을 관리하는 소임자로, 지금은 사라진 직책이다.

- 별좌別座는 좌복과 침구를 관리하고, 음식을 마련하는 소임자다. 공양간을 감독하는 역할인 위생 책임자로, 중국의 전좌典座와 비슷하다.

- 공양주供養主·공두供頭는 밥을 짓는 소임자로 공사供司·노공爐供이라 부른다. 특식인 국수는 공양주가 끓인다.

- 갱두羹頭는 국과 장국을 마련하는 소임자다. 설날 떡국은 갱두간에서 끓인다.

- 채공菜供은 반찬 마련하는 소임자로 채두菜頭라 부른다. 수박 등 과일 공양을 담당한다.

- 간상看上은 대중방 음식 배식과 상차림의 담당자로 큰방장이라 부른다.

- 전좌典座232)는 대중 식사를 관리하는 소임자로, 간상看床과 같은 역할이다.

- 원두園頭는 농사를 짓는다는 뜻으로, 과일과 채소를 재배하고 가꾸는 직책이다.

- 장주莊主는 논밭의 농사일을 맡아 하는 소임자로, 중국 선원의 직책이다.

- 고두庫頭는 금전과 곡물 등의 관리자로, 오늘날 경리나 회계에 해당한다.

- 부목負木은 땔감을 마련하는 소임자로, 오늘날엔 전기세, 기름·가스를 관리한다.

- 탄두炭頭는 숯 등 땔나무를 준비하는 소임자다. 부목과도 비슷하다.

- 노두爐頭는 화롯불을 관리하는 소임자다. 선종 사찰에서는 음력 10월 1일부터 화로에 불을 피워 이듬해 2월 1일에 끄는데, 그 화로에 불이 꺼지지 않도록 하는 직책이지만, 지금은 사라진 직책이다.
- 수두水頭는 사찰의 식수 등 물관리와 소독하는 일을 맡은 소임자로, 세면장 등을 관리하여 수각이라 한다.
- 삭발削髮은 초하루. 보름에 머리카락 깎을 때 삭도削刀를 준비, 관리자이다.
- 정두淨頭는 변소 청소하고 세정洗淨할 물을 긷는 소임자로, 정통淨桶과 같다.
- 정인淨人은 승려들을 받들어 섬기는 직책으로, 사찰에 사는 재가자가 맡는다.

③ 율원의 직제와 호칭
- 율주律主는 율원을 상징하는 지도자다.
- 율원장은 율원을 대표하는 소임자다.
- 율사律師는 계율을 실천하며 전문적으로 연구하는 승려를 말한다.

④ 염불원의 직제와 호칭
- 어산魚山은 염불원의 정신적 지도자로, 어산장魚山長이라 일컫는다.
  대한불교조계종은 2006년 10월 12일 불교문화 · 예술의 보존과 계승을 위해 '어산 어장 및 어산종장魚山宗匠 지정에 관한 규정'을 제정 · 공포했다. 어산 분야에서 10년 이상 수학한 비구·비구니를 어산종장으로, 어산종장 지정 후에 20년 이상 경력을 보유한 자를 어산어장으로 지정할 수 있도록 했다.

- 학장은 염불원의 최고 지도자로, 어산장 또는 어장이라 일컫는다.
- 노전爐殿은 사찰의 본전 법당 의례를 담당하는 소임자다.
- 지전持殿·知殿은 기타 전각의 예불 및 의례는 맡은 소임자다.
- 부전副殿은 노전을 보필하며, 법당 의례와 기도를 맡은 소임자다.[233]

※ 조계종 제25교구본사 운악산 봉선사 염불원은 2013년 5월 2일에 개원했다.

V. 사찰 건축물의 일반적 이해

사찰 건축물은 한옥에 속한다. 목조 가구식 구조인 한옥은 짓는 형태에 따라 각기 다른 명칭을 가지고 있다. 1층 바닥을 지면에서 떨어져 높이 꾸민 집의 형식인 고상식高床式은 누마루식이다. 1층 바닥을 지면에 붙여서 낮게 꾸민 집의 형식을 저상식低床式이라 구분한다. 한옥은 기둥을 세우기 전에 초석이라는 기초석을 놓으면서 그 형태는 시작된다. 기둥을 세우는 과정을 입주立柱라고 한다. 이로부터 본격적인 한옥의 명칭이 등장하게 된다.

한옥의 가구架構(낱낱의 재료를 조립해 만든 구조물) 조립에서는 축부재, 공포재, 가구재로 크게 구분된다. 기둥과 기둥을 연결하는 창방昌枋(넓적한 도리)이 축부재에 속하고, 기둥 위에 조립되는 주두 및 평방·첨자 등이 공포재라 한다. 형태에 따라 간혹 없을 수도 있다. 보와 도리 등 지붕을 주축으로 하는 부재를 가구재라 하며, 이 세 가지 부재部材로 한옥이 건립된다. 목조건물은 이음과 맞춤에 의해 결구되는 방식을 택하므로, 이를 가구식이라 한다. 시렁 가架에 얽을 구構를 썼으니 시렁을 얽는 방식이라 할 수 있겠지만, 쓰이는 의미로 보면 목재를 얽는 방식이다. 또 부분적으로 결구방법의 차이에 따라 보식과 천두식으로 나뉜다. 천두식穿斗式은 기둥에 구멍을 뚫어 목재들을 관통시켜 기둥을 연결하는 구조법으로 초기의 가구법이다. 보식欂式은 기둥과 보와 도리 등이 이음과 맞춤에 의해 결구되는 건축구조이다. 동양 3국의 목조건축은 대부분 보식으로 가장 보편적인 구조법이다.

건립 단계는 덤벙주초(자연석을 그대로 놓은 주춧돌 · 호박돌 주초) 등의 초석 – 기둥 – 창방昌枋(기둥머리를 연결해주는 부재) – 주두柱頭(기둥머리) – 보(량樑, 지붕의 무게를 전달해주는 부재) – 장여長舌(도리를 받치는 부재) – 도리道里(주심도리 · 중도리 · 종도리) – 서까래(단연 · 장연) – 적심도리 등이 한옥을 구성하는 중요 명칭이다. 목조가구 조립이 끝나면 서까래 위에 개판 또는 적심을 얹고, 보토(흙)를 올린 뒤 강회 다짐을 하고 기와를 올린다.

기와 맨 위에 부분을 용마루龍屋脊라 부른다. 고려시대 한옥의 대표적 형태인 부석사 무량수전 팔작지붕을 기준하면, 용마루가 밑으로 내려가는 면을 만나는데 이를 내림마루라고 한다. 내림마루가 다시 건물의 각 모서리로 펼쳐지는 추녀쪽 선을 만난다. 이때 곡선은 우리나라 한옥만이 가지고 있는 특징으로 하늘로 날듯한 추녀 곡선으로 앙곡昻曲과 안허리곡曲을 가진 추녀마루라고 한다.[234] 이 3차원적인 지붕의 곡선은 입체적으로 귀 쪽이 위로 휘어 오른 앙곡

(조로)과 평면적으로 귀 쪽이 휘어져 나온 안허리곡(후림)을 나타낸 것이다.

용마루도 일직선이 아니라 가운데가 약간 낮은 곡선 모양이다. 이것을 지붕곡이라 하는데, 특별히 현수곡선懸垂曲線이라 한다. 이것은 수평마루 욱(안으로 조금 우묵하게 우그려져 굽은 곳) 부분의 느린 곡선을 말한다. 왕과 왕비의 침전건물인 경복궁의 강녕전과 교태전 지붕에 용마루가 없다. 대부분의 조선 건축물은 지붕 기와를 얹고 제일 윗부분의 지붕마루에는 방수를 위해 암키와를 얹어서 여러 겹으로 쌓아 용마루를 올린다. 격이 높은 건물의 용마루는 양성 회 바름으로 감싸고, 내림마루 끝부분에 잡상을 설치하기 때문에 적새積瓦(쌓아 올린 기와)가 보이지 않는 용마루도 있다. 이처럼 우리나라 기와지붕은 잘 드러나지 않는 여러 곡선의 조화를 통해 검정색의 무거운 기와를 얹어서 서도 가볍고 날렵한 모습으로 보이게 한다.

지붕 마루에 쌓인 기와들도 명칭들이 있다. 지붕의 맨 윗부분인 용마루와 내림마루가 부딪히는 끝부분 위에 우뚝 세워 놓는 장식기와 망와望瓦를 사용한다.[235] 민가에서는 암막새女防草(내림새·당초와唐草瓦)를 뒤집어 세워 망와로 지붕마루를 장식했다. 내림마루 끝에 혀를 위로 내민 것 같은 모양을 하여 망와 또는 망새望斯라고 한다. 지붕마루의 마구리를 수키와 두 장을 옆으로 세워 막아주는 것이 '머거불 기와'이다. 망와는 이 머거불 위에다 올려진다. 너새 기와는 맞배지붕 건물의 측면이나 합각부분에 놓이는 기와로 일명 '날개기와'라고 한다. 수막새夫防草를 쓰지 않는 처마 끝에 홍두깨흙이 보이는 것을 와구토瓦口土(아귀토)라고 하여 백토에 강회를 많이 섞어 발라 하얗게 마구리를 한다. 지붕마루의 기왓골에 늘어난 삼각팬티 모양의 특수기와는 착고(기와)이다. 용마루에서는 착고着固 · 着高(기왓골 위 끝을 막는 기와) 위에 수키와夫瓦를 옆으로 눕혀 한 단을 올린 것을 부고(기와), 부고 위에는 암키와女瓦를 뒤집어 여러 장 겹쳐 쌓은 것은 적새이다. 암키와 맨 위에는 수키와를 한 단 놓은 것을 숫마루장이라 한다. 이 착고부터 숫마루장까지를 모두 감싸 바르는 것이 삼물三物이다. 고궁 건물 지붕마루 선을 따라 허옇게 드러나 보이는 부문을 시멘트로 땜질처럼 보이는 것의 명칭은 양성兩城 · 陽城(양성바름) 즉, 양상도회樑上塗灰(하얗게 회바름을 한 용마루)이다. 단순히 회만 쓴 것이 아니라 실제로 흰 찰흙白土과 가는 모래細砂, 해조류를 생석회에 섞은 주재료인 삼물로 바른다.[236] 지붕 기와는 개와장蓋瓦匠 또는 번와장燔瓦匠(기와를 잇는 일을 맡은 장인)의 감독 아래에 쓰임새가 정해진다.

처마에는 서까래만 있는 홑처마와 부연婦椽(겹처마에서 처마 끝에 걸리는 방형의 덧서까래)[237]이 설치되어 있는 겹처마로 구분된다. 조선시대 살림집에는 원칙적으로 부연의 설치가 금지되었기에 궁궐이나 사찰 · 관아 등 중요한 건물들에서 볼 수 있다. 서까래는 대부분 원형인데, 부연은 예외 없이 사각형角椽이다. 서까래 위에 덧대어 설치되는 부연은 서까래보다 약간 각도를 위로하여 앞에서 볼 때 서까래 마구리가 잘 보이도록 한다. 서까래 사이에 개판蓋板(지붕널)이라는 판재를 끼거나, 싸리나무나 수수깡 · 대나무 등을 새끼줄 등으로 엮어 까는 산자散子가 있다. 여기에 빈틈을 메우기 위해 다져 넣어서 까는 진흙을 새우흙(알매흙)이라 한다.

궁궐과 사찰 건물에서는 기둥과 서까래 사이가 많이 복잡하고 화려할 뿐만 아니라 기둥머리와 서까래 사이에 상당한 공간 차가 있는 것을 볼 수 있다. 목조건축은 기둥 상부가 보를 받도록 하는 부분의 구성을 어떻게 하느냐에 따라 크게 포식, 익공식, 민도리식으로 구분된다. 포식과 익공식은 모두 기둥 상부에 주두가 놓이고 살미 · 첨차 · 익공 등으로 불리는 부재를 조합하여 보를 받는 구조이다. 일반 민가 형식의 도리식 건물은 서까래와 기와를 얹은 지붕의 하중이 바로 기둥으로 전달되는 구조이다. 하지만 궁궐과 사찰 건물들은 민가보다 규모가 크기 때문에 건물이 커진 만큼의 하중이 바로 기둥에 전달되면 아무리 굵은 기둥을 설치하더라도 기둥에 무리가 가기 마련이다. 이처럼 한옥 건축물에 관한 여러 가지 구성요소들을 살펴보고자 한다.

1. 한옥 건축물의 종류 – 전당합각재헌루정

한옥 건축은 단일한 개체만으로 끝나는 것이 아니라 그 주변의 외부공간과 자연환경과의 관계로 이루어진다. 어느 곳에다 어떻게 배치할 것인가의 조건은 전체적인 지역 상황을 고려해서 결정한 것이다.

한옥의 구성요소는 내부공간과 건물 밖의 주변 요소들을 외부공간 구성요소로 구분된다. 내부공간 구성요소는 건물의 구체적인 의장들로 배치와 평면, 기단, 초석, 기둥, 가구, 벽체와 창호, 공포대, 지붕, 바닥, 천장 등이다. 외부공간 구성요소는 건물 밖의 난간, 대문, 굴뚝, 석물, 샘터와 도랑, 석루조, 다리, 연못과 정자, 석단, 화단, 석계, 징검돌과 돌길, 식재, 마당, 담장, 색채 등이다. 이것들은 일반적으로 시간의 추이에 따라 변화가 있으며, 시대적 편년이 이루어지고 있다.

한옥 건물들의 크기와 규모 면을 일컫는 당우堂宇는 어느 곳에서 규모가 큰 집과 작은 집을 통틀어 일컫는 용어이다. 규모가 큰 집의 중심건물을 정당正堂이라 하고, 규모가 작은 집의 중심건물을 옥우屋宇라는 집을 한꺼번에 부르는 말이다. 사찰에서 정당은 한 구획 내에 지은 여러 채의 집 가운데에 가장 주된 집채로 대웅전 등 중심전각을 말한다. 옥우는 여러 채의 작은 집 가운데 가장 주된 집채로 방장실, 주지실 또는 강당 등을 말한다. 사대부가에서 정당은 사랑채이고, 옥우는 안채에 해당한다.

또 건물들의 이름에는 다양한 종류의 호칭이 붙여졌다. 궁궐이나 관아, 향교와 서원, 사찰의 중심건물에 붙여진 전殿이나 당堂·누樓·각閣 등에 이르기까지 다양하다. 건물에 붙여진 글자에는 각기 나름의 의미가 있어 그 뜻을 새겨볼 만하다.[238]

1990년대 말부터 국내의 일부 학자들에 의해 정리돼 불리고 있는 '전당합각재헌루정殿堂閤閣齋軒樓亭'의 표기법은 체계화되었으나, 우리나라 고건축의 대원칙 또는 고전古典으로까지 평가하는 오류를 낳았다. 국내 학자들이 조선시대 궁궐건축에 관한 학술·연구적 분류체계인데, 이것을 신분 질서에 따른 위계의 의미와 건축양식을 규정하는 법칙法則으로까지 확대 재해석되고 말았다. 우리나라 국가유산청[239]의 국가문화유산포털에서도 "궁궐에는 여러 건물이 있는데, 크기와 격에 따라 전·당·합·각·재·헌·루·정으로 구분한다. 전당합각재헌루정은 품격이 높은 것에서 낮은 것으로 가는 순서이며, 건물들의 신분과 위계질서라고 할 수 있다." 각 언론들과 일부 문헌에서조차 "우리의 선조들은 당호堂號를 지을 때 전당합각재헌루정이라는 질서를 존중했다."라면서 위의 "여덟 글자에는 건물의 서열·외형·용도가 종합적으로 반영돼 있다. 주문처럼 들리는 이 문구를 이해하면 궁궐에 가지 않아도 건물이 보인다."고 건물의 품격을 평가하는 것과 다르게 건축물의 원칙이라고 할 정도로 과장해 기술하였다.[240]

지금, 국내에서 사용되는 전당합각재헌루정 표기법의 유래와 연원은 다산 정약용이 1819년에 저술한 《아언각비雅言覺非》에서 한옥 건물에 관하여 '전·

당·각·루·정·재·헌'의 방식으로 처음 구분하였다. 이 표기법은 중국 한 나라 때 허신이 94년에 편찬한 한자 원류사전으로 일컫는《설문해자》와 1527 년 최세진의《훈몽자회》에서 기록한 '전·당·합·각'의 내용 등을 참고하여 우리나라 한옥 건축물의 크기(규모)와 양식에 대해서 재분류하여 표기한 것이 다. 《한국건축사전IV》(장기인, 보성각, 1998)을 비롯한 《우리 궁궐이야기》 (홍순민, 청년사, 1999),《알기 쉬운 한국건축 용어사전》(김왕직, 동녘, 2007) 등 관련 서적들에서 다루어진 각 명칭이 어떠한 기준으로 이름을 붙여지는지 궁금할 법하다.

한옥 건축물의 명칭과 특징

명칭	주요 특징(비교)	
궁궐(宮闕)	궁: 임금과 왕비의 집, 남성 한 사람만이 존재하는 곳 궐: 궁을 지키는 대(臺)의 공간(수비대, 행정시설 등), 궐내각사	
전(殿) (근정전, 대웅전)	왕·영웅의 집, 실거주자 없음. 중요한 의식이 열리는 중심건물. 상징적 건물과 답교 - 어도, 대웅전 - 어간문(으뜸되는 문)	
당(堂) (법당, 요사 등)	주인의 집, 실거주자 집	정당(正堂), 여러 채 건물의 중심, 응진당·강당
합(閤) (1~3 건물)		옥우(屋宇), 사랑채·안채 중심의 건물, 승당
각(閣) (단독건물)	장군의 집, 실거주자 없음	묘(廟, 사당·신주 모시는 곳)의 동관묘 등 좁고 긴 단층건물의 행각(行閣), 회랑(回廊) 등 산신·칠성 등을 모신 별도 성격의 건물

재(齋)	서재 등 개인적 성격의 생활 건물. 낙선재·여시재 등 서원과 향교 기숙사인 동재(東齋)와 서재(西齋)
헌(軒)	관아(官衙) 등 공무적 성격, 관아집무실의 동헌(東軒)을 비롯한 중앙 관청의 공공시설. 정관헌(고종황제의 다실)
누(樓)	대연회, 강당 등 집합적인 사용건물. 불교사물을 둔 종루 2층 건물일 때 일층은 각(閣), 이층은 루. 경회루·주합루 등
정(亭)	소연회와 개별 공간으로, 주요 명승지의 향원정·망향정 등
원(苑·院)	원(苑=화단 정원중심, 院=건물 중심, 園=울타리·담이 있는 집) 원(園, 경계): 계림원·함춘원·쌍림원 등 오늘날 그린벨트 구역

※ 고문헌 등과 현재까지 전하는 건축물과 그 형태에 관한 비교 분석하여 재구성한 것임.

이 밖에도 건축물에서 궁宮은 왕이 사는 규모가 크고 격식 있는 집이다. 궁 앞에 설치되는 감시용 망루인 궐闕을 합쳐 궁궐이라 한다. 낭廊은 건물과 건물을 연결하거나 감싸고 있는 좁고 긴 건물이다. 궁궐의 회랑回廊은 2칸인 복랑復廊, 건물 앞뒤 중앙에서 빠져나온 천랑穿廊이 있다. 정전 양쪽에 날개처럼 빠져나온 건물은 익랑翼廊이라 한다. 이외에도 낭옥廊屋·낭하廊下·문랑門廊·장랑長廊·보랑步廊 등의 용어가 있다. 창경궁 명정전 뒤쪽의 천랑과 불국사 대웅전 양쪽에도 천랑이 남아 있다. 또 살림집에서 마당 앞쪽에 행랑行廊이라 한다.

한옥에서 헌軒은 추녀를 말하며, 원래 높은 수레를 뜻하는 말이다. 그 모습은 처마의 구성이 높이 솟아오르는 모양이고, 창이 설치된 장랑長廊과 집을 에워싸고 있는 행각도 헌軒이라고 한다. 건물 외형에서 처마는 폭이 넓고 끝으로 갈수록 햇볕을 많이 받을 수 있도록 위쪽으로 휘어져 들려지는 형태로 지붕이 지어졌다. 집안에 통풍과 일정량의 햇볕이 들어올 수 있도록 한 처마의 기능은 과학적인 지붕구조를 마감한 것이다. 여러 이름으로 불린 처마는 옛 방언으로 '가스람'(경남 진해 방언은 기스람)이라고 하였다. 《세종실록》에서 첨하簷下·檐下라고 표기하였는데, 첨簷·檐牙 또는 최려嶊欚·채寨·우宇·적樀·판점板檐 등이라고 하며 헌軒이라 한다. 첨우簷宇는 나무집을 뜻한다.[241]

관館은 군사지휘 본부로 사용했던 여수 진남관, 충무 세병관처럼 많은 사람들이 모일 수 있는 크고 개방된 관아 건물이다. 청廳은 관청이나 손님을 영접하는 장소인 청사廳事, 관청官廳·객청客廳이란 명칭이 사용되었다. 정청政廳·정청正廳·양청凉廳 등의 용례가 있다. 왕릉의 전사청典祀廳은 문묘·서원·향교 등에서 제향의 물건을 맡아 보는 집이다. 사舍는 부속된 작은 건물을 부를 때 사용하는 경우가 많다. 수원 화성의 작은 포루인 포사舖舍, 관아 건물의 객사客舍를 비롯해 하회마을 옥연정사·겸암정사·원지정사·빈연정사·군지촌정사처럼 살림집의 본채와 떨어져 경치 좋은 곳에 별서로 지은 작은 규모의 살림채를 정사라고 하였다.

정사精舍는 공부와 휴식을 위해 지은 재齋보다는 작고, 정亭보다 큰 별서 개념의 건물이다. 재와 정사의 차이점은 제사 기능을 중심으로 하면 재가 되고, 별서 개념만 있으면 정사로 본다. 가家는 집을 통칭하지만, 가족이 생활하는 민가民家·반가班家 등의 살림집을 뜻한다. 택宅은 가家와 동일한 살림집 의미로 고택古·고택·사택舍宅·私宅 제택第宅·장택庄宅·전택田宅, 연안댁延安宅·천동댁泉

洞宅 등으로 사용한다. 옥屋은 모든 유형의 건축물을 가리키는 데 지붕을 뜻하기도 한다. 방房은 거실 용도로 사용하는 실의 의미다. 단壇은 건물보다 제사를 위해 설치된 높은 대로, 건물이 없는 곳을 말한다. 또 충남 아산의 맹씨 행단과 경북 경주 양동마을의 향단처럼 살림집의 별칭으로도 사용한다. 실室은 독립 또는 건물 내부의 단위공간인 각실各室과 제사를 위한 재실齋室, 묘침제에서 쓰는 동당이실제同堂異室制(사당건물 안에 감실만을 따로 구분하여 둠)라는 말은 같은 건물에 칸만 나눠 신위를 봉안하는 각 실을 의미한다.

묘廟는 조상과 성현의 위패를 두고 제향하는 건물이다. 종묘宗廟와 공자를 모신 문묘文廟, 관운장을 모신 관묘關廟, 조상신을 모신 가묘家廟 등이 있다. 사祠는 성현이나 충신 등의 위패나 영정을 모셔놓고 제사하는 묘지 건물이다. 무廡는 사당 좌우에 부속된 건물로, 낭무廊廡는 단위건물과 회랑이 어우러진 집 전체를 가리킨다. 공자의 제자와 한국 명현들을 모신 사당을 동무東廡와 서무西廡라고 부른다. 대臺는 남한산성의 장군 지휘소인 수어장대와 화성의 지휘소인 동장대 및 서장대와 같이 권위를 나타내기 위해 높은 곳에 지은 건물을 말한다. 사榭는 무술을 익히고 수련하기 위해 지은 건물로, 특히 궁술을 익히는 건물을 뜻한다. 창덕궁 불로문 서북쪽 계곡의 폄우사砭愚榭는 정자의 기능을 했다.

한옥 건축물의 외형적 위상이나 품격은 월대를 비롯해 건물의 칸수 · 공포 · 기둥 · 용두 등으로 권위를 돋보였다. 먼저 지붕의 형태를 통해서 살펴볼 수 있다.

한편 건축물과 함께 도시의 주요한 시설인 도로, 길道에 관한 옛 기록은 중국과 조선에서 사용한 《주례》[242)]에 처음 나온다. 경徑(지름길)은 우마牛馬가 다닐만한 오솔길이다. 진畛(논두렁길)은 논과 밭 사잇길과 같이 수레가 다닐 수 있는 작은길小路이다. 도途는 마차乘車 한 대, 도道는 마차 두 대, 노路는 마차 세 대가 나란히 다니면서 교차로가 이어진 길을 말한다. 조선 초기에 청계천에 놓인 광통교廣通橋는 마차 2대輧가 동시에 다니던 길이었다. 요즘의 왕복 4차선, 5차선의 고속도로와 같은 길에만 쓸 수 있는 글자다. 새로 난 길을 가리키는 신작로新作路라 부르는 것과는 사뭇 의미가 다르다. 이와 같이 길에 대한 의미를 담고 있는 하늘길航路과 바닷길海路, 땅길陸路 · 林道(Forest road) 등으로 표현되기도 한다. 조선 1808년(순조 8) 왕명에 의해 편찬된 《만기요람》[243)]에서 우리나라의 옛길을 간략히 소개하고 있다.

2. 건축물의 지붕 형태와 장식물

1) 지붕의 모양과 종류

지붕은 집의 맨 꼭대기 부분을 덮어씌우는 전체 덮개로, 옥개屋蓋라고 쓴다. 벽체 위에 설치하여 건물의 최상부를 이루는 구조체를 총칭한다. 목조건축의 지붕은 경사면으로 이루어지는데, 지역과 기후에 따라 구성을 달리하며 상부를 덮는 재료와 형태 등에 따라 구분되기도 한다. 비가 많이 내리는 지역에서는 지붕 경사도(물매)가 급하고, 큰 눈이 내리거나 바람이 거센 지역에서는 지붕 재료로 가벼운 목재를 사용하거나 돌로 눌러놓는 등 지붕의 구조나 형태 등에 다양하다. 경사도가 보통보다 적은 물매傾斜는 싼 물매라고 한다. 사자성어 축계망리逐鷄望籬는 "닭 쫓던 개 지붕 쳐다본다."는 뜻으로 쓰인다. 애써 하던 일이 실패로 돌아가거나 남보다 뒤떨어져 맥이 빠질 때 하는 말이지만, 지붕은 없다.

지붕 형태의 구조를 발전한 단계로 보면 맞배(박공)지붕이 가장 간편하여 어느 것보다 먼저 쓰였을 것이다. 그다음, 우진각(모임)지붕으로 처마의 필요성과 합각벽의 처리 등에 유리하여 대형 건축물에 이용되었다. 이 두 가지의 등장은 절충식인 팔작(합각)지붕으로 발전되었다. 우리나라 지붕의 재료는 짚·나무껍질(굴피 등)·기와 등을 사용했다. 기와에는 상징적인 여러 무늬와 글자를 사용하였다. 지붕 위에는 취두(독수리 머리) · 용두 · 잡상 등을 두었다. 귀면 등을 장식하여 큰 건물의 지붕을 더욱 장중하게 하는 맞배 · 우진각 · 팔작 지붕 등에 사용하였다.

독수리 머리를 뜻하는 취두鷲頭[244]는 지붕 용마루 양쪽 끝단에 얹어 놓은 장식기와이다. 이것은 맨 아래에 북수北首, 그 위에 취두 그리고 운각雲角이 놓이는 세 부문의 세트이다. 운각은 칼처럼 꽂혀 있는 부문인데, 구름모양의 뿔 또는 홀圭(모서리)처럼 생겼다고 규각圭角이라 부른다. 궁궐 등 격식이 높은 건물에만 사용되며, 조선시대 이전에 권위가 필요한 건물에는 치미鴟尾(솔개꼬리 · 봉황새, 길상과 벽사의 뜻)라는 장식기와를 사용했다고 한다. 숭례문의 취두 크기는 폭350㎜×너비990㎜×높이1,470㎜이며, 형태는 상중하 3등분으로 나눠 구성되었다. 상부에는 비룡이 새겨져 있으며, 중간에는 눈과 코 · 갈기, 하부에는 송곳니와 갈기가 새겨있다. 갈기 · 눈썹 · 용의 비늘 등 짧은 선을 새겨 섬세하게 표현되어 있다. 조각 수법으로 보면 독수리 머리 모양보다도 용머리에 가깝게 느껴진다.

우리나라 목조건축의 지붕은 모양으로 분류하면 맞배(박공) · 팔작(합각) · 우진각(모임)지붕의 세 가지가 주류를 이룬다. 이외에도 사각 · 육각 · 팔각 · 다각지붕, 외쪽지붕, 삿갓지붕(삿갓집) 등과 지붕을 이어서 내린 이어내림 지붕 등이 있다.

① 맞배(박공) 지붕

앞뒷면 지붕이 사람인人 모양의 기본형이다.[245] 양 끝이 조금씩 치켜 올라가고, 용마루선 역시 중앙부를 쳐지게 하여 서로 어울리게 하였다. 또 측면이 노출되기 때문에 구조체가 적나라하게 드러나 아름다운 구조미를 이루고 있다. 맞배지붕은 가장 간단한 형식으로, 주심포 양식에 많이 쓰인다. 처마의 양 끝이 조금씩 올라가고, 측면은 대부분 노출되는 구조미를 이룬다. 수덕사 대웅전 · 강진 월출산 무위사 극락보전 · 부석사 조사당 · 개심사 대웅전 · 선운사 대웅전 등이 있다. 비교적 소규모, 간소하게 하는 건물에는 맞배朴工지붕이 쓰인다. 조선시대 건축물에서 보이는 방풍판防風板은 맞배지붕 좌우 끝, 박공 아래로 빗물이 들이치지 못하도록 나무판자를 가리는 차양의 널반지이다. 고려 때 건물에서는 거의 볼 수 없다.

② 팔작(합각) 지붕

삼각형 모양에 여덟 팔八의 모양을 덧붙여 마치 부챗살이 퍼지는 듯한 화려한 모양으로 합각合閣지붕이라고 한다. 궁궐 · 사찰 · 관아 · 향교 · 서원 등 주택의 몸채 건물에 일반적으로 사용되는 형태로, 네 귀의 처마 끝이 치솟았기에 독특한 형태미를 이룬다. 후림(안허리곡)과 조로(앙곡)는 착시현상을 교정하는 데 중요한 역할을 한다. 팔작지붕은 가장 아름다운 구성미를 지닌다. 곡선면이 아주 특이한 구조로, 부석사 무량수전 · 통도사 불이문 등이 있다. 격식을 갖춘 대규모 건물의 정당(본전)은 팔작八作지붕을 가장 선호하며, 화려하고 아름다운 형태의 지붕이라 할 수 있다. 정당正堂은 한 구획 내에 지은 여러 채의 집 중에서도 가장 중심되는 집채로 정전正殿(한가운데 전각)이라 한다.

팔작지붕의 소슬각은 합각의 윗머리 부분으로, ⊿형·합장형으로 구성하는 처마 형태이다. 소슬각 뒤쪽이 부족하여 보강한 널빤지를 집우새라고 한다. 현어懸魚는 합각에서 박공 아래로 장식하여 만든 처마를 말한다. 물고기 모양을 닮아서 이름을 붙인 현어는 원래 종도리 마구리를 가리거나 박공널 결구 부문을 덮는 장치이지만 장식성이 뛰어나 과거에는 신분 과시용으로 활용했다. 조선시대 관들의 청렴결백을 의미하는 상징어로 쓰인 현어는 권근의《양촌집》〈시류〉시에 "내직에서 나와서 왕화를 펴니, 청백한 절조가 현어보다 더 했다." 王化來宣補袞餘 凜然淸節邁懸魚며 청백리의 상징임을 표현했다. 또 현어와 같은 위치에 부착하거나 당초, 불로초, 석류 등을 조각 또는 투각한 장식도 현어라고 부른다. 물고기 모양의 철판을 오려 붙인 전북 익산의 숭림사 보광전과 경주 불국사의 안양문, 경주 월지의 임해전 등에서 현어를 찾아볼 수 있다. 덕수궁 관물헌의 현어는 운두문雲頭紋으로 만들었다. 경천사지 10층탑 지붕돌에 새겨진 현어는 아름다운 돌조각으로 유명하다.

지붕 바깥 측면에 삼각형 모양의 합각벽 장식에는 길상 만덕을 나타내는 만자금문卍字錦紋으로 여백을 채우거나 전돌로 글자를 새겨 넣는 문양수법, 현어와 지네철蜈蚣鐵으로 기능성과 장식성을 가미했다. 경복궁 강녕전 동쪽벽에 편안할 강康자를, 서쪽에 편안할 녕寧 자의 무늬로 장식하거나 수壽·복福 자를 벽돌로 만든 건물도 있다. 사찰에서도 삼보륜三寶輪과 같은 여러 상징물을 넣어 장식하기도 한다. 지붕 합각면에 숨은 장식이기도 현어와 지네철은 사찰 건물의 합각 벽 집우새에 새기거나 붙여 장식과 틈새를 보강하는 기능을 높였다. 경기도 안성 청룡사 대웅전 합각벽의 지네철은 여의두문과 초화문을 조합해 만든 것도 있다. 경북 안동 봉정사 대웅전 지네철처럼 금속판을 오려 날개를 활짝 편 새 모양을 만들고, 그 안에 글자를 투각해 넣은 것도 있다. 그 합각벽 안쪽의 삼각형 공간은 '더그매'라 부르는데, 주로 다락으로 이용한다.

또 지붕 꼭대기 중앙에는 청동으로 만든 절병통節甁桶(지붕마루 가운데에 세운 호로병 모양의 장식기와)을 올렸다. 통도사 대웅전 지붕의 수막새 등에 줄지어 있는 하얀 연꽃봉오리인 백자연봉은 백자로 만들어 와정瓦釘(지붕 기와못)을 덮은 장식물로 설치해 기능적인 역할을 담당한다.

③ 우진각(모임) 지붕

앞뒤에서 보면 사다리꼴, 옆에서 보면 삼각형 모양이다. 지붕의 네 모서리隅柱에 각을 준 지붕을 뜻한다. 도성의 성문·궁궐의 대문·일부 사찰과 작은 규모로는 고급 주택의 일각대문에 사용된다. 우진각지붕은 지붕면이 전후좌우로 물매傾斜(기울기)를 갖게 된 양식이다. 추녀마루가 지붕마루에 모두 합쳐지게 된 우진각隅陳閣[246] 지붕은 건물의 사면에 처마를 두고자 할 때 쓰인다. 지붕면 높이가 팔작지붕보다도 높게 되어 있는 형태로, 주로 성문·누문에 많이 사용된다. 서울 숭례문과 광화문·돈화문·홍화문 등과 해인사 장경판전, 개성 관음사 대웅전이 대표적인데, 정전이나 불전法殿에서 잘 쓰이지 않는 지붕이다.

④ 다각형多角型 지붕

사모 · 육모 · 팔모지붕이 있다. 흔히 정자 건축에서 널리 쓰인다. 특히 궁궐의 전각 · 도성의 성문 · 궁궐의 대문 등에는 추녀마루에 잡상(어처구니)을 얹고, 용마루 끝과 합각머리에는 용두나 취두를 놓는다. 사모지붕은 현존하는 사찰 건축에서는 보기 어려운 구조이다. 창덕궁 연경당의 농수전 · 불국사 관음전 등이 있다. 육모지붕은 평면이 육각으로 된 지붕으로, 경복궁 향원정이 있다. 팔모지붕은 평면이 팔각으로 된 지붕이다. J자형 지붕은 T자형 지붕으로, 통도사 대웅전과 왕릉의 정자각에서 찾아볼 수 있다. 십자형 지붕은 전북 전주 송광사 범종루와 서울 후원(비원) 부용정 등에서 볼 수 있다. 전남 순천 송광사 대웅전은 원래는 아亞자 형으로 기획되었다가 지금의 모양으로 만들어졌다고 한다.

⑤ 층단層段 지붕

여러 개 층을 이루는 형식이다. 구례 화엄사 각황전, 보은 법주사 팔상전, 화순 쌍봉사 대웅전 등이 대표적이다. 눈썹지붕은 중심건물의 처마 아래로, 또는 옆에 처마를 덧대는 지붕을 말한다. 눈썹지붕이 드문 것은 아니지만, 전북 전주 향교의 명륜당 건물 양쪽으로 대칭형의 눈썹지붕을 크게 달아서 지붕 양식이 달라 보이는 건물도 있다. 건축물에서 눈썹이란 이름이 붙는 것은 눈썹지붕이 있고, 또 눈썹 천장이 있다. 눈썹 천장은 팔작지붕 서까래 끄트머리 모이는 곳에 구조물들이 보이는 것을 막아주려고 살짝 덧대는 천장이다. 설명보다 실제로 눈썹 천장을 보면 쉽게 알 수 있다.

고구려 보장왕 때 보덕화상이 627년에 창건한 내금강산 보덕암은 눈썹지붕·팔각지붕·맞배지붕·사각 모임지붕을 차례대로 쌓아 올린 층단 건물이다. 단층을 3층처럼 보이게 만든 독특한 건축양식을 지니고 있다. 지붕의 종합세트로 이루어진 보덕암은 내금강산 만폭동 계곡의 뛰어난 자연경관과 더불어 최고의 절경을 이룬다.

원채의 처마 끝에 지붕을 짧게 덧달아 이어 내린 집을 달개집이라 한다. 처마 끝에 지붕을 달아 잇대어낸 의짓간倚支間으로, 부엌을 들이거나 방을 드린 달개집이다. 가적加積·架涉·加詹(부섭) 지붕은 지지물에 잇대어 가설하는 지붕이다. 충남 청양 장곡사 요사채인 설선당과 경북 영천 숭열당 측면의 지붕이다, 경북 경주 옥산서원 무변루, 안동 도산서원, 충남 보령향교 동·서재, 추사고택 사랑채 등에서 볼 수 있다.[247] 서까래의 윗머리를 다른 벽에 지지시켜 달아내 한쪽만이 있는 지붕을 부섭附涉지붕이라 한다. 완주 송광사 종각과 같은 다각지붕, 유교식 대문의 솟을지붕 등이 있다. 우리나라 지붕에 사용된 사례가 없지만 석굴암 천장은 안에서 보면 활처럼 굽은 모양의 궁륭穹窿·虹霓(Arch) 지붕인데, 밖에서는 볼 수가 없는 구조이다. 건물 가구에서 짧은 퇴보를 배홀치기해서 반쪽의 홍예처럼 만든 것을 우미량牛尾梁(소꼬리보)이라 한다. 지붕을 가로방향으로 떠받치는 도리들을 연결해 무게를 분산시키는 기능을 한다. 곡선미가 마치 소꼬리를 닮아 붙여진 우미량은 수덕사 대웅전 벽면에서 아름다운 곡선미를 볼 수 있다.

⑥ 무량각無樑閣 지붕

용마루를 얹지 않은 지붕이다. 왕과 왕비의 침전인 경복궁 강녕전 · 교태전 등 궁궐의 침전건물 지붕에서 볼 수 있다. 음양오행 사상에 따라 왕과 왕후의 침전에 자연의 기를 차단하는 용마루라는 무거운 인공 시설물을 설치하지 않고, 곡와曲瓦 · 弓瓦를 써서 무량갓曲瓦 · 曲蓋女瓦 지붕으로 처리했다. 지붕마루에 두꺼운 용마루를 설치하지 않고, 내부에 두 개의 종도리가 평행하게 짜여 지붕마루 선을 이루었다. 지붕 꼭대기의 밋밋한 부분을 둥글게 구부러진 곡와로 마감한 것이다. 곡와는 무량각 지붕에 쓰이는 등이 굽은 기와로 말의 안장을 닮아 '안장기와'라고 부른다. 전체적으로 지붕의 분위기가 상당히 부드럽고 우아한 느낌을 준다.

전하는 말로, 무소불위의 왕이 머무는 공간에 용이 용을 누르는 것을 피하기 위해 용마루를 설치하지 않는다는 등 용이 어쩌고 하는 얘깃거리는 낭설이다. 중국의 일반 가정집에서도 용마루가 없는 집을 뜻하는 권붕卷棚의 형식도 있다. 다만 화재 등 위급한 상황에서 다른 건물과 쉽게 구분하기 위한 기능적 의미는 충분하다. 또 설득력 있는 이야기로 용마루가 없는 무량갓 지붕은 나란한 두 개의 보와 보의 사이에 지붕의 수평마루 선을 따라 빈 공간이 생기는데, 이 틈새(지붕골)로 하늘의 기운을 집주인이 받을 수 있도록 건축했다는 설이 전한다.

2) 지붕 잡상의 기원과 종류

불교와 유교식 건축물의 차이는 지붕 위 장식물인 잡상雜像 유무에 따른다. 원칙적으로 사찰 건물에 없는 잡상은 궁궐의 우진각지붕 추녀마루와 맞배지붕의 내림마루에 취두, 용두에 이어 세 번째로 등장하는 장식물이다. 궁궐의 마스코트로 불리는 와제瓦製의 작은 토우土偶를 말한다.

그 기원은 11세기 중국 송나라 때부터, 악귀나 화재를 쫓기 위해 지붕에 장식되던 것이 임진왜란 이후에 궁궐 건축물을 중심으로 크게 유행하기 시작했다. 중국은 민가와 사원 등에서도 이런 잡상을 설치하였으나, 우리나라는 철저히 궁궐·도성의 성문·성균관 등 공공건물에만 사용되었다. ① 건축물 지붕의 잡상, ② 삼문三門의 대문 구조, ③ 궁궐 전각의 앞마당에 난 폐도陛道[248) 등이 우리나라 조선(유교식) 건축물과 불교식 건물을 구분하고, 대표하는 차이점이다.

해학스러운 표정의 잡상 개수는 3개 이상의 홀수로, 11개가 가장 많다. 중국에서는 철저히 건물의 격에 따라 잡상의 개수가 정해졌다고 하지만, 우리나라에서는 경복궁 자경전에 4개, 경기도 수원화성의 팔달문 잡상 수는 5개이지만 1907년에 찍은 사진에는 4개였다. 창경궁 명정전에 5개, 경복궁 근정전은 7개이다. 흥인지문의 옛 사진에 8개가 보인다. 숭례문은 9개, 덕수궁 중화전에 10개, 경회루는 11개 등 홀수의 원칙이 반드시 지켜진 것은 아니었다.[249)

조선 고종 때 궁궐 지붕을 짓고 나서 어처구니를 얹지 않으면 건물이 완공된 것이 아니라고 생각했었기에 "어처구니가 없다."는 말까지 생겨났다고 한다.[250] 궁궐의 전각 · 문루 등 지붕 위에 올라 자리하고 있는 잡상은 16세기 말, 중국 명나라 때 오승은이 지은 장편 신괴소설神怪小說《서유기新刻出像官板大字西遊記》와 명나라 초기에 양경현의 희곡《서유기》에 등장하는 주인공이라 설과 12지신을 형상화한 것이라고 전한다. 동양적 판타지의 대하소설 주인공인 중국 당나라 때의 현장 삼장법사三藏法師(602~664년)가 손오공悟空 · 저오능悟能(저팔계) · 사오정悟淨(사오정)과 오혜悟慧라는 모두 깨달을 오悟자를 붙인 4명의 시종 제자를 두었다.[251]

| 대당사부 | 손행자 | 저팔계 | 사화상 |

| 마화상 | 삼살보살 | 이구룡 | 천산갑 | 이귀박 |

한옥 지붕의 잡상 형태와 이름

지금까지 알려진 잡상의 이름은 중국 당나라 태종의 칙명으로 불경을 구하러 파미르고원蔥嶺을 넘어 인도天竺에 가는 현장 삼장법사인 대당사부大唐師傅, 손오공으로 알려진 손행자孫行者(원숭이 형상), 저팔계猪八戒(돼지 형상), 사화상沙和尙(사오정), 마화상麻和尙(말 형상), 삼살보살三煞菩薩(불길한 방위를 가리키는 세살·겁살·재살을 막는 보살), 이구룡二口龍(머리에 구와 입이 2개씩의 용), 천산갑穿山甲(갑옷 입은 동물), 이귀박二鬼朴(얻는 것과 오래 사는 것을 구하는 귀신), 나토두羅土頭(나티 귀신으로 짐승같은 모습의 용 또는 붉은곰 형상)[252] 등 10개 종류가 알려져 있다. 앉거나 혹은 엎드리거나 또는 뒤로 젖혀 앉아서 집안으로 들어오는 잡귀를 막는 역할을 한다고 조선 광해군 때 유몽인이 1622년에 쓴 《어우야담》에 처음 기록됐다.

1647년 인조 때의 건축준공보고서 《창덕궁수리도감의궤》에 등장하는 잡상은 손행자·손행자매孫行者妹(저팔계·사오정)·준견蹲犬(마화상)·준구蹲狗(나토두)·줄개㖔介(천산갑)·마룡瑪龍(이귀박)·산화승山化僧(삼살보살)·악구惡口(이구룡) 등으로 손행자를 제외하고서는 앞의 《어우야담》에 등장하는 것들과 많은 차이를 보인다. 또 1834년 제작된 건립설계도 《창경궁영건도감의궤》에 나타난 이름과 〈설계입면도間架圖〉에 잡상, 용상龍像이라고 그려진 것을 볼 때 가장 앞쪽의 말을 탄 도인상道人像을 선인상仙人像이라 하고, 뒤에 오는 그 밖의 상들을 주수走獸 또는 수수垂獸·평수平獸라 한다. 선인상 외에 주수상 10상이 나타나 있다. ① 용龍, ② 봉황鳳, ③ 사자獅子, ④ 기린麒麟, ⑤ 천마天馬, ⑥ 해마海馬, ⑦ 고기魚, ⑧ 해치獬, ⑨ 후吼, 朝天吼·望天吼(개와 비슷한 상상동물), ⑩ 원숭이猴 상으

로 선인상과 합하면 모두 11가지이다.[253]

　일제강점기 때 불교학자 이능화가 1918년경에 쓴《조선도교사》에 잡상雜像
은 "궁궐의 전각과 문루의 추녀마루 위에 놓은 10신상神像을 일러 잡상이라 한
다. 이는 소설《서유기》에 나오는 인물 및 토신土神을 형상화하여 버려 놓아 살煞
(악귀의 기운)을 막기 위함이라 한다."《서유기》의 주인공에 대한 설은 중국 당
나라 현종의 고사古事와 연결한 이야기도 있다. 경복궁 경회루의 잡상에는 이
캐릭터 외에도 용 · 봉황 · 사자 · 해치와 같이 동물 형상이 사용됐다. 경회루는
중국 사신을 모신다는 점에서 잡상의 수를 중국 황제를 상징하는 11개로 맞추
고, 그 지붕의 잡상도 중국식의 동물 형태를 따랐다는 주장이다. 시대에 따라
변천된 중국의 잡상 명칭은 선인을 필두로 용 · 봉황 · 사 자 · 해치 등이 주종
을 이루었다. 선인상과 손행자의 차이만 빼면 경회루 잡상의 구성과도 비슷하
다. 제후국에서 황제의 격식은 모방 그 자체가 금지되었다는 점에서 이 주장도
낭설일 수 있다.

　또 잡상 맨 앞쪽은 손행자가 아니라 대당사부라는 설은 2008년 2월 10일
숭례문 방화사건 때 다시 등장했다.[254] 국내 모 신문의 감상적 헤드라인과 감
성적 사진으로 독자들에게 제공하였다. 이때 사진 기사대로 맨 앞의 잡상은 대
당사부인가? 라는 의문이 든다. 이처럼 헷갈림의 가장 큰 원인은 1920년경에
편자 미상으로 쓰인《상와도像瓦圖》에 의한 현상이기도 하다. 과연《상와도》에
실린 그림에 붙여진 명칭이 맞느냐 하는 것이 논란거리였다.

　19세기 이후에 남아 있는 잡상에서 선인상 또는 대당사부 현장상은 아예

없다. 타원형 챙이 돌려진 모자를 쓰고서 퍼질러 앉아 두 다리가 벌어졌으며, 두 팔은 내밀어 무릎 위에 얹고 있는 손오공상이다. 미늘(갑옷에 단 비늘모양의 가죽 조각이나 쇳조각)을 나타낸 두툼한 갑옷 차림에 코는 크고 넓적하며, 둥글고 튀어나온 큰 눈은《서유기》에 등장하는 불타는 눈에 금빛 눈동자라고 하여 화안금정火眼金睛(앉아서도 천 리를 내다본다)의 꼴이다. 모자와 갑옷은 용왕에게 빼앗은 자紫금관, 황금갑옷을 나타낸 것이라 전한다. 또 손오공이 머리에 긴고아주緊箍兒呪 링을 두른 모습과 달리 궁궐 지붕 위의 잡상 맨 앞자리에 앉아 있는 손오공의 모습은《상와도》에 대당사부라고 설명된 토우의 모습이 이야기로 전한다.

사찰 건물에 있는 잡상은 경남 밀양 표충사 대광전과 서울 북한산성 중흥사 대웅전, 경기도 남양주 흥국사 대웅전과 남한산성 행궁 등에서 용두 아래쪽으로 주르르 보이는 작은 조형물들이다. 충남 공주 신원사 중악단 지붕에도 잡상이 자리하고 있다. 주로 조선 왕실의 원당사찰로 지정된 사찰에서 볼 수 있는 지붕 장식물이다. 또 다른 지붕의 장식물들은 다음과 같다.

① 절병통節瓶桶, 지붕마루에 호로병 모양의 장식물
기와집의 지붕 꼭대기 중앙에 청동이나 와제로 만든 장식기와를 올려 세운 절병통은 사찰에서 찰간刹竿 · 찰주刹柱 · 擦柱 · 보개寶蓋 등으로 부른다. 사모정, 육모정, 팔모정 등 모임지붕의 꼭대기 기왓골이 모이는 곳에 올려놓은 호로병葫蘆瓶과 같은 장식 기와인 절병통은 건물의 누수 방지와 길상적 의미가 더해

진 장엄하는 장식이다.

경남 양산 통도사 대웅전과 경남 밀양 표충사 대광전 등은 청동 절병통을, 전북 김제 금산사 대장전과 충북 보은 법주사 원통보전 · 서울 청룡사 극락보전 등의 와제 절병통이 유명하다.[255] 서울시 옥수동 두뭇개승방의 미타사와 제기동 돌꽂이승방으로 유명한 천장산 청룡사 극락전 지붕의 절병통은 2020년에 철거됐다. 금산사 대장전의 절병통은 달리 보련대寶蓮臺(연꽃 위에 부처님이 앉은 자리)라고 부른다.

지붕 꼭짓점을 마감하고 있는 절병통은 누수 · 부식 · 낙뢰 방지를 위한 목

충북 보은 법주사 석조희견보살입상 보호각 지붕 절병통.(2023.11.5.)

적으로 항아리 · 탑 모양의 특수기와이다. 청동 절병통에는 옻칠로 개금改金을 더해서 건물에 낙뢰 피해를 예방했다. 또 구조적인 안정감과 건축의 장식적 요소에 길상적인 의미가 더해지면서 건물을 꾸미는 기능을 하고 있다. 《화성성역의궤》(1801)와 창덕궁과 창경궁을 그린 《동궐도》(1830)에 그려진 절병통을 볼 수 있다.[256)

② 백자연봉白磁蓮峰, 지붕 수막새 보호장치

연봉蓮峯은 지붕 위 기왓골 끝에 설치하는 기와 장식물이다. 수막새를 고정하기 위해 박은 쇠못인 와정瓦釘은 수막새가 흘러내리지 못하도록 막새 기와 등에 뚫어 놓은 구멍에 박는 가늘고 긴 쇠못이다. 이를 방초정防草釘(방초박이)이라 하는데, 와정의 광두廣頭(큰 못머리)가 부식되는 것을 막기 위해 덮어씌운 것을 말한다. 기와집 용마루나 추녀 끝에 와정(지붕못)의 못머리를 중국에서는 모정帽釘이라 불렀다. 연정椽釘(서까래와 도리 결구하는 못)은 서까래 등에 박아 고정하는 못이다.

연봉은 고려 때에 청자로, 조선시대에는 백자 · 토기로 만들었다. 조선의 백자연봉은 충북 충주 숭선사지에서 발견되었으며, 고려시대의 금동 연봉장식이 출토된 예도 있다. 현재 백자연봉의 사례는 경남 양산 통도사 대웅전 지붕과 강화도 전등사 대웅전, 충남 서산 개심사 대웅보전 지붕 등에 남아 있다. 호리병 모양으로, 지붕의 수막새 등에 나란히 줄지어 세워진 모양은 하얀 연꽃봉오리 또는 흰 오리 떼가 앉은 모습으로 비친다. 서울 종로구 사간동의 법련사 영산대법전 지붕에도 연봉이 설치되었다. 1995년 중창불사 때 통도사 대웅전의 연봉을 모델로 하여 새로 만든 백자연봉을 지붕 기와에 올려 설치해 놓았다.

③ 부시罘罳, 처마 밑의 그물망

궁궐이나 법당 등 건축물 처마에 처져 있는 그물망을 '부시'라고 한다. 부罘는 그물이고, 시罳는 담장의 뜻과 함께 대문이나 성곽 위에 설치하는 구조물을 뜻한다. 중국 후한 때 허신이 94년에 편찬한 《설문해자》에는 토끼 잡는 그물兎罟이라 썼다. 당나라의 시성 두보杜甫(712~770)는 〈대운사 찬공선사 방에서大雲寺贊公房〉 시에서 "노란 꾀꼬리가 불전에 넘나들고, 자줏빛 비둘기가 그물 밑으로 내려앉네."黃鸝度結棲 紫鴿下罘罳 라고 노래했다

조선 《중종실록》(1520.12.18.)에는 철망鐵網 또는 승망繩網이라 기록됐다. '부시'는 새들이 건물에 드나드는 것을 막기 위한 목적으로 설치됐다. 바다의 어구가 건물에 들어온 것이 아니라 필요에 따라 제작한 것으로, 작은 새를 막기 위한 잠망蠶網(가는 그물망)도 있다. 또 다른 이유는 새의 둥지에 구렁이가 들면 일어날 수 있는 살생을 막기 위함이다. 회랑과 대궐 담 따위에 부시를 칠 수 없는 곳에는 끝이 다섯 갈래로 갈라진 삼지창·오지창 모양의 설치물을 꽂아 새가 앉지 못하도록 했다.

한편 일본어 아시바(足あし場ば)로 불리는 비계飛階는 높은 곳에서 공사할 수 있도록 임시로 설치한 가설물을 가리킨다. 흔히 건설 현장에서 건설 중인 건물을 둘러싼 파이프 정글짐처럼 생긴 것을 말한다.

3. 건물의 공포, 지붕 받치는 뭉치들

공포栱包는 건물 지붕을 처음으로 안전하게 떠받치며, 장식하기 위한 부재들의 뭉치(꾸러미)를 말한다. 기둥과 처마 사이의 편액이 걸린 높이에 여러 모양의 복잡한 구조물들이 공포이다. 목조건축에서 처마 끝 하중을 받치기 위해 기둥머리 같은 데 짜 맞추어 댄 나무 부재를 말하는 공포의 기능은 지붕의 하중을 받치기 위함에 있다. 공포 양식은 앞으로 내민 처마를 안정되게 받치며, 그 무게를 기둥이나 벽으로 전달시켜주기 위해 기둥 위에서부터 대들보大樑의 아래까지 짧은 여러 부재를 중첩하여 짜 맞추어 놓은 것을 일컫는다.[257] 주두(기둥머리) 위에 자리한 공포는 여러 개의 첨차檐遮와 소로小累로 구성되어 있다.[258]

건물 밖에 드러난 포의 형태는 여러 부재의 결합으로 미적 감각을 더해 가공한 결과이다. 벽면 안쪽에도 거의 동일한 형태의 부재 결합 형태로 이루어져 있다. 부석사 무량수전 건물처럼 각각의 기둥 위에만 공포를 배열한 건물을 주심포柱心包 형식이라 한다. 주심포와 대비되는 것은 다포多包 형식인데, 공포가 많다는 뜻이다. 기둥 위뿐만 아니라 기둥 사이에도 공포를 배열한 건축을 다포식이라 말한다.

기둥 위에 올라간 포를 주상포柱上包라 하고, 기둥 사이에 놓인 포를 간포間包라고 한다. 간포는 기둥 사이의 넓이에 따라 2~3개가 오기도 하는데, 이때 간포의 모양은 주상포와도 같다. 주상포와 간포 외에 다른 이름으로 불리는 포는 벽면과 벽면이 만나는 곳 즉, 추녀가 있는 건물 모퉁이에 위치하는 귀포귀包(고삽)이다. 지붕 모서리에서 45도 방향으로 걸리는 추녀를 받쳐줘야 하기에 다른 포들과 형태가 다를 수밖에 없다. 건물 귀퉁이의 귀포는 건물 정면과 측면에 있는 포들에 비하여 더 복잡한 형태를 이룬다. 하지만 사찰에서는 간혹 귀포가 주상포와 다르지 않은 건물을 보게 되는 경우도 있다.

고려시대 주심포 건물은 맞배지붕이 많은데, 단순한 귀포 형태를 이루고 있다. 충남 예산 수덕사 대웅전과 경북 안동 봉정사 극락전 등에 볼 수 있으며, 고려 중후기의 건축물로 부석사 무량수전과 조사전과 함께 우리나라에서 가장 오래된 4대 목조건물이다. 무량수전은 고려 중기 때 건물임에도 귀포가 주상포들과 다른 모양인 것은 맞배지붕이 아닌 팔작지붕이기 때문이다. 우리나라 고건축물에서의 포식은 출목 수에 비례하여 포수 = 출목수×2+1로 계산한다.

특히 부석사 안양루 뒷면 공포에 나타나는 공포불栱包佛은 다포식의 안양루 공포와 그 배경이 되는 주심포식의 무량수전 앞면 포벽의 붉은 색깔이 묘하게 투영, 교차하며 생긴다. 안양루 앞 동쪽의 아랫 지점에서 보는 각도에 따라 황금 불상 5~6개가 생겨나는 듯한 미스터리한 이미지이다.

① 주심포 양식柱心包樣式

기둥 위에만 공포가 짜이는 집이다. 위쪽의 무게가 공포와 기둥을 통하여 지면으로 전달되는 구조체계를 가진다. 기둥 사이에는 창방昌枋이라는 횡부재가 기둥머리를 파고 놓여진다. 창방 중앙에는 화반花盤이나 포벽包壁이 구성된다. 주심포柱心包 형식의 건물은 기둥 위에만 1출목으로 공포를 짠 것으로 외관상 단아한 멋을 나타낸다. 건물의 세부 부재部材의 치목에 의한 화려함보다도 건물 전체에서 나타나는 구조적인 아름다움이 돋보인다.

그 사례로, 덕숭산 수덕사 대웅전은 1308년(고려 충렬왕 34)에 창건된 앞면 3칸·옆면 4칸의 맞배지붕에 배흘림기둥의 주심포 양식이다. 천등산 봉정사 극락전은 1363년(공민왕 12)에 중수된 앞면 3칸·측면 4칸의 맞배지붕에 배흘림기둥의 주심포이다. 소백산 부석사 무량수전은 1376년(우왕 2)에 중수된 앞면 5칸·옆면 3칸의 팔작지붕에 배흘림기둥의 주심포이다. 부석사 조사당은 1377년(우왕 3)에 창건된 앞면 3칸·옆면 1칸의 맞배지붕에 주심포 양식이다. 강원도 강릉시 용강동에 있는 임영관臨瀛館의 정문 객사문客舍門[259]은 936년(고려 태조 19)에 창건돼 1366년에 공민왕의 친필 편액을 하사받은 건물이다. 앞면 3칸·측면 2칸의 맞배지붕에 배흘림기둥의 주심포 양식이다. 조선 전기의 건물로는 전남 강진의 월출산 무위사 극락보전은 1430년(조선 세종 12)에 창건된 앞면 3칸·옆면 3칸의 맞배지붕에 배흘림기둥의 주심포 양식을 사용했다. 순천 송광사 국사전과 하사당, 영천 거조암 영산전, 강화 정수사 법당, 창녕 화왕산 관룡사 약사전 등 10동이 남아 있다.

② 다포 양식多包樣式

기둥 위와 기둥 사이 사이에도 공포를 놓은 구조이다. 갖은포집(여러 개의 공포를 써서 꾸민집)이라고 한다. 앞에서 보면 하나의 공포대를 횡으로 구성되었다. 위쪽의 무게가 기둥뿐만 아니라 벽을 통해서도 전달돼 기둥머리를 연결하는 횡부재인 창방만으로는 상부의 하중을 지탱하기 어려워 창방 위에 평방이라는 횡부재를 하나 더 올려 공포를 구성한다. 즉, 기둥 끝을 관통하는 창방窓枋 위로 공포를 줄지어 얹어 놓을 평방平枋이 설치된다.

다포계 형식의 기원은 정확하지 않다. 다포계 형식은 조선시대 건축의 주요 정전에 많이 쓰인 방식이다. 민가 살림집에서는 다포계 형식을 쓴 예를 찾아볼 수 없다. 현존하는 목조건물로는 황북 연탄 심원사 보광전(1374년), 지금은 사라진 강원도 고산 석왕사 응진전(1386년)이 가장 오래된 건축물이다. 국립중앙박물관 로비의 개성 부소산 경천사지 10층 석탑(1348년)에 다포계 형식의 공포부 조각이 있다. 건물로는 안동 봉정사 대웅전(1435년), 서울 숭례문(1398년), 당진 개심사 대웅전(1484년), 여주 신륵사 조사당(1472년) 등이 있으며, 조선중기 이후에는 사찰의 주불전이나 궁궐의 정전 등 건물에 다포계 형식을 사용하였다.

③ 익공 양식翼工樣式

주심포와 유사한 점이 많지만, 세부 수법과 가구법架構法에 차이가 있으며, 또 격식과 꾸밈새가 다르다. 그 종류는 초初익공과 이二익공으로 대별된다. 출목이 없는 것이 일반적이지만 1출목 또는 2출목으로 된 것도 가끔 볼 수 있다. 익공 양식은 조선시대 건축에서 주로 사용되었으며, 주심포 양식의 건물보다 규모가 작은 건물에 주로 사용됐다. 현존하는 익공계 건물로는 합천 해인사 장경판전 장경각(1488년), 강원도 춘천 청평사 회전문(1550년), 강릉 오죽헌 (1788년)과 해운정(1530년), 경주 양동마을의 무첨당(1510년)과 관가정 (1514년), 경북 안동 충효당(1600년대), 경주 옥산서원 양진당(1572년) 등이 있다. 조선 후기에 건립한 대부분의 향교와 서원 건축이 익공 양식에 해당한다. 이익공 5포식은 전북 남원 실상사 약사전, 이익공 7포식은 충남 공주 갑사 대웅전에서 볼 수 있다.

④ 절충 양식

조선 초기에 사용된 절충식은 다포를 중심으로 하고, 주심포를 혼합·절충하여 만들어진 양식이다. 절충식을 절충식 다포, 주심다포柱心多包 또는 화반花盤 다포라고 한다.

4. 건축물의 기둥, 집의 중심을 잡다

기둥柱은 가구식架構式 구조물의 축부軸部이고, 공간형성의 기본 부재이다. 기둥은 상부에 걸러진 보와 도리로부터 오는 모든 상부 하중을 부담하고 벽을 지지하면서 하중을 지반에 전달하는 매개체이다. 단면에 따라 두리기둥圓形 · 방주四角形 · 다각형 기둥 등으로 구분한다. 위치에 따라 외진주外陣柱(바깥기둥) · 내진주內陣柱 · 동자주童子柱 · 활주活柱 · 우주隅柱(모서리기둥) · 퇴주退柱 등으로 구분된다. 이들 중 원형圓柱 기둥은 권위 있는 건축과 규모가 큰 건물에 사용되거나 건물의 주요 위치에 많이 사용된다. 활주는 팔작지붕의 건물 추녀 뿌리를 받치는 세장주細長柱로, 추녀 길이가 길 때 설치된다. 기둥에 있어 '흘림'은 서까래 설치에 있어서 수평을 기준으로 하는 경사의 각도다. '소금버캐'鹵之凝(엉겨 굳어 말라 붙은 소금덩이)는 주춧돌 위 기둥 밑에 넣은 소금이 습기가 차서 기둥 밑동 바깥으로 허옇게 스며 나와 있는 하얀 물질을 말한다. 기둥은 한국 고건축의 조형에 있어 중요한 요소로 집의 중심을 이룬다. 기둥의 형식을 살펴보면 다음과 같다.

① 원통형 기둥, 자연 그대로의 모양
원주圓柱(Column)는 단면이 둥근 기둥으로 두리기둥 · 원기둥이라고 한다. 두리기둥은 주단면이 원형으로 된 기둥이다. 나무껍질만 대충 벗겨서 나무의

자연스러운 모습 그대로 쓴 비정형의 기둥인 도량주도 원기둥이다. 충남 서산 개심사 심검당과 범종각, 전남 구례 화엄사 구층암 요사채가 유명하다.[260] 평양직할시 중구역 대동강변의 부벽루는 393년(고구려 광개토왕 3)에 영명사 부속건물의 영명루로 처음 건립돼 1614년(광해군 6)에 재건한 누각이다. 정면 5칸·측면 3칸 규모의 5량가 구조로 부연이 있는 겹처마 팔작지붕에 2익공을 얹은 배흘림이 거의 없는 원기둥이 떠받들고 있다.

② 민흘림 기둥, 치마기둥 닮은꼴

원형 기둥이 위로 올라가면서 직선적으로 가늘게 한 모양이다. 기둥머리 직경보다 기둥뿌리의 직경이 크게 되는 특징으로 '여인이 입은 치마기둥'이라 불린다. 이것은 조선 후기에 건립비용을 줄이거나 나무의 특성에 맞추어 만든 기둥이기도 하다. 옛사람이 손수 톱질하여 제재한 목재를 '인거재'引鋸材라 부른다. 충북 청주 보살사 극락보전의 민흘림 기둥은 기둥뿌리는 굵고 위로 가면서 직선적으로 가늘게 된 기둥이다. 평양성 내성의 북장대로 금수산 을밀봉 위에 자리한 을밀대는 을밀장군의 이름에서 따온 이름이다. 1714년 축대와 함께 중수한 건물로, 흘림기둥을 이어 세우는 형식으로 비바람 피해를 최소화하였다. 이것은 개성 남대문과 같은 처리기법과 같다.

③ 배흘림 기둥, 배 나온 꼴 기둥

원형기둥의 중간부가 굵고, 밑과 위로 가면서 곡선으로 가늘게 한 모양이다. 일반적으로 아래에서 1/3 지점이 가장 두껍다. 그래서 중년 남성들의 배나온 '아저씨 배꼽기둥'이라 불린다. 배흘림기둥은 사람의 착시현상을 보정하는 기법으로, 기둥이 지붕을 탄력 있고 안정적으로 받혀 주는 듯하게 보이는 효과를 보게 한다. 원근과 지붕의 양감, 무게감에 의해 기둥이 밑에서나 멀리서 보는 사람들에게 크기와 비교 대상인 지붕으로부터 얇게 보이고, 무거운 지붕에 의해 눌리는 느낌으로 약하게 보이는 지붕 중간을 보강함으로써 건축물이 안정적으로 보이게 하는 기법이다. 고구려 사신총四神塚 고분인 쌍영총 벽화에도 배흘림기둥의 첫 모습을 볼 수 있다. 영주 부석사 무량수전 · 예산 수덕사 대웅전 등 목조건물 양식에서 볼 수 있다. 이 전각에서 나타낸 배가 살짝 부른 배흘림기둥은 건축물의 안전과 조화를 삶의 지혜로 배치한 유산이다.

　우리나라 건축만의 특징이 아닌 배흘림기둥은 그리스 파르테논 신전 등 고대 건축에서도 사용한 기법으로, 격식을 갖춘 건물에 사용됐다. 서양권의 엔타시스(Entasis) 기법이라는 양식의 현대적 설명은 알렉산드리아의 헤론(Heron)의 이론에 그 기반을 두고 있다.261) 민흘림과 배흘림은 사람의 착시錯視에 의해 기둥이 가늘게 보이는 형상을 교정하기 위한 기법으로, 건축물에 안정감을 더해 주는 의장적 효과가 있다. 보통 흘림기둥은 배흘림기둥을 가리킨다.

　평양의 대표 문루인 대동문은 평양성의 동문이다. 5세기에 건립된 중층 문루로 병자호란 때 소실돼 1635년(인조 13)에 중건하고, 6.25 전쟁 후에 복구한 건물이다. "대동강의 푸른 물을 손을 드리워 떠올릴 수 있다."는 뜻에서 따온 읍호루挹灝樓란 다른 명칭을 가졌다. 대동문은 배흘림기둥으로 하면서 모서리 기둥은 중간 기둥보다 조금 높여 안쏠림을 주었다. 내부는 통기둥을 세워 시원하게 틔워 놓았다.

④ 이형異形 기둥, 온갖 기둥들

각기 쓰임새가 다른 기둥을 말한다.[262] 우주隅柱(모퉁이 기둥)는 건물이나 석탑의 귀퉁이 기둥으로, 귀주玨柱·귓기둥·모서리 기둥이라 한다. 외진주外陣柱는 내진주 밖에 있는 변두리 기둥으로, 포루 등 건물에서 볼 수 있다. 회첨기둥은 서까래가 모인다는 뜻의 회첨會檐 건물 아래에 있는 기둥이다. 건물과 건물 사이에 꺾어지는 부분의 안쪽 기둥이다. 옥심기둥은 여러 층 건물의 중앙에 있는 긴 기둥으로 중심기둥인데, 때론 활주와 구분 없이 쓰기도 한다. 보은 법주사 팔상전 내부의 얇고 높다란 기둥에서 볼 수 있다. 영원주楹圓柱는 돌기둥石柱 위에 세운 둥구리 기둥이고, 영방주楹方柱은 돌기둥 위의 네모진 기둥이다. 반기둥은 누각 등에 높은 주춧돌이 들어가면서 길이가 반쯤 짧아진 기둥으로, 바닥에 놓는다. 병연주栟橡柱는 누각의 원기둥으로, 누상주樓上柱(다락집 윗기둥)라 불린다. 산기둥은 퇴간退間와 봉당封堂(마루와 온돌을 놓지 않은 내부공간) 또는 가묘, 헛간 등에 따로 서 있는 기둥이다. 벽이나 문얼굴이 설치되지 않는데, 대청 앞부분 중간에 선 기둥으로 어미기둥이라 부른다. 관아 동헌의 마루 중간에 세운 기둥은 천주天柱(하늘이 무너지지 않도록 괴고 있다는 상상의 기둥)라고 하는데, 천심이 오르내리는 길이라고 여긴다. 큰 건물의 추녀 끝에 별도로 건물을 떠받치는 얇고 긴 기둥인 활주活柱와는 다른 기둥이다.

5. 전각 안팎의 색깔과 구조물

1) 단청, 건물에 입힌 색동옷

단청丹靑은 '붉고 푸른 그림'을 뜻한다. 우리나라 궁궐이나 사찰 등 목조 건축물에 그려진 화려한 빛깔이다. 전통가옥이 건축 재료의 색을 그대로 드러내는 자연색이라면, 장엄하게 오방색을 칠한 궁궐이나 사찰 건물에서 단청을 볼 수 있다. 단청은 고건축 집의 벽, 기둥, 천장 따위에 여러 가지 빛깔로 문양을 그린 무늬를 가리킨다. 단벽丹碧 · 단록丹綠 · 단칠丹漆 · 진채眞彩 · 당채唐彩 · 오채五彩 · 화채畵彩라고 한다.

목조건물이 입고 있는 색동옷과 같은 단청은 처마끝 붉고 푸른빛으로 그 이미지를 갖고 있다. MBC드라마로, 2021년 11월~2022년 1월까지 방영된《옷소매 붉은 끝동》드라마의 제목과 오버랩되는 이미지이다. 소설가 김성동은《만다라曼陀羅》(1978년)에서 "대웅전 처마 끝의 금박 단청이 눈부시다."고 표현했다. 궁궐이나 사찰 등 목조 건축물에 그려진 화려한 단청에는 근대까지 천연 안료를 주로 썼지만, 요즈음 단청공사에 화학물감인 '에메랄드그린'이 쓰이기도 한다. 서양에서 건너온 녹색이라 하여 부르는 양록洋綠을 사용하면, 쨍하게 느껴질 정도로 눈부신 초록색의 칠감이 완성되기 때문이다. 단청집丹靑家은 단청으로 도채한 집이고, 백골집白骨家은 단청이나 다른 칠을 하지 않고 목재면을 그대로 둔 집을 말한다.

목조건축에 단청하는 까닭은 건물의 격을 높이는 미화적 측면과 목재의 흠을 가리며, 부식 방지 등 보존성을 높이는 내구적 효과에 있다.[263] 건물의 중요도에 따라 다섯 가지 채색 방식의 종류가 있다. ① 엷은 녹청색을 바탕칠하는 가칠단청, ② 단순히 흑백의 선線만 간단히 긋는 긋기단청, ③ 부재 끝부분에만 머리초 문양을 장식하는 모로단청(머리단청), ④ 금문이나 당초문을 얼기설기 넣은 얼금단청(금모로단청), ⑤ 최고등급 장엄 양식의 오색(청·적·황·백·흑색)으로 화려하게 그리는 금錦단청은 비단에 수 놓듯이 모든 부재에 여러 문양과 화려한 채색으로 장식하고, 금박 도금줄을 넣은 금문錦紋이 추가로 장식하기에 붙인 명칭이다. 단청에 쓰이는 재료는 4세기경부터 진채眞彩라고 불리는 천연의 색암석色岩石에서 추출한 암채岩彩, 석채石彩를 사용해 왔지만, 지금은 희귀해져서 인조 암채인 안료를 사용한다.[264]

단청 작업에 종사하는 사람은 화사畵師·화원畵員·화공畵工·가칠장假漆匠·도채장塗彩匠·단청장丹靑匠 등으로 부르지만, 승려일 경우에는 화승畵僧, 금어金魚라고 불렀다. 특히 불화에 능통하여 최고의 경지에 오른 화승을 금어라 존칭하고, 단청장만을 하는 화승은 어장魚丈이라 일컫는다.[265] 근세기에는 이만봉과 원덕문 선사가 전통의 기법을 익힌 단청장으로 유명했다.

천장 단청은 '삼보를 찬탄하는 상서로운 꽃비'를 상징한다. 사찰 전각의 천장에는 아주 다채로운 모양의 꽃 그림이 장식되어 있다. 이것은 천신들이 부처님 법문을 듣고 이해하여 환희심이 일어날 때 그 기쁨과 찬탄으로 꽃비를 내린다고 한다. 세존이 인도 영취산에서 《법화경》을 설할 때 하늘에서 수많은 꽃이 비처럼 쏟아져 내렸다고 한다. 단청 속에는 이름 모를 악기를 들고 옷자락을 휘날리며 하늘을 나는 선녀 모양의 비천상이 그려져 있다. 그것은 이 세상에서 들을 수 없는 아주 아름다운 천상계의 음악을 연주하는 것을 상징한다. 지금, 이 순간에도 삼보를 찬탄하는 꽃비가 내리고 있고, 하늘나라 음악이 들리는 가운데 세존의 가르침이 펼쳐지고 있는 매우 장엄한 불국정토로 단청을 통해 보여주고 있다.

2) 전각 무늬, 조형미술의 원형

순우리말 무늬는 한자로 문양文樣·紋樣이라 쓴다. 의미적으로 문양보다 무늬란 말이 더 큰 범주이다. 문양은 점이나 선, 색채를 도형과 같이 형상화한 것인데, 물건의 겉 부분에 여러 가지 형상이 어우러져 이룬 모양을 뜻한다. 무늬는 장식을 목적으로 줄이나 도형을 규칙·반복적으로 배열하여 나타낸 형상을 가리킨다. 무늬紋·문양文樣·문채文彩(빛깔) 등을 장식의 목적으로 표면에 나타낸 형상을 말한다.[266]

무늬는 문양이란 형식을 통해 단순히 장식적 기능에 국한하지 않고, 인간 본연의 기원과 욕구에 문화적인 성격을 띠면서 그 상징성을 담고 있다. 아주 단순한 무늬라도 그 속에 우주의 섭리가 깃들 수 있고, 반면에 아무리 현란하고 아름답게 꾸며진 문양이라 할지라도 그저 장식무늬에 불과할 수도 있다. 사물의 진면목을 파악하기 위해서는 그 문양의 성격에 따른 물건의 용도가 무엇인지, 문양이 펼쳐진 자리가 어떤 상징적 의미를 내포하고 있는가를 제대로 인식하는 것이 관건이다.

단청은 각종 문양이 베풀어지는데, 이것은 벽사 의미와 화재를 막아주는 상징적인 의미를 담고 있다. 단청의 종류는 격에 따라 가칠, 긋기, 모로, 금단청 순이다. 단청의 무늬는 한 채의 건물에도 부재에 따라 다르므로 무늬는 여러 가지이다. 무늬의 체계는 건물의 부위와 장식구성에 따라 단독무늬 · 비단무늬 · 머리초 · 장구머리초 · 별지화 등으로 크게 나눌 수 있다. 단청의 기본무늬는 삼각형 · 사각형 · 원형이 주축을 이루는 기하무늬, 구름당초 · 인동당초 등의 당초무늬, 해와 달 · 구름 등의 자연무늬, 각종 수목과 꽃을 그린 식물무늬, 용 · 봉황 등의 동물무늬, 불상 · 보살 등의 종교무늬, 수복 · 칠보七寶 등 인간의 길복 기원을 상징하는 길상吉祥무늬 등 다양하다.[267]

1등급 단청의 금단청, 갖은금단청 등에서 볼 수 있는 단청무늬는 ① 머리초는 모로단청 · 금단청에서 평방과 창방, 도리와 대들보, 서까래와 부연 등 부재의 양 끝에만 그리는 무늬, ② 별화주는 단청한 뒤 공간에 사람 · 꽃 · 새 따위를 그린 그림, ③ 금무늬는 단청에서 양쪽 모서리 무늬 사이에 있는 비단결 같은 무늬, ④ 병머리초는 단청에서 병 모양으로 된 머리초 무늬, ⑤ 장구머리초는 장구 모양으로 된 머리초 무늬, ⑥ 겹장구머리초는 단청에서 두 개의 장구머리초가 맞붙어서 이룬 머리초 무늬를 말한다. 단청무늬를 만들 때의 형상 ·

모양·색채·배치·조명 따위를 세밀하게 생각하여 그것을 그림으로 설계하는 도안 작업이 필요하다. 이를 치밀하게 구성, 적용하여 극채색의 화려한 조화를 나타낼 수 있다. 부재의 중심부에는 각종 금무늬와 별화를 장식한다. 모든 문양의 황색 바탕은 금박으로 도금하여 찬란한 광채의 극대화 효과가 발휘된다. 이렇게 최고등급의 단청 양식은 불상을 봉안한 사찰 불전에 적용된 조형미술의 신세계이다.

끝부분에만 넣는 단청무늬인 머리초는 긋기단청에 쓰이지 않는다. 대체로 연화머리초와 장구머리초로 구분된다. 연화머리초는 연화·석류石榴 등을 주된 무늬로 쓴다. 페르시아(이란)가 원산지인 석류는 고려 초기에 중국을 통해 전래했으며, 양귀비와 클레오 파트라가 즐겨 먹었다는 신비의 과일이다. 건물의 종별과 격식의 고하를 막론하고 어디에나 쓰인다. 장구머리초는 그려서 전체 모양이 장구와 같이된 무늬로, 머리초의 전체 모양이 호리병 모양으로 목이 길게 된 것을 병머리초라 한다. 무늬는 연화·웅련화雄蓮花·파련화波蓮花·주화朱花·녹화綠花 등이 주로 쓰이나 간혹 국화·모란 등 기타 변화된 꽃무늬가 도안화되기도 한다. 이 도안은 통일신라 시대로부터 발전된 보상화무늬寶相華紋의 일종이다.[268]

별지화別枝畵는 평방과 창방, 도리와 대들보 등 큰 부재의 양 끝에 머리초를 놓고, 중간 공백 부분에 회화적인 수법으로 그린 장식화를 말한다. 별지화는 건물의 성격에 따라 그 내용이 조금씩 달라진다. 궁궐건축에서는 별지화를 그리지 않는 것이 특징이다. 사찰 건축에서 용·봉황·기린·거북 등 사령四靈(네

마리 신령한 동물)을 비롯하여 천마天馬 · 사자 · 운학雲鶴 등 상서로운 동물과 매난국죽梅蘭菊竹의 사군자 또는 경전의 장면들이 등장한다. 기둥머리에서 아래로 향한 단청무늬가 놓이기도 하는데, 이것을 주의柱衣(기둥의 옷)라고 부른다. 주의에는 중심 무늬로 화불化佛을 놓기도 한다.

　모로단청의 기본무늬는 연화이다. 주화나 녹화무늬를 그리기도 한다. 금단청은 모로단청의 머리초 문양보다 화려하게 꾸며지고, 중간 긋기부분에 금문 · 별화 등을 쓴 것이다. 머리초의 무늬는 주로 병머리초와 장구머리초를 넣는다. 별지화에는 용을 비롯하여 상서로운 동물과 비단무늬를 넣는 것이 특징이다. 금모로단청은 머리초 무늬에 금단청문의를 넣은 단청을 말한다. 모로단청과 금단청, 금모로단청은 궁궐건축이나 공공건물, 사찰 건축물 등에 사용하며, 개인 건물에서는 거의 사용하지 않는다.

　연화문蓮花紋은 연꽃을 도안화한 무늬로, 머리초 기타 주된 문양에 많이 쓰인다. 연봉蓮峰은 꽃이 피기 시작하는 연꽃의 봉오리를 나타낸 단청무늬, 운문雲紋은 구름모양으로 된 무늬, 인동문忍冬紋은 인동초를 장식화한 무늬로, 인동문양 · 인동꽃무늬라 한다. 당초문양인 당초문唐草文은 중국 전래의 덩굴풀 무늬라는 것을 뜻한다. 당초무늬는 특별히 중국에만 한정된 것은 아니다. 이 무늬의 기원은 고대 이집트와 메소포타미아에서 로마로 계승돼 분포상태도 매우 광범위하다. 이러한 서방계의 당초문이 실크로드를 통해 중국으로 들어온 것은 육조시대(229~589년)의 일이다. 초草엽무늬는 덩굴풀이 뻗어 나가는 모양을 그린 무늬로 당초무늬이다. 보상화문은 불교의 성스러움을 상징하는 화려한 꽃으로 보상꽃을 한 당초무늬는 보상당초무늬라고 한다. 보상무늬는 당초무늬에 사용된 가상적인 오판화五瓣花(다섯 꽃잎의 꽃)로, 불교의 이상화한 꽃으로 여기는 자련화自蓮華(백련)를 말한다. 전남 무안 일로읍 회산 연화지는 백련만 피는 연못으로 한국과 세계적인 큰 연지로 유명하다. 서린무늬는 고사리 모양으로 여러 겹의 선이 돌려진 무늬를 궐수문蕨手紋(고사리손 무늬)이라고 한다.

3) 전각 문양, 사계절 피는 꽃밭

사찰 전각의 문은 사계절에 핀 꽃밭이다. 날마다 온갖 꽃잎이 피어나고 떨어지며, 오색 향기가 새어 나오는 문살과 천정을 만나 볼 수 있다. 법당문은 아름다운 꽃 모양이 장식되어 불보살께 올리는 꽃 공양의 의미가, 천정의 꽃문양은 꽃비를 내린다는 상징이다. 《법화경》에 나오는 하늘에서 내리는 꽃비에 관한 전설을 상징적으로 새긴 것이다. 여러 천신이 영산회상에 뿌린 여섯 가지 꽃과 법화法華 꽃향기는 2,700년 동안 진동하고 있다고 한다. 불교에서 만다라화는 하얀 연꽃이며, 만수사화는 붉은 연꽃을 가리킨다.[269]

전각 문살의 모양인 꽃무늬의 뜻은 꽃이 씨앗에서부터 꽃을 피우기까지 여러 가지 과정을 거친다. 이것을 승려들이 수행해서 깨달음을 얻는 과정이라고 '꽃의 한 살이'로 비유한 것이다. 그리고 나중에 깨달음을 얻은 상태가 바로 꽃이 핀 상태로 비유하게 된 것이다. 문살에는 선, 원, 꽃, 초문, 당초문, 초화문,

물고기, 나비, 칠보문, 귀갑문, 구름문, 연화문, 천도天桃, 석류, 박쥐, 포도, 모란, 국화, 송, 죽, 매, 란, 민화문, 뇌문, 파문, 완자, 거치문, 기하학문, 와문, 십장생, 칠보문, 태극문, 수레차문, 격자문, 창살문, 석쇠문, 길상문양 등이 쓰였다. 특히 모란과 국화, 연꽃이 문양 소재로 많이 사용되었다. 중국 당나라 때부터 번영과 창성의 꽃으로 인식된 모란은 우리나라에서도 미호美好와 행복의 상징으로 불전 공양화로 널리 쓰였다. 강화도 정수사 대웅전 어간의 투조 꽃문양을 비롯해 불단의 꽃을 꽂은 꽃병 조각 등 꽃문양 장식으로 꽃 공양을 대신한 사례가 많다. 단순히 불전 미화의 수단일 뿐만 아니라 부처님의 설법에 대한 환희와 상서 그리고 깨달음의 상징성, 불보살을 기리는 공양심을 담고 있다.[270]

전각의 천정天障·天井에도 불단 위의 천개天蓋와 마찬가지로 반자틀을 정井자로 짜고 그 칸에 넓은 널로 덮어 꾸민 우물반자·격자천장, 서까래 사이의 개판 또는 앙토 밑이 그대로 치장된 연등천장에 연화문蓮花紋(연꽃을 도안화한 무늬)과 연봉蓮峰(꽃이 피기 시작하는 연꽃봉오리를 나타낸 단청무늬), 운문雲紋(구름모양으로 된 무늬), 인동문忍冬紋(인동초를 장식화한 무늬)을 비롯한 온갖 조각상이 자리하고 있다. 건물 위의 지붕 막새기와 등에 연꽃·당초唐草·봉황·가릉빈가 문양 등 여러 가지 장식문양이 새겨져 안팎으로 하늘에서 꽃비가 하염없이 내리는 것을 상상할 수 있다.

파련화波蓮花(연꽃잎의 한쪽이 나선형으로 구부러져 감긴 것처럼 생긴 꽃문양), 중화문重花紋(연꽃이 겹쳐진 것처럼 된 것), 보상화寶相華(일명 만다라화라고 하는 당초문양 계통의 이상화한 꽃) 등 다양한 형태로 장식하였다. 전남 여수 흥국사 대웅전 천장의 꽃장식 문양은 현존하는 천장장식 문양 가운데서 가장 아름다운 단청으로 꼽힌다. 천장의 꽃장식은 크게 세 종류로 나누어 볼 수 있다. 장방형으로 구획된 공간마다 꽃을 여섯 송이 그려 놓은 것, 연꽃 등 각양각색의 꽃을 꽂은 화병을 그린 것, 그리고 정井자형으로 구획된 공간 속에 팔엽 연꽃을 한 송이씩 그린 것 등이 있다. 여섯 송이의 꽃을 그린 형식의 것은 꽃 모양이 다르게 표현되어 있다.[271]

전각의 문살은 문의 표면에 무늬로 살을 만든 것이다. 문에 살은 문양을 부여한 의미이다. 살이 문의 뼈가 되고, 빈 문틀에 어떤 의미를 지닌 무늬를 새겨 놓아 그 골격을 형성한 것이다. 문틀 무늬를 새겨 넣는 작업을 '살 박는다'고 한다. 재료는 같은 나무이거나 다른 나뭇가지로 만든다. 직사각형의 문살은 주로 단면이거나 투각한 양면 등으로 조립한 구조이다. 다양하고 체계적인 문양을 만들어 낸 소목장 또는 승려 장인들의 예술성과 창의성에 감탄하지 않을 수 없다.

우리나라 목조건축에서는 창호와 문살에 대해 뚜렷이 구별하지 않고, 창과 호가 혼용되어 쓰일 때가 많기에 창호로 불린다. 창窓과 호戶의 복합어로, 호는 문門과 의미가 다르다. 호는 지게호窯口이기 때문에 어떤 방에 드나들 수 있는 구조물을 말하고, 어떤 집에 드나들 수 있는 구조물堂之口曰門인 문과도 구별된다. 안으로 들어가도록 한 짝으로 된 것을 호內曰戶 一扉曰戶라 한다. 밖으로 드나들게 된 구조물과 양짝으로 된 구조물인 문外曰門 兩扉曰門과도 구별된다. 창호와 문의 구분도 애매하여 한국의 창호는 그 제작자의 구분에 따라 말하는 것이 합리적이다. 소목小木이 전담하여 짠 것을 창호라고, 대목大木이 제작한 것을 문으로 보면 된다. 오늘날에는 창호와 문을 짜고 만드는 것을 소목의 일이라고 한다.

우리나라 건축에서 창호의 발생은 수혈주거竪穴住居(일정한 깊이로 구덩이를 파서 바닥시설을 한 집터)에서 시작됐다. 나뭇가지와 풀로 엮어 만든 간이형 창호(이것은 혹 거적처럼 생겼음)였을 것이다. 창호에 관한 기록은 5세기 남북조 시대 송나라의 범엽范曄이 편찬한 《후한서》〈동이전東夷傳 마한조馬韓條〉의 "흙집을 지었는데, 무덤 모양과 같고 창호가 위에 있다."作土室形如冢開戶在上고 한 것을 볼 수 있다. 창호 또는 문의 모습은 5세기 고구려 고분벽화인 쌍영총雙楹塚 북벽에서 묘주墓主 부부가 앉아 있는 집의 왼쪽 벽에 외짝문을 그려 놓았다. 또 중국 지안시 통구12호 고분馬槽塚에도 문짝들이 보인다. 예로부터 건물 사방에 사문팔창四門八窓을 내던 조영 법식을 따른 것으로 보인다.

한옥은 기둥 – 보 – 도리 – 서까래로 이어지는 구조부분과 인방재引枋材272) · 선재로 된 수장부분 2가지가 결합되어 있다. 구조부가 땅 위에 서서 하늘을 지탱한다면, 수장 부분은 건물과 인간 사이에 서서 관계를 유지하는 요소이다. 창호와 수장은 집의 얼굴이라고 할 수 있다.

중국은 화려하고 장식적 측면을, 일본은 섬세하고 조밀한 것이 특징이다. 우리나라 창호는 장식을 안 한 듯 장식하고 전체적인 비례감을 중시한다. 공간의 변화에 따른 율동감을 가장 큰 특징으로 한다. 과장과 허식이 없는 것을 최고의 미적 기준으로 삼는다. 창호지를 바를 때는 평활한 면이 문살에 붙게 되는데, 한옥은 온기 보호에, 일본집은 습기 방지에 각각 주안점을 두는 방식이다. 외부창은 열려 있는 반면, 내부 미닫이문은 주로 닫혀 있어 실질적인 문 얼굴인 경우가 많다. 실내에서도 빛이 들 때 살대가 그려내는 그림자와 같은 조형미까지도 고려했다. 용卍자를 비롯해서 아卍자, 만卍자 살과 숫대살(셈을 할 때 가지를 늘어놓은 모양) 등에 이르기까지 고유한 문양을 사용했다. 완자문卍字門은 일만을 뜻하는 만萬의 옛날 표기인 만卍자를 연결해 만든 문양이다. 서울 등 지하철 외부계단에서 칸막이 장식으로 사용했다. 이 문짝들을 끼워 달기 위하여 중방과 문지방 사이에 있는 문의 양쪽에 세운 기둥을 문설주門楔柱라고 한다.[273]

집의 수장부문이 마무리되면, 소목장이 와서 문의 크기 등을 재어 살대 나누기를 한 뒤 제작에 들어간다. 소목이 전담하는 문은 개폐 방법과 용도·장소, 구조·기능 등으로 분류한다. 미닫이, 여닫이, 미서기(문짝이 다른 문과 겹친 문), 붙박이, 들문(들어열개, 등자쇠에 걸어두는 문짝), 벼락닫이[274] 등은 개폐 방법에 따른 분류이다. 분합문, 장지문, 영창, 중창, 대문, 중문, 후문, 삼문, 바라지, 꾀창 등은 용도 및 장소에 따른 분류이다. 덧문, 빈지, 갑창, 두겹문, 맹장지, 불발기 등은 구조·기능에 따른 분류이다. 이 밖에도 살의 모양이나 생김새에 따라 여러 가지로 나눈다. 불발기分閣門 문은 '불 밝힘'의 뜻을 가진 것으로, 빛을 유입하여 방을 밝힌다는 의미이다.

창호무늬 종류는 불발기 5종류와 완자살卍字紋·아자살·정자살·빗살交窓(교살)·귀자살貴字窓·도듬문·판장문板長門·귀갑살龜甲窓·숫대살·목합병·맹장지盲障子(지게문)·띠살細箭窓(세살)·용자살用字窓·장지문障子門(대청이나 큰

방의 중간을 막은 문) · 울거미 등이 있다. 가장 일반적인 것은 띠살(세살) 창호이다. 울거미는 선대와 막이를 단순하게 직각으로 맞댄 경우와 연귀로서 45방향으로 모를 내어 맞댄 경우가 있다. 장지 창문의 울거미(방문이나 장지 등의 가장자리를 두른 테두리)의 선대와 막이의 면에는 쌍사로 모양을 내며, 모서리는 실모 · 실오리모 · 둥근모 · 쌍사모 등을 낸다. 10세기 경기도 여주 고달사지 부도 등 석조물에도 광창光窓(햇볕을 들이도록 낸 창)과 문 모양이 조각되었다. 영주 부석사 무량수전에는 정자살 창호를, 부석사 조사당에 살창, 예산 수덕사 대웅전에는 빗살 창호를 찾아볼 수 있다.

수많은 꽃이 사계절 피어나는 전각의 머름청판廳板에는 꽃밭을 지키는 수문장으로, 귀면鬼面을 그려서 열심히 지키도록 했다. 다리와 팔도 없고 몸도 없이

평안북도 묘향산 보현사 대웅전 문창살(2019.4.29. 촬영)

오직 험상궂은 얼굴만이 있다. 두 눈을 크게 부릅뜨고, 코는 얼굴 가운데 크게 자리 잡고 있으며 눈 위쪽 좌우에는 뿔이 나 있다. 입을 크게 벌려 치아를 드러내고 있다. 특히 위아래 날카로운 송곳니가 있어 위압적인 모습이다. 그 인상이 용과 도깨비 등으로 잘못 비유되지만 두 개의 뿔이 달린 귀면의 모양이다. 법당에 나쁜 것, 삿된 것이 들어오지 못하도록 두 눈을 부릅뜨고, 밤낮으로 지키고 있다.

4) 닫집, 전각 속의 하늘궁전

닫집은 부처님을 모신 자리 위쪽 천정에 달린 집 모양의 작은 전각이다. 석가모니불이 태어나기 전의 전생에서 하늘나라의 도솔천 내원궁에 계시면서 천인들에게 설법하던 그 궁전을 형상화해 놓은 것이다. 내원궁을 비롯한 적멸궁·칠보궁·만월궁 등의 작은 편액을 붙여 천궁天宮 건축임을 보여 준다.[275] 원래 존귀하고 신성한 분과 그 형상에 먼지·비바람·따가운 햇빛 등이 직접 닿지 않게 하기 위하거나 신성하고 위엄스럽게 보일 목적으로 건물 안에 별도로 설치하는 작은 집이다. 임금 등이 행차할 때 햇빛을 가리기 위해 사용하던 커다란 우산 모양의 일산과 일맥상통하는 상징적 의미와 더불어 햇빛을 가리던 일산에 부처님의 덕을 찬탄하고 권위를 상징하는 의미를 덧붙여 닫집의 형태로 발전한 현실적인 측면이 고려될 수 있다.

닫집은 닫+집으로 이루어진 말이다. 닫은 '따로'의 옛말로 《월인석보》 (1459년)에 "샹녯 사람과 닫 사노니"는 보통 사람과 따로 사노라는 뜻이다. 《능엄경언해》(1462년) 등의 기록과 같이 닫집은 '집 안의 집'으로, 따로 있는 또 하나의 집이란 뜻이다.[276] 법당의 불좌 위쪽에 따로 지어놓은 집을 말한다. 두드러진 집이라는 뜻으로 돈집, 위에 매달아 놓은 집이라서 달집, 지붕 끝이 삐어나온 모양을 가리켜 뾰족집이라고 부른다. 불상을 감싸는 작은 집이나 불상 위를 장식하고 덮은 집이라서 보개寶蓋, 불·보살의 머리 위쪽을 장식하거나 사원 천장天障·天井을 장식하는 것이므로 천개天蓋라고 한다. 부처님을 모시기 위한 제단으로써의 감실龕室, 중국 당나라에서 건너온 집이라는 뜻으로 당가唐家라고 기록했다.

닫집의 생성 유래는 인도의 일산日傘(햇빛가리개) 설과 불교의례의 변화에서 온 것이란 두 가지 설이 있다. 일산은 해와 비를 가리는 산개傘蓋, 보개 등으로 불린다. 이것은 햇빛을 가리기 위한 양산陽傘인데, 순우리말 '슈룹'의 일종이다.[277] 불보살이 계시는 공간을 꾸민 닫집의 어원에서 지위나 계층이 높은 사람이 머무는 장막이 쳐진 '닫힌 집'이라는 설은 맥락적 차원에서 맞지 않는 용어다. 산개와 보개에서 발전하여 만들어진 장엄구로, 또 인도의 스투파 꼭대기 장식처럼 불교미술에서 부처님의 상징물로 사용된 천개라고 하지만 여러 전각 속의 닫집 모양과는 차이가 크다.

중국 북송 때의 이계李誡가 1103년에 편찬한 《영조법식》에서 닫집은 불도장佛道帳(법당의 휘장)·소장少帳(작은 휘장)·벽장壁帳·壁欟(벽에 붙인 천막)·경장經藏(세로형 벽장, 가르침을 담은 곳) 등의 종류가 있다고 적었다. 5세기 고구려 고분벽화가 있는 쌍영총, 안악 3호분 등에 묘의 주인공 위로 장막이 그려진 장면을 엿볼 수 있다.

목조건축의 닫집은 외형 모양에 따라 가장 일반적인 보궁형(불전형)·간결한 구조의 운궁형(궁궐형)·감실처럼 만든 보개형(감입형)으로 나눈다. 보궁형 닫집은 영주 무석사 무량수전·범어사 대웅전·봉정사 극락전 등, 운궁형 닫집은 영천 은해사 대웅전·전등사 대웅전, 감입형 닫집은 강진 무위사 극락보

내금강산 장안사 사성지전(四聖之殿) 닫집과 천정. 사진 출처 : 조선총독부 유리원판목록집Ⅱ권

전 · 범어사 팔상전 · 위봉사 보광명전 등이 유명하다.

닫집은 기둥을 세워서 거는 지지주형支持柱形과 기둥없이 천장에 매다는 현괘형懸掛形으로 나뉜다. 2각 또는 4각의 지주형과 달리 현괘형 닫집은 허공에 떠 있는 듯한 착각마저 드는 시각적인 효과를 나타낸다. 건물의 장엄적 특성을 드러내기 위해 더 발전된 건축기술이 요구되는 방식이다. 불교 국가였던 고려시대 닫집은 간결한 반면에, 숭유억불 정책을 펼친 조선시대 사찰의 닫집은 화려한 요소를 갖추었다. 이것은 불교적인 측면보다도 닫집 만드는 기술의 축적과도 밀접한 관련이 있다.

조선시대 건축의 방법으로 기둥 위에 여러 개의 포를 얹는 다포양식이 발달하면서 닫집에도 수용돼 화려한 공포를 만들게 된 것이다. 지붕은 3중으로 아亞자 형으로 칸칸이 벌어져 장대하고, 공포는 헤아릴 수도 없이 빼곡하게 차 있어 눈이 아릴 정도이다. 닫집은 단층으로 만드는 것이 일반적이지만 2~3층으로 된 다층의 궁궐형 닫집이 만들어지게 되면서 그 규모도 자연히 커질 수밖에 없었다. 닫집의 모델로 조선의 정궁正宮 · 法宮(가장 크고 으뜸으로 삼은 궁전)인 경복궁 근정전을 축소한 모형으로 변모했다. 닫집과 어좌(용상) 그리고 장식 및 문양과 오봉병五峰屛은 절대적이고 영원한 왕 · 왕권 · 왕조를 상징한다. 왕궁의 정전正殿(즉위나 책봉 등 국가행사를 거행한 건물), 왕실의 사당, 사찰 법당의 닫집이 만들어졌다. 창덕궁《인정전영건도감의궤》(1805년)에는 어좌 위에 설치된 닫집의 도면이 수록되어 있다. 닫집의 가구 장식에서도 궁궐과 마찬가지로 용을 등장시켜 화재를 예방하고, 비를 내려 풍요를 상징했다. 서양에서의 용은 화룡火龍으로 불을 뿜어 사람을 해치는 부정적 이미지가 강하다. 물고기의 등장은 다산과 풍요를 뜻한다. 사찰 닫집의 용은 물의 신수로 "구름은 용을 따르고, 바람은 범虎을 따른다."는 속담처럼 구름에 둘러싸인 용이 보일 듯 말 듯한 신비감을 더한다.

5) 석계, 불국토에 가는 길

사찰의 계단은 층계層階(겹겹이 포개어져 쌓인 상태)이다. 건축물의 높낮이가 다른 각부를 쉽게 오르내릴 수 있도록 꾸민 층층다리를 말한다. 오르내릴 필요가 있는 기단ㆍ상층과 하층ㆍ누마루ㆍ다락 등에 설치된 것으로 석조ㆍ목조 등이 있다. 기단의 층계는 대부분 석조이지만 나무로 만들기도 한다. 기단의 돌층계는 계단석을 쌓아올리는 방법이 일반적이다. 계단식으로 격지를 떼어 내려가는 수법으로 계단식 떼기 또는 계단식 박리라고 한다. 그 옆모서리에 세운 돌을 옆막이돌 또는 계단우석ㆍ우석隅石(모퉁이돌)ㆍ소맷돌이라 한다. 절과 고궁 등에서 쉽게 볼 수 있다. 돌계단의 난간, 층계 양쪽에 위치하는 이곳은 오르내리는 사람들의 추락 방지를 위한 목적이 있다. 안전 시설물이지만 무엇보다 이용자를 보호하려는 배려가 있는 곳이다. 육중한 돌로 난간을 만들어 그 듬직함은 무엇에도 비길 수 없다.

지면과 접촉되는 부분에는 지대석을 놓는다. 계단의 소맷돌은 일매석一埋石

(한 개 묻는 돌)으로 하는 것과 여러 부재를 짜 맞추는 식이 있다. 층계가 높아 위험이 있을 경우에는 와장대 위에 난간을 설치하기도 한다. 경복궁 근정전 등 궁궐 난간에는 하엽형荷葉形(연꽃잎)의 동자를 세우고, 그 위에 원형이나 팔각의 돌난대를 올린다. 난간의 끝에는 법수法首[278] 또는 문로주門路柱를 세워 막음을 한다. 그 위에는 상징적인 십이지신상과 같은 동물을 올리기도 한다. 한가운데 쪽인 정오正午는 양기 충만한 때로 양陽을 상징하고, 정오의 상징 말馬像이 정문 앞에서 기준이 된다.

　여러 전각의 기단에 설치된 계단, 사찰의 소맷돌은 자주 가는 이들조차 가볍게 보기가 일쑤다. 먼저 대웅전에 가는 것이 목표라지만, 당시 장인들의 혼魂이자 심상心像이 담긴 소맷돌에는 새로운 볼거리를 넘어 전각의 미의식까지 더해져 있다. 모양과 특색이 각양각색인 소맷돌은 돌계단에서 장식이 가장 많이 새기는 부분이다. 직선 혹은 곡선으로 단순하고 세련되게 만들어진 곳이 있는가 하면, 여러 가지 모습의 동물상들을 우스꽝스럽게 조각한 곳도 있다. 반가사유상처럼 골똘히 생각에 잠긴 사자상도 있고 아랍인처럼 멋스럽게 수염을 길러 천연덕스럽게 웃고 선 모습도 있다. 어떤 모습이든지 그곳의 건물과 공존하면서 그 가치를 높이는 역할을 한다.[279]

　소맷돌은 돌로 쌓은 벽모서리에 세운 돌로써 귓돌 또는 계단우석으로 돌계단의 옆을 막아 놓은 널찍한 돌이다. 즉, 지대석과 계단석의 측면을 막는 계단면석 좌우에 경사지게 놓는 돌을 말한다. 아무런 장식이 없는 긴 장대석 모양이기에 눕장대 즉, 와장대臥長臺라고 부른다. 원래는 계단의 각 석재들을 각각 분리하여 축조했지만, 때로는 지대석과 계단면석, 소맷돌, 법수석法首石 등이 통(하나의 통돌)째로 된 것도 있다. 전남 영암사지 금당 터 소맷돌은 돌을 통째로 깎아 가릉빈가 소맷돌을 놓았다. 청아한 소리로 한없이 아름다운 소리를 내는 가릉빈가는 금당 터를 천상의 콘서트홀처럼 만들기에 충분하다. 기교 측면에서 보면 우리나라 최고의 소맷돌이다. 해인사 구광루 소맷돌도 통째로 된 형태로, 조형물의 형태가 불국의 영물靈物이나 수호신과 같은 독특한 상징성을 나타낸다. 계단면석과 소맷돌에는 태극문양, 구름문양, 용, 사자, 연꽃과 각종 기하학적 문양의 조각들이 꾸며져 있다.

사찰 건축의 아름다움 가운데서도 둘째가라면 서러운 소맷돌은 개성이 강하고 각기 다른 표정이다. 그곳의 분위기에 알맞게 꾸며졌다. 경주 불국사에는 세련된 맵씨가 나는 '오이씨 맛'이 나는 소맷돌이다. 새벽이슬을 머금고 있는 달팽이같이 순한 영암 도갑사 소맷돌은 불국사에는 어울리지 않는다. 석가모니 진신사리를 모신 통도사에는 연꽃 향이 가득한 연꽃 소맷돌이다. 소맷돌의 은은한 연꽃향과 꽃창살의 진한 국화향으로 통도사 대웅전 주변은 꽃향기가 가득한 꽃밭이다. 기단에서 피기 시작한 꽃은 소맷돌 등을 타고, 여느 전각들의 꽃 창살에 이르러 절정을 이룬다. 산골짝에 찾는 이 없는 영암사지에는 청아한 목소리가 들리는 가릉빈가 소맷돌이 제격이다. 그리고 향토색 짙은 남도의 절에서는 익살스러운 사자상 소맷돌이 잘 어울린다.[280]

건축물의 위 아래층을 오르내리는 계단은 층제層梯이다. 난간과 계단 형태에 따라 고란高欄층제는 높게 꾸민 난간을 두른 계단이고, 굽은 계단이 곡란曲欄

층제이다. 벽돌을 쌓아 만든 계단은 벽등甓磴, 돌로 만든 계단을 석등石磴, 돌계단인 석제石梯는 석등보다 일반적인 계단인 섬돌(집채 앞뒤에 받침돌로 놓은 돌계단)을 말한다. 돌계단 석등의 원래 이름은 섬돌·돌층계 또는 돌이 많은 비탈길을 가리킨다. 소맷돌 없이 장대석으로 디딤돌만 쌓아올린 단순한 형태의 보석步石 등 이와 같은 계단들은 경기도 수원화성의 여러 돈대와 문루 아래에서 볼 수 있다.

돌계단階은 튼튼하다. 건물은 사라져도 마지막까지 남아 있는 섬돌(받침돌)이다. 흔히 약자는 장애물을 만날 때 걸림돌이라 여기고, 강자는 디딤돌로 생각하고 도약의 발판으로 삼는다고 한다. 운각대우석雲刻大隅石(구름모양을 새긴 모퉁이 큰돌)은 끝아무림에 북 모양으로 둥글게 가공한 장식 또는 삼태극 무늬를 돋을새김으로 한 모양이다. 층교기層橋機는 계단에 디딤판을 끼우기 위해 양옆에 대는 틀이다. 층제보판層梯步板은 계단의 발판인 디딤판을 말한다. 디딤돌은 마루앞 또는 기단 앞에 더디고 오르내리기 위해 놓은 돌, 노둣돌은 말에 오르내릴 때 발돋움으로 놓은 돌인 상·하마석을 말한다. 이마돌은 홍예와 널방무덤의 문 위에 문설주 사이에 걸쳐진 긴 돌로 미석楣石(눈썹돌)이라 한다. 성문이나 궁성문의 크고 긴 빗장인 장군목將軍木은 횡경목이라 한다. 동자석은 짧은 돌기둥 또는 돌난간 중앙에 세운 기둥이다. 동바릿돌은 동바리 밑을 받치는 주춧돌로써 마루귀틀·멍에라고 한다. 동바리童子는 마루 밑에 가로재를 받쳐괴는 수직으로 세운 짧은 기둥이다. 두겁돌은 위에 뚜껑처럼 올려놓은 돌난간 위에 가로댄 긴돌, 경계석은 경계임을 나타내기 위해 표지로 세운 돌을 말한다.

기단은 건물이나 비석, 탑 등의 밑에 한 단 높게 만든 바닥석, 월대月臺[281]는 궁전 앞에 있는 기단, 한 벌대는 기단을 축조할 때 자연석이나 장대석을 한쪽만 놓아 만든 단으로 외벌대라 한다. 두벌대는 두 편으로 쌓아 만든 기단이다.

강원도 속초 설악산 신흥사 극락보전 소맷돌. 사진 출처: 국가문화유산포털 홈페이지

VI. 불교미술과 음악의 세계

　　불교미술의 기원과 전파는 크게 조각과 회화, 서화의 세계로 나뉜다. 불교미술은 인도 마가다 왕국 때, 부처님 생존 당시부터 있었다. 본격적인 유행은 부처님 입멸 뒤 조성된 탑에서 비롯됐다. 탑은 전생 설화나 불전도들이 조각이나 회화로 표현되고, 각종 무늬나 장식 등이 부조浮彫에 아름답게 장엄되었다. 아소카왕 때에 불탑들이 전국으로 퍼지면서 칙령을 새긴 돌기둥과 같은 형태로도 퍼졌다. 그 자체만으로도 아름다운 데, 사자 · 코끼리 · 소 등 동물 형상과 각종 무늬를 조각하면서 미술 전통이 만들어지고 확산됐다.

　　당시 미술의 가장 큰 특징은 예배의 대상인 불상을 직접 표현하지 않고, 그 대신에 보리수 · 불족적佛足跡 · 삼보三寶 등으로 상징하였다. 불상이 없던 시기를 무불상 시대 또는 초기불교 시대라고 부른다. 1~2세기 대승불교의 흥기와 더불어 불교미술은 획기적으로 변모했다. 보리수와 족적, 삼보 대신에 불상이 표현됐으며, 불상을 단독으로 조성해 예배 공양하기에 이른다. 2~5세기에 만들어진 불상은 인도 갠지스강 중상류의 간다라(파키스탄 북서부, 곱슬머리 양식의 붉은색)와 마투라(인도 북중부, 민머리 양식의 노랑색) 지방에서 처음 조성됐다. 그 뒤에 두 지방의 불상 양식이 크게 성행하면서 여러 걸작들이 탄생했다.

인도의 불교미술은 북방불교권에서 서역을 거쳐 중국으로 건너오면서 크게 번창했다. 그 중간 기점인 서역西域은 오늘날 아프가니스탄 북동부 히말라야 지대와 그 너머 타클라마칸 사막 일대이다. 이곳에서도 일찍부터 불교 미술품이 많이 조성됐다. 호탄(중앙아시아 타림분지 남부의 오아시스 도시, 오늘날 신장 위구르자치구)의 화엄종 미술 등과 쿠차龜玆國(중국의 티베트자치구)와 베제클리크 석굴사원 등의 불교미술은 인도와 중국과 다른 유형의 불교미술이 성황을 이루었다. 중국에서의 불교미술은 시대별로 미술의 전통이 확립됐다. 한漢나라 때부터 받아들인 불교미술은 남북조시대로부터 본격화됐다. 이 시대를 중국 제1기의 불교미술 황금기라 부른다. 수나라와 당나라 때에 이르러서는 상당히 현실적이고, 사실적인 미술이 주류를 형성했다. 최고의 전성기를 이룬 당나라 시대의 불교미술을 중국 제2의 황금기라고 부른다.

우리나라 불교미술은 고구려 소수림왕 2년(372년)에 불교가 전래하며 함께 조성되었다. 도읍지 국내성에서 성문사와 이불란사를 건립하면서 시작됐다. 5세기 평양 천도로부터 더욱 발전하고 전국화됐다. 강건미가 주류이던 초기에서 후기로 넘어오면서 온화한 분위기로 변했다. 백제는 384년 한산주(지금의 서울)에 절을 처음 창건하고, 공주와 부여 도읍지 시대부터 불교미술이 본격화됐다. 부여시대에는 부드럽고도 세련된 풍조를 이루어 일본에까지 전파된다. 신라는 법흥왕 때인 6세기 전반기부터 불교미술 시대가 열렸다. 명랑하고 쾌활한 미가 주류를 이룬 신라의 불교미술은 7세기 후반, 통일신라 시대로부터 삼국의 불교미술이 융합된 형태로 발전했다.

고대 인도의 굽타(Gupta) 왕조와 중국 당나라의 불교미술이 전래해 세련되고 사실적인 양식이 유행하며 황금기를 이루었다. 고려는 불교국가로, 어느 시대보다 불교미술이 성황을 이루었다. 고려 불화를 비롯한 부석사 무량수전과 봉정사 극락전 등 건축물에서도 최고의 아름다움과 기술이 드러나 있다. 불교공예 또한 청자와 함께 은입사향로 · 금고 · 동종 · 사리기 등의 예술성이 국제 수준을 선도했다. 조선시대의 불교미술은 고려의 전통을 축소하는 가운데에서도 세조와 명종 때와 조선 후기 사찰 중창 등을 통해 미술의 걸작들이 나타났다. 이같이 불교의 미술품은 최고의 걸작들이 탄생하며 국제적 성격을 띠고, 강렬한 정신성을 내재한 인류의 영원한 미와 가치를 구현하고 있다.

1. 불화佛畫, 포토의 또 다른 이름

불화는 불교와 관련된 모든 그림을 일컫는다. 사진이 존재하지 않던 시기에 그려진 불화는 포토(Photo)[282]의 또 다른 이름이다. 경전 속에 등장하는 불보살·신중을 나타낸 그림과 고승 대덕을 기리기 위해 그린 진영眞影 등 여러 존상들과 부처님의 전생이야기, 부처님의 일대기, 법회의 모습을 그린 그림, 경전에 그려진 그림, 전각의 벽에 그려진 벽화 등을 말한다. 다섯 가지 색五色을 바탕으로 문양을 장엄한 단청도 불화의 범주에 포함된다. 좁은 의미에서의 불화는 예배의 대상이 되는 불보살諸佛菩薩의 모습을 그린 그림으로 한정하고 있다.

불화의 기원은 부처님 살아생전이던 불교 성립 초기부터 법당을 장엄했다는 사실이 경전을 통해 알 수 있다. 《근본설일체유부비나야잡사》 제17권에서는 부처님이 가장 오래 머물렀던 인도 기원정사祇園精舍에 불화를 그린 사실이 나온다. 그 내용으로 보면, 불화는 기원정사에서부터 그려졌다. 건물의 용도에 따라 그림의 내용을 달리했다는 사실도 알 수 있다. 그 당시에 불화로 장엄한 사원의 모습은 볼 수 없지만, 불화 가운데에서 가장 오래된 인도 아잔타(Ajanta)석굴의 BC 2세기경 벽화를 통해 엿볼 수 있다.

불화가 지닌 의의는 종교성과 예술성의 두 측면이 있다. 불교적 내용으로 하는 불화가 일반 그림과도 다른 이유이다. 단순한 아름다움뿐만 아니라 그 속에 불교 이념이나 사상을 알기 쉽고 아름답게 그림으로써 불화를 통해 불교의 세계를 이해하고 나아가 종교적 실천을 유발토록 하는 것에 불화의 진정한 의의가 있다. 화폭에 다양한 존상을 담을 수 있고, 교리 내용을 여러 가지로 표현할 수 있는 불화는 불상보다도 더 설명적이다. 그러므로 불교를 이해하거나 교화 목적에 더 효과적인 측면이 있다.

불교에서의 회화繪畵는 "붓다의 가르침과 교리를 표현한 그림과 글씨다." 또는 "불교 교단에서 숭배하는 대상이나 불교 경전의 내용을 그림으로 그린 것이다." 좁은 의미로는 법당에 걸어놓고 예배하기 위한 불보살 등의 그림을 일컫는다. 경전의 내용을 설명적으로 나타낸 그림과 법당의 내외부를 장식하는 그림도 넓은 의미에서 불화라고 할 수 있다. 불전이나 불교의식의 장소를 아름답고 법식에 맞도록 불보살과 나한은 물론 여러 신장을 그린 그림도 예배용 불화에 해당한다.

이들은 혼자 표현되기도 하지만, 대체로 많은 인물이 함께 등장한다. 영취산에서 설법하는 석가모니불을 중심으로 여러 보살과 인물을 표현한 영산회상도靈山會上圖, 수행자의 모습을 그린 나한도, 불법을 수호하는 여러 신을 묘사한 신중도 등에서 찾을 수 있다. 이밖에도 부처님의 전생 이야기나 일대기를 그린 불화, 경전의 내용을 묘사한 사경 변상도는 어려운 불교 교리를 그림으로 나타내 의미를 전달해 준다. 법당을 엄숙하고 위엄 있는 예배 공간으로 만드는 용이나 연꽃 등 장식의 그림도 오늘날 불교회화 문화재로 포함하고 있다.

불교회화를 이루고 있는 큰 흐름은 존상화尊像畵이지만, 넓은 의미로 불타의 세계를 조형화한 회화를 모두 포괄하고 있다. 불교회화는 예술품으로써의 아름다움도 지니고 있지만, 종교적 목적을 위해 제작되었기에 일반적인 감상용 그림과는 사뭇 다르다. 불교에서 설하는 어떤 내용이 그림으로 표현한 것인지, 어떤 맥락에서 사용되었는지 등을 아는 것은 불화를 이해하는데 매우 중요한 요소이다. 불화에는 그림이 제작된 배경이나 후원한 사람들, 그린 사람들畫師 등에 대한 기록이 남아 있어 당시의 사회에 대한 정보를 알려 준다. 불교회화 는 추상적이고 심오한 불교의 세계를 눈으로 쉽게 보고 이해할 수 있도록 해 줄 뿐만 아니라 우리 조상들의 삶과 신앙을 담은 귀중한 문화 · 예술적 자산이다. 불교회화를 이해하고 감상하는 것은 우리의 전통문화를 이해하고 경배하는 중 요한 과정이다.

불교 그림(회화)의 쓰임새로 볼 수 있는 종류는 불화를 그려 봉안하는 데 여 러 가지 이유가 있겠지만 ① 사찰 건물과 법당을 장엄하기 위한 장엄용莊嚴用, ② 일반 대중에게 불교 교리를 이해하기 위한 교화용敎化用, ③ 예배와 행사를 위한 예배용禮拜用으로 그려진 것을 구분한다. 그중에서 예배용 불화에는 벽에 그려 진 벽화, 벽에 거는 탱화, 불교 경전에 그려진 경전화經典畫, 야외의식용 대형불 화인 괘불掛佛 등이 있다. 건축물에 직접 그려진 벽화가 있는데, 중국 돈황의 벽 화 등과 경북 영주 부석사의 조사당 벽화를 꼽을 수 있다.

불화의 형태와 재료는 흙이나 나무 · 종이 · 베 · 비단 등의 재료에 자유롭 게 그려졌다. 그 종류의 형태에는 벽화, 탱화, 경전 그림經畫이 있다. 불화의 핵 심은 교화와 예배 또는 사원의 장엄을 위해 주로 제작되는 것이다. 주제에 따 라 석가모니 후불화後佛畫로써 《법화경》의 변상變相인 영산회상도, 석가모니불의 일생을 그림으로 나타낸 팔상도八相圖 등이 있다. 이밖에도 비로자나불과 아미타불의 불화 등 조각에서 조성되는 내용을 대개 그림으로 표현한 것이 있다.

첫째, 탱화幀畵는 대부분이 비단·삼베·모시·면포綿布·종이를 바탕으로 해서 그린 것을, 족자나 액자 형태로 표장表裝해서 불단佛壇 등 의식단儀式壇 벽면에 봉안한 것이 대부분이다. 이것을 탱화 또는 후불탱·삼신탱·약사탱 등 ○○탱이라고 일컫는다. '걸개그림'으로도 불리는 탱화는 천이나 종이에 그림을 그려 족자나 액자의 형태로 만들어서 거는 불화佛畵이다. 탱화의 내용은 곧, 신앙의 내용이며 신앙의 대상이다. 종교체험이라는 목적을 달성하는 데 필요한 의궤儀軌(일의 전말·경과·경비 등을 기록한 내용과 그림)를 질서 정연하게 도상화圖像化한 것을 탱화라 할 수 있다.

티베트에서 사원의 바깥벽에 걸거나 경사진 언덕 등에 펼쳐 놓는 '탕카' (Thang-ka)에서 유래한 탱화는 족자 그림을 정幀자를 쓰면서 읽기는 '탱'으로 읽는 까닭도 탕카의 어원에 따른 것이다.[283] 국가유산청(2011.11.9.)에서는 "불교회화는 불화를 통칭하는 탱幀·탱화幀畵 사용을 지양하고, 국민 누구나 알기 쉬운 그림圖으로 통일해 표기하도록 했다." 탱화는 불교 이념과 교리를 묘사한 그림이다. 사찰 전각이나 불상 종류에 따라 각기 다른 모습이다. 본존불 뒤에 놓여 그 신앙적 성격을 묘사한 것은 후불後佛탱화이고, 불법 수호신들을 그린 것으로 전각의 좌우 벽면 등에 설치하는 것이 신중神衆탱화다. 통일신라 때부터 일반화된 탱화는 고려시대의 귀족적인 성향을, 조선시대의 탱화는 민중적인 성향을 보인다. 우리나라에서는 사월초파일과 같이 대중들이 모이는 큰 의식 행사 때 법당 앞에 괘불대를 세우고 걸어 놓는 그림을 괘불탱掛佛幀이라고 부른다. 직접 그리는 벽화는 이동하기 어려운데, 탱화는 액자나 족자 형태로 별도의 화폭에 그려서 이동할 수 있다. 다양한 성격의 전각마다 각기 성격에 맞는 탱화를 그려 봉안한다.

둘째, 벽화壁畵는 법당이나 전각 등의 안과 밖의 벽에 그려진 그림을 일컫는다. 벽화에는 전설, 설화나 부처님의 일생을 그리는 팔상성도, 설법하는 모습을 그린다. 참선하여 자기 자신의 본래 성품을 찾는 것을 잃어버린 소를 찾는 모습으로 비유한 심우도尋牛圖(소를 찾는 그림) 또는 십우도十牛圖는 전각 바깥쪽에 주로 그린다.

벽화는 벽면의 재질에 따라 토벽화土壁畵, 석벽화石壁畵, 판벽화板壁畵로 나눈다. 우리나라 사찰의 벽화는 대다수가 토벽화다. 건물의 수명과 연관된 벽화는 건물 훼손으로 벽화 손상도 많다. 조선 초기까지 벽화로 제작된 법당의 불화는 중기 이후에는 제작공정이 어려운 벽화보다 탱화를 그려서 거는 방식이 유행했다. 한국 고대 불화의 경우, 그 수준은 이미 상당한 경지에 이르고 있어 고구려의 승려 담징曇徵과 같은 화가의 활약이 두드러졌다. 특히 고구려 고분벽화의 불교적 요소는 흥미로운 문화재다. 통일신라의 솔거率居는 경주 분황사 관음보살 등을 그려 그의 화명畵名을 널리 떨쳤다. 고려시대에는 곧, 불화시대라고 일컬을 만큼 불화가 성행했다.[284] 남아 있는 불화의 대부분이 일본 등 해외로 유출되어 있으나 그 100여 점의 진가는 고려 회화의 우수성을 널리 알리고 있다.

조선시대의 불화는 사찰을 중심으로 한 탱화와 벽화 그리고 불화승佛畵僧에 의해 제작되고 전승되었다. 경주 불국사 영산회상도와 사천왕 벽화는 18세기 중기와 후반의 통도사와 봉정사 등 경상도 지역을 중심으로 활동하던 화승들이 함께 제작한 영산회상도와 사천왕 벽화로서, 화려하면서도 차분한 색감과 안정적인 구도 등 경상도 지역의 화풍을 잘 보여 준다. '영산회상도'를 구성함에 있어 탱화와 벽화가 한 세트를 이루는 구성은 어디에서도 볼 수 없는 독특한 구성을 나타내고 있어 조선 후기 불화 조성의 한 면을 엿볼 수 있다. 사찰의 벽화로는 경북 영주 부석사 조사당에 그려진 범천과 제석천도, 사천왕도가 고려시대의 벽화로 유명하다. 경북 안동 봉정사 대웅전의 영산회상도(1435년경)[285]와 전남 강진 무위사 극락전의 아미타불 후불벽화(1476년) · 아미타래영도 · 설법도 · 관음도 등도 알려져 있다. 경남 양산 통도사 영산전의 보탑도, 양산 신흥사 대광전의 아미타여래도와 약사삼존도, 전북 고창 선운사 대웅전의 후불 벽화(1840년) 등이 유명하다.

셋째, 경전화經典畵는 손으로 직접 베껴 쓴 사경寫經과 나무판에 새겨 찍어낸 판경版經이 있다. 이 경전에는 핵심적인 내용이나 본문을 압축한 그림이 실려 있어 경전의 내용을 쉽게 이해할 수 있다. 경전 내용을 그림으로 표현했으므로 변상도變相圖라고 부른다.[286] 경전의 변상도는 심오한 경전 내용이나 많은 양을 한 장 또는 몇 장의 그림에 압축해서 표현하므로 경전의 세계로 인도하고 교화한다는 점에 그 의의가 있다. 현존하는 경전화는 사경과 판경을 통틀어서《묘법연화경》이 가장 많다. 대승경전인《법화경》의 공덕을 크게 강조했기 때문이다.

경전에 그림이 배치되는 형식은 권수화卷首畵형식, 삽도揷圖형식, 병렬전개竝

列展開형식의 세 가지로 사경과 판경 모두에 해당한다. 권수화 형식은 경전의 첫 머리에 그 경의 내용을 압축하거나 대표적인 내용을 묘사한 것이다. 경전화의 대부분이 이 형식으로 이루어져 있다. 삽도 형식은 경전의 본문 가운데 필요한 부분에 그림을 삽입하는 형식을 말한다. 병렬전개 형식은 경전의 모든 장마다 본문과 그에 해당하는 그림을 동시에 전개하는 형식이다. 대체로 글과 그림이 상하 또는 좌우로 배치된다. 경전화의 도상에서 불화와 다른 것은 가로가 길어지므로 도상이 주로 횡적인 구도로 전개된다. 우리나라 경전화의 특징은 사경화 또는 판경화에 채색이 없는 선묘화線描畵(선으로 그린 그림)이다. 경전 변상도의 양식은 바로 이 선의 성격으로 따라 좌우된다고 할 수 있다.

경남 양산 통도사 극락전 반야용선도 벽화(2010.6.4.)

2. 글씨이야기, 편액과 주련 등

사찰 전각의 편액과 현판, 주련을 알게 되면 그 전각의 성격을 잘 파악할 수 있다. 흔히 전각의 품격은 칸의 수, 기둥의 크기, 월대月臺(장대석)의 높이 크기, 두공의 숫자와 높이, 편액의 크기와 글씨 등을 통해 가늠한다.

편액扁額과 현판懸板은 어떻게 다른가. 편액은 한 개이고, 현판은 여러 개이다. 편액이 제목이라면, 현판은 내용이다. 대웅전 등 전각과 일주문 등에 붙이는 것은 편액이 정확한 표현이다. 편액의 사전적 개념은 널빤지나 종이·비단에 글씨를 쓰거나 그림을 그려 문 위에 거는 액자이다. 흔히 현판으로 통칭한다. 대부분이 가로로 걸기 때문에 횡액橫額이라고도 하지만, 서울 숭례문 글씨와 같이 세로로 쓰기도 한다. 지금까지 전하는 편액 글씨는 크기가 일정하지 않으나 대개가 큰 글씨이므로 대자大字를 액자額字라고도 한다.

옛 건축물에는 대부분 건물의 이름·성격·품위를 나타내는 편액이 걸려 있다. 편액은 건물의 문 위 이마 부분에 써 놓은 글씨라는 뜻이다. 편扁은 호戶(한짝)와 책冊을 합쳐진 글자이고, 액額은 이마라는 뜻이다. 편액은 건물마다 딱 하나뿐이다. 편扁은 글씨를 쓴다는 뜻이다. 액額은 건물 앞부분 높은 곳, 사람으로 치면 이마에 해당하는 곳이다. 한 건물에서 현판은 여러 개가 있을 수 있지만, 편액은 입구의 한가운데에만 하나 있는 것이 다른 점이다.

서예 용어인 편액의 편扁자는 원래 서署(관청·관아)의 뜻으로, 문호門戶 위에 제서題書(쓴 글자)함을 가리킨다.[287] 액額자는 이마顙(얼굴 위의 눈썹과 모발 사이)라는 뜻이다. 건물 정면의 문과 처마·반자(천장) 사이에 건물명칭을 쓴 액자를 일컫는다. 넓게는 건물에 관련된 사항이나 묵객墨客들의 서화書畫가 담긴 일체의 현판도 편액이라 부르게 되었다.

현판은 '글씨를 쓴 널빤지板를 걸었다懸'는 단순한 뜻으로, 해당 건축물의 기능이나 성격 등을 담고 있는 경우가 많다. 일반적으로 현판이란 용어가 자주 사용되고 있지만, 현판보다는 편액이 정확하게 건축물의 의미를 담고 있는 말이다. 흔히 광화문光化門 현판이라고 부를 때의 현판은 편액扁額이라고 하는 것이 더 정확하다. 현판은 나무 판에 글씨를 써 건물에 내건 각종 시문詩文을 모두 포함하므로 범위가 매우 넓다.

외세 침략과 전쟁, 화재로 우리나라에는 오래된 편액이 많지 않다. 금강산 유점사의 편액(옛 사찰이름인 수성보덕사)과 공주 마곡사 대웅보전 편액이 통일신라 시대의 명필 김생金生이 유명하고, 영주 부석사 무량수전을 비롯 안동의 으뜸가는 곳이란 안동웅부安東雄府(1361년, 안동시립박물관 소장), 1366년(공민왕 15년) 겨울에 쓴 안동 영호루映湖樓 편액은 고려 공민왕의 글씨로 전한다. 강원도 고산 석왕사 영월루暎月樓의 편액이 유명하였다. 경복궁, 창덕궁, 경희궁을 비롯한 조선 전각의 편액은 일제강점기와 6.25 전쟁 때 망가지거나 사라졌다.

편액은 명필의 글씨를 모각模刻하기도 한다. 서울 봉은사 대웅전 글씨가 진관사 대웅전 편액을 다시 모각한 추사 김정희의 글씨이다. 최근에는 활자체나 도안체를 사용하기도 한다. 조선시대 편액으로는 도성의 문루, 궁궐의 전각에서부터 지방의 사찰 · 관아 · 향교 · 서원의 건물이나 일반주택에 걸린 편액에 이르기까지 사례가 많다.

편액의 재료는 주로 널빤지를 사용하며 건물의 규모와 격식에 맞게 색채와 조식彫飾(잘 다듬어 꾸밈)을 가한다. 글씨는 금니 · 은니 · 먹 · 분청 · 호분(백분) 등을 주로 쓰며 바탕색은 글씨의 색을 고려하여 칠한다. 편액의 틀에는 무늬를 새기거나 색채를 가하기도 한다. 민간에서는 널빤지에 직접 쓰거나, 종이나 비

서울 강남 봉은사 영산전 편액(지운영 글씨, 2016.4.16.)

단에 써서 액자로 만들어 걸기도 한다. 편액은 건물의 기둥에 거는 주련柱聯과 함께 건물을 치장하는 주요 수단이었으므로 당시 주住생활의 일면을 엿볼 수 있다. 그뿐만 아니라 건물의 명칭 및 내력, 서자署者 · 제작방법 등을 살필 수 있다. 경복궁 건청궁(1873년) 등과 청록색의 편액은 조선시대 정조 이후, 구한말의 고종 때부터 주로 사용된 안료인 양록洋綠(에메랄드그린)으로 쓴 것이다.

내금강산 장안사 사성지전 편액懸板. 사진 출처 : 조선총독부 유리원판목록집Ⅱ권

주련柱聯은 기둥이나 벽에 세로로 써 붙이는 글씨이다. "기둥柱마다에 시구를 연하여 걸었다."는 뜻에서 주련이라 부른다. 좋은 글귀나 남에게 자랑할 내용을 붓글씨로 써서 붙이거나 그 내용을 기다란 판자에 새겨 걸기도 하고, 돌기둥에 직접 새김을 하기도 한다.

판자 아래위로 하엽荷葉을 양각陽刻하든지 연꽃을 새기든지 당초무늬를 새기든지 하여 윤곽을 정리하고, 그 가운데에 글귀를 적어 새김질한다. 글씨의 윤곽만 새기는 기법을 쓰는 것이 보편적인 방식이다. 더러 튀어나오도록 양각하는 수도 있으나 드문 일이다. 양각한 부분과 새김질한 글씨에 색을 넣어 장식한다.

판자 전체에는 보통 밀타승蜜陀僧288)을 발라 하얗게 만들고, 글씨에는 먹을 넣든지 군청群靑을 가칠하고, 양각한 무늬들은 삼채三彩 정도로 단청하여 화려하게 꾸미기도 한다. 살림집 안채에서는 안마당을 향한 기둥에 주련을 거는데, 생기복덕生氣福德을 소원하는 내용이나 덕담德談의 글귀를 필치 좋은 사람에게 부탁하여 받아 건다. 더러는 아이들의 인격 함양을 위한 좌우명이나 수신하고 제가하는 데 참고가 되는 좋은 시를 써서 걸기도 한다.

사랑채의 기둥에는 오언이나 칠언의 유명한 시나 자작한 작품을 써서 건다. 한 구절씩을 적어 네 기둥에 걸면 시의 한 수가 된다. 주련은 경치 좋은 곳에 세운 누사樓榭(다락과 정자)와 여타의 다락집, 불교의 법당 등에도 건다. 다락에서 내려다보이는 경치 좋은 경개景慨(탄식할 정도의 아름다운 경치)를 읊은 시가 주련에 채택되고, 포교를 위한 부처님의 말씀을 주련에 새긴다. 이들 주련이 기둥

바깥쪽에 달려서 다락이나 법당 안의 사람 눈에는 보이지 않는다. 사람보다는 자연이 보고 읽어달라는 고지誥知의 뜻이 담겨 있다. 중국에서 길가의 패루牌樓(누각) 또는 정려旌閭(대문)[289] 등에 주련을 걸어 주인공을 선양하는 일을 가리키는 데서 연유하고 있다.

대련對聯은 중국에서 문과 집 입구 양쪽에 거는 대구對句, 대자對字를 쓴 것을 말한다. 널빤지, 종이 등에 써서 문기둥에 붙이거나 걸기도 한다. 영련楹聯 · 주련柱聯 · 영첩楹帖 · 대자對字라고 한다. 문기둥이나 문짝에 거는 것을 문련門聯 또는 문심門心, 집의 기둥에 붙이는 것은 영련楹聯, 문기둥 좌우에 거는 것을 광대框對, 신년 축하에 쓰는 것을 춘련春聯, 결혼 등의 경사 때에는 희련喜聯, 조문弔問 때에는 만련輓聯, 장수 축하 때에는 수련壽聯이라 부른다.

대련 또는 영련의 형식은 중국 오대십국 시대의 후촉(後蜀, 934~965년) 황제인 맹창盟和[290]이 학사 신인손辛寅遜에게 명하여 도부판桃符版(복숭아나무 부적판)에 '신년납여경新年納余慶 가절호장춘嘉節號長春'의 대구를 제題한 것이 시초이다. "새해에 조상의 은덕을 받아들이고, 명절에 영원한 봄을 바란다."라는 최초 춘련은 후촉의 마지막 황제 맹창孟和이 친히 복숭아나무 판자에 쓴 것이라 전한다. 새해의 행운이 오래오래 이어지길 바라는 뜻이다. 중국 동진시대의 서성書聖 왕희지王羲之(303~361년)가 춘련春聯을 최초로 쓴 사람이다. 춘추전국 시대에는 귀신을 쫓는다고 대문에 복숭아나무로 된 판자 두 개에다가 부적을 그려서 걸어 두었다고 한다. 그러다가 당나라 때 덕담을 서로 나누기 시작했고, 송나라 때부터 점차 보급되어 명 · 청대 이후에는 일반인에게도 유행하였다.

음력설 때, 사람들이 대문에 붙인 대련對聯을 춘련(입춘날에 기둥이나 미간에 집안 평안을 기원하는 말을 빨간 종이에 적어 붙인 글귀)이라고 한다. 춘련春聯이라는 단어는 명나라에서 시작돼 본격화됐다. 명나라 태조 주원장朱元璋은 어느 해 섣달그믐날 밤에 유시諭示(뜻을 일러주어 알림)를 전달하여, 집집마다 춘련을 붙이도록 요구했다. 이로부터 새해에 춘련을 붙이는 풍속이 더욱이 성행하기 시작하였다.

대련 또는 춘련은 양쪽에 붙인 글자 수와 의미가 서로 맞는 글귀를 빨간 종이나 판자에 써서 붙인다. 보통 5·7언구가 많으나 4자구·6자구·기타도 있으며, 구수句數도 정해져 있지 않다. 자작시와 유명시인의 시구도 있고, 때와 장소에 따라 일정한 대구도 있다. 처음에는 지식인이 애호한 것이었으나, 이윽고 민간에도 퍼져 벽에 거는 족자로 애용되는 외에 근대 이후에는 정치적 슬로건(표어)으로 쓰기도 했다.

대표적인 대련은 5세기 초, 중국 육조시대의 도연명陶潛 陶淵明(365~427)이 쓴 유명한 시로 《고문진보》에는 〈사계절四時〉시가 전한다.

春水滿四澤(춘수만사택) 봄 물은 사방 못에 가득 찼고,
夏雲多奇峰(하운다기봉) 여름 구름은 기이한 봉우리 많이 만들며,
秋月揚明輝(추월양명휘) 가을 달은 밝은 빛을 떨치고,
冬嶺秀孤松(동령수고송) 겨울 산마루 외로운 소나무 우뚝하네.

3. 불교 음악의 종류 - 범패와 어산

우리나라 불교 음악은 범패 · 화청 · 찬불가 영역으로 나뉜다. 첫째, 범패梵唄는 부처님의 이름과 공덕을 찬탄하는 게송을 가사조로 부르는 일종의 창唱을 말한다. 영산재 등 재齋의식 때 인간의 염원을 부처님께 전달하는 음악이다.[291] 범패의 '범'은 천상의 소리이고, '패'는 산스크리트어 파샤(Phasa)의 음역으로 찬탄을 의미한다.

범패는 안채비소리와 바깥채비(초청받아 범패를 부르는 승려)들이 부르는 홋소리 · 짓소리, 축원하는 화청으로 나뉜다. 범음梵音 · 어산 · 오산㟃山이라 부르는 범패는 인도梵의 소리唄를 뜻한다. 인도에서 건너왔다는 의미의 범패는 우리나라에서 '어산魚山'이라 부른다. 범패승의 최고 어른은 어장魚山魚丈이다. 홋소리와 짓소리 등 모든 소리를 자유자재로 하고, 의식과 이론에 능통한 분이다. 말강末講, 중강中講, 상강上講의 과정을 모두 거친 분이다.

범패의 기원은 영산회상 기원설, 묘음보살妙音菩薩의 음악공양설, 중국의 조식曹植 창작설 등 세 가지가 있다. 어산의 명칭은 중국 삼국시대 조조의 아들 조식이 붙인 것으로 전한다. 그가 지금의 중국 산둥성에 있는 어산에 놀러 갔다가 하늘梵天의 소리를 듣고 게송에다 연못에 노니는 물고기의 모양을 본떠서 곡을 붙였다는 태자송太子頌이 전한다. 중국과 한국이 불교의례 율조를 범패라고 칭하는 것과 달리 일본에서는 쇼묘聲明라고 부른다.[292] 가곡 · 판소리와 함께 우리나라 3대 성악곡으로 불리는 범패는 서양음악의 그레고리안 성가와 비교될 뿐만 아니라 우리 정악正樂의 아악雅樂에도 큰 영향을 끼쳤다.

우리나라 범패는 신라 때의 진감국사 혜소眞鑑國師 慧昭(774~850)가 804년 (애장왕 5) 31세에 세공사歲貢使(해마다 공물을 바치러 간 사신)를 따라 중국 당나라에 건너가 마조도일馬祖道一의 제자 창주신감滄洲神鑑의 법맥을 잇고, 수행하다 범패를 배우고, 830년(신라 흥덕왕 5)에 귀국 후, 옥천사玉泉寺(지금의 하동 쌍계사 국사암)에서 범패를 여러 제자에게 전수한 것이 시초이다.

둘째, 대중교화를 위해 부르는 화청은 민속 음악적 형식을 띤다. 화청和請은 '고루 청한다'는 의미이다. 그 대상은 불보살로부터 제도의 대상인 중생들이다. 화청은 대중이 잘 알아듣도록 민속 음악에 우리말 사설을 붙여 재가 끝날 무렵 부르는 노래이다. 범패는 작법作法·착복著服이라 부르는 나비춤·바라춤·법고춤과 같은 불교 춤과 어우러진다. 고깔을 쓰고 모란꽃을 쥔 나비춤과 양손에 큰 바라를 들고 추는 바라춤이 대표적이다.[293] 화청은 대중이 잘 알아듣도록 민속 음악에 우리말 사설을 붙여 재가 끝날 무렵 부르는 노래이다. 이때 반주악기로는 인도引尊의 태징과 장단을 맞추는 말번(=바라지)의 북이 전부다. 소리는 서도 소리조調로 엇모리 장단에 맞추어 진행한다.

재齋를 지내는 여러 절차 사이에 어장이 징·북·목탁 등 타악기를 치며 부르는 것으로서 화청과 회심곡回心曲으로 나눌 수 있다. 화청의 내용은 불보살을 청하여 공덕을 찬탄하며 재를 지내는 신도의 소원성취를 기원하거나 영가의 극락정토 왕생을 발원하는 의식적 내용이다. 회심곡은 인간의 권선징악과 희로애락 그리고 생로병사와 관련된 내용으로 구성된 것과 부모은중경 중 덕담 부분을 뽑아 한글로 만든 것이 대표적이다. 축원 화청을 부르기 전에 독창으로 부르며, 실로 종류가 매우 다양한 편이며, 왕생가 · 열반가 · 몽환가 등이 있다,

중요무형문화재 제50호 영산작법 기능보유자 일응대사(2020.8.22. 봉선사 염불원 사진)

화청 말미에 설판재자設辦齋者와 동참 대중의 소원이 성취되도록 소례所禮(불보살)[294]께 한문 사설로 엮어진 축원을 올리는 의식이 축원화청祝願和請이다. 일반 축원은 음音의 굴곡이 심하지 않고 차분한 가운데 거행된다. 이에 비해 축원화청은 6박이 한 장단을 이루고 있으며 다소 경쾌한 느낌이 있다. 이때 반주악기도 인도의 태징과 장단을 맞추는 말번의 북이 전부다.

셋째, 1970년대에 발생한 찬불가는 서양음악 기법에 불교적 내용을 가사로 붙였다. 찬불가는 해방 직후 서양 종교음악의 영향을 받아 만들기 시작한 음악이다. 운문 대사에 의해 시작되어 지금은 다양한 찬불가들이 보급되고, 의식곡으로 쓰이고 있다. 서양음악의 음계를 따르고 있다는 비판에 따라 최근에는 국악으로 만든 찬불가도 많이 제작 보급되고 있다.

"나는 석가세존의 그림자이다.

그림자는 그 키에 따라 생기므로 키의 크기를 벗어날 수 없다.

그와 같이 키도 그림자 없이 따로 존재할 수 없다.

그래서 키가 가는 곳에는

언제나 그림자가 떨어지지 않고 다니는 것이다."

(원나 시리 지음, 《아난존자의 일기》 1권, 운주사, 2006)

VII. 붓다 연대기와 사상체계

석가모니불 좌상(5세기 출토조각). 사진 출처: 불타의 세계(상권)

"붓다는 깨달음으로 이끄는 첫 안내자이다."

지금, 우리에게는 과거이지만 붓다에게는

현재이던 모습이다."

– 강계 이지범

1. 붓다 연대기와 4대 성지

1) 붓다 일대기, 45년 전법일기

붓다佛陀(Buddha)는 진리를 깨달은 사람을 일컫는다. 성은 고타마瞿曇(Gautama), 이름은 싯다르타悉達多·喬達摩(Siddhārtha)이다. 35세에 깨달음을 얻어 붓다라 불리게 됐다. 석가모니釋迦牟尼·석가문釋迦文 등으로 음사하며, 능인적묵能仁寂默(모든 진리에 능하고 어질며 고요한 가운데 깨침을 얻은 분)으로 번역된다. 석가는 샤카(샤키야 Sākya)라는 민족의 명칭을 한자로 발음한 것이다. 모니(Muni)는 성인이라는 의미이다. 석가모니는 석가족族 또는 샤키아족 출신의 성자라는 뜻이다. 사찰이나 신도 사이에서는 진리의 체현자體現者라는 의미의 여래如來(따타가따 Tathāgata)라고 불리고, 존칭으로 세존世尊(바가바트 Bhāgavat)·석존釋尊 등으로 불렀다.

석가모니의 생애는 입멸 600년 뒤, 기원후 1세기 중인도 마갈타국의 마명보살馬鳴菩薩(아슈바고샤 Aśvaghoṣa. 100~160)이 편찬한 《불소행찬》에 처음 기록된 내용이다. 중국 후한의 축대력竺大力·강맹상康孟詳이 198년에 번역한 《수행본기경》, 중국 유송劉宋시대에 지엄智嚴·보운寶雲이 443년에 번역한 《불본행경》과 중인도 출신의 바라문 구나발타라求那跋陀羅·摩訶衍(Mahāyāna)가 444~453년에 번역한 《과거현재인과경》, 수나라 때 중인도 출신의 사나굴다闍那崛多

(523~600년)가 번역한 《불본행집경》, 당나라 때 인도 출신의 승려 지바하라 地婆訶羅·日照가 683년에 번역한 《방광대장엄경方廣大莊嚴經》 등이 있다.

"고타마 싯다르타는 길에서 태어나道生 – 길에서 깨닫고道成 – 길 위에서
살다가道法 – 길에서 돌아가신道滅 80년의 생애를 살았다."

붓다의 탄생은 위대한 출가로부터 시작되었다. 즉, 생물학적인 탄생이 아니라 지성적인 진리의 탄생을 가리킨다. 기원전(BC) 623년 사월초파일에 태어나 7일 만에 어머니를 여의었다. 17살에 아쇼다라耶輸陀羅 공주와 결혼 그리고 아들을 얻은 고타마 싯다르타는 29살에 출가하여 6년간의 고행 후, 35살에 깨달음을 얻었다. 45년간 교화설법을 하다가 기원전 543년이 되던 해에 80세의 나이로 열반에 들었다. 이것은 《대반열반경》을 통해 알 수 있는 석가모니 부처님의 행장이다.

부처님의 일대기는 여러 경전에서처럼 과거와 현재 그리고 미래까지 펼쳐지는 거대한 파노라마와 같다. 그 크기조차 가늠할 수 없을 정도의 대작인 휴먼 다큐멘터리 그 자체이다. 부처님의 출가, 성도, 전법, 열반의 길을 통해 우리는 불자로서 궁극적으로 이루고자 하는 깨달음의 세계를 그대로 찾아볼 수 있다. 이 길은 우리에게 깨달음에 이르게 하는 이정표, 한 인간이 일구어낸 위대한 승리의 증거이다.

이에 관한 기록은 전설과 신화를 넘어 역사적인 사실임에 틀림이 없다. 인

도 마우리아 왕조의 아쇼카 왕이 기원전 249년 룸비니 동산에 높이 12~15m로 세운 석주石柱에 "여기서 사캬족의 성자, 붓다가 태어 나셨도다."는 글씨와 93자로 된 다섯 줄의 명문이 새겨져 있기 때문이다. 현재 높이 7.2m로 남아 있는 룸비니 석주는 부처님이 실존 인물임을 밝혀주는 가장 확실한 문화유산이다.

5세기 네팔 룸비니를 순례한 중국 동진東晉의 법현대사가 413년에 쓴《불국기》(고승법현전), 7세기 당나라 현장법사의《대당서역기》에는 '석존 탄생과 전승에 얽힌 스투파들'을 보고 석주에 대해 기록했다. 8세기 신라의 혜초법사는《왕오천축국전》에서 이곳을 소개했다. 또 7세기 말엽, 당나라 의정대사의《대당서역구법고승전》(구법고승전)에 이르기까지 인도 순례기를 통해 조망해 볼 수 있다. 특히 이와 관련된 생생한 기록은 여러 경전을 통해서 위대한 붓다의 행로를 찾을 수 있다.

오늘날 인도 · 네팔의 8대 불교 성지는 룸비니, 보드가야, 사르나트, 쉬라바스티, 상카시아, 라즈기르, 바이살리, 쿠시나가르를 꼽는다. 그래서 인도와 네팔 성지순례를 가게 되면 "불자들이 성지순례를 하다가 힘들고 지칠 때면, 이 길을 매일 30리 맨발로 걸었을 붓다를 떠올려라."고 전한다.

① 붓다 탄생의 첫출발 – 출가出家

초기불전(팔리어본, Sutta Piṭaka)인《앙굿따라 니까야增支部》에는 "출가자란 재가에 머무는 것을 다 버리고, 교법에 출가를 결행한 자를 말한다."고 정의

한다. 《맛지마 니까야中部》에도 "출가라는 것은 다시 태어난 것과 같다."고 한 것을 보면, 출가는 '세속적 소유물이나 의무나 규범을 다 버리고 교단에 들어와 수계를 하고, 독신으로 교학과 수행과 전법에 전념하는 것'을 가리킨다.

지금으로부터 2,617년 전, 음력 2월 8일에 인도 석가족의 정반왕 아들인 고타마 싯다르타 태자는 출가 사문沙門이 됐다. 싯다르타는 마부 찬나와 함께 화려한 왕궁인 카필라성城을 밤에 나와 동녘이 밝기 전에 소유순(40리)을 지나 아노마(Anoma) 강변에서 찬나(차닉車匿)와 작별하고, 홀로 수행자의 길로 들어갔다. 그때 나이 29세로 동진 출가는 아니었다.

싯다르타 태자는 아들인 라훌라가 태어나던 날에 사문이 되었다. 카필라 왕궁과 궁중연회의 좋은 음식과 아름다움과 단정한 몸치장이 아니라, 그것의 '본질적인 덧없음'을 알고 보면서 결심하게 되었다. 태자가 출가를 통해 궁극적으로 얻고자 한 목적은 《수행본기경》, 《서응본기경》, 《보요경》 등 곳곳에 '인간과 자연의 4대 원칙인 생로병사의 근본을 깨닫기 위해서'라고 적혀 있다.

'근본을 성취한 것'을 뜻하는 싯다르타295) 태자는 사문유관四門遊觀을 통해 생로병사를 경험하고, '그 무엇 때문에 삶과 죽음이 있는가?'는 화두를 간직했다. 그 고민은 생로병사生老病死 즉, "나는 무엇 때문에 태어나고 병듦과 죽음과 슬픔과 멸함이 있는가?"라는 존재의 문제였다. 싯다르타는 "무상한 이 세상의 괴로움을 어떻게 해결할 것인가?"라는 근본적인 의문과 그 정체를 풀기 위해서 말을 타고 성을 넘어 출가의 길에 올랐다. 이 명장면은 〈유성출가상〉 또는 〈사문유관상〉에 잘 묘사되었다. 여기에는 태자가 성문을 나올 때 혹시라도 소리가 날까 봐서, 사천왕들이 말발굽을 떠받치고 있을 정도이다.

② 붓다 탄생의 여정 - 고행苦行과 수행

사문이 된 태자는 보편적인 괴로움苦을 치유할 방법을 위해 선인들을 찾았고, 인도 전통의 고행을 시작했다. "나는 처절한 고행을 했다. 어느 누구보다도 혹독한 고행이었다. 나의 사지는 시들어 버린 갈대와 같았다."고, 스스로 표현할 만큼 혹독하고 철저한 6년간의 고행을 하였다.

그 후 우루벨라 지방의 수자타善生女(Sujātā)가 올린 유미죽으로 기력을 회복하고, 보드가야의 보리수 아래에서 마지막 수행을 시작한 붓다는 마왕 파순의 항복을 받은 후에, "나는 증명할 필요가 없다. 대지가 나의 증인이다."고 선언하였다.

보리수 아래에서 그는 들숨과 날숨의 관찰로 초선初禪에 들어가 점차 제2선, 3선, 4선에 머물렀다. 마음의 모든 더러움을 제거하고 맑고 고요한 마음챙김을 완성하는 첫 번째의 지혜인 숙명통을 초저녁(6~10시)에 얻었다. 다시 보살은 여러 행태의 중생들이 자기가 지은 업에 따라 좋은 상태로 또는 나쁜 상태로 태어나고 죽는 것을 아는 두 번째의 지혜인 천안통을 한밤중(밤 10~새벽 2시)에 얻었다. 또다시 그의 마음은 감각적인 쾌락, 존재하는, 무지의 번뇌로부터 마음이 해방되자 해탈했다는 지혜가 생겼다. '태어남은 파괴되었고 청정한 삶을 향유했고, 해야 할 일은 이미 다해서 마쳤으므로, 다시는 이러한 상태가 오지 않는다.'(더 이상 윤회가 없는)는 세 번째의 지혜인 누진통을 새벽녘(새벽

2~6시)에 체득하여 사성제를 꿰뚫고 모든 번뇌를 소멸하여 위 없는 깨달음을
실현하고 승리의 게송을 읊었다.

> "비구들이여, 이제 나는 성취한 사람阿羅漢, 더없는 깨달음을 얻은 사
> 람正等覺者이다. 나는 보리수 아래서 최상의 깨달음을 얻었다."라고 묘사
> 되어 있다.

③ 위대한 붓다의 탄생 – 성도成道

보드가야 보리수 아래에서 기원전 588년 12월 8일 새벽에 '붓다'(진리를
깨달은 자)가 탄생했다. 이 순간에 붓다는 "네 가지의 성스러운 진리四聖諦를 깨
달았다." 이것은 어느 시대에서나 붓다에게만 있는 독특하고 전형적 가르침이
다. 출가의 목적인 인류를 구원할 길이 열렸다. 이때 붓다는 게송으로 스스로
를 찬탄하였다.

> "태어남, 늙음, 병듦, 죽음, 슬픔, 번뇌에 구속되어 그것들에 시달리는
> 가운데 위험을 보았네. 그래서 태어나지 않고, 늙지 않고, 병들지 않고,
> 죽지 않고, 슬프지 않고, 번뇌가 없고, 속박으로부터 완전히 평온한 열
> 반을 찾았고, 마침내 그 열반을 얻었네. 그러자 나의 해탈은 확고부동
> 한 것이고, 이것이 마지막 탄생이며, 더 이상 생겨남도 윤회도 하지 않
> 는다는 지혜와 통찰력이 일어났네."   《맛지마니까야中部》 중에서.

붓다는 깨달음을 얻은 직후 일주일 동안 해탈의 기쁨을 누리며 보리수 아래에 앉아 법열을 즐기며 연기법을 확인했다. 이를 통해 붓다는 '모든 존재가 실제로는 존재하지 않는 현상에 붙여진 이름에 지나지 않음'을 보려고 했고, 그것을 직접 보았다. 자아가 독립적으로 존재하지 않는다는 자아自我 없음을 바로 알고, 오직 무명無明(해와 달이 없음)이 존재한다는 인류 역사적으로 가장 위대한 발견을 이루어냈다.

'아뇩다라삼먁삼보리無上正等覺'를 이룬 붓다는 보드가야의 일곱 수행처七禪處에서 다시 6주를 보냈다. 그로부터 삼칠일이 끝나갈 무렵, 제석천왕과 범천 사함빠티(Sahampati)의 권청으로 붓다가 직접 "나는 생각했다. 내가 도달한 이 법은 깊고 보기 어렵다. … 귀 있는 자들에게 불사不死의 문을 열겠다."는 설법을 하지 않았더라면, 지금의 불교는 존재하지도 전해지지도 않았을 것이다.

붓다는 그다음, 우루벨라 세나니 마을의 아자빨라(Ajapala, 무화과)나무 아래에서 머물던 때 욱깔라(Ukkala, 현재 인도의 오릿싸 지역) 지방에서 온 땁뿌사(Tappussa)와 발리까(Bhallika)라는 두 상인에게서 처음 공양을 받았다. 그리고 300km를 맨발로 걸어 사르나트에 갔다. 석가족의 성자를 가리키는 석가모니 부처님이 성도한 보드가야는 AD 409년 중국 동진의 법현대사가 순례하고, "부처님께서 득도하셨던 곳에는 세 개의 승가람僧伽藍이 있는데, 모두 승려들이 살고 있다."고 했다. 미국의 세계적인 신화학자 조셉 캠벨(J. Campbell)은 《천 개의 얼굴을 가진 영웅》(1949년)에서 붓다의 성도를 가리켜 '동양 신화의 가장 중요한 한순간'이라 표현한 것처럼 불교사의 대사건이었다.

④ 대자유의 길 – 전법傳法과 실천

붓다는 깨달음을 이룬 인도의 보드가야에서 약 300km를 걸어서 칠칠일七七日(49일)만에 사슴 동산으로 불리는 사르나트에 도착했다. 붓다는 두 선인이 세상을 떠났음을 알고 이전에 그의 옛 동료에게 자신이 발견한 진리를 전해야겠다고 생각했다.

붓다는 초전법륜지初轉法輪地 녹야원鹿野苑에서 최초로 4성제, 8정도, 중도의 법을 설하여 교진여, 가섭남 등 다섯 비구[296]를 깨닫게 했다. 녹야원에서의 식생활은 《맛지마니까야中部》26에 보면, "두 명의 비구에게 설명할 동안 다른 셋이 나가 탁발을 했고, 세 사람의 비구가 탁발托鉢[297]해 온 것을 갖고 여섯 명이 살아갔다. 또 세 명의 비구에게 가르치고 있을 때는 두 사람의 비구가 탁발해, 그들이 얻어 온 것으로 여섯이 생활했다." 이어서 여섯 번째 제자인 야사(Yasa)와 54명 그의 벗들에게 "다른 사람을 돕고 계율을 지키면 극락세계에 태어날 수 있다."는 차제설법次第說法[298]을 한 뒤에 60명 제자를 향해서 전도선언을 했다.

> "이제 이 세상에 대한 자비심으로 많은 사람의 행복과 기쁨을 위해, 신과 인간들의 이익과 행복을 위해 길을 떠나라. 두 사람이 같은 방향으로 가지 마라. 처음도 중간도 뛰어나고 끝도 뛰어나며, 의미와 내용이 있고, 더없이 완벽한 이 법을 설하라. 나 또한 우루벨라의 세나니 마을將軍村로 가서 법을 설하겠다." 《전법륜경》

부처님은 녹야원을 시작으로 교화 45년 동안에 모두 44안거를 지냈다. 전법을 위해 붓다는 거의 매일 12km(30리)를 맨발로 걸었다. 출·재자가 생명으로 삼고 살아야 하는 다르마法를 가르쳤다. 그 가르침은 "잘 설하셨고, 누구나 스스로 보아 알 수 있고, 시간이 오래 걸리지 않고, 와서 보라는 것이며, 향상으로 인도하고, 지자들이 각자 알아야 하는 것이다."라고 불자들의 삶은 이 법을 모두 알고 체득하고 드러내고 전승되게 하는 데, 초점이 맞추어져야 한다고 했다.

⑤ 붓다의 마지막 유행 – 열반涅槃

전 인류의 맺힌 가슴과 열망을 풀어준 붓다는 "생겨난 것은 모두 잠시 머물다 소멸한다成住壞空"고 설했다. 진리法로 보지 않고 육신으로 보면, 부처님도 마찬가지다. 기원전 543년에 80세의 나이로 입적했다.

그 당시 붓다는 아난존자에게 "이제 늙어 삶의 마지막 단계에 이르렀다. 내나이 지금 80이 되었구나. 마치 낡은 수레가 가죽끈의 힘으로 가듯이 여래의 몸도 가죽끈의 힘으로 가는 것 같다."고 마지막 행적을 알린다. 유마거사의 고향인 바이샬리 근교의 차바라遮婆羅 사당에서 석 달 후, 쿠시나가르 사라쌍수 사이에서 열반할 것을 예고한 내용이 《대반열반경》에 기록되었다.

열반의 여로에서 붓다는 파바波婆(Pava, 지금의 파질나가르 Fazilnagar)마을 망고 동산에서 대장장이의 아들 춘다純陀(Cunda)로부터 마지막 공양으로 받아 식중독痢疾에 걸리게 된다.[299] 그러나 붓다는 아난존자를 통해 "춘다여, 여래가 그대의 공양을 마지막으로 들고 열반에 든 것은 그대의 공덕이며 행운"이라 전했다.

파바에서 쿠시나가르로 가는 도중에 무려 25번 휴식을 취한 부처님은 마침내 쿠시나가르의 히란야바티熙連河(Hiranya-vati) 강을 건너 두 그루 사라나무 사이에 자리를 마련하고, "머리를 북쪽에 두시고 얼굴은 서쪽으로 오른쪽 옆구리를 침상에 붙이신 채, 두 발을 포개어 옆으로 고요히 누우셨다." 부처님이 그 자리에 눕게 되자 양옆의 "사라나무는 일제히 꽃을 피웠고, 그 피워진 꽃잎은 부처님께서 누워계신 곳에 마치 겨울의 눈과도 같이 내려 덮이기 시작했다. 하늘에서는 은은한 향내음이 진동하였고, 천녀들의 노랫소리가 사방에 울려 퍼지기도 하였다."

그날 밤, 붓다는 120살의 수밧다須跋陀(Subhadda)에게 마지막 설법을 하고, 그를 제자로 받아들였다. 쿠시나가르의 밤이 점점 깊어갈 때 아난존자가 다시 여쭙자 "아난다여, 모든 현상은 변한다. 게으름 없이 정진할 것"이라는 붓다의 마지막 설법[300]은 달빛이 가득한 곳과 사람들의 마음속으로 울려 퍼졌다. 그때 보름달이 유난히 밝게 비치고 사라나무 주변 곳곳에서 아름다운 향기가 피어났으며, 천지를 뒤흔드는 땅 울림이 일어나기도 하였다. 이월 보름날 밤, 인간 붓다는 마지막 유행을 마치고, 열반에 들었다.

※ 붓다 연대기와 불교 4대 명절

붓다의 생애 주기설은 ① 《대반열반경》의 기록과 ② 팔리어로 쓰인 《남전

대장경》에는 기원전 624~544년으로, 세계불교도우의회(WFB)에서도 이것을 따른다. ③ 스리랑카의 《대사헌(Mahavassa)》에는 기원전 565~485년으로, ④ 부파불교의 《십팔부론》과 《이부종륜론》에서는 기원전 463년에 입멸했다고 기록됐다.

명칭	일자	장소	해당연도
탄생(誕生)	(음) 4월 8일	룸비니 동산	기원전(BC) 623년, 0세
출가(出家)	(음) 2월 8일	카필라성(Kapila 城) 사문유관 ⇒ 설산고행	기원전(BC) 594년, 29세 (케사리아불탑 출가삭발처)
성도(成道)	(음) 12월 8일	보드가야 보리수	기원전(BC) 588년, 35세
열반(涅槃)	(음) 2월 15일	쿠시나가르 사라쌍수	기원전(BC) 543년, 80세
최초설법	(음) 1월 26일	녹야원(鹿野苑, 샤르나트)	기원전(BC) 589년, 36세
전법(傳法)	45년, 44안거	1,350리 이상 거리이동 (1일, 약 30리×45년)	기원전 588년~543년

※ 우란분절盂蘭盆節은 음력 7월 15일로 백종百種 · 중원中元, 망혼일亡魂日이라 한다. 백종은 이 무렵 과실과 채소蔬菜가 많이 나와 백 가지 곡식의 씨앗種子을 갖추어 놓았다고 하여 유래한 명칭이다. 불교에서 이날은 하안거 해제일이고, 여러 승려들百衆이 모여 대중 앞에서 깨달음을 토로한다自恣고 하여 부른 것이다. 우란분절에 조상 천도는 수많은(백 가지) 음식이나 과일百種을 마련해 고통 속에 빠져 있는 넋을 구제한다고 하여 백종魄縱이라 부르는데, 불교와 민속의 결합을 보여 주는 절기이다.

※ 사찰에서 법회가 열리는 날짜는 재일齋日 또는 '잿날'이라고 부른다. 몸과 마음을 깨끗이 하기 위한 재계齋戒하는 날이다. 불교에서 재일은 부정한 것을 멀리하고 몸과 마음을 깨끗이 하고, 여러 불보살께 공양을 올리는 정기적인 날을 말한다.

2) 불교의 4대 성지

4대 불교 성지聖地는 부처님의 생애 가운데에 중요한 사건이 일어난 네 곳을 말한다. 석가모니불이 태어난 룸비니, 깨달음을 이룬 보드가야, 처음 설법한 사르나트(녹야원), 열반에 든 쿠시나가라를 꼽는다. 4대 성지의 유래는《대반열반경》[301]의 내용과 같이 부처님이 열반하기 전에 아난존자에게 사람들이 참배할 4곳을 일러준 데서 비롯됐다.

① 룸비니藍毘尼(룸민데이 Lumbini) 동산은 부처님의 탄생지誕生地이다. 네팔의 영토 안에 있으며, 마야부인당이 건립돼 있다. 기원전 249년에 이곳을 방문한 아쇼카 왕의 석주가 세워졌다. "석가족의 성자 붓다, 여기서 탄생하셨도다."(hida buddhe jāte Sākyamuni)"

② 붓다가야(Buddhagayā)는 부처님이 완전한 깨달음을 이루신 곳成道地이다. 우루벨라(Uruvela) 마을의 네란자라(Neranjarā) 강변에 있는 이곳은 현재의 비하르주 가야(Gayā)시 남쪽 보드가야(Bodhgayā) 지명이다. 이곳에 거대한 보리수와 보드가야 대탑이 있다.

③ 녹야원鹿野園(미가다야 Migadāya)은 최초로 설법한 장소初轉法輪地로 사슴 동산이라 부른다. 현재의 사르나트(Sarnath)[302]로 초전법륜지를 상징하는 다메크 대탑(Dhamekh Stupa)이 건립돼 있다. 이곳은 바라나시 교외에 있으며, 바라나시의 현재 지명은 베나레스(Benares)이다.

④ 쿠시나가라拘尸那竭羅(Kusinagara)는 부처님이 열반한 곳入滅地이다. 인도 힌두스탄 평야에 있는 지금의 카시아(Kasia) 지방이다. 이곳에는 열반당이 있다. 5세기에 조성한 거대한 열반상이 모셔져 있다.

3) 붓다의 열 가지 이름

붓다의 호칭은 불교의 교주를 이해하는데 중요한 요소이다. 《방광대장엄경》 권11에는 272종의 이름稱號이 나온다. 초기 경전에서부터 후기 대승경전에 이르기까지 가장 일반적으로 불리는 붓다의 호칭은 열 가지를 '여래십호如來十號'라고 부른다. 역사적으로 실존했던 석가모니불을 가리키는 고유명사이다. 이후 불신관佛身觀의 변천으로 제불통호諸佛通號라고 사용하고 있다. 여래십호는 ① 여래는 진리에서 온 자, 진리에 이른 자. 진리에 머무는 자. ② 응공은 마땅히 공양을 받아야 할 자. ③ 정변지는 바르고 원만하게 깨달았다는 뜻이다. ④ 명행족은 지혜와 수행을 완성하였다는 뜻. ⑤ 선서는 깨달음에 잘 이르렀다는 뜻. ⑥ 세간해는 세간을 모두 잘 안다는 뜻. ⑦ 무상사는 그 위에 더 없는 최상의 사람. ⑧ 조어장부는 모든 사람을 잘 다루어 깨달음에 들게 한다는 뜻. ⑨ 천인사는 신神과 인간의 스승. ⑩ 불佛은 깨달은 사람. ⑪ 세존은 모든 복덕을 갖추고 있어서 세상 사람들의 존경을 받는 자. 세간에서 가장 존귀한 자이다. 여기에서 여래를 제외하거나 세간해와 무상사를 합치거나 무상사와 조어장부를 합치거나 불과 세존을 합쳐서 열 가지로 쓰이고 있다.

붓다가 갖추고 있는 공덕을 10가지 내용에서 존칭하고 있는 이름은 다음과
같다.[303]

- 여래如來 : 진리를 몸으로 나타내신 분
- 응공應供 : 세상의 존경과 공양을 받을 만한 분
- 정변지正遍知 : 완전한 깨달음을 얻으신 분
- 명행족明行足 : 지혜와 행동이 완전하신 분
- 선서善逝 : 훌륭한 일을 완성하고 가신 분
- 세간해世間解 : 세상일에 완전히 깨달으신 분
- 무상사無上士 : 인간 중에서 더없이 높으신 분
- 조어장부調御丈夫 : 사람을 다스리는데 위대한 능력을 갖춘 분
- 천인사天人師 : 하늘과 인간의 스승이 되시는 분
- 불세존佛世尊 : 세상에서 가장 높으신 분

2. 붓다의 십대제자와 5비구

1) 붓다, 최초의 스승 3인

석가모니釋迦牟尼(Sakayamuni)[304]는 불교의 교조教祖이다. 기원전(BC) 623년 사월초파일에 히말라야 남쪽 산기슭, 지금의 네팔 타라이 지방의 카필라迦毘羅(Kapila)국의 왕자로 태어났다. 슈도다나淨飯(Suddhodana) 왕을 아버지로, 마야摩耶(Maya) 왕비를 어머니로 탄생했다. 마야왕비는 하얀 코끼리가 품으로 들어오는 꿈을 꾸고 태자를 잉태하였다. 태어난 후, 히말라야 산정에서 수행하던 아시타阿私·斯陀(Asita) 선인仙人은 30명의 신들이 모여 기뻐하고 제석천이 찬탄하는 모습을 보고, 카필라국 궁궐을 직접 찾아가서 석가모니의 탄생을 축하했다. 그는 "이 아기는 최고로 뛰어난 사람. 이 세상에서 가장 위대합니다. 성장한 훗날, 속세에 있으면 전륜성왕이 될 것이고, 출가하면 법륜을 굴려 만인을 제도하는 대성자 부처가 될 것입니다."고 예언했다.[305] 5세기 중엽에 인도 출신의 학승 구나발타라가 번역한 《과거현재인과경過去現在因果經》에 그때 나이 120세의 전설적인 아시타 선인으로 기록했다.

① 바가바跋迦婆(Bhagavā) 선인
고타마 싯다르타 사문沙門(Sramana)의 세 사람 스승 중에 첫 번째이다. 인

도의 고행주의자 바르가바(Bhagavā)는 고행을 수행한 공덕으로 하늘나라에 태어나는 것이 최종 목적이었다. 고타마 사문은 나이 29세에 음력 2월 8일, 카필라 궁전을 떠나 수행의 길에 나섰다. 태자는 인도 왕서성 아노마 마을에서 바이샬리毘舍離城 방면에서 수행하던 바르가바 선인를 찾아가서 첫 스승을 만났다. 고행 수행자로 유명한 바르가바를 따라 수행하였으나 고행의 목적과 원리 등 모순점과 고행에 의해 해탈할 수 없음을 깨달았다. 하지만 그의 고행 자체는 높게 평가하며, 그때의 고행은 중도中道 사상적 교리에다 융합했다.

② 알라라 칼라마阿·訶羅羅伽羅摩(Alara Kalama) 선인

고타마 사문의 두 번째 스승이다. 당시 최고의 수행자로 인기 있던 백발의 아라라 선인阿羅羅仙人이라고 부르던 알라라는 바이샬리毘舍離城·廣嚴城에서 브라흐만梵天(Brahman)과 해와 달과 불을 숭배하는 배화교拜火敎의 최고 지도자였다. 그는 선정법禪定法에 의한 수행자로 인도 마다가국의 고대 힌두교 정통6파 철학 중 하나인 수론파數論派(상키야 Sankhya 학파)의 최고 수장이었다. 그에게서 무지無知와 업業306), 윤회와 욕망의 해탈에 대해 가르침師事을 받았다. 칼라마가 말하는 최고의 경지인 무소유처無所有處(아무것도 존재하지 않는 경지)는 싯다르타가 궁극적으로 원하는 갈애渴愛의 소멸, 윤회의 멈춤, 업의 감소 그리고 완전한 깨달음과 열반으로 이끌어 갈 수 있는 법이 아니었으므로 그는 다시 가르침을 찾아 수행의 길을 나섰다.

③ 웃다카 라마풋다優陀羅羅摩子(Uddaka Ramaputta) 선인

선정禪定주의자로 세 번째 스승이다. 고타마 사문에게 아무런 생각이 일어나지 않는 경지인 비상非想의 마음[비상비비상처非想非非想處]을 가르친 웃다카 선인은 당시 최고의 수행자로 꼽혔다. 인도 마가다국 왕사성王舍城에서 고대 인도의 영웅 라마(Rama)의 제자로 명상의 대가였다. 그 웃다카의 지도 아래에서 그의 법과 계율을 받아들이고 수행하여 대지혜(반야)와 해탈의 경지에 대한 가르침을 받았다. 알라라에게 배운 것보다 더 높은 경지인 비유상비무상처非有想非無想處(생각을 하는 것도 아니고 생각을 소멸하는 것도 아닌 경지)를 깨달았으나 선정만을 찾는 이 수행법은 고타마 사문이 찾는 '생로병사'의 괴로움에서 벗어나는 해탈解脫의 길이 아님을 알게 되었다. 그가 진정으로 찾는 것의 해답이 아니었으므로 만족할 수 없었다.

2) 5비구, 붓다의 첫 도반들

첫 도반은 싯다르타 태자가 출가 후, 라자그리하王舍城(현재의 비하르주 라지기르) 서남쪽 네란자라강尼連禪河(Neranjara) 유역의 고행의 숲苦行林에서 6년간 같이 고행한 다섯 수행자다. 당시 고행주의자들은 고행을 통해 하늘에 태어나는 것이 목적이었다. 사문 고타마의 고행은 생사 문제라는 인생의 근본적인 해결을 위한 고행이라는 점에서 방편은 같아서도 목적이 크게 달랐다. 고행림

의 수행에는 혼자가 아니라 카필라 왕궁에서 보낸 다섯 명의 젊은이들이 함께
했다. 왕자의 출가를 막지 못했던 아버지 정반왕은 그나마 태자의 신변 보호를
위해 특단의 조치로, 친족 중에서 다섯 명을 선발하여 왕자를 호위하도록 하였
다.[307]

　고행 중에 고타마가 수자타善生女에게 우유죽을 얻어 마시자 다섯 수행자는
고타마가 타락하였다고 비난을 하면서 녹야원을 떠났다. 그들이 떠난 뒤 고타
마는 네란자라 강가의 보리수 아래 금강좌에서 마침내 성불하였다. 그 후 붓다
는 녹야원에서 다섯 수행자에게 생로병사의 고통苦과 그 고통의 원인集, 이를
벗어난 자유滅와 그에 이르는 방법道 즉, 사제四諦 · 四聖諦와 그 수행 방법으로서
의 여덟 가지 성스러운 길인 팔정도八正道를 설하였다. 이른바 초전법륜이다. 다
섯 수행자는 붓다의 설법을 듣고 곧, 깨달아 아라한과를 얻은 뒤 붓다에게 귀
의하여 처음으로 불교 교단을 형성한 최초의 다섯 비구들이다.

　초기경전 중에서 율장《마하박가(Maha-vagga, 대품)》제1장에는 붓다가
최초로 설법을 할 당시 상황이 이렇게 묘사됐다. "붓다의 가르침을 이해한 다
섯 비구는 매우 기뻐했다. 무아無我의 법문을 들은 다섯 비구는 집착이 사라져
모든 번뇌에서 해탈했다. 그때 이 세상에 아라한은 여섯이 됐다." 그리하여 불
교라는 종교가 이 세상에 처음으로 태어났음을 말하고 있다. 즉, 붓다가 법륜
을 처음으로 굴려 "(자신을 포함해서) 이 세상에 6명의 아라한이 있다."고 선언
한 것이다.

① 안나콘단냐阿若驕陳如(Aññā-kondañña)는 녹야원에서 초전법륜을 듣고, 가장 먼저 깨달음을 얻은 인도의 최초 비구이다. 그 자리에서 바로 아라한이 되었다. 콘단냐倧蓮如(Kondanna) · 카운딘야(Kauṇḍīnya) · 교진여憍陳如 · 驕陳如 · 아야교진여阿若憍陳如 · 지자교진여智者憍陳如 · 아약구린阿若拘隣 등으로 의역되었다. 안냐(Aññā)는 깨달은 자라는 뜻이다.

② 마하나마摩訶男(Mahānāma)은 인도 가비라위성(카필라성)의 왕으로 석가모니의 사촌 동생이다. 출가는 하지 않았으나 샤카족으로 자긍심이 강하여 석가모니의 가르침을 생활화했다. 코살라국의 비루다카가 침략하여 가비라위 성이 함락되고, 포로로 잡혀서 죽임을 당했다. 마하나만(Mahānāman) · 마하마남 · 마하남(Mahanama)이라 한다. 석가족의 구리태자倶利太子라고 한다.

③ 아싸지阿說示(Assaji)는 아슈와지트(Aśvajit) · 아슈바짓(Asvajit) · 아설시(Asvaji) · 알비頞鞞 · 마승馬勝 · 마사馬師이라 한다.

④ 와빠 · 밧빠婆頗(Vappa)는 다사발라 카샤파(Dasabala Kasyapa) · 바파婆頗 · 파파婆破 · 바수라 · 뱌시파(Vaspa) · 바슈파(Bāṣpa) · 십력가섭十力迦葉이라고 한다.

⑤ 밧디야婆提(Bhaddhiya)는 바드리카(Bhadrika) · 바제婆提(Bhadrika) · 발제跋提라고 한다.

3) 부처님의 십대 제자

붓다에게 제자는 헤아릴 수 없지만 1,250명이 대표적이다. 인도 녹야원에서의 5비구를 시작으로, 부처님께 귀의한 제자들의 수는 경전에서도 많은 사람이 모인 것에 대해서 1,200명 또는 1,250명이 모였다. 예불문에는 '천이백제대아라한'千二百諸大阿羅漢으로, 《금강경》〈서분序分〉에서도 '천이백오십인'千二百五十人과 함께하는 내용이, 《숫타니파타(Sutta-nipāta)》의 '멈춰서 듣는 경'〈셀라(Selah)의 경〉에도 세존은 천이백오십 명의 사문들과 함께 다녔다고 언급되었다.

또 지혜와 수행이 걸출한 제자 10인을 간추려서 십대제자 또는 석가십성釋迦十聖이라 부른다. 즉, 석가모니불의 제자 중에 수행과 지혜가 으뜸인 10명을 가리킨다. 《유마경》에서는 지혜제일 사리불, 신통제일 목건련, 고행제일 마하가섭, 해공제일 수보리, 설법제일 부루나, 논의제일 가전연, 천안제일 아나율, 지계제일 우발리, 다문제일 아난다, 밀행제일 라훌라를 가리킨다. 그중에서 4대 성문聲聞으로는 마하가섭 · 수보리 · 마하가전연 · 마하목건련을 꼽는다.

① 사리불(사리풋다) : 지혜제일智慧第一

사리불舍利弗(Śāriputra)은 지혜가 가장 뛰어났다고 칭송된 분이다. 십대제자 중에서 가장 먼저 부처님께 귀의한 인물로, 가장 나이가 많은 제1대 제자首弟子였다. 인도 마가다국의 바라문교 출신으로 육사외도六師外道의 회의론자 또는 불가지론不可知論이였던 산자야 벨랏티풋타(Sañjaya Belatthiputta)의 수제자였다. 5비구의 한 사람인 아사지阿説示(Assaji)로부터 부처님의 가르침을 전해 듣고, 목건련과 함께 250명 동료들과 죽림정사에서 붓다의 제자가 되었다. 목건련이 입멸한 뒤에 고향 라즈기르(왕사성)의 나알라다 촌으로 돌아가 입적했다. 석가모니 부처님은 사리풋다가 없는 좌중을 보고 허전하다고 말했다고 전한다. 경전에는 석가세존을 대신해서 설법한 경우도 적지 않았다. 《법화경》에는 사리불이 내세에 화광여래華光如來가 됐다고 한다. 《반야심경》에 나오는 사리자舍利子가 그 주인공이다. 석가모니의 부탁을 받고, 아들 라훌라의 스승으로 삭발을 해 주었다.

② 목건련(마하목갈라나) : 신통제일神通第一

목건련目犍連(Mahāmaudgalyāyana)·마하목건련摩訶目犍連은 석가모니에게 귀의하였으나 가장 먼저 입멸에 들었다. 부처님보다 나이가 많았던 목건련 존자는 탁발하는 도중에 바라문 교도들이 던진 돌에 맞아 입적했다. 인도 마가다국의 바라문족 출신으로 사리불과 함께 육사외도의 회의론자였던 산자야 제자였다. 죽림정사에서 부처님을 만나 사리풋다舍利弗 등 250명의 수행자들과 함께 귀의하여 제자가 되었다. 초기 교단에서 중요한 역할을 했던 목갈라나目連尊子는 세존에게 간청하여 히말라야산 찬단타 숲의 만다키니 호숫가로 물러나서 여생을 보냈다. 그가 죽자 그에게 먹을 것을 날라주던 코끼리들이 장례를 치렀다고 전한다. 특히 신통력으로 지옥에서 고통받는 어머니를 구했다고 하며, 육신통이라고 해서 6가지 신통력을 가진 인물로 알려져 있다.

③ 마하가섭(마하카사파) : 두타제일頭陀第一

마하가섭摩訶迦葉(Mahā'-kāśyapa)[308] · 대가섭大迦葉은 욕심은 없고 족한 것少欲知足을 모두 알고, 항상 엄격한 규율의 두타를 행하여 교단의 대표가 되었다. 부처님이 입멸한 직후, 교단을 통솔하여 라자가하王舍城(Rājagaha) 밖의 칠엽굴七葉窟에서 5백 아라한長老과 함께 석가모니의 경율經律을 편집(제1 결집)하는 부법장付法藏(가르침의 징표를 받음)이 되었다.[309] 또 사리불과 목건련 존자가 부처님보다 먼저 입적하고, 붓다가 입멸한 후에 상수제로서 인도 선종禪宗의 제1조祖가 되었다.

마가다국 출신으로, 아내와 함께 출가해 석가모니의 가르침을 받고, 8일만에 바른 지혜의 경지(아라한과)에 들었다. 그 감사의 표시로 석가모니에게 자신의 옷을 벗어 바치고, 자신은 마을 밖에 버려진 옷으로 기워서 만든 분소의를 부처님으로부터 받아 입었다. 이때 옷에 관한 일화는 삶의 습관을 바꾼 이야기로, 가사를 전수받은 일화로도 유명하다. 가섭존자는 부유한 집안 출신임에도 거친 옷과 거처에 상관없이 진리를 깨치기 위한 용맹정진으로 두타제일이라 일컫는다.[310] 의식주에 집착하지 않는 수행제일修行第一로 존중을 받았다.

가섭파迦葉波 · 음광飮光이라 번역하는 마하가섭 존자는 부처님으로부터 첫번째로 법을 전수받은 맏제자이다. 중국 선종에서는 '빛을 마시는 뛰어난 존자'란 뜻으로 음광승존飮光勝尊이라고 부른다. 석존께서 세 곳에서 가섭에게 마음을 전한 것을 삼처전심三處傳心이라 말한다.[311] ① 영산회상 거염화靈山會上擧拈花는 부처님이 왕사성 영축산 영산회상에서 꽃을 들었을 때 가섭만이 홀로 미소를 지은 것으로, 염화미소拈花微笑라고 한다. ② 다자탑전 분반좌多子塔前分半坐는 중인도 바이살리毘舍離(Vaisali) 서북쪽에 있던 다자탑 앞에서 부처님이 자리를 반 나누어 가섭에게 같이 앉게 한 것을 말한다. ③ 니련하반 곽시쌍부泥蓮河畔槨示雙趺는 북인도 쿠시나가라拘尸羅 서북쪽으로 흐르는 발제하跋提河 물가의 사라쌍수 아래에서 열반했을 때 가섭존자가 7일 후에 도착해 관의 주위를 세 번 돌며 슬피 울게 되자 부처님이 두 발을 관槨 밖으로 내민 것을 가리킨다. 부처님이 열반에 드니 그 사라 숲이 하얗게 변했다고 하여 그곳을 학림鶴林 또는 학수鶴樹라고 하였다.

④ 수보리(수부티) : 해공제일解空第一

수보리須菩提(Subhūti)는 그 어떤 것에도 집착하지 않고 있는 그대로의 실상을 꿰뚫어 보는 공空 사상에 대해 으뜸으로, 설법을 잘하여 해공제일이라 불렸다. 인도 코살라국舍衛國의 수도 사위성舍衛城(슈라바스티 Śrāvastī) 바라문족 출신으로 선현善現이라 불렸다. 죽림정사에서 첫 법문을 멀리서 엿듣고, 기원정사에서 석가모니의 법문을 듣고 감화되어 직접 찾아가 제자가 되었다. 조용한 곳에서 무쟁의 삼매無諍正定(공空의 이치에 따라 다른 것과 다툼이 없는 삼매三昧)를 닦아서 모든 법의 공적空寂(공적 만물은 실체가 없어 분별할 것이 없음)을 관찰하여 은둔제일, 무쟁제일無諍第一의 인물이다. 그는 누구보다도 신도들의 공양을 많이 받았다고 하여 피공양被供養제일이라 불린다. 인도 기원정사를 기타태자와 건립한 코살라국의 대신이던 급고독給孤獨, 혹은 수달다須達多 장자의 조카이다. 우리나라 불자들이 애송하는 《금강경》[312]의 주인공이며, 중국의 《서유기》에는 도교적 인물로 변형되어 손오공의 첫 번째 스승으로 등장한다.[313]

⑤ 부루나(푸르나 마이트라야니 푸트라) : 설법제일說法第一

부루나富樓那(Pūrṇá-maitrāyaṇī-putra)는 포교에 가장 앞장선 분으로 전법의 화신으로 불린다. 인도 코살라국 카피라성의 바라문족 출신으로 녹야원에서 붓다의 설법을 듣고 제자가 되었다. 인도 서역의 수로나국에 가서 9만 9000명이 열반에 들도록 교화하고, 500개 사원을 세우는 등 그곳에서 입적했다.

《묘법연화경》〈서품〉에 아라한들 가운데 19번째 인물로 부루나 미다라니자富樓那彌多羅尼子라고 기록했다. 부루나는 부처님이 태어난 같은 날에 정반왕淨飯王의 국사國師인 바라문 만원滿願과 어머니 미다라彌多羅의 아들로 태어났다. 푸트라의 이름은 부모의 이름에서 의역하면 만원자滿願子·만자자滿慈子·만축자滿祝子·만견자滿見子·만엄식호滿嚴飾好·만족자자滿足慈者·만족滿足·원만圓滿·만축滿祝·분녹문다니불分耨文陀尼弗 등으로 번역됐다. 어머니는 5비구의 한 사람인 교진여憍陳如의 여동생이다. 부루나는 잘생긴 풍모와 함께 어릴 적부터 4베다 경전을 비롯한 여러 학설과 이론을 깊이 탐구했다. 또 삼십여 명의 친구들과 히말라야산雪山(눈 덮인 산)에 들어가 고행을 닦아 무색계와 5신통(성·인·의·공·내)을 얻었지만, 석가세존의 성도를 듣고 사르나트(녹야원)에 친구들과 찾아와서 불제자가 되었다.

⑥ 가전연(마하카트야야나) : 논의제일論議第一

가전연迦旃延·摩訶迦旃延(마하카트야야나 Mahā'-kātyāyana)은 서인도 아반띠(Avanti)국의 왕족 출신으로, 국왕의 명을 받아 석가세존을 초청하러 갔다가 가르침을 듣고 출가했다. 고타마 싯타르타가 태어났을 때 "이 아이는 자라서 전륜성왕이 되지 않으면, 깨달음을 얻고 부처가 될 것이다."고 예언한 아시타(Asita) 선인의 외조카이다. 부처님의 가르침敎理을 가장 논리정연하게 해석하고 설하여 논의제일로 4대 성문聲聞의 한 분이다. 가전연(Katyayana) 존자는 불교 교단에 귀의하기 전에 이미 외숙外叔인 아시타 선인을 스승으로 모시고 수행한 결과 4선禪과 5신통神通을 얻은 상태였다고 전한다.

⑦ 아나율(아니룻다) : 천안제일天眼第一

아나율阿那律(Aniruddha)은 석가모니불의 사촌 동생으로, 석가모니의 작은 아버지 감로반왕甘露飯王의 아들이다. 아난阿難, 난다難陀(Nanda) 등과 함께 출가했으며, 붓다의 마지막 입멸을 지켜보았다. 아누루타阿㝹樓馱·아니율타阿泥律陀라 음역되는 아나율은 설법하던 석가모니 앞에서 졸다가 꾸지람을 듣고 잠들지 않을 것을 맹세한 뒤에 눈을 잃게 되었으나, 육신의 눈을 잃은 대신 참다운 지혜의 눈인 천안통天眼通을 얻었다. 아나율 존자는 8가지 수행자의 조건을 제시하여 구도자의 표상으로 삼았다. 팔대인념八大人念 또는 팔대인각八大人覺으로

제시한 내용은 대인이 되기 위한 8가지 마음가짐을 뜻한다.[314]

⑧ 우발리(우파리) : 지계제일持戒第一

우발리優婆離(Upāli)는 석가족 가비라성의 궁정 이발사였다. 아난, 난타, 아나룰 등 석가족 남자들이 출가할 때 그들의 머리카락을 모두 깎아주었던 유일한 수드라(노예계급) 출신이다. 우발리가 출가할 때 석가족의 아누룻다阿那律가 먼저 출가시켜 달라고 말하자. 이때 부처님은 "출가인들은 세속에 있을 때의 차별이 없이 평등하다."고 화답하여 평등성을 보여 주었다. 계율을 지키고 모두 통달하여 칠엽굴에서 행한 1차 결집 때에 율律을 외워서 율장律藏 결집의 장본인이었다. 계율을 총괄하는 율사律師의 시조가 되었다.[315]

⑨ 아난(아난다) : 다문제일多聞第一

아난阿難·阿難陀(Ā-nandá)[316]은 석가모니불의 나이 50세에 시자侍者(비서)로 추천되어 입멸할 때까지 25년 동안 시봉하였다. 아난의 출가 스승은 최초의 비구 안나콘단냐阿若憍陳如(Aññā-koṇḍañña)이다.

아난존자는 제1차 결집 때 그의 기억(암송)에 기초하여 불교 경전經藏이 편찬되었다.[317] 석가모니의 사촌 동생인 아난존자는 8살 때에 난타難陀와 아나룰阿那律 등과 함께 출가하여 석가모니의 곁에서 모셨기에 설법을 가장 많이 들었다.[318] 또 부처님께 여성의 출가를 세 번이나 간청하여 허락을 받았다. 아난의 이름은 기쁨, 환희라는 뜻으로, 중국에서 '경희慶喜'라고 번역했다. 7세기 중국 당태종 이세민(598~649년) 때에 인도 구법을 다녀온 삼장법사 현장의《대당서역기》에 아난다는 120살까지 살았다고 전한다. 석가모니를 배반하고 따로 종파를 세우려 한 데바닷타提婆達多(Devadatta)[319]가 아난존자의 친형이다. 데바닷타는 기독교의 유다 이스카리옷(가롯 유다)에 가까운 취급을 받는 인물이다. 부처님 몸에서 피를 흘리게 행위를 한 데바닷타가 주장한 5법(계율)은 대체로 거주지 · 걸식 · 금육禁肉 · 의복의 절제 등 의식주 전반에 대한 계율이다. 《법화경》에서 석가모니는 "그가 전생에 나에게 가르침을 주었으며, 이 공덕으로 언젠가는 천왕여래天王如來라는 이름의 부처가 되리라."고 예고했다.

⑩ 라훌라(라후라 · 장애) : 밀행제일密行第一

라훌라羅睺羅(Rāhula)는 석가모니와 어머니 야쇼다라(Yaśodhara, 구이俱夷)의 아들이다. 중국 등에서는 장월障月이라 번역하였다. 6세(또는 10세)에 석가모니 부처님이 인도 카필라국 기원정사에서 설법할 때 출가하여 사미(승)의 시초가 되었다.[320] 그의 스승은 부처님께 가장 먼저 귀의한 사리불舍利弗 존자이다.

아들이 태어나던 날에 출가한 고타마 싯다르타 사문은 그를 장애障礙을 뜻하는 라후라 · 라운羅雲이라 불렀다. 남들이 모르게 혼자서 수행하고 실천하는 밀행제일로, 계율을 세밀한 부분까지 실천한 것을 가리킨다. 배운 바 그대로 작은 것 하나까지 꼼꼼하게 실천行持했다고 전한다.

4) 붓다의 여성 수행자들

① 초기의 비구니 교단

불교의 승가僧伽(Sangha)는 비구보다 나중에 비구니 여성이 등장했다. 당시 인도사회에서 여성의 유행자로 살아간다는 것은 그 유례가 없었다. 이보다 더 어려웠던 점은 당시 바라문들의 반발이었다. 그것은 여성의 출가는 바라문의 사회제도가 무너지기 때문에 결사적으로 반대했다. 붓다의 이모이자 양모養母인 대애도구담미大愛道瞿曇彌인 팔리어 마하빠자빠띠 고따미(Mahāpajāpatī Gotamī)의 간청과 아난존자의 요청을 받아들여 여성 출가를 허락하였다.[321] 어려운 상황에서 비구니 승가 탄생으로부터 아주 특출한 비구니 제자들이 많이 배출되었다. 최초의 비구니 마하빠자빠띠의 의역이 '대애도'이며, '구담미'는 고따미의 음역으로 혼합형이다. 구담미의 이름은 석가족 종족임을 나타내는 말이다. 마하파자파티大愛道尼는 한역해서 마하바사바제摩訶婆斯婆提 · 마가파도파제구담미摩訶波闍波提瞿曇彌라고 쓰기도 한다.

비구니는 불교의 여자 승려를 일컫는다. 산스크리트어의 '걸식하는 여성'乞士女이란 뜻의 비끄슈니(Bhiksuni) · 빅쿠니(Bhikkhuni)를 한자로 음차한 것이다. 남자 승려를 뜻하는 비구에 접미사 니尼가 붙인 말이다. 줄여서 니尼라고 부르며, 비구와 비구니를 합쳐서 승니僧尼라고 표현한다. 중국 당나라 때 의정義淨(635~713년)의 《대당서역구법고승전大唐西域求法高僧傳》(691년)에는 "비구니들은 사찰 밖에 다닐 때 2명씩 짝을 지어 다니고, 재가신도 집을 방문할 때는 4명씩 다니는 엄격한 생활을 하였다."

② 경전에 나온 비구니들

팔리어 《앙굿따라 니까야(Anguttara-nikāya, 增支部)》에는 열세 명의 붓다 제자들이 등장한다. "비구들이여! 나의 여성문女聲聞(Sāvikā) 비구니 중에서 가장 오랫동안 기다린 이는 마하빠자빠띠 고따미(Mahāpajāpatī Gotamī) 비구니요. 큰 지혜를 가진 이는 케마(Khemā) 비구니요. 초능력을 갖춘 이는 웃빨라완나(Uppalavannā) 비구니요. 계율에 능숙한 이는 빠따짜라(Patacāra) 비구니요. 설법을 매우 잘한 이는 담마딘나(Dhammadinnā) 비구니요. 선정에 뛰어난 이는 난다(Nandā) 비구니이니라.

지칠 줄 모르고 정진하는 소나(Sonā) 비구니요. 투시력을 가진 이는 사꿀라(Sakulā) 비구니요. 속히 통달한 이速通達는 밧다 꾼달라께사(Bhaddā Kundalakesā) 비구니요. 과거의 생을 기억한 이는 밧다 까삘라니(Bhaddā-kapilānī) 비구니요. 대신통력을 얻은 이는 밧다 깟짜나(Bhaddā-kaccānā) 비구니요. 조잡한 가사를 두른 이는 끼사고따미(Kisā-gotamī) 비구니요. 믿음을 실현한 이는 시갈라마따(Sigālamātā) 비구니이니라."

케마는 지혜제일, 난다는 참선제일, 소나는 정진제일, 시갈라(Sigala)의 어머니는 믿음제일이고, 담마디나는 설법제일로, 붓다의 가르침을 잘 전달하는 교사로 언급되었다. 파타차라(Patacara)는 율장을 잘 아는 계율제일이다. 키샤 고타미(Kisha-Gotami)는 두타제일, 우팔라바나(Uppalavanna)는 신통제일, 사훌라(Sahula)는 천안제일로, 천리안이 최고이다. 바다 카필라니(Bhadda Kapilani)는 숙명통이 열렸다고 한다.[322]

《대반열반경大般涅槃經》에서는

"일체의 중생은 모두 불성(부처의 씨앗)을 가지고 있으나,
 무명無明에 덮여 있어 해탈하지 못하고 있을 뿐이다."

(일체중생실유불성一切衆生悉有佛性 무명부고부득해탈無明覆故不得解脫)

3. 붓다의 기본사상 탐구

왜, 출가했는가? 부처님께서 무엇을 해결하기 위해 출가하셨습니까? 이 물음은 곧, 붓다에 관한 물음이다. 아버지 정반왕이 출가하려는 싯다르타 왕자를 말리자. 그는 "제 소원은 죽음을 뛰어넘는 것입니다. 늙고 죽어가는 고통에서 벗어 나는生老病死 방법을 가르쳐 주십시오"라고 반문했다.

"번뇌는 이미 사라졌다. 번뇌의 흐름도 이미 없어졌다. 이제는 다시 태어나는 일이 없으리니, 이것을 고뇌의 최후라고 이름한다."고 사문 싯다르타가 깨닫고 나서 부처로서 대중들에게 한 첫 말─聲이다.

어떤 사람의 삶에 있어 출가를 반드시 해야 하는 것은 아니다. 하지만 출가하지 않고서도 수행의 자세를 늘 견지할 수 있다면 출가라는 방편도 필요가 없다. 현실에 얽매이게 되면 대부분의 사람은 수행의 품격을 갖추고 유지하기 어렵기 때문이다. 고타마 싯다르타가 부처를 이루기 전에는 이 길을 직접 밝혀낸 분이 지구촌에 없었으므로 수행의 방법으로 출가를 선택하는 것이다. 번뇌를 해결하는 것은 몹시 어려운 일이지만, 이미 그 길을 밝혀낸 붓다가 계시므로 분명해졌고, 그 길의 안내자가 되었다.

만약 깨달음을 증득한 부처님이 초전법륜初轉法輪을 굴리지 않았다면 불교는 시작되지 못했을 것이다. 부처님이 그 깨달음을 혼자만 알고 세상에 알리지 않고 사라졌다면, 불교는 태어나자마자 없어졌을 것이다. 그래서 초전법륜은 그 시작이었다.

옛 동료인 다섯 사람의 귀의로부터 불교 교단을 구성하는 세 가지 보배가 탄생했다. 부처님佛 · 가르침法 · 가르침의 전승자僧가 초전법륜이 끝난 후에 완전한 모습으로 드러났다. 후일에 전 세계를 뒤흔든 불교가 《불본행집경》에 나오는 땁뿌사(Tappussa)와 발리까(Bhallika)라는 남자 신도와는 다른, 조직적 교단이 사르나트(녹야원)에서 처음 탄생한 것이다.

1) 사성제四聖諦, 붓다의 깨달음

기원전 588년 12월 8일 새벽에 보드가야 보리수 아래에서 35세의 붓다佛陀(진리를 깨달은 자)가 탄생했다. 새벽 별을 보고 깨달은 것은 '네 가지의 성스러운 진리四聖諦'이다.

붓다는 쾌락만을 좇거나 고행만을 추구하는 사문들에게 양극단을 뛰어넘어 중도中道(적중 · 올바름)를 배우라고 했다. 그리고 생로병사의 고통苦과 그 고통의 원인集, 이를 벗어난 평온滅과 그에 이르는 방법道 즉, 사성제四諦 · 四聖諦와 그 수행 방법으로서의 여덟 가지 성스러운 길인 팔정도八正道를 직접 설했다. 이 것이 초전법륜初轉法輪이다. 다섯 비구는 붓다의 설법을 듣고서 곧 깨달음을 얻어 아라한과를 얻고 난 뒤, 붓다에게 귀의하여 처음으로 교단을 형성하였다.

① 4성제四聖諦, 四諦說의 개념

영원히 변치 않는 네 가지 진리四諦를 말하는 사성제는 산스크리트어 '찻와리 아랴샷챠니(Catvāri āryasatyāni)'라 한다. 여기서 제諦는 체로 읽으면 안 되고, 제를 '삿챠'라고 한다. ① 고성제苦聖諦는 미혹한 세계迷界의 과보果報를 모두 고苦로 돌리는 것, ② 집성제集聖諦는 고苦는 집착에서 온다는 것, ③ 멸성제滅聖諦는 아집我執과 현상에 대한 집착의 소멸消滅, ④ 도성제道聖諦는 깨달음에 이르는 길인 팔정도八正道를 일컫는다.

연기설緣起說이란 고타마가 보리수 밑에서 깨닫고 완성한 우주의 진리를 가리킨다. 그 연기緣起의 도리를 다른 사람에게도 이해시키기 위하여 조직화하고, 해설한 것이 4성제 또는 4제설이다. 제諦라고 하는 것은 진리를 가리키는 것으로써 사성제는 인간의 근본 문제와 그 해결에 관한 4가지의 성스러운 진리이다.

우선 방황하는 범부의 현실적 생존은 고苦라고 하는 인식하는 고제苦諦에서 다시 그 고가 도대체 무엇으로부터 생긴 것인가? 하는 원인 추구集諦에서 시작된다. 거기에서 규명된 원인은 즉, 범부가 갖고 있는 갖가지 마음의 미혹·번뇌·욕망인 갈애渴愛에 있다. 올바른 지혜에 의해서 진리를 깨닫고 모든 욕망을 없애버리는 것滅諦이야 말로 우리들의 이상인 열반에 이르는 올바른 길道諦이라고 하는 것이 4제설의 핵심 내용이다. 4제설은 인생의 고통苦과 즐거움樂, 알지 못함無知로 인한 방황과 지혜에 의한 깨달음이 인간의 마음속에서 부정否定을 매개로 한 인과관계에 있음을 실체적으로 나타낸 것이다.

② 4성제四聖諦, 四諦說의 논리적 구조 : 4가지의 성스럽고 명료한 진리

4성제(四聖諦)	내용(존재적 사실)	교리적 해석
고(苦諦, 존재)	실제적인 현실(상태)	삼법인(三法印)의 실체
집(集諦, 원인)	근본(현실)적인 원인	연기(緣起)적인 실상
멸(滅諦, 소멸)	근본적인 극복(문제해결)	중도(中道)적인 완성
도(道諦, 방법)	실질적인 방향(수단)	팔정도, 육(십)바라밀

2) 삼법인三法印, 불교의 진위를 판별하는 기준으로 존재의 세 가지 특징

삼법인三法印은 붓다가 깨달은 내용 가운데 가장 근본적인 가르침이다. 법인은 산스크리트어 다르마 웃다나(Dhama-udāna)를 번역한 것으로 '세 가지 변하지 않는 사실'을 가리킨다.

붓다는 첫 설법(초전법륜)에서 다른 종교를 구분하는 기준이 되는 삼법인(변하지 않는 세 가지의 진리)을 설명했다. 제행무상諸行無常과 제법무아諸法無我 그리고 일체개고一切皆苦(존재가 불완전하므로 생기는 고통)라는 세 가지 법인(도장을 찍은 진리)을 설했다. 여기에 열반적정涅槃寂靜을 더하여 사법인四法印이라고 한다. 첫 설법에서는 중도와 사성제에 이어 '무아 · 무상 · 해탈(열반)'을 다섯 비구에게 가르쳤다.

'항상하는 것은 아무것도 없다.'는 제행무상諸行無常으로 표현되는 무상은 불교의 존재론이다. 그 밑바탕에는 연기 사상이 깔려 있다. 서로 의존하고 서로 관계되어 있기에 '항상 하는 것이 없다'無相 그래서 '나라고 규정할 수 있는 것은 없다'는 제법무아諸法無我는 불교의 인간론이다. 모든 존재가 무상한데 불변하는 자아와 같은 것이 인간에게만 있을 수 없다는 논리이다. 제행무상과 제법무아가 불교의 존재론·인간론에 해당하고, '모든 것이 불완전하므로 고통이 있다'는 일체개고一切皆苦가 완전히 사라진 상태를 가리키는 열반적정(涅槃寂靜)은 불교의 목적론 또는 행복론으로 이상적인 경지를 가리킨다. 사성제가 붓다의 가르침을 실천하도록 하는 실행체계이라면, 무아·무상·해탈(열반)은 그 밑바탕을 이루는 사상체계이다.

① 삼법인三法印의 이론적 구조 : 불교의 기본 입장(교의, 세계에 관한 증거)

삼법인 (四法印)	문헌적 해석	이론적 구조	실체적 구조
제행무상 (諸行無常, Anicca)	세상의 모든 존재는 항상 변화하고 있어 고정된 아무런 것도 없음	변화하는 존재로 늘 파악함 (모든 것은 변함)	시간적 개념 무상(無常, 정하거나 때가 없음)
제법무아 (諸法無我, Anatta)	사람은 불변을 바라지만 늘 같은 실체가 없음으로 나(개인)도 없음	나의 고정된 실체가 없음을 알아차림	공간적 개념 무아(無我, 존재가 없음)

일체개고 (一切皆苦, Dukkha)	모든 현실세계는 모두 고 (苦, 불완성)라는 바른 인식에서 출발함	모든 것이 모두다 불완전함을 알아차림	인연생기성 (因緣生起性, 인연에 따라 생김)
열반적정 (涅槃寂靜)	아무것에도 어지럽혀지지 않은 이상적인 경지(常態) 를 얻을(就) 수 있음	자기모순에서 벗어나 욕망, 집착, 어리석음 (貪瞋癡)을 극복할 때	12연기성(緣起性) : 원인(因)과조건(緣)의 상의(相依)상관성

※ 삼법인三法印(Tilakkhaṇa)은 존재의 세 가지 특징 또는 성격을 가리킨다. 제행무상·
제법무아·일체개고를 근본불교 시대 최초의 삼법인으로, 여기에 열반적정을
추가하여 사법인四法印이라 한다.

3) 연기법緣起法 사상 : 붓다가 기존의 진리를 발견(정리), 체계화한 이론

연기법緣起說은 '상의상관성'相依相關性(존재와 현상들은 서로 의존하여 생긴
다는 사실관계)을 발견한 붓다가 이를 체계적으로 완성한 이론이다. 인연因緣에
서 인因은 결과를 낳기 위한 내적이고, 직접적 원인을 가리킨다. 연緣은 이를 돕
는 외적이며 간접적 원인을 가리킨다. 일반적으로 양자를 합쳐 원인의 뜻으로
말하고 있다.

종류	내용	비고
인과법 (因果法)	원인과 결과만 있음. 인과응보 사상의 형태 (콩 심은 데 콩 난다)	인도, 중국사상, 기독교 (윤회법칙의 존재론만)
인연법 (因緣法)	원인+연(緣, 조건/환경) = 결과 (원인과 함께 인연에 따라 결과는 동일하지 않을 수 있음)	불교의 독특한 사상체계 (의존적 발생의 12연기)

연기緣起는 산스크리트어 프라티트야 삼무파다(Pratītya-samutpāda)를 뜻에 따라 번역한 것이다. 인연생기因緣生起(인과 연에 의지하여 생겨남 또는 인연따라 생겨남)의 준말이다. 연기는 의존해서 생겨남, 조건 지워짐의 생성, 의존된 상호발생임 또는 상호의존하여 생겨나고 소멸함을 뜻하는 이론의 구조이다. 모든 현상은 무수하고 복잡한 원인因(Hetu)과 조건緣(Pratyaya)이 상호 관계하여 성립하므로, 독립 자존적인 것은 하나도 없다. 전체적인 조건과 원인이 없으면 현실적인 결과果(Phala)도 일어나지 않는다는 이론이다. 일체 현상의 생기소멸生起消滅의 법칙을 연기법이라고 한다.

연기의 법칙은 "이것이 있으면 그것이 있고, 이것이 없으면 그것도 없다." 고 《잡아함경》 권제15에 서술되어 있다. 이것과 그것의 두 항목은 서로 연기관계 즉, 인과관계因果關係에 있다. 그것은 이것이 의존하여(조건으로 하여) 일어나는 관계에 있다는 인식하고 알아내는 것을 말한다. 예를 들어 사성제四聖諦의 고·집·멸·도苦集滅道는 집과 고라는 연기하는 항목과 도와 멸이라는 연기하는 항목을 합하여 나열한 것이다.

여기에서 집은 고의 원인 또는 인연이 되고, 도(길)는 멸(해소)의 원인 또는 인연이 된다. 고·집·멸·도는 고통의 원인이 집착 또는 갈애이다. 고통을 소멸시키는 원인 또는 수단이 도(방법)라는 연기적 관계를 체계적으로 규명한 것이 12연기법이다. 특히 불교에서는 물질과 정신 현상의 근원을 해석하기 위해 사용하는 학설이 연기緣起설이다.

아래 표와 같이 연기緣起의 12가지 단계는 차례로 일어나거나 불규칙적으로 일어나지만, 모두 상호 연관되어 있다는 사실을 정확하게 '알아차림'이 중요한 관건이라고 본다. 12개의 연결고리가 서로 연결되어 있어서 이들이 끊임없는 윤회의 사슬 속에 하나의 현상에서 또 다른 현상으로, 의식체가 연달아서 일어나는 일체의 과정이다. 하나의 현상이 사라져 새로운 현상이 나타나는 과정은 끝없이 일어나거나 반복의 연속이다. 일어나고 사라지는 연속적인 현상의 고리를 연기라고 정의한다. 인연에 의해 생긴다因緣生起(원인과 그 고리에 의지하여 생겨남)는 연기의 내용은 인연생멸因緣生滅 또는 상의상관성相依相關性을 이룬 '인연화합의 법칙'을 말한다.

12연기十二緣起의 단계와 개념

12단계	12연기의 현상과 상태	형태
무명 無名	이름 붙일 것이 없음. 있는 그대로의 실상을 보지 못하는 무지, 망상, 어리석음(알지 못한 상태)[323]을 가리킴.	의식 단계 (안보임)
행 行	결합하는 행동작용, 형성작용을 가리킴. 자기형성의 업(業)이 지어지는 것, 개체형성을 이룸.	
식 識	인식하고 판단해서 분별(구분)하는 인식작용	
명색 名色	명은 비물질적인 것(수·상·행·식), 색은 물질(모양). 명과 색이 결합해서 일체의 존재가 나타남.	
6입 六入	6근(안-시각, 이-청각, 비-후각, 설-미각, 신-감촉, 의-지각)이 생김.	
촉 觸	6근, 6경(색·성·향·미·촉·법), 6식(안식·이식·비식·설식·신식·의식)이 화합하는 단계. 감각과 지각 인식작용이 생겨남.	
수 受	받아들이게 된 감수작용의 느낌. 접촉에 따른 느낌이 생겨나 현실적 고(苦)가 생김의 단계	육체 단계 (보임)
애 愛	끊임없는 욕망인 갈애가 생김, 번뇌 중에서 가장 심하여 수행하는데 큰 장애를 일으킴.	
취 取	애(愛, 욕망)에 의해 추구하는 대상을 소유(집착)하게 됨. 업(業)을 짓는 일을 일으키게 된다.	
유 有	형상의 존재(인간 등)가 형성되어 짐. 3단계(욕계·색계·무색계)가 존재함.	
생 生	유(有)가 생물(生)을 만드는 원인이므로 있음(有)으로 인해서 태어나게 됨.	
노사 老死	늙고 죽음, 우(憂, 근심)/ 비(悲, 슬픔)/ 뇌(惱, 번뇌)/ 고(苦: 고통, 괴로움)와 생로병사가 일어난다.	

4) 중도中道 사상, 깨달은 수행자의 첫 법문

중도中道(양극단을 여읜 길) 사상은 가장 바른 선택인 동시에 가장 이상적인 방법을 말한다. 구체적으로는 '적중'的中(목표물에 어김없이 딱 들어맞음)을 가리킨다. 선택함에 있어서 최고·최적의 가치와 방법을 뜻한다. 고대 중국의 유학에서 제시된 중용中庸(치우침이 없이 올바르며 변함이 없는 상태)은 어떤 일의 쓰임새를 중요하게 여기는 수동적 입장이 강하다. 불교에서의 중도는 어떤 일을 행함에 있어 가장 합리적이고, 타당한 수단을 선택해 능동적으로 실천해 나가는 것道을 강조하는 전술적 방법을 가리킨다.

중도는 산스크리트어 마디아마(madhyama)라고 번역하는데, 길道이라는 뜻보다 한가운데 또는 정중앙을 가리킨다. 한역에서는 마디아마카(Mādhyamaka)를 중관中觀(중도에 대한 관찰)으로 번역해 옮겨지면서 '가운데(마디아)'가 중도, 중관으로 해석되었다.

중도中道에 관한 과학적 이론은 알베르트 아인슈타인이 1915년에 정립한 〈일반 상대론(General relativity)〉에서도 찾을 수 있다. 그의 상대성 이론은 단순한 자연법칙이 아니고, 일종의 사고 체계로써 인식에 대한 대변혁을 일으킨 것이다. 중도는 과학적으로 상대성 이론보다 더 큰 개념이다. 중도는 상대성의 의미와 조화의 뜻, 그리고 불이不二의 의미가 있다. 경전에 나오는 거문고 줄 이야기는 조화이고, 상대성 이론은 사물을 보는 입장에 따라 다른 견해가 있을 수 있다. 불이不二는 어떤 사물을 이분법으로 나눠서 한쪽에 집착하지 말라는 것을 강조한다.

깨달음을 이룬 인도 보드가야에서 약 300km를 맨발로 걸어서 칠칠일(49일)만에 초전법륜지 녹야원에 도착한 붓다는 콘단냐橋陣如 · 아사지阿說示 · 마하나마摩訶男 · 밧디아婆提 · 바파婆頗 다섯 수행자에게 처음 설법함으로써 그들에게 깨달음을 바로 얻게 한 내용이 중도사상이다.

5) 팔정도八正道 사상, 여덟 개의 성스러운 길 또는 실천덕목

8정도는 산스크리트어 아랴스탕가 마르가(āryāṣṭāṅga-mārga)를 번역한 것이다. 8성도八聖道 또는 8지성도八支聖道라고 한다. 사성제 가운데에 마지막 도제道諦단계에서 행하게 되는 여덟 개의 부분으로 이루어진 성스러운 길, 수단 또는 실천덕목으로서의 전술적 방법이다.

팔정도는 바르게 보기正見가 첫 시작점이다. 그로부터 깨달음滅諦에 이르는 여덟 가지의 바른 길은 다음과 같다. 단순히 고통에서만 벗어나는 여덟 가지 방법보다 바른 깨달음에 이르는 8가지 바른 길인 동시에 수행의 항로航路이다. 몸과 입과 뜻으로, 나쁜 짓을 하지 않도록 막아내는 계정혜戒定慧의 삼학三學에서 볼 때, 윤리에 해당하는 계戒는 정어 · 정행 · 정명이다. 자세인 태도에 해당하는 정定은 정정진 · 정념 · 정정이다. 지혜에 해당하는 혜慧는 정견 · 정사유 부문이다.

- 정견正見 : 바르게 보기 (바른 견해), 반대말은 사견邪見(나쁘게 보기)
- 정사유正思惟 · 정사正思 : 바르게 생각하기 (바른 사고방식, 마음가짐)
- 정어正語 : 바르게 말하기 (바른 언어적 행위)
- 정업正業 : 바르게 행동하기 (바른 신체적 행위)
- 정명正命 : 바르게 생활하기 (바른 생활)
- 정정진正精進 · 정근正勤 : 바르게 정진하기 (바른 노력, 용기)
- 정념正念 : 바르게 깨어 있기 (바른 기억과 의식, 경험)
- 정정正定 : 바르게 집중하기 (바른 선정禪定, 안정된 마음)

6) 육六바라밀과 십十바라밀, 깨달음을 얻는 여섯 가지 수행법

《반야경》과 《대지도론》에 나오는 바라밀婆羅蜜(파라미타 Pāramitā)은 일을 다 하여 마침事究竟 또는 저 언덕에 다다름度彼岸 혹은 제도함이 끝없음度無極이라 번역한다. 서원을 세운 보살이 행해야 할 길로써 대승보살도의 근본실천 덕목이다. 육바라밀은 보시 즉, 주는 것을 시작으로 하여 마지막 덕목으로 지혜(무분별지)의 완성을 강조하고 있다.

- 보시바라밀布施波羅蜜 : 재시財施 · 법시法施(진리를 가르침) ·

  무외시無畏施(공포를 제거하고 마음을 안정시킴.)

- 지계바라밀持戒波羅蜜 : 계율 지키고 자신의 행동을 규율하는 것.
- 인욕바라밀忍辱波羅蜜 : 고난을 이겨내는 것.(원래 인욕은 가르침에 복종 의미)
- 정진바라밀精進波羅蜜 : 보살 수행을 힘써 닦으며 꾸준히 노력하는 것.
- 선정바라밀禪定波羅蜜 : 마음을 안정시키는 수행으로 '사유하여 닦음思惟修'
  의 바른 지혜가 나타나는 것으로, 지혜바라밀이 발
  현되는 직접적인 바탕이 된다.
- 반야바라밀般若波羅蜜 : 일체에 통달해 걸림 없는 바른 지혜, 무분별지無分別
  智를 스스로 작용시키는 것.

① 십바라밀十波羅密 : 대승불교의 기본 수행법

6바라밀에서 방편方便 · 원願 · 역力 · 지智의 네 가지 바라밀을 더한 10바라
밀十波羅密은 다음과 같은 내용이다.

- 방편바라밀方便波羅密(Upaya) : 바라밀의 실천에 필요한 수단과 방법을 말
  한다.
- 원바라밀願波羅密(Pranidhana) : 바라밀 실천에 대한 끊임없는 서원을 말
  한다.
- 역바라밀力波羅密(Bala) : 바라밀의 실천을 위해 갖추는 내외적인 힘이다.
- 지바라밀智波羅密(Jnana) : 바라밀 실천을 위해 만법의 실상이 제대로 된
  지혜다.

십바라밀이 뜻하고 있는 상징은 근세기의 승려 진호석연(震湖錫淵, 1880~1965년)이 1935년에 편찬한《석문의범》〈정진도설精進圖說〉에 해인도海印圖와 함께 '십바라밀 정진' 도형이 상세히 설명되어 있다. 강원도 고성 건봉사 십바라밀 석주에서 그 모양을 찾아볼 수 있다. 강원도 고성군 건봉사 능파루 앞쪽 좌우로 높이 158cm의 사각형 석주石柱 2기에는 문양이 새겨져 있다. 1920년에 건립한 석조문화 유산이다.

- 보시布施 : 원월圓月, 두루 비치는 둥근달을 묘사한 것이다.
- 지계持戒 : 반월半月, 초생반달 모양으로 지혜의 증장을 묘사한 것이다.
- 인욕忍辱 : 혜경鞋經(짚신), 장애물로부터 발 보호하는 신발을 묘사한 것이다.
- 정진精進 : 전자剪子(가위), 수행에 가위로 자름과 같이 나아감을 나타낸 것이다.
- 선정禪定 : 구름雲, 청량한 구름이 대지를 덮어 시원함을 나타낸 것이다.
- 지혜智慧 : 금강저金剛杵, 금강저가 거침없이 나아가는 것을 나타낸 것이다.
- 방편方便 : 좌우쌍정左右雙井, 목마름을 해결해 주는 우물과 같음을 말한다.
- 원願바라밀 : 전후쌍정前後雙井, 아래위 우물로 차안과 피안을 나타낸 것이다.
- 역力바라밀 : 고리두테卓環二周, 담장을 지키는 힘과 같은 집중력을 말한다.
- 지知바라밀 : 성중원월星中圓月, 삼계三界와 삼세三世의 세간적 지식遍知(모두를 앎)을 세 개의 작은 원으로, 불교의 바른 지혜正智를 큰 원으로 표현해 반야의 지혜를 올바로 성취하는 것을 나타낸 것이다.

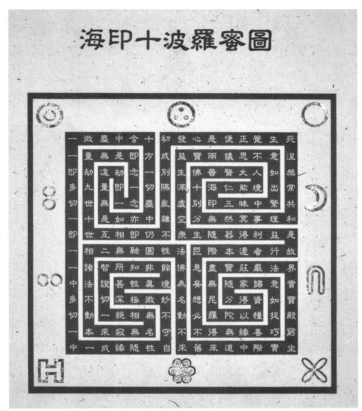

십바라밀 정진도설精進圖說. 자료출처:《석문의범》(1935년)

이 같은 십바라밀을 성취하기 위해 대승보살은 스스로 한량없는 마음을 내는 것이다. 이때 헤아릴 수 없는 넓고 큰 마음을 자비희사慈悲喜捨 즉, 사무량심四無量心이라 한다. 4바라밀四波羅蜜은 '상락아정常樂我淨'이라는 열반의 4덕德으로

① 常 = 영원하며, ② 樂 = 즐거우며, ③ 我 = 자재自在하며, ④ 淨 = 청정하다는 것을 뜻한다.[324] 《남전대장경南傳大藏經》[325] 〈본생담〉 서론에는 〈니다나카타 (Nidana-Katha, 因緣譚)〉에서 연등불의 수기를 받은 선혜善慧 보살은 붓다가 되기 위한 기본법을 두루 찾다가, 옛 보살들이 제일 먼저 행한 보시바라밀布施波羅蜜을 발견하였다. 그리고 스스로를 경계하는 10바라밀은 다음과 같다.

① 보시布施 : 재물과 진리를 베풀고, 안심시킴.

② 지계持戒 : 계율을 지킴.

③ 출리出離 : 번뇌의 속박을 떠남.

④ 지혜智慧 : 무명을 떠나 실상을 깨달음.

⑤ 정진精進 : 게으름 없이 진리를 향해 나아감.

⑥ 인욕忍辱 : 찬탄과 멸시를 견딤.

⑦ 진실眞實 : 진리로부터 이탈하지 않음.

⑧ 결의決定 : 흔들리지 않음.

⑨ 자애慈 : 멀고 가까운 모든 이에게 사랑을 베풂.

⑩ 평온捨 : 고락에서 평등한 마음을 뜻한다.

4. 불교 교학의 일반상식

사찰문화해설 현장에서 가장 빈번한 질의응답은 불교 교리와 일반상식에 관한 이야기다. 그중에서 몇 가지를 간추려 정리하였다. 그간 헷갈리는 개념과 유교식 용어와의 차이, 생소한 불교 용어를 예로 들었다.

오늘날까지 전해지는 불교의 신화와 전설은 고대 인도의 판타스틱(Fantastic) 함에, 중국의 과장된 스케일(Scale)과 티베트의 비밀스러움이 더해지고, 우리나라 고려 불화의 섬세함 등에, 일본의 축소지향적 옹졸함까지도 켜켜이 쌓인 이론 체계와 역사적인 틀(Paradigm)을 이루고 있다. 2,700년에 걸쳐 형성돼 거대한 파노라마(Panorama)를 이루고 있는 불교의 인문학적 문화는 다른 종교에서 거의 찾아볼 수 없는 대목이다.

① 깨달음正覺이란?

사물의 본질이나 진리의 참된 뜻을 제대로 이해할 수 있게 됨을 말한다. 불교에서는 수행이 완성되어 증득證得하게 된 완전한 깨달음을 가리킨다. 부처의 상태를 이룬 것이나 부처가 됨을 뜻한다. 불교에서 깨달음은 수행을 통해 도달할 수 있는 궁극적 경지를 뜻하는 말이다. 고타마 싯다르타가 이룬 최고의 바른 깨달음을 일컬어 무상정등정각無上正等正覺·무상정등보리無上正等菩提이라고 부른다. 8세기 중국 당나라 의정대사가 번역한 《입정부정인경入定不定印經》에는 위가 없고 차별하지 않는 변하지 않는 올바른 깨달음이라 하였다.

인도 보드가야 보리수 아래에서 깨달음을 성취한 붓다의 깨침을 서술한 팔리어 삼장[326]의 첫 번째 묶음인 《마하박가(Mahā-vagga, 律藏大品)》에서는 "삶의 괴로움苦을 연기적으로 즉, 원인·조건·결과·생성·소멸의 관점에서 파악하여 통찰로 이해하므로 해결하는 것이다." 붓다는 깨달음을 고도의 수련을 통해 높은 정신세계를 이루는 것이라 하지 않고, '완벽하게 이해하는 것'이라고 정의했다. 초기 경전인 《자설경自說經》에서 붓다는 12연기가 소멸해가는 모든 과정을 관찰하고, 다음과 같은 감흥 게송을 읊었다고 한다. "진지한 열성을 다해 사유했던 수행자에게 만법의 이치가 확실해졌을 때, 그의 의혹은 씻은 듯이 사라진다. 모든 법은 그 원인이 사라짐을 깨달았기 때문에"라는 이 기록은 붓다께서 보리수 아래서 정각을 이룬 내용에 관한 가장 오래된 증언이다.

흔히 기독교는 사랑의 종교, 불교는 깨달음의 종교라고 한다. 하지만 불교는 깨달음을 추구하는 종교가 아니라 스스로 깨달음을 실천하는 종교이다. 따라서 불교에서 추구하는 깨달음의 목적은 생로병사에서 오는 고통의 근본 원인이 무엇인지를 밝혀서 그것을 모두 제거하는 데 있다.

따라서 불교에서의 깨달음은 고집멸도의 사성제라는 실행체계를 연속적으로 형성하는 연기의 법칙을 완벽하게 이해하고, 그것을 실체적으로 드러내는 것을 가리킨다. 불교 교리의 핵심인 12연기의 법칙은 붓다가 만든 것이 아니라, 이 법칙을 처음으로 완벽하게 깨달아 체계적으로 정리해 낸 유일한 사람의 가르침이다.

② 보살菩薩이란?

산스크리트어 보디사트바(Bodhisattva)의 음사音寫인 보리살타菩提薩埵의 준말이다. 깨달음菩提·覺을 뜻하는 보디(Bodhi)와 존재·사람을 뜻하는 사트바(Sattva)의 합성어로 깨달은 존재로서, 아직 부처가 되지 않은 사람을 의미한다. 그 뜻은 깨달음을 구해서 수도하는 중생, 구도자, 지혜를 가진 자 등으로 풀이된다. 《반야경》 등에서 보살을 '큰 뜻을 가진 사람'이라는 의미로 마하살(Mahssttva)이라 불렀다. 고승과 대학자에 대한 존칭으로 사용된 보살은 원효

고려불화 관세음보살 이미지

대사를 비롯한 인도의 용수, 마명, 무착 등이 보살의 칭호를 받은 분들이 있다.

보살은 원래 성불하기 이전의 붓다를 가리키는 말이었으나 불교에 귀의하고, 입문한 모든 사람을 가리키는 말로 승화시킨 데에는 대승불교의 구도자에게 붓다를 닮으라는 뜻이 담겨 있다. 조선 중기 때 서산대사가 저술한《선가귀감禪家龜鑑》에서 "보살은 오로지 중생에 대한 생각뿐이다."고 하여 보살의 성격을 잘 보여 준다.

신앙적 실천의 주체로서의 보살을 강조한 대승불교에서는 기존의 아라한이라는 이상을 보살로서 중생 모두가 해탈을 이룰 때까지 스스로 열반에 들기를 거부하고 중생들 속에서 함께 수행하며, 그들의 해탈을 위해 진력한다고 강조했다. 이상적인 인간상을 가리키는 보살은 기원전 2세기경에 성립된《본생담本生譚》에 등장한다. 석가모니가 전생에서 수행한 여러 행적을 이야기한《본생담》의 보살은 후대에 나타나는 대승의 보살에 대하여 보통 '본생보살本生菩薩'이라고 부른다. 또 석가모니 부처만을 가리켰던 보살이 중생을 뜻하게 됨에 따라 과거·현재·미래에 다수의 부처가 있다는 다불 사상多佛思想으로까지 전개되었다.

대승불교의 보살사상에 나타난 두 가지의 기본 개념은 서원誓願과 회향廻向이다. 그것은 중생을 구제하는 의지가 서원이며, 자기가 쌓은 선근공덕善根功德을 남을 위하여 헌신하는 행위가 회향이다. 불교에서 자기가 닦은 선근공덕을 다른 사람이나 자기 수행의 열매佛果로 돌려 함께 하는 일을 지칭하는 용어인 회향은 회전취향廻轉趣向(자신의 공덕을 다른 사람에게 베푸는 것)의 준말이다.

③ 해탈解脫과 열반涅槃

해탈은 모든 윤회輪廻327)에서 벗어나 다시 반복하지 않음을 말한다. '차례로 돌아간다.'는 뜻의 윤회는 수레바퀴가 끊임없이 구르는 것을 가리킨다. 중생이 번뇌와 업에 의해 삼계육도三界六道의 생사 세계를 그치지 않고 돌고 도는 것을 말한다.328) 해탈의 세계는 뭇 중생이 태어나 살다가 죽고 나면 생전의 행보에 따라 지옥도 · 아귀도 · 축생도 · 수라도 · 인간도 · 천상도로 나뉘는 육도에서 다시 태어난다는 사상이다. 이에 기반한 육도윤회六道輪廻의 순환고리를 완전히 끝낸 상태로 더 이상 반복하지 않고, 되돌아오지 않음을 가리킨다. 육도윤회의 6단계는 각기 원인이 되는 탐貪(욕심) · 진瞋(성냄) · 치癡(어리석음)에 의해 만들어진 것을 상징한다.

열반은 모든 고통四苦 · 八苦329)에서 벗어남을 말한다. 열반의 세계는 육신과 그 인연으로 만들어진 근본적인 고통을 일으키는 사고四苦의 생로병사生老病死에서 완전하게 해방됨을 뜻한다. 생로병사의 육체적인 네 가지 고통과 정신세계의 네 가지 고통이 탐진치 삼독심三毒心(세 가지 독소적인 마음)에 의해서 생겨나고, 소멸하는 팔고八苦는 인연생기의 법칙에 따른다. 세 가지 나쁜 마음인 삼독심은 세상이 돌아가는 이치를 알지 못하는 무명無明(어두움 · 무지, 해와 달의 밝음이 없음)이 근본 원인이다.

열반과 해탈은 끊임없는 수행과 참회를 통해 이룰 수 있다. 불교에서의 참회懺悔는 알게 모르게 지은 악업과 교만 · 탐욕 · 성냄 · 어리석음을 뉘우치고, 모두 끊어서 다시 잘못을 되풀이하지 않겠다는 결의적 행동이다. 이러한 참회를 통해 숙세宿世(모든 전생)의 업장業障(자신이 지은 행위로 인한 장애)을 소멸하는 데 있다. 참懺은 과거의 죄를 뉘우치는 것이다. 회悔는 앞으로 다가올 잘못을 미리 예방하는 것을 일컫는다. 진정한 참회는 안일과 쾌락을 추구하는 다섯 가지 욕심五欲心에서 벗어나 붓다의 가르침대로 살아가고자 하는 의지와 바른 삶의 가치에 대한 확신과 변화로부터 비롯된다.

참회의 두 가지로 첫째, 사참회事懺悔는 매일 짓는 죄를 모두 참회하는 것이다. 사참은 불보살께 절을 하거나 독경하며, 참회 진언을 외우는 등 행위와 동작으로 참회하는 방식이다. 둘째, 이참회理懺悔는 죄의 본성이 본래 공空하여 죄가 붙을 자리가 없음을 확실하게 깨닫는 데 있다. 이를 진정한 참회라고 한다. 이참은 스스로 지은 죄의 실상을 깨달아 다시 재범하지 않도록 참회하는 방식을 말한다. 참회진언懺悔眞言은 '옴 살바 못자 모지 사다야 사바하'이다. 그 뜻은 "일체의 불보살님에게 귀의합니다."는 의미이다.

④ 참선參禪과 선禪 · 禪定의 차이

참선은 "선禪에 참입參入한다."는 뜻이다. 참입이란 물과 우유처럼 혼연일체가 된다는 의미로 '깊이 사유함'을 말한다. 참선의 진정한 의미는 '본마음, 참나'인 자성自性을 완전히 깨닫는 데, 그 목표를 두고 있다. 자기 자신이 본래부터 갖추고 있는 불성佛性(부처의 성품)을 꿰뚫어 보기 위한 수행, 자신의 본성(본래 성질)을 간파하기 위한 수행, 의심을 깨뜨리기 위해 가장 안정된 자세(좌선)로 본성 찾기에 몰입하는 수행 과정의 방법을 말한다.

선禪은 산스크리트어 드야나(Dhyana)를 음사한 것으로, 고요히 생각한다. 또는 사유하여 닦는다는 의미가 담긴 말뜻이다. 일본어 젠(ぜん, Zen)으로도 널리 알려진 선은 2000년대부터 명상瞑想과도 비슷한 의미로 쓰인다.[330] 참선이 불성의 근본을 깨닫기 위한 수행적 방편이라면, 명상은 고요한 평상심을 유지하기 위한 일상적인 방법이라고 할 수 있다. 마음을 다스리는 힘을 기르는 수행이 명상이라면, 자신의 근본 자성根本自性(근원적 성질)을 깨닫는 수행법이 참선이다. 그러므로 간화선으로 대표되는 참선은 명상과는 그 목표가 근본적으로 다른 수련방법이다.

⑤ 부처님이 이 땅에 오신 이유는

《법화경》 제2 〈방편품〉에서 세존은 오직 하나의 큰일 인연一大事因緣으로 세상에 출현한다고 했다. 붓다께서 이 땅에 오신 목적은 이 땅에 왜 왔는가?에 관한 까닭이다.

무엇이 하나의 가장 큰 일 인연인가? 첫째, 세존은 중생들로 하여금 부처님의 지견如實知見(진리의 참 실상을 있는 그대로 보고 앎)을 열어서開示 청정하게 하기 위해서 세상에 출현하였다. 둘째, 깨달았음을 보여悟入 주기 위해 세상에 출현하였다. 셋째는 세존이 깨달은 그 경지를 중생들도 깨닫도록 하기佛之知見 위해서 출현했다는 것이 부처님 오신 의미이다.

⑥ 불상은 언제부터 모셨을까?

불보살을 형상으로 모시기 시작한 것은 1세기 말엽부터이다. 부처님 당시에도 불상을 모셨다는 기록은 있다. 《증일아함경》 제28권에는 "석가모니께서 도리천에 있는 마야부인을 위해 법을 설하러 올라갔다. 이때 인간 세상에는 오랫동안 부처님을 뵙지 못한 파사익왕과 우전왕이 부처님을 뵙고 싶어 병이 났다. 이에 왕의 병을 낫게 하고자 코삼비의 우전왕과 코살라국의 파사익왕波斯匿王의 신하들이 각각 붉은 전단나무檀木와 자마금紫磨金(자색을 띤 순수한 황금)으로 부처님 형상을 모셨다." 이것이 최초의 불상이다.

1세기 이전에 조성된 불상은 현재 전하지 않는다. 학술적으로는 1세기 말엽 이전을 무불상無佛像(불상이 없는) 시대라고 한다. 이때는 부처님 형상(불상) 대신에 보리수聖樹 · 법륜三寶標幟 · 탑 · 부처님 발자국佛足跡 등을 예배의 대상으로 삼았다. 그러면 왜 부처님 모습을 모시지 않았을까? 여기에는 교학적, 신앙적 차이가 원인이다. 교학적 근거는 열반에 든 부처님은 눈으로 볼 수 없는 분으로, 그 모습을 파악될 수 없기에 부처님을 인간의 모습으로 표현하는 것은 논리적으로 불가능한 일이라는 점이다. 신앙적 근거는 부처님을 보통사람과 동일하게 나타내는 것이 무례한 일이며, 깨달음을 얻어 무한한 덕을 간직한 부처님을 감히 유형의 상에 한정시킨다는 것은 용납할 수 없는 행위라는 점에서다. 그 후 대승불교가 등장하면서 불상관佛身觀의 변화와 불자들의 간절한 신앙적 염원이 어우러져 1세기 말엽부터 불상이 조성되었다.

화불
육계
나발
백호
삼도
가사
우견편단
수인
결과부좌

화염문
거신광
두광
광배
불신
신광
앙련
대좌
복련

불상의 세부 명칭. 자료 출처: 불교상징 _ 조계종 법왕사 사보(2014년 9월호) 9쪽

⑦ 부처님은 삭발하지 않은 모습일까?

불상의 머리 모양은 거의 나발螺髮(소라 모양의 머리카락) 모습이다. 곱슬머리 또는 꼬불꼬불한 파마머리와 닮았다. 부처님은 왜 삭발하지 않는가? 하는 질문을 받는다. 지장보살의 녹색 민머리와 같이 대부분 삭발한 모습과도 다르다. 1세기경부터 불상이 조성될 때에는 나발이 아닌 상투를 하고, 자연스럽게 흘러내리는 헤어 스타일이었다. 또 간다라와 마투라 양식에서 볼 수 있듯이 멋진 청년기의 모습으로 머리는 육계(肉髻, 정수리에 솟아오른 부문), 머리카락은 주라周羅331) 또는 나계螺髻(주변 머리칼을 깎아버리고 정수리 머리만 모아 정상에 트는 상투) 모양이다.

그 후《대지도론》제4권 등 경전들에 언급된 부처님의 신체적 특징으로, 선행과 공덕을 통해 갖추어진 32상相 80종호種好를 바탕으로 불상을 조성하면서 지금의 모습으로 변화됐다. 고대 인도에서는 위대한 사람은 보통사람들과 달리 특별한 신체적 특징을 갖추고 있다고 보았다. 불교 교단에서도 부처님과 전륜성왕 등의 신체에는 32상이 있다는 신앙이 형성되었다. 난타와 데바닷타提婆達多는 30상을, 가섭존자는 7상을 갖추었다고 한다. 32상은 32가지의 뛰어난 용모와 미묘한 형상을 가리킨다. 부처님의 완벽한 형상과 원만한 인격을 강조한 얼굴의 상호相好는 참으로 원만하다는 말은 부처님 모습이 참으로 잘 좋으시고, 모든 덕을 잘 갖추었다는 뜻이다.

불상을 세부적으로 보면, 부처님의 머리카락이 오른쪽으로 말려 올라간 소라 모양의 나발이 있다. 불상의 이마 중앙에 있는 하얀 털은 '백호白毫'이다. 이

터럭은 늘이면 저 멀리 뻗어 나갔다가 놓으면 스스로 다시 오른쪽으로 말리면서 돌아온다고 한다. 불보살의 덕성이 깊고 높음을 강조하고자 그 자리에 보석으로 장식하기도 한다. 비로자나불 등 불상 머리 위에 살肉이 올라온 것이나 뼈가 올라온 것으로 상투처럼 보이는 '육계肉髻'은 불정佛頂 또는 정계頂髻라고 한다. 이것은 성인의 긴 머리카락을 위로 올려 묶었던 것[상투]에서 유래하였다. 머리 정상이나 머리카락 사이에 다른 색깔의 모습이 보이는데, 정수리에 있는 뼈가 솟아 저절로 상투 모양이 된 것이다. 이것은 붓다의 깨달음을 상징한다. 고대 인도에서는 성인들이 상투할 때 그 상투 속에 보주[보배구슬]를 넣는데, 그 보주의 모습이 머리카락 밖으로 나온 것이라고 한다.

불상 목 주위에 표현된 3개의 주름은 '삼도三道'(삼취三聚, 번뇌도煩惱道)라고 한다. 탐진치 삼독三毒을 나타내거나 생사윤회하는 삼계三界라고 하여 혹도惑道 · 업도業道 · 고도苦道를 의미하기도 한다. 혹도는 법의 이치를 알지 못하게 하는 미혹된 마음惑心을 가리킨다.

또 보살상에 나타나는 구슬을 꿰어서 만든 장엄용 장신구를 말하는 '영락瓔珞'은 간다라 미술의 특징이다. 그 종류는 손목 장식의 영락手瓔珞, 발을 장식하는 영락脚瓔珞, 팔뚝 장식의 영락臂瓔珞, 목 장식의 영락咽瓔珞 등 여러 유형이 남아 있다.

부처님은 깨달음을 다 이루어 더 이상 끊을 번뇌가 없기에 두발 자율화를 한 것이 아니다. 최초의 삭발자는 석가모니 부처님이다. 출가를 결심하고 궁에서 나와서 머리와 수염을 깎고, 순백의 백마인 칸타카犍陟 · 乾陟 · 健陟駕(Kanthaka)

를 몰고 왔던 마부 찬다카(Chandaka, 차익車匿)의 옷과 바꿔 입었다. 《과거현재인과경因果經》 2권에서 태자가 "이제 수염과 머리를 깎으니 일체 번뇌와 죄장을 끊어 주소서라고 말하자. 인드라는 머리칼을 받아 떠나갔으며, 허공에서 여러 하늘이 향을 사르고 꽃을 흩으면서 장하십니다. 장하십니다라며 찬탄했고, 부처님의 머리카락은 인드라가 삼십 삼천에 모셨다."고 언급하였다. 율장인 《사분율四分律》에서도 부처님이 머리가 긴 어떤 비구를 보고, "깎으라. 스스로 깎든지 남을 시켜 깎든지 하라." 《장아함경》과 《사문과경沙門果經》에서는 부처님이 아사세왕과 대화를 나눌 때 출가 사문이 되는 것을 "수염과 머리를 깎고, 삼법의三法衣를 입고, 집을 나가 도를 닦아."라고 표현하는 장면이 나오는 것으로 보아 부처님 당시부터 삭발한 것은 분명해 보인다.

무명을 없애는 수행자의 상징인 삭발削髮·落髮은 세속적인 번뇌와 집착을 끊는다는 의미다. 번뇌와 무지의 풀을 끊어 없앤다는 뜻으로 불교에서는 머리카락을 번뇌초煩惱草·무명초無明草라고 부른다. 석가모니가 출가한 뒤 나무 아래서 손수 삭발한 이후로 바뀌었다. 수행자들이 속세의 인연을 끊고 세상의 번뇌를 떨쳐버리기 위해 하는 종교적인 의식으로 자리 잡았다. 출가득도하면서 첫 삭발을 하고, 초하루와 보름에 머리카락이나 수염을 깎는다. 머리카락이 교만을 상징하기에 출가한 수행자들이 사회적 계급을 떠나 평등하다는 의미가 있다. 초대교회에서도 수도자들은 머리카락을 잘랐고, 이때 추위와 태양열을 막기 위해 모자를 쓰기 시작하여 교황이나 추기경, 대주교가 모자를 쓰는 관습이 되었다고 전한다.

⑧ 지옥과 천상

불교 교리의 6도六道332)에서 시작과 끝, 마지막과 처음이다. 신화 전설에 등장하는 지옥과 천당은 기독교 등에서 사용하는 용어와도 비슷하다. 불교의 세계관(존재하는 세계를 인식하는 방식이나 틀)을 표현한 용어로, 사람이 좋은 일을 하면 천상天上에 태어나 한없는 복락을 받는다, 그 반대로 나쁜 일을 하면 지옥에 간다는 뜻이다.

관계의 존재로 보는 불교 세계관은 서로 의지하고 연결된 관계에 의하여 이루어진 연기적 세계라는 뜻이다. 그 세계관에는 중생의 세계迷界인 지옥·아귀·축생·아수라·인간·천상계와 깨달음의 세계悟界인 성문·연각·보살·부처의 세계佛界를 총괄한 10종의 세계十界를 가리킨다. 그중 육도윤회하는 미혹한 중생들의 세상인 지옥地獄은 불락不樂·무유無有·무행처無行處(아무도 가지 않는 곳)라고 부른다. 자유와 즐거움이 없는 곳을 말하는 지옥은 극락과 정반대의 개념이다. 중생들이 자기가 지은 죄의 결과로 가게 되는 지하 감옥을 뜻한다. 8개의 큰 지옥과 그 가운데에 5개의 무간無間지옥(사이 또는 휴식시간이 없는 지옥)이 있다. 그 속에 다시 16개의 지옥이 있고, 그 외에도 여러 지옥이 있다고 한다. 극락極樂은 안락安樂·묘락妙樂·일체락一切樂 등으로 번역하고, 극락세계·서방정토·극락국토라고 부르는 이상향이다. 《아미타경》에는 사바세계에서 서쪽으로 십만억 국토를 지난 곳에 모든 소원이 다 성취되고 즐거움만 있으며, 자유롭고 안락한 이상향이 있다고 설해져 있다.

지옥은 산스크리트어 나라까(Naraka)를 의역하면 나락奈落이라고 한다.

108지옥은 현실 세계의 악행을 상징적으로 나타낸 곳으로, 생전의 악업에 따라 108지옥에서 벌을 받는다. 지옥은 죽은 영혼의 상태에서 고통을 받는 것으로 생각하지만, 영혼 상태에서 법을 받을 수 없기에 다시 태어나서 108가지 고통을 받으면서 과업을 씻는다. 불교가 전래하면서 토속신앙의 사후관과 기독교의 천당과 지옥의 개념이 혼합되어 영혼의 세계靈界에서 혼령이 고통받는 곳이란 이미지가 생겨났다.

천상天上은 비천飛天 · 낙천樂天 · 천상의 유정들이 허공을 날아다니며, 음악이 연주되고 하늘 꽃을 흩날기도 하며, 항상 즐거운 세계이다. 이곳에서 살더라도 자신의 복이 다 하면 다섯 가지 쇠락하는 괴로움이 생기는 곳이다. 이 세계에 태어나는 사람은 육욕, 물욕은 없으나 명예욕과 지식욕들이 살아 있으므로 아직 모든 집착에 초연하여 해탈의 경지에 들어선 것은 아니기에 언젠가 수명이 다하면 다시 윤회하게 되는 세상이다. 천상은 산스크리트어 데바가티(Deva-gati)를 의역해서 천도天道 · 천天이라 한다. 업인業因에 따라 나아가는 곳이라는 뜻의 취趣를 사용하여 천상취天上趣 · 천취天趣라고 한다. 또 천상의 유有(윤회의 삶 · 윤회하는 존재)라는 뜻에서 천유天有, 천상세계 또는 하늘나라의 뜻에서 천계 · 천상계天上界라고 한다. 이곳에 태어나는 것을 생천生天(하늘에 태어남)인데, 불교의 극락왕생極樂往生(극락으로 가서 태어남)과 같은 말이다.

번뇌와 고통이 없는 천상세계는 중국에 불교가 전래하면서 힌두, 브라만은 물론 중국의 도교까지 흡수돼 천상의 하늘도 33천으로 여러 층계로 나뉜다. 삼십삼천을 구성하는 작은 하늘과 천상계, 그리고 그곳을 다스리는 신 등, 그 한

가지에 여러 명칭이 붙어 있다. 천상과 다른 불교의 극락은 천도에서 도피안으로 가는 문 앞에 아미타불이 중생을 극락세계로 인도하기 위해 기다리고 있다. 33천의 세계에 사람이 태어나는 곳인 육도가 6개인 그 이유는 불교에서 사람이 고통받는 원인이자 해탈을 방해하는 삼독三毒인 탐욕貪·성냄瞋·어리석음癡과 총체적인 고통과 즐거움을 상징화한 것이다. 탐욕을 버리지 못한 자는 아귀처럼 살아가고, 자애를 지니지 않고 분노로 살았던 사람은 아수라도로 떨어지며, 참된 지혜를 지니지 못한 자는 짐승처럼 우둔하게 살아간다는 뜻이다. 지옥은 저 모든 고통을 겪는 말 그대로 고통의 종합세트장이다. 천상은 온전하게 해탈하지 못했더라도 선하게 살아가면 갈 수 있는 복을 누릴 수 있는 곳이다. 지금, 이 세상에 사는 인간들이 존재하는 인간도에는 육도 5곳의 속성을 모두 지닌다. 하지만 지금까지 지옥과 천당에 가서 되돌아온 사람은 아직 보이거나 들은 바가 없다.

불교는 죽은 다음, 어떤 절대자의 은총에 힘입어 막연히 좋은 곳에 태어나기를 희구하는 종교가 아니다. 자신이 사는 세상에서 지은 행위에 따라 극락에 가고 지옥에도 간다. 또 마음 상태에 따라 극락도 되고 지옥도 될 수 있으므로, 바른 행업을 닦아 이 세상을 극락국토로 만들자고 하는 데 최종 목적을 두고 있기에 가장 현실적이며 이상적인 종교이다.

⑨ 다비, 천도재와 49재
다비茶毘는 불교의 전통식 화장 장례법을 일컫는다. '육신을 원래 이루어진

곳으로 돌려보낸다.'는 의미가 있다. 산스크리트어 자피타(Jha-pita)를 음역한 말로, 분소焚燒 · 연소燃燒 등으로 의역意譯하며 시체를 화장하는 일을 뜻한다. 거화擧火(횃불을 켬)와 하화下火 · 습골拾骨로 이루어지는 다비식은 화장으로 고통을 떠나서 열반에 들게 되며 영혼불멸을 얻음을 뜻하는 의식이다. 하화는 화장할 때 법구法軀(승려의 시신)을 태울 나무인 소산燒山에 불을 붙이는 일로, 다비할 법구와 장작을 쌓은 단상인 연화대蓮花臺에 불을 붙이는 것을 말한다.

사십구재四十九齋는 불교에서 사람이 죽은 날로부터 7일째마다 7회에 걸쳐서 49일 동안 개최하는 의식이다. 49재 유래는 6세기경 중국에서부터 시작된 것으로, 유교의 조령 숭배사상과 불교의 윤회사상이 결합되어 만들어졌다.

49재齋와 제祭의 차이는 추모를 위한 유교식 제사와 달리 불보살들의 가피를 얻고자 하는 의식이다.[333] 《능엄경》에는 "제사를 의미하는 제祭가 죽은 자인 신神에게 음식을 올리는 것으로, 귀신을 모시는 것이다. 재齋는 재공齋供으로 반승飯僧[334]의 뜻으로 마음을 닦는 절차를 의미한다." 재는 몸 · 입 · 마음으로 짓는 삼업三業을 청정히 하여 부처님께 공양 올리고, 죽은 영혼이나 산 사람에게 그 공덕을 널리 회향해 베풀어 줌으로써 시방세계에 모든 제불보살을 비롯한 천룡팔부과 선신善神들의 가피를 입도록 하는 의식齋會을 말한다. 때로는 절에서 하는 일체의 불사佛事를 통틀어서 재라 부르는 경우도 있다. 이처럼 재는 재계齋戒(계를 지킴)와 재회齋會(모든 모임)의 두 측면을 포괄하는 의미로 부처님께 공양하는 것, 성대한 불공佛供, 죽은 이의 천도를 위한 법회를 통틀어 재라 하며 그 가운데 재계를 지킬 것을 서약한다. 재의 종류로는 사십구재 · 백일재 · 천도재 · 태아령재 · 영산재 · 수륙재 · 예수재 등이 있다.

천도薦度는 죽은 이의 영혼을 좋은 세계로 보내고자 행하는 불교의식이다. 죽은 사람의 명복(죽은 뒤 저승에서 받는 복)을 빌기 위하여 법회 · 독경讀經 · 시식施食 · 불공佛供 등을 베풀어 죽은 영혼들로 하여금 극락정토에 태어나도록 기원한다. 이 천도의식은 사람이 죽은 지 1주일마다 한 번씩 7 · 7재를 가지게 되며, 7주째에 행하는 천도의식을 49재라 한다. 천도의식은 사람이 죽은 지 7

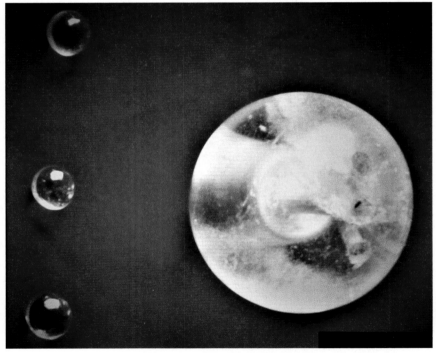

강원도 평창군 오대산 상원사 목조문수동자 좌상 복장유물 사리 이미지

일마다 한 번씩 일곱 번을 하는 경우도 있고, 여섯 번은 생략하고 49일째만 행하기도 한다. 일반적으로 천도라 하면 일곱 번 행하는 49재를 가리킨다. 49재가 지난 뒤에도 사람이 죽은 지 100일 만에 백재百齋로 행하는 천도의식과 1주년과 2주년에 지내는 소상과 대상재가 있다. 이렇게 천재의식은 사람이 죽은 이후 열 번을 행하게 된다. 이 열 번의 근거는 사람이 죽으면 명부冥府(죽은 뒤에 간다는 영혼의 세계) 시왕十王으로부터 각각 한 번씩 심판을 받게 되는데, 심판을 받을 때마다 재를 행하게 된다는 명부시왕 신앙에 의거한다. 열 번의 천도의식 중에서도 49재가 가장 대표적인 천도의식으로 알려져 있음은 명부의 시왕 중에서도 염라대왕閻羅大王이 대표적인 명부의 왕으로 신앙되었다. 염라대왕의 심판을 받는 날이 49일째가 되는 날이기 때문이다.

7·7재와 백일재·소상재·대상재 등 열 번에 걸쳐 행하는 의식을 사람이 죽은 이후 정기적으로 행하는 의식을 천도재라면, 그와 같은 날 수와는 관계없이 비정기적으로 죽은 사람을 위하여 행하는 천도의식도 있다. 그 대표적인 수륙재水陸齋335)는 물과 육지에서 헤매는 주인 없는 고혼孤魂들을 위해 신도들이 공동으로 일정한 날을 택하여 영혼에게 공양供養을 드리는 천도의식이다. 연고자에 의한 부정기적 천도의식은 필요하다고 생각하면 죽은 영혼을 위하여 언제나 거행한다. 중국 양나라 무황제 때에 처음 시작된 수륙재는 971년(고려 광종 22년)에 경기도 수원 갈양사葛陽寺(지금의 용주사)에서 혜거국사가 처음 거행하였다.

VIII. 나가며

그간 사찰문화해설 현장에서 보면 불교는 어렵다거나 올드(old, 오래된 · 늙은 · 낡은 뜻임)하다 등의 핀잔을 자주 듣는다. 수십 년 불교활동을 해온 분들의 목소리도 이와 비슷하다. 그것은 날마다 새로운 것을 찾는 이들에게는 그럴 법도 하다.

이 세상에서 쉬운 것은 아무것도 없다. 초등학생은 중고등학생의 수준을 알기는 쉬운 일이 아니고, 일정한 단계를 지나서 알게 되는 것과 마찬가지다. 더욱이 수입된 불교와 인도에서 탄생한 불교와 한자로 된 내용을 안다는 것은 간단한 일이 아니다. 수십 년을 공부한 이들에게도 어려운 불교를 수박 겉핥기식으로 배우고, 보는 이들에게 불교가 어려운 것은 당연할 수 있다.

불교에 대해 알고 싶어 하는 분들의 욕구는 자신이 초등부 수준임을 알면서도 대학일반부의 내용을 쉽게 설명하라고 요구하는 일이 다반사다. 자기 자신이 모르기 때문에 어려운 점이라는 것을 느끼지 않으면서 해설사에게 쉽게 설명하라는 자기방어적인 태도를 보인다. 그때 초등부 수준에서 불교를 설명하면 해설사의 수준과 지식이 부족하다고 평가절하한 경향이 많이 있다. 여기에 드러나지 않은 문제점은 해설사를 비롯한 관람자들의 시선이 사찰문화유산을 '과거의 모습과 일로만 바라보는 의식적 태도를 보인다.'는 것이다. 당시 사람들은 오늘을 살기 위해 만들고 살았다. "지금, 우리에게는 과거이지만 그들에게는 현재이던 모습이다." 옛날로의 접근이 아니라 오늘의 새로운 해석이 필요한 까닭이다. 사찰에서 문화해설사는 그 당시 사람들의 시각에 근거하여 현장을 안내할 이유와 방법을 찾아야 한다.

또 다른 욕구는 해설사 교육에서 볼 때 '족집게 과외'와 같은 방식의 강의를 선호한다. 평소에 궁금한 사항이나 헷갈리는 불교 용어 등에 있어서 일목요연하게 정리해 주기를 기대한다. 이러한 경향은 그간 우리나라 교육 방식의 특징을 잘 나타낸다. 특정 과목에 대해 강사는 정리된 내용과 정보를 제공하고, 수강생은 이를 단순히 수용하는 수업방식에 최적화된 태도를 보인다. 일정한 기간에 특정한 내용을 학습하는 데 있어 수강생을 만족하게 하면서도 최선의 결과를 얻는 과정에 익숙한 학습방법을 취하고 있음을 알 수 있다.

이와 달리 해설 현장에서 활동하고 있는 일부 해설사의 특이점을 발견할 수 있다. 그들은 사례 정의에서 벗어난 자의적인 해석과 창작, 전문성이 결여된 비속어 낱말로 설명하는 사례가 빈번한 것도 사실이다. 불교문화에 관한 해설사의 사례 정의는 해설 장소의 역사와 문화, 불교적 용어, 시설사용자가 필요로 하는 대상 등을 정의定義하고 있는 보편적인 개념을 말한다. 여기에는 'Three V'로 불리는 볼륨(Volume, 데이터의 양)·다양성(Variety)·속도(Velocity)라는 3대 요소의 빅데이터(Big data) 수준은 아닐지라도 해설하고자 하는 장소에 관하여 종합적 데이터를 구축하는 것이 요구된다. 볼륨은 해설 장소의 규모와 역사를 의미하며, 다양성은 비표준 형식의 광범위한 범위의 문화를, 그리고 속도는 현장에서 신속하고 효율적으로 제공할 수 있는 특성을 의미한다.

사찰문화의 빅데이터를 활용하는 목표는 해설 현장에 관한 정보를 제공하여 이를 통해 사찰문화 해설을 전문화할 수 있도록 하는 데 있다. 해당 사찰과 지역의 정보제공은 일관되고 원활하게 안내하고자 하는 해설사의 노력으로 사찰문화의 가치를 공유하기 위한 사찰문화 해설에서의 기본 목적이라고 할 수 있다. 또 스스로 구축한 빅데이터를 해설 현장에서 활용하면 해설사의 인지도와 전문성 등이 높게 평가받을 수 있는 계기가 된다.

일반적인 빅데이터 분석은 원시 데이터와 다크 데이터를 사용자가 이해하고 사용할 수 있는 형태로 만든 프로세스를 뜻한다. 원시 데이터는 사찰과 학술적으로 제공되는 정보를 말한다. 다크 데이터(Dark data, 사진·동영상 등 분석이 어려운 비정형 데이터)는 해설사가 현장 해설을 위해 재정리한 데이터로, 해설의 양과 질을 넓힐 수 있는 자료라고 할 수 있다. 이때 데이터 패턴을 잘 정리하고 분석하여 고객(해설대상) 행동과 요구사항을 추측이 아닌 예측을 할 수 있으므로 향후 해설의 빈도를 증가하는 데에도 도움이 될 것이다.

만약 사찰문화해설사가 필요로 하는 종합 강의록을 작성할 때에는 다음 질문을 고려할 필요가 있다. ① 나의 데이터 소스(Source, 활용자원)를 신뢰할 수 있는가? 정보가 나의 버전(Version, 정보판)으로 존재하는가? ② 스토리지(Storage, 기록자료) 용량이 충분한가? 하드웨어 기반의 사찰정보와 소프트웨어적인 스토리텔링에 필요한 데이터를 잘 갖추고 있는가? ③ 지속적으로 진화하는 데이터를 갖추기 위한 정보와 자료수집을 하고 있는가? ④ 중장기적으로 적용할 수 있는 클라우드(Cloud, 불러 사용할 수 있는 인터넷 정보망)를 활용하고 있는가에 관한 해설사만의 실용적인 정보관리가 필요하다.

앞으로 사찰문화 해설사가 나아가야 할 방향과 길을 모색하는 점에서 독일 태생의 물리학자 아인슈타인(Albert Einstein)이 예시한 불교에 관한 내용을 통해 재조명해 볼 수 있다. 그는 1939년 5월 19일 미국의 프린스턴 대학에서 〈과학과 종교〉라는 제목으로 강연을 했다. "미래의 종교는 우주적 종교가 되어야 한다. 그동안 종교는 자연 세계를 부정해왔다. 모두 절대자가 만든 것이라고 해왔다. 그러나 앞으로의 종교는 자연 세계와 영적인 세계를 똑같이 존중한다는 생각에 기반을 둬야 한다. 자연 세계와 영적인 부분의 통합이야말로 진정한 통합이기 때문이다. 나는 불교야말로 이러한 내 생각과 부합한다고 본다. 만약 누군가 나에게 현대의 과학적 요구에 상응하는 종교를 꼽으라고 한다면 그것은 불교라고 말하고 싶다."[336]

아인슈타인이 말한 미래의 종교는 그 교리가 과학적으로 뒷받침檢證되고, 과학자와 예술가에게 영감을 줄 수 있어야 한다는 것이다. 이 조건을 만족하게 하는 미래의 종교를 아인슈타인은 "우주적 종교(Cosmic religion)"라 불렀다. 이 우주적 종교에 가장 가까운 종교로 불교가 선택된 것은 분명 새로운 메시지이다. 아인슈타인이 남겨 놓은 "우주적 종교의 감성(cosmic religious feeling)"은 인간이 갖는 그릇된 욕망의 허망함을 깨닫고, 정신과 물질 양쪽 측면에서 나타나는 질서의 신비와 장엄을 느끼는 것이다. 이 느낌은 느껴보지 않은 사람은 이해할 수 없다고 했다. 아인슈타인이 불교는 우주적 종교의 가장 강력한 후보이긴 하지만, 아직 우주적 종교라고 할 수는 없다고 말한 대목에서 한국불교계의 실효적인 과제를 제시해 놓고 있다.

이것은 궁극적으로 불교의 출가수행자들이 이루어가야 할 요소이다. 그 공간과 시간 속에 함께하는 해설사와 해설을 필요로 하는 대상이 조화롭게 어우러지는 풍경은 시각적 열반에 이르는 것과 같다. 20세기 인도의 철학자이자 시인 오쇼 라즈니쉬(Osho Rajneesh)는 그의 자서전에서 "운명은 앞에서 날아오는 화살이어서 피할 수 있지만, 숙명은 뒤에서 날아오는 화살이어서 피할 수 없다."고 한 것처럼 나의 운명과 미래는 얼마든지 바꿀 가능성이 열려 있다. 그로부터 처음 만나는 이에게 건네는 말이 인연이라면, 자신의 곁에 마지막까지 있어 준 사람에게 전하는 운명이란 말까지도 이야깃거리가 되었다. 좋은 인연과 나쁜 인연 그리고 좋지도 나쁘지도 않고 얽매이지도 않는 인연을 넘어서 자신이 스스로 만들어가는 사찰문화해설의 인연의 마당이 끝없이 펼쳐지기를 바란다.

평양직할시 력포구역 룡산리 동명왕릉 앞 정릉사 보광전과 해설봉사원 등(2012.10.5.)

"고구려 도읍지 장안^{長安}의 성지 주몽의 무덤,

동명왕릉의 너른 들녘을 지키는 정릉사

담장 안으로 속살처럼 스며드는 햇살,

중심에서 비켜선 이야기를 다시 엮는다."

1) 에릭 P. 블룸(윤진호 역), 『매니저 메커니즘』, 더존북, 2007. 10~11쪽에서 재구성하였음.

2) 폴란드 출신의 영국 사회인류학자 브로니슬로 캐스퍼 말리노프스키(Bronislaw Kasper Malinowski, 1884~1942), 『문화인류학』(살림지식총서 141); 한국문화인류학회, 『처음 만나는 문화인류학』, 일조각, 2007. 33쪽에서 재구성하였음.

3) 김진균, 「인문학의 위기와 위기의 글쓰기」 『인문학과 인문교육』, 에디투스, 2019. 9~24쪽 재구성함.

4) 김진균, 상게서. 24쪽에서 재구성하였음.

5) 원승룡 · 김종헌, 『문화이론과 문화읽기』, 서광사, 2001, 112쪽.

6) 정사(精舍)는 주로 부처님이 살아계실 때 제자들과 함께 계셨던 곳을 말한다. 인도말 산스크리트어 (梵語)의 상가라마(samgharama)를 한자로 풀이한 승가람마(僧伽籃摩, 伽籃)은 부처님이 입멸한 후, 그의 제자들만이 거처하는 곳을 가리킨다. 흔히 사찰을 인도에서는 정사 또는 가람이라고 불렀다.

7) 산사(山寺)는 산속에 있는 절의 줄임말이다. 승원(僧園)은 실제로 그곳에 사는 승려의 수행과 생활공간을 말한다. 우리나라 절 7개소가 2018년 6월 30일 중동국가 바레인에서 열린 제42차 유네스코 세계유산위원회에서 〈산사, 한국의 산지승원(僧院 · 僧園)〉이란 명칭으로 세계유산목록에 등재하면서 알려진 지명이다. 대한민국의 13번째 세계유산으로 등재된 산지 승원은 통도사 · 부석사 · 봉정사(영산암) · 법주사 · 마곡사 · 선암사 · 대흥사이다. 7~9세기에 창건된 이들 7개 사찰은 신앙과 영적 수행, 승려 공동체 생활의 중심지로 한국불교의 역사적인 전개를 보여주고 있다. 유네스코한국위원회 · 산사세계유산등재추진위원회 홈페이지 참조.(https://heritage.unesco.or.kr)

8) 홍려시(鴻臚寺)는 중국 후한 때 67년에 도읍지 낙양에 설치한 외교관아(官衙) 건물로, 담당관은 홍려시경(鴻臚寺卿 · 鴻臚卿), 부담당관은 5품의 홍로시소경(鴻臚寺小卿)이다. 당나라 때에 홍려관(鴻臚館)이라 개칭한 이곳은 외국 사신들의 참조(參朝) · 향연(饗宴) · 알현(謁見)을 관장하는 관청(官廳)이었다. 출처 : 《대당대자은사삼장법사전》 9권(ABC, K1071 v32, p.715a07). 영빈관과도 같은 이곳에 외국 승려가 머물게 되면서 황제의 어명으로 관아 이름을 '백마사(白馬寺)'로 고쳐 부르게 되었다.

9) 중국 후한(後漢) 효명제(孝明帝)의 명을 받아 승려 채음(蔡愔), 왕준이 대월지(大月氏)에 사신으로 가서 중인도 승려인 가섭마등(迦葉摩騰) · 축법란(竺法蘭)과 함께 67년(영평 10)에 《사십이장경》 등과 불상을 가지고 돌아와 낙양에 백마사(白馬寺)를 세웠다.(《魏書》〈釋老志〉), 《광홍명집》 1권

(ABC, K1081 v33, p.284b01).《낙양가람기(洛陽伽藍記)》권4에는 중국 북위(北魏)에는 후한의 명제가 세운 절로 알려져 있었으며, 낙양성(洛陽城) 서쪽의 서양문(西陽門) 밖으로 3리 되는 지점에 있었다고 기술하였다. 대월지는 고대 중앙아시아 국가로, 오늘날 탈레반으로 알려진 아프가니스탄의 카불(Kabul)지역이다.

10) 인도 마가다국 왕사성의 죽림정사는 "죽림(竹林)의 숲을 승단에 바칩니다." 빔비사라 왕은 생각했다. "부처님은 마을에서 멀지도 가깝지도 않고 지나치게 붐비지 않으며, 좌선하기 적절한 곳에 머물러야 하실 텐데."《마하박가(Mahā-vagga, 대품(大品))》,〈불교신문〉(http://www.ibulgyo.com)

- 중국 당나라 현장법사가 646년 7월에 편찬한 인도순례기《대당서역기(大唐西域記)》제6권 〈구시나게라국(拘尸那揭羅國)〉편에는 옛날 여래께서 세상에 계셨을 때 저는 이따금 세존을 모셨습니다. "왕사성 죽림정사에 계셨을 때 맑은 물에 몸을 구부려서 그릇을 씻기도 하고 또는 입을 행구시거나 목욕을 하시기도 하였습니다. 아아, 그런데 지금의 이 맑은 우유는 옛날의 담수 (淡水)에 미치지 못합니다. 이것은 인간과 하늘의 복이 차츰 줄어드는 까닭이라고 하였다."(在王舍城竹林精舍 俯淸流而滌器 或以滌漱 或以盥沐 嗟乎今之淳乳 不及古之 淡水 此乃人天福滅使之然也).

11) 기원정사(祇園精舍, Jetavana)는 중인도 사위국(舍衛國, 코살라국)의 대신 수닷타(sudatta, 수달須達)가 마가다국 죽림정사로 찾아가서 부처님을 초청하면서 정사를 지어드리겠다는 약속에서 준공식날 방문을 허락했다. 배화교 신자였던 수닷타는 부처님의 제자가 되었고, 그의 선행은 '고독한 사람에게 먹을 것을 아낌없이 나누어 주는 자'라는 의미의 팔리어 아나타핀디카(Anthapiika) 는 별칭으로 급고독(給孤獨)이라 번역됐다. '제타 태자의 숲'(祇陀林, Jetavana)에 건립된 절이다. 10 대 제자 수보리(須菩提)존자는 급고독 장자의 조카이다. 부처님께 받칠 정사를 건립할 곳을 물색한 곳은 사위성(舍衛城, 쉬라바스티) 남쪽 1.6km 지점으로 마가다국 기타태자(祇陀太子)의 땅이었다. 그곳에 건립한 기수급고독원(祇樹給孤獨園 = 祇園精舍)은 두 사람의 이름을 합친 사찰명이다. 그 후 부처님은 우기(雨期)의 안거를 기원정사에서 자주 행했다. 그때 사위국의 파사세나디도 제자가 됐다.

- 기타(祇陀, Jeta)태자는 마가다국의 태자로 석존이 살아계실 때 사위국의 급고독 장자와 같이 기원정사를 지어드린 왕자다. 코살라국 파세나디(波斯匿王)왕의 부인이 말리카(Mallika, 말리末利)였다. 말리카는 사위성(舍衛城, 슈라바스티)에 사는 브라만의 재스민 동산을 손질하던

하녀로 원래 이름은 카필라였다. 재스민 동산에서 한 사문을 공양한 공덕으로 재스민을 뜻하는 말리카라고 불렸다. 이 일로 코살라국의 왕비가 되고, 그 후에도 자신이 공양한 사문이 석가모니임을 알고, 기원정사에 머문 부처님을 찾아가서 귀의했으며, 파사닉왕(波斯匿王)도 제자가 되도록 했다고 전한다.

■ 훗날 아유타야(아유타阿踰陀) 국왕과 결혼한 스리말리 부인(勝鬘夫人)은 세존으로부터 장차 보광여래(연등불)가 될 것이라는 수기(授記)를 받은 비구니 수행자였다. 대승경전 가운데에 여래장(如來藏) 사상을 천명한 경전인《승만경》의 실제 주인공이다. 승만부인과 기타(祇陀) 태자의 어머니가 말리부인이다.

12) 고려 때 김부식의《삼국사기》권18〈고구려본기(高句麗本紀)〉제6 : 고구려 소수림왕(小獸林王) 5년 (375) 봄(음2월) 처음으로 초문사(肖門寺)를 창건하고 순도(順道)를 두었으며, 또 이불란사(伊弗蘭寺)를 창건하고 아도(阿道)를 두니, 이것이 해동(海東) 불법(佛法)의 시초였다. [소수림왕 2년(372년) 여름 6 월, 진왕(秦王) 부견(符堅)이 사신과 승려 순도(順道)를 보내 불상과 경전을 전하였다. 왕이 사신을 보내 회사(廻謝)하고 방물(方物)을 바쳤다. 태학(太學)을 세우고 자제(子弟)를 교육시켰다. 3년(373년)에 처음으로 율령(律令)을 반포하였다. 4년(374년) 승려 아도(阿道)가 왔다. 고려 각훈의《해동고승전》권 1,〈유통 - 순도〉조에서는 '성문(省門 = 寺)'라고 하고 후에 잘못 '초문사(肖門寺)'라고 쓰였다. 또 고기 (古記)를 인용하여 고려시대의 흥국사(興國寺)가 그것이라고 하였는데,《삼국유사》권3〈조흥법 순도〉 조에서는 (고려시대 興國寺는 평양과 개성에 있었으므로) 이것을 잘못된 것이라 하였다. 한편 이에 대해 초문사(肖/省門寺)가 고구려 평양 천도 이후, 평양으로 옮겨졌을 가능성을 추측하기도 한다. (신동하,〈고구려의 사원조성과 그 의미〉, 7~10쪽.) 처음 위치에 대해서는 알려진 바가 없다.

13) 신라 19대 눌지왕 때 고구려 승려 묵호자(墨胡子, 阿道)가 경북 선산의 일선군 모례(毛禮)의 집에 머물며 불교를 전파했다. 모례는 '털례'의 한자식 표기(音寫)이다. 얼굴에 털이 많이 난 털례의 집에 불상이 모셔져 있고, 불교인들이 모여 믿음을 행할 수 있던 곳으로 곧, 가람으로 불리게 되었다. 이 털례의 집이 곧, 사찰로 변한 것이다. 흔히 '절간'이라고 부르는 것은 절과 건물을 뜻하는 한자를 합쳐 부르는 낱말로 근세기에 생겨난 용어이다.

14) Jary, D. and J. Jary. 1991. The HarperCollins Dictionary of Sociology, page 101.

15) Tylor, E. B. 1974. Primitive culture: researches into the development of mythology, philosophy, religion, art, and custom.

16) 문화체육관광부는 2001년 '한국 방문의 해'와 2002년 한일월드컵 공동 개최 등 국가적인 대형행사를 맞이하여 우리 문화유산을 내외국인 관광객에게 정확히 전달한다는 취지로 문화유산해설사 양성 및 활용사업 계획을 확정하고, 이 사항을 각 지방자치단체에 통보하였다.(2001.1.27.)

《이투데이-브라보마이라이프》(2017.4.28.) "과거에게 듣고 미래에게 말하는 문화해설사"

민간 문화해설사 양성기관에는 비영리 민간단체 〈우리문화 숨결〉이 개설한 '궁궐 길라잡이'와 사단법인 〈한국의 재발견〉이 운영하는 '우리 궁궐 지킴이'가 대표적이다. 이들 기관의 뿌리는 서로 다르지만 1999년 문화해설 활동을 공식 협력사업을 추진하면서 국내 문화해설 사업이 등장했다. 실제로 국내 문화해설사 교육과정에 참여하는 인력 중 상당수는 이들 단체 출신들이고, 두 단체 출신은 선발 과정에서 프리미엄이 붙는다는 이야기까지 나돌 정도였다.

17) 뉴스렙《불교닷컴》(2019.5.27.) 서현욱. "제1기 불교문화해설사 양성과정 개강"

18) 프로페셔널 커뮤니케이션(Professional communication)은 전문적인 지식과 정보를 통해 청중에게 어떤 목적을 가지고 말하는 모든 것을 가리킨다.

19) 인문학(人文學, Humanities)은 인간과 인간의 근원문제, 인간의 문화에 관심이 있거나 인간의 가치와 인간만이 지닌 자기표현 능력을 바르게 이해하기 위한 과학적인 연구 방법에 관심을 두는 학문 분야로 인간의 사상과 문화에 관해 탐구하는 학문이다. 오늘날 인문학은 자연과학, 사회과학, 형식과학 및 응용과학 이외의 연구 분야로 자주 정의된다. 불교인문학은 인간이 만든 무늬와 고전의 향기가 배어 있는 인문(人文)의 '인'에는 인간이 벼려온 가치와 의미가 담겨 있고, '문'에는 인간이 쌓아온 고전의 냄새가 쌓여 있다. 그러므로 불교에 의해 생성과 소멸한 인문적의 내용을 다루는 의미와 가치를 나타내고 있다고 할 수 있다.

20) 스토리(Story, 이야깃거리)는 플롯을 통해 우리가 상상 또는 유추할 수 있도록 시간 순서대로 구성된 이야기 구조를 가리킨다. 플롯(plot, 줄거리)은 영화의 영상을 통해 시청각적으로 표현된 사건의 질서를 뜻한다. 스토리는 이야기 간에 유기적 연관성이 없어도 되지만, 플롯은 이야기 간에 유기적 연관성이 있어야 하므로 모든 스토리가 플롯에 의해 짜여서 필연적 인과관계가 있다는

점에서 다르다.

21) '코드(Code)'는 전기 코드(cord)적 의미가 아니라 정보를 나타내기 위한 기호 체계를 뜻하는 기호학 분야의 용어다. 부호(符號)나 코드는 특정한 형태의 정보를 다른 방법으로 표현하는 규칙을 뜻한다. "코드가 맞다."는 말은 "죽이 맞다, 손발이 척척 맞다." 등의 의미로 쓰인다. 최근에는 케미(Chemi, 사람 사이의 강력한 끌림)라는 단어를 사용하지만, 케미는 화학적 결합이 뛰어나다는 뜻이 있다.

■ '채널링(Channeling)'은 정보의 전송 회로를 뜻하는 채널(channel)에서 파생된 것으로, 원래 의미 그대로 정보를 전송, 전달하는 행위이다. 그러나 단순히 모든 정보 전달 행위만을 뜻하는 것은 아니므로 여기서는 해설사와 방문자가 서로 교감 또는 공감을 이룬다는 뜻을 의미한다.

22) 가이드(Guide)는 관광객이나 여행객을 인도하며 현지를 안내하는 사람(者)이다. 사찰문화 가이드로서 해야 할 역할은 일반적인 관광가이드의 역할보다 더 협의적인 것으로, 특정 사찰 내에서의 해설과 진행을 담당하므로 '전문 영역'의 가이드에 속한다고 할 수 있다.

23) 문화체육관광부, 《문화관광해설사 운영지침》(2017.4). 2쪽.

■ 문화재청(https://www.cha.go.kr)은 1962년 문화재보호법이 제정 이래 변화된 문화재 정책 환경을 반영하고, 유네스코 등 국제기준에 부합하는 국가유산 체계로 전환하기 위해 제정 추진한 '국가유산기본법'이 23023년 4월 27일 국회 본회의에서 통과됐다고 밝혔다. 그간 사용해온 문화재 용어는 일본의 문화재보호법(1950년)에서 따온 것으로, 1972년 유네스코 〈세계문화 및 자연유산 보호에 관한 협약〉이 제정된 이래, 유산(Heritage) 개념이 보편적으로 사용되면서 문화재 체제를 국가유산 체제로 전환한 것이 그 취지이다. 문화유산은 국보 · 보물 · 사적 · 민속유산을 포괄하며, 자연유산에는 천연기념물과 명승이 속한다. 무형유산은 기존 무형문화재 개념이다. 따라서 문화재는 문화유산으로 변경됐다. 문화재를 국가유산으로 바꾼 이유는 ▲ 문화재라는 용어가 과거 유물의 재화적(財貨的) 성격이 강하고, ▲ 자연물과 사람을 문화재로 부르는 것은 부적합하다는 지적 등에 따른 것이다. 기존 문화재청의 명칭도 국가유산청으로 2024 년 5월에 변경했다. 이에 앞서 문화재청은 2021년 11월 29일 문화재보호법 시행령 개정안을 입법 예고하면서 그간 사용해왔던 국보 · 보물 · 사적 · 천연기념물 등 국가지정 · 등록문화재 앞에 붙인 숫자를 없애고 국보 서울 숭례문, 보물 서울 흥인지문 등으로 쓰고 부르기로 했다.

24) 원당(願堂)은 원찰(願刹)이라고도 부른다. 선조(先祖)의 명복을 빌고 일족(一族)의 번영을 기원하기 위해 왕실이나 특정 집안에서 창건한 사찰을 통칭하는 말이다. 국찰(國刹)은 국가에서 창건하여 운영하는 절 또는 왕이 자주 방문하는 등 국가에서 특별히 지정, 보호하는 사찰을 말한다.

25) 인도의 석굴사원은 비하라(Vihara, 정사)와 차이티야(Caitya, 支提, 신령한 장소나 고적)로 구분된다. 전자는 탑을 중심으로 주변에 승려들의 거처로 쓰는 여러 개의 작은 방이 배치되었는데, 방형 또는 원형의 평면 구도를 보인다. 이후 비하라의 구조에서 탑과 불상을 배치하고, 예배의 공간이 확보된 차이티야로 발전하였다. 후자의 차이티야는 탑을 포함한 성스러운 물체를 뜻하는 말로, 절을 의미한다. 지제(支提, Caitya)는 유골을 묻지 않고 다만 특별한 영지(靈地)임을 표시하기 위하거나 또는 그 덕을 앙모하여 은혜를 갚고 공양하는 뜻으로 세워진 기념물을 말한다. 인도 석굴사원은 비하라에서 차이티야의 구조로 발전해 갔음을 아잔타(Ajanta) 석굴, 엘로라(Ellora) 석굴 등 여러 사원을 통해 살펴볼 수 있다. 인도에서 확립된 가람의 구조는 불교의 동점(東漸, 동쪽으로 이동)과 함께 중국으로 전해져 둔황(敦煌), 윈강(雲崗), 룽먼(龍門) 석굴을 비롯해 전국적으로 수많은 석굴과 사찰을 조성하였고, 이는 다시 우리나라에 전래되었다. 출처:《우리 역사넷》(http://contents.history.go.kr/). 박경식 "한국문화사, 제1장 사찰의 공간구성과 석조물의 상징."《Academic Aacceleratoqor 백과사전》(https://academic-accelerator.com/)

26) 당우(堂宇)는 규모가 큰 집과 작은 집을 통틀어 일컫는 용어이다. 규모가 큰 집의 중심건물인 정당(正堂)과 규모가 작은 집의 중심건물인 옥우(屋宇)라는 집들을 아울러서 이르는 말이다. 사찰에서 정당은 한 구획 내에 지은 여러 채의 큰 집 가운데 가장 주된 집채로 대웅전 등 중심 전각을 가리키고, 옥우는 여러 채의 작은 집 가운데 가장 주된 집채로 방장실, 주지실 또는 강당 등을 말한다. 사대부가에서 정당은 사랑채이고, 옥우는 안채에 해당한다.

27) 관음보살이 주원융통(周圓融通)하게 중생의 고뇌를 씻어 주는 분이라는 뜻에서 원통전(圓通殿)이라고도 한다. 우리나라에서 보살을 모신 당우로 관음전이 많이 세워진 까닭은, 관음이 모든 환란을 구제하는 보살일 뿐 아니라 그의 서원이 철두철미하게 중생의 안락과 이익에 있고, 불가사의한 인연과 신력(神力)으로 중생을 돕기 때문이다. 관음전 내에는 왼손에 연꽃이나 감로병을 들고 연화좌 위에 앉은 관음상을 안치하는 것이 일반적인 통례이지만 버들가지를 들고

있는 양류관음(楊柳觀音), 보관 위에 11개의 다른 모습을 가진 십일면관음, 그 밖에 해수관음(海水觀音)·백의관음(白衣觀音)·용두관음(龍頭觀音)·천수관음(千手觀音) 등을 모시기도 한다. 후불탱화(後佛幀畵)로는 양류관음도·백의관음도·천수천안관세음보살도(千手千眼觀世音菩薩圖) 등, 봉안된 관음상의 유형에 따라 봉안하게 된다. 또, 관세음보살의 협시(脇侍)가 되고 있는 남순동자(南詢童子)와 해상용왕(海上龍王)은 조각상으로 봉안하기가 어려우므로 거의 후불탱화에만 나타나고 있다. 건축 구조에서 가장 대표적인 것은 1963년 보물로 지정된 경상북도 안동시 서후면 태장리 개목사의 원통전이 있다. 출처 :《한국민족문화대백과사전》

28) 문화재청 홈페이지,《문화유산 – 사찰형 공공디자인개발》2014년. 6쪽.(file:///C:/Users/com)

29) 탑(塔)은 높고 뾰족하게 세운 건조물로 탑파(塔婆)라고도 부른다. 헤아리는 단위는 기(基)인데, 돌·벽돌·나무 등을 깎아 여러 층으로 쌓아 올린 집 모양의 건축물을 말한다. 탑은 산스크리트어의 스투파(stūpa), 팔리(Pali)어의 스투파(stūpa)를 한자로 표기한 것이다. 이 밖에도 솔도파(窣堵婆)·수두파(數斗波)·두파(兜波)·부도(浮圖)·부도(浮屠) 등 여러 용어로 기록되었는데, 대체로 방분(方墳), 고현처(高顯處)란 의미를 지니고 있다. 스투파(stūpa)가 지닌 뜻이 신골(身骨)을 담고 흙과 돌을 쌓아 올려 조성한 구조물이라는 점으로 볼 때, 탑은 석가모니의 몸에서 나온 사리(舍利)를 봉안함으로써 형성된 조형물임을 알 수 있다. 스리랑카에서는 탑을 다투기르바(Dhātugarba)라고 부른다. 이를 줄여서 다가바(Dāgaba)·다고바(Dagaba)라 한다. 이들 용어는 '사리봉장(舍利奉藏)의 장소'라는 의미로 해석되고 있어 인도에서의 그것과 같음을 알 수 있다. 그러므로 탑은 석가모니의 사리를 봉안한 구조물 또는 석가모니의 무덤이라 정의할 수 있다.

30) 중국 당나라 승려 혜능(慧能)의 설법 내용을 제자 법해(法海)가 묶은(集錄) 책인《육조대사법보단경(六祖大師法寶壇經)》의 전통에 따라 중국과 한국 사찰에서 탑돌이를 할 때 도는 요잡(繞匝)의 방법이 아침과 저녁에 다르다. 아침에는 '본체를 좇아 작용을 일으킨다'(從體起用)라고 의미하여 왼쪽에서부터 오른쪽으로 돌고, 저녁에는 '작용을 거두어 본체로 돌아간다'(攝用歸體)라고 하여 오른쪽에서 왼쪽으로 돈다.
흔히 탑에서의 예경 의식은 먼저 탑을 향해 합장 반배를 한 다음, 합장한 채 시계방향(왼쪽)으로 세 번 돌고 나서 다시 합장 반배를 한다. 시계방향으로 도는 이유는 인도의 전통 예법대로 자신의 오른쪽 어깨가 항상 탑 쪽을 향하게 하기 위해서이다.

31) 문화재청 홈페이지, 《문화유산-사찰형 공공디자인개발》 2014년. 7쪽.(file:///C:/Users/com)

32) 사람이 사는 세상이 있는 수미산의 '남섬부주(南贍部洲)'는 《아비달마구사론》〈분별세품(分別世品)〉에 보면, "대기층[풍륜]이 10이라면, 물의 층[수륜]은 5, 제일 위의 황금층[금륜]은 2에 해당된다고 한다. 수미산 아래에서 이 세상을 지탱하고 있는 것으로 풍륜, 수륜, 금륜의 순으로 아래에서 위로 지탱하고 있으며, 금륜의 대지 위에 남섬부주(南贍部洲) 즉, 우리가 사는 세상이 있다고 하는데 인간 거주지를 지탱하는 세 가지 물질 요소가 바로 바람, 물, 땅(三輪)이다. 남섬부주 나라에는 달고 아름다운 과일이 열리는 높고 큰 '섬부(贍部)'라 불리는 나무가 심겨 있어 붙인 이름이다.

  ■ 8해 9산(八海九山)의 한가운데에 있는 수미산을 설명한 《장아함경》 18권, 〈30, 세기경(世紀經) 1) 염부제주품(閻浮提洲品)〉의 시작 부분에서 고타마 붓다는 비구들에게 우주 즉, 삼천대천세계(三千大千世界)의 전체적인 구조를 설한 후, 1수미세계의 구성 요소들인 풍륜[風]·수륜[水]·금륜[地]의 3륜과 대지(大地) 즉, 금륜과 대해(大海)를 설하였다.

  ■ 수미산(須彌山, Sineru, Mahāmeru)은 인도 2대 신화의 하나로 바라타 왕조의 대서사시라는 뜻인데, 산스크리트(Sanscrit)로 쓰인 《마하바라타(Mahabharata, 摩詞婆羅多)》에 언급된 상상의 성산(聖山)이다. 중국 티베트고원 서남부의 카일라스산이 실제의 수미산이라 일컫기도 하는 수미산은 해발고도 80만km, 총 높이 160만km에 달하는데, 지구에서 달까지 거리의 4배가 넘는다. 고대 인도의 거리 단위인 1유순은 평균 10km로, 소달구지가 하루에 갈 수 있는 거리를 말한다.

33) 미국의 프리만 틸든(Freeman Tilden)이 1957년에 쓴 것으로 '해설학의 바이블'로 꼽히는 고전인 《유산에 관한 우리의 해석(Interpreting Our Heritage)》에서 해설의 6가지 원칙으로 ① 해설은 방문객의 개성이나 경험과 관련되어 있어야 한다. ② 해설은 정보 자체가 아니라 정보에 근거를 둔 경험적 사실이다. 이것이 감성에 영향을 미치고 방문객의 행동 변화를 유도해야 한다. ③ 해설은 과학, 역사나 건축 등 다양한 분야를 서로 연결시킨 종합예술로 만들어야 한다. ④ 해설은 가르치는 것이 아니라 방문객에게 자극(동기부여)을 주어 스스로 깨닫게 해야 한다. ⑤ 해설은 부분과 더불어 항상 전체를 고려해야 한다. ⑥ 어린이는 작은 어른이 아니다. 어린이를 위해서는 그들의 특성에 맞추어 접근해야 한다.

34) 이나연, 〈문화유산 해석연구의 통시적 발전과 유산 해석의 개념〉, 《문화재(MUNHWAJAE)》 Korean Journal of Cultural Heritage Studies Vol. 53. No.3. 45쪽.

35) 미국 듀크대학의 맥스 카렘(Max G. Cherem) 박사가 제시한 의사전달의 5가지 원칙(1977년)은 해설 모델로써 ① 자극주기(Provoke)는 호기심을 자극하고 흥미를 유발한다. ② 관련짓기(Relate) 는 참가자의 삶과 관계있는 내용을 사용한다. ③ 나타내기(Reveal)는 사용 가능한 모든 도구를 이용해서 드러낸다. ④ 전체 보여주기(Address the whole)는 부분과 전체의 관련성을 맺는다. ⑤ 메시지의 일관성 유지(Strive for message)는 전달하고자 하는 내용을 일관적으로 진행한다.

36) 해설서비스에 변화가 필요한 것인가에 관해 사용하는 몇 가지 판단 지표는 다음과 같다. ① 방문객 수가 최근 2~3년 동안 많이 증가하지 않을 때. ② 방문객 수가 주변 인구나 기타 유산한 자원 지역과 비교하여 상대적으로 적을 때, ③ 방문객 수가 지속적으로 감소할 때, ④ 지역사회의 후원이 저조할 때, ⑤ 과거보다 보조금 또는 예산지원이 감소할 때, ⑥ 방문객이 유적지나 중요한 스토리가 있는 장소 또는 보존할 만한 지역이나 전망이 좋은 지역이 있음에도 관심을 보이지 않을 때, ⑦ 해설 장소에 대한 호기심 · 흥미 · 경험 등 참가자에게 주는 혜택이 부족할 때, ⑧ 낮은 방문율로 인하여 운영시간이 단축될 때, ⑨ 해설가 또는 관련 분야 자원봉사자를 유지하기 어려울 때, ⑩ 직원들의 이직률이 높아질 때, ⑪ 성수기임에도 불구하고 방문객이 줄어들 때, ⑫ 코로나19 등 유행병으로 인한 통제 또는 제한이 있을 때 등이 있다.

37) 서양의 식사예절 즉, 테이블 매너(Table manner)는 19세기 영국 빅토리아여왕 때(1837~1901) 에 완성된 예법이다. 빅토리아 여왕시대는 형식과 도덕성을 가장 중시하던 때로, 이때 갖춰진 식사의 절차와 예절이 오늘날까지 이어져 오고 있다. 테이블 매너의 기본 정신은 형식에 있는 것이 아니라 서로 요리를 맛있게 먹고 분위기를 즐기는 데 있다. 테이블 매너의 기본은 △ 소리를 내지 않기, △ 바른 자세로 먹기, △ 긴장하지 않기, △ 자기 식대로 먹지 않기, △ 요리방법을 구체적으로 선택하기, △ 대화와 음식 즐기기, △ 타인의 작은 실수를 모른 척 하기, △ 양식에서 모르는 음식이 나오면 웨이터에게 물어보기 등이 있다. 출처 : 무라카미 리코(村上理子), 《영국 사교계 가이드-19 세기 영국 레이디의 생활》, AK트리비아 북시리즈(Trivia Book), 2019년 1월 14일.

38) 문화체육관광부, 《문화관광해설사 운영지침》(2017.4). 22쪽 참조.

39) 북측의 강원도 고산군 석왕사 입구에는 1940년대까지 대형 나무장승 2기가 자리했다. 상원당장군(上元唐將軍-정월대보름날, 풍요를 기원함)과 하원주장군(下元周將軍 – 추석날, 감사의 답례함) 장승에 관한 사진은 1930년에 발간된《日本地理風俗大系》(新光社)에 실려 있다.

40) 사라쌍수(沙羅雙樹)는 석가모니 부처님이 입멸할 때 사방에 한 쌍씩 서 있던 사라수이다. 인도 쿠시나가라 서남쪽의 사라수 숲에서 제자들에게 설법을 한 뒤, 사라수 네 쌍이 있는 숲속에서 서쪽을 바라보고 오른쪽으로 비스듬히 누운 채 입멸하였다. 80세의 생을 마치고, 더 이상 윤회(輪廻)가 없는 열반(涅槃)에 들었다. 그 모습을 '쌍림열반상(雙林涅槃相)'이라 한다.

부처님이 입멸한 곳에 있던 네 쌍의 사라수는 '견고한 나무(堅固林)'라는 뜻이다. 사라(沙羅)는 산스크리트어 살(śāl) 혹은 사라(śāla)에서 나온 말로, 견고하다는 의미이다. 석가모니의 사방에는 사라수(娑羅樹)가 한 쌍씩 서 있었는데, 4쌍의 사라수 가운데 각 쌍의 한 그루가 말라 죽었다고 한다. 이를 '사고사영(四枯四榮)'이라 한다. 이때 4그루의 사라수가 하얗게 변하여 석가모니의 몸을 덮었다고 해서 그 숲을 백학(白鶴)의 색에 비유하여 학림(鶴林)·곡림(鵠林)이라 부른다. 사라쌍수는 1404년(조선 태종 4) 검교정당문학(檢校政堂文學) 조운흘(趙云仡)이 세상을 떠나자,《태종실록》(태종 4년 12월 5일)에 그의 묘지(墓誌)가 실렸다. "공자(孔子)는 행단(杏壇) 위요. 석가(釋迦)는 사라쌍수 아래였으니, 고금의 성현이 어찌 독존(獨存)하는 자가 있으리오." 이 묘지문은 조운흘이 죽기 전에 직접 지은 것이다.

41) 향도가(香徒歌)는 상여를 메고 갈 때 죽은 사람을 애도하는 노래인 만가(輓歌)의 일종으로 영어의 엘레지(Elegy)와 비슷하다. 3세기 말, 중국 서진(西晉)의 최표(崔豹)가 지은《고금주(古今注)》에 처음 등장한다. 우리나라 상여(喪輿) 소리는 상두가(상두는 상여의 낮은 말)·상부소리·영결소리·향두가(香頭歌)·해로가(薤露歌)·호리곡(蒿里曲)이라고도 하며, 지방마다 그 가사는 다르지만 모두 인생무상을 담고 있다.

42) 천록수(天祿獸)의 준말인 천록(天祿)은 고대 중국 상상의 동물이다. 얼굴은 호랑이나 사자와 같은 사나운 호랑이 모양으로, 사슴 또는 소와 비슷한 몸에 꼬리가 길고 외뿔을 달고 있다. 또 온몸은 비늘로 덮여 있기도 하고, 발은 사나운 형체이다. 천록은 임금이 선정을 베풀 때 나타나며 벽사의 기능을 가진 신수로써 서울 경복궁의 나쁜 기운을 막아주는 역할을 위해 영제교 호안석축(護岸石築, 강변의 흙이 무너지는 것을 막기 위해 돌로 쌓은 축대) 위에 자리 잡고 있다. 624년 중국 당나라

초기 구양순(歐陽詢) 등이 고조의 칙령으로 편찬한 《예문유취(藝文類聚)》 등 옛 문헌에 "천록은 아주 선한 짐승이다. 왕의 밝은 은혜가 아래로 두루 미치면 나타난다."라고 하는 설상의 서수(瑞獸)이다.

43) 산림(山林)의 뜻은 '최절인아산 장양공덕림'(摧折人我山 長養功德林)이라는 말에서 따온 말로 전한다. "너다. 나다. 잘난체하는 아상과 교만의 산을 허물고, 공덕의 숲을 잘 가꾸라."는 경구의 유래는 다음과 같다. 관세음보살의 여러 모습 중에 천수관음 보살을 제목으로 한 경전인 《천수경(千手經)》의 "칼산 지옥 제가 갈 때, 칼산 절로 무너지고"(我若向刀山 刀山自摧折)라는 경구와 중국 서진(西秦)의 사문 성견(聖堅)이 한역한 《불설라마가경(佛說羅摩伽經)》 권상(卷上)의 선재동자가 예배한 선승(善勝)이 머물던 "가릉제(迦陵提)라고 하는 성에서 멀지 않은 곳에 공덕림(功德林)이 있다."(城名迦陵提 去此不遠 有功德林) 그리고 인도의 마명보살(馬鳴菩薩, 아슈바고사 Asvaghosa)이 AD 2세기경에 찬술하고, 중국 북량(北凉)의 천축삼장(天竺三藏) 담무참(曇無讖)이 한역한 《불소행찬(佛所行讚)》 권제1(卷第一) 〈처궁품(處宮品)〉에 "과거의 보살 왕도 비록 도(道)가 견고하였어도 반드시 세상의 영화와 즐거움 익혔나니. 아들을 낳아 왕의 대를 잇게 하고, 그런 뒤에야 산 숲으로 들어가 적묵(寂默)의 도를 수행했다네."(過去菩薩王 其道雖深固 要習世榮樂 生子繼宗嗣 然後入山林 修行寂默道) 등의 내용을 바탕으로, 근세기에 경남 양산 통도사의 강원 학승들이 차용해서 만든 두 경구의 한문으로 추정된다.

산림(山林)이란 제도는 사찰에서 특정 불경을 강경(講經), 강설하는 특별 강습의 큰 모임을 가리키는 산림법회(山林法會)와 같이 신라시대부터 있어 왔다. 통도사 화엄산림 법회가 유명하다. 화엄산림이라고 하면 대방광의 진리를 깨달은 부처님의 과덕(果德)과 인행(因行)이 두루 설해지는 《대방광불화엄경》의 법문을 듣고 마음에 지녀 독송하며 사경하고 해설함으로써 화엄의 진리를 체득해감으로 인해 내가 잘났다는 아상을 버리고 공덕을 키워가는 법회를 말한다. 경남 양산 통도사 화엄산림 법회는 창건주인 자장(慈藏) 대국통(大國統)에 의해 시작돼 근대의 경봉(鏡峰) 선사로부터 재현되고 있다. 《송광사사고》에는 백암성총 선사가 "신미년(1691년)에 선암사에서 화엄대회를 여니 전국에서 사람들이 구름처럼 가득 모여들어 성대한 행사가 되었다."라고 기술되었다. 오늘날에 들어와서 산림(山林)의 어원은 '파인아산(破人我山) 양공덕림(養功德林)'이란 구절에서 山과 林을 따온 것으로 "남(人)과 나(我) 사이에 가로 놓인 산(장벽)을 무너뜨리고, 베푸는 공덕의 숲을 기른다."는 뜻으로도 해석하고 있다.

44) 우리나라와 중국의 일주문은 성문승(聲聞乘 śrāvakayana)과 연각승(緣覺乘 pratyayabuddhayana · 獨覺 pratyekabuddha)과 보살승(菩薩乘 bodhisattvayana)이라는 삼승(三乘 세 가지 탈것)을 일승(一乘 ekayana)으로 모으는 데 그 의미를 두고 있다. 승(乘 yana, 수레)은 '타는 것'이라는 뜻과 더불어 깨달음에 도달하기 위한 방법이라는 의미를 포함하고 있다. 성문승은 사성제(四聖諦)에 의해 깨달음에 도달하고, 연각승은 12연기(十二支緣起)에 의하고, 보살승은 6바라밀을 실천하여 깨달음을 증득한 보살들을 가리킨다. 대승불교에서 삼승으로 구별하는 이유는 일승(一乘)으로 인도하기 위한 방편이다. 《법화경》〈방편품〉에서 "붓다의 지혜는 한없이 깊다. 그 붓다의 지혜는 일승을 밝히는 것으로, 성문승 · 연각승 · 보살승의 구별은 일승으로 인도하기 위한 방편에 불과하다. 일승이야말로 붓다가 목적하는 진리"라고 설하고 있다. 일승은 대승불교에서 불성(佛性 buddhadha-tu)의 다른 표현으로, 보살승의 가르침을 나타낸다. 불교가 전래한 중국에서 처음부터 대승불교를 선호했기에 일승만이 궁극적으로 최고의 진리라고 결론지었던 교학적 배경이 자리하고 있다.

45) 우리나라 일주문에는 대부분 '□□산 ○○사'라는 편액이 걸려 있다. 중국과 일본사찰에서는 '○○ 사'라고 붙이고, '□□산'은 거의 없다. 우리나라 사찰은 산과 절이 함께 하고, 도심 절일 경우에도 가까운 산 이름을 따른다. 산과 절이 함께한 것은 828년(신라 법흥왕 3)부터 마지막 수미산문(須彌 山門)이 개창된 932년(고려 태조 15)까지 104년의 역사를 가진 구산선문(九山禪門) 전통에서 비롯됐다. 금강문, 사천왕문 등에는 각기 문의 이름을 편액으로 걸었지만, 일주문에는 일주문이라는 편액이 없다. 일주문에 붙인 편액에는 그 사찰의 사격(寺格)[절집 안에서 그 사찰의 위치, 사찰의 자부심]을 나타내는 경우이기도 하다.

일주문 형식의 문은 고대 인도 마우리아 왕조의 아소카대왕(아육왕 阿育王, Vardhana Aśoka, 재위 B.C.273~232)이 세운 것으로, 인도 보팔(Bhopal)의 산치(Sanchi)대탑에 4대문인 토라나(Torana)에서 기원되었다. 중국에도 비루(碑樓) 또는 패루(牌樓)라고 하는 일주문 형식의 문이 있다. 한국의 홍살문(紅箭門) 유형과 일본에서 도리이(鳥居)라고 불리는 일주문 형식의 신문(神門)이 있다. 중국의 패루는 왕릉 또는 사묘(祀廟) 입구에 세우는 문으로, 3칸 일주문, 5칸 일주문 등이 있다. 대부분 중앙 칸을 양쪽보다 높게 되었고 화려한 장식 조각을 새겼다. 지붕이 있는 것을 패루라 하고, 지붕이 없는 것을 패방(牌坊)이라 한다. 패루는 능·묘(陵廟) 영역임을 알리는 표지(標識) 기능과 함께 아무나 출입할 수 없는 성역임을 나타내는 역할도 한다. 중국 북경 근교의 명나라 13릉의 패루와 산동성 곡부의 주공(周公) 묘(廟) 패루가 유명하다. 일본의 도리이(とりい, 새가 머무는 자리)는 신사(神社) 입구에 세워지는 상징적 관문으로, 신성한 공간과 일상의 평범한 공간의 경계를 나타낸다. 도리이는 보통 두 개의 둥근 기둥 위에 두 개의 직사각형 보를 가로로 올려놓은 형태로 되어 있다. 우리나라 삼보사찰의 일주문에는 경남 양산 영축산 통도사는 불보사찰로, 일주문 기둥에는 '국지대찰(國之大刹) 불지종가(佛之宗家)'이라고 나라의 으뜸 절이며, 부처님 종갓집이라는 뜻으로 1919년 해강 김규진의 글씨이다. 경남 합천 가야산 해인사는 법보사찰로, 팔만대장경을 봉안하고 있기에 일주문 뒤쪽에 '해동제일도량(海東第一道場)'이라는 편액을 붙여 우리나라에서 제일가는 도량이라 뜻하고 있다. 전남 순천 조계산 송광사는 승보사찰로, 고려시대 보조국사를 포함하여 나라의 스승[국사(國師)] 16분이 주석하여 '승보종찰조계총림(僧寶宗刹曹溪叢林)'이라는 편액을 붙였다. 승보종찰의 조계총림이라는 뜻이다. 선원·강원·율원·염불원 등을 갖춘 사찰 가운데 종단에서 총림으로 인정한 사찰은 영축총림(통도사), 해인총림(해인사), 조계총림(송광사), 덕숭총림(수덕사), 금정총림(범어사), 팔공총림(동화사), 쌍계총림(쌍계사) 등 7대 총림이 있다. 기존의 고불총림(백양사)은 2019년 총림에서 해제되었다. 편액을 통해 당 사찰의 사격을 나타내거나 나라의 큰절이라는 가운데, 충북 보은 속리산 법주사 일주문에는 '호서제일도량(湖西第一道場)'이라는 현판으로, 호서지방에서 제일가는 도량이라는 뜻을 갖고 있다.

46) 《순천광장신문》(2016.5.5.). 김배선 "(17) 산길에서 만나는 이야기⑤ 선암사 일주문"

47) 중국 원나라 때 임제종의 고승 중봉명본(中峰明本·天目中峰, 1263~1323) 선사는 《동어서화(東語西話)》 상권에서 근원적인 중생심의 영묘한 작용 즉, 본지풍광(本地風光, 사람에게 본래부터 갖추어진 원만하고 진실한 면모)을 신광(神光)이라 묘사했다. 이 책에서 "깨달음의 당체는 밝고 밝아서 우주에 가득 찼으며, 눈부시게 색과 공, 그 모두에 사무쳤다. 그러나 그 모습은 볼 수 없고 자취도 없다. 푸르지도 누렇지도 않으며 길거나 짧지도 않다. 그것은 근기에 따라 감응하여 설산(雪山) 한밤중에 샛별이 되기도 하고, 당양(當陽)에 현로(顯露)하여 용담선사(龍潭崇信, ?~ ?년)가 제자 덕산(德山宣鑑, 782~865)을 위해서 불어 꺼버린 촛불이 되기도 했다. 그러나 비추는 본체는

조금도 이지러지지 않아 동평(東平) 선사의 깨져버린 거울이 되기도 했으며, 비추는 방향을 구별하지 않은 베살리성의 꺼지지 않는 등불이 되기도 했다. 오랫동안 본체에 접하여 본체와 떨어지지 않아 마침내 눈에 가득하여 눈이 멀기도 하였으니, 이를 신광이라고 한다." 그때 읊은 신광송(神光頌)은 "불성의 광명은 신령하여 어둡지 않으매, 만고에 이르도록 오히려 장엄하네.(神光不昧 萬古徽猷) 불법의 문안에 들어오려면, 아는 체하는 알음알이(知解)를 두지 말지니라.(入此門來 莫存知解)" 출처 : 《현대불교신문》(2020.10.7.). 정운 "인물로 읽는 선이야기 19. 중본 명본"

48) 조선 중엽의 고승 서산 청허휴정(淸虛休靜, 1520~1604) 대사는 선교도총섭(禪敎都摠攝)의 관직까지 맡았지만, 선과 교의 병행보다는 선과 교의 기초 위에 선주교종(禪主敎從)으로 조사선(祖師禪)을 지향하는 사교입선(捨敎入禪, 교를 버리고 선에 듦)을 천명했다. 서산대사는 1586년에 편찬한 《선교석(禪敎釋)》에서 선이 교와는 비교될 수 없는 우위에 있음을 역설했다. 1564년(명종 19)에 편찬한 《선가귀감(禪家龜鑑)》에는 "세존이 이르시기를 마음은 선법(禪法)이고, 말은 교법(敎法)이다."(世尊, 乃至心是禪法也 語是敎法也) 1642년(인조 20)에 간행된 서산대사의 《선교결(禪敎訣)》에서는 "선(禪)은 부처의 마음이고 교(敎)는 부처의 말씀이다."(然禪是佛心 敎是佛語也)

49) 부처님의 무덤인 솔도파는 7세기 중국 당나라 현장법사가 번역(三藏法師玄奘奉 詔譯)하고, 변기대사가 엮은(大摠持寺沙門辯機撰) 《대당서역기》 제2권에는 "범왕과 천제가 세운 솔도파에서 서북쪽으로 50여 리를 가다 보면 또 다른 솔도파가 있다."(梵 釋窣堵波西北行五十餘里 有窣堵波), "가람 옆에 솔도파가 있는데 높이는 수백 척에 이르며 무우왕이 만든 것이다. 나무를 조각하거나 돌에 무늬를 새긴 솜씨는 사람의 것이라고 할 수 없을 정도로 빼어나다. 이곳은 석가불께서 이전에 국왕이 되어서 보살행을 닦던 곳인데, 중생이 원하는 대로 은혜롭게 베풀되 싫증낸 일이 없었으며, 몸을 희생하여도 마치 계속 남아있는 것처럼 보시행을 하면서 이 국토에서 천 생(千生)동안 왕이 되었으니, 이 승지(勝地)에서 천 생동안 자신의 눈을 희사한 곳[千生捨眼]이다."(伽藍側有窣堵波 高數百尺 無憂王之所建也 雕木文石 頗異人工 是釋迦佛昔爲國王 修菩薩行 從衆生欲 惠施不倦 喪身若遺 於此國土千生爲王 卽斯勝地千生捨眼), "눈을 버린 곳에서 동쪽으로 멀지 않은 곳에 돌로 만든 솔도파가 2기가 있다. 각각 높이가 백여 척에 이르는데, 오른쪽의 것은 범왕(梵王)이, 왼쪽의 것은 천제(天帝)가 세운 것이다. 미묘하고 진귀한 보배로 탑을 장식하고 있는데, 여래께서 열반에 드신 이후, 그

보배는 변하여 돌이 되었다고 한다. 비록 기단[基]은 허물어졌지만, 여전히 높이 솟아 있다."(捨眼東
不遠有二石窣堵波 各高百餘尺 右則梵王所立 左乃天帝所建 以妙珍寶而瑩飾之 如來寂滅 寶變爲石 基雖
傾陷 尙曰崇高). 출처 : 《대당서역기(大唐西域記)》 2권(ABC, K1065 v32, p.387a15-a16).

50) 박석(薄石)은 궁궐 마당이나 왕릉, 대로변에 넓고 얇게 깐 바닥돌을 말한다. 궁궐의 정전 마당 또는
   뜰인 조성(朝庭)의 박석 가운데에는 지옥장부라고 불리는 쇠고리가 4~6개 정도를 박아 놓아 행사
   등에 쓰는 차일을 묶는 데 사용했다. 부석이나 박석 작업에는 터를 단단하게 땅을 다지는 데 쓰는
   물건인 달구(達固, 달고)를 사용했다. 또 전국의 고갯길은 숨이 곧 넘어갈 만큼의 힘든 깔닥고개의
   이름이 가장 많고, 그다음 박석고개이다. 힘들게 만드는 박석고개 건설에는 지역 백성들이 흔쾌히
   동참하기를 반겼다고 한다. 그 이유는 고갯길을 내면 왕이나 현감은 간혹 다니지만, 일반 백성들은
   비와 눈이 올 때 이용하기 편한 이점이 많았기에 환영했다고 한다.

51) 지제(支提)는 산스크리트어 차이티아(Caitya)와 팔리어 세티야(Cetiya)로, 유골을 묻지 않고 다만
   특별한 영지(靈地)임을 표시하기 위해서나 또는 그의 덕을 앙모(仰慕)하여 은혜를 갚고 공양하는
   뜻으로 세워진 탑과 같은 기념물이다. 일종의 기념탑을 말하는 지제는 부처님의 사리인 유체,
   머리카락(미얀마 쉐라곤 스투파), 손톱 등을 비롯해 부처님이 사용하시던 물건(발우, 빗자루,
   지팡이 등)으로 탑을 만들고, 나중엔 경전을 넣었다. 탑·묘(廟)·영지(靈地) 등으로 번역하는
   지제는 화장용 장작의 퇴적을 뜻하는 산스크리트 '치타'에서 유래된 말이다. 원래는 사자(死者)의
   유골 위에 구축한 총(塚)과 그 지점을 표시한 수목을 뜻했다. 그 후 불교와 자이나교에서 성자의
   유골 위에 기념탑을 세우면서 특히 탑과 동의어로 쓰이게 되었다. 전남 장흥의 천관산(天冠山)의
   이름은 천관보살이 머무는 곳이란 뜻에서 유래한 것으로 다르게는 지제산(支提山)이라 불렀다.
   탑묘를 뜻하는 지제의 형상이 이 산과 같은 이유로 지제산이라 불렸다고 전한다.

52) 영불탑(迎佛塔)은 인도의 현지 명칭으로 차우칸디 스투파(Chaukhandi Stūpa)이다. 보드가야에서
   깨달은 석가모니의 다섯 도반이 부처님을 처음 맞이한 장소를 기념하여 세운 탑(塔, 흙을 쌓아
   올리다는 뜻)이다. 같이 수행하다가 떠났던 5비구에게 최초의 설법(初轉法輪)을 펼친 곳이다. 대표적인
   영불탑으로 알려진 지금의 인도 사르나트(Sarnath, 녹야원)에 굽타왕조 시대의 귀중한 유적인 불탑
   다메크 스투파(Dhamekh Stupa)가 자리한다. 전체 높이 약 42m, 기부의 직경 약 28m에 이른다.

53) 사리 신앙(舍利信仰)은 고대 인도에서 학문이나 덕이 높은 인물이 사망하면 그의 은혜나 덕을 기리기 위해 화장해서 그 뼈를 나눠 가졌다. 불교의 사리 신앙은 석가모니불의 열반부터 시작돼 일찍부터 여러 불보살 신앙과 함께 중요한 신앙 대상이다. 사리(Shrine, 舍利)는 소리 나는 대로 사리라(舍利羅)라고 하다가 사리로 부르게 됐다. 사리는 시신을 매장하지 않고, 화장하는 풍습을 지닌 인도에서 유래됐다.

54) 천원지방(天圓地方)은 '하늘은 둥글고, 땅은 모나다'는 뜻이다. 기원전 1100년경 중국 주나라 때 주공(周公, BC 1100~ ?)이 편찬한 것으로 고대 중국의 수학과 천문학을 다룬 《주비산경(周髀算經)》에 "모난 것은 땅에 속하며, 둥근 것은 하늘에 속하니, 하늘은 둥글고 땅은 모나다."라고 기술했다.

55) 중국과 한국의 정원 조성에 관한 원칙은 아름다운 정원을 만들기 위한 주변 풍경을 탐색하는 차경법(借景法)에 있다. 주변 경관을 차용하여 정원 풍경을 아름답게 하는 차경(借景, 경치를 빌려옴)이다. 자연 지형을 그대로 살려 꾸민 한국의 정원은 바깥풍경을 고스란히 들여온 차경의 미학이 돋보인다. 억지로 꾸미거나 정해진 격식이 없는 이 원칙은 정원이 처해있는 주변 풍경을 최대로 따르고 수용함으로써 자연스러운 자연이 된다. 식물이 자라날 때 처한 환경에 어우러져 사는 것과 같다. 식물이나 동물이나 인간이나 주변 풍광(환경)에서 벗어나지 못한 것이 현실이기 때문이다.

- ■ 차경(借景)은 관상자의 눈길을 원림 밖의 경색으로 이끌어, 이로부터 유한한 공간을 돌파하여 무한한 공간으로 도달하게 하는 데 있다. 5세기 도연명(陶淵明)의 시 "동쪽 울타리에서 국화를 뜯으며, 유연히 남산을 본다."(采菊東籬下 悠然見南山)는 것은 차경법의 일례이다. 1634년에 계성(計成)이 편찬한 《원야(園冶)》 490쪽에는 "차경이란, 원림에서 가장 요긴한 것이다."(夫借景 園林之最要者也)고 했다. 그는 491쪽에서 "소사(蕭寺)는 가까이 있어도, 범음(梵音)이 귀에 도달한다. 원봉(遠峰)이 적당히 널려 차경(借景)을 하고 있으니, 그 수색(秀色)이 한층 맛을 더 한다."(蕭寺可以卜隣 梵音到耳 遠峰偏宜借景 秀色堪餐) 그는 《원야》 가운데에서 차경(借景)을 가장 중시하였다.

56) 전남 승주 선암사 삼인당(三印塘·三忍塘, 전라남도 기념물 제46호)이란 인공연못은 일주문에서 약 60m를 내려간 곳에 물을 끌어들여 만든 타원형(달걀형)의 못이다. 크기는 긴 거리가 약 30m, 짧은 폭이 약 20m이다. 긴 알모양의 연못 안에는 자그마한 인공섬을 만들어 꽃무릇(상사초)과 배롱나무 한 그루를 심어놓은 아름다운 정원이다. 앞 둑에 서 있는 커다란 전나무 세 그루는 삼인의

의미를 돋운다. 여름 한 철에는 배롱나무의 붉은 꽃이, 9월에 꽃무릇이 가운뎃 섬에 만발해 시선을 사로잡는다. 남도의 명소인 삼인당은 도선국사가 선암사를 창건할 때 비보(裨補)의 한 곳으로 만들었으나 그 후 허물어져 순천시가 1996년 9월 15일에 복원했다. 삼인(三忍)은 삼법인의 제행무상(諸行無常) · 제법무아(諸法無我) · 열반적정(涅槃寂靜)을 상징한다. 모자람을 도와서 채운다는 뜻으로 풍수적인 전설은 "도선국사가 절을 창건하고, 장군봉에 올라 살펴보다가 무엇인가에 놀라 무릎을 치며 아차. 아궁이 터에다 법당을 짓고 말았구나!"라며 소리치고, 그 길로 뛰어 내려와 화기를 누르기 위한 비보로 연못을 만들고 삼인당이라 하였다고 전한다. 선암사는 862년(신라 경문왕 2년) 도선국사가 전국에 세운 삼백여 비보사찰의 한 곳이다. 국사의 시신이 발굴된 전남 광양 백계산(白鷄山) 옥룡사지의 동백나무 숲 또한 비보의 한 곳이다. 《순천광장신문》(2016.5.5.). 김배선 "(17) 산길에서 만나는 이야기⑤ 선암사 일주문"(http://www.agoranews.kr)

57) 진상철, 〈우리 조경(경관)을 어떻게 볼 것인가〉《문화재 관리자 · 수리기술 교육》 2007년도 교육자료집, 문화재청, 457쪽.

58) 망고(Mango, 忙 · 芒果)는 아열대 과일로, 약 4천 년 전부터 재배됐다. 망고 구입할 때는 냄새를 맡아 보는 것이 좋다. 아세틸렌 냄새가 나는 것은 카바이드를 사용해 숙성시킨 것으로 맛이 떨어진다. 망고는 옻나무과 식물이므로 옻을 타는 체질인 사람은 주의해야 한다.

59) 원이삼점(圓伊三點) · 삼보륜(三寶輪)의 둥그런 큰 원은 우주법계(法界), 원융(圓融)을 상징한다. 안에 위치한 3점(圓)은 불법승(佛法僧) 삼보(三寶)와 삼법인(三法印)을, 법신(法身) · 보신(報身) · 화신(化身)의 삼신불의 삼위일체(三位一體)를 상징한다, 특히 마혜수라(摩醯首羅, Makeśura) 곧 대자재천왕(大自在天王)의 눈 모양을 본뜬 것이라고 하여 자재를 의미한다. 열반의 세 가지 덕(德)인 법신 · 해탈 · 반야가 서로 상즉불리(相卽不離)의 관계에 있는 것을 상징한다.

60) 십우도(十牛圖)는 심우도(尋牛圖)라고 한다. 불교 선종(禪宗)에서 본성을 찾는 것을 소를 찾는 것에다 비유하거나 도달하는 과정을 열 단계로 묘사한 그림(禪畫)이다. 선의 수행단계를 소와 동자에 비유하여 10단계를 그림으로 그린 십우도에는 자기 자신의 본성을 뜻하는 소(牛)와 동자가 일체를 이루는 과정의 그림이다, 주관과 객관이 모두 통해 있음을 알린다. 십우도는 중국 남북조(南北朝, 386~589)시대 송나라의 국청 보명(國淸普明) 선사가 그린 목우도(牧牛圖)와 12세기

송나라 때의 곽암(廓庵) 선사가 그린 십우도(十牛圖)가 있다. 보명선사의 것은 소를 길들인다는 뜻에서 목우도라 하고, 곽암선사의 것은 소를 찾는 것을 열 가지로 묘사하여 심우도라고 차이를 보인다. 조선시대까지는 두 가지를 함께 그려졌으나 최근에 사찰 법당 벽화로는 곽암의 심우도가 주로 그려진다. 일원상(一圓相)의 의미로는 ① 일심(一心)의 원융무애(圓融無碍) 즉, 원만 평등함과 무시무종(無始無終)이라는 불교적 시간의 영원성을 내포하고 있다. ② 부모미생전(父母未生前) 본래면목(本來面目), ③ 이름과 모양을 초월한 진여(眞如)와 깨달음의 세계를, ④ 언어도단(言語道斷) 심행처멸(心行處滅)의 공의 세계를 가리킨다. ⑤ 마음의 근본 자리를 상징적으로 표현하고 있다. ⑥ 우주의 절대 진리를 상징하는 도상이다.

61) 만자(卍字)는 불교를 상징하는 표식 글자로 부처님이 지닌 성덕(聖德), 길상(吉祥)과 행운을 나타내는 표상이다. 범어 수리밧살크사나(Srivatsalksana) 또는 슈리밧사(Srivatsa)는 모발이 말리어 겹치고 합해져 바다 구름(海雲) 같은 모양이란 뜻이다. 만자(万字 · 萬字 · 卍字)로 표기되며, 길상해운(吉祥海雲)과 길상희선(吉祥喜旋)이라고도 쓴다. 중국 당나라 때의 혜원(慧苑)선사가 처음 사용한 만자는 《화엄경》 제48권에 "여래(如來)의 가슴에는 훌륭한 분의 특징인 만자 모양이 있다. 이것을 길상해운(吉祥海雲)이라 부른다. 조화가 자재한 마니보주(摩尼寶珠)로 장엄되어 온갖 아름다운 빛깔을 내고, 가지가지의 광염을 둥글게 뿜어내면서 온 누리를 가득 채운다. 그리고 온 누리를 깨끗하게 하는 묘음(妙音)을 내어 온통 세계를 진리의 바다처럼 넘실거리게 한다." 이것은 부처님의 97가지 모습 중에서 제53번째의 특징이다. 인도의 산스크리트어에서 슈리밧사(shrivatsa)로, 만자의 다른 변형들을 난디아바타라(Nandyavatara), 스바스티카(Svastika)라고 불렀다. 불교가 중국으로 전파되면서 역경승(譯經僧)과 주석가들이 '만(萬)'이라고 통일하여 부르게 되었다.

만자(卍字)의 상징은 ① 부처님이 지닌 위대한 성덕(聖德)의 표시, ② 부처님의 마음 또는 중생의 불성 내지 근본적인 마음자리를 나타낸다. ③ 바람개비가 끝없이 돌아가는 것을 상징하여 진리의 생동성을 표현한다. 그 의미는 ① 슈리밧사(Srivatsa)란 말은 모발이 말리어 겹치고 합해져 바다 구름(海雲)같은 모양이라는 뜻이다. 따라서 만자(卍字)는 길상만덕(吉祥萬德)이 모이는 곳을 뜻하며, 길상(吉祥)과 행운의 표시이다. ② 부처님의 32상 80종호 가운데 가슴과 손, 발 등에 나타나는 길상무늬를 상징화한 것으로 길상해운(吉祥海雲) · 길상희선(吉祥喜旋) 즉 길하고 상서로운 구름, 경복의 징조, 만덕의 뜻이 있다.

62) 법륜(法輪)의 의미는 ① 원만(圓滿), 부처님의 교법은 원만하여 결함이 없는 것을 윤(輪)의 원만한 모양에 비유한다. ② 타파(打破), 부처님의 교법은 중생의 망견(妄見)을 타파하는 것을 윤(輪)을 돌려 어떤 물건을 부서뜨리는 것을 비유한다. ③ 전전(展轉), 부처님의 교법은 전전(轉轉)하여 어느 곳에나 이르지 않는 곳이 없는 것에 비유한 상징이다.

63) 《불교신문》(2011.1.18.) "조계종 국제무대 나서다(上)"

64) 불교기의 5가지 색은 ① 부처님이 보드가야에서 성도했을 때 몸에서 5색의 빛을 발했다는 전설에 의하고, ② 인류와 인종의 5가지 색을 상징화한 것이다. 청색은 부처님의 검푸른 모발색으로 마음을 흩트리지 않고 줄기차게 진리를 추구하는 '정근'을, 황색은 금빛 찬란한 부처님의 몸의 색깔로 변하지 않는 '굳은 마음'을, 적색(紅色)은 부처님 혈(血)의 빛깔로 대자대비의 묘법을 닦아 항상 수도에 힘쓰는 '정진'을, 하얀색(白色)은 부처님의 치아 색으로 청순한 마음으로 번뇌를 맑히는 '청정'을, 주황색은 가사의 색깔로 온갖 굴욕과 유혹을 잘 이기는 '인욕'을 의미한다. 그다음, 종횡선의 의미는 옆으로 그은 선은 사바세계에 떨치는 부처님의 법을 의미하며, 아래로 그은 선은 미래 영겁토록 불법이 전해짐을 뜻한다.

65) 육법공양(六法供養)은 향·등·꽃·과일·차·쌀 등 여섯 가지의 대표적인 공양물을 일컫는다. 향은 해탈을 의미하는 해탈향(解脫香)으로 지계(持戒)를 상징한다. 등은 반야등(般若燈)으로, 지혜와 희생·광명·찬탄을 상징한다. 꽃은 만행화(萬行花)로써 꽃을 피우기 위해 인고(忍辱)의 세월을 견딘다고 하여 수행을 뜻한다. 장엄·찬탄을 상징한다. 과일은 보리과(菩提果)로 깨달음(禪定)을 상징한다. 차는 감로다(甘露茶)로 부처님의 법문이 만족스럽고 청량하다는 것으로 보시(報施)를 상징한다. 마지막으로 쌀은 선열미(禪悅米)인데, 기쁨과 환희로써 정진(精進)을 상징한다.

66) 《화엄경》의 네 가지 꽃(四華)은 수련(睡蓮)의 네 가지 꽃이다. 분다리화(Pundarika, 芬陀利華, 白蓮華)·우발라화(優鉢羅華, 青蓮華, Utpala)·파두마화(波頭摩華, 紅蓮華, Padma = 발담마화鉢曇摩華)·구물두화(拘物頭華, 黃蓮華, Kumuda)라 가리킨다. 분다리화는 부처님을 뜻하고, 우발라화는 부처님의 눈, 파두마화는 부처님의 손과 발을 나타내기도 한다. 인도인의 관습과 고대 불교성전에서도 백련을 가장 마지막의 자리에 놓는 천상 최상의 꽃으로 알려진다. 백련화(白蓮華)

가 곧 부처님을 말한다. 《관무량수경(觀無量壽經)》에서는 '염불행자 인중분다리화'(念佛行者 人中芬陀利華)라고, 푼다리화는 가장 청정하고 향기로운 연꽃이다. 염불수행자는 모든 사람 가운데 정녕 향기로운 연꽃과 같은 존재라는 뜻이다. 인도(天竺)의 아누달지(阿耨達池, 히말라야)에 피어난다고 하는 마하분다리화(摩訶芬陀利華, 크고 흰 연꽃)는 희귀한 꽃의 뜻으로 쓴다.

67) 니련선하(尼連禪河)는 중인도 마갈타국 가야성의 동쪽에서 북으로 흐르는 강으로, 항하(恒河, 강가 Ganga의 음역, 인도의 갠지스강)의 1지류 네란자라(Nerañjarā)를 음역(音譯)한 강의 이름이다. 현재, 인도 파트나(Patna) 지역의 팔구(Phalgu) 강을 말한다. 고타마 싯다르타가 출가 후 6년 동안 설산 고행을 한 후, 그 강물에 목욕하고 강가의 보드가야 보리수 아래에서 정각을 얻은 것으로 유명하다. 이 강을 희련하(希連河) · 유금하(有金河) · 불락착하(不樂著河) · 니련하(尼連河)라고도 한다.

68) 마야부인(摩耶夫人)은 산스크리트어 마야데비(Maya devi), 마하마야(Mahamaya)이라 부른다. 그는 45세에 싯다르타를 잉태하고, 당시 인도 관습에 따라 친정에서 해산하기 위해 데바다하(Devadaha, 天臂城 또는 구리성拘利城, Kol)로 가는 도중 룸비니 숲속에서 싯다르타 태자를 낳았다. 기원전 623년 사월초파일에 네팔 남동부 테라이(Terai) 평원에 있는 룸비니(Lumbin) 동산에서 오른쪽 옆구리를 통해 싯다르타를 출산했다. 지금의 마하데비 사원 남쪽에 위치한 싯다르타 연못(九龍池) 혹은 푸스카르니(Puskarni) 연못에서 마야부인이 석가모니를 낳기 전 목욕을 하고, 갓 태어난 싯다르타 태자를 목욕시켰다고 알려진 성스러운 곳이다.

붓다의 탄생지 룸비니(Lumbin) 동산은 1896년 독일의 역사학자인 알로이스 퓨어러(Alois Anton Fuhrer) 박사가 네팔 타라이 지방의 룸민데이(Rummindei)에서 발견한 아쇼카 왕의 석주(石柱)에는 "여기에서 불타 석가모니가 탄생하였다."고 하는 뜻의 글이 새겨져 있어 역사적 사실임을 확인시켜 주었다. 룸비니 동산은 마야 왕비의 친정인 석가 일족의 데바다하(천비성) 근처에 위치하는데, 왕비의 친정 어머니 이름을 따서 룸비니라고 부르게 되었다. 온갖 아름다운 꽃과 수목, 과일이 열리는 나무가 울창하고, 연못과 늪과 흐르는 시내도 있고 맑은 샘물이 솟아나는 훌륭한 동산이었다. 마야부인은 고대인도 천비성(天臂城) 수프라(善覺) 장자의 딸로 태어나 이웃 나라의 샤캬족 숫도다나(Suddhodana, 淨飯王)의 왕비가 되었다. 45세에 싯다르타 태자를 낳고, 7일 만에 죽었다. 여동생이자 정반왕의 두 번째 왕비인 고따미(Mahapajapati Gotami, 大愛道瞿曇彌)가 싯다르타

태자를 양육했다. '목적을 달성한 사람'이란 뜻을 의미하는 고타마(Gotama, 喬答摩) 싯닷타(Siddhattha)란 이름은 초기 경전에서 거의 사용되지 않아 후세에 와서 쓰이게 된 이름으로 보인다.

69) 보리수는 중국에서 사친나무(事親木)로 불리는데, 부모님으로 모시는 나무란 뜻이다. 중국 원나라 때 의조義祖) 곽거경(郭居敬, ?~1354)이 편찬한 고대의 효자 이야기를 주제로 다룬 《전상이십사효시선(全相二十四孝詩選)》(이십사효二十四孝)에 "나무를 조각하여 부모님으로 모신"(刻木事親) 중국 한나라 때의 정란(丁蘭)에 관한 얽힌 이야기와 고사성어 사친이효(事親)以孝, 효로써 어버이를 섬기어야 한다)에서 붙여진 이름이다.

70) 《일본서기(日本書紀)》에는 신라에서 들여온 물품 가운데 불상 1구(具)와 금탑(金塔) 및 사리를 들고 있으며, 아울러 대관정번(大灌頂幡) 1구(具)와 소번(小幡) 12조(條)를 열거하고 있으며, 이들은 다 사천왕사(四天王寺)에 헌납했다고 기록하였다.

71) 관정(灌頂)은 산스크리트어(梵語) 아비시니카(Abhiṣiñca)이다. 계를 받아 불문에 들어갈 때 정수리에 물을 끼얹는 의식을 말한다. 부처님의 다섯 가지 지혜(五智)를 상징하는 다섯 병의 물을 정수리에 붓는 밀교의식이다. 밀교의 법을 전하기 위해 관정을 받는 자[受者]의 머리와 이마 위에 물을 붓는 의례이다. 고대 인도에서 국왕의 즉위식을 거행할 때 사대해(4곳의 큰 바다)의 물을 길어와 사해(四海)의 지배자가 됨을 나타내는 의식에서 시작됐다. 대승불교에서 부처님의 위(位)를 이어받는 의미로 바뀌었다. 밀교에서 불종(佛種)을 단절하지 않고, 영원히 계승하는 의식이다. 관정의식은 이마[頂]에 물을 흘리는[灌] 것으로, 부처님 5지(智)를 상징하는 다섯 병의 지수(智水)를 붓는 것은 여래의 지혜를 모두 이어받는다는 것을 상징한다. 불의 법수[五智의 法水]를 제자의 이마에 전함으로써 불위(佛位)를 계승하는 의례이다.

관정도량(灌頂道場)은 《불설관정경(佛說灌頂經)》과 그 다라니(陀羅尼)를 외며 재난을 없애려고 기원하는 의식이다. 본래 관정은 인도의 풍속인데 국왕이 즉위할 때 사해의 물로 이마를 씻는 의식을 말하며, 밀교에서는 비법을 수여할 때 이 의식을 행하였다. 고려 1101년(숙종 6) 4월에 송악산 송충이의 해를 없애기 위해 문두루도량 등에 앞서 열었다고 나온다. 1127년(인종 5) 3월 묘청(妙淸)과 백수한(白壽翰)의 말에 따라 궁궐의 상안전(常安殿)에서 베풀어지면서 본격화됐다. 고려의 관정도량은 전법수계(傳法受戒)의 뜻과 대관식(戴冠式) 의의를 갖는 것으로, 왕들은 이 의식을 통해 불교에 귀의하는 신앙을 표시하는 한편, 재위 기간에 평화롭게 해달라고 부처님에 기원하였다.

72) 《대방광불화엄경》(40권본 제2권)에는 "수미산 꼭대기에 제석천왕이 사는 선견궁(善見宮)이 있다. 궁성 안에는 훌륭한 전각과 잘 꾸민 동산이 있고, 백천 만억의 천동(天童)과 천녀(天女)가 살고 있다. 부드러운 보배 땅에는 하늘 꽃이 널리어 있고, 가지가지 의복 나무에서는 좋은 의복이 나오고, 꽃나무에는 아름다운 꽃이 피고, 보배나무에서는 귀중한 보배가 나오고, 장엄 나무에서는 여러 가지 장식품이 나오고, 음악 나무에서는 아름다운 가락이 흐르며, 수 없는 하늘 사람들이 그 가운데서 노래하고 춤을 춘다. 이곳에 왕생한 사람도 그들과 함께 하늘 옷을 입고 오락가락하면서 쾌락을 받고 있다고 한다.

73) 《불교신문》(2005.6.18.). 허균 "수미단" 위신력(威神力, Wisinryeok)은 불보살이 갖춘 존엄하고 측량할 수 없는 불가사의(不可思議)한 힘을 말한다. 불교에서는 이를 가피력(加被力)이라고 한다. 절실한 기도와 정진을 하면 부처님의 위신력으로 불가사의한 영험을 체험하게 된다는 의미다.

74) 《불교신문》(2002.2.15.) 하정은, "사찰에 깃든 교리 - 풍경"

75) 정방만종(正方晚鍾)은 황북 사리원시 정방산 성불사의 범종소리를 말한다. 1970년에 편찬된 《황해도지》에는 황주팔경의 하나로 '정방만종(正方晚鍾)'이라 처음 기록됐다. 성불사의 저녁 범종소리이다. 정방효종은 새벽 종소리를, 정방만종은 저녁 예불 때 치는 범종소리를 가리킨다. 산 밖의 사람들에게 탁한 마음을 일깨워 준다고 하여 붙여진 이름이다. 성불사 범종은 조선 숙종 때인 1691년에 400근 대종으로 주조되었지만 1931년 일제가 훼손하면서 그 종소리를 들을 수 없게 됐다. 새벽 종소리는 은은한 메아리를 쳤는데, 산문 밖 이십 리까지 울려서 사람들의 마음을 깨우쳐준다고 하여 '정방효종(正方曉鐘)'이라고 칭송되었다. 성불사 청풍루에 걸었던 범종은 사라졌지만, 지금은 누각 기둥에 조선 후기에 조성된 작은 종만이 남아 있다.

우리나라 지식인들은 프랑스의 자존심으로, 세계 관광객을 끌어들이는 보물로 지금, 프랑스 파리의 오르세미술관에 소장된 밀레의 '만종(晚鍾)'은 잘 알아도 성불사의 '정방만종'을 아는 이가 드물다. 프랑스의 화가 밀레(Millet)가 1857~1859년 사이에 그린 유화 그림인 《만종(L'Angelus)》은 근대 서양미술을 접한 일본인들이 갖다 붙인 이름일 뿐이다. 만종은 사전적 의미로 저녁 시간에 교회와 절에서 치는 종을 말하는데, 서양인들은 밀레의 작품에서 보이는 모습 그대로 저녁기도라고 부른다. 원래, 이 작품의 이름은 〈감자 추수를 위한 기도〉였으나, 2년 후 밀레가 뒤쪽에다 조그맣게 보이는 교회 첨탑을 그려 넣고서 《앤절러스(d'Angelus)》라는 이름으로 바꾸었다고 한다.

76) 청려장(靑藜杖)은 통일신라부터 장수노인에게 명아줏대로 만든 청려장 지팡이를 임금이 하사했다. 청려장은 중국 후한 때 유향(劉向, 기원전 77~6)이란 선비가 어두운 방에 노인이 나타나 마른 명아줏대로 바닥을 탁 치자 푸른 불빛이 나며 주위가 환하게 밝혀졌다는 데서 유래한다. 중국 당나라의 시성(詩聖) 두보(712~770)가 쓴 《모귀(暮歸)》의 '명일간운환장려'(明日看雲還杖藜)라는 시구에서 장려는 청려장을 뜻한다. 현존하는 가장 오래된 청려장은 퇴계 이황이 쓴 청려장으로, 경북 안동 도산서원에 보존돼 있다. 조선시대에는 50세가 되면 자식들이 부모의 장수를 기원하는 뜻으로 청려장을 바치는데 가장(家杖)이라 했다. 60세 회갑에 마을사람 전체 이름으로 마련해 주며 축수를 빌었던 청려장을 향장(鄕杖)이라 했다. 70세 고희에는 나라에서 내리는 청려장을 국장(國杖)이라 하고, 80세 산수(傘壽)에는 왕이 친히 청려장을 하사하고 잔치까지 베풀었다. 그때 지팡이를 조장(朝杖)이라 했다. 1992년부터 노인의 날(10월 2일)에 그해 100세를 맞는 노인들에게 대통령 명의의 청려장 지팡이를 내려준다. 《전북일보》(2020.1.5.). "청려장(靑藜杖)"

77) 대승불교권에서 비구가 탁발걸식을 할 때 몸에 지니고 다니는 18가지 도구를 십팔물(比丘十八物)이라 한다. ① 양지(楊枝 · 齒木)는 이를 청결하는 버드나무류, ② 조두(澡豆)는 대두 · 소두의 분말로 손을 씻는 비누로 쓴다. ③ 삼의(三衣)는 3가지 법복 ④ 병(瓶, 물을 넣을 그릇), ⑤ 발(鉢, 음식을 담는 그릇), ⑥ 좌구(坐具, 앉고 누을때 까는 천), ⑦ 석장(錫杖, 머리 부분에 쇠고리가 달린 지팡이), ⑧ 향로(香爐), ⑨ 녹수낭(漉水囊, 물을 거르는 천으로 된 주머니)은 물을 마실 때 수중벌레들의 목숨을 보호하고 자신의 위생을 지키기 위한 천주머니, ⑩ 수건(手巾), ⑪ 도자(刀子, 손칼 · 일종의 손톱깎기), ⑫ 화수(火燧, 불 피우는 도구), ⑬ 섭자(攝子, 콧수염을 빼는 족집게), ⑭ 승상(繩床, 노끈 등으로 만든 이동접이식 상), ⑮ 경전(經), ⑯ 율전(律), ⑰ 원불(佛像), ⑱ 보살상(菩薩像)이다.

- 수행자에게 필요한 네 가지 물품(比丘四事)는 음식 · 의복 · 와구(臥具 · 敷具, 이부자리) · 탕약이다.
- 설법의 네 가지 일(四事)은 법을 나타내 보임, 가르침, 이익을 줌, 찬탄해 기쁘게 함을 말한다.

78) 5세기에 번역된 《득도제등석장경(得道梯橙錫杖經)》에 기록된 석장(錫杖)은 지혜의 지팡이[智杖]와 덕의 지팡이[德杖]가 있다. 이 석장을 가지는 사람은 모든 부처님의 법장(法藏)을 이루고, 부처님

말씀대로 수행하여 모자라거나 줄어들지 않게 하고 모두 성취하기 때문에 이른다." 그러므로 석(錫)
이란 단순히 수행자의 지팡이가 아니며, 걸림이 없이 지혜를 성취하게 되는 지혜의 지팡이라 하였다.

79) 통인(通印)은 조선시대에도 도장 즉, 인장을 맡은[知印] 천리(賤吏)의 속칭이다. 옛날 사행 때 정사나
부사 등에 딸려 인장(印章)을 맡은 사람을 통인(通印)이라고 했다. 원래는 각 관아의 관장(官長) 앞에
딸리어 잔심부름하는 사람을 가리켰다.

80) 천부(天部)는 제석과 범천, 마혜수라천(摩醯首羅天)을 비롯한 천(天)들이다. 천룡부(天龍部)는
위태천과 팔부중을 비롯한 무장한 신들이다. 명왕부(明王部)는 예적금강과 4금강, 8보살 등이다.
이들이 등장하는 탱화는 18세기에 정착되었다. 탱화에 나오는 천부 · 천룡부 · 명왕부의 신중들은
《금광명경》〈귀신품〉과《재천의궤(齋天儀軌)》에 근거한 20천중들의 명칭이다. 신중은 원래 인도의
재래 신들이 부처님의 자비심에 감동되어 불교에 귀의한 후, 불법의 유통과 옹호를 맹세한 성중(聖
衆)들이다. 천부(天部)는 제석과 범천, 마혜수라천(摩醯首羅天)을 비롯한 천(天)들이다. 천룡부(天龍
部)는 위태천과 팔부중을 비롯한 무장한 신들이다. 명왕부(明王部)는 더럽고 나쁜 것을 깨끗하게
하는 힘이 있는 예적금강(穢積金剛) · 화두금강(火頭金剛)과 4금강, 8보살 등이다. 이들이 등장하는
탱화는 18세기에 정착되었다. 탱화에 나오는 천부, 천룡부, 명왕부의 신중들은 《금광명경》
〈귀신품〉과《재천의궤(齋天儀軌)》에 근거한 20천중들의 명칭이다. 신중은 원래 인도의 재래 신들이
부처님의 자비심에 감동되어 불교에 귀의한 후, 불법의 유통과 옹호를 맹세한 성중(聖衆)들이다.

81) 마왕파순(魔王波旬)은 욕계 제6천인 타화자재천(他化自在天) 왕이다. 파순은 마라 파비야(魔羅波卑
夜, Pāpīya) 또는 마라파순(魔羅波旬) 천마파순(天魔波旬)이라고 음차한다. 항상 권속과 무리를
지어 다니면서 정법을 방해하고 불도를 이룸에 있어 방해하는 마왕(마구니)이다.《불소행찬(佛所行
讚)》제13,〈파마품(破魔品)〉에 파순의 첫째 딸은 욕염(欲染), 둘째 딸은 능열인(能悅人), 셋째 딸은
가애락(可愛樂)이다.《불설보요경》6권18〈항마품〉에는 갈애(渴愛, Taṇhā), 혐오(嫌惡, Arati · 脅
惡 · 不快), 탐욕(貪欲, Rāga)의 세 딸이 있다.《출태경(出胎經)》에 악마의 첫째 딸은 욕비(慾妃),
둘째 딸은 열피(悅彼), 셋째 딸은 쾌관(快觀), 넷째 딸은 견종(見從)이다. 이들은 보살에게 나아가
비단결 같은 말로 아양을 떨며 서른두 가지의 어여쁜 자태와 달콤한 말로 애교를 부리며 실눈을
뜨고 보살을 유혹하였다.(魔有四女 一名欲妃 二名悅彼 三名快觀 四名見從 往詣菩薩 綺語作媚三十二

種姿幷脣舌營燌細視)

82) 모두 덮은 통견(通肩)과 오른쪽 어깨를 드러낸 우견편단(右肩扁袒)의 두 가지 양식이 있다. 오른손잡이는 우견(右肩), 왼손잡이는 좌견(左肩)을 하는 것이 활동하기에 편했기 때문이 아닌가 싶은 우견편단은 고대 그리스나 로마, 기독교 미술품에도 주로 우견편단 방식이 많으나 간혹 좌견편단의 복장을 볼 수가 있다. 부처님이 태어나실 때 어머니의 오른쪽 옆구리로 나왔고, 열반에 드실 때도 오른쪽으로 누우신 모습이다. 반가사유상도 반드시 오른손으로 턱을 괴거나 오른쪽으로 고개를 갸우뚱하면서 깊은 사색에 빠져있다. 불상에 관계되어 좌우 대칭이 아닐 때는 늘 오른쪽에 중요한 의미를 둔다. 왜 그럴까? 고대 인도인들의 우주관에서 나온 인도인의 복장 풍습에서 유래되었다고 본다. 인도인들에게 동(東)쪽은 오른쪽, 서쪽은 왼쪽을 의미했다. 또 인도 풍습에 왼쪽보단 오른쪽이 더 귀하게 여겨졌고, 화장실 등 천한 일은 왼손을 사용했다고 본다. 고대 인도의 우주관에서 중심봉우리의 이름을 수미산으로 바꾸면 이것이 곧 불교의 우주관이 된다. 고대 인도의 신(神)들의 모습을 보면 대부분 웃옷을 입지 않거나(날씨가 더운 탓으로) 혹은 왼쪽 어깨만 걸친 우견편단 복장임을 알 수가 있다.

83) 분소의(糞掃衣, 똥 걸레 옷이란 뜻)는 세속 사람들이 버린 헌 옷을 주워 빨아서 만든 가사(袈裟)이다. 버린 옷은 똥을 닦은 헝겊과 같으므로 분소의라 한다. 이 헌 옷의 조각조각을 기워 모아서 만든 옷이므로 백납(百衲) 또는 납의(衲衣)라고 한다. 초기 불교에서 출가자가 닦아야 할 네 가지 원칙인 사의지(四依地)는 ① 분소의(糞掃衣)를 입는 것. ② 항상 밥을 빌어먹는 것(乞食). ③ 나무 아래서 정좌(靜坐) 수련하는 것, ④ 부란약(腐爛藥, 소의 오줌으로 만든 허술한 약)을 쓰는 것 등이었다.

- 부란약(腐爛藥)은 소의 오줌을 발효시켜 만든 허술한 약이다. 이를 약으로 사용할 정도로 자신의 몸에 대한 집착을 끊어야 한다는 의미와 좋은 약에 대한 집착을 경계한다는 의미도 들어 있다. 그러나 정사(精舍)에 거주하는 습관이 생기면서 본래 뜻과 달리 부란약 대신에 온갖 약초를 사용했다.

84) 가사(袈裟)는 산스크리트어 '까싸야(Kasaya)'의 음역이다. 이 말은 원래 수렴제(收斂劑)라는 뜻이다. 수렴제는 피부나 점막 표면에 작용하여 국소의 충혈이나 분비를 제거하고 조직을 건조 긴축시키는 약제다. 이러한 말이 어떻게 승려들의 옷을 일컫는 말이 되었는지는 불분명하다. 다만

이 단어가 탐심·진심(성냄)·치심(어리석음)을 치료하는 약제로 비유되기 때문에 붙여진 이름이라 추정된다.

85) 괴색(壞色)은 모든 색깔이 파괴된 색깔의 옷이라는 뜻으로, 화려한 원색을 무너뜨린 탁하고 우중충한 색을 말한다. 가사를 만들 때 쓰는 색을 말하는 괴색은 청(靑)·황(黃)·적(赤)·백(白)·흑(黑)의 정색(正色) 즉, 원색(原色)이 모두 사라진 색 또는 색을 누그러뜨려서라는 뜻으로 나무껍질이나 과즙(果汁), 쇠의 녹물, 진흙 등으로 물들인 색을 말한다.

86) 《불설가사공덕경(佛說袈裟功德經)》〈가사점안문(袈裟點眼文)-유치(由致)〉 편에는 "가사는 여래의 웃옷(上服)이며, 보살의 큰 옷(大衣)이다. 이 가사를 수하는 자는 큰 복전이 되며, 가사를 조성하는데 동참한 사람(檀越)은 수승한 과보를 쉽게 얻는다고 한다. 또한 대범천왕과 제석천왕은 항상 남쪽과 북쪽에 앉아 가사를 수(垂)한 승려들을 옹호하고, 사방 천왕은 동서남북 사방에 서서 언제나 가사를 수한 승려들을 호위해 준다. 뿐만 아니라 용왕이 가사를 걸치면 짐승들의 독한 마음이 없어지고, 사냥꾼이 가사를 몸에 걸치면 짐승들이 오히려 공경심을 일으키게 된다. 그러므로 가사 불사를 발원하는 사람은 천 가지 재앙이 눈 녹듯 소멸되고, 조성하는 데 동참한 사람은 백 가지 복이 구름일 듯 일어나게 된다."라고 세상에서 가장 큰 공덕 중에서 복전인 가사를 시주한 사람은 공덕이 한량없는 복을 지어 모든 재앙이 소멸되고, 백 가지 복이 구름이 일듯 일어나고, 모든 질병과 가내 재액이 영영 소멸되므로 사후에 천상에 태어난다고 가사불사 공덕을 설명하고 있다. 《대승본생심지관경(大乘本生心地觀經)》 제5권에는 출가한 보살이 그 얻은 바 좋고 궂음을 혐의치 않고, 다만 부끄러움을 품어 법의(法衣)를 충당하므로 열 가지 수승한 이익을 얻는다. 《십주비바사론 (十住毘婆娑論)》 제16권에도 가사를 착용하면 열 가지 이익을 얻는다고 기록되었다. 《해용왕경(海 龍王經)》 제4권에는 "만약 용(龍)이 부처님의 가사를 보호하고 지키면 금시조(金翅鳥)의 피해를 면하게 된다."고 했다. 《현우경(賢愚經)》 제13권에 "염의(染衣)를 착용하는 사람은 일체의 괴로움에서 해탈하며, 불도(佛道)를 성취하게 된다."고 했다.

87) 복전가사(福田袈裟)는 길고 짧은 방형의 조각을 이어서 전답(田沓) 모양을 상징하는 복전의(福田衣, 복밭의 옷)라는 뜻이다. 전답의 모양을 취하고 있는 가사를 보시공덕(布施功德)과 연결시켜 '복전의'라고 부르고, 옷감의 잘라진 조각을 이어 만든 것이 인간의 모든 번뇌를 깨뜨리는 것이라

하여 '해탈의 옷'이라고 부르게 되었다.

88) 삼의(三衣)는 승려가 입는 세 가지 의복이다. ① 승가리(僧伽梨)는 중의(重衣) · 대의(大衣) · 잡쇄의 (雜碎衣)라 번역한다. 9조(條)부터 25조까지 있으며, 마을이나 궁중에 들어갈 때 입는다. ② 울다라승(鬱多羅僧)은 상의(上衣) · 중가의(中價衣) · 입중의(入衆衣)라 번역한다. 7조가 있으며, 예불 · 독경 · 청강 · 포살(布薩) 등을 할 때 입는다. ③ 안타회(安陀會)는 내의(內衣) · 중숙의(中宿 衣)라 번역한다. 5조가 있으며, 절 안에서 작업할 때 또는 상(床, 침대)에 누울 때 입는다.

승가리(僧伽梨, Sanghati)는 대의(大衣) · 중의(重衣) · 복의(複衣) · 합의(合衣) · 설법의(說法衣) · 걸식 의(乞食衣) · 복중의(伏衆衣) · 입왕궁의(入王宮衣) · 고승의(高勝衣) · 구품의(九品衣)로 9조~25조(條) 까지 있다. 승가리는 조의 수에 따라 상 · 중 · 하품으로 분류하는데, 9조 · 11조 · 13조는 하품이고, 15조 · 17조 · 19조는 중품, 21조 · 23조 · 25조는 상품이다. 9종류가 있다고 하여 9의(衣)라고 한다.

89) 금란가사(金襴袈裟)는 금실로 만든 가사이다. 《묘법연화경(妙法蓮華經)》 제1장 〈서품(序品)〉에 석가세존의 이모이며, 난타 존자의 어머니가 되는 마하바사바제(摩訶婆闍波提) 부인이 세존께 금실로 수놓은 가사를 한 벌 지어 올린 데에서 유래했다. 중국 명나라 때 임제종의 승려 비은통용 (費隱通容, 1593~1661)과 백치행원(百癡行元, 1611~1662)이 1653년에 선종의 전등사서(傳燈史 書)로 공편한 《오등엄통해혹편(五燈嚴統解惑編)》 1권에 처음 나오는 기록이다.

90) 사천왕(四天王)은 수미산 중턱에 살면서 이 세계의 동서남북 사방을 지키고, 불법(佛法)을 수호하며 불도(佛道)를 닦는 사람들을 보호하고 있다. 사천왕과 그 부하들은 천지를 돌아다니며 이 세상의 선악을 모두 살펴서 그 결과를 매월 8일에는 사천왕의 부하들이, 14일에는 사천왕의 태자들이, 15 일에는 사천왕 자신들이 직접 제석천(帝釋天)에게 보고하는 중대한 일을 맡고 있다.

91) 사천왕상은 중국 당나라의 아지담다(阿地瞿多)가 654년 한역한 《불설다라니집경(佛說陀羅尼集經) 》 권제11, 〈사천왕상법〉과 699년 한역된 《대방광불화엄경》 권제1, 〈세주묘엄품(世主妙嚴品)〉 그리고 라마교 계열로 알려진 원나라 승려인 사라파(大元三藏沙門沙囉巴)가 한역하여 조선 후기의 사천왕상 조성에 영향을 끼친 《약사유리광왕칠불본원공덕염송 의궤공양법(藥師琉璃光王七佛本願 功德念誦儀軌供養法)》에 의거하여 이름(尊名)과 지물(持物)을 조성한 것이 일반적이다.

■ 수미산의 네 방향을 지키는 수문장(外將)인 사천왕은 천하의 네 방위를 맡아 지키고 있기에

호세사천왕(護世四天王)이라고 불린다. 동방의 다라타(多羅吒)는 지국천왕(持國天王)으로 몸은 흰색이고, 비파(琵琶)를 들고 있다. 남방의 비유리(毗琉璃)는 증장천왕(增長天王)으로 몸은 청색이고, 보검(寶劍)을 잡고 있다. 서방의 비류박차(毗留博叉)는 광목천왕(廣目天王)으로 몸은 붉은색이고, 손에는 똬리를 튼 용(龍) 또는 여의주를 들고 있다. 북방의 비사문(毗沙門)은 다문천왕(多聞天王)으로 몸은 녹색이고, 보탑(寶塔)을 든 모습이다. 또는 오른손에는 우산, 왼손에는 은서(銀鼠 또는 은흉서(銀凶鼠)라는 족제빗과의 포유류. 동물 형태로 달리는 영물이라 불림)를 잡고 있으며, 어떤 경우는 배에다 붙이고 있다.

92) 불법을 지키는 8신장(神將 · 神衆)인 여래 팔부중(八部衆)은 천(天), 용(龍), 야차(夜叉 · 용건勇健, 사람 잡아먹는 귀신), 건달바(乾達婆), 아수라(阿修羅), 가루라(迦樓羅, 용을 잡아먹는 금시조金翅鳥), 긴나라(緊那羅, 설산에 사는 반인반수의 음악 신), 마후라가(摩睺羅迦, 뱀신蛇神으로 몸은 사람과 같고 머리는 뱀의 모양)를 일컫는다. 인도 신화의 《리그베다》, 《공작왕주경(孔雀王呪經)》 1권에 나오는 사천왕에 소속된 팔부중은 용 · 야차 · 건달바 · 비사사(毘舍闍, 산스크리트 piśāca, 비사차毘舍遮, 사람의 정기나 피를 빨아먹는 귀신) · 구반다(鳩槃茶, Kumbhanda, 옹형귀甕形鬼, 사람의 정기를 빨아 먹는 귀신) · 벽협다(薜荔多, 諸龍衆) · 부단나(富單那) · 나찰(羅利, Rākṣasa, 지옥의 옥졸 귀신)이다.

- 유순(由旬)은 고대 인도에서 거리를 재던 리수(里數) 단위이다. 소달구지가 하루에 갈 수 있는 거리로인데 80리인 대유순, 60리인 중유순, 40리인 소유순의 세 가지가 있다. 기록마다 차이가 있으나 1유순당 13km 정도로 추정된다. 또한 1유순은 왕이 하루에 행차하는 길의 길이로 9.6km 혹은 12km이다.

93) 나라연금강(那羅延金剛)은 산스크리트 나라야나(Narayana)의 음역이다. 나라(nara)는 물 또는 원인(原人), 원초인(原初人)이라는 뜻이고, 아야나(ayana)는 계통 또는 자식이라는 의미로 우주 생명의 근본 주체를 말한다. 인도신화에서 힌두교의 삼신(三神)인 브라마와 비슈누, 쉬바와 동일시되었다. 이들은 각각 우주의 창조 · 유지 · 파괴를 담당하지만, 세 신 모두 넓은 의미에서 창조와 유지 그리고 파괴를 관장하는 최고신으로 군림한다. 이들 세 신은 무지무지한 파괴력을 지니고 있어서 나라야나 즉, 나라연천은 천상의 역사(力士)이다. 인중역사(人中力士)라 한 것은

견고한 그 굳센 힘은 다이아몬드 즉, 금강석(金剛石)을 따라갈 만한 것이 없기에 금강역사(金剛力士), 견고역사(堅固力士)라 칭하였다. 중국 소림사 권법은 달마가 인도에서 전한 나라연권(那羅延拳)의 비법을 이은 것이라는 설도 있다.

94) 밀적금강(密迹金剛)·밀수역사(密修力士)는 불탑을 수호하는 야차와 비슷한 유형의 신이다. 이 야차의 모습은 부처님과 부처님의 적을 제외하고서는 볼 수 없으며 일반 사람들의 눈에 띄지 않는다. 남들에게 띄지 않는 '감추게 하다'(guhya)라는 의미에서 밀적(密赤)이란 이름이 탄생되었다. 밀적의 원어인 구흐야카(guhyaka)는 야차와 더불어 쿠베라신의 재보를 지키는 반신의 일종이다. 야차가 부처님의 호위신장이 된 것은 금강저의 주인공 구흐야카 바즈라파니(guhyaka vajrapani)에 나온 말이다. 금강저를 든 인드라 신의 재결합으로 밀적금강이 탄생한 것이다. 법의 보배를 쌓아 놓았다는 뜻을 지닌 것으로, 508년경 중국에 들어온 후위(後魏)의 보리류지(菩提流支)가 번역한《대보적경》〈밀적금강역사회(密赤金剛力士會)〉에서는 이 금강역사가 석가모니의 구생신(俱生神) 즉, 수호를 해야하는 그 대상과 함께 태어난 신으로서 언제나 금강저을 들고 석가모니를 호의하며 그 설법을 도와준다고 한다. 더불어 그는 온갖 비밀스러운 사적(事跡)을 알고 있을 뿐만 아니라 현재 진쟁중인 현겁 천불의 법을 수호하고 있다. 부처님의 비밀스러운 사적을 들으려는 본원을 품은데서 연유한 명칭이다.

95) 금강역사(金剛力士)는 범어 바즈라빠니(Vajrapāṇi)로, 중국 티베트 서장(西藏)의 안혜(安慧)와 후위(後魏)의 보리류지(菩提流支)가 508년경에 한역한《대보적경(大寶積經, 寶積經)》등에 여래의 비밀적인 일(事續)을 알아서 5백 야차신을 부려 현겁(賢劫) 천불의 법을 지킨다는 두 신이다. 절 문 또는 수미단 앞의 좌우에 세우는데, 허리에만 옷을 걸친 채 용맹스러운 모습을 하고 있다. 왼쪽은 밀적금강으로 입을 벌린 아형(阿形) 모양이며, 오른쪽은 나라연금강으로 입을 다문 훔형(汙形) 모양이다. 경북 경주 석굴암과 경주 분황사 모전석탑, 일본 나라현 호류지(法隆寺, 607년 백제건축가들이 세움) 중문의 금강역사 상(像)이 유명하다.

96) 빅뱅(Big Bang)은 우주의 기원 가설로, 태초에는 모든 에너지가 한 점에 모여 있었으며, 이것이 137억 9900만 년(210만 년) 전 대폭발을 일으켜 우주를 형성했을 것이라는 이론이다.

97) 중국 요진(姚秦)은 건국자의 성을 따서 붙인 국명으로, 국호는 진(秦)이다. 같은 이름의 나라

(315~394)와 구별하여 이 나라를 후진(後秦)이라 부른다. 후진(384~417)은 중국 오호십육국 시대의 강족 요장(姚萇)이 건국한 나라이다.

- 삼장법사(三藏法師)는 경(經)·율(律)·논(論) 삼장에 모두 정통한 사람을 이르는 말이다. ① 후진의 서역승 구마라습(鳩摩羅什, 쿠마라지바, 344~413), ② 양나라 무제 때의 서인도승 진제 (眞諦, 파라마르타 Pramārtha 파라말타 波羅末陀, 구나라타 拘那羅陀·親依, 499~569), ③ 당나라 현장玄奘, 602~664), ④ 당나라 때 실론승(스리랑카) or 서북인도승 불공(不空, 불공금강不空金剛, 아모가바즈라 Amogha-vajra, 705~774) 등을 중국 4대 역경사이라 칭한다. 삼장교(三藏教)는 부처님의 가르침인 경율론 전체를 뜻하는데, 중국 천태종에서는 소승의 가르침으로 격하했다.

98) 사찰의 호랑이 벽화는 18세기 이후에 등장한 그림으로 길상과 벽사의 상징이다. 동남방에 붉은 범 (赤虎)를 서쪽에 백호(白虎)를 그렸다. 흔히 까치호랑이 그림은 액막이와 기쁜 일을 기원한다. 정초에 액운을 막고 좋은 일만 생기라는 의미를 담아 집안에 붙여두는 세화(歲畵)의 일종이다. 중국 원나라와 명나라 때 호랑이 그림인 유호도(乳虎圖) 또는 자모호도(子母虎圖)란 명나라 그림(어미 호랑이가 새끼를 돌보는 모습을 표현)에서 연원이 된다. 임진왜란 때 명나라로부터 전래되었다. 17 세기부터 조선화 양상으로 그림은 18세기에 사실적인 화풍이 득세하면서 명나라 그림처럼 입체적 표현이 등장하였으나 배경은 보다 간략화되고 표현주의적인 화풍이 선보였다. 19세기에 민화로 즐겨 그려지면서 까치와 호랑이의 관계가 단순히 주인공과 배경의 관계를 넘어서 흥미로운 설화로 각색되었다. 호랑이는 탐관오리와 같이 힘과 권력 있는 사람을 상징하고, 까치는 민중을 대표했다. 호랑이는 바보스럽게 표현되고 까치는 당당하게 묘사되면서 호랑이가 까치에게 쩔쩔매는 모습으로 표현됐다. 신분간의 갈등문제를 우화적이고 풍자적으로 나타낸 것이다. 원래 호랑이는 액막이이고, 까치는 좋은 소식을 가져다주는 길상의 상징이었다. 민화 속 까치호랑이에서는 이러한 상징과 더불어 신분간의 문제를 덧붙임으로써 감상자로 하여금 카타르시스를 느끼게 했다. 육당 최남선은 우리나라를 '호랑이 이야기의 나라(虎談國)'라고 표현했다. 호돌이는 1988년 서울올림픽 마스코트 로 등장했다.

99) 경북 경주 불국사의 자하문(紫霞門)은 '자(紫)'는 자금(紫金)색을 말한다. 붉은 기운이 감도는

황금색으로 부처님 몸을 가리킨다. 자하(紫霞)는 부처님[자]의 서기가 노을[하]처럼 널리 퍼져있는 것을 나타내는 부처님 세계를 말한다. 불국사 안양문(安養門)을 들어가면 극락으로서 부처님 세계로 들어가는 문이다. 부처님 경지를 나타내는 불이문과 같은 개념이다. 극락은 여러 불국정토 가운데에 아미타 부처님이 주재하는 정토를 말한다. 극락에 있는 이들은 다른 불국토에 계신 불보살님에게 공양 올리고[양(養)] 편안한 마음[안(安)]으로 돌아온다고 하여 안양이라 한다. 또는 극락에는 모두 마음은 편안하고 몸은 건강하기에 안양이라고 한다. 극락은 땅, 나무 등이 모두 칠보 [일곱 가지 보석]로 장엄되어 있다. 극락에 태어날 때는 어머니 몸을 빌리지 않고, 연꽃 속에서 태어난다고 전한다.

100) 옥호(玉毫)는 32상(相)의 하나로, 부처님의 두 눈썹 사이에 있는 희고 빛나는 가는 터럭을 말한다. 백호상(白毫相)이라고 한다. 일황(日晃)은 해와 같이 밝음을 뜻한다.

101) 경남 하동 쌍계사 팔영루(八泳樓)는 팔(八) 자는 부처님의 여덟 가지 음성으로 극히 아름답고, 유연하며, 조화롭고, 들으면 깨닫게 되고, 외도를 굴복하게 하고, 바른 견해를 갖도록 하며, 깊고 멀리까지 들리며, 거침이 없어 듣는 사람으로 하여금 깨닫게 하는 것을 나타냈다. 영(泳)자는 이러한 부처님의 목소리는 물고기가 뛰놀듯, 산을 오르듯 자유자재하여 범패를 나타냈다. 진감선사는 범패를 잘해 능히 부처님을 환희케 했다고 한다. 중국 범패와는 달리 그 소리가 섬진강에 뛰노는 물고기 모습을 범패로 표현하여 어산(魚山)을 창안하여 보급했다. 진감선사는 내면의 세계를 안으로 추구하는 선(禪)과 밖으로 표출하는 범패가 둘이 아님을 일깨워 주었다. 출처 : 《불교신문》(2021.6.9.). 권중서 "죽기 전에 꼭 가봐야 할 사찰-호리병 속 별천지 하동 쌍계사"

102) 공양구(供養具)에는 촛불을 피우는 촛대, 향을 피우는 향로, 깨끗한 불을 공양하기 위한 정병(淨瓶) = 다기(茶器) 등이 있다. 고려 때의 은입사 향로, 청동이나 청자로 만든 정병은 최고급의 공양구로 알려져 있다.

103) 도량석(道場釋)은 사찰 즉, 가람의 도량을 깨운다. 또는 도량을 풀어준다.라는 뜻으로 행한다. 주요 전각과 건물을 돌면서 목탁이나 경쇠를 치며, 염불하거나 경전을 독송하는 아침 때 의식을 가리킨다.

■ 종송(鐘頌)은 매일 아침저녁으로 한다. 그 이유는 미혹에 빠진 중생의 깊은 잠을 깨워주며,

지옥에서 고통받는 중생들에게 극락세계의 모습(莊嚴 장엄)을 일러주고, 귀의 발원하도록 하기 위해서다.

- 사시 예불(巳時禮佛)은 오전 9시~11시를 가리키는 사시에 부처님과 여러 보살님께 드리는 의식이다. 일반적으로 오전 10시 또는 10시 30분부터 천수경을 시작으로 하여 여러 게송(偈頌)을 한 후, 예불을 올리는 데 이를 마지(摩旨) 예불이라고 한다. 사시 예불은 조석(朝夕)예불과 달리 '지심정례공양(至心頂禮供養)'으로 시작한다. 즉, "지극한 마음으로 머리를 숙여 공양을 올립니다."라는 내용이다. 나머지 내용은 조석예불과 같지만, 마지막 부분인 '유원(唯願)' 단락에서는 '수아정례(受我頂禮)' 대신에 '수차공양(受此供養)'이라 하여 "이 공양을 받으시어"라고 하는 것이 다르다. 사시 공양은 하루에 한 끼를 드신 부처님이 수행처에서 마을에 나아가 일곱 집을 다니며 걸식을 했는데, 음식을 받아 다시 수행처로 돌아와 음식을 드신 시간이 사시(巳時)여서 그런 까닭으로 사찰에서는 지금까지 사시에 제불보살님께 공양을 올리는 의식을 행하고 있다.

104) 《불교신문》(2020.2.29.). 이정우, "청년을 위한 불교기초강의(51) 제야의 종 33번 치는 이유는?"

105) 송주(誦呪)는 항상 외워야 할 불교의 게송(偈頌)인 다라니(陀羅尼)를 말하는데, 아침과 저녁송주가 있다. 원래 주(呪)는 범어 다라니(Dharani)의 번역으로, 선법을 모두 지녀서 잃어버리지 않고 악법을 막아서 일어나지 않게 하는 불가사의한 힘이 있다. 또 이를 성취시킨다고 하여 번역하지 않고 그대로 독송한다. 송주는 단순히 독송의 의미보다 독송에 신비한 효력을 더한 신앙적 의미가 더 있다.

106) 《현대불교》(2011.4.12.), 윤창화, "선원총림을 찾아서32-법고, 운판, 목어, 백추, 경"

107) 조선시대 국학인 성균관에는 명고법(鳴鼓法)이 있었다. 죄를 지은 학생은 벌문(罰文, 죄명을 적은 글)을 써 붙이는데, 이를 '명고출송(鳴鼓出送)'이라 한다. 북을 짊어지게 하고, 주변 사람들은 그 북을 두들기며 성토(聲討)하여 수표교 밖으로 쫓아냈다. 또는 원노(院奴)를 시켜 북을 울리며, 서원 밖으로 내몰기도 하였다.

108) 방선(放禪)은 참선이나 좌선, 간경(看經)하는 시간이 다 되어 공부하던 것을 쉬는 것을 가리킨다. '선 낸다'라고 하는데, '한가로이 뜰을 걷는 일'과 같이 포행하는 것을 말한다. 그 반대는 입선(入禪)으로 선방에서 좌선하거나 강당(講堂)에서 간경(看經)을 시작할 때, 대중에게 시작을 알리는

것을 말한다. 종두(鐘頭)가 선(扇)을 들이기도 하고, 죽비를 치기도 한다. 파정(把定)은 죽비(竹篦)를 치고 입선(入禪)을 하거나 입정(入定)을 하는 것을 말한다.

■ 선수행에서 파정(把定, 지혜작용인 선기禪機를 잡아 정함)과 방행(放行, 놓아버림)의 방법이 있다. 방행은 스승이 수행자에게 일체를 허용해 주어서 수행자의 자유에 맡기는 것이다. 파정은 방행과 반대로, 수행자의 일체를 빼앗아 버리는 것이다. 수행자의 망견을 빼앗아 '나'가 발붙일 틈이 없게 하여 일체의 생각과 언설이 종적을 감추게 하는 작용이다. 파정을 파주(把住)라고도 한다. 중국 송나라의 원오극근(圜悟克勤, 1063~1135) 선사가 편찬한 《벽암록》 제4칙 '방행야와력생광 파정야진금실색'(放行也瓦礫生光 把定也眞金失色)은 방행하면 와력(瓦礫, 하찮은 물건이나 사람)도 빛을 발하고, 파정하면 진금(眞金)도 빛을 잃는다. 서울 봉은사 심검당 앞 기둥에 쓰인 파정과 방행이란 글자는 1941년 일초태욱 주지에 의해 처음 쓰였다고 전한다.

■ 간경(看經)은 경전을 소리 내지 않고 속으로 읽는 것(默讀)으로 선원에서 경전을 눈으로 본다는 의미를 말한다. 경(經)을 읽거나 암송하기보다는 '경을 본다'라고 표현한 것은 경전을 통해 마음을 비치어 알아차린다는 의미로 '관경(觀經)'이라 한다. 조선 후기의 백파긍선(白坡亘璇, 1767~1852)이 편찬한 《작법귀감》과 안진호가 1935년 편찬한 《석문의범(釋門儀範)》에 나오는 '삼보통청(三寶通請)'에는 "간경하는 자는 지혜의 눈이 밝아진다.(看經者 慧眼通透)"라고 했다.

109) 《현대불교》(2011.4.12.), 윤창화, "선원총림을 찾아서32 – 법고, 운판, 목어, 백추, 경"

110) 《불교신문》(2005.07.16.), 허균, "불전 사물목어, 운판"

111) 《현대불교》(2011.4.12.)

112) 경북 상주 남장사 극락보전 내부 포벽에 그려진 〈이백기경상천도(李白騎鯨上天圖)〉의 목어 그림은 묵서의 글씨 그대로 "시인 이태백이 고래를 타고 하늘로 올라간다."는 뜻이다. 사중의 전설에 따르면, ① 당나라 시선(詩仙)이며 주선(酒仙)인 이태백이 달밤에 채석강에서 뱃놀이하던 때 강물에 비친 달을 건지려다 물에 빠져 죽자. 그의 혼백이 기어코 달을 따려고 고래를 타고 하늘로 향한다는 설이다. ② 물에 빠져 죽은 이태백이 극락으로 가는 반야용선을 놓쳐 하는 수 없이 고래를 잡아타고, 반야용선의 뒤를 쫓아가는 모습을 그린 것이라는 설이 전한다.

113) 오늘날 사찰에서 범종을 치는 횟수는 새벽 예불 전에 28번, 저녁 예불 전에 33번을 치는 법식을

따른다. 조선 초기부터 도성의 통행금지와 해제를 알렸던 타종 횟수가 일치하지만 순서가 다르다. 6.25전란 이후 우리나라 불교종단에서 불교의 우주관 즉, 온 하늘을 상징하는 33천(天)과 밤하늘을 상징하는 28수(宿)를 바탕으로 행하고 있다. 그러나 전통적인 타종 횟수는 지금의 형식과 다르다.

조선후기 영조 ~ 철종 때의 선승 백파긍선(白坡亘璇)이 1826년에 종합의례서로 편찬한《작법귀감(作法龜鑑)》〈격금규(擊金規)〉에는 "종을 새벽에 28번을 치고, 저녁에 36번을 친다." 새벽의 28번은 "동쪽에 있는 3과 8은 목(木)이며, 3×8=24가 되고, 여기에 사유(四維, 동서남북 내 방위)의 개벽을 겸하고 있기 때문"에 28이 된다고 전한다. 또 저녁의 36번은 "서쪽에 있는 4와 9는 금(金)으로써 4×9=36이 되기 때문이다."라고 하였다. 구한말의 승려 안진호(安震湖, 震湖錫淵)가 1935년 4월에 처음 간행한《석문의범(釋門儀範)》등 의식집에서도 아침 28번, 저녁 36번의 범종을 친다고 기록되었다.

114) 28번 숫자는 중생의 세계를 어떻게 분류하는가에 따라 28이 나온다. ① 중생이 사는 세상은 욕계 · 색계 · 무색계 등 삼계(三界)로 되어 있다. 그 가운데에 4악취(四惡趣, 지옥 · 악귀 · 축생 · 아수라), 4주(四洲), 욕계 6천(天)이 있고, 색계 7천 · 무색계 4천 등 이십오유(二十五有)의 중생 세계가 있다. 3계와 25유를 합쳐 28이 된다. ② 욕계 6세계(지옥 · 아귀 · 축생 · 아수라 · 인간 · 천), 색계 18천, 무색계 4천으로 그 합이 28세계가 된다.

115) 우리나라에서 제야의 종 행사는 1927년 2월 16일에 첫 방송을 시작한 경성방송국(호출부호 JODK)이 1927년 일본 도쿄의 칸에이지(寬永寺)에서 최초로 열렸던 제야의 종 행사를 흉내 내어 1929년도 정초에 스튜디오 현장에서 종을 울려 방송한 것이 최초이다. 당시 사용한 종은 서울시 남산 아래에 있던 일본인 사찰 동본원사(히가시혼간지) 경성별원에서 빌렸다고 한다. 출처:《나무위키》

- 제야의 종 행사는 근대 이후 전파매체의 발달로 '만들어진 전통'이란 주장이 정설이다. 1927년 무언가 의미있는 연말 행사를 기획하던 일본 JOAK(도쿄방송국, NHK의 전신)는 자국의 선종계열 사찰에서 아침저녁으로 108번 타종하던 잊힌 풍습이 있음을 알고, 한 해의 마지막 날인 오미소카(大晦日) 때 일본 천태종 계열의 칸에이지(寬永寺)에서 108번 타종하는 소리를 라디오 전파로 전국 방송한 것이 최초의 제야의 종 행사이다. 오늘날 널리 쓰는 제야의 종,

일본어 발음으로 조야노카네(除夜の鐘)라는 행사명칭은 1927년 JOAK의 타종 방송 프로그램 제목에서 유래했다. 1928년에는 정토종 계열 사찰인 교토 치온인(知恩院)에서도 JOBK(오사카 방송국)을 통해 제야의 종 타종식을 송출하면서 일본 전역에 널리 퍼지는 계기가 되었고, 이후 종파에 관계없이 일본불교 사찰의 전통 연말행사로 자리매김하게 됐다. 일본 NHK의 새해맞이 프로그램이었던 '유쿠토시쿠루토시'(ゆく年くる年, 가는해 오는해)란 제목은 텔레비전 생중계가 시작된 1955년에 변경한 것이다. 이때부터 원조(?)라 할 수 있는 선종사찰 에이헤이지(永平寺) 등이 등장했다. 동명의 라디오 프로그램은 2017년을 끝으로 폐지되었다. 일본의 상술까지 반영된 제야의 종은 마지막 108번째 타종이 1월 1일 0시에 딱 맞춰지도록 치기 때문에 12월 31일 기준으로 107번 치고, 1월 1일 기준으로 1번 치게 된다. 출처:《나무위키》

■ 영국 런던에서는 1월 1일 00시에 타종하는 빅벤(ig Ben, 1859년 5월 31일 완공, 웨스트민스터 궁전)이 제야의 종 역할을 대신한다. 서양이나 중국에서는 불꽃놀이로 새해를 맞이하고, 조선 말기에 발간된 《한양세시기(漢陽歲時記)》·《동국세시기》·《열양세시기》 등 풍속기에는 음력 섣달그믐 밤에 대궐 안에서는 대포(年終砲)를 쏘아 역귀를 쫓는 나례풍속(儺禮風俗)을, 민가에서는 지포(紙砲)를 놓거나 폭죽(爆竹)·지전(紙錢) 소리로써 역귀를 쫓던 풍속이 있었다.

116) 용뉴(龍鈕)는 '용의 모습을 취한 고리'라는 뜻이다. 범종 꼭대기에 박진감 있고 사실적인 조각 수법으로 생동감을 주는 용 모양의 고리가 달려 있다. 이 고리를 만들어 붙이는 것은 종각(鐘閣)에 종을 걸기 위해서이다. 이곳에 쇠막대를 끼우거나 쇠줄 등을 연결하여 종각에 매달게 된다. 에밀레종으로 불리는 성덕대왕 신종의 용뉴 역시 용(포뢰) 한 마리가 천판 위에 달라붙어 머리를 땅에 박고 뒷발로 힘을 주면서 용통을 힘겹게 짊어지고 있는 모습이다. 휘어져 올라간 등줄기가 걸쇠(고리)로 되었는데 종신이 커서 무게를 지탱하기 위해 그랬는지 머리와 배 부분의 밀착 부위가 더욱 넓고 몸통의 살집도 더 좋다. 그리고 용통 앞 굽은 등줄기 위에는 여의주(如意珠)라고 생각되는 구슬 하나가 불꽃에 휩싸여 올려져 있다. 천판에 머리를 박고, 있는 대로 입을 벌린 용(포뢰)의 사실적인 표현은 고래의 공격을 받고 고통에 못 이겨 울부짖는 모습 그대로이다.

117) 조선 후기 이익은 《성호사설(星湖僿說)》(1721년)에서 명나라 학자 사조제(謝肇淛)의 글을 인용하여 첫째 포뢰(蒲牢), 둘째 수우(囚牛), 셋째 치문(蚩吻), 넷째 조풍(潮風), 다섯째 애자(睚眦), 여섯째

비희(贔屭), 일곱째 폐한(狴犴), 여덟째 산예(狻猊), 아홉째 패하(霸下)라고 기술했다. 중국 명나라 때의 호승지(胡承之)는 《진주선(眞珠船)》에서 첫째 비희(贔屭), 둘째 치문(鴟吻), 셋째 포뢰(蒲牢), 넷째 폐안(狴犴), 다섯째 도철(饕餮), 여섯째 리수(螭首), 일곱째 애자(睚眦), 여덟째 산예(狻猊) 또는 금예(金猊), 아홉째는 초도(椒圖)이라고 용생구자(龍生九子, 용왕의 아홉 아들)를 소개했다.

- 용생구자(龍生九子)의 전설은 1세기경 중국 후한(後漢)의 반고(班固)가 지은 《서도부주(西都賦註)》에 "바다에는 고래가 있고 바닷가에는 포뢰가 있다. 포뢰는 고래를 무서워하여 보기만 하면 우는데 그 울음소리가 꼭 종소리와 같다."고 처음 기록했다. 또 중국 유송(劉宋) 시대에 담마밀다(曇摩蜜多, Dharmamitra)가 441년에 중국 강소성(江蘇省) 양도(楊都)의 기원사(祇洹寺)에서 번역한 일명 《사미위의경》으로 불리는 《용왕경(龍王經)》에는 "아홉 종류의 용 가운데 포뢰가 특히 울기를 좋아한다."

118) 《현대불교》(2011.4.12.)

119) 백추(白槌)는 법문을 시작하기 전에 건추(犍椎)를 울려서 행사를 알린다. 이 의식을 명추백사(鳴槌 白事)라고 한다. 또는 그렇게 알리는 용도로 쓰이는 건추 자체를 백추라 하기도 한다. 백(白)은 고백(告白), 추(槌)는 율원(律院)에서 대중에게 정숙을 알리기 위해 치던 건추에서 비롯한 명칭이다. 설법을 시작하면서 "법석에 앉은 대중이여, 마땅히 불법의 근본적인 뜻(第一義)을 꿰뚫어 보시오!" 라는 의례적인 첫 말은 백추를 울리고 의식을 선언하는 뜻이다. 《백장청규(百丈淸規)》 권3 〈개당축수조(開堂祝壽條)〉에는 "모든 산문의 상수(上首) 중에서 백추의 소임을 맡은 스님이 나와 건추를 한 번 울리고, 법석에 앉은 대중이여, 마땅히 제일의를 관찰하시오라고 말한다. … 설법을 마치면 백추를 담당하는 소임자가 다시 건추를 한 번 울리고, 법왕의 법을 자세히 관찰하시오. 법왕의 법은 이와 같습니다라고 말한다."(諸山上首 出白椎 鳴椎一下云 法筵龍象衆 當觀第一義 … 結座 白椎人 復鳴椎一下 白云 諦觀法王法 法王法如是) 《백운화상어록(白雲和尙語錄)》 상권.

120) 《현대불교》(2011.4.12.)

121) 사찰에서의 일과는 "울력(運力)으로 시작해서 운력(雲力)으로 끝난다." 울력(運力)은 여러 사람들이 힘을 합쳐서 하는 일이라는 순우리말이다. 즉, 아침 예불을 시작으로 사시공양 등 모든 사람이 함께 울력을 한다. 운력(雲力)은 많은 사람이 구름같이 모여 일을 한다는 의미이다. 하루의

일과는 모든 사람이 모인 가운데, 저녁예불과 독경 또는 자자포살을 통해 마치기 때문이다.

122) 예불(禮佛, 부처님께 예배드림)은 불보살을 공경하고 예배하는 의식이다. 공경하고 따르겠다는 마음의 표시를 불상 앞에 드리는 것을 가리킨다. 일곱 번 절한다고 하여 칠정례(七頂禮)라고 한다. 그 방법은 지심귀명례(至心歸命禮, 지극한 마음으로 예를 표함)로 시작하는 큰절을 7번 올리고, 저두례(低頭禮, 합장한 상태에서 고개숙임, 반배인사)와 마지막에 한번 고두례(叩頭禮, 마지막 절에서 다시 머리를 조아림)를 행한다. 불교 승가의 의례규범인 예불의식은 상단 칠정례가 핵심으로, 예경의식을 공양 의궤화한 모습이다. 고려 보조국사(普照國師) 지눌(知訥)선사가 1205년 동안거(冬安居) 입재날을 기해 수선사(修禪寺)의 청규(淸規)로 만든 《계초심학인문(誡初心學人文)》은 고려판 백장청규(百丈淸規)라 불린다. 이 책 제8과 부분 ~ 이경(赴焚異境)편에 "향 사르고, 예불에 나아가되 조석으로 부지런 해야한다."(赴焚修 須早暮勤行)고 했다. 1935년 발행된 《석문의범》에서는 조석예불 공덕으로 모두 극락왕생하기를 기원한다는 의미를 적었다. 오늘날 우리나라의 조석예불 때 행하는 칠정례(7번 절하면서 예를 올리는 것) 예불문은 1955년에 운허용하 대사가 경기도 남양주 봉선사 홍법강원(弘法講院) 제자들과 함께 기존 예경문을 총정리한 것이다. 아침저녁(朝夕)과 사시 예불문에 "지극한 마음으로 귀의하고 예배드린다."라는 지심귀명례(至心 歸命禮)와 "지극한 마음으로 머리를 숙여 공양을 올립니다."라는 지심정례공양(至心頂禮供養)이 일곱 번 나온다고 하여 칠정례(七頂禮)라고 한다. 칠정례를 끝낸 다음, 그 뒤를 이어 읽는(頌) 것이 이산혜연선사 발원문(怡山慧然禪師發願文)의 순서다. 그다음 반야심경을 하고, 예불을 마치게 된다. 이 발원문과 행선축원문(行禪祝願文)은 개개인을 위한 원(願)이라기보다는 모든 중생을 위한 서원으로 수행자가 하는 기도 발원문이므로 예불에 참여한 불자들은 소리 내지 말고, 마음속으로만 따라 하면 된다.

- 삼축(三祝)은 축원할 때 수명, 부귀, 다남자를 축원하는 것을 말한다. 중국 화북(華)지역의 봉인 (封人)이 이 세 가지로써 요나라 임금을 축도했던 데에서 처음 유래하였다. 《장자(莊子)》〈천지 (天地)〉로 기록됐다.

123) 사생(四生)은 네 가지 형태로 태어나는 중생들의 세계를 말한다. ① 태생(胎生)은 인간, 네 발 짐승과 같이 어미의 태반을 통해 태어나는 것. ② 난생(卵生)은 닭, 오리, 새, 거북 등과 같이

알에서 깨어나는 것. ③ 습생(濕生)은 모기, 파리 등 습기가 있는 곳에서 부화하는 곤충들. ④ 화생 (化生)은 낳는 자가 없이 업력(業力)에 의해 홀연히 태어나는 것을 말한다. 즉, 천신이나 귀신·아수라 같은 것들이 여기에 해당한다. 불교 입장에서 보면, 예수나 여러 신들이 화생에 속한다.

124)《진주임제혜조선사어록(鎭州臨濟慧照禪師語錄, 臨濟錄)》은 중국 당나라 임제종의 시조 임제의현 (臨濟義玄, ? ~ 867) 선사의 법어와 언행을 그의 사후에 제자 삼성혜연(三聖慧然) 선사가 편찬한 선어록(禪語錄)이다.《임제록》4장 〈감변(勘辨, 스승의 옳고 그름을 다룸)〉에서 "보화(普化, ?~860 년) 선사가 늘 시장거리에서 요령을 흔들면서 밝은 것으로 오면 밝은 것으로 쳐부수고, 어두운 것으로 오면 어두운 것으로 쳐부수며, 사방팔면(여러 가지의 차별 경계)에서 오면, 회오리바람처럼 자유자재하게 두루두루 쳐부수고, 허공(아무 종적이 없는 경지)으로 오면 계속하여 쳐부순다."(因 普化 常於街市搖鈴云 明頭來明頭打 暗頭來暗頭打 四方八面來旋風打 虛空來連架打)

125) 바라지는 순우리말로 '옆에서 돕는다'는 뜻의 불교 용어이다. 흔히 옥바라지·해산바라지· 뒷바라지 등 온갖 궂은일을 도와주는 것으로 쓰인다. 원래는 불교에서 재(齋)를 올릴 때 법주(法 主, 법회 주관자)를 도와 옆에서 경전을 독송하거나 가영(歌詠, 불보살을 칭송하는 내용의 범패梵 唄)을 부르는 집례자를 가리킨다.

126) 인드라(因陀羅)는 고대 인도의 리그베다(Rigveda) 신화에 나오는 천신(天神)이다. 불교에서 인드라(Indra)는 제석천의 궁전을 장엄하는 그물을 가리키는 용어이다. 인드라망(Indrajāla, 인드라의 그물, 帝網)은 욕계(欲界)의 천신들의 왕 인드라가 거주하는 선견궁전의 하늘을 덮고 있는 그물이다.《대방광불화엄경》에는 인드라망(因陀羅網)의 비유가 등장하는데, 온 세계가 인드라망의 보배 구슬들과 같이 중중무진의 관계를 맺고 있다는 비유로 사용되었다.

127) 백장청규(百丈淸規)는 중국 당나라 때 마조도일 선사의 제자이며, 황벽희운의 스승 백장산회해 (百丈山懷海, 749~814) 선사가 대력 연간(766~778)에 처음 창안한 것이다. 중국 강서성 남창부 (南昌府) 봉신현의 백장산(百丈山) 대웅봉(大雄峰) 기슭에서 살았기에 백장이라 불렸다. 법명은 회해(懷海)로 중국 위앙종과 임제종의 제9대 조사이다. 백장청규는 선문의 수행과 생활규범을 정한 것이며, 선문에서 '총림(叢林)'이라는 제도가 백장선사로부터 시작됐다. 이 청규는 "일일부작 일일불식"(一日不作 一日不食, 하루 일을 하지 않으면 하루를 먹지 않는다)이라는 유명한 구전의

내용 이외에 원문이 모두 없어졌다. 백장의 문하인 덕휘선사가 제정한 청규 8권이 현전하고 있다.

128) 백팔번뇌(百八煩惱)는 ① 안·이·비·설·신·의(眼耳鼻舌身意)의 육근(六根)이 색·성·향·미·촉·법(色·聲·香·味·觸·法)의 육경(六境)을 접촉할 때 각각 호(好, 좋음)·오(惡, 나쁨)·평등(平, 같음)의 세 가지가 서로 같지 않아 108번뇌를 일으키고, 또 고(苦, 괴로움)·락(樂, 즐거움)·사(捨, 편안함)의 삼수(三受)가 있어 18번뇌를 일으키니 모두 합하여 36종이고, 여기에 과거·현재·미래의 3세를 곱하면 108번뇌가 된다. ② 여섯 가지의 작용들이 각각 좋고(好)·나쁘고(惡)·좋지도 않고 싫지도 않고(平)·괴롭고(苦)·즐겁고(樂)·괴로움도 아니고 즐겁지도 않은(捨) 여섯 가지가 있어 모든 번뇌를 36가지(6×6)로 보고 여기에 과거·현재·미래의 3세를 곱하면 108번뇌로 보는 견해가 있다.

묵주(默珠, 라틴어 Rosarium) 또는 로사리오는 라틴어로 장미 화관을 뜻하는 로사리우스(Rosarius)에서 유래한 말로, 가톨릭계의 대표적인 성물이다.

129) 빠알리대장경의 팔리어 짧은 시 모음집《쿳다까 니까야((Kuddaka-nikaya, 小部)》〈장로계경(長老詩, 장로 승려들의 말씀, 테라가타 Thera Gāthā)〉제8경에는 "맛있는 것이든 거친 것이든 적은 양이든 많은 양이건. 탐욕을 여의고 미혹을 여의고, 목숨을 부지하기 위해 먹었다."(Thag.923) 식사할 때는 음식을 즐기기 위해 먹지 말라고 했다. 깨달음을 성취하기 위한 목숨을 기르기 위해 먹어야 함을 강조한 뜻이다.

130) 공양의 종류는 부처님께 공양 올리는 것을 불공(佛供)을 드릴 때는 법당을 장엄하는 경(敬)공양과 음식을 준비하여 올리는 이(利)공양, 부처님의 가르침을 설하기 위해 독경하는 행(行)공양의 세 가지를 잘 갖추어야 한다. 불공드릴 때 불단에 올리는 공양을 마지(摩旨)라고 하는데, 공들여 만든(摩) 맛있는 음식(旨)이란 뜻이다. 불보살의 무덤을 기념하는 탑파공양(塔婆供養), 돌아가신 분을 위한 추선공양(追善供養), 아귀(餓鬼)를 위한 시아귀공양(施餓鬼供養), 불상과 탱화 등에 종교적인 생명을 불어넣기 위한 개안공양(開眼供養), 범종공양(鐘供養) 등 불교의 주요 행사로 행해지고 있다. 또한 승려의 식사나 재가신도가 사찰에서 식사하는 것도 공양이라는 용어를 사용한다. 이때 식사시간을 공양시간이라 한다. 모든 공양에는 시주한 사람들의 보시 공덕과 수고로움이 깃들어 있기에 그 은혜를 잊지 않으려는 마음을 스스로 담아서 먹는다.

131) 김봉건, 《전통 중층 목조건축에 관한 연구》, 서울대 대학원 박사학위논문, 1994. 7쪽.

132) 삼신불(三身佛)은 ① 진리(法)의 몸을 가리키는 법신불(法身佛, 영원불변의 진리를 몸으로 한 부처님)으로 청정법신 비로자나불이라 한다. ② 공덕의 몸을 가리키는 보신불(報身佛, 오랜 수행의 과정을 거쳐 얻은 무궁무진한 공덕을 몸으로 한 부처님)은 아미타불과 약사여래 등이 있다. ③ 변화의 몸을 가리키는 화신불(化身佛, 중생을 교화하기 위해 여러 가지 형상으로 변하는 부처의 몸)을 가리킨다. 중생제도를 위해 중생과 같은 육체를 지니고 현실세계에 나타난 석가모니불(釋迦牟尼佛)을 가리킨다. 삼신설에는 ① 자성신(自性身), ② 수용신(受用身), ③ 변화신(變化身) · 응신불(應身佛)의 내용으로도 부른다.

133) 감로(甘露)는 범어(梵語)로 불멸 · 불사를 뜻하며 인도 신화에 나오는 생명수인 암리타(Amrita)의 번역어이다. 천인이 음료로 쓰는 꿀과 같은 불로 · 불사 · 기사회생의 영액으로, 인도 신화에서 신들에게 애용되는 음료인 소마(Soma, 神酒)의 다른 이름이다. 불교에서는 여러 하늘신(諸天)이 불덕(佛德)을 찬탄하여 내리게 한다. 감미로운 불사(不死)의 약이라 하여 불교가 중생을 구제하는 데 다시 없는 교법(敎法)임을 나타낸다.

134) 통도사 대웅전 편액의 뜻은 대웅전(大雄殿)은 석가모니 세존을 모신 곳이라는 뜻이다. 대방광전(大方廣殿)은 진리의 몸인 법신불이 상주하는 대화엄(大華嚴)의 근본 도량이라는 뜻이다. 부처님의 진신사리를 모셨기에 적멸보궁(寂滅寶宮)이라 하였다. 석가모니의 진신 사리탑은 깨뜨릴 수 없는 금강과 같은 계율의 근본도량이라는 뜻에서 금강계단(金剛戒壇)이라 하였다. 통도사 금강계단은 신라의 자장율사(590~658)는 645년에 계단(戒壇)을 쌓고, 보름마다 불법을 설(說)하여 계율종(戒律宗)의 근본 도량이 되었다. 대웅전을 비롯한 통도사는 646년(신라 선덕여왕 15)에 자장율사가 세웠다. 대웅전 건물은 임진왜란 때 불에 탄 것을 1645년(조선 인조 23)에 다시 지은 것이다.

135) 통도사 금강계단은 부처님이 항상 그곳에 있다는 상징성을 띠고 있으며, 금강과 같이 단단하고 보배로운 규범이란 뜻이다. 배전(拜殿)인 대웅전의 전면(남쪽)에는 결코 깨어지지 않는 금강석처럼 계율을 지킨다는 뜻에서 금강계단(金剛戒壇), 금강계단을 직접 대하는 북쪽에는 부처님의 진신사리를 봉안하고 있다는 의미에서 적멸보궁(寂滅寶宮), 동쪽면에는 석가모니를 모신

불전이라는 뜻에서 대웅전(大雄殿), 서쪽면에는 영원한 진리와 우주의 본체를 상징하는 법신불이 상주하는 도량이라는 의미에서 대방광전(大方廣殿)이라는 4개의 편액이 걸려 있다.

136) 한국불교태고종의 총본산인 조계산 태고총림 선암사(仙巖寺)는 2015년 2월부터 조계종단과 공동 관리하고 있는 사찰이다. 529년(백제 성왕 7) 아도화상이 창건한 비로암 터에 742년(신라 경덕왕 원년) 도선국사가 창건했다고 전한다. 선암사는 절 서쪽의 10여 장(丈)이나 되는 평평한 바윗돌인 선암(대각암)에서 옛 선인들이 바둑을 두었다고 하여 붙여진 이름이다. 875년(신라 헌강왕 원년)에 도선국사가 창건한 선암사에 3층 쌍탑이 남아 있으나 세 가지는 없다. 첫째, 사천왕문이 없다. 조계산 주봉인 장군봉의 장군인 수호신이 가람을 지켜주기 때문이다. 둘째, 대웅전에 협시보살이 없다. 주불로 모신 석가모니 불상이 항마촉지인을 하여 마왕을 다 물리치기 때문이다. 셋째, 대웅전 정중앙 문을 드나들 수가 없다. 어간머름의 문턱을 만들어 놓았기 때문이다.

  ■ 한옥에서 장지문(障子門, 대청이나 큰 방의 중간을 막은 문)과 비슷한 용도의 '머름'은 방풍이나 시선 차단을 위하여 양쪽 기둥에 어미동자를 대고, 그 사이에 솟을동자를 세운 다음 머름청판(廳板, 머름착고널)을 끼워 하방(下引枋, 문지방, 아랫중방)을 높인 것이다. 실질적 기능뿐만 아니라 미관상으로도 집을 안정감이 있고 수려하게 하기에 격조 있는 건물들에 많이 쓰인다.

137) 통도사 대광명전(大光明殿) 내부의 묵서(墨書)인 '화마진언(火魔眞言)'은 내부 동남서쪽 평방부에다 화재를 막기 위해 묵서(墨書)가 쓰여 있다. 이것은 목조건물의 화재를 방지하기 위한 일종의 방화부적(防火符籍)이다. 그 내용은 "吾家有一客(오가유일객, 우리 집에 손님이 한 분 있는데) 定是海中人(정시해중인, 틀림없는 바다의 사람이라) 口呑天藏水(구탄천장수, 입으로 하늘에 넘치는 물을 뿜어) 能殺火精神(능살화정신, 능히 불의 귀신을 죽일 수 있으리)"이다. 천창수(天藏水)는 '하늘에 넘치는 물'로 해석하는데, 이는 곧 비를 의미하며 용왕이 비를 내려 화재를 막아낸다는 뜻이다. 또 대광명전 바깥 측면의 용(龍) 그림 벽화는 보살 또는 선묘낭자의 모습으로 유명하다.

138) 노사나불(盧舍那佛)은 바이로차나(Vairocana, 골고루 비추는 빛)의 음역인 비로자나(毗盧遮那)의 다른 이름으로, 비로자나불과 같은 존재이다. 태양이나 달에 비견되는 비로자나불은 이를 의역하여 '위대한 빛(태양)의 여래'라는 뜻을 가진 밀교의 대일여래(大日如來)이다. 즉, 인간

세상에 모습을 드러낸 석가모니불 이전에 그 원형이 되는 부처를 가리킨다. 비로자나불을 대신해 그 가르침을 설파하는 존재인 노사나불은 《화엄경》에서 불법을 설파하는 주체로 등장하는 경우가 많아서 《화엄경》을 《노사나경》으로 부르는 이유이다. 《월인천강지곡(月印千江之曲)》(1447년)에는 "부처가 백억세계(百億世界)에 화신(化身)하여 교화하심이 달이 일천 강에 비치는 것과 같다." 여기서 하늘에 뜬 달이 법신(法身 = 영혼)으로서 비로자나불이고, 강에 비친 달의 형상이 화신(化身 = 인연)으로서 석가모니불, 그 형상화를 중재하는 달빛이 응신(應身 = 생명)으로서 노사나불을 지칭한다. 티벳 밀교에서의 응신을, 중국에서 티벳불교와 달리 응신을 보신(報身)이라 부르면서 생긴 표현이다. 대웅전 본존불이 석가모니불일 때 문수보살과 보현보살 협시불상의 변형으로, 대적광전에서 본존불이 비로자나불일 때, 석가불과 노사나불을 좌우 협시불로 모신다.

139) 수마제전(須摩提殿)의 수마제(須摩提)는 범어 수카바(Sukhavat, 즐거움이 있는 곳)의 음차로, 극락(極樂)은 의역이다. 서역승 구마라집이 번역할 때 처음으로 극락(極樂)이라 했다. 《무량수경》에서 안락(安樂) 혹은 안양(安養)이라 번역하다가 당나라 현장법사가 극락을 사용한 후, 극락이 대표적 용어가 되었다. 팔공산 동화사 수마제전(대구 문화재자료 제16호)은 아미타불을 모신 극락전의 또 다른 이름이다. 1702년(숙종 28)에 창건된 전각은 앞면 1칸 측면 1칸에 맞배지붕이며, 다포양식의 소박미를 보여주는 대표적인 건물이다.

140) 대세지보살(大勢至菩薩)은 범어 마하스타마프랍타(Maha-sthama prapta)를 득대세(得大勢)·대정진(大精進)이라고 의역한다. 원래 관세음보살(왼쪽)과 함께 아미타 부처님을 오른쪽에서 보좌하는 보살이다. 대세지라는 의미는 지혜광명이 모든 중생에게 비치어 3도(三途, 지옥·아귀·축생)를 여의고 위없는 힘을 얻게 한다는 뜻이고, 또한 대세지보살이 발걸음을 내디디면 삼천대천 세계와 마군(魔群)의 궁전이 진동하므로 대세지라고 한다. 중국 당나라 때 서역승 불타파리(佛陀波利)가 710년 대천복사(大薦福寺)에서 한역한 《불설장수멸죄호제동자경(佛說長壽滅罪護諸童子陀羅尼經)》(장수멸죄경)에서는 염불하는 불자를, 흰 코끼리를 타고 부동국으로 인도한다. "항상 관세음보살과 대세지보살이 오색구름 속에 흰 코끼리를 타고 연화대에 올라 염불하는 사람을 맞아들여 부동국에 나게 하여 저절로 기쁨을 누리고, 팔난을 면하리라."고 기록했다.

지혜와 정진을 상징하는 대세지보살은 보관(寶冠)을 쓰고, 보관에는 보병(寶甁)이 들어 있으며,

왼손은 연꽃을 들고 있다. 지혜의 광명으로 중생을 제도하는 보살로 묘사되고 있다.《관무량수경》에는 관세음보살이 이마에 아미타불의 화불(化佛)을 모시고 있는 것과 달리 머리 보관(寶冠)에 '보병'(寶甁, 지혜수智慧水 – 방편지方便智를 담고 있음을 상징함)을 지니고 있는 것만이 다를 뿐. 그 형상은 자비문(慈悲門)을 담당하는 관세음보살과 거의 흡사하다. 깨달은 분의 영험을 기록한 대세지보살의《존각보은기(存覺報恩記)》에서는 "부모의 은혜가 막중한 것을 표현하여 보병 중에 전생부모의 유골을 넣었다."는 기록이 전한다. 관음보살 설화는 인도 남쪽의 마열파타국(摩涅婆咤國)에 장나(長那)라는 장자와 마나사라(摩那斯羅) 부인의 전설에는 형인 조리(早離, 관음보살)와 동생인 속리(速離, 대세지보살) 두 형제가 환생한다. 대세지보살은 역사적으로나 독립된 신앙화가 된 일은 없지만, 아미타불의 지혜문(智慧門)을 맡고 있는 보살로서만 모셔지는 분이다. 지혜와 자비로써 중생을 구제하고 극락왕생토록 하는 아미타불의 좌우보살에는 관세음보살과 대세지보살이 모셔져 있다. 이를 아미타 삼존불이라 한다. 한편, 왼쪽의 문수보살은 지혜의 근본지(根本智)를, 오른쪽의 보현보살은 지혜의 방편지(方便智)를 상징하고 있다.

141) 나무아미타불은 아미타불께 귀의(南無)한다는 뜻이다. '나무아미타불(南無阿彌陀佛) 관세음보살(觀世音菩薩)'을 한꺼번에 부르면, 살아서 원(願)을 들어 준다는 관세음보살을 현세에서 만나고, 죽어서 극락세계로 인도해 준다는 아미타불을 저승에서 만나길 염원하는 주문이 된다. 전자는 7세기에 원효대사가 만들고, 후자는 의상대사가 붙인 경문(經文)이다.

■ 마하살(摩訶薩)은 마하살타((摩訶薩陀, Maha-sattva)의 준말로 원래 '마하사트바'의 음역이다. 큰 보살 · 대보살 즉, 보살 중에서도 특별히 뛰어나고 수승한 보살을 높여 일컫는 말이다.

142) 예로부터 건물의 구조는 단면에 위치한 도리의 수를 셈하여 말하는데, 경북 영주 부석사 무량수전은 9량(樑) 집으로 외목을 제외한 도리가 9개나 되는 큰 건물이다. 고려시대의 건축물로 안동 봉정사 극락전, 예산 수덕사 대웅전과 함께 가장 오래된 목조 건축물로 손꼽힌다. 앞면 5칸, 옆면 3칸의 건물로 겹처마에 팔작지붕으로, 주심포(柱心包) 양식의 공포를 하고 있다.

■ 경북 영주 부석사 무량수전은《원융국사 비문》에 고려 1016년(현종 7)에 원융국사가 중창했다. 하지만 면석과 갑석을 짜 맞추어 만든 가구식 기단과 사갑석을 받치는 지대석이 돌출된 계단, 원형 주좌와 고막이를 가진 초석의 법식은 전형적인 통일신라의 기법을 계승하였다. 전각의

동쪽 측면기단에 새겨진 '충원적화면석수김애선'(忠原赤花面石手金愛先) 암각자의 충원 이라는 명칭으로 볼 때 무량수전 기단이 고려 때 축조된 것으로 추정하지만, 조선시대 경내 중수에 참여한 석공으로 보는 것이 타당하다. 무량수전은 고려시대의 법식을 거의 완벽하게 보여준다. 평면의 안허리곡(曲)과 기둥의 안쏠림과 귀솟음, 배흘림, 항아리형보 등의 의장 수법이다. 자세히 보지 않으면 눈에 잘 띄지 않지만, 착시에 의한 왜곡 현상을 막는 동시에 가장 효율적인 구조를 만들기 위하여 고안한 고도의 건축 기법이다. 무량수전의 기둥은 강릉 객사문 다음으로 배흘림이 심하다. 또한 매표소로 진입 전에 노점이 있는 작은 바위에 새겨진 '허문동천(虛門洞天)' 즉, '허문'은 문짝이 없는 빈 문으로 일주문을, '동천'은 신선이 사는 세계를 일컫는다. 신선의 세계로 가는 문이란 뜻으로 부석사 경내임을 알려준다.

143) 〈안쏠림〉은 기둥의 상단을 건물 안쪽으로 약간 쏠리게 한 것으로 '오금'이라 한다. 이것은 건물의 상부가 벌어져 보이는 착시현상을 수정하여 건물 전체에 안정감을 갖게 한 것이다. 〈귀솟음〉은 건물의 귓기둥을 중간에 있는 평주보다 조금 높게 솟아 올린 것이다. 이것은 귓기둥이 평주보다 낮아 보이는 착각을 교정하고 처마 곡선과 조화를 이룰 수 있도록 한 것이다. 〈민흘림〉은 원형 기둥을 위로 올라가면서 직선적으로 가늘게 한 것으로, 기둥머리의 직경보다 기둥뿌리의 직경이 굵게 되어 있다. 이것은 후대(後代) 또는 격식이 조금 낮은 건물에 많이 사용되고 있다. 〈배흘림〉은 원형 기둥의 중간부가 굵고 밑과 위로 가면서 곡선적으로 가늘게 한 것으로, 소위 엔타시스 (entasis)라 부른다. 이것은 상대(上代) 또는 격식이 높은 건물에 많이 사용되고 있다. 민흘림과 배흘림은 착시에 의해 기둥이 가늘게 보이는 현상을 교정하기 위한 기법으로, 건물의 안정감을 더해 주는 의장적인 효과이다.

144) 경남 유형문화재 제194호인 양산 통도사 극락전 반야용선도(般若龍船圖) 벽화는 1801년(순조 1) 극락전 중건 때에 화승들이 흙벽에다 그린 채색화이다. 외벽의 청록빛 벽화는 험한 파도를 헤치며 위풍당당한 용 모양을 한 배 1척에 중생들을 태우고 어디론가 향하고 있는 그림이다. 왼쪽 뱃머리에는 인로왕보살(引路王菩薩)이 합장한 채로 서서 길을 인도하고, 오른쪽의 배 끝머리에는 지옥에 던져진 중생을 구제하는 지장보살이 육환장을 짚고 자리한다. 반야용선은 앞뒤에 큰 돛 2개를 세우고, 전진하는 배의 중앙에다 장형(帳形) 지붕으로 건물을 짓고, 보탑(寶塔)의 상륜부와

같은 모양이다. 푸른 보개로 꾸민 반야용선의 중앙에는 비구승을 비롯해 갓을 쓴 선비, 쪽을 찐 아낙, 노인 등 다양한 신분의 사람들이 다가올 극락세계를 향해 서서 나무아미타불을 간절하게 염불하듯 합장하고 있다. 하지만 이승에서의 아쉬움, 미련 때문일까? 단 한 사람만이 뒤를 돌아보고 있다. 배 아래로는 푸른 파도가 일고 넓은 대해(大海)를 실감 나게 표현했다. 그 바다엔 일렁이는 파도 사이로 극락세계를 뜻하는 활짝 핀 연꽃 등이 보인다. 벽화 하단부 우측으로 흰 연꽃을 구름 위로 솟아 내어 이미 연화장세계에 이르렀음을 암시하고 있다. 용의 큰 힘, 푸른 파도, 보살의 원력 그리고 중생의 정토왕생 발원으로 이어지는 드라마틱한 장면을 펼쳐 놓았다. 벽화의 반야용선은 진리를 깨달은 지혜를 뜻하는 반야(般若), 지혜의 용 모습을 한 배이다. 번뇌에 쌓인 이승에서 중생들을 가장 안전하게 극락세계(靈界)로 건네다 주는 반야용선이다. 깨달음의 세계인 피안(彼岸)의 극락정토로 중생들을 건네주는 반야바라밀(지혜)의 배(船)이다. 불교 세계관에는 9산과 8바다(海)가 있는데, 현 세상과 극락세상 사이에 바다가 있다. 벽화 배경인 바다에는 연꽃이 자라지 않지만, 바다라는 것은 저 세상 피안으로 가기 위한 행로(行路)이다. 그곳에 도착하면 연꽃이 피듯이 극락세계에서 화생(化生·往生)을 한다는 의미를 표현하고 있다. 용은 바다의 수호신으로, 사람(極樂往生人)들을 무사히 극락으로 가기 위해 지켜주는 역할을 한다.

반야용선에 관한 기록은 7세기 중국 당나라의 도세(道世)가 엮은 《법원주림(法苑珠林)》과 《제경요집(諸經要集)》, 불공(不空)이 번역한 《천수천안관세음보살대비심다라니(天手天眼觀世音菩薩大悲心陀羅尼)》와 《인왕반야다라니석(仁王般若陀羅尼釋)》 등에 등장했다. 우리 문헌에서는 권근(權近)의 〈대반야경발(大般若經跋)〉과 이첨(李詹)의 〈신총랑오재소(辛惚郎五齋疏)〉 등 여말선초 때 처음 보인다. 극락전 반야용선도 벽화는 2020년 9월 3일 새벽에 태풍 마이삭의 강한 비바람으로 아랫부분 반쪽이 지워버린 수난을 겪었다.

145) 3세기경 인도에서 성립돼 5세기경 중국에서 한역된 약사경 즉,《약사유리광여래본원공덕경(藥師琉璃光如來本願功德經)》은 의왕여래(醫王如來)·대의왕불(大醫王佛)로 불린 약사유리광여래(산스크리트어, 바이샤즈야-구루구루Bhaisajya-guru-vaiḍūrya-prabhā-rāja) 또는 약사 부처(Medicine Buddha)의 12가지 본원(本願)과 공덕, 그 신앙의 이익을 설한 경이다. 인도승려 달마굽다가 번역 유통하여 중국의 현장과 의정 등의 한역본이 전한다. 약사여래가 머물고

다스리는 동쪽의 불국토인 동방만월세계(東方滿月世界)을 정유리국(淨琉璃國, 유리같이 맑고 깨끗한 국토)이라 하여 동방정유리세계(淨琉璃世界) · 동방유리광세계(東方琉璃光世界)에 계시므로 약사유리광여래라고 부른다. 동쪽으로 10항하사수(恒河沙數, 인도 갠지스강의 모래알 수)의 불국토(淨土)를 지나서 있는 약사여래의 나라 정유리국에 중심이 만월산이므로 동방만월세계라 한다. 항마촉지인(降魔觸地印) 수인을 취하는 약사불의 신앙은 중생들이 약사여래의 본원에 의지해 질병 치료와 수명 연장 등을 기원하는 신앙이다. 출처: 《한국불교신문》(2008.7.3.). "불교의 첫 걸음13", 《불교신문》(2004.2.18.). "한국불교 신앙의 뿌리를 찾아서 6 - 약사신앙"

한편, 고려 중기에 묘청의 난 토벌대장인 김부식과의 댓구 시로 정지상(鄭智常)이 지은 시에도 "숲속 절간의 독경소리 끝나니(琳宮梵語罷), 하늘은 유리처럼 맑기도 하여라(天色淨琉璃)."고 표현됐다. 조선 전기에 서거정의 《동문선》 권9에 전하는 이 시는 그때 《삼국사기》를 편찬했던 김부식이 그 시가 너무 좋아 정지상에게 얻으려 했으나 거절당했다는 일화가 전한다.

조선 전기에 서거정(徐居正) 등이 왕명으로 1478년 편찬한 《동문선(東文選)》 제114권에 고려 이규보가 지은 도량문(道場文)으로 〈약사전에 향 공양을 행하는 글(藥師殿行香文)〉에는 "유리와 같이 맑은 세계에 큰 의왕(醫王)인 부처가 있으니, 광명이 해와 달보다도 더 밝아서 모든 찰토(刹土)를 비춘다. 선대로부터 이 존귀한 불상을 모셨으니, 정성을 다하여 공양(供養)의 의식을 베푸는 것은 후손의 할 일이다. 부처님의 자비한 음덕을 힘입으면 이익이 얼마나 크겠는가. 이에 선대의 끼쳐준 법도를 좇아서, 엄숙히 법식을 차리어, 훈훈(熏熏)한 음식을 장만하고 가지가지의 향을 태우나니, 이 훌륭한 인연을 의지하여 곧, 잘 보호하여 줌을 입어서 복이 모이고 빛나서 오래 명을 누리는 기간이 늘어나고, 나라가 안정되어 이미 이룬 사업을 길이 보전하여 지이다."라고 약사전과 약사여래에 대한 신앙의 배경을 소개했다.

146) 천불전(千佛殿)은 과거 장엄겁(莊嚴劫)천불, 현재 현겁(賢劫)천불, 미래 성숙겁(星宿劫)천불의 삼천불을 모신다고 하여 붙여진 전각이다. 과거 · 현재 · 미래에 각각 천불씩 존재한다는 의미에 건립된 천불전에는 흔히 현겁 천불을 모시거나 삼천불을 모두 봉안한다. 천불사상은 부처님이란 진리를 깨달은 이를 의미함으로 깨달음을 얻으면 누구나 부처가 될 수 있다는 것이다. 천불전은 삼신불과 삼세불 · 천불 · 삼천불 등 다불(多佛)사상의 영향으로 조성되기 시작했다. 현겁(賢劫)은

불교에서 시간의 개념으로, 세상이 개벽하여 다시 개벽할 때까지의 기간을 말한다. 불경에서는 현겁에 구류손불·구나함모니불·가섭불·석가모니불 등 1,000명의 부처가 나타나 중생을 제도한다고 한다. 그래서 천불전에는 석가모니불이나 비로자나불을 중앙에 모시고 뒤로 천불을 모신다. 우리나라에서는 직지사·대흥사·충남 향천사·천안 광덕사 등의 천불전이 유명하다. 경북 김천 직지사 천불전은 비로자나불을 중앙에 모시고, 그 뒤에 천불상을 배치했다. 전각은 고려 때 능여대사가 지은 것으로, 여러 차례 보수와 중창을 거쳤다. 천불상은 경잠대사가 조성했다. 원래 모두 흰색이었으나 1992년에 1구를 제외하고, 모두 금색을 칠하였다. 전남 해남 대흥사 천불전은 1813년 완호대사가 경주 옥석으로 천불을 조성하여 모신 전각이다. 이밖에도 구례 화엄사와 강화 보문사 등에도 천불전이 있다. 충남 부여 무량사 천불전은 중앙에 관세음보살, 좌우보처에 남순동자와 해상용왕을 봉안했다. 그 뒤에 관음천불을 모셨기에 관음전으로 전각 이름을 바꿔야 제격이다. 무량사 영산전에는 천불이 모셔져 있다.

147) 불보종찰(佛寶宗刹) 영축산 통도사(靈鷲山通度寺)란 절 이름은 인도 영취산(靈鷲山)의 기운(氣運) 이 의 땅과 통(通)한다고 하여 불렀다. 자장율사는 645년 이곳에 금강계단(金剛戒壇)을 쌓고, 보름마다 불법을 설(說)하여 계율종(戒律宗)의 근본 도량이 되었다. 그 후 임진왜란 때 불탄 것을 1603년(선조 36)에 사명송운(四溟松雲) 대사가 재건하고 다시 1641(인조 19) 우운(友雲)선사가 중건했다. 통도사의 이름에 세 가지 의미가 내포되어 있다. 첫째는 통도사가 위치한 영축산의 기운이 부처님이 설법하시던 서역국 오인도(西域國五印度)의 영축산의 모습과 통한다(此山之形通 於印度靈鷲山形)는 것과 둘째는 승려가 되려는 사람은 모두 이곳의 금강계단(金剛戒壇)을 통해야 한다(爲僧者通而度之)는 뜻에서 유래했다. 셋째는 불법을 통하여 모든 중생을 제도한다(通萬法度 衆生)는 의미에서 유래했다고 전한다.

- 계단(戒壇)은 계(戒)를 수여하는 의식이 행해지는 장소이다. 부처님 당시에 누지보살(樓至菩薩) 이 비구들의 수계의식을 집행할 것을 청하자 석가모니 부처님이 허락하여 기원정사의 동남쪽에 단(壇)을 세우게 한 데서 비롯되었다. 646년 9월 9일 통도사 창건의 근본정신은 바로 부처님의 사리를 봉안한 금강계단에 있다. 통도사가 신라의 계율 근본도량으로 자리 잡을 수 있었던 것은 부처님의 진신사리가 모셔진 금강계단에서 계를 받는 것이 곧, 부처님으로부터 직접 계를 받는

것과 동일한 의미를 갖기 때문이었다.

148) 탑다라니(塔陀羅尼)는 총지(總持)·능지(能持)·능차(能遮)라고 번역하는 법사리(法舍利)이다. 불탑 속에 봉안하는 성물로, 짧은 구절 안에 아주 무량하고 무변한 이치를 섭수해 지니고 있다는 신주(神呪)로 악한 법을 막는다는 믿음이 새겨져 있다. 7층 보탑 내부에 《금강경》의 내용이 담겨 있어 '금강경탑다라니'라고 한다. 《금강경》을 적은 경탑(經塔)을 종이에 찍어낸 판본(板本)을 탑이나 불상을 만들 때 그 안에 넣으면 업장이 소멸되고, 복을 받을 수 있다는 믿음이다. 또 영혼이 평안하기를 바라는 마음으로 장례에 망자를 염(殮)할 때 덮어주어 함께 묻거나 태웠다. 삼국시대에 유입된 탑다라니 신앙은 인도 사위국을 배경으로 제자 수보리를 위하여 설한 《금강경》에 근거한다. 한곳에 집착하여 마음을 내지 말고 항상 머무르지 않는 마음을 일으키고 모양으로 부처를 보지 말고 진리로서 존경하며, 모든 모습은 모양이 없으며 이렇게 본다면 곧 진리인 여래를 보게 된다고 하였다. 그 형태와 특징은 7장의 목판을 연결해서 만든 대형 금강경 탑다라니 판이다. 윗부분에 전서(篆書)로 금강경탑(金剛經塔)이라고 쓰여 있다. 7층 보탑(寶塔) 중 4층에는 탑을 두고 나머지 층에는 연화대좌(蓮花臺座)에 앉아 있는 여래상을 한 구씩 두었다. 여래는 모두 가슴에 만(卍)자가 있으며, 엄지와 중지를 결한 하품중생인(下品中生印)의 수인을 취하고 있거나 대의(大衣) 안에 손을 넣고 있다. 전체적으로 유사한 모습을 띠고 있지만, 상호와 대의는 약간씩 차이를 보인다. 1층에는 승려가 여래를 향하여 예불을 드리고, 호법신장상이 양옆에서 금강경탑을 수호하고 있다. 탑의 상륜부도 세밀하게 표현되었으며, 좌우에 범어가 한 글자씩 쓰여 있다. 1922 년에 경성부 창신동(昌信町)에서 박영훈(朴榮勳)이 인쇄하고 같은 해 삼각산 안양암(安養庵) 주지 이태준(李泰俊)이 발행한 것이 고본으로 전한다. 그 당시 인쇄할 때 쓰였던 경면주사(鏡面朱砂)가 그대로 남아 있다. 출처 : 한국정신문화연구원, 《한국민족문화대백과사전》, 1992.

149) 우리나라에서 나한에 관한 최초의 기록은 《삼국유사》〈가락국기(駕洛國記)〉에서 수로왕이 도읍을 정한 뒤 "산천이 빼어나서 가히 16나한이 살 만한 곳이다." 또 통일신라시대에 "보천(寶川)이 오대산에서 수행할 때, 북대(北臺)의 상왕산(象王山)에 석가여래와 함께 오백 대아라한이 나타났다."고 한다.
우리나라에서는 8세기부터 16나한 신앙이 확산됐다. 16대 제자 또는 16나한·18나한·

오백나한을 봉안하였다. 중국 당나라 때 현장(玄奘)법사가 번역한《대아라한난제밀다라소설법주기(大阿羅漢難提蜜多羅所說法住記)》(약칭 법주기)에는 16나한 명칭과 각각 머무는 곳과 권속들을 열거하였다.

16나한은 빈도라발라타사, 가락가벌차, 가락가발리타사, 소빈타, 낙거라, 발타라, 가리가, 벌사라불다라, 수박가, 반탁가(半託迦), 나호라, 나가서나, 인게타, 벌나파사, 아시다, 주다반탁가이다. 이 16나한에 제빌다라와 빈두루 존자를 더하여 18나한이라 한다. 나한들의 모습과 의복은 일정하지 않다. 서 있는 모습, 앉아 있는 모습, 돌아앉은 모습 등 제각기 특징을 갖추고 있으며, 이들은 또한 한두 명의 동자들을 거느리고 있다. 대체로 부드럽고 온화한 고승들의 모습으로, 치열한 수행의 고개를 넘어선 도인의 넉넉한 풍모는 친근감을 느끼게 한다.

150) 제화갈라보살(提和竭羅菩薩)은 제원갈(提洹竭)보살로 번역된다. 연등불(燃燈佛)·정광불(錠光佛)로 불린다. 3세기 인도승 용수(龍樹, 150~250)가 저술한《대지도론(大智度論)》에는 "연등불이 생시에 일체의 주변(身邊)이 등(燈)과 같으므로 연등태자라 하고, 성불해서도 또한 연등이라 하였다. 구명은 정광불(錠光佛)이다." 정광불은 빛이 되어 중생을 제도하는 부처라는 뜻이며, 연등 역시 등불을 밝혀 중생의 앞길을 비추어 준다는 의미다. 또 과거의 제화갈라보살, 현세의 석가모니불, 미래의 미륵불로도 분린다. 제화갈라보살은 부처님으로부터 미래에 성불할 수기(授記)를 받고, 미래불의 칭호를 얻은 미래의 연등불(熱燈佛)인데, 과거에 연꽃 다섯 송이를 올린 선혜(善慧)보살로도 불린다. 그래서 미래에 약속받은 부처로서, 또 다른 미래불인 미륵불과 함께 석가모니불의 좌우 협시로 모셔진다.

151) 나한(羅漢, 아라한 Arahan)은 득도한 수행자들인 성문(聖聞) 4과(課) 중 최상의 경지에 오른 분들을 말하며, 응진(應眞)으로 의역되어서 응진전(應眞殿)에 모셔진다. 16나한은 특별히 석가모니의 수기(授記)를 받아 미륵불(彌勒佛)이 하생(下生)할 때까지 열반(涅槃)에 들지 않고 이 세상의 불법(佛法)수호를 위임받은 분들이다.

■ 아라한(阿羅漢)은 줄여서 나한(羅漢)이라고 하며, 수행을 완성한 사람을 뜻한다. 응공(應供)·무학(無學)·이악(離惡)·살적(殺敵)·불생(不生)이라고 의역(意譯)한다. 진리에 상응하는 자(應眞), 응공은 마땅히 공양을 받는 자로 공양으로 복을 심는 밭(福田)이라 뜻한다. 무학은 더 배울

것이 없는 자, 이악은 악을 멀리 떠난 자를 의미한다. 살적은 번뇌라는 적을 다 죽여 없앤 자, 불생은 미혹한 세계에 태어나지 않아서 나고 죽는 윤회에서 벗어난 자란 뜻을 표현한다. 초기 불교의 최고의 성자를 가리키는 뜻으로 번뇌를 완전히 끊어 더 닦을 것이 없으므로 마땅히 공양받고 존경받아야 할 성자라는 뜻이다. 이 경지를 아라한과(阿羅漢果), 이 경지에 도달하기 위해 수행하는 단계를 아라한향(阿羅漢向)이라고 한다.

초기 불교에서는 부처님을 범어로 아르핫(Arhat)라고 불렸으며, 고대 인도의 여러 학파에서도 존경받을 만한 수행자를 아르한(Arahan)이라고 했다. 자이나교에서는 지금도 성자를 아르하뜨라고 한다. 그런데 대승불교에서 아라한은 부처의 경지에 미치지 못하는 소승의 성자라고 격하시켰다. 아라한의 유래는 부처님이 정각을 이룬 뒤 녹야원에서 과거 함께 수행한 다섯 수행자에게 먼저 설법을 했다는 초전법륜과 관련있다. 부처님과 함께 생활하며 교단을 이루게 되었고, 이들은 차례대로 모두가 정각을 얻게되어 부처님을 포함해 6명의 아라한이 생겼다고 하여 초기에는 부처님도 아라한이라 불렸다. 세존의 별칭인 '응공'이라고도 같이 불렸다. 그 후 부파불교에서는 아라한이 부처님을 가리키는 명칭이 아니라 불제자가 도달할 수 있는 최고의 계위가 되었다.

152) 나반존자(那畔·那般尊者)는 남의 도움을 받지 않고 홀로 깨달아 성인이 된 사람으로 독성(獨聖)이라 부른다. 우리나라에만 유일하게 존재하는 나반존자는 16나한 중에 '빈두로존자(賓頭盧尊者)'가 이름만 바뀌어 신앙 대상으로 승격된 것이라 한다. 산신·칠성·용왕들과 나란히 신봉되는 토속 신앙이 불교적인 색깔을 띤 불·보살로 변형돼 절에서 모셔진 경우이다. 그 모습은 중국에서 독립적 신앙 대상이 된 '빈두로존자'의 모습을 차용한 것으로 볼 수 있다.

■ 빈두로존자(賓頭盧尊者, Pindola)는 주세아라한(住世阿羅漢)·부동이근(不動利根)이라고 한역한다. 원래 인도 발차국(跋蹉國) 재상의 아들로 어렸을 적에 출가해 아라한이 됐다. 부처님의 명을 받아 남인도에서 세존 열반 후에 중생을 제도하여 대복전(大福田)이라 존중됐다. 우리나라에서는 그를 독성(獨聖) 혹은 나반존자(那畔尊者)라 해서 절마다 독성각(獨聖閣)에 봉안하고 있다. 16나한 중에 우두머리로서 초능력자였다.

153) 여섯 가지 신통력(六神通)은 천안통(天眼通)·천이통(天耳通)·타심통(他心通)·신족통(神足通)·

숙명통(宿命通) · 누진통(漏盡通)이다. 세 가지 지혜력(三明, 범어 Tisro vidyāḥ, 팔리어 Tevijja)은 원래 바라문의 3베다(리그베다 · 야쥬르베다 · 사마베다)를 가리켰지만, 불교에서는 부처님과 아라한이 지니는 3종의 신통력을 말한다. 3종의 신통력은 ① 전생을 꿰뚫어 보는 숙명명(宿命明), ② 미래의 생사를 꿰뚫어 보는 천안명(天眼明), ③ 현세의 번뇌를 끊을 수 있는 누진명(漏盡明)을 말한다. 4세기 인도승 바수반두(Vasubandhu, 世親)가 지은《아비달마구사론(阿毘達磨俱舍論)》(약칭 구사론)에 언급된 천안명(天眼明) 천안통은 무명으로 인해 고통의 바다에서 허덕이는 중생의 모습을 꿰뚫어 볼 줄 아는 눈이다. 숙명명(宿命明) 숙명통은 중생들의 과거 모든 생의 일들을 자유자재로 다 아는 능력이다. 누진명(漏盡明) 누진통은 고통의 근본원인을 알아서 삼세 모든 번뇌를 능히 끊을 수 있는 지혜다. 천이통(天耳通)은 고통받는 모든 중생들의 아픔을 다 들을 수 있는 신통이며, 타심통(他心通)은 중생의 마음을 자유자재로 아는 능력이다. 신족통(神足通)은 자유자재로 몸을 바꿔 나타나는 여의통이다. 일체가 중생제도에 필요한 역량을 말한다.

154) 오탁악세(五濁惡世)는 다섯 가지가 오염되어 타락한 나쁜 세계 또는 말세를 말한다. 오탁은 명탁(命濁) · 중생탁(衆生濁) · 번뇌탁(煩惱濁) · 견탁(見濁) · 겁탁(劫濁)으로 탁(濁)은 카사야(Kaṣāya, 袈裟野)를 음차한 것인데 이것은 오염 · 부패 · 타락을 뜻한다.《비화경(悲華經)》제2권에 적의(寂意)라는 이름의 보살이 부처에게 왜 오탁악세를 여의지 않고 오히려 오탁악세에 태어났느냐고 묻는다. 이에 부처는 대비(大悲)에 의한 본원(本願)에 따라 오탁악세에 태어났음을 밝히고 있다. 명은 수명(壽命)을 말한다.《보살선계경(菩薩善戒經)》제6권에 명탁이란 가장 장수하는 것이 100세를 넘지 못하는 것을 말한다. 겁이란 시기, 시대 또는 범천(梵天)과 같은 신의 시간 단위를 말한다. 말세에는 도병겁(刀兵劫) · 기아겁(飢餓劫) · 질역겁(疾疫劫)이 발생한다. 겁탁에는 전쟁, 기아, 질병의 환란이 발생하여 인간 수명이 줄어들게 된다.《보살선계경(菩薩善戒經)》에서 중생탁은 인간들이 도덕 윤리를 지키지 않는 것을, 견탁은 진리를 삿된 것으로 생각하고 오히려 삿된 것을 진리로 생각하는 것을 말한다. 번뇌탁은 중생탁과 유사하게 도덕 윤리를 지키지 않는 것으로, 중생탁은 도덕 윤리를 지키지 않고 수행하지 않는 점에 중점을 둔 것이다. 번뇌탁은 도덕 윤리를 지키지 않음으로써 인간들에게 번뇌가 증가하는 것을 의미하는 개념이다.

155) 팔상탱화(八相幀畫)는 석가모니불의 생애를 그린 것으로, 그 생애를 여덟 가지 분야로 나누어

설명하면서 유래한 것이다. ① 도솔천에서 인간 세계로 내려오는 모습[兜率來儀相], ② 룸비니 동산에서 부처님이 탄생하는 모습[毘藍降生相], ③ 동서남북 4문을 둘러보고 출가를 결심하는 모습 [四門遊觀相], ④ 성문을 넘어 출가하는 모습[瑜城出家相], ⑤ 설산에서 깨달음을 얻기 위해 고행하는 모습[雪山苦行相], ⑥ 보리수 아래에서 악마 항복을 받는 모습[樹下降魔相], ⑦ 녹야원에서 최초로 설법하는 모습[鹿苑轉法相], ⑧ 사라쌍수나무 아래에서 열반에 드시는 모습[雙林涅槃相] 등이다.

156) 사상(四相)은 중생들이 실재한다고 믿고 있는 네 가지 사고적 인식으로, 《금강경》에 나오는 용어이다. 아상(我相)·인상(人相)·중생상(衆生相)·수자상(壽者相)이다. 아상은 자기중심적 사고·나라고 하는 관념을, 인상은 사람중심적 사고·사람이라는 관념을, 중생상은 동물중심적 사고·중생(有情)이 있다는 관념을, 수자상은 생명중심적 사고·목숨(壽)과 영혼(命)이 있다고 믿는 고정 관념을 가리킨다. 부처님은 사람들이 가지고 있는 잘못된 보편적인 견해로써 버릴 때 해탈(菩提)할 수 있다고 가르쳤지만, 중생들은 4상으로 분별과 집착에서 자유롭지 못하다.

157) 미륵불이 살고 계시는 도솔천(兜率天)은 범어 투시타(Tuṣita)의 음역으로, 의역하여 지족천(知足天)이라고 한다. 지금, 스스로 만족한 줄만 알면 바로 이곳이 평화롭고 자유로운 세상임을 의미한다. 도솔천은 우리가 도달해야 할 어떤 특별한 경지가 아니라 바로, 이 순간 지족할 줄 알게 되면 바로 내 눈앞에 도솔천의 세계가 펼쳐지는 것이고, 우리 스스로가 미륵이 된다는 것을 제시하고 있다.

- 미륵보살은 도솔천에서 수명이 4,000년인데, 남섬부주의 400년이 1주야이다. 30일을 한 달로 계산하면 12개월이 1년이다. 미륵불의 하생 시기를 남섬부주 중생의 시간으로 계산할 때 5억 7천6백만년이다.(4,000년×400년×30일×12개월 = 576,000,000년) 그간 회자된 56억7 천만 년이 아니라 5억7천6백만년 후에 중생구제를 위해 하생하는 것임을 알 수 있다.

158) 자씨(慈氏)라는 뜻의 미륵은 고대 인도 바라나시국의 바라문 집안에서 태어나 석가모니불의 교화를 받으며 수도하고, 미래에 성불하리라는 수기를 받은 뒤 도솔천에 올라가 천인들을 위해 설법하고 있다. 석가모니 입멸 뒤 56억7천만 년 즉, 인간의 수명이 8만 세가 될 때 이 사바세계에 태어나 화림원(華林園) 안의 용화수 아래에서 성불하여 3회의 설법으로 272억 중생을 교화한 후, 만 6년 뒤 열반에 든다고 하였다. 그래서 다시 태어날 때까지의 미래를 생각하며 선정에 잠겨있는 자세가 '미륵반가사유상'(彌勒半跏思惟像)이다. 그래서 미륵은 희망의 신앙이다. 미륵은 중생을

교화하러 지상에 내려오지만, 예수가 무시무시한 무기를 들고 심판을 하러 온다는 예수재림을 기독교인들이 믿는다.

159) 마하 가섭존자는 세존의 상수제자(맏상좌)로 부처님보다 다섯 살 어렸다. 그는 부처님 열반 후 20년이 되던 해, 열반하지 않고 계족산(鷄足山, 인도 중부의 마가타국 가야성 동남쪽에 있는 산) 동굴 속에서 수행하고 있었다. 부처님의 유언에 따라 56억 7,000만 년 후 미래세에 출현할 미륵불에게 부처님의 가사를 전하기 위해 선정에 든 모습이었다. 미륵불이 세상에 와서 많은 중생들을 교화하는 때에 이 산에 이르러 손가락으로 산을 가리키니 산이 저절로 열리고, 가섭존자가 그곳에서 걸어 나와 미륵불께 석존의 가사 · 발우와 함께 유훈을 전달한 후, 비로소 스스로 몸을 태워 열반에 들었다고 한다. 경남 양산 통도사 용화전 앞 봉발대 위에 올려놓은 석조발우는 가섭존자가 미륵불에게 전하려고 했던 발우라는 전설이 전한다.

160) 미륵보살은 도솔천에서 범마발제(梵摩拔提)에게 식신(識身)을 내려보내고, 때가 되면 32상 80종호를 갖추고 오른쪽 옆구리로 날 것이다. 아버지 수범마(修梵摩) · 어머니 범마월(梵摩越)에 의해 태어난 미륵은 장차 계두성(鷄頭城 · 시두성翅頭城, 천상의 왕이 그곳에 강림하였음을 상징한 말)을 떠나 용화수 아래에서 무상정등각을 이룰 것이다. 그때 욕계천주(欲界天主)인 대장이라는 마왕은 욕계의 수많은 천자들과 함께 미륵불에게 내려와서 4성제에 대한 설법을 들을 것이다. 이때 설법을 들은 선재라는 장자는 8만4천 무리를 이끌고 출가하여 모두 아라한이 될 것이다 등등. 미륵은 석가세존의 제자로 설법하여 '첫 모임에서 96억인, 두 번째 모임에서 94억인, 세 번째 모임에서 석가모니불의 교화를 받았던 92억인이 다 아라한(阿羅漢)을 이룰 것이다.'라고 《미륵성불경》 등과 《삼국유사》〈달달박박〉편에 전한다.

미륵신앙은 신라 화랑제도와 밀접한 관계를 맺었다. 특히 진표율사는 참회와 행법을 통하여 지장보살로부터 계법(戒法)을 받고, 미륵보살로부터 본각(本覺)과 시각(始覺)을 상징하는 2개의 목간자(木簡子)와 수기를 받은 후 우리나라의 미륵신앙을 확립했다. 금산사 · 법주사 · 외금강 발연사를 창건하여 미륵신앙의 본거지로 삼았다. 그 후 태봉 후고려왕 궁예와 고려 후기 묘청의 난, 우왕 때 이금(伊金), 조선 숙종 때 여환 등이 고통받는 민중을 제도한다는 방편으로 미륵이라 칭하기도 했다.

161) 일생보처보살(一生補處菩薩)은 《미륵하생경》, 《불설일향출생보살경(佛說一向出生菩薩經)》에서

"이번만 이 세상에 머물고, 다음 생(生)에는 부처가 될 수 있는" 보살의 최고 지위로 등각보살(等覺菩薩, 완전한 깨달음)을 가리킨다. 즉, 비어 있는 부처의 자리를 메운다고 해서 이름에 보처(補處)라는 말을 붙이는데, 부처님께 수기(受記)를 받아 미래에 부처가 될 미륵보살을 말한다. 부처님 생존 때에 아일다(阿逸多, Ajita)가 도를 닦아 도솔천에 왕생하여 보살의 경지에 올랐다. 미륵보살이 33천 가운데 도솔천에 머무는 까닭은 중생을 구제하려는 마음이 사라지지 않게 하기 위해서이다. 석가모니불은 태어나기 이전에 '호명(護明)보살'이라는 이름으로 도솔천 내원궁에서 머물렀다. 진리와 생명의 밝은 빛을 잉태하고 수호한다는 의미의 호명보살은 깨달음의 길로 가고자 하는 중생을 보호하고, 그 길을 밝게 밝혀주므로 얻은 이름이다.

- 도솔천(兜率天)은 산스크리트어 듀스타(Tusita)의 음역으로, 의역해서 지족천(知足天)이라고 한다. 불교에서는 세계의 중심에 수미산(須彌山)이 있고, 그 산의 꼭대기에서 12만 유순(由旬) 위에 있는 욕계(欲界) 6천 중 제4천인 도솔천이 있다. 이곳에는 미륵보살(彌勒菩薩)이 머물고 있는 천상의 정토(淨土, 깨끗한 땅)이다.

- 일생보처(一生補處, 이번 한 생이 끝나면 다음 생에는 부처가 됨)는 산스크리트어 에카야트 프라티바다(Eka-jāti-Pratibaddha, 마지막 윤회자)로 한 번의 생(eka-jāti)이 지나면 부처가 되기로 정해져 있는(pratibaddha) 보살 즉, 대승불교의 수행자를 뜻한다. 《석보상절》 제6권, 36장 앞쪽에는 "하늘이야말로 늘 일생보처보살(一生補處菩薩)이 거기에 와 나시어 일생(一生)은 한 번 난다는 뜻이다. 한 번 다른 지위(地位)에 난 뒤면 묘각(妙覺) 지위에 오른다는 말이니, 이것은 등각의 지위[等覺 位]를 말하는 것이다. 등각에서 금강간혜(金剛乾慧)에 한 번 나면 뒤에 묘각(妙覺)에 오르는 것이니, 난다고 하는 말은 살아난다[태어난다]고 하는 말이 아니라, 다른 지위(地位)에 옮아간다고 하는 뜻이니라. 법의 가르침[法訓]이 그치지 아니하느니라."고 했다.

162) 한국의 산사 세계유산등재추진위원회는 2018년 6월 속리산 법주사, 순천 선암사, 해남 대흥사, 공주 마곡사, 양산 통도사, 안동 봉정사와 안양암, 영주 부석사 7개 사찰을 등재했다.

163) 이근원통(耳根圓通)은 소리를 듣는 것(聽)과 소리를 보는 것(觀), 내면의 소리(內耳聲)와 바깥의 소리(外耳聲)을 바로 알아(觀)차리는 주체인 귀뿌리인 '이근(耳根)이 열리게(通) 되면, 나머지 다섯 가지 뿌리인 오근(五根)도 두루 통해(圓通) 져서 해탈을 이루게 된다는 것을 가리킨다. 《능엄경》

권6에 제시한 25가지 독특한 수행법 중의 하나로, "이근(耳根)을 통하면 나머지 근(根)도 다 통하게 된다." 관음보살은 소리를 관(觀, 그대로 보는 느낌)하는 이근원통 수행법으로 완전히 통함(圓通)을 이룬 성자(聖者)이다. 즉, 세상의 소리를 지켜보는 관법(灌法) 수행을 제시하고 있는 관음수행이다. 귀로써 들을 수 있는 모든 소리를 그대로 인식하는 관청(觀聽)을 하는 도를 이루었다. 그래서 이근원통 관음보살이라 부르고, 이 분을 모신 법당을 원통전이라 한다. 불교 의례에 있는 〈관음청〉 거불(擧佛)에는 "나무 원통교주(圓通教主) 관세음보살"이라고 관음보살을 부른다. 여기에서 원통은 이근원통(耳根圓通)을 줄여 한 말이다. 이근원통의 이근은 소리를 듣는 귀를 말하는 것이다. 원통은 중생이 내는 무슨 소리든지 다 들어 주고, 문제와 고통을 막힘없이 해결해 준다는 의미이다. 그리고 "나무 원통회상(圓通會上) 불보살"이란 대목의 원통회상은 관세음보살이 속한 권속들이 모두 모인 장소라는 뜻이다. 이로써 관음전을 원통전이라고 한 이유와 관음전이 관음보살 권속들의 모임장소라는 성격을 가지고 있음을 알 수 있다.

164) 관세음보살은 보관에 화불(化佛=불상), 대세지보살은 보병(寶瓶=물병)을 새긴 것이 도상적 특징이다. 관음보살의 본생담 이야기는 《관세음보살왕생정토본연경(淨土本緣經)》에 나오는 남인도 마열바질국의 장나(長那) 장자와 부인 마나사라 사이에 태어난 두 형제인 7살의 조리(早離, 관음보살)와 5살의 속리(速離, 대세지보살)의 환생 설화이다. 관세음보살의 전생담은 2014년 4월 16일 세월호 참사로 목숨을 잃은 경기도 안산 단원고 학생들과 그 가족들을 위해 팝페라테너 임형주가 1932년 미국 볼티모어의 주부 메리 프라이가 지은 시 〈내 무덤에 서서 울지 마오〉(Do not stand at my grave and weep.)에서 유래한 곡을 개사(번안)하여 헌정한 〈천개의 바람이 되어〉 추모곡과도 일맥상통하는 조리와 속리가 품은 발원의 노래라고 볼 수 있다. "나는 천개의 바람 천 개의 바람이 되었죠. 저 넓은 하늘 위를 자유롭게 날고 있죠. 가을엔 곡식들을 비추는 따사로운 빛이 될게요. 겨울엔 다이아몬드처럼 반짝이는 눈이 될게요. 아침엔 종달새 되어 잠든 당신을 깨워 줄게요. 밤에는 어둠 속에 별 되어 당신을 지켜 줄게요."

165) 문수보살의 권화(權化)는 부처님과 보살이 중생을 구제하기 위해 일시적으로 여러 가지 모습으로 변화해 나타나는 것으로, 이를 권현(權現)·화신(化身)이라고도 표현한다.

166) 보현보살의 대행(大行)은 보살이 깨달음을 얻기 위해 영겁에 걸쳐 여러 선행을 행하고, 공덕을

쌓는 일로 대승불교의 실천을 말한다. 또 행원(行願)은 신행(身行)과 심원(心願)을 통틀어 이르는 말로, 중생을 구제하고자 하는 바람과 그 실천의 서원(誓願)을 말한다. 《화엄경(華嚴經)》 〈보현행원품(普賢行願品)〉은 보현보살의 행원(行願)을 기록한 경전으로, 원래의 명칭은 〈대방광불 화엄경입부사의해탈경계보현행원품(大方廣佛華嚴經入不思議解脫境界普賢行願品)〉이다. 《화엄경》 에는 선재동자(善財童子)가 문수보살(文殊菩薩)에 의해 보리심(菩提心)을 내어 53선지식(善知識) 을 차례로 찾아가서 도를 묻고, 마지막으로 보현보살을 찾았을 때 보현보살이 설한 법문을 담고 있다. 우리나라에서는 보현보살의 행원을 특별하게 여겨 《화엄경》에서 따로 분리시켜서 이 한 품을 별도 책으로 간행, 유포되었다.

167) 명부전 지장보살의 좌우 협시보살인 도명존자(道明尊者)는 지장보살 왼쪽에 서 있는 젊은 스님의 모습이다. 중국 양주 개원사의 승려로 778년에 우연히 사후세계를 경험하게 된다. 지옥사자를 따라 지옥에 가서 명부의 이곳저곳을 구경하며 지장보살을 만났다고 한다. 이승으로 돌아와 자신이 저승에서 본 바를 그림으로 그렸는데, 사찰에서 볼 수 있는 지옥과 명부의 그림은 그때의 모습이라 한다. 이 이야기는 중국 명나라 때 탕현조(湯顯祖)가 1598년 간행한 영험설화인 《모란정환혼기(牡丹亭還魂記)》에 처음 나온다.

무독귀왕(無毒鬼王)은 오른쪽에 서 있는 신하의 모습이다. 경전을 담은 상자를 들고 있는 무독귀왕은 사람들의 악한 마음을 없애준다고 《지장경》 〈도리천궁신통품〉에 나온다. 한 바라문의 딸이 그의 어머니가 삿된 것을 믿고, 항상 삼보를 존경하지 않으므로 여러 가지 방편을 베풀어 어머니에게 권유하여 바른 생각을 내게 하였건만 그 어머니는 온전한 믿음을 갖지 못한채 죽어 무간지옥에 떨어졌다. 바라문의 딸은 어머니를 지옥에서 건지기 위해 집을 팔아서 탑과 절에 크게 공양을 올리며, 지극한 정성을 다하여 기도해 어머니가 떨어진 무간지옥에 들어간다. 거기에 한 귀왕이 있었는데, 이름이 무독으로 바라문의 딸에게 여러 지옥에 대한 설명과 안내를 해준 인연으로 지장보살의 협시가 되었다. 그 바라문의 딸이 지장보살의 전신이며, 무독귀왕은 지장보살의 본생담 속의 안내자로 등장하는 재수(財數)보살의 전신이다. 무독귀왕은 나쁜 기운을 물리쳐서 윤회에서 벗어나도록 도와주는 역할을 한다.

168) 독두사문(禿頭沙門)은 까까머리를 대머리로 표현한 독두(禿頭) 수행자를 뜻한다. 또 다르게는

비록 머리를 깎았으나 사문의 수행이 없는 출가자를, 옷이나 밥을 위해 머리를 깎고 출가한 이를 가리키는 말로 쓰인다. 심지어 교묘한 말로써 민중을 현혹시키고, 계를 지키지 않고, 수행이 없는 비구를 꾸짖는 말이기도 하다.

169) 여의보주(如意寶珠)는 산스크리트어 찐따마니(Cinta-mani)로, 이것을 가진 자의 모든 원망(願望)을 성취시켜 준다는 주옥(珠玉)이다. 한자로 음역하여 진다마니(振多摩尼)라고 한다. 찐따는 생각, 마니는 보석을 의미하는데, 찐따마니는 '소원을 들어주는 보석'이란 뜻이다. 여의보주도 이런 뜻을 반영하여 한자로 옮긴 명칭이다. 보통 여의주라고 짧게 불리고, 범어의 영향을 받아 마니(摩尼)주, 만보주라고 불린다.

■ 육환장(六環杖)은 육도를 의미하는 6개 고리의 지팡이다. 매년 음력 7월 15일 우란분절(백중일)에 1년 동안 지옥에서 진심으로 참회한 사람들을 위해 이 지팡이로 지옥문을 열어 구제해준다고 한다.

170) 송광사 일주문을 지나서 능허교(凌虛橋) 건너편에는 척주당(滌珠堂)을 동쪽으로, 세월각(洗月閣)을 북쪽으로 낸 문이 붙어 있는 건물이 있다. 《조계산 송광사지》 기록을 통해 보면, 1933년에 건립된 두 건물 모두 정면 1칸, 측면 1칸의 목조 맞배건물이다. 조그마한 2개 전각은 천도재(薦度齋)를 지내기 위해 절에 오르는 죽은 사람의 위패 또는 시신을 잠깐 모시는 곳으로, 망자의 영혼을 씻는 집이다. 남자의 혼은 '구슬을 씻는다'는 뜻의 척주(滌珠), 여자의 영가는 '달에 씻는다'는 뜻의 세월(洗月)이란 편액을 붙인 두 건물은 죽은 자의 위패를 두고, 그 영혼이 속세의 때를 씻는 관욕처이다. 속세의 부정한 때를 벗는 관욕의식을 치른 후에 사찰 경내로 들어가도록 하는 곳이다.

이 건물의 옆에는 13세기 보조국사(普照國師) 지눌 선사가 스스로 불멸을 입증하기 위해 심은 예언의 향나무 고목이 서 있다. 국사가 다시 송광사를 찾을 때 소생하리라는 예언을 남긴 향나무는 고향수(枯香樹)라 불리는데, 조계종주(曹溪宗主) 제1세인 보조국사(普照國師, 1158~1210년)가 짚고 다니던 지팡이라고 전한다. 평소에 짚고 다니던 지팡이를 이곳에 꽂아 나무로 자랐는데, 국사가 입적하던 날 이 나무도 함께 시들해지더니 죽어서 지금은 앙상하게 기둥만 남았다. 이중환은 《택리지》(1751년)에 보조국사가 이르기를, "너와 나는 생사를 같이하니, 내가 떠나면 너도 그러하리라.(爾我同生死 我謝爾赤然) 다음날 너의 잎이 푸르게 되면, 나 또한 그런 줄 알리라. (會看爾靑葉 方知我赤爾)"고 예언했다고 한다. 아직 보조국사가 환생하지 않은 것인지 이 향나무는 아직 싹을 내지 않고 있다. 노산 이은상의 시조 〈고향수〉에는 "어디메 계시나요. 언제 오시나요. 말세 창생을 뒤에 있어 건지리까. 기다려 애타는 마음 임도 하마 아시리."라고 고향수는 이 향나무를 말한다.

171) 저승사자(死者)와 저승차사(差使)의 차이는 요즈음 말로 정규직과 비정규직(임시직)이다. 저승 사자는 스스로 판단하는 재량권이 있어 저승으로 데려가야 할 사람을 저승으로 데려가지 않아도 이를 윗사람에게 말할 수가 있다. 그 반면에 저승차사는 재량권이 없어 사람을 데려가지 않으면 직무유기가 된다. 저승사자는 저승으로부터 지상으로 내려와 죽음을 초래한 사람을 심판하는 역할을 맡는다. 저승차사는 저승으로부터 유골을 인도하여 영면시키는 존재이다. 사자(使者)는 타인의 완성된 의사 표시를 전달하거나 말을 전함으로써 타인이 결정한 의사를 상대방에게 표시하는 자이다. 차사(差使)는 임금이 중요한 임무를 위하여 파견하던 임시 벼슬 또는 그런 벼슬아치를 말한다. 그리고 저승사자란 사람이 죽었을 때 염라대왕을 비롯한 저승의 왕들이 파견하는 자들이다. 즉, 저승사자들의 명을 전하는 명부를 받들어 저승길로 들어서는 망자의 낯선 길을 인도하는 역할이다.

172) 아귀(餓鬼)는 범어 페레다(Preta)를 뜻으로 번역. 죽은 이란 뜻의 페레다를 귀(鬼)라 번역한 것은 중국에서 죽은 이의 영(靈)을 귀신이라 한 까닭이다. 굶주린 귀신인 아귀는 배가 산처럼 크고 목구멍은 바늘처럼 좁아 늘 배고픔의 고통을 당한다고 여겨지는 중생을 가리킨다. 매년 7월 15일 밤에 거행되는 우란분재(盂蘭盆齋) 의식은 이들에게 음식과 의복을 제공하기 위한 것이다. (《불교사전》 p.547.)

* 축생(畜生)은 남에게 길러지는 생류(生類)라는 뜻. 고통이 많고 낙이 적으며, 성질이 무지하여 식욕·음욕만 강하고, 부자 형제의 차별이 없이 서로 잡아먹고 싸우는 새·짐승·벌레·고기 따위. 그 종류는 매우 많아 《십이유경(十二遊經)》에는 고기 6,400종·새 4,500종·짐승 2,400종이 있다. 중생으로서 악업을 짓고, 우치가 많은 이는 죽어서 축생도에 태어난다고 함. (운허용하, 앞의 책, p.864.)

* 아수라(阿修羅, Asura)는 아수라(阿修羅)는 수미산(須彌山) 아래 거대한 바다 밑에 살며, 수억 만리나 되는 크기에다 수백억 년이나 장수하는 귀신이다. 모습도 흉측하기 그지없어 얼굴이 셋이고 팔이 여섯 개다. 인도의 서사시《마하바라타》에는 비슈누 신의 원반(原盤)에 맞아 많은 피를 흘린 아수라들이 다시 칼, 곤봉, 창으로 공격을 당해 피에 물든 그들의 시체가 마치 산처럼 겹겹이 쌓여 있는 모습이 그려져 있다. 피비린내 나는 전쟁터나 처참(悽慘)한 광경을 일컬어 아수라장(阿修羅場)이라 부르는 유래됐다. 원래 싸움의 신이었으나 부처님에게 귀의하여 불법을 지키는 신이 되었다. 싸움과 시비 걸기를 좋아하는 인간은 아수라로부터 전생(轉生)한 존재인지도 모른다. 아수라 중생들이 사는 세계는 서로 다투며 싸우는 곳이다.

173) 경(經)·율(律)·논(論) 삼장(三藏)과 각종 문헌으로 구성된 해인사 장경판전은 고려 고종 23년 (1236년) 2월~1251년 9월 25일(고종 38)까지 조성된 '해인사판 재조대장경'(팔만대장경)의 경판 총 8만1천258장(1,516종의 문헌 6,615권이 경판 앞뒤 쪽에 새김, 5천 200만자 가량, 약 280톤)을 5개 층으로 구분된 판가(板架, 경판꽂이)에 촘촘히 꽂혀 있는 대도서관의 서고와 빼닮은 모습이다. 당시 강화도 대장경 판당과 남해 분사도감 등지에서 판각된 목판 경전은 조선 태조 7년(1398년) 5월부터 한양 지천사 등을 경유하여 해인사로 옮겨와 보존되어 있다.

■ 해인사 장경판전인 대장경 판고는 고려 제조대장경을 봉안하고 있다. 온도와 습도의 변화가 거의 없도록 통풍과 환기 등을 고려하여 설계한 건물이다. 장경판전 건물의 위치는 대적광전의 비로자나불께서 법보인 대장경을 머리에 이고 있는 듯한 형세이다. 국보 52호로 지정된 장경각의 창건연대는 정확하지만, 1397년 대장경이 해인사로 옮겨진 것으로 보아 지금의 건물은 1488년쯤에 세워진 것으로 추정된다. 네 건물을 이루는 장경판전은 북쪽을 법보전이고, 남쪽을 수다라전이라 한다. 두 건물을 잇는 작은 두 동의 건물에는 사간판 대장경을 봉안했다. 해인사 장경각은 목판 대장경 보관의 요건인 습도와 통풍이 자연적으로 조절되도록 지어졌다. 장경각 건물의 바닥은 숯과 횟가루와 찰흙을 넣음으로써 여름철 장마기와 같이 습기가 많을 때 습기를 빨아들이고, 또 건조기에는 습기를 내보내곤 하여서 습도가 자연적으로 조절되게 하였다. 그 기능을 더 원활하게 하려고 판전의 창문도 격자창 모양으로 만들었다. 수다라전 창은 아랫창이 윗창보다 3배로 크게 하였고, 법보전의 창은 그 반대 꼴로 만들어 통풍의 과학적

방법을 이용하고 있다.

174) 금산사 대장전(大藏殿) 지붕 중간에 있는 보련대(寶蓮臺, 연꽃모양)가 탑 양식으로 남아 있다. 보련대는 불·보살이 앉는 자리를 연화좌 또는 연대(蓮臺)라고 부르는 것과 같다. 연꽃은 더러운 벌에 뿌리내리고 있으면서 맑고 향기로운 꽃을 피워 낸다. 추(醜)에서 미(美)를 드러내는 불교의 미묘법과 같고, 꽃을 피움과 동시에 열매 맺는 것은 인과(因果)의 도리를 보여 준다. 연꽃 봉오리 모양이 부처님 앞에 합장한 모습과 같다는 이유와 상징적 의미가 담겨 있다. 중국 북송 때의 소식 (蘇軾·蘇東坡, 1037~1101)이 불인선사(佛印禪師)와 나눈 시 〈오언시게(五言詩偈)〉에서 "머리 조아려 천중천을 뵈오니, 백호광명이 삼천대천세계를 비추시네. 8풍이 불어도 움직임 없으시고, 단정하게 보배 자금련(보련대)에 앉으셨네.(稽首天中天 毫光照大千 八風吹不動 端坐紫金蓮).

- 팔풍(八風)은 사람의 마음을 움직이게 하는 네 가지 순풍과 네 가지 역풍, 모두 여덟 가지 바람에 관한 이야기다. 중인도 마가다국의 나란타(那爛陀, 날란다(Nālandā) 사원에서 수학한 친광(親光) 논사가 저술하고, 중국 당나라 현장(玄奘)법사가 649년 11월에 한역을 시작해 651년 1월에 완성한 《불지경론佛地經論》에 나온다. ① 쇠(衰)는 쇠하고 멸하여 내게 일어나는 좋지 않은 현상. ② 이(利)는 이루고 더해져서 내게 좋은 일이 생기는 것. ③ 훼(毀)는 뒤에서 누가 나를 헐뜯고 비방하는 것. ④ 예(譽)는 남들이 내가 듣지 않는 곳에서 좋은 말을 하는 것. ⑤ 칭(稱)은 남이 내게 직접 좋은 말을 해주는 것. ⑥ 기(譏)는 남이 나를 욕하고 책망하는 것. ⑦ 고(苦)는 심신을 압박하는 여러 가지 번뇌. ⑧ 낙(樂)은 기쁘고 즐거운 것을 말한다.

175) 37조도품탑(三十七 助道品塔)은 37보리도법(菩提道法)이라 하는데, 깨달음을 얻기 위해 수행하는 37가지의 수행방법을 말한다. 4염처(念處), 4정근(正勤), 4여의족(如意足), 5근(根), 5역(力), 7각지(覺支), 8정도(正道) 등을 모두 합한 것이다.

176) 상제보살(常啼菩薩)은 범어 사다프라루디타(Sadaprarudita)이며, 살타파륜(薩陀波倫)이라 음역 한다. 보자보살(普慈菩薩)·상비보살(常悲菩薩), 상환희보살(常歡喜菩薩)이라고 한다. 《도행반야 경》제9 〈살타파륜보살품〉에 전기가 수록되어 있고, 《반야바라밀다경》제398권에는 "반야바라 밀다를 구할 때 신명을 아끼지 아니하고, 진귀한 보배와 재물을 돌아보지 않으며, 명예를 좇지 않고 공경을 바라지 않으며, 반야바라밀다를 듣는 법기보살의 제자이다. 내금강산 보덕암 뒤편

산꼭대기 바위를 상제보살 설화가 유명하다.

177) 법거량(法去量 · 法擧揚, 법의 무게를 저울질함)은 선(禪)의 세계에 대해 나누는 방외(方外, 범위 밖)의 대화 또는 격외(格外, 격을 벗어남)의 대화법으로 선문답(禪問答)이라 한다. 중국 선불교가 낳은 독특한 대화방식인 선문답은 법(法)을 재어본다. 또는 법(法)을 거양(擧揚, 제기)한다는 뜻으로 법담(法談) · 법전(法戰)이라고 한다. 고정관념에서 벗어난 단문답(卽問卽答, 즉시 묻고 즉시 이야기하는 것)으로 깨침에 이르는 무형식의 형식인 법거량은 가장 짧은 대화법이다. 할(喝, 깨우쳐주기 위해 억하고 큰소리를 지름)과 방(棒, 죽비나 손으로 일격을 가해 깨우침을 주는 행위)의 방법이 사용되는 법거량의 파격성은 응병여약(應病與藥)의 원리에 있다. 말 · 행동 · 소리 등 다양한 방식으로, 수행자가 앓고 있는 병(의심)에 맞춰 약(점검)을 주는 것이다. 상대방의 근기에 따라 직지인심(直指人心)의 기연(奇緣)을 제자에게 만들어 주는 것이 법거량의 핵심이다. 법거량은 수행자에게 화두참구의 필수 조건인 3심(의심 · 신심 · 발심)을 일으킨다. 스승이 제자에게 발심의 기회, 신심 증대, 의심 해소 등의 기폭제를 준다. 이를 통해 선공부의 진척을 이끌어내는 방식이다. 법거량의 이 같은 가르침은 중국 임제의현(臨濟義玄, ? ~867) 선사가 스승인 황벽희운(黃檗希運, ? ~850) 선사로부터 30방(棒, 몽둥이)을 맞고 깨침에 이르렀다는 일화에서 찾아볼 수 있다.

178) 주남철 · 김성도, 〈조선말기 서울 · 경기 일원의 사찰대방건축에관한연구〉, 《대한건축학회논문집》 (14권 11호), 1998. 229쪽.

179) 심보인, 《승주 선암사에서의 생활과 공간》, 연세대, 1996. 96~97쪽.

180) 서울 신촌 봉원사 대방은 서울 마포구 염리동에 있던 흥선대원군의 별장 아소정(我笑亭, 현 서울디자인고등학교 · 동도중고교) 99칸의 본채 건물을 1966년에 매입한 후, 옮겨서 염불당 터에다 앞면 7칸으로 축소해 지었다. 이때 아소정에 걸렸던 완당(추사) 김정희의 글씨 현판 3점도 함께 옮겨왔다. ① 청련시경(靑蓮詩境, 푸른 연꽃이 시를 읊어낼 정도로 아름다운 경치가 있는 곳)을 의역하면 중국 당나라 시선 이태백이 시를 지을 만큼 감흥을 주는 장소란 뜻이다. ② 산호벽루(珊瑚碧樓, 짙푸른 산호처럼 아름다운 누각)는 산호벽수(珊瑚碧樹, 산호와 벽수 가지처럼 어울려 융성하라는 뜻)로도 읽는다. 추사의 스승인 청나라 옹방강(翁方綱)의 행서체 글씨(書帖體)를 집자한 ③ 무량수각(無量壽閣, 극락보전의 이칭) 현판이 옮겨졌다. 그의 제자였던 흥선대원군에게

추사가 어느 날 "아소정에다 걸어 보시라."고 선물한 것으로 고래등과 같은 한옥이 봉원사로 이전 (移建)할 때 덤으로 가져온 것이다. 대방 정면에다 붙였던 편액은 조선 영조가 1749년(즉위 25년) 금화사(金華寺)에서 봉원사(奉元寺)로 개칭한 사명을 직접 써서 하사한 것이다. 1945년 화주 김기월과 김운파 선사가 광복기념관으로 46칸(間)의 대방을 건립했으나, 1950년 9월 25일 6.25 전쟁 때 한강 도하작전대에 의해 전소됐다. 1966년에는 주지 영월 선사가 아소정의 목재로 봉원사 대방(念佛堂)을 다시 건립했다. 현재의 편액은 태고종 부산종무원장을 역임한 운강 박석봉 (雲岡 朴石峰) 선사의 글씨이다. 한편, 경남 양산 통도사 보광전 편액 뒤에 붙인 추사 김정희의 행서 글씨인 산호벽루(珊瑚碧樓) 현판은 운강석봉 선사가 서울 봉원사 현판을 모사하여 기증한 것으로 추정된다.

인천 영종도 용궁사의 대방 편액은 흥선대원군이 파락호(破落戶, 일부러 난봉꾼 행동한 왕족) 시절이던 1854년(철종 5)에 배를 타고 와서 1년가량 머물면서 사찰명을 쓴 것이다. 경기도 안성 운수암은 1870년(조선 고종 7)에 흥선대원군의 시주로 중건됐다. 석파 이하응의 친필 사액을 붙인 운수암 대방에는 책력 암(菴)으로 표기됐다. 책력은 나라에서 단옷날에 부채와 함께 신하들에게 하사하던 물품이다. 그래서 단옷날에 편액을 쓴 것으로 추정된다.

181) 대원군(大院君)이란 군호(君號)는 조선시대에 왕위를 계승할 적자손(嫡子孫)이나 형제가 없어서 종친 중에서 왕위를 이어받을 때, 그 왕의 생부(生父)를 호칭하던 말이다. 보통 대원군이라고 하면 흥선대원군(興宣大院君)을 지칭하는데, 그는 고종과 순종의 생부이다. 조선의 대원군 제도는 선조 (宣祖)의 아버지 덕흥군(德興君)을 덕흥대원군으로 추존한 데서 비롯되었다. 철종의 아버지 전계 (全溪)대원군과 인조의 아버지 정원(定遠)대원군 등 총 4명이 있다.

182) 사시마지(巳時摩旨)는 오전 9~11시경 절에서 기도하는 사시불공(禮佛) 때 전각의 불보살님께 올리는 진지(밥공양)를 말한다. 이것은 부처님 당시에 하루 1끼를 12시 이전에 드셨던 사실을 종교 의식화한 것이다.

- 마지(摩旨)는 매일 사시에 불보살님께 올리는 밥공양인 마짓밥이다. 하얀 고봉밥의 마지는 사찰 후원(後院)에서 피어나는 가장 아름다운 꽃이라 불린다. '(정성) 공들여 만든(摩) 맛있는 음식 (旨)'이라는 뜻의 마지는 ① 밥을 지어 올리는 공양, ② 법당에서 대중이 함께 동참해서 읊는

독경 두 가지로 구성된다. 그 기원은 백장회해(百丈懷海, 720~814)선사의 《백장청규》 (고청규古淸規)와 1335년에 백장덕휘(百丈德輝)선사가 원나라 순황제(順帝)의 칙명으로 편찬한 《칙수백장청규(勅修百丈淸規)》 등에 따라 중국 선원에서 농사와 수행을 동일시하면서 공양과 관련된 소임이 생겨났다. 이보다 앞서 《논어》 〈양화(陽貨)〉 편에도 "군자가 상(삼년상)을 지내는 것은 잘 차린 음식을 먹어도 달지 않고, 좋은 음악을 들어도 즐겁지 않으며, 집에 있어도 편안하지 않기 때문이다. 그래서 하지 않은 것이다."(夫君子之居喪 食旨不甘 聞樂不樂 居處不安 故不爲也)라고 '식지(食旨)'는 맛있는 음식을 말한다. 우리나라에는 1721년 지환(智還)대사의 《천지명양수륙재의범음산보집天地冥陽水陸齋儀梵音刪補集》 중권, 〈지반삼주야작법절차(志磐 三晝夜作法節次)〉에서 마지(麽指), 1724년 수륙재의문을 보완한 《자기문절차조열(仔虁文節次 條列)》에 마지(磨指)로. 1760년 묵암선사가 편찬한 《제경회요(諸經會要)》에 마지(摩旨)로 기록했다. 19세기 범해선사의 《범해선사문집》 1권에는 부처님과 신중마지(神衆摩旨)라고 하였다. 지금, 불보살님께 올리는 마지(摩旨) 글자는 1760년을 전후해 본격화되었다. 백파긍선 선사가 편찬한 《작법귀감(作法龜鑑)》(1827년)을 근간으로, 1935년 4월 안진호(安震湖) 대사가 간행한 《석문의범(釋門儀範)》에 수록되면서 공식화된 불교의례 용어이다.

183) 《불교신문》(2021.1.11.) "구미래 박사가 쓰는 사찰후원의 문화사 : 사시마지"

184) 반빗간(飯備間)은 조선 후기에 서울 한양도성의 사대부가에 별로 건물로 있던 부엌을 말한다. 밥과 반찬을 만드는 일을 맡아 하던 하인들의 공간이다. 반빗간에서 주인들의 찬(饌, 음식)을 만든다는 알냥한 권세로 꼰댓짓을 하던 이들을 반빗아치라 했다. 주로 여성이던 반빗아치는 통지기 또는 빗댄 말로 '통지기년'이라 불렀다. 이곳에는 허드렛일하는 어린 찬비(饌婢)들도 있었다.

조선 세조 때에 시작해 1470년(성종 1) 11월, 신숙주 · 한명회 · 정창손(鄭昌孫) 등에게 명하여 완성된 《경국대전》 형조(刑曹) 〈궐내각차비(闕內各差備)〉에 관한 규정이 있다. 차비(差備)는 각 궁사(宮司)의 최하위 고용인으로, 이들이 궁중음식 마련의 실무를 맡는다. 궁궐 내의 문소전 · 대전 · 왕비전 · 세자궁의 네 곳으로 나누고, 각 전의 정원이 정해져 있었다. 음식관련 업무자 중 반감(飯監), 별사옹(別司饔). 상배색은 상위 직급에 속한다. 반감은 어선과 진상을 맡아보는 벼슬아치이고, 별사옹(別司饔)은 음식물을 만드는 구슬아치, 상배색(床排色)은 음식상을 차리는 구슬아치이다. 조리인에 해당하는 직책으로 주자(廚子)는 지방관아의 소주방(廚房)에 딸린 음식을 만드는 자를, 반비(飯婢)는 밥짓는 일을 맡아하던 여자 종을 말한다. 찬모(饌母)라고도 한다. 도척 (刀尺)은 지방 관아에서 음식을 만드는 사람을 이른다.

185) 정줏간(晸廚間)은 부엌과 안방 사이에 벽이 없이 부뚜막과 방바닥이 한 평면으로 된 큰 방을 말한다. 정주간은 함경도 지방의 겹집에 있는 특이한 공간이다. 부엌 쪽의 한 귀퉁이에 여러 개의 솥을 걸어놓은 부뚜막이 있고, 한쪽 벽에 설치한 식장을 '조왕간(竈王間)'이라 부른다. 조왕대신을 모시는 조왕간에는 한 장의 선반형식으로 앞에 질이 좋은 오리목을 덧대어 턱을 붙이며, 선반 자체를 오리 목판자로 설치하는 등 각종 식기류와 소반을 올려놓는다. 부지런한 주부는 황토 칠을 한 부뚜막이 반지르르하게 윤이 나도록 만들었다. 강원도와 경상도 등에서 부엌을 '정지(淨地)' 라고 부르는 것은 함경도 집 정줏간의 기능 가운데에서 조리 장소의 뜻을 강조한 것이다.

186) 사찰에서는 아침 공양을 조공(朝供)이라 한다. 주로 죽을 먹었기에 신죽(晨粥)·조죽(朝粥)이라고 한다. 점심 공양은 오공(午供)·재식(齋食)이라 부른다. 재식이란 계율에 따른 법다운 식사를 뜻하는데, 오후 불식을 규범으로 삼았던 초기불교의 식사법을 따른 것이다. 저녁예불 전의 저녁 공양은 도를 구하고자 쇠약해진 몸을 다스리기 위해 먹는다는 뜻에서 약석(藥夕)이라 부른다. 그래서 공양은 자양(資養, 몸의 영양을 좋게 해 주는 음식이나 물질)한다는 뜻이다. 약석(藥石)은 '약석지언(藥石之言)'의 준말로, 약으로 병을 고치는 것처럼 남의 잘못된 행동을 훈계하여 그것을 고치는 데에 도움이 되는 말을 일컫는다. 총림이나 선방에서는 오후에 먹지 않는 데, 배고픈 병을 고친다는 뜻으로 저녁밥을 약석이라고 달리 부른다.

선종사에서 식사는 이른 아침의 소식(小食)은 죽(粥)으로 대용되어 신죽(晨粥, 새벽죽) 또는 중재 (中齋)라 하였다. 점심은 재식(齋食) 또는 점심이라 이름하였지만, 출가자의 식사는 배부르게 먹는 그러한 유형의 식사가 아니었다. 점심(點心)이란 '마음에 점을 찍는 듯한 양의 식사'를 의미한다. 그럼에도 과거심불가득(過去心不可得), 현재심불가득(現在心不可得), 미래심불가득(未來 心不可 得)이라 하여 어느 마음[心]에 점(點)을 찍을 것인가? 즉, 어느 때(時)의 마음으로 먹을 것인가는 아니러니컬한 물음은 식사에 관한 승가의 외경(畏敬)을 엿볼 수 있는 표현이다. 19세기 서울 한양도성에 등장한 효종갱(曉鐘羹)은 '새벽종이 울릴 때 먹는 국'이란 뜻으로, 배추뭇국 정도의 허름한 국 종류의 죽이다.

187) 사찰의 식사 예법인 발우공양(鉢盂供養)은 《석문의범》(1935년) 〈소심경(小心經)〉에 나오는 오관게(五觀偈, 발우공양 때 함께하는 게송)는 "이 음식이 어디서 왔는가. 내 덕행으로 받기가 부끄럽네. 마음의 온갖 욕심 버리고, 몸을 지탱하는 약으로 삼아 도업을 이루고자 이 공양을 받습니다."(計功多少量彼來處 村己德行全缺應供 防心離過貪等爲宗 正思良藥爲療形枯 爲成道業應 受此食)라고 감사와 정진의 의미가 함축되어 있다.

188) 《금강신문》(2023.12.29.). 구미래 "불교, 사라져가는 것들에 대해1_공양간"

189) 집집마다 가신(家神)신앙 중에 신앙하는 대상은 성주·삼신·조왕신이 있다. 화신(火神)인 조왕신은 부엌을 관장하는 존재이다. 부엌은 부녀자들의 전유물이었다. 부녀자들은 아궁이에 불을 때면서 나쁜 말을 하지 않아야 하고 부뚜막에 걸터앉거나 발을 디디는 것 또한 금기 사항이었으며, 항상 깨끗하게 하고 부뚜막 벽에는 제비집 모양의 대(臺)를 흙으로 붙여 만들고 그 위에 조왕중발을 올려놓고 치성을 드렸다. 주부는 매일 아침 일찍 일어나 샘에 가서 깨끗한 물을 길어다 조왕물을 중발에 떠 올리고, 가운(家運)이 일어나도록 기원하며 손절하던 풍습이다.

한국의 풍속과 민속에서는 조왕신이 부뚜막 뒤쪽에 머물면서 집안에서 일어나는 온갖 사실을 매일 적어 하늘로 올려 천신들에게 보내는 임무를 맡고 있기에 조왕신의 비위를 건드려서는 안 된다고 하여 날마다 금기(禁忌)를 정해놓고 지켜야 했다. 누구를 막론하고 불을 때면서 ① 남의 흉을 보거나 악담을 하지 말라. 즉, 부뚜막 뒷담화는 낮에 새가 듣고, 밤엔 쥐가 듣는다고 했다. ② 부뚜막에 걸터앉지 말라, 즉, 부뚜막에 걸터앉으면 먹거리 복이 나간다고 했다. ③ 부엌을 항상 깨끗하게 관리하라. 이 금기를 지키려고 어머니들은 날마다 이른 아침에 샘물을 길어다 주발에 떠서 부뚜막 뒷벽에 설치한 토대(土臺) 위에 얹어 놓으며, 또 명절날이나 치성(致誠) 굿을 할 때 목판에 떡·과일 등 간소한 음식을 차려 부뚜막 위에 놓는다. 이때 샘물 그릇을 조왕주발, 목판에 차린 상을 조왕상이라 한다. 정성을 들이는 마음으로 이 조왕신에게도 가운(家運)이 창성(昌盛) 하기를 빌며 절을 하였다. 출처 : 《다음카페(daum cafe)》(2020.7.14.). 최영근 "불가에서의 토지신과 조왕신"

190) 《석문의범》 〈예경편(竈王請)〉에는 "향기로운 부엌을 늘 드나드시면서, 불법 지키고 마군을

쫓아내네. 사람들의 바람을 정성스레 축원하면, 병과 재앙을 없애고 많은 복을 내리신다."

"지심귀명례 팔만사천조왕대신(至心歸命禮 八萬四千竈王大神)

　지심귀명례 좌보처 담시역사(至心歸命禮 左補處 擔柴力士)

　지심귀명례 우보처 조식취모(至心歸命禮 右補處 造食炊母)

　향적주중상출납(香積廚中常出納)　호지불법역최마(護持佛法亦摧魔)

　인간유원래성축(人間有願來誠祝)　제병소재강복다(除病消災降福多)

　고아일심(故我一心)　귀명정례(歸命頂禮)"

191) 아귀(餓鬼)는 굶주린·배고픈 귀신이다. 배는 산처럼 크고, 목구멍은 바늘처럼 좁아 늘 배고픈 고통에 시달리는 육도 중생의 2번째이다. 인도 신화에 인간으로서 최초의 죽음을 받은 이를 야마(Ya-ma)라고 한다. 불교에서 시주받은 공양물(施恩)은 일미삼근(一米三斤)이라 한다. 시주자의 쌀 한 톨에 피와 땀이 세 근이나 된다는 뜻이다. 그만큼 시주의 은혜가 무겁고, 쌀 한 톨이라도 가벼이 여기지 마라는 지혜의 말씀으로 수행의 철두철미한 자세를 가르친다.

192) 해인사 공양솥 아궁이 안에 장작을 쌓는 일은 공양주 또는 공양주 보조가 담당하는데, 큰 아궁이 안으로 직접 들어가서 장작을 우물정(井) 자로 3~5단 높이로 쌓는다. 아궁이 속에 들락거릴 때 까까머리 양쪽에 숯 껌뎅이를 2곳 묻히면 하판, 1곳에만 묻히면 중판, 머리에 껌정(그을음)이 없으면 상판 공양주라고 여겼다. 가마솥의 장작불은 송풍기로 불어 넣은 공기의 공급이 원활하여 활활 타는 불길을 산화염(酸化焰)이라 한다. 그다음, 거의 밀폐된 아궁이 안에 고온이 유지되어 생겨나는 강력한 푸른 불꼴을 환원염(還元焰)이라고 한다. 도자기를 구울 때에도 이 같은 방식의 불길을 이용한다.

193) 《금강신문》(2023.12.29.). 구미래 "불교, 사라져가는 것들에 대해1_공양간"

194) 공양간의 배식과 상차림 담당자인 간상(看上)은 달리 큰방장이라 부른다. 동·하안거 결제철의 초하루와 보름날을 기해 한 차례씩 대중공양의 밑반찬으로 맨 김구이를 한다. 전날 밤에 행자실 운력으로 마른김 수백 장에 들기름을 발라놓은 다음, 공양밥이 완성된 아궁이의 밑불(알불)을 끄집어내 큰방장과 보조(2인 1조)가 함께 김을 굽는다. 큰방장은 석쇠를 잡고, 보조는 맨손으로 맨 김을 번갈아 끼워 굽는다. 뜨거운 밑불에 보조는 손 데기가 일수이다. 화상을 입으면 하판, 짧은

시간 동안에 김을 다 구워내면 상판 행자라 불렀다. 이때 김 굽는 풍경은 멀리서 볼 때 아름답게 보이지만, 실상은 서로 거친 말이 오가는 법거량의 이미지 풍경이다. 대중방에 비치된 고추장 단지를 관리하는 행주 씻기와 바루공양 닦이용 김치 썰기에 관한 일화 등 공양간 깊은 곳에서 일어나는 이야깃거리는 편편마다 픽션(fiction)이다.

195) 인도(西天)의 역경삼장 조산대부(朝散大夫) 홍려경(鴻臚卿) 전교대사(傳教大師)가 지은 것을 중국 북송(973~986) 때의 법천(法天, Dharmadeva)이 번역한 《불설해우경(佛說解憂經)》 1권에 "모든 근심과 고뇌를 풀 수 있으리라."(能解諸憂惱)는 내용을 해우소(解憂所)라고 《망월대사전》 (일본, 세계성전간행협회, 1973년)에서 풀이한 것은 바람직하지 않다.

196) 입측오주(入厠五呪)는 화장실에서 외우는 진언으로, 중국 당나라 때 도선율사(道宣律師, 596~667)가 만든 진언이다. 《불자필람(佛子必覽)》(1931년刊)에서 ① 입측진언(入厠眞言)은 화장실 갈 때 손가락으로 3번 퉁기며 "옴 하로다야 사바하"라고 외운다. 이렇게 해야 똥을 먹는 담분(噉糞) 귀신이 비껴준다고 한다. 만일, 이 진언을 하지 않으면 똥을 뒤집어쓴 담분 귀신이 화를 내어 똥을 눈 사람의 배에 똥을 발길질하여 배탈이 나게 만들어 버린다. ② 세정진언(洗淨眞言)은 변을 닦고 세척할 때 외우는 진언으로 "옴 하나 마리제 사바하" ③ 세수진언(洗手眞言)은 물로 손을 씻을 때하는 진언으로 "옴 주가라야 사바하" ④ 거예진언(去穢眞言)은 모든 더러움을 제거하는 진언으로 "옴 시리예 사바하" ⑤ 정신진언(淨身眞言)은 법당에 들어가기 전 몸을 깨끗하게 하는 진언으로 "옴 바아라 뇌가닥 사바하" 이상과 같이 입측오주를 외우면 몸과 마음이 청정해지고, 마음의 여유도 생기며, 또한 측신의 보호를 받게 된다. 짧은 입측오주는 "버리고 또 버리니 큰 기쁨일세. 탐욕과 성냄, 어리석음(貪嗔癡)은 마음 이같이 버려, 한 조각 구름마저 없어졌을 때 서쪽에 둥근 달빛 미소 지으리. 옴 하로다야 사바하."라고 외운다.

197) 사성(四聖), 네 명의 성인)은 불교에서는 불(佛)·보살(菩薩)·성문(聲聞)·연각(緣覺)을 가리킨다. 또 아미타불·관세음보살·대세지보살·대해중(大海衆)보살을 가리킨다. 1951년에 불타버린 내금 강산 장안사의 사성지전은 어떤 의미로 붙여진 이름인지는 알 수 없다. 성문(聲聞)은 원래 석가의 음성을 들은 사람이라는 뜻으로 석가모니 당시의 제자들을 이르는 의미였으나, 이후 불교의 교설을 듣고 스스로의 해탈을 위하여 정진하는 출가수행자를 가리키는 말로 쓰였다. 연각

(緣覺)은 불교의 가르침을 듣고 도를 깨닫는 성문이나 보살과는 달리 외부의 가르침에 의하지 않고 스스로 인연의 법칙을 관찰함으로써 깨달음을 얻는 자로 벽지불(辟支佛), 독각(獨覺)이라고 한다.

■ 별상 삼보(別相三寶)는 신앙 형태의 삼보를 말한다. 석가모니불과 아미타불과 같은 시방삼세의 모든 부처님은 불보이다. 여러 부처님이 말씀하신 교법과 부처님이 깨달으신 우주의 진리는 법보이다. 부처님의 교법을 의지해서 수행한 삼현(三賢)·십성(十聖) 등은 승보이다. 이 삼보의 체상(體相, 모습)이 서로 다르므로 별상삼보라고 한다. 삼현은 성문·연각, 처음 발심한 보살을 뜻한다. 십성(十聖)은 10지(地)보살을 일컫는다.

198) 단하각(丹霞閣)의 기원은 중국 당나라 때의 단하천연(丹霞天然, 736~824) 선사가 낙경 용문의 향산에 있는 혜림사(慧林寺)에서 생겨난 고사인 '단하소불'(丹霞燒佛, 단하가 부처를 태움)에서 유래했다. 그 후 공안(公案)으로 채택되어서 널리 유행한 이 고사는 중국 남송(南宋) 때 보제(普濟, 1178~1253)선사가 편찬한 《오등회원(五燈會元)》 5권 〈단하천연장〉에 소개된 이야기이다. 중국의 선종 8대조 마조도일(馬祖導一, 709~788)의 제자인 천연선사는 말년에 단하산(丹霞山)에 들어가 파격적인 수행관으로 유명한 선승이다.

199) 북두칠성(北斗七星)은 탐랑(貪狼)·거문(巨門)·녹존(祿存)·문곡(文曲)·염정(廉貞)·무곡(武曲)·파군(破軍)의 일곱개 별이다. 이를 각 부처로 바뀌어 '칠여래'가 되었다. 제칠파군성군 약사유리광여래는 칠성 중에서 파군이 여래로 변신한 것이다. 칠성각에 모시는 북두칠성의 북두 제1(北斗 第一)은 자손에게 만덕을 주고, 북두 제2는 장애와 재난을 없애주고, 북두 제3은 업장을 소멸시켜주고, 북두 제4는 얻는 것을 구하게 해주고, 북두 제5는 백 가지 장애를 없애주고, 북두 제6은 복덕(福德)을 갖추게 해주고, 북두 제7은 수명을 오래도록 연장시켜 주는 역할을 맡았다. 이러한 신력 때문에 일반대중들이 칠성을 깊이 신봉하면서 부처님의 모습으로 수용하여 칠성신앙이 불교적으로 변용되었다.

200) 통도사 극락암 수세전(壽世殿)은 조선 고종 황실의 명복과 황족의 무병장수를 기원할 목적으로 경남 양산 군수가 왕명으로 1920년대에 세운 것이다. 앞면 3칸·옆면 2칸의 팔작지붕 건물이다. 현판은 1903년 음력 9월 하순에 김용택이 쓴 것이고, 주련은 경봉선사의 글이다. 1967년 7월 경봉선사가 단청하고, 수세전 산수외 벽화로 종성동강성(鍾聲動江城) 변산옥수(邊山玉水)

관풍청폭(觀楓聽瀑) 해중금강(海中金剛) 등 통도사 벽화 중에 뛰어난 작품이다. 수세전의 주불은 석가모니불을 중심으로 좌우에 지장과 관세음보살을 모셨다. 6.25전쟁 때 참화 입은 절의 불상을 봉안했다. 후불탱화는 당시 양산군수 안종설이 봉안했다.

201) 환인(上帝桓因), 환웅(桓雄), 단군(桓儉)의 신주를 모신 삼성당(三聖堂) 또는 삼성사가 황해남도 문화현 구월산에 있어 제사를 지냈다. 《세조실록》(세조 2) 집현전 직제학 양성지가 상소하기를 "묘향산(妙香山)은 단군(檀君)이 일어난 곳이며, 구월산(九月山)에는 단군사(檀君祠)가 있다. 태백산(太白山)은 신사(神祠)가 있는 곳이며, 금강산(金剛山)은 이름이 천하에 알려졌고..."라 기록했다. 1905년 나철이 창종한 대종교에서는 환인, 환웅, 환검(단군왕검)을 신앙의 대상으로 삼고 있다.

202) 부처님의 진신사리(眞身舍利)는 석가모니 부처님의 몸에서 나온 사리를 가리킨다. 석가모니가 열반하고 시신이 다비된 뒤 8곡(斛) 4두(斗)의 많은 사리가 출현하자, 그 사리는 8개국의 왕에게 공평히 분배되어 각기 그 나라에서 사리를 봉납하는 스투파([佛塔], Stūpa) 즉, 불탑을 건립했다. 이것이 불사리 신앙의 출발이며 탑의 시작인 근본팔탑(根本八塔)이다. 사리는 불상이 출현하기 이전에는 유일한 숭배 대상이었다.

■ 사리는 범어 사리라(舍利羅, Śarīra)의 음역으로 신골(身骨)·유골(遺骨)·신(身)·체(體) 등으로 번역한다. 사리는 시신을 매장하지 않고 화장하는 인도의 풍습에서 유래했다. 사리는 법신사리(法身舍利)와 진신사리(眞身舍利)로 나뉘는데, 법신사리는 일체의 불교 경전 자체를 말한다. 진신사리는 부처의 유골을 일컫는다. 진신사리는 다시 다비(茶毘, 火葬)하기 전의 전신사리(全身舍利)와 다비 후의 쇄신사리(碎身舍利)로 나눈다. 전신사리란 매장한 유체(遺體)를 말하는 것으로 전신이 그대로 사리이다. 몸 그대로의 미라와 뼈를 섞은 흙상(土像)이 이에 해당한다. 쇄신사리란 다비한 유골을 말하는 것으로 다투(馱都, Dhātu)라고 하며, 이 쇄신사리를 남긴 인물이 석가모니불이다. 그 제자들이 석가모니를 다비한 후 쇄골하여 나온 작은 구슬 모양의 부서지지 않는 골편(骨片)도 사리라고 한다. 출처 : 《위키실록사전》

203) 금산사 방등계단(方等戒壇, 보물 제26호)은 지제 또는 영불탑의 일종이다. 방등계단의 성격을 도솔천(兜率天)의 세계를 표현한 것이라 한다. 미륵신앙의 근본도량 금산사에는 미륵의 하생처로써 미륵전을 조성하고, 그 위에 도솔천을 구현하여 미륵상생 신앙을 나타냈다는 말이다.

미륵상생과 하생신앙을 조화롭게 겸비한 금산사의 신앙적 성격을 지니고 있는 곳이다. 방등은 위·아래 사방으로 평등하다는 뜻으로, 방등계단은 출재자를 가리지 않고 대심(大心)을 가진 이는 누구나 수계할 수 있도록 허용하는 계단을 말한다. 금산사 경내 가장 높은 곳인 송대(松臺)지점에 5층탑과 나란히 위치한 계단이다. 넓은 2단의 기단 위에 사각형의 박석 돌을 놓았고, 그 위에 석종형(石鐘)의 탑을 세웠다. 11세기 고려 때 조성된 방등계단은 돌난간, 네 귀퉁이마다 사천왕상을 배치했다. 석종형 탑신을 받치고 있는 넓적한 돌 네 귀에는 사자 머리를 새기고, 중앙에는 석종 주변으로 연꽃무늬를 둘렀다. 석종의 꼭대기에는 9홉 마리의 용이 머리를 밖으로 향한 모습으로 조각되었다. 방등계단의 수계법회(受戒法會)를 거행할 때는 수계단을 중앙에 마련하고, 그 주위에 삼사(三師)와 칠증(七證)이 둘러앉아서 계법을 전수하는데 사용했던 의식법회 장소였다. 이러한 금산사의 봉율사찰(奉律寺刹) 사례는 경남 양산 통도사와 개성 불일사지(佛日寺) 등지에서만 찾아볼 수 있는 한국불교의 독특한 유산이다.

충북 보은 법주사 세존사리탑은 팔각원당형 승탑으로 능인전 뒤에 위치한다. 고려 공민왕이 홍건적의 난으로 인해 피난할 때 법주사를 찾아와서 경남 양산 통도사에 봉안된 석가모니의 사리 일부를 왕명으로 가져오도록 하여 봉안됐으며, 1362년(공민왕 11)에 조성되었다고 한다. 사리탑 우측, 1710년에 세워진 탑비에 기록된 내용이다.

204) 강화도 보문사 마애관음보살 좌상의 조성 연대기는 한국학문헌연구소편, 《전등본말사지》, 아세아문화사, 1978. 91쪽에도 실려 있다.

205) 전남 장성 백암산의 고불총림 백양사는 1947년 만암(曼庵) 선사가 일제의 잔재 청산과 민족정기 함양, 승풍진작 등 3대 목표로 호남의 20여 개 사암과 포교당을 동참시켜 호남의 고불총림을 결성한 사찰이다. 서옹 선사가 생존할 때인 1996년에 조계종 5대 총림의 한 곳으로 공식 지정되었다. 2019년 11월 6일 조계종 중앙종회가 총림법에 의거하여 해제하였다.

206) 일제 조선총독부 내무국은 1911년 6월 3일 조선사찰령(제령 제7호)을 제정 반포하여 조선불교선교양종(朝鮮佛教禪教兩宗)의 전국 사찰을 30개 구역으로 나누고 구역마다 하나의 본산을 두는 30본산제를 시행했다. 1924년 11월 20일 전남 구례 화엄사가 기존 본산에 더 추가하여 31본산제도로 확립됐다. 당시 지정된 본산은 경기도 광주군 봉은사·양주군 봉선사·수원군

용주사 · 강화군 전등사, 충북 보은군 법주사, 충남 공주군 마곡사 · 금산군 보석사, 전북 전주시 위봉사, 전남 장성군 백양사 · 순천시 송광사 · 선암사, 해남군 대흥사, 경북 문경군 금룡사 · 의성군 고운사 · 영천군 은해사 · 달성군 동화사 · 경주군 기림사, 경남 합천군 해인사 · 양산군 통도사, 부산시 범어사, 강원도 고성군 건봉사 · 유점사, 평창군 월정사 · 안변군 석왕사, 함남 함흥시 귀주사, 황해도 해주시 패엽사 · 황주군 성불사, 평양시 영명사, 평남 평원군 법흥사, 평북 영변군 보현사, 전남 구례군 화엄사이다. 해방 후, 불교종단은 조계종과 태고종으로 양분되었고, 되찾은 주요사찰은 조계종단에서 남한 전역의 사찰을 25교구 본사로 재조직한 것이다.

207) 선암사(仙巖寺)는 조계종과 태고종단이 2011년 2월부터 공동으로 운영하는 사찰이다. 1970년 1월에 한국불교태고종의 종찰(宗刹)로 지정된 선암사에는 태고종 제20대 종정 지허당 지용 대종사가 주석하다가 2023년 10월 2일 전남 순천 금둔사에서 입적했다.

208) 《원불교신문》(1999.10.22.) "평양교구 임시사무국 현판 강남교당에 걸어"

209) 1642년(인조 20)에 간행된 서산대사의 《선교결(禪敎訣)》에 처음 나오는 경구인 "선(禪)은 붓다의 마음이고, 교(敎)는 붓다의 말씀이다."(然禪是佛心 敎是佛語也) 이로부터 직지인심(直指人心)은 붓다의 마음인 선은 자신의 마음을 가리켜, 견성성불(見性成佛)은 자신의 성품을 보고 부처가 되며, 불립문자(不立文字)는 문자를 세우지 않고, 교외별전(敎外別傳)은 문자 밖의 소식을 따로 전하는 것을 지침으로 삼는다. 그리하여 선(禪)은 자기 마음이 곧 부처(卽心卽佛)임을 일깨우는 수행법이다. 선종을 표방하는 한국불교는 선원에서의 참선(參禪) 수행을 중요하게 여긴다. 한국불교를 일컬어 흔히 통불교(通佛敎)라고 하지만, 선수행을 근본으로 삼고 있다.

210) 선방에서 각자 위치는 청산(靑山)자리는 도량에 머무는 소임자들이 앉고, 백운(白雲) 자리는 처음 입방자, 객승이 앉는다. 푸른 청산으로 머물되 떠다니는 구름 뜻을 알고, 한 곳에 머무르되 집착하지 않는다는 뜻이다. 청산은 안거에서 푸른 수행의 도를 늘 지니기 위함이다. 바람처럼 구름처럼 운수행각하는 승려는 백운 쪽에 자리한다. 흰 구름이 바람에 흩어졌다 모이듯이 가고 옴에 집착하지 않는다. 몸은 구름처럼 매임이 없다하나. 마음이 자유롭지 않으면 어찌 백운이라 자처할 수 있는가? 구름처럼 오고 가되 청산의 인내를 알고 바람따라 오고가나 중심을 잊지 않는다. 선사는 두 눈이 열리면 산색과 물빛이 본래 마음이 된다. 그것은 삼라만상의 중심에 내가

서 있기 때문이다. "달빛은 아무리 보아도 눈이 부시지 않는다."는 깨달음에 이르는 두 가지 방법으로 ① 참선은 화두 참구하여 대오각성에 이르는 것으로 오로지 마음자리를 살필 뿐이다. 선정에 들어서는 붓다의 말씀조차 놓아야 하므로 오히려 문자가 걸림돌이 되기 때문이다. ② 경전은 독경을 배워 알음알이(분별심)을 밝히는 것이다. 오관(五觀)의 자리는 앞쪽을 나타내는 표시다. 예경할 때 앞쪽과 기준이 된다. 입선 50분과 방선 10분의 좌선은 선정을 닦든 일과로 묵언 정진을 한다. 출처:《BBS 불교방송》(1993년). "다큐멘터리, 신년특집 구도의 길-구도자들이 한 곳에 모여 경과 율로써 정진하다"

211) '이뭣꼬'는 경상도 방언으로 이뭣꼬? 이뭐꼬?라고 한다. 오늘날 이뭣꼬는 화두로 쓰인다. 원문은 시심마(是甚麽, 是什麼)로 "이것(是)이 무엇인가(甚)?"라는 의문사이다. 《벽암록》 51칙은 설봉의 시심마이다. 어느 날 두 선승이 설봉선사를 찾아갔다. 설봉선사는 그들이 암자의 문을 열려는 순간, 먼저 문을 확 열어 제치고 자신의 몸을 불쑥 앞으로 내밀고는 '시심마'라고 물었다. 여기서 시심마는 "이 고깃덩어리(육신)는 뭐냐?"라는 뜻이다. 출처 :《불교신문》(2009.3.21.). "이뭣꼬?"

212) 중국 선종에는 사자(師資, 스승과 제자의 관계)가 친밀한 것으로 되었다. 제자가 스승으로부터 정법을 받아, 부처님의 가르침을 상호·계승한다는 뜻의 사자상승(師資相承)은 불교의 아름다운 말 가운데 하나이다. 《현우경》〈사미균제(沙彌均提)〉 품에 사리불 존자와 균제사미 이야기가 전한다.

213) 행각승(水雲)은 유수행운(流水行雲)의 준말로, 흐르는 물과 떠도는 구름처럼 종적이 일정하지 않음을 뜻한다. 행각승(行脚僧)을 달리 이르는 말이다.

214) 묵언(默言)하는 세 가지 방법은 1급 묵언은 철저하게 침묵. 예불문 등도 외지 않고 입을 꿰매듯이 지킨다. 2급 묵언은 꼭 필요한 말을 하는데 하루 스무 마디 이내로 한다. 3급 묵언은 입을 굳게 다물고 글씨를 써서 의사 표현을 한다. 일상생활을 하는 데서는 이 3급 묵언 방법도 필요하나 낮은 단계의 묵언법이다. "말을 해야 할 때 하지 않으면 사람을 잃는다. 말을 할 필요가 없을 때 말을 하면 말을 잃는다." 《불교신문》(2008.07.26.). 지묵 "무엇이 제일구입니까?"

215) 《한겨레신문》(2020.4.24.). 조현 "승속 경계 넘어 서로 기대는 무대 열었죠" (https://www.hani.co.kr)

216) 지대방의 뒷이야기 즉, 선방한담(禪房閑談, 선방의 중요하지 않은 이야기·수다)으로는 결제철 죽

먹기시합으로 불리는 밤 11시경 야참이다. 야식으로 제공하는 죽을 먹을 때 소리를 내지 않고 먹어야 하는데 유난히 소리 내는 이에 대한 뒷담화이다. 아이스크림 먹기 등 먹거리와 연관된 이야기가 많다. 또 좌선 자세 이야기로는 참선 중에 앞으로 꼬꾸라지는 유형은 임제할(臨濟喝, 임제의 고함소리)을 먹은 수좌로, 뒤로 자빠라지는 유형은 덕산방(德山棒, 덕산의 몽둥이질)을 먹은 수좌로, 좌우로 기울거나 넘어지는 유형은 민폐형 수좌로, 참선 중에도 코골이를 하는 유형은 저팔계형 수좌로 불린다.

217) 전통 강원의 수의과(隨意科)는 불교전문강원으로 대학원 과정에 속한다. 수의과목에 속하는 《법화경》과 《경덕전등록》, 《선문염송(禪門拈頌)》 등을 전문적으로 익히는 과정을 말한다.

218) 상강례(上講禮)는 강례를 올리는 예참 소리로 천년 넘게 이어진 전통이다. 강원에서는 강의 시작하기 전에 도량교주를 선창하는 것으로, 대교주인 비로자나불과 노사나불·석가모니불·아미타불·미륵불에 귀의하는 의식을 올린다. 선창과 후창의 이중창으로 하는데, 사집반 이하 학인들이 차례로 선창을 맡는다. 선창자는 당일 선창자임을 알리는 창불패(唱佛牌)에 줄을 달아 장삼, 오조가사 위에 걸며 그날 선창이 끝나면 다음 사람에게 창불패를 인계한다. 창불패를 인계받은 사람은 많은 연습을 한 뒤 상강례의 선창 및 큰 법당 예불 때 선창을 맡게 된다. 상강례의 시작을 알리는 마지막 종소리의 여운이 채 가라앉기 전 대중들 모두는 자리에서 일어나 불단을 바라본 채 귀의삼보(歸依三寶) 및 증명청(證明請) 내용을 담고 있는 상강례 게송을 창(唱)한다.

219) 계율(戒律)은 불교의 윤리와 도덕이다. 계(戒)란 행위이며 습관이다. 말과 행동으로 악을 짓지 아니하고, 짓기 전에 막는 것이다. 율(律)이란 붓다의 가르침을 따르는 제자들이 지켜야 할 행동규범이다.

220) 서울시, 《서울시보》 제3600호(2020.8.13.) 48쪽. "신촌 봉원사 산신도 - 화승(畵僧)"

221) 김나래, 《월간불광》(2018.6.28.), "그림으로 읽는 불교 상징 - 화승(畵僧) 금어(金魚)"

222) 구족계(具足戒)는 근원(近圓)이라고 번역한다. 열반(涅槃)에 친근(親近)한다는 뜻으로 구계(具戒)라고 약칭한다. 대계(大戒)·비구계(比丘戒)·비구니계(比丘尼戒)이다. 구족계는 비구, 비구니가 받아 지킬 계법(戒法)으로 비구는 250계, 비구니는 348계가 있다. 구족계를 받으려면 사미계(沙彌戒)를 받은 이에 한한다. 나이는 만 20세 이상(사미계를 받은 지 3년 이상 된 사미) 70세 미만이다.

- 비구니(比丘尼)는 걸사녀(乞士女), 근사녀(近事女)라고 번역한다. 출가하여 348계를 받아 지니는 여자이다. 석가모니불의 이모인 대애도(大愛道)가 부처님의 허락으로 출가한 것이 비구니의 시초이다.

- 사미(沙彌, Sramanera)는 근책남(勤策男) · 행자(行慈) · 식자(息慈) · 식악(息惡) · 구적(求積)이라고 번역한다. 출가하여 십계를 받아 지니는 나이 어린 남자이다. 사미에는 구오사미, 응법사미, 명자사미가 있다. ① 구오사미(驅烏沙彌)는 3사미(三沙彌)의 하나로, 7~11세까지의 사미이다. 절에서 먹는 음식을 보고 날아드는 까마귀를 쫓으며 파리 따위를 날리는 사미를 말한다. ② 응법사미(應法沙彌)는 14~19세까지의 사미로, 정(正)히 사미로서 수행할 수 있는 연령에 있다는 사미이다. ③ 명자사미(名字沙彌)는 20~70세까지의 사미를 말한다. 구족계를 받지 못하여 사미이지만, 대승(大僧)이 될 만한 나이이므로 이름만의 사미란 뜻이다. 사미니(沙彌尼, Sramanerika)도 사미와 같은 의미로 근책녀(勤策女)라 의역한다. 비구니가 되기 위해 부지런히 노력하는 사람이라는 예비승을 말한다.

- 사미계(沙彌戒)는 근책율의(勤策律儀)라고 한다. 사미가 지켜야 할 열 가지 계율이다. ① 중생을 죽이지 말라. ② 훔치지 말라. ③ 음행하지 말라. ④ 거짓말하지 말라. ⑤ 술 마시지 말라. ⑥ 꽃다발 쓰거나 향수 바르지 말라. ⑦ 노래하며 춤추며 풍류 잡히지 말고, 가서 구경하지도 말라. ⑧ 높고 넓은 평상에 앉지 말라. ⑨ 때 아닌 때에 먹지 말라. ⑩ 잿빛인 금이나 물들인 은이나 다른 보물들을 가지지 말라. 사미니 계(戒)도 이와 같다.

223) 식차마나니(式叉摩那尼) 또는 정학녀(正學女, 정법을 배우는 여자) · 학계니(學戒尼) · 학법녀(學法女)는 산스크리트어 쉬크샤마나(śikṣamāṇā)를 음사한 것으로, 사미니에서 비구니가 되기 전 2년 동안 4근본계(根本戒)와 6법을 지키면서 수행하는 예비 사미니를 가리킨다. 4근본계는 번뇌의 근본이 되는 탐(貪, 탐심) · 진(瞋, 성냄) · 치(痴, 어리석음) · 만(慢, 게으름)으로, ① 음행하지 않고, ② 도둑질하지 않고, ③ 살생하지 않고, ④ 허황된 말을 하지 않는 것이다. 6법계는 ① 불순한 마음으로 남자와 몸을 맞대지 말 것, ② 남의 금전을 훔치지 말 것, ③ 축생의 목숨을 함부로 끊지 말 것, ④ 작은 거짓말도 하지 말 것, ⑤ 때 아닌 때에 음식을 먹지 말 것, ⑥ 술을 마시지 말 것 등이다. 스리랑카나 태국, 미얀마 등의 남방불교에서는 비구 227계, 비구니 311계를 구족계로서

받는다.

224) 법명(法名)은 출가한 사람이 속명(세속에서 쓰는 이름)과 별개로 수계하면서 받는 이름이다. 불명 (佛名)이라고도 하고, 수계하며 받는 이름이라고 하여 계명(戒名)이라 한다. 승려가 받는 법명은 그 사람을 제자로 받아들인 은사(恩師, 부모)가, 재가자가 받는 법명은 수계식을 주관한 계사(戒師)가 지어주는 것이 관례이다. 승려가 받는 법명은 승명(僧名)이라 구분하기도 한다. 수계를 하는 재가불자는 연비(燃臂, 깨달음을 위해 육신의 고통 감내한다는 의미)를 하고 저마다 법명을 받는다. 우리나라 계단에서는 주는 법명은 남성 2글자, 여성 3글자로 짓는 관례가 있다.

225) 중국 북송 때의 도원(道原) 선사가 1004년에 편찬한 《경덕전등록》 제3권에는 연비(燃臂)의 유래를 중국 선종의 초조 달마(達磨)대사에서 찾고 있다. 남북조시대이던 521년 중국 광저우에 도착한 남인도 출신의 달마는 낙양의 숭산 소림굴에서 9년간 면벽 수행(壁觀修行)을 하고 있을 때 신광(神光)이라는 젊은이가 찾아와 법을 물었다. 달마대사가 법을 구하는 마음이 간절하면 증표를 보이라고 말하자. 그 젊은이는 자신의 왼쪽 팔을 잘라 달마에게 바쳤다. 달마대사는 그에게 혜가(慧可, 487~593)라는 법명을 내리고 제자로 삼았다. 이때 연비는 불법을 구하는 용맹심과 믿음의 상징적 행위로 전승되었다. 그 후 출가의식 때 삭발염의와 함께 팔뚝과 머리에 행하는 연비가 계를 받는 의식으로 정착됐다.

226) 법명(法名) 뒤에 존칭어로 붙여 사용하는 '스님'이란 단어는 우리나라에서만 사용하고 있다. 스님이란 용어의 유래는 이해조(李海朝, 1869~1927)가 1908년 《제국신문》에 〈쌍옥적(雙玉笛)〉을 발표하며 정탐소설(偵探小說)이라 이름 붙인 신추리소설 《쌍옥적》(1911년 보급서관 간행)에 쓰인 단어가 최초라고 한다. 동학혁명 직후의 구한말을 배경으로 한 이 소설에는 "… 쌍자총통(雙字銃筒). 다만, 자루에 총신이 쌍으로 있어 … 그 뒤, 한 스님의 지시로 태백산 서봉(西峯)에 있는 …"이라고 처음 나오는 문구이다. 본격적으로 쓰인 시기는 1947년 10월부터 1950년 3월까지 경북 문경 봉암사에서 청담, 성철, 향곡, 자운, 법전 등 50여 명이 모여 '부처님 뜻대로 살자'며 결행한 봉암사 수행 결사(結社)로부터 확산됐다. 그간 스님이란 말은 산스크리트어(범어)의 '스와미(Swami)'라는 단어에서 기원한 설이 있다. 스와미(고행자에 대한 존칭)가 조선시대에 한자로 승니(僧尼)라 쓰이면서 오늘날 승니가 스님으로 변화되었다는 설이 전한다.

227) 조계종 원로회의는 조계종 최고의결 기구로 17인 이상 25인 이내 구성원으로 종정 추대권·
원로회의 의원 선출권·종헌 개정안 인준권·총무원장 인준권 및 불신임에 관한 인준권·
중앙종회(국회의 기능) 해산 제청권 등의 권한을 최고의 권위를 가진다.

228) 방장(方丈)은 사방 한장(一丈) 길이의 작은 방이다. 일장은 3m 정도이다. 방장실(方丈室)·장실
(丈室)이라고 한다. 선종의 사원에서 주지가 거처하는 방을 일컫는 말로써 함장(函丈)·정당(正
堂)·당두(堂頭) 등과 같은 말이다. 방장실을 일컫는 상방(上方)은 주지가 거처하는 방장으로,
절에서 가장 높은 곳에 있으므로 붙인 명칭이다.

229) 유나(維那)는 총림에만 있는 직책이다. 총림 대중들의 수행을 감독하고, 절에서의 여러 소임을
총괄하여 맡아보는 직책이다. 독경할 때는 경의 제목이나 회향문을 읽는 일 등을 맡아 한다.
《백장청규(百丈淸規)》권4 〈유나조(維那條)〉(T48, 1132b4)에 그 소임이 상세히 기재되어 있다.
유나는 총림의 모든 규율과 규칙 등 선원의 기강을 유지하는 일을 총괄한다. 수좌 중에서 연장자를
일컫는데, 범어의 갈마타나(羯磨陀那)의 약칭으로 강유·차제·수사·지사·열중·사호라고도
불린다. 중국 북송시대 4지사는 감원(監院)·유나(維那)·전좌(典座)·직세(直歲)를 가리킨다.

230) 한주(閑住)는 안거 때에 결재 대중의 모범이 되는 승려를 말한다. "한가로이(閑) 머문다(住)"는
말이다. 마치 농사일 끝난 농부가 한겨울의 휴식을 취하듯, 공부(工夫)를 마친 승려가 더 이상의
탐구에 열을 올리지 않듯 한가롭게 머문다는 뜻이다.

231) 전강(傳講)은 전통강원 강사의 계보를 잇는 제도이다. 경전을 강의하는 직책의 전강(典講)이라고
쓰지 않는다. 붓다의 가르침(法)은 스승을 통해 제자에게 전해지는데, 인가(認可)라는 방식을
통해서다. 스승은 제자를 가르친다. 가르침을 받은 제자는 스승 앞에서 자격을 갖추었음을
입증하는 것을 말한다. 선사는 깨달음으로 이를 입증하고, 강사들은 학문으로 증명해야 한다.
부처님 이래로 불법이 스승과 제자에게 전하는 방식을 맥(脈)이라 한다. 선(禪)에서는 법맥(法脈)
이라고 하며, 경(經)은 강맥(講脈), 율(律)은 계맥(戒脈)이라 한다. 선맥이라 하지 않고 법맥이라고
하는 것은 경전을 통하든 계율을 통하든 최종적으로 깨달음에 이르는 것을 목표로 삼는다.
우리나라에서 강맥을 전수하는 전강제도는 16세기 서산 청허휴정으로 시작되었다. 전강식에서는
전강게송(偈頌)을 전해 강맥을 잇게 한다.

232) 중국 선원의 직책으로 감원(監院)은 오늘날 총무와 같은 소임이다. 당나라 때에는 원주(院主)·
원재(院宰)·사주(寺主)라고 불렀다. 당말 오대(850~960)와 북송시대(960~1126)에는 감원이라
불렀다. 남송(1127~1279)과 원나라 때에는 도사(都寺)라고 불렀고, 명나라 때에는 다시 감원
또는 감사(監寺)라고 불렀다. 감원은 동서(東序) 4지사(감원·유나·전좌·직세) 가운데 서열 제
1위이다. 남송시대에는 감원 소임이 도사·감사·부사로 3분 되었으나, 여전히 총감독권은 도사
(감원의 후신)가 가지고 있었다. 감원은 서무·행정·재정·살림 등 사원 관리 일체를 총괄·
감독하는 소임으로, 승당(僧堂, 선당)의 책임자인 수좌(首座)와 함께 선원 총림의 양대 요직이다.
감원은 관수(貫首, 방장) 다음 직책인 것을 보면, 고풍이 잘 전해 오고 있다. 감원은 수좌의 직무
영역인 승당과 관련된 일을 제외하고는 총림의 모든 일을 관장한다. 감원의 임무는 장로 종색이
편찬한 《선원청규》에서 "감원이라고 하는 직책은 선원총림의 모든 일을 총괄한다. 관청에
나아가는 일, 관리나 시주들이 찾아오면 영접하는 일, 길흉 등 경조사, 재정의 출입과 회계,
금전과 곡식의 유무(有無), 수입과 지출 등을 모두 담당한다." 출처 : 《현대불교신문》(2018.3.30.)
"감원은 총림 일 관리, 고원은 장소적 본부"
- 전좌(典座)는 중국 선종의 직책으로, 우리나라의 별좌와 같은 소임자다.
- 직세(直歲)는 1년 동안 절 안의 공용도구, 건물 등을 관리하고 파손된 것을 보수하는 책임자이다.
우리나라의 요주(寮主)와 소임이 비슷하다.

233) 부전(副殿)은 불공이나 재(齋)를 집전하며 주관하는 분으로, 과거에는 돈이나 곡식 같은 것을
맡아보는 승려를 일컫기도 했다.

234) 한옥의 아름다운 맵시를 결정하는 처마 곡선은 경북 영주 부석사 무량수전과 궁궐 등 목조건물들에
물결치듯이 둘러치고 있다. 한옥이 가지고 있는 가장 아름다운 곡선이다. 안허리곡은 지붕평면
에서 선자연 초장에서 막장까지 점차 휘어 들어가게 한 곡선이다. 처마선을 만들어 주는 부재는
평고대이고, 평고대의 곡선을 만들어 주는 역할을 하는 것이 추녀다. 추녀는 지붕의 네 모서리에
45도 방향으로 걸리는 부재이다. 추녀는 처마보다 보통 1~1.5자 정도 더 긴데다가, 서까래
바깥쪽으로 뻗어 나온 부문이 하늘 방향으로 약간 휘어지게 가공을 한다. 평고대가 앙곡과
안허리곡을 잘 만들 수 있도록 잡아주는 역할을 한다.

무량수전과 같은 팔작지붕의 경우, 지상 정면에서 바라볼 때 가운데 부분보다 양쪽 귀퉁이의 처마 끝부분이 위로 올라가도록 처리한 곡선(曲率, 귀솟음)을 '앙곡(昻曲)' 또는 조로라고 한다. 실제로 수평으로 하면 양쪽 끝이 처져 보이는 착시(錯視)현상을 미리 교정해 준 것이 처마의 앙곡이다. 밑에서 올려다보면 양쪽 끝부분이 밖으로 휘어져 나가도록 처리한 곡선을 '안허리곡' 또는 후림이라 한다. 후림의 원래 뜻은 곡선으로 내밀거나 들어간 상태 모두를 말한다. 한국건축에서 지붕의 후림은 안으로 들어간 내만한 후림이라는 것이 특징이다. 이 곡선 잡는 것을 도편수들은 '매기 잡는다'고 한다. 기와지붕의 모서리 부분이 바깥을 향하여 곡선을 이루면서 돌출되도록 처리하는 것을 '솟을매기'라고 부른다. 기와집과 달리 초가지붕에는 위에서 내려다보아 모서리 부분 즉, 추녀 부분을 둥글게 처리한다. 이처럼 모서리 부분을 둥글게 곡선으로 처리한 것을 '방구매기'라 한다. 초가의 추녀와 귀서까래를 짧게 잘라서 처마 기슭을 둥그스름하게 한 것으로, 귀에 오는 이엉을 둥글게 덮는 것이 목적이다. 이엉을 이을 때 먼저 지붕 위에 건너 질러서 동여매는 새끼줄을 '속고살'이라 한다. 초가의 지붕마루에 덮는 人자형으로 엮은 이엉을 가리키는 용마름은 용고새라고 한다. '마름'은 초가지붕을 잇기 위해서 이엉을 말아놓은 단을 뜻한다. '이엉'은 초가집 지붕이나 담에 올리기 위하여 짚이나 억새 따위로 엮은 것이다.

건축물의 맞배지붕 처마는 거의 수평이지만 약하게 앙곡이 있으나, 안허리곡은 없다. 우리나라에는 조로와 후림 즉, 앙곡과 안허리곡이 있으나 일본의 경우 앙곡은 있지만, 안허리곡이 거의 없다. 우리 장인들의 조형성과 예술성이 돈 보이는 부문이다. 잘 지은 집을 살펴보면 처마의 앙곡과 용마루의 곡이 잘 어울려 있음을 본다. 용마루도 마찬가지이고, 기둥에 귀 솟음을 주는 이유도 같은 원리이다. 팔작집에는 모서리마다 추녀가 설치되고, 겹처마 집에서는 추녀 위에 부연 길이만 한 짧은 추녀가 하나 더 걸리는 '사래'가 올라간다. 사래(蛇羅)는 겹처마의 귀에서 추녀 끝에 잇대어 단 네모지고 짧은 서까래이다. 추녀가 있는 집에서는 선자서까래가 걸리게 한다. 부챗살처럼 처마의 모서리 부분에 설치되는 선자서까래는 처마의 백미이다. 평 서까래로부터 추녀에 이르기까지 서서히 위로 치켜 올리면서 설치되는 선자서까래(扇子婦椽)가 처마의 곡선을 결정지어주는 역할을 한다. 평고대 위에 암키와가 앉도록 파놓은 나무오리를 연함(椽含)이라고 한다. 처마는 지붕이 도리 밖으로 내민 부분을 말한다. 건축물 외부에도 추녀 밑을 받치는 보조기둥을 설치하는 데 '활주(活柱)'라고 부른다. 출처 : 월간《문화재사랑》(2010.7.9.), 문화재청
(https://www.cha.go.kr) "한옥을 한옥답게 하는 처마"

235) 망와(望瓦)는 요음 취두와 용두를 대신하고 있다. 옛 이름으로는 바래기 기와(곱새기와, 쥔님을
기다리는 듯한)라고 한다. 바래기 기와는 전남 화순 쌍봉사 철감도윤(澈鑒道允, 798~868)선사
부도(868년 신라 경문왕 8년에 건립됨)에서 흔적을 볼 수 있다. 보습장은 지붕의 처마 끝 귀에
엇비슷이 보습 모양으로 다듬어 쓰는 암기와, 복문(福門)은 복이 들어오는 문이라고 하여 용마루의
기와 두 장을 팔(八) 자꼴로 으스러지게 세운 것으로 지붕이나 담장에 설치한 기왓장을 말한다.

236) 지붕마루의 양상도회(樑上塗灰)는 들보 위에 백석회(白灰)를 발랐다는 뜻이다. 양성바름의 마지막
작업에서는 표면에 들기름을 발라 마감을 한다. 지붕마루에 빗물이 새 드는 것을 막는 것과 거센
바람으로부터 기와를 보호하는 효과 이외에도 궁궐건축에서는 치장적 이유도 있었다. 창덕궁
인정전 용마루 부분의 양상도회에는 대한제국 황실의 문장인 오얏꽃 문양 다섯 개를 붙였다. 궁궐
용마루 부분에 문양이 있는 것은 인정전이 유일하다.

237) 부연(婦椽 · 浮椽)의 유래는 880년(신라 헌강왕 6) 통일신라 때 도선국사가 백제시대의 문수사
터에 창건한 전남 영암 월출산 도갑사(道岬寺)에 전한다. 그 후 1464년(세조 10) 묘각(妙覺)왕사
수미대사가 중건한 후 966칸 대가람에 7백 30여 명의 승려가 머물렀던 도갑사의 대웅전 중건 때
전설이다. 팔순의 도편수(都片手 · 都邊手)가 만들기로 한 오백여 개 서까래가 부족하여 상량일을
앞둔 공사에 차질을 빚게 될까 고민할 때 며느리가 짧은 서까래를 덧달면 어떻겠냐고 제안했다.
이에 도편수는 홑처마에 쓰이는 둥근 서까래 끝 위에 네모진 짧은 서까래를 덧댄 겹처마로
만들었다. 서까래만 얹던 홑처마보다 겹처마로 조성한 대웅전 모습이 더 웅장하고 아름다워서
위기를 면한 도편수는 지혜로운 며느리가 큰일을 했다며 짧은 서까래에 지어미 부(婦)와 서까래
연(椽)을 써 부연이라 이름했다고 한다. 도갑사 대웅전은 우리나라에서 부연을 장식한 최초의
건축물이 되었다. 지금의 대웅전은 1776년에 세운 것이고, 해탈문은 도갑사 중창 때 묘각왕사가
지은 것이라 전한다. 1633년(인조 11)에 세워진 도갑사 수미왕사비(守眉王師碑)가 남아 있다.
부연 표기에는 뜬 서까래를 浮椽, 여자 서까래를 婦椽, 덧붙인 서까래라는 뜻의 附椽이 함께
쓰인다. 서까래(椽木)는 지붕 꼴을 이루는 뼈대이다.

238) 지봉 이수광은 1614년에 편찬한 조선의 백과사전《지봉유설(芝峰類說)》에서 "황제는 폐하, 왕은 전하, 세자는 저하(邸下), 대신을 각하(閣下), 장군신하(將臣)를 휘하(麾下) 또는 막하(幕下), 선비는 좌하(座下)이다." 실학자 이익은 1760년에 저술한《성호사설》에서 "천자는 폐하, 왕은 전하, 대부 (4품 이상)는 대하(臺下) 혹은 절하(節下)·합하(閤下)라 했다." 전각은 전당합각(殿堂閣閣)의 준말이고, '전'이 공적인 영역이라면, '당'은 일상적인 생활공간을 의미한다. 궁(宮)은 왕과 왕비가 사는 곳, 궐(闕)은 궁을 지키거나 보좌하는 부속 공간의 건물 등을 말한다. 잠저(潛邸)는 나라를 새로 세웠거나 세자가 아닌 종실(宗室) 가운데 즉위한 왕이 왕위에 오르기 전에 살던 집을 뜻한다.

239) 행정안전부가 제출한 문화재청의 공식 명칭을 국가유산청으로 변경하는 내용의 정부조직법 일부 개정 법률안이 2024년 1월 25일 국회 본회의에서 의결됨에 따라 문화재보호법을 국가유산 기본법으로, 문화재를 문화유산·자연유산·무형유산으로 구분되었다. 같은 해 5월 17일부터 기관 명칭도 국가유산청으로 바꾸었다. 한편, 1962년 제정된 문화재보호법에 의해 등록한 총 336건의 국보와 총 2132건의 보물 앞에 붙인 지정번호는 2021년 11월 19일부터 사라졌다. 기존의 국보1호 숭례문은 국보 숭례문으로, 보물1호 흥인지문은 보물 흥인지문 식으로 표기됐다. 국보와 보물에 한해 일련번호를 없애고, 사적 제○호·건축문화재 제○호·미술문화재 제○호 등은 종전대로 분류번호를 매긴다. 국보는 각 시대를 대표하는 역사적·예술적·학술적 가치가 가장 높은 것을 지정하고, 국보 다음으로 가치가 높은 문화유산을 보물로 지정한다. 국보는 1 개뿐이지만, 보물은 여러 개가 지정될 수 있다.

240) 국가유산청 국가문화유산포털(https://www.heritage.go.kr).《매일경제》(2017.11.1.), "궁궐 건물의 위계, 마지막 글자로 알 수 있습니다."《연합뉴스》(2017.11.1.). 박상현 "궁궐 건물의 위계, 마지막 글자로 알 수 있습니다"

241)《경기북도일보》(2011.6.18.). 손병문 "우리 한옥 고건축 이야기(14)" (http://www.gnnew.kr)

242)《주례(周禮)》는 유교경전 중의 하나로써 고대 중국의 주(周)나라 때의 관제(官制)를 기록한 책이다. 《의례(儀禮)》,《예기(禮記)》와 함께 삼례(三禮)라 칭한다. 고려와 조선시대에는 지방기관에서 가장 시급한 사항(上級)에 속하는 것을 도(道)라 했는데, 이것은 왕궁으로부터 각 지방까지 뻗은 길을 도(道)라 부른 데서 유래한 것으로 전한다.

243) 《만기요람(萬機要覽)》은 조선 후기의 재정, 군정에 관한 사항을 모아놓은 책이다. 왕이 정사(政事)를 행하는 데 곁에 두고 참고하기 위해 만든 것으로, 1808년(순조 8) 비변사 당상(備邊司堂上) 심상규(沈象奎), 호조판서 서영보(徐榮輔) 등이 왕명에 의해 찬진(撰進)한 책이다.

244) 지붕에 취두(鷲頭)와 치미가 있는 것은 집을 하나의 새(鳥)라고 착안한 것이다. 옛사람들이 약동과 성장을 상징하는 것으로 본 새는 하늘에 사는 신의 세계와 인간세계를 연결시켜 주는 매개물로 여겼다. 새는 하늘과 땅을 자유로이 드나들기에 사람들과의 중재자 역할로서 인간은 새를 통하여 소망을 성취하려 했던 것이다. 출처: 대전광역시 대덕문화원 홈페이지 참조(http://www.ddcc.or.kr)

245) 맞배(朴工)지붕은 건물의 정면과 배면(背面) 쪽에만 지붕면이 구성된 형태이다. 양 측면은 가구의 뺄목이 그대로 노출되거나 풍판(風板)이라는 가리개를 덧대기도 한다. 뺄목은 부재의 머리가 다른 부재의 구멍이나 홈을 뚫고 내민 부분이다. 풍판은 풍우(風雨)를 막기 위해 박공벽, 합각벽을 가리어 박공널 밑 바로 안쪽에 널판장처럼 댄 판목을 말한다.

246) 고구려 평양성의 성루인 남포루(우진각 지붕)는 내성벽과 중성벽이 만나는 지점에 위치하며 성벽상부에 설치된 누각의 포루시설로, 그 밑에 육로문(陸路門)이 나 있다. 일반적으로 포루는 '돌출시킨 성벽의 내부에서 적을 공격하도록 한 군사 시설물'이라는 의미를 가졌다. 송암미술관에 소장된 《평양기성도》 초기본에는 남포루(南砲樓)로 표기되어 있고, 육군박물관에 소장되어 있는 19세기 초 작자미상으로 평양 전경을 그린 8첩 병풍인 《평양기성도(平壤箕城圖)》에는 같은 위치의 시설에 우진각(隅陳閣)이라고 표기되어 있다.

247) 우리나라 향교는 중 · 고등학교쯤 되는 조선시대 공립학교이고, 서원은 사립학교였다. 향교를 설치할 때 1읍 1교의 원칙으로 건립됐다. 향교의 모양은 한양도성의 성균관을 본떠서 문묘인 배향공간과 강학 공간인 명륜당, 숙소인 동재와 서재를 두었다. 전묘후학과 전학후묘의 방식으로 건립된 조선시대 향교는 전국 200여 곳, 그 지역은 대부분 교동(校洞)이란 동네로, 학교가 있는 동네란 뜻이다.

248) 경복궁 등 궁궐의 모든 길은 세 길[三道]이 나 있다. 세 길 중에서 가운데 높은 길은 임금이 다니는 폐도(陛道)이고, 섬돌 위를 다니는 사람을 일러 폐하(陛下)라 한다. 동쪽 길은 문신, 서쪽 길은 무신이 다니는 길이다. 《옥편(玉篇)》에 '섬돌 폐(陛)'는 궁전 안에 있는 계단으로 천자(天子)만이

오를 수 있는 섬돌 계단이다. 천자의 계단은 아홉 계단으로 되어 있다고 한다. 폐도는 중국 황제에게만 부칠 수 있다 하여 조선의 임금은 폐도 대신 어도(御道)라고 부르기도 했다. 답도(踏道)는 궁전 월대(月臺)의 어계(御階)는 3곳으로 분리된 가운데 길을 말한다. 답도는 왕이 밟는다는 뜻이고, 답도에는 계단이 아닌 구름 속에서 노니는 봉황의 그림이 바닥돌에 새겨져 있다. 즉, 걸어서 오를 수 없는 답도는 작은 어가(御駕)를 타고서 오르는데, 좌우 측의 작은 계단은 가마꾼이 다니는 계단이다. 왕이 오를 때 어가를 타고 그림처럼 봉황을 타고 구름 위를 날아 답도를 넘어서 월대 위에 올라 인정전 앞에 하림(下臨)하게 되니, 이것이 바로 임금을 전하(殿下)라고 부르는 까닭이다. 궁궐의 조정(朝庭, 뜰)에는 박석 (薄石, 넓고얇은 돌)을 깔아서 눈부심과 미끄럼을 예방토록 했다.

249) 지붕 잡상의 수는 홀수 사례가 다수인 것은 사실이다. 중국의 경우는 황제가 사는 건물은 잡상이 11개, 태자가 있는 건물은 9개, 기타는 7개 이하로 정해져 있었다고 한다. 조선에서는 특별한 원칙은 없었고, 건축 균형미에 맞추는 선에서 잡상의 숫자를 정한 것이다. 잡상의 수가 일정하지 않은 이유는 추녀마루의 길이에 따라 지붕의 균형미를 살리는 목적으로 개수 조절을 했을 것이라고 추정한다.

250) 흥선대원군 이하응이 1865년(고종 2) 4월부터 추진한 경복궁 중건 때에 생겨난 속설로 전한다. "가끔 팔꿈치 부딪쳐 개아플 때" 헛웃음이 나오는 때, 그곳이 퍼니본(Funny bone, 위팔뼈 끝쪽)이다. 잡상(雜像)을 어처구니(於處軀尼) 또는 맷돌 손잡이로 말하는 것은 넌센스이다. 인터넷 등에 궁궐 지붕의 잡상이 어처구니의 어원이란 주장은 오류이다. 현대국어사전에는 어처구니를 '상상 밖으로 큰 물건이나 사람을 가리키는 말'이다. 맷돌의 손잡이는 '맷손'이라 등록된 표준어이다.

251) 중국 당나라 때 현장법사의 제자 혜립(慧立)과 언종(彦悰)이 688년 4월에 저술한 《대자은사 삼장법사전》은 서역으로 가는 상황을 다음과 같이 묘사하였다. "아무리 주위를 둘러보아도 인적은 물론, 하늘을 나는 날짐승도 없는 망망한 천지가 펼쳐지고 있을 뿐입니다. 밤에는 귀신불이 별처럼 휘황하고, 낮에는 모래바람이 소나기처럼 퍼부었는데, 이런 일이 일어나도 두려운 줄 몰랐습니다. 물이 없어 심한 갈증이 나고 걸을 수조차 없는 것이 안타까울 뿐입니다. 5일 동안 물을 한 방울도 먹지 못해 입과 배가 말라붙고, 당장 숨이 끊어질 것 같았고, 한 걸음도 더 나갈 수

없었습니다. 법사는 마침내 모래 위에 엎드려 수없이 관세음보살을 외웠습니다."

252) 나토두(羅土頭, 나티 귀신)는 조선 중엽에 등장한 귀신의 일종이다. 야수(野獸), 초능력(괴력), 신령함(악령 퇴치)이 특징이다. '나티'는 짐승 형태의 도깨비를 이르는 말로, '검붉은 큰 곰'을 뜻하는 순우리말이다. 또는 물건에 깃든 귀신이라는 설도 있다. 그 기원은 신라의 비형랑 설화에서 시작된다고 하지만 확실한 근거는 없다. 〈향전(鄕傳)〉에는 산을 들어 옮길 수 있는 괴력이 있으나 지능이 낮아 종종 인간에게 속는다고 한다. 매우 사납게 생겼으며, 악귀를 쫓는 능력이 있다고 하여 조선 시대에는 건축 문양으로 쓰였다. 창덕궁 안 금천교의 남쪽 방향에 있는 해태 뒷벽에 나티가 조각되어 있다. 《현종실록》(1671.1.15.)에는 평북 벽동군에 나티와 비슷한 거대한 괴물이 나타나 사람을 죽였다고 기록됐다. 반은 검은색, 반은 회색 또는 붉은색, 흰색이며 곰과 비슷하지만 곰은 아니라고 한다.

253) 《궁궐영건의궤》(1834년)에는 조선의 창덕궁·창경궁·경희궁에 각 112·168·148개 잡상을 한 번에 들여왔음을 알 수 있고, 그 단위는 개(箇, 介)로 적고 있다. 남아 있는 실제 잡상은 숭례문(1448년)은 9개, 창경궁 홍화문(17세기)은 5개, 창덕궁 돈화문(17세기)은 7개, 수원 팔달문(1796년)은 4개, 창덕궁 인정전(1804년)은 9개, 경복궁 경회루(1867년)는 11개, 경복궁 동십자각(1865년)은 5개, 덕수궁 중화전(1906년)은 10개이므로, 지붕 한쪽에 올려놓은 수가 4~11개로 제각기임을 알 수 있다.

254) 《문화일보》(2008.2.16.). 곽성호 "숭례문 추녀마루 지키던 대당사부" 서울 숭례문 방화사건은 2008년 2월 10일 21시경에 발생한 화재이다. 이때 "소실된 숭례문 1층 누각 지붕 추녀마루 끝에 하나만 남은 잡상이 꿋꿋이 버티고 있다. 남아 있는 잡상은 삼장법사를 형상화한 대당사부로 궁성과 궁전지붕에서 길상의 상징으로 추녀마루를 지키던 잡상들의 맨 앞쪽에 자리한다." 《연합뉴스》(2010.3.9.) "궁궐 지붕마루 잡상 첫 번째는 손오공" 기사에서 고건축전문가 김홍식 명지대 교수는 실제 잡상과 관련 문헌기록을 검토, 대비한 결과 이 잡상은 대당사부가 아니라 손오공이라는 주장을 내놓았다. 또 하나의 설이겠지만, "잡상은 사악함을 막기 위한 용도이다고 함으로, 손오공이 앞에 앉아 천리(千里)를 내다보며 악의 기운이 어디서 몰려오나 살피는 것이고 그 뒤의 늘어선 잡상들은 몰려오는 사악한 기운에 맞서 싸우고 그것도 안 되면 뒤에 있는 용두(龍

頭)의 험악한 위용으로 물리친다."는 것이 설득력을 얻을 수 있다.

255) 절병통(節瓶桶, 온갖 질병을 없애주는 보물창고, 만병통)은 원래 용마루 '보주(寶珠)'이라 한다. 혹은 용마루 찰간대(刹竿臺)·당주(堂珠)·왕도깨비 집이라 부른다. 건물 전체의 위상과 위엄을 나타내는 상징으로, 법(진리)이나 불덕(佛德)에 비유된 용마루의 보주는 대찰 또는 부처님의 연궁(蓮宮)을 뜻하는 상징물이다. 즉, 불탑과 마찬가지로 불천(佛天)의 하강(下降, 내려옴)을 나타내는 조형물(안테나)이다. 불교에서는 신통한 영물로 인식하거나 예배 대상이기도 하며, 민간에서는 보물이나 의복·음식을 주고, 병고를 없애주는 등 재난을 없애는 공덕이 있는 것으로 알려져 있다.

■ 경남 밀양 표충사 대광전·경남 양산 통도사 대웅전·전남 영광 불갑사 대웅전·전남 장흥 보림사 극락전·김제 금산사 대장전의 용마루 보주가 대표적이다. 표충사 대광전의 용마루 청동보주는 화염(火焰)이 보주를 감싸는 형상으로 청동판을 오려 만든 보주 받침과 덮개가 정교하고 섬세하고 화려하다. 보림사 극락전의 용마루 사자와형 보주는 사리함으로 알려져 있다. 마니주·여의주·여의보주(如意寶珠)라고 불리는 보주는 바다 용왕의 뇌에서 나왔다거나 마랄어(摩竭魚)의 머릿속에서 나온 것이라 한다. 또 제석천이 가지고 있던 물건(持物)이 부서지면서 떨어져 나온 것, 석가의 진신사리가 변한 것이라는 여러 설이 전한다.

256) 절병통(節瓶桶)의 기원은 BC 2세기 중국 진한시대 도교의 노인성(老人星) 신선사상에서부터 12세기 북송 때(960~1127), 인간의 수명과 장수를 관장하는 남극성을 의인화한 수성노인(壽星老人)이 가지고 다니는 서물(瑞物)로 알려진 호로(葫蘆·瓠蘆, 조롱박)에서 비롯됐다. 호로는 중국 고대전설 속의 길상 상징물로 탄생의 모태·만물의 종자·선조의 영혼이 머무는 곳으로 호중선경(壺中仙境, 호로 속의 선경)이라 묘사됐다. 또 나쁜 것을 안에 가두어 나오지 못하게 하여 세상을 맑고 상서롭게 한다는 상징물이다. 중국 청나라의 반영폐(潘榮陛)가 1758년 연경(베이징)에서 엮은 《제경세시기승(帝京歲時記勝)》에 5월 단오 세시풍속인 '길상호로(吉祥葫蘆)'를 창문에 붙이는 의식이라 적었다.

그 유래는 집안의 길융화복과 수명장수를 염원하고, 건물의 안전을 위한 지붕장식으로 등장했다. 조선 초기부터 노인성(老人星)을 국운번창과 군주장수를 기원하는 별로 신봉한 도교사상의 전래로부터 소격서 등 도교 제례에서 숭배하면서 궁중에서부터 유행해 민간신앙으로 발전했다. 조선 후기의 단원 김홍도가 1776년에 그린 《군선도》〈신선도8첩병풍〉에 호로신선(葫蘆神仙)을 그렸으며, 18~20세기까지 〈수성노인도(壽星老人圖)〉란 민화에도 꾸준히 등장했다. 노인성의 화신(化身)인 수노인(壽老人)을 형상화한 그림은 환갑과 회혼례 풍습 등 시대별·지역별로 모습이 다양하게 표현되었고, 지물도 함께 등장하였다. 호로신선은 오래 살며 길이 복을 누리는 것, 현재의 질병을 근본적으로 치료하여 몸을 잘 보호하여 기르는 것, 소리를 통해서 도를 전하여 복을 바라는 것에 대한 중생의 바람을 들어주는 신선이다. 현세지향적인 장생수복을 상징하는 의미로 건물의 장식을 조성되었다. 국내에서 유명한 절병통(Ornamental top on the hip roof)은 수원화성의 방화수류정과 한양도성 궁궐의 태극정·소요정·향원정·존덕정·애련정·삼삼와·동십자각 등을 비롯해 부용정의 절병통은 2012년에 다시 복원했다. 대구 달성 도동서원의 환주문 지붕 절병통은 상투를 본떠 만들어서 그 이름도 보정(寶頂)이다.

257) 고건축 양식의 특징인 공포(木+共 包·工包·貢包)는 주두(柱頭), 소로(小累), 첨차(詹遮), 제공(諸工), 살미(山彌) 등을 거듭 짜 올려 처마 끝의 하중을 기둥에 전달하게 하는 부재이다. 역학적인 기능 이외에도 장식적인 의장(意匠) 측면에서도 건물의 형식을 결정짓는 중요한 부재이다. 공포는 두공(枓栱) 또는 포살미(包山彌)·포(包)라고도 하며, 공아(木+共 牙)·화공(花 木+共)·화두아(花斗牙)란 옛이름도 있다. 이 공포를 결구하여 조합하는 일을 포작(包作·鋪作)이라 한다. 중국에서 유래한 것이다. 공포는 시대별, 지역별로 그 양식을 달리하며 구조·공법, 솜씨도 달라 시대나 지역에 따라 독특한 건축 양식을 이루고 있다.

258) 주두(柱頭)는 건축물의 기둥머리로, 기둥의 최상위 구성부를 형성한다. 첨차(檐遮)는 처마 밑에서 지붕의 무게를 받아내는 여러 겹의 받침 부재이다. 소로(小累·小櫨)는 장여나 공포재의 받침부재들 사이에서 서로의 틈을 괴어주는 작고 납작하며, 네모난 부재들을 말한다. 쇠서(牛舌, 소의 혀)는 공포에서 보 방향으로 얹어 첨차와 직교하여 짜여지며, 끝을 소의 혀 모양을 오려낸 부재로 '촛가지'라고 부른다. 수서(垂舌, 아래로 드리운 혓바닥)는 끝이 아래로 삐죽하게 휘어 내린 쇠서를, 앙서(仰舌, 위로 올라간 혓바닥)는 끝이 위로 삐죽하게 휘어 오른 쇠서를 말한다.

259) 강원도 강릉 객사문(客舍門)은 강릉도호부 관아의 정문으로, 936년(고려 태조 19)에 건립된

건물이다. 임영관(臨瀛館)이란 편액은 1366년 고려 공민왕의 친필로 하사받은 것이다. 일설에는 신라 때 범일(梵日)국사가 관사 터에다 절을 지었으나 불에 타 없어지고, 삼문만이 남아 그 자리에 부관(府館)을 옮겨 지으면서 객사문이라 불렸다. 강릉성(江陵城) 북쪽의 염양사(艷陽寺) 삼문(門)을 객사로 옮겨와 지었기에 사문(沙門)이라 불러왔다.

조선시대에는 관아 전청(殿廳)에 왕을 상징하는 전패(殿牌)를 봉안하고, 초하루와 보름인 삭망(朔望)에 향궐망배(向闕望拜) 의식을 올렸다. 조선 세종은 1418년 11월 16일 동짓날 근정전에서 면유관을 쓰고 곤용포를 입고, 종친과 문무백관들과 중국 명나라 황제를 상징한 '궐(闕)' 자를 새긴 궐패(闕牌)를 설치하고 망궐례(望闕禮)를 행하였다. 또 중앙 관리가 와서 숙박하던 지방 객관에서도 조석으로 예를 올리고, 조선의 수령들은 매달 초하루·보름날, 정초(正朝節)·추석(千秋節)·동지(冬至節), 임금 생일(誕日·聖節)에 전패를 앞에 놓고, 왕정의 덕위를 선양하고 관부의 위엄을 상징하는 향궐망배 의식을 가졌다. 한양 궁궐에서는 명나라 조정을 향해서, 전국 각 고을에서는 한양 궁궐을 향해 삼고두(三叩頭)의 절을 했다. 대궐을 향해 임금의 만수무강을 빌고 절하는 의식인 망궐례(望闕禮)는 전패를 봉안한 전청에 꿇어앉아 머리가 땅에 닿도록 세 차례에 걸쳐 궁궐(北便)을 향해 절을 하는 삼고두 방식이다. 왕의 상징인 전(殿) 자를 새긴 나무패인 전패는 1896년 8월 15일 고조건양대군주(조선 고종) 폐하가 칙령(勅令) 53호를 반포(頒布)하여 각 부(府)·목(牧)·군(郡)에 설치된 전패를 궐(闕) 자를 새긴 궐패(闕牌)로 고치도록(改號) 하였다. 《고종실록》(고종 33년 8월15일) 궐패는 대한제국 황제를 상징한 '궐(闕)' 자를 새긴 나무패로 금박(金箔)을 하였고, 전청 중앙에 남향(南向)으로 안치했다. 대궐 전각 아래라는 뜻의 궐하(闕下)는 황제 앞을 이르는 말이다.

260) 충남 서산 개심사 범종각은 비정형의 멋이 발산되는 휘어진 나무로 4개 원기둥을 세웠다. 개심사 심검당의 원기둥은 휘어진 목재를 그대로 사용하였다. 전남 구례 화엄사 구층암의 도량주(度樑柱)와 거꾸로 기둥은 임진왜란 때 모두 불타버린 요사채를 중건할 때 마당에 자라던 모과나무를 요사채의 기둥으로 사용하였다고 한다. 자연을 그대로 품어 가장 자연스러운 암자로 동쪽에 있던 모과나무는 동쪽 요사채 기둥으로, 서쪽에 있던 모과나무는 서쪽 요사채 기둥으로 뿌리를 내리고 있다. 기둥 하나는 거꾸로 세운 모습이다. 마치 삶과 죽음이 하나임을 알게 한다. 출처 : 《한옥신문》

(2021.4.30.). 이창엽 "집의 **뼈대** 조립 - 기둥(도량주)"

261) 고대 로마제국 이집트의 물리학자로 알렉산드리아에서 활동한 헤론(Heron, AD 10~70)은 그의 기하학 저서인 《도량(Metrica)》(1896년에 발견됨)에서 엔타시스(Entasis) 기법을 처음 다뤘다. 우리나라에서는 혜곡 최순우가 "나는 무량수전 배흘림기둥에 기대서서 사무치는 고마움으로 이 아름다움의 뜻을 몇 번이고 자문자답했다."라고 그의 유고집 《최순우 전집》(학고재, 1992년)에서 다루면서 대중적인 용어로 확산됐다.

262) 봉당(封堂) 건물은 마루나 온돌을 놓지 않은 주택 내부공간이다. 봉당을 거쳐 좌우의 각 방과 내부로 진입토록 되어 있다. 주로 출입 공간과 연결 통로 역할을 한다. 방과 방 사이에 마루 대신 남아 있는 공간으로, 마루를 깔아도 봉당이라 한다. 강화도 지역에서는 "봉당에서 뭘 가져오라."는 말을 하면, 마루에 있는 것을 가져온다. 마루에 단 문도 봉당문이라 부른다. 우리나라 유형 가운데는 함경 · 강원 · 경상도 지역의 겹집(양통집)에서 많이 볼 수 있다.

■ 건물의 이형 기둥으로 ① 동자주(童子柱)는 건물 가구를 위해 세우는 짧은기둥(어의동자 · 머름동자)이다. 단주(短柱) · 왜주(矮柱, 짧은기둥)라 한다. 쪼구미는 아기기둥으로 대들보 위에 높이는 작은 기둥이다. 3개 들보로 짠 것을 삼량쪼구미, 삼량집 가구 틀이라고 한다. 포동자주는 공포재로, 동자주를 대신하는데 쇠서(소혀)를 쓰지 않는다. ② 동바리 기둥은 툇마루의 귀틀을 받치는 작은 기둥으로 대청 밑에 동바리를 댄 모습을 볼 수 있다. ③ 모진기둥은 모기둥으로, 네모지도록 다듬어 만든 기둥으로 방주(方柱) · 각주(角柱)라 한다. ④ 변두리 기둥은 갓기둥으로, 집 측면에 세운 기둥(側柱)이다. 집의 외곽을 둘러 세운 짧은 기둥을 말한다. ⑤ 안두리 기둥은 갓기둥 안쪽에 세운 기둥으로, 고주(高柱, 건물 한복판에 다른 기둥보다 높게 세운 기둥)라고 한다. ⑥ 샛기둥은 벽에 기둥과 같은 모양을 만들어 세운 쪽기둥이다. 보를 받치지 않는 기둥으로 '헛기둥'이라 하는데 샛기둥과 비슷하다. ⑦ 상기둥은 안방과 대청 사이에 있는 기둥으로, 마당쪽에 위치한 기둥을 말한다. 건축적 의미보다 기둥을 높여 부르는 이름이다. 이 기둥을 신성시해서 상기둥 위에 성주신을 모시는 시렁이 있다. ⑧ 엄지기둥은 난간이 시작하는 곳이나 층이 바뀌어 휘어지는 곳에 세우는 난간의 굵은 기둥이다.

263) 목조건축 단청은 목재의 내구성 강화가 첫째 목적이다. 왕권과 같은 권력의 상징이나 종교의

엄숙한 장엄을 위하여 단청을 채색했다. 또한 특수목적으로 건립된 각종 기념비적 건축물의 경우 그 성격에 적합한 특별한 문채(文彩)를 장식하기도 했다. ① 부재보호 : 비바람이나 기후 변화에 따른 풍해·부식·건습 등으로부터 목부재를 보호하여 건축의 내구성을 강화하기 위한 칠이나 가칠단청이 있다. ② 종교적 장엄 : 불교·도교 등 종교의 엄숙한 장엄이나 신성한 상징 문양의 채색으로 의식의 존귀함을 표방하는 사원건축 단청을 말한다. ③ 권위적 장식 : 왕조시대의 왕권과 같은 절대 권력의 권위를 나타내기 위한 것으로 주로 궁궐건축 단청이 해당된다. ④ 기념비적 장식 : 특수목적으로 건립된 건축물의 기념비적 특성을 표방하거나 기념하기 위하여 채색한 특별한 단청양식을 말한다. ⑤ 조악성(粗惡性) 은폐 : 목재의 표면에 나타난 각종 옹이나 흠집 등을 감추고 외관의 미려함을 위하여 도채하는 칠이나 가칠단청을 말한다. 출처 :《한국 민족문화대백과사전》(https://encykorea.aks.ac.kr)

264) 단청재료는 장단육색(長丹肉色)으로 석청(石靑)·삼청(三靑)·석록(石碌)·하엽(荷葉)·주사(朱砂)·석웅황(石雄黃)·호분(胡粉)·송연(松烟)·연지(燕脂)·뇌록(磊碌)·정분(丁粉)·군청(群靑)·유금(乳金)이 있으며, 이 밖에도 아교와 법유(法油)를 갖추어야 한다.

265) 금어(金魚)는 불화, 단청, 개금, 조각 등 모든 것을 두루 섭렵한 승려에게 붙이는 존칭이다. 그 유래는 부처님의 상을 그리면 내세에 극락정토 연못의 물고기로 환생시켜 주겠다는 불교 설화에서 찾을 수 있다. 화승의 호칭으로 금어를 사용한 가장 빠른 화기(畵記)는 충남 공주 갑사의 괘불도(1650)로 확인된다. 이후 금어란 존칭이 널리 사용됐다. 전북 부안 개암사 괘불의 화기 (1749년)에는 의겸을 '금어존숙(金魚尊宿)'이라 표기하여 금어는 남에게 본보기가 될 만한 존경받는 스승임을 알 수 있다. 이밖에도 화사·용면(龍眠)·경화(敬畵)란 존칭이 있으며, 비수(毘首)·편수(片手)·양공(良工)이란 호칭은 장인과 화승을 통용하는 의미로 쓰였다. 출처 : 월간 《불광》(2018.6.28.). 김나래 "[그림으로 읽는 불교 상징] 화승畵僧 금어金魚"(http://www.bulkwang.co.kr)

266) 문양(文樣·紋樣)은 옷감, 도자기, 건축물 등 표면을 장식하는 패턴·엠블럼·상징 등을 뜻한다. 무늬는 문화적인 문양과 자연적 패턴도 함께 가리킨다. 패턴 인식은 사람의 본능이므로 문양의 제작 역시 인류의 역사 초기부터 시작된 문명의 하나이다. 물건의 겉부분에 여러 형상이 어우러져

이룬 모양을 뜻하는 문양은 순우리말로 무늬라고 부른다. 한자로 문(文)은 글자(書契, 사물을 표시하는 부호) · 꾸밈(飾) · 아름다움(美) · 빛남(華) · 아롱짐(斑) · 빛깔(文彩) 등을 뜻한다. 또 문(紋)은 직물의 문채(織文)로, 비단무늬 · 꽃무늬 등을 의미한다. 문양(文樣)과 문양(紋樣)에는 각각 문화적인 소산과 문명적인 소산이라는 특징을 갖는다. 문양은 삶을 통한 문화 활동의 소산이며, 창조적 문명의 산물이다. 이처럼 문양은 언어 · 문자의 역할뿐 아니라 인류가 이루어 놓은 회화 · 조각 · 공예 등 모든 조형미술의 원천을 이룬다. 출처 : 한국문화정보원 문화포털(https://www.culture.go.kr)

267) 《우리가 정말 알아야 할 우리단청》, 현암사, 2004. 177쪽.

268) 기하무늬는 직선, 곡선으로 이루어지는 추상무늬를 말한다. 기하문에 해당하는 기록은 고려시대부터 전해온 중국어 학습서 《노걸대언해》(1670)에 쓰인 수파문지아사화'(水波紋地兒四花)는 "물결 바탕에 사화문"으로 언해하여 물결무늬 바탕에 꽃잎이 네 개인 꽃이 흩어진 모습을 의미한다. 상안지아아청육화(象眼之兒鴉靑六花)라고 언해한 것은 마름모 바탕에 여섯 개의 꽃잎이 있는 무늬를 뜻한다. 조선시대 단청에서도 완자무늬(卍字紋) · 돌림무늬(回紋) · 물결무늬(水波紋) · 창살무늬(樑紋)와 마름모 · 팔각 · 사각 · 육각의 도형이 나타나 있다. 기하무늬만 단독으로 사용하기보다는 꽃과 같이 중심 무늬의 바탕으로도 많이 사용하였다.

269) 중국 동진의 평양사문 석법현이 한역(東晉平陽沙門釋法顯譯)한 《대반열반경》 중권(卷中)에는 "그때 모든 천신 · 용 · 귀신 등 8부중이 허공에서 비 내리듯 온갖 미묘한 꽃, 만다라화(曼陁羅花) · 마하만다라화(摩訶曼陁羅花) · 만수사화(曼殊沙花) · 마하만수사화(摩訶曼殊沙花)들을 부처님 위에 뿌리고, 또 우두전단(牛頭栴檀) 등의 향을 뿌리고, 하늘 악기를 연주하고, 노래하며 찬패(讚唄) 등으로 찬탄했다.
《법화경》 〈유통회(流通會)〉품에는 "만다라꽃과 만수사꽃이 비 내리듯 하고, 전단나무에서 향기로운 바람이 가히 대중의 마음을 기쁘게 한다."(雨曼陀羅 曼殊沙華 栴檀香風 悅可衆心) 이때 개화(開華, 꽃망울)인 만다라화(曼陀羅華)는 소백화(小白華), 시화(示華, 드러남)인 마하만다라화(摩訶曼陀羅華)는 대백화(大白華), 오화(悟華, 맺힘)인 만수사화(曼殊沙華)는 소적화(小赤華), 입화(入華, 들어감)인 마하만수사화(摩訶曼殊沙華)는 대적화(大赤華)가 부처님 위쪽과 모든 대중(大衆)

에게 흩뿌려졌다. 서품에서 내리는 천화는 육서(六瑞, 법화경을 연설하기 전에 무량의경을 부처님이 연설하심에 나타난 여섯 가지의 상서로운 일) 중에 내리는 꽃이니 부처님의 공덕에 의해 내리는 하늘 꽃이다. 천화(하늘꽃)가 내림에는 여섯 종류의 우화(雨華, 꽃비) 공덕이 있다. ① 설법(說法)우화. ② 입정(入定)우화. ③ 천화(天華)우화. ④ 지동(地動)우화. ⑤ 중희(衆喜)우화. ⑥ 방광(放光)우화이다. 수행할 때에 내리는 천화(天華)는 ① 독경(讀經, 읽는 때)우화. ② 송경(誦經, 외울 때)우화. ③ 서사(書寫, 쓰는 때)우화. ④ 이해(理解, 뜻을 알게 된 때)우화. ⑤ 설법(說法, 전할 때)우화. ⑥ 유통(流通, 전달해 줄 때)우화를 가리킨다. 출처 : 뉴스랩《불교닷컴》(2014.11.4.). 보운법사 "법화경일일법문: 만다라꽃과 만수사꽃이"

270) 《불교신문》(2005.5.25.). 허균 "연재 20. 꽃"

271) 《불교신문》(2005.5.25.). 허균 "연재 20. 꽃"

272) 인방(引枋, 지방)은 기둥과 기둥 사이에 건너지르는 가로재를 말한다. 기둥과 기둥 사이 또는 출입문이나 창 따위의 아래위에 가로놓여 벽을 지탱해 주는 나무나 돌이다. 흔히 문지방(門地枋)은 상중하 인방 중에 맨 아래쪽의 하인방(下引枋)을 말한다.

   ■ 머름은 머름 사이를 막아 댄 판목이고, 머름청판(廳板)은 아랫중방(中枋, 하인방)과 문지방 사이에 널조각을 대어 꾸미는 부분이다. 널빤지 대신에 흙으로 막은 것은 토(土)머름, 우물마루를 까는 데 쓰는 짧고 넓은 마룻널빤지는 단청판(短廳板), 마룻바닥에 깔린 긴 널빤지는 장청판(長廳板), 돌다리의 바닥에 깐 넓은 돌은 청판돌(廳板石)이라 한다.

273) 청록파(靑鹿派) 시인 박목월(朴木月)의 시 〈윤사월(閏四月)〉에 "송화(松花)가루 날리는 외딴 봉우리. 윤사월 해 길다. 꾀꼬리 울면 산지기 외딴집. 눈먼 처녀가 문설주에 귀 대고 엿듣고 있다." 잡지 《상아탑》 제6호(1946년 5월)에 수록되었다.

274) 벼락닫이창은 바람 불 때 '벼락같이 닫힌다'고 하여 붙인 이름이다. 들창이라고 하는데, 띠살 창호를 작게 만들어 행랑채 전면의 방화담 위나 방의 후벽에 가로로 눕혀 쓰는 경우도 있다. 윗울거미와 윗창틀에 돌쩌귀를 달아 방 안에서 밖으로 밀어내 버팀쇠나 막대로 받쳐두었기에 바람이 불면 잘 닫힌다. 위치가 키 높이 정도라서 먼 산이나 하늘만 바라볼 수 있고, 채광과 환기가 주요 목적이다. 우리 조상들은 물건이 생긴 대로 소리 나는 대로 이름을 지었으며, 인디언의 옛

방식과도 비슷하다.

눈꼽재기창은 대문을 열어 누가 찾아왔노라고 아뢰어 줄 이가 없는 초가에서는 외여닫이문 옆의 조그만한 창문이다. 이 창을 열고 닫아 방의 온기를 보호하거나 환기를 시켰다. 또 방문을 열지 않고서도 밖에 누가 왔는지 살필 수 있는 눈꼽재기창은 애교스러운 고안이며 창의 모습을 볼 수 있다.

275) 법당의 닫집에 붙인 편액으로 내원궁은 부처님이 전생에 도솔천 내원궁에 살았던 궁전이다. 전북 고창 선운사 도솔암의 편액으로 붙인 도솔천 내원궁이 유명하다. 적멸궁은 열반에 드신 석가모니불이 계시는 궁전이라는 뜻이다. 칠보궁은 극락세계의 아미타불이 계시는 거방 극락정토세계의 궁전이라는 뜻이며, 만월궁은 아픈 사람을 도와주는 약사여래불이 계시는 동방 유리광세계의 궁전이라는 뜻이다.

276) 닫집의 닫은 '따로'의 옛말에 관한 고문헌 용례로는 ① "믈읫 有情이 놈남과 닫 나믈몰 즐겨 서르 싸화 저와 놈남과를롤 어즈려"《석보상절》(9:16)에는 "무릇 중생이 남과 따로 나는 것을 즐겨, 서로 싸워 저와 남과 어지럽게 하여" ② "精魂애 도라와 왼녁 피 닫 담고 올한흔녁 피 닫 다마 두고 닐오되"《월인석보》(1:7)에는 "精魂에 돌아와 왼쪽 피 따로 담고, 오른쪽 피 따로 담아두고 말하되" ③ "샹녯 사람과 닫 사노니"《월인석보》(21:218)에는 "보통 사람과 따로 사노니" ④ "알패 핏 經이 잇가장 하시고, 닫 아랫 그를 니르와드시니라"《능엄경언해》(4:75)에는 "앞의 경이 이까지 하시고, 따로 아랫글을 일으키시니라."

277) 슈룹은 순우리말로, 양산을 뜻하는 말이다. 《훈민정음 해례본》(1443)에 우산을 '슈룹'이라 기록했다. 최세진이 편찬한 한자학습서인 《훈몽자회(訓蒙字會)》(1527)에는 순우리말 슈룹이 한자어인 우산(雨傘)으로 대체되었다. 중국 북송의 사신 수행원이던 손목(孫穆)이 고려를 다녀간 뒤에 쓴 《계림유사》(1103)에는 취립(聚笠), '일산은 취립이라 한다(傘曰聚笠)'라고 적힌 기록은 슈룹 단어를 중국식 발음으로 음차한 것이다. 15세기 말 명나라에서 편찬된 《조선관역어(朝鮮館譯語)》에는 '속로(速路)'라 기록한 것도 슈룹계열의 어휘를 적은 것으로 보인다. 콘텐츠 채널방송 《tvN 드라마》로 2022년 10월~12월까지 방영한 〈슈룹〉은 우산의 옛말이다.

278) 수호신의 우두머리를 뜻하는 법수(法首, 守煞)는 법(진리)의 우두머리 또는 제사장(祭司長)을 뜻한다. 마을과 사찰, 성문(城門)을 지키는 수호신장 '벅수'라고 불린다. 《화엄경》에 등장하는

불법을 보호하고 지키는 법수보살(法首菩薩)에서 유래한다. 마을 동네를 지키는 수호신 장승(長丞·長栍)과도 같은 의미이다.

279) 《경북도민일보》(2023.6.19.). 안희옥 "소맷돌"(https://www.hidomin.com)

280) 뉴스랩 《오마이뉴스》(2010.10.27.). 김정봉 "[한국의 아름다움10] 표정이 있는 절집의 소맷돌" (https://www.ohmynews.com)

281) 월대(越臺)는 '달을 바라보는 높은 대'(月見臺)에서 유래했다. 실제적 의미는 조선 성리학에서 왕과 신하의 상하 위계(位階)질서를 강조한 것으로 달과 땅에 비유한 이름이다. 황제국 명나라와 달리 제후국 조선에서 해(日)가 아닌 달(月)에 표현한 메타포(暗喩, metaphor)였다.

282) 포토(Photo, 인화지에 찍힌 피사체의 영상)는 빛을 뜻하는 그리스어이다. 1839년 Photography (사진)이라는 단어가 만들어진 이래, 1860년부터 해당 단어의 줄임말로 쓰이면서 근래에는 대부분 사진을 뜻하는 말이다. 중국에서는 빛의 조각이라는 뜻으로 조편(照片) 또는 그림자를 취한다는 뜻으로 촬영(撮影)이라 쓴다.

283) 티벳의 만다라(曼茶羅, 曼陀羅, Mandala)는 밀교(密教)에서 부처님 불법의 세계를 상징적으로 여러 가지 도형으로 표현한 불화(佛畫, 呪畵)이다. 원 또는 사각형의 형상을 한 깨달음의 집합체이자 그 본질(불법의 진리)을 도형화한 그림이다. 만다라는 보여주는 상징체계로써 법계(法界)의 부처가 증험한 것을 그림으로 나타내어 숭배의 대상으로 삼고 있다. 그 핵심부는 정중앙의 대일여래와 사방의 네 분의 여래, 그리고 그들을 보좌하는 네 분의 보살로 구성돼 있다. 만다라에는 ① 깨달음의 경지를 도형화한 그림, ② 수행자의 우주적 심리현상을 도형화한 그림과 같은 두 가지 형태가 있다. 또 만다라는 《대일경(大日經)》을 중심으로 하는 태장계(胎藏界) 만다라와 《금강정경(金剛頂經)》을 중심으로 하는 금강계(金剛界) 만다라로 나뉜다. 금강계 만다라는 법신여래의 지덕(智德)을 불(佛)·금강·보(寶)·연화·갈마(羯磨, Karma)의 5부로 나누어 도형화한 것이다. 태장계 만다라는 법신여래의 본체를 어머니 뱃속의 태(胎)에 비유해 도형화한 것이다.

284) 고려 불화(高麗佛畫)는 고려 때 제작된 불화로, 세계 44개국에 산재해 있다. 13~14세기에 만들어진 것이 대부분이며, 상당수가 일본지역에 있다. 불화에는 국왕의 만수무강이나 불화제작을

의뢰한 사람의 극락왕생 등의 소망이 담겨 있다. 또한 몽골군의 퇴치를 소망하는 불화도 있다. 비단에 그려졌고 화려한 부처와 보살의 옷이 특징이다. 왕실과 귀족의 지원을 받은 최고의 화가들이 만든 뛰어난 예술성을 담은 고려의 불화는 은은한 갈색 배경에 주로 녹색과 붉은색으로 그림을 그린 후 순금으로 윤곽선을 덧그려 환상적인 분위기를 풍긴다. 또한 금을 풍부하게 사용해 중국이나 일본의 불화와는 다른 특징을 지니고 있다. 제작기법에 있어도 광물질 안료인 석채(石彩)가 뿜어내는 고귀한 색상과 금니의 화려함이 결합하여 신비한 분위기를 자아내는 한편, 완성도 높은 치밀한 형태묘사에 활달한 필선, 짜임새 있는 구성 등으로 회화사적으로 높이 평가받고 있다. 고려 불화의 특징은 첫째, 복채법으로 신체나 옷 등에 주로 사용하는데, 뒤에서 백색 안료를 칠한 뒤 앞면에서 다시 붉은색이나 황토색 계열 안료를 엷게 칠하여 부드러운 살색을 연출하거나, 붉은색을 화면 뒤에서만 칠해 은은한 파스텔톤의 색감을 연출하였다. 간혹 보수를 했거나 채색이 변질되어 주조색인 녹색이 잘 보이지 않는 예도 있는데 14세기 약사삼존 12신장도가 대표적인 예이다. 둘째는 쪽(물) 염색에 의한 염색기술이다. 증거는 바로 감지 사경과 비단에 그린 탱화이다. 셋째는 섬려(纖麗)한 색감과 우아한 장식미를 가진 불교적인 종교화이다.

- 고려불화 특징인 배채(복채)는 뒷면에 설채하여 그 색깔이 앞면으로 우러나온 상태에서 앞면에 음영과 채색을 보강하는 기법이다. 배채법을 사용하게 된 연유는 ① 색채를 보다 선명하게 하면서 변색을 지연시키며, ② 두껍게 칠해진 호분 같은 안료의 박락을 막아주고, ③ 어두운 바탕 위에 물감을 칠할 때 얼룩이 지는 것 방지한다.

285) 안동 봉정사 대웅전 영산회상 벽화는 보물 제1614호, 후불탱화 뒤쪽 벽면에 그려진 벽화로 1435년경에 제작된 것이다. 현존하는 우리나라 최고의 영산회상도(靈山會上圖)로써 석가모니 부처님이 인도 영취산에서 《관무량수경》을 설하는 장면을 그린 벽화이다.

286) 변상도(變相圖)는 불교 경전에 나오는 교훈적인 장면 등을 알기 쉽게 상징적으로 표현한 그림이다. 경화(經畵)라고 한다. 경전 내용이나 석가모니불의 전생 설화 또는 극락이나 지옥의 모습을 주제로 해서 그림으로 묘사한 것이다. 중생을 제도하기 위해 진상(眞相)을 변화시켜 그림을 그렸기 때문에 변상도라고 한다. 탱화가 벽에 걸어 두기 위한 액자형의 불화인데 반면에, 변상도는 불경에 그리거나 나무나 금속판에 새긴 판화형이 대부분이다. 법화경변상도, 화엄경변상도,

관무량수경변상도, 범망보살계경변상도 등이 유명하다.

287) 편액(扁額)은 문헌상으로 중국 진대(秦代)에 당시의 상용서체(秦書八體) 중에 '서서(署書)'라 하여 건물의 명칭을 제서(이름 글자)하는 서체가 있었다. 기원전 219년 진(秦)나라 때에 만들어진 〈태산각석(泰山刻石)〉이 전한다. 편액의 한자 서체는 전(篆)·예(隸)·해(楷)·행(行)·초(草)로 다양하다. 최근에는 한글로 된 편액도 많다. 편액은 건물의 얼굴이므로 해당 건물의 격식에 맞는 글씨를 택하게 되는데, 당대 명필의 글씨나 역대 제왕의 엄정한 어필(御筆)에서부터 문인·일사(逸士, 뛰어난 선비) 등 개성 있고 정신성이 돋보이는 글씨에 이르기까지 선현들의 필적을 두루 살필 수 있다. 중국 삼국시대 조조가 세운 위(魏)나라 명제(明帝, 曹叡; 재위 226~239) 때 일화로 궁궐에 능운전(陵雲殿)이 완공돼 편액을 걸어야 했는데, 대목수가 실수로 글씨도 쓰지 않은 나무판을 건물에 못으로 박아버렸다. 당시 최고의 명필 위탄(韋誕)이 글씨를 쓰게 됐다. "위나라 보물이나 그릇에 글씨를 쓰는 건 모두 그의 몫"이라 할 정도로 이름 높은 위탄이었다. 그러나 땅에서 25척 높이에 줄을 타고 올라가 매달려 세 글자를 쓰고 내려와 보니 머리털이 모두 희어 버렸다. 진나라 왕희지의 아들 왕헌지(王獻之)도 글씨에서는 둘째가라면 서러워할 인물이었다. 대궐에 태극전(太極殿)을 짓고 편액을 쓰는 일이 왕헌지에게 부여되었으나 그는 위탄이 겪은 일을 얘기하며 고개를 저었다고 한다. 아무리 당대의 명필 대가도 큰 글자 쓰는 것과 작은 글자 쓰는 것은 다르다. 가로세로 1m 넘는 글자를 "잘 어울리게 하면서 전체가 살아 움직이도록 한다."라는 것은 쉬운 일이 아니었다. 중국 고대에 8가지 서체 중 편액만을 쓰는 글씨체가 따로 있었다. 중국 베이징에는 '편액 박물관'에 전시돼 있을 정도다. 서울 한양도성의 화기(火氣)를 막기 위해 숭례문(崇禮門)의 편액을 세로로 썼다는 이야기, 서울의 동쪽에 큰 산이 없어 지세가 기운다고 하여 흥인지문(興仁之門, 흥인문)의 편액을 넉 자로 썼다는 구전(무학대사의 비보책) 등 편액에 얽힌 흥미로운 이야기가 전한다. 지금 붙어 있는 흥인지문의 글씨는 퇴계 이황의 글씨이다.

288) 밀타승(密陀僧)은 밀타는 화학적으로 '일산화납'을 달리 이르는 말로 밀타를 바르는 승려. 색상의 농도에 따라 금밀타(金密陀), 은밀타(銀密陀)가 있으며. 이질이나 종기를 다스리는 살충약으로도 쓴다.

289) 패루(牌樓)는 중국과 한국에서 큰 거리에 길을 가로질러 세우던 시설물이나 무덤, 공원 따위의

어귀에 세우던 문이 있는 누각이다. 도시의 아름다운 풍경과 경축의 뜻을 나타내기 위해 세웠다. 정려는 정려문(旌閭門)의 줄임말로 상징적인 대문이다. 충신과 효자, 열녀 등을 표창하기 위하여 그 집 앞에 세우던 붉은 문이다.

290) 남북조시대(439~589)의 남조에 해당하는 나라인 송(유송)나라, 제나라, 양나라, 진나라의 역사서 《남사(南史)》에서는 "맹창(孟昶, 919~965)은 오대십국 시대의 후촉의 마지막 황제(재위 : 934~965)이다."

세계 최초, 춘련의 원형은 원래 도부(桃符; 복숭아나무 부적)에서 유래한 것이다. 정월에 복숭아나무로 켠 2장의 판자에 각각 두 문신(門神)을 그려 대문에 붙여 악귀를 쫓던 부적이다. 중국 전설에 따르면 귀신은 복숭아나무를 두려워한다.

291) 범패(梵唄)는 범음범패(梵音梵唄)이다. 범음은 여래가 갖춘 32종의 외적 특징(三十二相) 가운데 하나인 부처님의 음성을 말하며, 동시에 그분의 말씀인 가르침을 의미한다. 범패는 석존(釋尊)의 공덕을 찬미하는 노래이다. 그 방법으로는 석존의 공덕을 직접 찬탄하는 것과 석존 또는 그분의 뜻을 따른 선·조사들이 남긴 어구(語句)를 마음에 새기고 기억하기 위해 곡을 붙여 음영(吟詠)하는 것으로 구분된다. 수행법(修行道)으로 거행하기에 삼보께 올리는 진정한 찬탄의 음성공양(音聲供養)이다. 범음은 짓소리를 가리키기도 하며, 범패는 홋소리의 별칭이기도 하다. 재를 올릴 때 그 절에 사는 법주(法主)가 부르는 범패로 수행승(理判僧)의 이적(理的 = 가르침)인 면을 나타낸 ① 안채비 소리는 요령을 흔들며, 한문으로 된 산문(축원)을 촘촘히 낭송하는 것으로 흔히 염불이라 부른다. 홋소리는 7언4구·5언4구의 한문으로 된 정형시를 일정한 가락에 맞춰 부르는 노래이다. 짓소리는 한문으로 된 산문이나 범어로 된 사설을 여럿이 함께 부르는 노래이지만, 독창으로 부르는 '허덜품'이라는 것이 있어 전주(前奏)·간주(間奏) 구실을 한다. 한 곡당 30~40분 걸리는 긴 노래이다. 절의 사무와 재물을 맡은 승려인 사판승(事判僧)이 인정(人情)에 호소하여 부드럽고 따뜻한 체온으로 감싸는 곡조로 사적(事的=情的)인 면에서 의식 전체의 진행을 선도하는 특징을 보이는 ② 바깥채비 소리는 대중의 이목이 집중될 수 있도록 소리는 고성(高聲)이고, 굴곡이 두드러지는 점을 보인다. 또 바라춤·착복(着服)·법고(法鼓) 등의 작법(作法)이 함께 어우러져 의식의 분위기를 점층적으로 고조시켜 나간다. 안채비가 대체로 산문(散文) 형태인 데

비해, 바깥채비의 내용은 절구(絶句)인 한시(漢詩) 형태가 대부분이다. 내용 면에서는 안채비를 거행하기 위한 준비, 혹은 거행 후에 그 내용을 압축·정리한 것이 대부분이다. 범패는 국가무형문화재와 유네스코 인류무형문화유산인 영산재를 비롯해 수륙재, 생전예수재 등 다양한 재에서 쓰인다.

■ 범패와 작법을 어산(魚山)이라 부른다. 범패의 대가인 장부(丈夫)를 어장(魚丈)이라고 한다. 그 연원은 중국 위무제(魏武帝, 155~220)의 넷째아들 조식(曹植, 192~232) 일명 조자건(曹子建)이 중국 산동성 연주부 동아현 서쪽에 있는 어산(魚山)에 올라 고요히 앉아 있다가 하늘로부터 들려오는 소리(梵天)를 듣게 되는데, 그 소리는 세상의 소리와 달리 사람의 마음을 감동케 하는 것이었다고 한다. 이에 조식은 그 소리와 연못에서 노니는 물고기의 모양을 본떠 《태자서응본기경(太子瑞應本起經)》에 기초를 두고 〈태자송(太子頌)〉 등을 만들었는데, 이것이 범패의 시원이라고 한다. 지명의 어산은 산 아래 바윗굴(巖窟)에 연못이 있고, 그 중앙에 석어(石魚)가 있어 산명(山名)이 되었다고 한다. 일설에는 인도 영축산의 다른 이름(異名)이라 한다. 고려대장경에 포함(入藏)된 《양고승전(梁高僧傳)》권2, 〈진장안구마라집(晉長安鳩摩羅什)〉에는 "천축국의 풍속은 문장의 체제를 대단히 중시한다. 그 오음(五音)의 운율(韻律)이 현악기와 어울리듯이 문체와 운율도 아름다워야 한다. 국왕을 알현할 때에는 국왕의 덕을 찬미하는 송(頌)이 있다. 부처님을 뵙는 의식은 부처님의 덕을 노래로 찬탄하는 것을 귀히 여긴다. 경전 속의 게송들은 모두 이러한 형식인 것이다."(天竺國俗 甚重文製 其宮商體韻 以入絃爲善 凡覲國王 必有讚德 見佛之儀 以歌歎爲貴 經中偈頌 皆其式也) 또 일본 엔랴쿠지(延曆寺의 승려 자각대사(慈覺大師) 엔닌(圓仁·円仁, 794~864)의 《입당구법순례행기(入唐求法巡禮行記)》(834년 11월 12일)에는 중국에 있던 신라의 적산법화원(赤山院)에서 불리는 범패에 당풍(唐風, 중국식 범패), 향풍(鄕風, 신라풍 범패), 고풍(高風, 일본식 범패)의 세 종류가 있었다고 서술했다. 이탈리아인 마르코 폴로의 《동방견문록》(1296년경), 현장의 《대당서역기》(7세기)와 함께 세계 3대 기행문으로 1900년대 일본인들이 정해 부르는 말이다. 한국에서는 〈입당구법순례행기〉 대신에 신라 혜초의 《왕오천축국전》(8세기) 또는 명나라 항저우 방문을 기록한 최부의 《표해록(錦南漂海錄)》(1488년)을 3대 기행문이라 부른다.

292)《현대불교신문》(2023.7.10.). 윤호섭 "동아시아 삼국 불교의례 율조 분석"

293) 작법(作法)은 불교의식에서 추는 춤의 행동을 일컫는다. 불교에서 작법은 신업(身業), 몸의 동작으로 공양드린다는 뜻이라고 표현한다. 불교의식의 골자인 재(齋)를 올릴 때 모든 의식으로 흔히 춤추는 불교무용 등이라 일컫는다.

294) 불교의식에서 절은 능례(能禮)와 소례(所禮) 또는 약례(略禮)로 나뉜다. 능(能)은 주체이고, 소(所)는 예배의 대상을 말한다. 능례는 절하는 자신을, 소례는 그 절을 받는 불보살과 조사 등을 가리킨다. 소례참례(小禮懺禮)는 불보살께 참회하며 행하는 의식이다. 분별의 세계인 중생계에서는 능(能)과 소(所)가 동시에 나타나고, 붙어 있는 이분법적인 사고와 행동을 한다. 즉, 손등과 손바닥의 관계처럼 항상 함께하고 있는 것을 말한다. 그러므로 진정한 절은 절하는 사람의 마음과 절을 받는 불보살의 마음이 하나될 때 감응이 일어나고 교감하게 된다. 호궤(胡 · 互跪)합장은 불교의 수계식에 볼 수 있는 인사법이다. 양쪽 발을 구부리고 양 무릎은 나란히 땅에 닿게 하는 인사법이다. 경(敬)과 예(禮)의 뜻을 나타내는 꿇어앉는 좌법으로 불상의 좌법에서 볼 수 있다. 호(胡)는 인도와 서역을 일컬으며, 인도와 서역인들의 무릎을 꿇는 예법이다. 이를 장궤합장(長跪合掌)이라고 한다.

- 절에서 3배 하는 대상과 이유는 법신불(비로자나불, 天 = 영혼) · 응신불(또는 보신불 : 노사나불, 地 = 생명) · 화신불(석가모니불, 人 =인연)의 삼신불(3위 일체)께 감사와 존경의 예를 갖추는 행위이다. 흔히 불법승(佛法僧)께 3번의 절을 하는 의미는 20세기부터 우리나라 불교에서만 사용하는 개념이다.

295) 붓다의 원래 이름인 싯다르타(Siddhārtha)는 인도 귀족 언어인 산스크리트어(saṃskṛtā, 잘 정돈된 말) 표기로 한국과 중국에서는 범어(梵語)라고 번역했다. 또 싯닷타(Siddhāttha)는 일반 민중들의 언어인 팔리어(Pali어, 빨리어)로 표기한 것이다.

296) 지금의 사르나트 박물관 남쪽에 위치한 치우칸디(Chan_khandi) 스투파 자리에서 다섯 명의 예 동료들을 만나게 된다. 콘단냐(Kondanna, 憍蓮如) · 아사지(Assaji, 阿說示) · 마하나마(Mahanama, 摩訶男) · 밧디야(Bhaddhiya, 婆提) · 바파(Vappa, 婆頗)의 다섯 비구를 가리키는 말이다. 이들은 석가가 성도하기 전에 함께 수행했다. 성도 후에는 초전법륜(初轉法輪)을 듣고 최초로 석가에게

귀의했다.

297) 탁발(托鉢): 승려가 경문을 외우면서 손에 발우를 들고 이집저집 다니면서 먹을 것을 얻는 것. 출가 수행자의 생활방식을 대표하는 말이다. 단순한 생활양식뿐 아니라 아집과 아만을 없애 주고 보시하는 이의 복덕을 길러주는 공덕이 있다.

298) 차제설법(次第說法): '(사다리) 순서에 따라 행한 가르침'으로 보시(施論), 계율(戒論), 복을 지어 하늘에 나는(生天論) 것을 단계적으로 설법하는 것임. 재가에 대한 교화의 주된 내용으로 삼았다.

  ■ 대기설법(對機說法): 인연법, 비유법, 수기법(예언해서 정진을 북돋움), 반어법(반대말로 마음을 잡음), 우회법(다른 것으로 해결책 찾음), 위의법(威儀法, 에티켓 바른 몸가짐으로 교화), 고조법(高調法, 핵심을 반복해서 감정호소와 이성 고조시킴), 대비법(현명/어리석음, 선과 악, 삶과 죽음 극대화) 등

299) 이질(痢疾, Dysentery)은 콜레라와 함께 급성 설사를 일으키는 대표적인 법정 전염병이다. 동양의학에서는 여름철에 생긴 이질을 시리(時痢)라고 부른다. 역사 속의 이질 사례는 기원전 543년 인도의 석가모니, 1137년 프랑스의 루이 6세, 1376년 영국의 에드워드 흑태자, 1908년 중국 청나라 말기의 서태후 등이 이질로 사망했다.

300) 붓다의 마지막 설법 또는 유훈은 "자신을 등불 삼고 자신에게 의지할 것이지, 남에게 의지하지 말라. 법을 등불 삼고 법에게 의지할 것이지, 다른 것에 의지하지 말라."(自燈明 自歸依 法燈明 法歸依)《대열반경》,《Dīgha Nikāya(PTS)》, Vol. II, p.100.
붓다께서 죽림촌(竹林村)에서 안거할 때 아난존자가 마지막 설법을 청함에 남긴 말씀으로 '자등명 법등명(自燈明法燈明)'으로 알려져 있다. '자신을 등불로 삼아 스스로에 의지하라. 진리를 등불로 삼고 진리에 의지하라'고 말한 것을 한자로 의역한 것이다. 진리를 등불로 의지하고, 수행하여 스스로 자성을 밝혀 깨달으라는 뜻이다.

301) 불교 4대 성지는 "여래께서 아난에게 말씀하셨다. 만약 비구·비구니·우바새·우바이가 내가 멸도한 후에 발심(發心)하여 나와 (인연이 있는) 네 장소를 간다면 그 얻은 공덕은 헤아릴 수 없을 것이며, 태어나는 곳도 항상 인간 세상과 천상 세계며, 좋은 과보를 받아 다함이 없을 것이니, 무엇이 (인연 있는) 네 장소인가? 첫째는 여래가 보살이었을 때, 가비라패도국(迦比羅旆兜國)

람비니(籃毗尼) 동산의 태어난 곳이요, 둘째는 마갈제국(摩竭提國)의 내가 처음 보리수 아래 앉아서 아뇩다라삼먁삼보리를 이룬 곳이요, 셋째는 바라나국(波羅㮈國)의 녹야원(鹿野苑)에 머물던 선인(仙人)들에게 법륜(法輪)을 굴린 곳이요, 넷째는 구시나국 역사(力士)가 태어난 땅인 희련강 가의 사라 숲속의 두 그루 나무 사이이니, 반열반에 든 곳이다. 이것이 (나와 인연이 있는) 네 장소이다. 만일 비구·비구니·우바새·우바이와 또 그 밖의 사람들과 외도들이 발심하여 그곳으로 가서 예배하고자 한다면 그 얻은 공덕도 모두 앞에서 말한 것과 같다."(爾時如來告阿難言 若比丘 比丘尼 優婆塞 優婆夷 於我滅後 能故發心 往我四處 所獲功德不可稱計 所生之處 常在人天 受樂果報 無有窮盡 何等爲四 一者如來爲菩薩時 在迦比羅施兜藍毗尼園所生之處 二者於摩竭提國 我初坐於菩提樹下 得成阿耨多羅三藐三菩提處 三者波羅㮈國鹿野苑中仙人所住轉法輪處 四者鳩尸那國力士生地 熙連河側娑羅林中雙樹之間 般涅槃處 是爲四處 若比丘 比丘尼 優婆塞 優婆夷 幷及餘人外道徒衆 發心欲往到彼禮拜 所獲功德 悉如上說)《대반열반경(大般涅槃經)》 권중(卷中), 중국 동진 평양사문 석법현 한역(東晉平陽沙門釋法顯譯)(ABC, K0652 v19, p.164c01-c02).

302) 사슴동산 녹야원(鹿野園, 미가다야 Migadāya)은 최초로 설법한 장소이기 초전법륜지라 불린다. 《맛지마 니까야》의 주석서(MA.ii.188)에서는 "사슴들(Miga)에게 두려움 없이 머무는 장소로 주어졌기(dāya) 때문에 미가다야(Migadāya)라고 한다."고 부른다.

303) 부처의 10가지 이름(佛十號·如來十號)은 붓다 고타마 또는 부처님이 갖춘 10가지 공덕을 부르는 칭호이다. 《장아함경》·《잡아함경》·10세기 말의 《불설십호경(佛說十號經)》 등 경전과 《대지 도론(大智度論)》·《대승의장(大乘義章)》 등 논서에서 나오는 명칭은 모든 깨달은 자가 가지고 있는 10가지 뛰어난 공덕(功德)을 가리킨다. ① 여래(如來) : 진리 그 자체를 몸으로 나타내신 분. ② 응공(應供) 또는 아라한(阿羅漢)·살적(殺賊) : 세상의 존경과 공양을 받을 만한 분. ③ 정변지(正遍知), 또는 정등각(正等覺) : 올바른 깨달음을 얻으신 분. ④ 명행족(明行足·明行具足) : 밝은 지혜와 실천이 완전하신 분. ⑤ 선서(善逝·爲善逝) : 윤회 생사도에 빠지지 않고 피안의 언덕으로 가신 분. ⑥ 세간해(世間解) : 세간의 일을 완전히 깨달으신 분. ⑦ 무상사(無上士) : 인간 중에서 더없이 높으신 분. ⑧ 조어장부(調御丈夫) : 사람을 다스리는데 위대한 능력을 가지신 분. ⑨ 천인사(天人師) : 하늘과 인간의 스승이 되시는 분. ⑩ 세존(世尊) : 세상에서 가장 존귀한 스승으로 칭하였다.

304) 석가모니라고 칭할 때, 석가는 북인도에 살고 있던 샤키아(Śākya)라 불리는 석가족의 총칭이며, 모니(牟尼)는 성자를 의미하는 무니(muni)의 음사이다. 석가모니를 한문으로 번역하면 능인적묵(能仁寂默)이다. 적묵(寂默)은 깊이 깨달아서 세상의 일체의 번거로움을 받지 않는 것이고, 능인(能仁)은 남을 구원할 힘을 갖추고 있는 것으로 대자대비(大慈大悲)를 갖추고 있는 것을 가리킨다.

305) 깨달음의 문턱을 바로 앞에 두고 그 문턱을 넘을 수 없으니, 얼마나 한탄스럽겠는가? 선인(仙人)은 《자타카》에서는 고행자(따빠소 Tapaso)라는 표현하고, 고행선인은 왕을 방문할 때 조카를 데리고 왔는지. 조카를 불러 말하기를 "얘야, 혹시 나중에 숫도다나 왕의 아들이 출가해서 최상의 깨달음을 얻었다만 소식을 듣거든 너는 주저하지 말고 바로 그분 밑에 들어가 출가하거라." 그런데 '35년 후에'라는 말을 꼭 붙여놨다. 이것은 부처님이 35세에 정각성취에 딱 맞는 표현이다. 조카는 "외삼촌이 나에게 아무런 이익도 없는 말씀을 하실 분이 아니다"라고 생각하고, 바로 시장에 가서 발우와 가사를 사고, 가사를 수하고, "나는 이 세상의 최고의 깨달음을 얻으신 분의 제자가 되어 출가를 할 것이다"라고 말했다고 전한다. 《쿠다까니까야》〈자타카(Jataka)〉 "멀지 않은 인연에 대한 이야기(2)"

306) 무지(無知)에 따른 행동을 '업(業)'이라 한다. 업은 사람이 일으키는 생각과 말, 행동 3가지가 원인이 되어 그것에 따른 결과이다. 알지 못함의 무지는 고통의 근원으로써 '근본적 무지'라고 한다. 있는 그대로의 사물의 모습과 인과법칙에 대해 말하는 것으로 불교에서는 ① 업(業)의 인과법칙에 대한 무지, ② 실재의 절대적 본질에 관한 무지(無知)를 두 종류로 설명한다.

307) 붓다의 6년가 설산 고행은 우루웰라(Uruvela, Sk. Uruvilra, 優樓頻螺)의 세나(Sena, 斯那) 마을에 있는 네란자라(Neranjara, Sk. Nairanjana, 尼連禪河) 강 근처의 숲속에 들어가 자리를 잡았다. 고행림(苦行林)으로 불리던 이곳은 현재의 보드가야(Bodhgaya) 동쪽이었다. 이곳에서 새로운 결심으로 맹렬한 고행을 시작했다. 그때 6년 고행의 모습은 파키스탄 라호르박물관의 상징이며, 간다라 미술의 마스터피스(Masterpiece, 걸작)라고 불리는 싯다르타 '고행상'(Fasting Buddha)과도 같다.

세계 불상 조각 가운데에서도 최고의 걸작품인 고행상은 19세기 말, 파키스탄 카이베르파크툰크와(KP) 주정부의 시크리 유적에서 출토됐다. 석재료는 편암이고, 불상의 규격은 높이 84cm, 폭

53cm, 깊이 25cm로 등신상이다. 고행상은 경전에서 묘사된 싯다르타의 모습을 경전 이상으로 잘 표현하고 있다. 신체 표현을 극도로 현실적으로 보여 주는 헬레니즘의 조각 양식과 인도의 불교 문화가 결합되어 탄생한 간다라 미술의 전형이다. 《보요경》 제5권, 《맛지마니까야》에는 고행의 결과, 싯다르타의 몸은 뼈와 살가죽만이 남아 배와 등이 달라붙었다. 손으로 배를 만지면 등뼈에 닿았다. 또 손으로 팔다리를 문지르면 뿌리가 썩은 몸의 털들이 떨어져 나갔다고 기록하였다.

308) 마하(摩訶, Maha)는 크다·많다·특출하다는 의미를 지닌 산스크리트어이다. 고대 인도에서 '크다'는 뜻은 '작다'의 상대적 개념이 아니라 상대개념이 없는 절대적으로 크다는 뜻이다. 즉, 마하는 마음이 광대해 마치 허공과 같이 변두리가 없으며, 모가 난 것도 둥근 것도 아니며, 큰 것도 작은 것도 아니다. 또한 푸르거나 노랗거나 붉거나 흰 빛깔도 아니며, 또한 위 아래와 길고 짧은 것도 없고, 성날 것도 기쁠 것도 없고, 옳고 그른 것도 없으며, 머리도 꼬리도 없어서 허공과 같이 넓다는 의미이고, 그것이 바로 부처님의 세계임을 말한다. 음속을 나타내는 마하(Mach)도 산스크리트어에서 유래했다는 설은 오류이고, 오스트리아 태생의 물리학자 에른스트 마흐(Ernst Mach, 1838~1916) 이름에서 따온 명칭이다.

309) 경전 결집은 불멸 후 아쇼카왕 시대까지 세 차례 이루어졌다. 그 후 12세기 스리랑카에서, 1868년과 1954년 인도에서 총 6차에 걸쳐 이루어졌다. 첫 결집은 불멸 40일 뒤에 라르기르(왕사성) 인근의 칠엽굴에서 가섭존자가 주재하는 결집회의에서 경과 율을 암송하는 방식으로 이루어졌다. 붓다의 가르침을 정리하고 보존하기 위하여 개최한 결집과 합송 장소를 상기티(Saṃgīti, 結集)라고 한다. 이때 경전결집 소식을 들은 마가다국의 아자따삿뚜(Ajātasattu; 阿闍世) 왕은 경전을 결집하는 3개월(6~9월) 동안에 음식을 제공했다. 중국 당나라 때 삼장법사 현장의 17년간(629~645)의 구법 행적을 정리한 《대당서역기》 9권에는 인도 죽림정사 서남쪽으로 5~6리 가면 남북쪽 큰 대나무 숲속에 커다란 석실이 있다. 이곳이 석가모니 부처가 열반에 든 뒤 마하가섭존자가 대아라한 999명과 함께 삼장을 결집했던 곳이라 소개했다. 이곳이 칠엽굴(삿따빠니 Sattapanni Cave)로, 동굴 앞에는 마가다 왕국의 아자타샤트루 왕이 경전결집을 위해 모인 대아라한들을 위해 지어 준 건물의 터도 남아 있었다고 한다.

5백 아라한은 3개월간 밖으로 나가지 않고, 칠엽굴에서 경율을 편집했다. 먼저 아난존자가 초안을 내고, 5백 아라한이 그 초안에 동의하는 방식으로 진행됐다. 암송한 구절에 동의를 하면 넘어가고, 빠진 내용이 있으면 추가하고, 사실과 다른 내용은 수정하거나 빼는 방식으로 결집했다. 500명이 모두 동의를 해야만 한 페이지를 완성하는 검증 절차를 거쳤다. 마하가섭 존자의 주제로 교단의 규칙을 확립하기 위해 먼저, 궁중 이발사 출신의 우파리(優波離, Upali) 존자가 율(律, Vinaya)을 암송하고, 아난다(阿難, Ananda) 존자가 경(經)에 해당하는 법을 암송하여 그 내용이 불설(佛說) 임을 승인을 받았다. 당시에는 문자로 기록한 것이 아니라 게송(偈頌)으로 외웠다. 부처님의 말씀에 약간의 음을 넣어서 외우는 게송은 외워서 하는 방식이라 내용을 축약했다. 그것은 많은 글의 내용은 외우기가 어렵기 때문이다. 지금도 인도·티베트에서는 좋은 구절이 있으면 직접 음을 붙여 노래로 하는 것과 비슷한 방식이었다. 다만 가사를 모르는 이들이 들으면 똑같은 곡조로 들리는 것과 같은 암송방식이다. 경전의 문자화는 기원전 80년 스리랑카 알루비하라 (Aluvihare) 동굴사원에서 열린 경전 편찬회의에서 팔리어(Pali語) 삼장(三藏)을 패엽경으로 제작하여 처음 기록되었다.

310) 두타행(頭陀行)은 출가수행자가 세속의 모든 욕망과 번뇌를 떨쳐버리기 위해 의식주를 험하고 간단하게 해서 고행을 하는 수행법이다. 그 목적이 세속의 욕망을 떨쳐버리기 위한 것인데, 억지로 육신을 괴롭혀서 천상에 태어나기 위한 것이 아니라는 점에서 인도의 전통적 고행과는 다른 것이다. 가섭(迦葉)존자는 두타행을 가장 잘 닦았기에 두타제일(頭陀第一)이라 한다.

- 12두타행(十二頭陀行)은 의식주 탐착함을 버리고 고행하는 수행법이다. ① 납의(衲衣·분소의糞 掃衣)를 입고, ② 삼의(三衣, 승가리僧伽梨 구조九條이상·울다리승鬱多羅僧 칠조七條· 안타회安陀會 오조五條), ③ 상걸식(常乞食, 항상 걸식하는 것), ④ 불작여식(不作余食, 일일일식), ⑤ 일좌식(一座食, 한 차례만 먹는 것), ⑥ 일취식(一揣食·節量食, 한 차례만 먹되 조금만 먹는 것), ⑦ 아란야처(阿蘭若處, 한적한 곳에 머물기), ⑧ 총간좌(塚間坐, 무덤 있는 곳에 앉는 것), ⑨ 수하좌(樹下座, 나무 밑에 앉는 것), ⑩ 노지좌(露地坐, 그냥 한데 앉는 것), ⑪ 수좌(隨坐, 아무데나 닥치는 대로 앉는 것), ⑫ 상좌불와(常坐不臥, 언제나 앉아서 공부하고 눕지 않는 것) 이다. 이와 비슷한 장좌불와(長坐不臥, 밤에도 눕지 않고 앉아서 수행을 행함)가 대표적이다.

311) 석존의 삼처전심(三處傳心)은 부처님이 가섭에게 방편으로 세 곳에서나 이심전심(以心傳心)을 전한 것을 말한다. 선종에서 선(禪)의 기원을 기록한 《대범천왕문불결의경(大梵天王問佛決疑經)》 제2 〈염화품(拈花品)〉에는 염화미소(拈花微笑) 혹은 염화시중(拈花示衆)이라는 말이 처음 나온다. 그리고 불립문자(不立文字) 교외별전(敎外別傳)이란 말도 등장하는데, 직지인심(直指人心) 견성성불(見性成佛)과 함께 4구를 이룬다. 선종의 특색과 그 가르침을 적절히 표현하는 말이다. 선종의 극칙공안(極則公案)은 초기 경전인 《아함경》에 그 근거로 삼고 있다. 선(禪)은 부처님이 깨달은 정수로 '경전이나 언어문자 밖에 별도로 전해준 진리'라는 뜻이기도 하다. 문자를 세우지 않는다. 또는 문자가 성립되지 않는다는 불립문자는 문자를 활용하지 않는다는 뜻이다. 고로 불심(佛心)이나 불성(佛性)은 언어나 문자로 파악하거나 설명하기란 불가능한 절대의 세계라는 뜻으로 언어도단(言語道斷)이라 한다. 교외별전은 불법을 말 밖에 전한다는 말로, 진리는 언어문자를 떠나 있어 진리를 언어나 문자로 설명할 수 없다는 말이다. 즉, 이언진리(離言眞理), 언전불급(言詮不及)이라는 말이다. 달마대사는 중국 선종의 초조(初祖)이다.

312) 사구게(四句偈)는 경전의 주요 내용을 넉 줄로 읊은 게송이다. 슐로카(Shlokas, 네 구절로 이루어진 시)라는 산스크리트 시(詩) 형식으로, 8음절을 1구(句)로 해 4구 즉, 32음절로 된 게송을 말한다. 《금강경》의 사구게는 "범소유상(凡所有相) 개시허망(皆是虛妄) 약견제상비상(若見諸相非相) 즉견여래(卽見如來): 만약 모든 형상을 형상 아닌 것으로 보면 곧 여래를 볼 것이다. 즉 모든 형상이 공하여 텅 빈 것임을 바로 깨닫게 되면 곧 깨달음을 얻는 자리[부처]가 되리라."는 말이다.

313) 7세기 중국 당나라 승려 현장(삼장)법사가 장안에서 10만 8천리 떨어진 서역(天竺)에 불경을 구하러 가면서 81가지 고생을 겪는 수난기를 소설화한 《서유기(西遊記)》는 중국 명나라 때 오승은(吳承恩, 1500~1582년)이 지은 판타지 소설이다. 14세기의 《수호전》(시내암施耐庵), 《삼국지연의》(나관중), 《금병매》(난릉소소생蘭陵笑笑生)와 더불어 명나라 말기의 풍몽룡(馮夢龍)이 중국 사대기서(四大奇書)라고 칭하였다.

314) 아나율(阿那律) 존자의 팔대인념(八大人念, 8가지 마음가짐)은 ① 지족(知足)할 줄 아는 마음가짐(知足者), ② 시끄럽지 않고 적정한 곳에 머무는 마음가짐(閑居者), ③ 욕심 없는 마음가짐(小欲者), ④ 계율을 지키는 마음가짐(持戒者), ⑤ 생각이 고요한 마음가짐(三昧者), ⑥ 지혜로운 마음가짐

(智慧者), ⑦ 많이 들으려는 마음가짐(多聞者), ⑧ 정진하는 마음가짐(精進者)을 꼽았다.

난다(Nanda, 難陀)는 석가모니의 이모(姨母)·양모이며 숫도다나(Suddhodana, 淨飯王) 왕의 두 번째 왕비인 마하빠자빠띠 고따미(Mahapajapati Gotami, 大愛道瞿曇彌)의 아들이다.

315) 계율(戒律)은 원래 산스크리트어에서 계(戒, sila)와 율(律, vinaya)을 별개의 뜻으로 붙여 쓰지 않았다. 한역하면서 계율이라 합쳐졌다. 계와 율이 동일한 뜻으로 표현되고, 일상어로 사용할 때 완전히 구별 지을 수 없는 경우가 많이 있다. 계의 어원은 산스크리트어 실라(sila), 그 뜻은 습관·관습·경향을 말한다. 계(sila)는 규율을 지키고자 하는 자발적인 마음작용, 즉 자신을 제어하는 규칙을 지키려고 부처님에게 맹세하고 결의하는 것을 말한다. "성철 방장은 계(戒)는 물을 담는 그릇과 같다. 그릇이 깨지면 물을 담을 수 없고, 그릇이 더러우면 물이 더러워진다."고 했다. 율의 어원은 산스크리트어 비나야(vinaya)로, 법률·규칙을 뜻한다. 부처님이 출가한 제자들에게 악행이 있을 때마다 행위의 금지와 벌칙을 규정한 조항을 모은 붓다의 가르침을 뜻한다.

계는 개인이 지켜야 할 덕목이고, 율은 무리를 이룬 집단인 대중이 지켜야 할 도리를 일컫는다. '계'가 자발적으로 지키는 도덕과 비슷하지만, '율'은 타율적인 규칙으로 법률과 비슷하다. 율은 출가교단(出家敎團, 僧團)의 규칙으로 단체생활의 질서 유지와 입단자들은 이를 지키도록 강요되지만, 수행으로서는 이를 적극적 자발적으로 지켜야 하므로 계의 입장에서 율을 지키고, 계와 율을 합해서 '계율'이라고 한다. 불교의 계율은 타율적인 율보다 자율적인 계를 더 강조하는 특징이 있다.

316) 아난다는 부처님보다 약 20년 정도 나이가 적다고 경전에서 언급하고 있다. 아난다의 이름은 부처님이 정각을 성취하신 날 아난다가 태어나서 '기쁨'이라는 의미로 아난다로 지었다고 전한다.
《쿠다까니까야》〈자타카(Jataka)〉"멀지 않은 인연에 대한 이야기(2)"

■ 붓다의 시봉이야기는 아난의 연로한 스승 안나꼰단냐를 대신해 부처님을 시봉한 아난 존자의 일기라 할 수 있다. 부처님은 45년 전법 기간에서 초기 20여 년은 주로 마가다국을 중심으로 여러 나라를 유행하면서 전법하였다. 그리고 후기 20여 년은 주로 꼬살라국의 사왓띠(Svatthi, 사위성) 기원정사를 중심으로 머무시면서 전법했다. 아난 존자가 부처님의 마지막 시자가 된 것은 바로 이 무렵이다. 붓다가 성도한 후 20여 년의 세월이 흘렀을 때 아난다 존자가 시자가 되었다고 알려져 있다. 부처님은 성도 후 20여 년은 특별한 시자를 거느리지

않았고, 때와 형편에 따라 여러 제자들이 번갈아 가며 시봉을 했다. 오늘날 의전비서관 같은 역할의 시봉은 아난다(Ananda)를 상수시자(常隨侍者)로 정한 다음, 사왓띠(교통 요충지)에서 보내는 시간이 많았다. 깨달음을 이루신 지 27년, 그 후 16년 동안에 부처님은 매년 우기 때마다 사왓티(정사)에서 보냈다. 기원정사와 동원정사에는 부처님이 머무는 향실(香室, 간다꾸띠 Gandhakuṭī)이 따로 마련되었을 정도였다. 기록으로 전하는 당시 붓다의 시자들은 나가사말라(Nāgasamāla), 나기따(Nāgita), 우빠바나(Upavāna), 수낙캇따(Sunakkhatta), 사가따(Sāgata), 라다(Rādha), 메기야(Meghiya), 쭌다(Cunda) 사미(沙彌) 등 여덟 명이다. 이처럼 8명만 있는 것은 아니다. 사리불 존자는 앗사지 존자의 연기법 게송을 듣고 예류자(預流者, 성자의 흐름에 들어간 자, 수다원)를 얻고, 목련존자와 함께 출가하였다. 15일쯤 되던 날에 사리불 존자의 삼촌이 찾아와 부처님께 법을 들었다. 이때 연장자인 사리불 존자가 부처님 뒤에서 부채를 부쳐드리고 있었는데, 부처님이 자신의 속가 삼촌에게 해주신 설법을 듣고 아라한이 되었다고 한다. 뿐만 아니라 경전에서는 여러 제자들도 이렇게 사리불 존자같이 부처님을 시봉하는 장면들이 나온다. 부처님이 20여 년이 지난 후, 아난존자를 시자로 두게 된 이야기는 경에 나온다.

317) 고대 인도에서는 경전을 암송시켜서 전승하는 제도가 있었다. 여기에는 의외로 신분이 낮고 배움이 적은 사람이 자주 선택되었다. 그 이유는 배움이 있는 사람이면 자기의 의견을 덧붙여 암송해버릴 수 있기에, 사전지식이 없이 무식하게 암송하기만 하는 사람만이 경전이 올바르게 전해질 수 있었기 때문이다. 이런 내용은 《역사의 연구(Study of History)》(1934)를 쓴 영국의 역사학자 아널드 토인비가 1924년에 쓴 《그리스와 터키의 서부문제: 문명의 접촉에 관한 연구》 논문에서 언급한 바 있다.

318) 아난다(阿難陀)는 8살 때, 석가모니에게서 자신의 시자가 되어 줄 것을 직접 부탁받았다. 몇 번을 거절하다가 다음의 8가지 조건을 수락받고서 비로소 시자가 되었다. 8가지 조건은 4가지를 거부하고, 4가지를 해달라는 것이다.

- 거부한 4가지는 ① 붓다께서 받으신 가사(袈裟, 승려의 의복)를 주지 말 것.(붓다의 후계자가 되지 않겠다. 붓다의 권위에 기대어 호가호위하지 않겠다.) ② 붓다께서 받으신 공양을

나누거나 넘겨주지 말 것.(재물을 탐하지 않겠다.) ③ 붓다의 처소에 같이 살게 하지 말 것.(문고리 권력이 되는 것을 경계하겠다. 사적으로도 뵐 일이 없도록 하겠다.) ④ 붓다께서 초대받은 재가자의 집에 동행을 요구하지 말 것.

■ 요구한 4가지는 ① 자신을 초대한 재가자의 집에는 꼭 동행해줄 것.(재가자들 중에는 차마 붓다에게 직접 말을 하지 못하고 본인에게 대신 말하는 사람이 있다. 그러니 그런 사람들이라도 가벼이 여기지 말고 직접 만나서 이야기를 들어달라.) ② 멀리서 붓다를 친견하러 온 재가자를 꼭 만나줄 것.(늘 붓다와 함께하는 제자들과 달리 재가자는 붓다를 쉽게 만나기 어렵다. 그럼에도 불구하고 왔다는 것은 그만큼 간절함이 크다는 것이니, 그 간절함을 높이 사서 그들의 이야기를 들어달라.) ③ 언제라도 이해하기 어려운 부분을 질문할 때 답변할 것. ④ 자신이 없을 때 설법하신 내용을 흔쾌히 다시 말할 것을 제시했다. 훗날 이 8가지 조건 중 4가지 사항에 관한 거절은 권력자의 비서가 지켜야 할 필수 덕목 또는 경계 대상으로 자리잡게 되었다.

319) 데바닷타(提婆達多, 데와닷다)는 석가모니의 제자 가운데에 배반자로 알려진 인물이다. 곡반왕(斛飯王)의 아들로 석가모니불의 사촌 동생이다. 그는 5통(五通)을 얻어 신통력이 뛰어났는데, 이에 교만해져서 우두머리가 되려고 갖가지 방법으로 석가모니를 해치고자 했으나 끝내 실패했다. 25년 동안 부처님을 시봉해 다문제일(多聞第一)이라 칭송된 아난(Ananda, 阿難)의 친형이다. 마가다국의 아사세태자(阿闍世太子, 아자타샤트루 Ajatasatru)를 꼬여 그 부왕 빈비사라왕을 배반케 해서 죽이게도 했다. 따라서 악인의 대명사처럼 된 인물이다.

320) 3세기 스리랑카 승려인 라후라발타라(羅睺羅跋陀羅, Rāhulabhadra, 200~300년경)는 아리아데바(Aryadeva, 제바 提婆, 170~270)의 제자이며 용수(龍樹, 나가르주나 Nagarjuna, 150~250년경)의 손제자로서 반야의 공(空)사상에 밝아 중관(中觀, Madhyamaka)학파의 성립에 기여한 학승이다.

321) 5세기 중국 북량(北涼, 397~439) 때 번역된 《대애도비구니경》(대애도수계경·대애도경)과 《중아함경》〈교구담미경(敎瞿曇彌經)〉에서 석가모니의 이모인 마하프라자파티(Mahāprajāpatī)는 최초의 비구니이다. 붓다가 고향인 카필라성에 갔을 때 이모는 출가하여 승려가 될 것을 세 번 간청하였으나 모두 거절하였다. 그 뒤 붓다께서 바이샤알리 성에 머물렀을 때, 이모는 스스로

머리를 깎고 승복을 입은 뒤 맨발로 걸어 석가모니를 찾아갔다. 이를 본 아난(阿難) 존자가 부처님께 세 번을 간청하여 이모의 출가를 허락받았다. 그러나 부처님은 여자도 출가하여 도를 이룰 수는 있으나, 정법(正法)의 수명을 500년 감하게 되었음을 밝히고, 교단의 규율을 위하여 특별히 여덟 가지 경계해야 할 점을 일러주어 이를 지키도록 하였다. 여덟 가지를 비구니 팔귀경계(八歸敬戒)라고 한다. 그 내용은 ① 비록 승려가 된 지 100년이 된 여승이라도 금방 계를 받은 비구에게 예배해야 한다. ② 비구니는 비구의 처소에서 수행해서는 안 된다. ③ 보름에 한 번씩 비구들로부터 계법(戒法)의 강설을 받아야 한다. ④ 안거(安居, 3개월의 수행기간)를 마친 뒤에는 비구들에게 나아가서 안거 중에 잘못이 있으면 참회해야 하며, 의심난 일들은 물어야 한다. ⑤ 무거운 죄를 지은 비구니는 대중의 처소에서 떠나 반 달 동안 별거해야 한다. ⑥ 비구니가 되려는 자는 2년 동안 기초 수행과 의식을 닦아 익힌 뒤에 계를 받아야 한다. ⑦ 비구니는 어떠한 일이 있더라도 비구를 나무라거나 욕질을 해서는 아니 된다. ⑧ 비구니는 비구의 죄를 말해서는 아니 되지만, 비구는 비구니의 죄를 말할 수 있다. 이처럼 비구와 비구니 사이에 차이를 두었다. 우리나라에서 비구니가 된 최초의 인물은 알려지지 않고 있지만, 신라 법흥왕·진흥왕의 왕비를 비롯한 여러 왕족들이 비구니가 되었다. 일본 최초의 비구니 선신(善信)도 우리나라의 고승에 의해 계를 받았다.

■ 비구니 교단에 전해지는 여덟 가지 특별한 계인 팔경계(八敬戒)는 ① 비록 백 세 비구니일지라도 처음으로 수계한 연소 비구를 보거든 마땅히 일어서서 맞이하고 예를 갖추어야 한다. ② 비구승이 없는 곳에서 하안거를 해서는 안 된다. ③ 비구니는 비구승에게서 보름에 한 번씩 법을 듣는다. ④ 비구니가 안거를 마치면 비구승에게 가서 보고 듣고 의심한 것을 자자(自恣)해야 한다. ⑤ 비구니는 승잔죄(僧殘罪·승잔 僧殘, 참회로 허락받아 승단에 남을 수 있는 죄)이라 한다를 범하였으면 이부승(二部僧) 앞에서 참회해야 한다. ⑥ 비구니는 비구로부터 비구니계를 수계해 줄 것을 청해야 한다. ⑦ 비구를 욕하거나 꾸짖어서는 안 된다. ⑧ 비구니는 비구의 죄를 드러내거나 자백시키지 못한다.

322) 육신통(六神通)은 일상적인 인식이나 능력을 능가하는 초월적인 인지 능력과 초인적 능력을 가리킨다. 신통, 신통력, 신력이라고 한다. 신(神)은 '인간이 아닌 신이다'는 의미이고, 통(通)은 '걸림이 없다'는 뜻이다. 신족통(神足通)·천안통(天眼通)·천이통(天耳通)·타심통(他心通)·

숙명통(宿命通)·누진통(漏盡通)을 말한다. 육신통은 주로 붓다와 그의 제자 아라한이 갖추고 있는 능력이다. 누진통은 초세간적인 것으로 오로지 불교 수행자만 주로 비파사나(vipaśyanā) 선정 수행에 의해 성취할 수 있다고 한다. 붓다는 출가수행자들이 재가자에게 신통력을 보여 주는 것은 천박한 짓으로 규정하며 신통력 사용을 엄금하였다. 누진통을 제외한 나머지 다섯 신통은 세속적인 것으로 불교 수행자가 아닌 외도(外道)들도 사마타(śamatha) 수행에 의해 획득될 수 있다.

① 신족통(ṛddhi)은 마음으로 몸을 만들 수 있거나 사라지게 할 수 있고, 벽 등을 통과할 수 있고, 물 위를 걸을 수 있고, 하늘을 날 수 있는 능력 등을 가리킨다. 신족통을 갖추고 있으면 수명을 연장할 수 있다고 묘사되고 있는 슈퍼맨과 같다.

② 숙명통(pūrvanivās-ānusmṛti)은 전생을 기억해 낼 수 있는 능력이다. 전생에 어느 곳에서 무엇을 했으며 부모 형제가 누구였는지 등을 기억해 낼 수 있는 능력이다. 숙명통에 뛰어난 자는 헤아릴 수 없는 과거의 생을 기억해 낼 수 있다고 한다.

③ 천안통(divya-cakṣus)은 보통 사람들이 볼 수 없는 것을 볼 수 있는 능력이다. 중생들이 자신의 지은 업에 따라 태어나고 죽는 것을 볼 수 있는 능력이다. 선업을 지은 중생은 좋은 곳에 태어나고 악업을 지은 중생은 나쁜 곳에 태어나는 것을 볼 수 있는 능력이다. 사람의 눈으로는 볼 수 없는 것을 보는 신통력으로 육백만불의 사나이와 같은 능력이다.

④ 천이통(divya-śrota)은 보통 사람들이 듣지 못하는 소리를 듣는 능력이다. 천상의 소리를 듣거나 아주 멀리 떨어진 곳에서 나는 소리를 들을 수 있는 소머즈와 같은 능력이다.

⑤ 타심통(cetaḥ=paryāya)은 다른 사람의 생각이나 마음 상태를 알 수 있는 능력이다. 타인이 어떤 생각을 하고 있는지 어떤 감정을 가지고 있는 지를 알 수 있는 능력이다.

⑥ 누진통(āsrava-kṣaya)에서 '누'는 번뇌를 의미하며, 누진은 번뇌를 모두 소진한 것을 일컫는다. 누진통을 성취한 성인은 고통의 근원이 되는 번뇌를 소멸시켜 고통에서 완전하게 벗어난 상태에 이른 존재이다. 육신통 중에서 가장 특징적인 것은 바로 누진통이다. 누진통을 제외한 다섯 신통은 천신이나 다른 외도도 가능하지만, 누진통만은 붓다나 아라한이 가진 신통이다. 이 신통으로 인해 불교의 성인과 범부중생(凡夫衆生) 또는 외도와 구분된다. 경전에 외도나 제석천 등 천신도 5가지 신통을 부릴 수 있지만, 누진통은 오로지 불교 성인만이 획득할 수

있다고 밝히고 있다.

323) 무명(無名)은 '이름이 없다'는 뜻이다. 교리적인 해석은 알지 못함의 무지(無知)를 의미한다. 원래 실체가 없는 것으로, 인간의 괴로움 또는 근본 번뇌를 의미한다. 인간 생사의 근원을 밝히는 12 연기(緣起) 첫머리에 나오는 무명은 '나'라는 존재가 태어날 때부터 가지고 있는 것이다. '나'를 범부로 만드는 근원이며, 모든 번뇌의 근본, 일체 악업(惡業)의 원인이 되는 것이다. 불교 선종에서는 독자적인 개체로서가 아니라 모든 세계의 본성을 뜻하는 법성(法性)과 하나로 파악하고 있다.

324) 《대반열반경》 제32권 〈가섭보살품〉에 나오는 상락아정(常樂我淨)은 하나는 항상함[常], 둘은 나인 것[我], 셋은 즐거움[樂], 넷은 깨끗함[淨]을 말한다.

325) 남전대장경(南傳大藏經, 1935~1941년 일본에서 간행함)은 19세기 서양에서 본격적으로 연구 되기 시작한 팔리어대장경(팔리어로 쓰인 불경을 통틀어 이르는 말)을 일본어로 번역하며 붙인 이름이다. 1881년에 영국 런던대학의 리스 데이비즈가 팔리어 성전을 로마자로 간행하여, 이를 저본으로 일본어로 번역해 65권 70책으로 완간한 것이다.

326) 불교 경전은 기원전 80년 스리랑카 알루비하라 석굴사원에서 열린 제4차 결집 때에 처음 문자 (Pali語)로 기록됐다. 성전(聖典)이라는 뜻의 팔리어 삼장(三藏, Pali Tipiṭaka, 세 광주리)은 ① 율장(律藏, Vinaya Pitaka, 교단의 계율을 담은 바구니), ② 경장(經藏, Sutta Pitaka, 붓다의 가르침을 담은 바구니), ③ 논장(論藏, Abhidhamma Pitaka, 장로 비구들의 논서를 담은 바구니) 이다. 상류층 언어인 산스크리트어와 민중언어 팔리어(부처님 당시의 인도지역 방언)로 '경의 모음'이라는 의미의 숫타니파타(Suttanipata, 經集)는 72개 경으로 구성돼 있다.

327) 윤회(輪廻) 또는 삼사라(samsara)는 생과 죽음의 순환을 뜻하며, 원래 의미는 옮겨지다, '함께' 라는 뜻의 삼(sam)과 '흐르다' 등의 사라(sara)가 합쳐진 말로, 하나의 생명체가 삶과 죽음을 반복함을 뜻한다. 한자로는 생사윤회(生死輪廻) 또는 윤회전생(輪廻轉生)이라 한다. 윤회사상을 수용한 붓다는 당신 가르침의 기본적인 전제로 삼았다. 윤회는 부처님이 처음으로 이야기한 개념이 아니라 고대 인도의 전통사상으로 업(業, Karman, 짓는 모든 행위의 축적, DNA의 일종) 에 따라 육도(六道)의 세상에서 생사를 거듭한다는 힌두교의 교리였다. 육도 즉, 여섯 가지 세상은

가장 고통이 심한 지옥도, 굶주림의 고통이 심한 아귀도, 짐승과 새 · 벌레 · 뱀들이 사는 축생도, 노여움이 가득한 아수라도, 인간이 사는 인도, 행복이 두루 갖추어진 천도 등이다. 인간은 현세에서 저지른 업에 따라 죽은 뒤에 다시 여섯 세계 중 한 곳에 태어나 내세를 누리며, 그 내세에 사는 동안 저지른 업에 따라 내내세에 태어나는 윤회를 계속한다. 윤회는 열반과 극락왕생을 통해서 멈추어진다. 불교에서 윤회는 업에 따른 윤회와 자기 자신이 지은 윤회로 나뉜다.

328) 윤회(輪廻)는 수레바퀴가 끊임없이 구르는 것과 같이 중생은 지은 업에 의해서 삼계육도(三界六道)의 생사 세계를 돌고 도는 것을 말한다. 중생은 죽어도 다시 태어나 생을 반복한다고 하는 인도의 전통사상으로, BC 600년경 브라만교의《우파니샤드》의 문헌에서 비롯되었다. 불교사상으로 융합돼 대중에게 널리 전파됐다.

329) 사고팔고(四苦八苦)는 중생 세계에 있는 모든 고통을 말한다. 생로병사의 4고(苦)와 사랑하는 것과 이별하는 고통(愛別離苦) · 원수와 만나는 고통(怨憎會苦) · 구해도 얻지 못하는 고통(求不得苦) · 5음(陰, 인격을 구성하는 다섯 요소의 뭉치)이 너무 치성한 고통(五陰盛苦)을 더하여 8고(苦)라고 한다.

330) 명상(暝想)의 어원은 눈을 감고 조용히 깊이 생각한다는 뜻이다. 메디테이션(Meditation)의 라틴 어원은 '곰곰이 생각한다'라는 뜻이다. 동서양이 모두 '고요한 상태에서 깊이 생각한다'는 유사 어원을 갖고 있다. 명(暝)은 그윽하다 · 고요하다 · 깊다는 의미로 정서적 안정과 균형을 이루는 것이다. 상(想)은 마음에 어떤 표상이나 영상이 떠오른다는 의미로 생각하다 · 알다 · 알아차림을 뜻한다. 즉, 인지적인 자각으로 지혜에 속한다. 이러한 명상법은 정서적 안정과 내면을 스스로 관찰하는 지혜가 함께 어우러지는 건강함을 이루는 데 있다. 1979년 미국 메사추세츠 대학병원 정신의학계에서 처음 사용한 '마음챙김'(Mindfulness) 기반의 인지치료 또는 알아차림 명상은 위빠사나(Vipassana) 수행법으로 1950년대 이후 서양에서 대중화되기 시작했다.

331) 주라발(周羅髮, cūḍa)은 출가하면서 무명을 떨치기 위해 먼저 삭발을 한다. 무명초를 삭발하고 나면 법복으로 갈아입는다. 삭발하였으나 깎을 수도 없고, 베어버릴 수도 없는 머리카락이 하나씩 있는 이 머리카락을 '주라발'이라 한다. 출 · 재가자에게도 있다고 여긴다. 출처:《불교닷컴》 (2014.6.18.) 현각 "청산을 찾느냐"

332) 불교의 6도(六道)는 전통적 관점에서 중생이 깨달음을 증득하지 못하고 윤회할 때 자신이 지은 업(業, 행위)에 따라 태어나는 세계를 6가지로 나눈 것이다. 지옥도(地獄道)·아귀도(餓鬼道)·축생도(畜生道)·아수라도(阿修羅道)·인간도(人間道)·천상도(天上道)를 말한다. 나아가는 세계 또는 장소라는 뜻의 취(趣)을 써서 6취(六趣)라고 한다. 육취(六趣)는 6도(道)라고 한다. 미혹(迷)한 중생이 업인(業因)에 따라 나아가는 곳을 6처로 나눈 것이다. ① 지옥취(地獄趣)는 8한(寒)·8열(熱) 등의 고통받는 곳으로 지하에 있음. ② 아귀취(餓鬼趣)는 항상 밥을 구하는 귀신들이 사는 곳으로, 사람들과 섞여 있어도 보지 못함. ③ 축생취(畜生趣)는 금수가 사는 곳으로, 인계(人界)와 있는 곳을 같이 함. ④ 아수라취(阿修羅趣)는 항상 진심을 품고 싸움을 좋아한다는 대력신(大力神)이 사는 곳으로, 심산유곡을 의처(依處)로 함. ⑤ 인간취(人間趣)는 인류가 사는 곳으로, 남섬부주 등의 4대주(大洲). ⑥ 천상취(天上趣)는 몸에 광명을 갖추고 자연히 쾌락을 받는 중생이 사는 곳으로, 6욕천과 색계천(色界天)·무색계천(無色界天)이 있다.

333) 우리나라의 장례 예법으로 대표적인 것은 유교의 우제(虞祭)와 불교의 49재(齋)이다. 유교의 우제는 삼우제(三虞祭)로, 장사 당일에 지내는 제사를 초우(初虞), 3일날 지내는 재우(再虞), 5일날 지내는 삼우(三虞)를 말한다. 세 번의 제사(祭祀)를 우제라고 하는데, 우(虞)는 편안하다는 뜻을 의미한다. 삼우를 삼오 또는 사모라고 부른다. 삼오는 장사 이후 3일과 5일에 행한다는 것에서, 사모는 고인을 사모한다는 뜻에서 연유한 것이라는 설이 있지만, 그 뜻은 와전된 표현이다. 삼우는 초우, 재우에 이어 세 번째 행하는 우제라는 뜻에서 삼우라고 쓴 것이다. 중국의《예기》, 《의례》 등에 언급된 것과 같이 "두려움에 떨고 있을지도 모를 영혼을 위로하기 위해 우제를 지낸 것"이다. 유교식 예법에는 장사 당일에 혼을 모시고 집으로 돌아와 지내는 제사라는 뜻의 초우를 '반혼(返魂)'이라고 한다. 경황이 없는 상중임에도 불구하고, 두려움에 떠는 저 혼령을 위해 잠시도 지체하지 않고 서둘러 초우를 지내는 것은 우제 중에서도 가장 중요한 의미가 담겨 있다.

334) 반승(飯僧)은 청정한 승려에게 음식을 베풂으로써 불교에 대한 신심과 귀의를 표하는 의식이다. 공양승중(供養僧衆), 승려에게 공양을 올린다는 의미로 재승(齋僧)이라 하며 줄여서 재(齋)라고 부른다. 반승은 불교 초기부터 재가신도가 승려에게 행하는 보시로 출발했다. 대승불교에서 의례로 정착되었다. 고려시대에는 음식을 대접받는 승려의 수에 따라 오백승재, 천승재, 만승재

등으로 구분되었다. 외적 퇴치와 천재(天災)의 소멸 등을 기원하는 국가적 기양(祈禳) 의례로 널리 시행됐다. 조선시대에는 기일에 선왕의 명복을 빌거나 탄신일에 장수를 기원하는 개인적인 차원의 기복(祈福) 의례로 행해졌다. 규모도 1,500명, 500명, 108명 등으로 축소되었다. 조선 중기에는 공식적 의식으로 반승은 사라지고, 일반적인 재의 한 부분으로 편입됐다. 오늘날에는 대중공양이라는 이름으로 이어지고 있다.

335) 수륙재(水陸齋)는 수륙회(水陸會)라고 한다. 물과 뭍에 있는 고혼(孤魂, 저승으로 가지 못하고 외롭게 떠도는 영혼)과 아귀(餓鬼)를 달래기 위하여 올리는 재(齋)로, 고려와 조선시대 절에서 거행하였다. 나라에서는 조선 중기까지 국행수륙재(國行水陸齋)를 올렸다. 국행은 왕이 국민을 위해 지낸다는 뜻으로 국행수륙재는 칠사(七祀), 즉 일곱 가지 제사 가운데 하나였다. 그리고 국가에서 매년 나라를 위해 죽은 사람들과 의지할 데 없는 귀신의 명복을 빌기 위한 수륙재를 올릴 때 드는 비용 마련을 위해 국행수륙전(國行水陸田)을 두었다. 국행수륙전은 절에 소속된 사전(寺田)으로 세금이 면제되었으며, 궁궐의 물자를 취급하던 관청인 내자시(內資寺)와 내섬시(內贍司)의 후원을 받았다.

336) 《가톨릭뉴스》(2010.2.16.) 박광서 "나는 자신의 창조물을 심판한다는 신을 상상할 수가 없다" (http://www.catholicnews.co.kr) On May 19th, 1939, Albert Einstein, the great scientist of the atomic age, delivered a remarkable speech on "Science and Religion" in Princeton, New Jersey, U.S.A. He said that "There is no conflict between science and religion, science asks what the world is, and religion asks what humankind and society should become. … The religion of the future will be a cosmic religion. It should transcend a personal God and avoid dogmas and theology. Covering both the natural and the spiritual, it should be based on a religious sense arising from the experience of all things, natural and spiritual, as a meaningful unity. Buddhism answers this description. If there is any religion that could cope with modern scientific needs it would be Buddhism."

사찰문화해설 가이드북

2024년 5월 30일 초판 1쇄 인쇄
2024년 6월 05일 초판 1쇄 발행

지은이 | 이지범
발행인 | 신원식
편집디자인 | 함유선, 김정미
마케팅 | 박경희
발행처 | 도서출판 중도
출판등록 | 2007년 2월 7일 제2-4556호
주   소 | 서울시 종로구 삼봉로81 두산위브파빌리온 921호
전   화 | 02. 2278-2240

값 28,000원
ISBN 979-11-85175-74-4